迁安年鉴

QIAN'AN YEARBOOK

迁安市人民政府 主办

2016

迁安市地方志编纂委员会 编

方志出版社
Publishing House of Local Records

图书在版编目（CIP）数据

迁安年鉴. 2016 / 迁安市地方志编纂委员会编. --
北京：方志出版社，2016.11
ISNB 978-7-5144-2193-4

Ⅰ. ①迁… Ⅱ. ①迁… Ⅲ. ①迁安-2016-年鉴
Ⅳ. ①Z522.23

中国版本图书馆CIP数据核字（2016）第282051号

迁安年鉴（2016）

编　　者：迁安市地方志编纂委员会
责任编辑：宁　芳

出 版 人：冀祥德
出 版 者：方志出版社
地址　北京市朝阳区潘家园东里 9 号（国家方志馆4层）
邮编　100021
网址　http://www.fzph.org
发　　行：方志出版社发行中心
电话（010）67110500
经　　销：各地新华书店
印　　刷：廊坊市恒泰印务有限公司

开　　本：889×1194　　1/16
印　　张：26.5
字　　数：751千字
版　　次：2016年11月第1版　2016年11月第1次印刷
印　　数：0001 ~ 1000册

ISBN 978-7-5144-2193-4　　定价：260.00元

编辑说明

一、《迁安年鉴》是一部全面记述迁安市情的地方综合年鉴。在中共迁安市委、迁安市人民政府的领导下，由迁安市地方志编纂委员会主持编纂，国内外公开发行。

二、本年鉴逐年编纂出版，当年出版的年鉴，全面系统地记述上一年度迁安市政治、经济、文化、社会等各领域的基本情况，客观反映各行各业新变化、新成就，为迁安的发展建设提供借鉴，为各界人士了解、认识迁安提供最新信息，为编史修志储备资料。

三、本卷为《迁安年鉴》2016年卷（总第20卷），设特载、大事记、迁安概况、政治、综合管理、法治•武装、农业、工业、交通•邮电、城建•环保、财政•税务、商贸服务•旅游、金融、科学技术、教育、文化•体育、黄帝文化研究与开发、卫生、社会生活、乡镇 街道、文献文件辑存、统计资料22个栏目。栏目下设分目、条目，部分栏目增设次分目，条目为基本记述单元，条目标题加“【】”表示。

四、本卷年鉴收录内容以2015年度为主，根据需要对《迁安概况》的部分内容进行了追溯，卷首彩页为2016年内容。文中“全年”“年内”指2015年，“上年”指2014年。

五、本卷年鉴所用全局性数据以迁安市统计局提供的数据为准，统计部门尚不掌握的采用相关职能部门提供的数据。文中“简略语”随文注释，较短的“简略语”在文中括注，较长的“简略语”在段末注释，多次出现不重复注释。

六、本卷年鉴文稿由各承编单位指定专人撰写并经单位负责人审定，单位盖章。撰稿人姓名排于文末右端，另起行，加圆括号。部分稿件参考《迁安时讯》和迁安市委、市政府有关简报及网络信息等。

七、本卷年鉴的编纂工作得到全市各有关部门和各界人士的大力支持，广大编纂人员为之付出了艰辛劳动，借此表示衷心感谢。由于成书仓促，水平有限，多有疏漏或不足之处，敬请读者不吝赐教。

10月16日，2016“魅力水城 · 绿色迁安”经贸洽谈会开幕。全国工商联原副主席沈建国（右二）、唐山市政府副市长李钦峰（左二）、文房四宝协会会长寒石（右一）、迁安市委书记李忠（左一），共同启动开幕电子球

10月16～18日，2016“魅力水城 · 绿色迁安”经贸洽谈会隆重举行。来自国内外的310余家知名企业、科研院所、商会学会的430余名嘉宾客商共聚迁安，同心聚力共谋“水城”发展。10月17日，洽谈会组织了实地参观考察。10月18日，举行投资环境说明会暨签约仪式。此次洽谈会有70个项目签约，计划总投资457亿元。其中，会上签约项目40个，计划总投资352.3亿元；会下签约项目30个，计划总投资104.7亿元

迁安市委书记李忠在开幕式上致辞

迁安市委副书记、市长张淑云主持开幕式

（本版照片由吴海民摄影）

9月22日，省政协主席付志方（左二）到迁安市就城市建设及文化创意产业发展进行调研 （吴海民 提供）

1月30日，省委常委、唐山市委书记焦彦龙（左一）到迁安市扶贫联系点调研慰问并检查安全生产工作 （吴海民 摄影）

8月16日，全国政协中国经济社会理事会理事、全国政协委员、国务院国资委原副主任黄淑和（前中），带领中国经济社会理事会调研组，到迁安市就经济调整期做好下岗职工安置等工作进行调研 （吴海民 提供）

4月16日，唐山市委副书记、市长丁绣峰（前中）带领唐山市重点项目观摩活动与会人员到迁安市观摩 （吴海民 摄影）

5月22日，迁安市轩辕阁举行隆重开阁仪式。轩辕阁高54米，总投资6000多元，建筑面积4542.49平方米。为明五层、暗七层的仿明代风格建筑。各省、市炎黄文化研究会领导，企业界嘉宾及知名人士、迁安市干部群众4000余人齐聚一堂，共同见证轩辕阁盛大开阁。全国人大代表、中央电视台著名主持人、中华炎黄文化研究会常务理事张泽群主持开阁仪式。22日下午，在迁安锦江会堂举办“首届中国迁安黄帝文化高端论坛”和“首届中国迁安炎黄文化与创业创新经济论坛”，中华炎黄文化研究会迁安轩辕黄帝文化研究院在会上揭牌

第十一届全国政协副主席、中华炎黄文化研究会名誉会长陈宗兴宣布迁安轩辕阁正式开阁

中华炎黄文化研究会首席顾问、中共河南省委原书记徐光春恭读《轩辕阁开阁文》

市民们庆祝轩辕阁开阁

庄严雄伟的轩辕阁

（本版照片由吴海民提供）

1月20日，由北京市科学技术委员会、迁安市人民政府、京津冀钢铁行业节能减排产业技术创新联盟建设的"京津冀钢铁联盟(迁安)协同创新研究院"签约仪式在迁安举行

4月12日，京津冀钢铁联盟与迁安市对接科技成果签约仪式在北京科技大学举行

（本版照片由吴海民摄影）

7月8日，迁安市政府与迁安市华控环境投资有限责任公司签约海绵城市PPP项目

8月15日，迁安市召开全国县级文明城市、省级文明城市创建工作推进会。市容环境整治、交通秩序整治、市民素质提升等八项攻坚行动如火如荼展开

（本版照片由吴海民摄影）

北京时间8月20日凌晨3时30分，里约奥运女子拳击57至60公斤级决赛中，迁安九江拳击俱乐部女拳手尹军花（左一）奋勇拼搏，发挥出色，以微弱劣势获得银牌

8月26日，迁安市举行尹军花荣获奥运亚军庆功会

3月25日～4月2日，2016里约奥运会拳击项目亚（亚洲）大（大洋洲）区资格赛在迁安市举行

（本版照片由九江影视部提供）

2015年度河北省美丽乡村——大崔庄镇白羊峪村 （张湘 摄影）

2015年度河北省美丽乡村——上庄乡上庄村 （李彬 摄影）

目　录

政　　治

综合管理

法治·武装

农　业

工　业

交通·邮电

城建·环保

财政·税务

商贸服务·旅游

金　　融

科学技术

教　育

文化·体育

黄帝文化研究与开发

卫　生

社会生活

乡镇　街道

文献文件辑存

统计资料

凝心聚力　扎实苦干
为建设“魅力水城、绿色迁安”而努力奋斗

——在市委五届六次全体（扩大）会议上的报告

中共迁安市委书记　李　忠

（2015 年 12 月 31 日）

各位委员、同志们：

这次全会，是在收官“十二五”、开启“十三五”的关键时期召开的一次十分重要的会议。主要任务是：深入贯彻党的十八届五中全会、中央经济工作会议和省委全会、省经济工作会议及唐山市委全会精神，总结 2015 年工作，审议市委《关于制定国民经济和社会发展第十三个五年规划的建议》，部署“十三五”及 2016 年任务，动员各级党组织和广大干部群众，凝心聚力，扎实苦干，为建设“魅力水城、绿色迁安”而努力奋斗！

下面，我受市委常委会委托，向全会作工作报告。

一、积极应对新挑战，经济社会发展在新常态下取得新成绩

2015 年，既是迁安经受转型阵痛、经济严冬双重考验的一年，也是迁安主动适应新常态、实现新作为的一年。面对严峻复杂的宏观形势和改革发展稳定的繁重任务，市委常委会团结带领广大干部群众，坚决落实省委、唐山市委决策部署，牢牢把握转型升级工作主线，抢抓机遇，迎难而上，经济社会发展稳中有进、稳中向好。

——力遏经济下滑势头，主要指标止跌回升。面对经济下行压力加大、市场持续低迷的不利影响，坚持以稳增长共克时艰，提振士气，加强经济运行调度，深入开展企业帮扶，积极培育新的增长点，全市经济呈现企稳向好的态势。预计全年地区生产总值增长 4%；完成公共财政预算收入 35.2 亿元，增长 0.3%，结束了连续两年下滑的历史，告别了负增长；完成固定资产投资 584 亿元，增长 12%；城镇、农村居民人均可支配收入达到 32100 元、18430 元，分别增长 7.5%、7.6%。在中国中小城市综合实力百强中列第 19 位。

——全力推进结构调整，转型升级迈出扎实步伐。围绕打造新型制造业基地和现代服务业高地，积极推进产业转型增效升级。服务业增加值占比达到35%，提高4.3个百分点；装备制造业增幅达到30%，高于工业增幅26个百分点；工业技改投资增长20.5%，高于固定资产投资增幅；钢铁初深加工耗钢能力占钢铁产量的比重达到30%，提高5个百分点。建立了钢铁产能压减装备综合评价体系，如期完成化解产能任务；与京津冀钢铁创新联盟签署战略合作协议；燕钢精品钢基地等链条延伸项目加快建设；正大350万吨焊管等一批耗钢产业项目积极推进，新增耗钢能力540万吨。天津物产物流中心一期完工，第三方物流吞吐能力突破2000万吨。实施了九江LNG、中海油LNG、中溶科技30万吨无水乙醇等一批链条延伸项目，煤化工产业加快集群和精细化发展。英诺特高端医疗仪器及配套试剂项目全面开工，葵花药业大健康产业基地加快建设；第六实小成为北京实验二小教育集团成员校，与北科大达成全面合作协议；派拉蒙影视主题公园签订框架协议，长城国家公园完成规划设计，中唐文化旅游综合体即将开工；金融街项目基本竣工，食品医药、教育培训、休闲旅游、总部经济等产业实现新发展。

——聚焦聚力项目建设，转型后劲进一步增强。持续开展项目建设攻坚，13个立市和100个重点项目进展顺利，26个项目列入省重大产业支撑项目，17个项目列入唐山市重点项目。强化项目建设和招商引资工作考核，浓厚了全员招商、全面招商的氛围；全力对接京津，成功举办对接京津系列推介会和“京东水城、魅力迁安”经贸洽谈会，新增签约项目60个，计划总投资539亿元。全民创业和民企二次创业深入开展，新增民营企业1147家、个体工商户5857户、规上工业企业22家、规上服务业企业14家。创新创业平台扎实推进，燕山大学科技园设立迁安分园，华北理工大学创新创业孵化园加快建设，新增省级科技型中小企业85家，高新技术企业2家。

——推进城乡协调发展，一体化进程不断加快。我市“1－3－38－48”四级城镇体系规划，被确定为全省城乡统筹和新型城镇化建设的典型，并在全省进行经验介绍。天洋城、红星美凯龙家居中心投入使用，黄台山公园全面开放，佛山公园基本完工，城市功能形象进一步提升。成功申报获批全国首批海绵城市建设试点，中央连续三年每年给予4亿元资金支持。城市道路、集中供热和燃气管网等基础设施加快建设，城市绿美亮净和管理水平进一步提高。以60个省级重点村为引领，美丽乡村建设扎实推进，农村面貌明显改善。积极推进美丽乡村与休闲旅游、现代农业融合发展，现代农业园区被列为省级园区，建设了亚滦湾休闲农业园、华农养殖基地、塔寺峪景区等一批绿道金瓜工程，农业规模化、产业化水平显著提升。

——持续优化两个环境，转型支撑更加坚实。深化行政审批制度改革，大力推进“三级平台、两个代办”，10项县级审批事项下放乡镇。创新融资方式，与深圳金砖基金公司就海绵城市建设开展低成本融资合作，争取省级政府债券15.5亿元，争取国家专项建设基金1.48亿元。积极推进农村土地经营确权登记，扎实开展集体经济股份制改革试点。强力推进大气污染防治攻坚，强化点源治理，建立长效机制，全市优良天气达到172天，同比增加27天，PM2.5下降10.2%。加强矿山生态环境治理，深入开展工矿废弃地复垦利用、五小企业土地复垦和闲置土地整治，补充耕地1059亩。持续开展造林绿化攻坚，完成营造林5.3万亩，森林覆盖率达到43.5%。

——坚持民生为本，社会大局和谐稳定。始终坚持民生投入力度不减、标准不降，市财政用于民生和社会事业投入48亿元，占公共预算支出的65.3%，年初确定的20件为民实事工程全面完成。投入9700万元，优化农村教育布局，改善中小学办学条件，农村小学上学远的问题得到有效解决；高考成绩创历史新高，本二上线率由唐山市第7名跃升至第2名；被列为国家职业教育和成人教育示范县创建试点。公立医院改革稳步推进，基层医改成果不断巩固，城乡居民医保补偿比例和保障水平继续提高，新建中医院投入使用，群众就医条件和环境极大改善。城乡低保再次提标，发放低保、五保、高龄养老津贴6890万元。群众性文化体育活动蓬勃开展，被评为全省公共文化服务示范区，成功获得奥运会亚大地区拳击项目资格赛承办权。全面推进平安迁安建设，加大各级干部接访包案力度，深入开展信访积案化解专项行动，强化社会治安和安全生产、食品药品安全工作，保持了社会大局稳定。

——坚持从严治党，党的建设全面加强。扎实开展“三严三实”专题教育，突出问题导向，着力加强思想政治建设和作风建设，确定整改问题122项，已解决105项。扎实推进“解放思想、抢抓机遇、奋发作为、协同发展”大讨论活动，推动全市形成树正气、讲团结、聚合力、促转型的良好局面。坚持正确的用人导向，加强领导班子和干部队伍建设，完善考评办法，彰显了以转型升级实效看干部、用干部的鲜明导向。全面加强基层组织建设，深入实施干部素质能力提升和新任村干部轮训工程，健全完善基层党建工作、农村干部综合考评办法，提升了农村基层民主政治建设水平，76个软弱涣散党组织全部按期转化。严格落实党风廉政建设“两个责任”，开展了警示教育和“两个责任”集体约谈，坚持把纪律和规矩挺在前面，强化从严执纪和案件查处，累计查处各类案件214件，党政纪处分228人。支持人大、政协发挥职能作用，统战、人武、法检、工商联、工青妇、老干部等工作都取得了新成绩。

在选拔任用干部方面，今年以来，共调整干部6批次216人次，其中按照干部管理权限研究县级干部任免（兼）职7人，提任正科级6人，提任副科级3人，平职交流（机构改革安置、平级转任重要职务）141人，免职保留待遇32人，批准提前退休1人，免兼职20人，免职4人，安置军转干部1人，安置定向选调生1人，总体反映良好。

成绩的取得，得益于我们对转型发展的早认识、早起步，得益于我们找准了一条符合迁安实际的转型路径，得益于几年来我们始终坚定久久为功的转型定力和信心，夯实了转型发展的坚实基础，积蓄了强大的转型势能。回顾2015年，我们经历了比以往更多的困难与挑战，付出了比以往更多的艰辛和努力，面对增长与转型任务叠加，困难与机遇交织的特殊形势，市四套班子带头和衷共济、实干苦干，各级党员干部顾全大局、拼搏奉献，广大企业积极应对挑战、矢志创新创业，赢得了和谐稳定的政治局面，赢得了加快转型发展的良好态势，赢得了上级领导和各界人士的一致认可。在此，我代表市委常委会，向全市各级党组织和广大干部群众，表示衷心的感谢并致以崇高的敬意！

在肯定成绩的同时，我们也清醒地认识到：经济下行压力依然很大，稳增长的任务还很艰巨；产业结构性矛盾还没有根本转变，转型升级攻坚正处于特殊关键时期；企业组织结构、管理水平、创新能力还需进一步加强；部分党员干部思想不够解放，适应新常态、解决新问题的办法不多，能力本领恐慌问题还比较突出；少数干部存在作风漂浮的问题，为官不为、懒政怠政，服务意识、办事效率与企业和群众的期待还有一定差距；民生改善还有薄弱环节，社会治理、群众反映的热点、难点问题还没有得到很好解决。对这些问题，我们必须高度重视，切实加以解决。

二、把握大势，科学定位，以“魅力水城、绿色迁安”建设统一思想、汇聚力量

从2016年起，我们将进入“十三五”规划的新时期。正确分析当前形势，对我们做好明年和“十三五”工作十分重要。中央指出，认识新常态、适应新常态、引领新常态，是当前和今后一个时期我国经济发展的大逻辑。新常态下，我国经济发展表现出速度变化、结构优化、动力转换三大特点，增长速度要从高速转向中高速，发展方式要从规模速度型转向质量效率型，经济结构调整要从增量扩能为主转向调整存量、优化增量并举，发展动力要从主要依靠资源和低成本劳动力等要素投入转向创新驱动。这些变化不依人的意志为转移，是我国经济发展阶段性特征的必然要求。新常态，既有新挑战也有新机遇，关键看认识、看状态、看作为。从挑战看，我国经济发展仍面临经济增速下降，工业品价格下降，实体企业盈利下降，财政收入增幅下降，经济风险发生概率上升等突出矛盾和问题，经济下行压力依然较大。大的形势背景下，我市一矿独大、一钢独大、大而不强的结构性矛盾更显突出，去产能、调结构、转方式的任务艰巨繁重；长期形成的资源型经济模式导致天然开放性不足，企业规模效益低，获利能力低，资产回报率低，创新驱动能力弱，缺乏龙头企业，缺乏高端产品，缺乏竞争力；一些干部和企业对新常态的认识还不到位，适应不够主动，“换挡焦虑”的思维定势和能力恐慌、茫然无措的现象还不同程度存在，甚至还心存侥幸，不切实际地把希望寄托于市场形势好转，不愿不想、不敢不会转型，结果行动上自觉不自觉地逆向而行。从机遇看，中央加大积极财政政策的实施力度，为结构性改革营造宽松金融环境，全方位帮助企业降低成本，建立化解过剩产能专项资金，为我们提供了极为有利的条件；“一带一路”、京津冀协同发展、环渤海地区合作等战略全面实施，为我们提供了难得的机遇；历经多年发展和几年的转型实践，我们积累了雄厚的产业基础和民营资本，搭建了良好的承载平台，形成了独具魅力的城市特色，转型的认识更加统一，转型的成效正在加速显现。我们完全有信心、有能力、有条件加快转型升级，实现又好又快发展。

综合判断，“十三五”将是迁安发展史上重大机遇最为集中的时期，是迁安各种优势和潜力最能得到有效释放的时期，是迁安破解难题、补齐短板最为紧要的时期，是迁安转型升级、提质增效、又好又快发展最为宝贵和关键的时期。机遇和挑战面前，摆在全市干部群众面前的有两种选择，一种是抓住机遇、奋发作为，跟上时代改革发展大潮，继续保持全省县域领头羊位置，在全国百强中争先进位；一种是错失机遇、安于现状、甘于平庸，在竞相发展的新格局中陷于越发被动。我们只能是第一种选择，也必须全力实现第一种选择。

科学审视迁安发展面临的现实基础、历史机遇和竞争态势，我们确定当前和今后一个时期全市工作的总体思路是：认真贯彻中央、省委和唐山市委决策部署，按照“三个努力建成”要求，坚持创新、协调、绿色、开放、共享的发展理念，坚持协同发展、转型升级、又好又快的工作主基调，抢抓京津冀协同发展机遇，深入实施“12336”战略，统筹推进经济建设、政治建设、文化建设、社会建设、生态文明建设和党的建设，加快建设“魅力水城、绿色迁安”，为新常态下继续领跑全省县域经济打下坚实基础。

贯彻上述思路，关键是要实施好“12336”战略，“1”即牢牢把握转型升级这条主线；“2”即建设新型制造业基地和现代服务业高地两大基地；“3”是推动三个转变，即推动迁安由粗放型、本土型、资源型经济向集约型、开放型、创新型经济转变，由资源加工驱动向制造业、服务业双轮带动转变，由工矿型城市向服务创新型城市转变；“3”即着力打造园区、城市、绿道三大平台；“6”即实现产业升级、改革创新、统筹城乡、绿色发展、社会治理、民生建设六大突破。

贯彻上述思路，核心是要把握好“魅力水城、绿色迁安”的奋斗目标。回顾迁安历程，正是我们抓住工业化、城镇化高速发展的机遇，适时提出建设“钢铁迁安、中等城市”，使迁安依矿而起、因钢而兴，实现了到全省首强、全国百强的跨越；由“钢铁迁安、中等城市”到“魅力钢城、绿色迁安”，我们又找准了转型提升的目标和路径，制定实施“四五”转型攻坚计划，开启了资源型城市转型的探索实践并奠定了坚实基础；当前经济发展进入新常态，迫切需要我们来一场彻底的思想观念变革，在新常态这个大背景下用更广阔、更准确的眼光审视迁安的发展，以更大的决心和力度，打破粗放发展方式和资源依赖，寻求新突破，加快新发展。特别是在开启“十三五”的关键时刻，更需要我们立足当前，着眼未来，进一步找准新目标，明确新定位。我们提出“魅力水城、绿色迁安”，正是以此为出发点和根本考虑。“魅力水城”，就是要依托既有的产业基础和水城特色优势，把钢城之骨与水城之秀高度融合，赋予城市以生态、创新、活力的丰富内涵，着力凸显水城灵动之秀、生态之美、智慧之韵、财富之源，以一流的环境集聚一流的人才、一流的创新要素，建设生态宜居之城、创新智慧之城、现代产业新城。“绿色迁安”，不仅是城市形态上的绿，更是绿色的发展理念、绿色的发展模式，体现的是生态和发展的高度统一，追求的是健康、绿色、可持续发展。这一目标，是“魅力钢城、绿色迁安”的继承创新和延续升华，是新常态下全市经济社会发展的目标引领。

“魅力水城、绿色迁安”，凸显了加快转型升级的决心，更加明晰了转型发展的方向。从“魅力钢城、绿色迁安”到“魅力水城、绿色迁安”的一字之变，更加凸显“转”这一字之要，一字之变更加突出了转型升级这一核心任务，表明了矢志推动转型的坚决态度，更加明确了转型方向。“钢城”代表着过去的辉煌，“水城”承载着未来的发展，“钢”是建设新型制造业基地的基础，“水”是培育现代服务业的载体。我们必须彻底丢掉幻想，彻底抛弃靠过剩产能再现高增长这种不切实际的想法，义无反顾、坚定不移地抓好转型升级，决不能使眼下成长的烦恼变成永久的困扰。我们要瞄准打造新型制造业基地和现代服务业高地的目标，以“三个转变”为路径，着力推动工业转型升级，着力培育发展新动能，着力提高发展质量和效益，努力实现“魅力钢城”到“魅力水城”的华丽转身。

“魅力水城、绿色迁安”，彰显了城市的最大特色，更加突出了未来发展的优势和潜力。随着京津冀协同发展全面破题、全面实施，为我们积极承接京津产业转移和功能疏解，充分利用京津巨大市场，加快构建现代产业体系提供了难得契机。迁安三山拱卫、两河环绕，山水相依、水岛交融的水城特色，在京津周边绝无仅有，已经成为迁安融入协同发展最具特色的品牌、最具竞争力的优势、最具潜力的支撑。我们要做活做大“水城”文章，使毗邻京津和水城的特色优势得到最充分的利用、最有效的发挥，实现在协同发展中的率先突围。建设“魅力水城、绿色迁安”，体现了把水做活、把特色用好的要求，是对再创转型发展新辉煌美好蓝图的生动描绘，必将成为指引方向、凝聚力量的目标引领。

“魅力水城、绿色迁安”，体现了五大发展理念的根本要求，更加深刻诠释了转型升级的内涵。中央提出创新、协调、绿色、开放、共享发展理念，是贯穿“十三五”发展始终的根本性要求。“魅力水城、绿色迁安”，是五大发展理念在迁安的高度概括和集中体现，坚持了生态和发展的高度统一，就是要变中求新、新中求进、进中突破，走出一条生态和谐、绿色发展的新路。建设“魅力水城、绿色迁安”，要求我们必须把创新作为引领发展的第一动力，解决发展动力转换问题；把协调作为持续健康发展的内在要求，推动城乡协调发展，物质文明和精神文明协调发展；把绿色作为永续发展的重要基础，塑造独具特色的城市气质、文化和品牌；把开放作为繁荣发展的必由之路，以扩大开放带动创新、促进发展；把共享作为推动发展的根本目的，让全市人民过上更加幸福的生活。

着眼于上述总体思路和形势判断，“十三五”期间我市经济社会发展的主要目标，概括起来就是“一个率先”“两个提前”“三个领先”。“一个率先”，就是在全省率先全面建成小康社会；“两个提前”，就是地区生产总值提前一年在2010年基础上翻一番；城乡居民收入提前两年在2010年基础上翻一番；“三个领先”，就是经济发展保持中高速增长，产业结构调整成效省市领先；发展迈入中高端，质量效益提升幅度省市领先；生态建设成效明显，空气质量改善程度省市领先。力争地区生产总值年均增长6.5%以上，公共财政预算收入年均增长8%以上；产业结构更加合理，服务业增加值占GDP比重达到42%以上；常住人口城镇化率达到60%以上，城乡居民人均可支配收入年均增长8%以上。

按照“十三五”的总体安排，综合考虑当前形势和发展实际，我们确定2016年经济社会发展的主要预期目标是：地区生产总值增长2%；公共财政预算收入36.2亿元，增长3%；固定资产投资654亿元，增长12%；实际利用外资突破6000万美元；城镇和农村居民人均可支配收入分别达到34340元、19720元，均增长7%。

三、突出重点，统筹推进，奋力开创“魅力水城、绿色迁安”建设新局面

2016年是“十三五”的开局之年、起步之年，做好全年工作意义重大。围绕2016年目标任务，要坚持统筹把握，突出重点，努力实现“六个突破”。

（一）统筹传统产业与新兴产业发展，在转型升级上实现新突破。要坚持优化存量、引导增量，着力培育壮大新兴产业，打造新的增长极，全力打好转型升级的攻坚战。

以两大基地为目标引领转型升级。构建“3+5+6”现代产业体系，打造新型制造业基地和现代服务业高地，是产业升级的主攻方向。加快建设新型制造业基地。一方面，坚持存量调优，推动传统产业改造升级。全力抓整合，通过兼并重组、引进战略投资者、进行资本运营等多种方式，提高困难企业抵御风险能力；积极抓延伸，大力发展耗钢产业，提高产品附加值和市场占有率；持续抓提升，积极引导企业建立现代企业制度，提升企业经营管理水平，加大技改投资力度，提高装备工艺水平。科学稳妥做好钢铁产能化解工作，确保钢铁产业健康发展。另一方面，坚持增量调大，推动新兴产业做大做强。突出生物医药、节能环保、新材料、新能源、高新技术等战略新兴产业，积极引进培育龙头企业，做大总量规模，占领市场高端，不断形成新兴产业集群，使新兴产业尽快成为经济发展的重要支撑和强势增长极。以京津冀钢铁创新联盟为依托，重点在节能减排技术转化、环保设备制造等产业上高端起步，快速发展。着力打造现代服务业高地。围绕发展提速、比重提高、贡献提升的目标，依托毗邻京津的区位优势和山水融城的特色优势，发挥滦河文化产业园区产业支撑和龙头引领作用，积极承接京津功能疏解、公共服务转移，推动教育培训、总部经济等产业率先突破。深入研究京津消费市场，坚持差异竞争、错位发展、精准发力，加快休闲旅游、养生养老等产业快速崛起。借助京津人才高地优势，加强与中关村、科研机构、高等院校的对接，深化产学研合作，促进科技研发、文化创意等产业快速发展。

以园区为平台支撑转型升级。园区是产业转型升级的主阵地，集聚全市最多最好的资源，必须勇挑重担、争作贡献。要创优园区平台，加强园区基础配套设施建设，推进园区扩规模、上水平；积极探索“政府引导、企业开发、市场化运作”和“一区多园”“园中园”模式，全面提高园区管理服务水平和自我发展能力；完善园区考核评价体系和激励约束机制，发挥园区招商引资、项目建设的主力军作用，以大项目为引领，广泛开展定向招商活动，助推园区跨越发展。2016年各园区主营业务收入、规模以上工业增加值、税收等经济指标增速都要实现大幅度提高。

坚持“依法依规、以用为先、分类处置、盘活存量、节约集约”原则，深入推进工业用地清闲促产工作，提高土地利用效益。

以项目为抓手推动转型升级。始终牢牢抓住项目这个牛鼻子，实施好基础设施投资拉动、新增长点培育、成长性企业“登台阶”、“凤还巢”四大工程，为稳增长、促转型注入强劲动力。基础设施投资拉动工程，要以海绵城市创建、园区功能配套、交通道路完善、美丽乡村建设、民生改善等为重点，加快实施一批基础设施投资项目。新增长点培育工程，要突出装备制造、生物医药、总部经济、休闲旅游等新兴产业培育，围绕两大基地建设，狠抓猛促，加快形成一批新的增长点。成长性企业“登台阶”工程，要筛选一批市场前景好、战略支撑能力强、科技含量高的成长性企业，强化政策扶持和量身跟踪服务，重点扶持一批成长性企业发展壮大。“凤还巢”工程，要摸清底数，优化环境，力促一批迁安籍在外成功人士返乡创业。要突出项目导向，强化项目考核调度，健全落实领导分包项目责任制，把项目建设的任务分解到位、责任落实到位、奖惩兑现到位。要紧扣“合同履约、资金到位、项目开工、竣工投产”等关键环节，加大项目审批报送和土地、资金等要素协调保障力度，力促重大项目早落地、早开工、早投产、早见效。集中抓好10个立市项目和100个重点项目，组织好项目观摩拉练。

（二）统筹改革、开放与创新创业，在培育发展新动能上实现新突破。经济新常态，表象是经济增长速度的换挡，实质是新旧增长动力的转换。我们既要解决传统增长动能下滑过速的问题，更要下功夫通过深化改革、扩大开放、加强创新，培育和激活经济发展的新动能。

以深化改革增强发展动力。坚持把改革作为增强发展动力的根本路径，加强领导，强化责任，以改革破瓶颈、优服务、促发展。围绕提高行政效率，深化行政审批制度改革，加大简政放权力度，加强政务服务平台建设，全力推进网上审批、网上监察改革。围绕促进创新创业，制定完善平台建设、金融支持、人才支撑的政策措施。围绕促进产业转型升级，设立产业投资基金，探索差异化的水电等要素配置政策，推进行业阶梯价格制度，建立促进高耗能产业退出机制，鼓励扶持新兴产业发展。围绕加快新型城镇化建设，制定优化人口和产业空间布局、农村宅基地置换、村改居、社会保障和就业城乡一体化的措施，促进人口向城镇集中、要素向城镇集聚、产业向园区集群。围绕破解土地等要素制约，创新盘活存量用地、工矿废弃地复垦机制。制定支持金融创新的办法，鼓励引导社会资本参与城市基础设施、公共服务等行业领域。要积极推进国家、省市改革试点工作，争取列入更多的改革试点，在重点领域和关键环节改革上先行先试，率先突破。

以内激外引激发转型活力。对内，大力实施企业家素质提升工程，增强企业转型升级的主动性和自觉性，帮助企业找准转型升级的方向和路径。激活各类创业主体，加大民企二次创业支持力度，鼓励支持机关和事业单位人员自主创业。强化融资方式创新，引导企业加大直接融资力度，通过上市融资、股权融资等途径，拓宽融资渠道。年内新增个体工商户3500户以上、民营企业400家以上。对外，创新招商引资方式，广泛开展以商招商、驻点招商、代理招商、产业链招商等精准招商活动。抢抓京津冀协同发展机遇，精准把握京津产业转移和功能疏解的布局走向、搬迁意向、资金投向，提高招商引资的针对性和实效性。严格落实招商目标责任制，大力弘扬历尽千辛万苦、说尽千言万语、走遍千山万水、想尽千方百计的“四千”精神，努力构建全年招商、全面招商、全员招商、全力招商的“四全”局面。要坚持走出去与请进来相结合，组织好系列对接京津和“迁安行”活动，举办好经贸洽谈会。

以创新创业提升转型驱动力。要构筑创新平台，发挥京津冀钢铁技术创新联盟、北京科技大学研究院作用，搭建钢铁行业技术工艺水平、节能减排技术改造、新产品研发等共性应用技术提升平台；加快华北理工大学创新创业科技孵化园、行政服务中心双创中心建设，大力发展众创空间；依托滦河文化产业园区，积极打造“创客新城”。要集聚创新要素，以京津地区为重点，大力实施“招才引智”工程，引进培育一批创新团队、创新人才和院士工作站、工程技术研究中心，共建科技园区基地和创新服务平台。要优化创新环境，抓紧制定推进创新发展的实施意见，探索公共财政支持创新发展的新机制、新方法，积极引进各类投资机构，破解企业融资难题，精准制定人才引进激励政策，促进以人才带项目、带资金、带创新。

（三）统筹城市发展与美丽乡村建设，在加快城乡一体发展上实现新突破。坚持把城市作为转型的平台，以省级新型城镇化试点建设为契机，巩固发展统筹城乡领先优势，瞄准更高目标，努力打造城区更富魅力、城镇更具实力、乡村更加美丽的新型城镇化与统筹城乡发展示范区。

提升城市功能品位。按照京津冀都市圈宜居宜业的现代化滨河城市定位，加强城市建设和管理，提升城市品位层级。突出规划引领，高标准推进城乡总规评估和修编启动工作，抓好四级城镇体系各类专项规划和控详规编制。以提升城市内涵为目标，以园林绿地、建筑小区、市政管网改造等为重点，加快推进国家海绵城市创建；加强水电路讯气等基础设施配套，重点抓好第三水厂、集中供热扩容、右岸新城天然气输送工程建设，提高城市承载能力。放大山水融城特色，重点抓好滦河生态休闲区生态景观和配套设施建设。积极推进国家智慧城市试点工作，按照精彩、精细、精美的要求，强化市容市貌、交通环境综合整治。支持城镇组团加快发展，建设一批商贸型、旅游型、工业型小城镇。加强社区管理治理创新，以加大基础设施配套和服务设施投入为抓手，以小区物业规范化管理为突破，积极开展样板小区创建活动。坚持“规划引领、村级主导、群众自愿”的原则，探索整体拆建和分户改建的多种形式，着力改善城中村人居环境，建设都市村庄。

增强城市发展活力。盘活释放南部市区大型商贸综合体功能，加快打造天洋城、红星美凯龙核心商圈，建设时尚现代商务聚集区。坚持产教城融合发展，以教育产业园区为载体，积极引进教育培训项目，推进合作办学，建设科教产业高地。大力发展文化创意、科技研发、楼宇经济、总部经济等城市服务业，提升城市繁荣程度。加强滦河生态休闲区综合开发，强化城市宣传，进一步提升“魅力水城、绿色迁安”的知名度和美誉度。鼓励吸引人口向城市集聚，降低农民进城门槛和成本，加快推进户籍人口的城镇化。

大力建设美丽乡村。把美丽乡村建设作为统筹城乡发展的重要抓手，以“四美五化”为核心，以集中连片建设为路径，突出特色，因地制宜，分类推进。放大生态特质，挖掘文化内涵，精心打造北部长城山野绿道景观带。以列入省级重点片区和省级中心村建设示范市为契机，提升农村新型社区建管水平，重点抓好3个省级中心村示范点和41个省级重点村建设。把美丽乡村建设与发展现代农业、乡村旅游相结合，以农业园区为抓手，大力实施绿道金瓜工程，加快设施农业、采摘农业、休闲观光农业发展，打造一批旅游、特色种养和家庭手工业专业村。创新服务保障，以涉农资金整合使用、撬动社会资本等措施破解资金难题。加大对老区村、边远村建设发展的支持，改善群众生产生活条件。

（四）统筹环保治理与生态文明建设，在推进绿色发展上实现新突破。加强生态环境建设，是发展的生命线，是我们的历史责任。要牢固树立绿水青山就是金山银山的理念，坚守生态红线，坚定不移走绿色循环低碳发展之路，为转型发展提供有力的生态环境支撑。

持续推进环境污染治理。坚持从环境突出问题入手，坚决推进污染防治。深入开展大气污染治理，深化控煤、降尘、治车等精准攻坚，完善监测监控体系和环境应急能力建设，努力增加"蓝天白云"的天数。深入推进节水治水工程，加大重点涉水企业监管，抓好市污水处理厂升级改造，积极推进高新区和经济开发区污水处理厂项目，建设节水防污型社会。加强农村面源污染治理，积极推进农村生活垃圾、污水集中无害化处理。严格环境准入和保护制度，完善环保执法协调联动机制，坚决依法查处破坏生态环境行为。

加强生态环境涵养修复。着眼山水林田湖整体修复，以更大的决心、更严的标准、更大的力度加强生态环境建设保护。持续开展造林绿化攻坚，坚持"政府主导、市场运作"的造林模式和"以奖代补"的激励机制，大力推进城市景观节点、通道、村镇厂企和荒山绿化，构建生态屏障，全年完成营造林4万亩以上。深入开展矿山生态环境修复，结合工矿废弃地复垦利用，落实企业环境治理责任，加强上级专项资金统筹使用，努力打造一批绿色矿山示范试点，决不让生态环境再遭到破坏。加快推进水土流失综合治理，加大滦河湿地、三里河等水系保护力度，打造环城湖泊湿地生态体系。

推进生产生活绿色集约。大力实施结构减排、工程减排、管理减排，强化节能目标责任考核，确保完成节能减排任务。大力发展循环经济，推进工业园区、重点行业、大型企业循环化改造，积极推进首钢迁钢循环化改造、翅冀工业余热供热等循环经济项目建设，促进能源资源集约利用。大力优化能源结构，强化燃煤治理，鼓励推广太阳能、沼气、秸秆等综合化利用。加强用地管理，整治违法用地，清理闲置土地，提高土地利用效率。倡导绿色低碳生活，积极开展生态乡镇、绿色单位、绿色社区创建，营造崇尚自然、追求健康、生态消费的良好氛围。

（五）统筹社会管理与民主法治，在提升社会治理水平上实现新突破。和谐稳定的社会环境是转型发展的最大保障，要结合转型发展的新要求，结构调整的新形势，人民群众的新期盼，推动社会治理体系和治理水平的新提升。

推动社会管理创新。严格落实领导包案责任制，深入推进领导干部大接访、大走访、大下访活动，引导群众依法理性表达诉求，积极化解信访问题，建立依法有序的信访秩序，按照"一站式接待、一条龙办理、一揽子解决"的要求，抓好市群众工作中心建设。完善矛盾纠纷排查调处机制，强化社会治安防控体系建设，严厉打击和惩治各类违法犯罪活动，建设人民群众更加满意的"平安迁安"。强化法治教育，规范执法行为，营造公平正义的法治环境。严格落实"党政同责、一岗双责"的安全生产责任制，狠抓工业企业、道路交通、建设工程等重点行业领域专项整治和安全监管，加强食品药品监管工作，确保人民安居乐业、社会安定有序。

有效防范化解各类风险。当前，我市部分企业经营困难，企业债务风险、金融风险加大，要加强政策帮扶，千方百计帮助企业解决困难。各金融机构要强化服务意识，与企业同舟共济、共克时艰。各企业要积极转变观念，改变过度依赖银行、融资渠道单一的融资方式。要高度关注停限产、化解产能涉及下岗人员的就业和社会保障工作，妥善处理安全生产、食品药品、征地拆迁、信访维稳等可能引发风险、影响大局的问题。

以民主政治凝聚发展合力。支持市人大及其常委会依法履行职责，推动依法治市和法治迁安进程。支持市政府依法行政，积极主动、独立负责地开展工作。支持市政协履行政治协商、民主监督、参政议政职能。加强党对统战工作的领导，支持各民主党派、工商联、无党派人士和工会、共青团、妇联等群团和社会组织工作，加强民族宗教工作，组织动员各界群众在推动转型升级中建功立业。强化党管武装工作，推动双拥共建。

（六）统筹社会事业与民生改善，在群众共享发展成果上实现新突破。共享发展是我们发展的根本出发点和落脚点。要全面统筹事业发展和人的发展，把更多的资源政策、资金项目、工作精力向民生倾斜，让群众在共享发展中提升获得感。

大力发展社会事业。优先发展教育事业，以“建设教育强市、办人民满意教育”为目标，优化城乡教育资源，加大教育基础设施投入，解决城区小学大班额问题。扎实开展健康迁安行动，深化医药卫生体制改革，积极构建分级诊疗格局，对接京津嫁接优质医疗资源，加强人才队伍培养，提高城乡医疗服务能力和水平，推进妇幼保健院扩容升级。巩固全省公共文化服务示范区创建成果，深入推进国家公共文化服务项目创建工作，推进三级综合文化中心建设，继续实施文体惠民工程，广泛开展群众性文体活动，筹办好奥运会拳击项目亚大资格赛。做好养老、人口和计划生育、妇女儿童等其他各项社会事业。

大力保障和改善民生。顺应群众呼声和关切，切实抓好农村饮水安全、棚户区改造等为民实事工程，认真做好关系群众切身利益的各项工作。把促进就业作为改善民生的首要任务，加强就业指导和创业服务，积极拓宽就业渠道，稳妥实施援企稳岗政策，着力解决好高校毕业生、下岗失业人员等重点人群就业问题。完善社会保障体系，突出应保尽保、扩面提标，做好城乡低保与养老保险对接工作，更多关注城乡困难群众救助、失地失业人员帮扶，强化社会保障托底作用，织好织密民生保障网络。积极推动慈善、残疾人等事业发展，着力提升特殊困难群体生活质量。

大力提升市民文明素养。深入推进全国文明城市创建，提高城市文明程度。加强精神文明建设，深入开展文明单位、文明行业、文明社区、文明家庭创建活动，广泛开展爱迁安、做贡献活动，加强全民性的教育和引导，凝聚建设“魅力水城、绿色迁安”的正能量。加强道德建设，以“善行迁安”为主题，宣传转型发展中涌现的各类先进人物和典型事迹，传播主流价值。加强诚信体系建设，深化全市企业、窗口行业诚信主题活动，发掘和宣传各类诚信典型，大力开展诚信政府、诚信社会创建。

四、勇于担当，团结拼搏，为加快“魅力水城、绿色迁安”建设提供坚强保证

实现“十三五”良好开局，关键在党、在干部。全市各级党组织和广大党员干部，要进一步认清使命，全面落实从严治党责任，认真践行“三严三实”要求，抓好政治生态建设，为转型发展营造风清气正、干事创业的良好环境。

（一）要在强化责任中点燃干事激情。在转型发展的关键时期，矛盾困难多，各项任务艰巨繁重，这正是对各级干部的考验。困难挑战面前，我们别无选择，唯有勇于担当、真抓实干，最大程度地释放干事创业的热情，开创转型发展新局面，才能不负组织的重托和群众的信任。要从各级领导干部做起，坚决克服不求有功、但求无过的惰性心理，勇于负责、敢于担当，锐意进取、奋发作为。要忠于事业，对分管的领域和工作，真正扛在肩上、抓在手上，用心谋事、用力干事，始终保持不断进取之心、昂扬向上之气。要攻坚克难，带头抢抓机遇、冲锋陷阵，带头啃硬骨头、打攻坚战，积极破解各类矛盾和问题。要昂扬斗志，把全部心思和精力都放在工作上，兢兢业业、殚精竭虑，真干实干、苦干巧干，使夙兴夜寐、激情工作成为常态，用各级干部的辛苦指数换取人民群众的幸福指数。

（二）要在转型实践中提升执政能力。对照“八破八立”的要求，认真开展解放思想大讨论活动，重点解决思想、工作等方面存在的不适应问题，切实在政策上找支撑、在市场中找出路，着力破解制约转型的体制机制障碍。深入实施干部素质能力提升工程，发挥党校主阵地作用，创新干部培养锻炼机制，优化知识结构和专业结构，提升战略思维能力、推动发展能力、防范风险、处理复杂问题能力和做好群众工作的本领。要结合地方党委换届，选强配优忠诚干净担当实干的干部，唱响以项目论英雄、凭发展看干部、靠实绩用干部的导向。进一步夯实基层基础工作，继续巩固和深化整治软弱涣散基层党组织成果，深入推进基层民主政治建设，抓好农村三支队伍建设，使每个基层党组织都成为坚强的战斗堡垒。

（三）要在推动落实中改进干部作风。作风建设是攻坚战，也是持久战，必须保持抓常的韧劲、抓长的耐心，营造作风建设新常态。严格落实中央八项规定，持续整治“四风”，深入开展治理不作为、乱作为、侵害群众利益、群众办事难等专项整治行动，着力解决庸懒散拖、懒政怠政、为官不为等突出问题。要进一步唱响实干兴市主旋律，全面落实“四个干”工作要求，健全用好干部干事档案，鼓舞和激励各级干部担当实干，在招商引资中比实绩，在项目建设上比实效，在财政税收上比贡献，在加快发展上比成果。要坚持以实为本，围绕中心和大局，细化任务，明确责任，对重大决策、重大项目，更要以抓铁有痕、踏石留印的干劲，紧盯不放、一抓到底，使市委各项工作部署落地生根，抓出成效。

（四）要在廉洁干事中筑牢拒腐防线。营造政治清明、政风清新、政通人和的政治生态，是我们凝心聚力、加快发展的必然要求。要严格落实党风廉政建设“两个责任”，加强组织领导，抓好干部队伍监督管理，以案示警，强化制度，着力构建不敢腐、不能腐、不想腐的廉政机制和不敢懒、不能懒、不想懒的勤政机制。始终把纪律和规矩挺在前面，认真落实《廉洁自律准则》和《纪律处分条例》等党内法规要求，加大纪律审查力度，保持惩治腐败的高压态势，着力营造纪在法前、违纪必究的党内政治生活氛围，形成党员干部守纪律讲规矩的常态。各级干部要珍惜名节和操守，严守“三严三实”的为官标准和政治品格，修德增才，从严要求，自觉在思想上划出红线、在行为上明确界限、在道德上坚守底线，树立党员干部良好形象。

同志们，新常态要有新作为，新起点要有新气象。让我们更加紧密地团结起来，以更加坚定的信心、更加饱满的热情，凝心聚力，扎实苦干，全力实现“十三五”良好开局，为加快建设“魅力水城、绿色迁安”而努力奋斗！

政府工作报告

——在迁安市第五届人民代表大会第六次会议上

迁安市人民政府市长　张淑云

（2016年2月16日）

各位代表：

现在，我代表迁安市人民政府，向大会报告工作，请予审议，并请各位政协委员和列席会议的同志提出意见。

一、“十二五”时期经济社会发展回顾

“十二五”时期，是迁安发展历程中形势急剧变化、经历严峻挑战的五年。受外部冲击和内部问题的叠加影响，自2013年开始，钢铁、矿山等行业的市场形势急转直下，并迅速波及其他行业。我市产业结构单一、接续产业发展相对滞后等内部问题连锁反应、集中迸发，转型阵痛不断加剧，经济持续下行，指标增长乏力，迁安发展经历了并正在经历着一个前所未有的艰难时期。

“十二五”时期，更是全市上下转型攻坚、奋力开拓、经济社会发展在困难中取得新成绩的五年。面对经济严冬期、转型阵痛期的双重考验，我们没有丧失振兴崛起的志气，更没有减弱干事创业的劲头。在市委的坚强领导下，在市人大、市政协的监督支持下，我们紧紧团结和依靠全市人民，积极主动适应新常态，牢牢把握转型发展主线，统筹推进稳增长、调结构、促改革、惠民生、治污染、防风险各项工作，较好地完成了“十二五”期间的各项目标任务。

——综合经济实力明显提升。“十二五”期间，全市地区生产总值年均增长9.8%；固定资产投资累计完成2244.6亿元，是“十一五”期间的2.8倍，年均增长16.9%。到2015年，公共财政预算收入达到35.2亿元，年均增长10.2%；社会消费品零售总额达到222.6亿元，年均增长13.7%。先后被评为绿动·2011中国经济十大领军城市、全国发展改革试点城市、2012中国经济转型示范城市、中国经济最具竞争力城市，在中国中小城市综合实力百强评比中，从2011年的第30位上升到第19位。

——产业结构不断优化升级。现代服务业蓬勃兴起。新增商业面积23.2万平方米，新增银行、保险等金融机构15家，现代服务业增加值占GDP比重达到36%，比“十一五”末提高7.1个百分点。工业内部结构调整成效显著，钢铁、矿山两大行业增加值比重由92%下降到69%。在稳妥化解钢铁产能的同时，7家钢铁企业全部进入工信部规范企业名录，精品钢材比重由25%提高到30.5%。钢铁产业加快向装备制造业和耗钢产业延伸，向现代物流业拓展。正大制管、彦博彩板等项目相继投产，按照小规模、大群体的思路，实施了一批钢铁初深加工集群项目，制管、彩涂板等产业由弱到强，全市耗钢能力达到1250万吨，耗钢率达到33%。装备制造业增加值年均增长33.3%，成为全市增长最快的产业。浙江物产、天津物产等龙头企业相继落户，带动50余家中小物流企业集群跟进，形成了2000多万吨的第三方专业物流吞吐能力。煤化工、食品医药、包装建材等产业快速发展。实施了怡惠达LNG、翅冀LNG等一批链条延伸项目，打破了有“焦”无“化”的粗放式发展格局。思文科德八色印铁等一批项目投产，实现了由纸质包装向铁质包装、特种包装的拓展。英诺特生物制药、百善药业、葵花药业等制药企业高端起步、集群发展。

——搭建了转型发展的优质平台。累计投入170亿元，规划建设了4家省级园区。其中，经济开发区成为我省首个千亿级工业聚集区，被列为承接京津功能疏解和产业转移的40个重点园区之一。高新技术产业开发区被评为全省新型工业化产业示范基地、首批清洁生产试点园区。滦河文化产业园区跻身全省十大文化产业园区。北方钢铁物流产业聚集区成为全国物流专委会副主任单位、中国物流示范基地，连续3年被评为全国优秀物流园区。五年来，园区经济从无到有、从弱到强，已经集聚了全市90%的规上企业，创造了80%的经济总量，提供了50%的就业岗位。

——新型城镇化进程进一步加快。城市建成区面积达到42平方公里，比“十一五”末增加13.5平方公里；常住人口城镇化率达到54%，比“十一五”末提高6.2个百分点。先后被评为世界健康城市和中国宜居城市，入选国家智慧城市建设试点单位，成为国家海绵城市唯一的县级试点。高标准编制了城乡总体规划，明确了三大主体功能区和“1－3－38－48”四级城镇发展体系，全市规划体系更加完善。滦河综合治理一期工程顺利蓄水，形成了14平方公里湖面，山水融城特色更加突出。南部新城区、滦河生态休闲区和右岸新城三大板块建设快速推进，城市功能布局进一步优化，形象显著提升。实施了一批基础设施工程，津秦高铁滦河站正式运营，京秦高速迁安支线、第三通道等重点工程相继通车，累计新增城市道路面积77.6万平方米，新铺设各类管网142公里，完成既有建筑节能改造18.9万平方米，新增城市集中供热895万平方米，城市承载能力进一步提升。实施了276项小城镇建设项目，建昌营、野鸡坨和沙河驿被评为全国重点镇。城市管理更加有序，组建了城市管理委员会，探索推进了城市数字化、网格化管理。大力整治市容环境，城市美化、净化水平显著提升。

——“三农”工作统筹推进。农业生产条件明显改善。累计发展节水灌溉8.5万亩，治理水土流失123.5平方公里。实施了滦河、冷口沙河、西沙河等治理工程，水生态环境进一步改善。农业产业化水平进一步提升。规划建设了四条生态绿道，实施了138个“绿道金瓜”工程，带动土地流转12.8万亩，建立农民专业合作社319家，带动12万农户增收致富；唐山市级以上农业产业化龙头企业达到20家，农业产业化率达到76.1%，比“十一五”末提高5.6个百分点，被评为全国休闲农业与乡村旅游示范市。乡村面貌焕然一新。深入推进美丽乡村建设，完成了210个村的改造提升工程，唐庄子、山叶口被评为河北省美丽乡村。

——社会事业蓬勃发展。科技创新能力明显提升。培育了燕山大学科技园迁安分园、昌安耀滨2家省级科技企业孵化器。实施了181项科技研究和成果转化项目，新增国家级高新技术企业10家、省级院士工作站2家、省级工程技术中心和研究中心8家、省级科技型中小企业200家。生态环境明显改善。强力推进钢铁、焦化等五大行业治理，实施了烧结机脱硫、转炉除尘等278项重点治理项目，累计淘汰黄标车3183辆，完成燃煤锅炉改造207台，圆满完成了“十二五”期间主要污染物削减任务。实施了139个矿山生态修复项目，修复面积9822亩。累计造林绿化16.1万亩，全市森林覆盖率达到43.5%，比“十一五”末提高4.6个百分点。教育事业均衡快速发展。高等教育实现零的突破，华北理工大学迁安学院正式招生，市职教中心升级为技师学院。持续改善办学条件，23个校安工程全部竣工，一中与北大学园实现合作办学，六实小正式成为北京实验二小成员校，北大学园幼儿园投入运营。第四实验小学被评为全国特色学校，我市获评首批全国义务教育发展基本均衡县。卫生计生事业稳步推进。人民医院、中医院迁建等工程投入使用。积极开展基层医改和公立医院改革，药品零差率销售让利群众1.34亿元。率先在全省建立城乡居民医疗保险制度，成功创建全国农村中医药先进单位、国家慢病综合防控示范区。文体事业更加繁荣。顺利通过全国文化先进市复查验收，被评为省公共文化服务示范区。文化馆、图书馆、奥体中心、博物馆改陈等工程先后竣工，面向社会免费开放，公共文化资源共建共享工程被列为全国示范项目，19个镇乡综合文化站全部被评定为国家一级站。九江拳击队在南京青奥会、仁川亚运会等赛事中先后夺金。此外，食品药品安全、国防动员和双拥工作以及质量技术监督、统计、物价、气象、移民、人防等工作都取得了新成绩。

——群众生活更加幸福。累计实施170件为民实事工程，城镇和农村居民人均可支配收入分别达到32160元、18478元，比“十一五”末分别提高64.6%和68.6%。新增城镇就业3.8万人，农村劳动力转移就业5.22万人。城乡低保和五保供养标准不断提高，率先建立大病补充补偿制度。建设各类保障性住房18373套，实施棚户区改造15564套，基本保障了困难群众的住房需求。大力推进“平安迁安”建设，维护了和谐稳定的良好局面。

——政府效能不断提升。自觉接受市人大的法律监督、工作监督和市政协的民主监督，累计承办人大代表建议和政协委员提案763件，按时办结率100%。严格落实“八项规定”，坚决纠正“四风”问题，针对国有资金使用等重点领域和招投标等关键环节，出台了一系列规范性文件，行政权力电子监控体系全面运行，依法行政水平显著提升。累计开展45项政府性债务、社保资金、涉农资金等专项审计，完成39项、630个单位的财政预决算审计、经济责任审计、政府招投标及采购事项审计，进一步规范了政务运行。不断深化行政审批制度改革，大力削减行政审批事项，全面推行“三级平台”“两个代办”，打通为民、为企服务的“绿色通道”。按照“四个干”抓落实的工作机制，建立《市政府重点工作运行管理图库》，促进了各项工作落实。

刚刚过去的2015年，是迁安发展史上极为特殊的一年。一年来，我们经受住了经济持续下行压力的严峻考验，围绕振兴崛起、求稳求进，全力做好改革发展稳定各项工作，全市经济社会发展呈现出稳中趋好的态势。尽管2015年钢铁、矿山等主导行业增加值比2012年减少71.3亿元，税收减少32.2亿元，但全市主要经济指标仍止跌回升，预计地区生产总值比上年增长4.8%；公共财政预算收入增长0.03%，结束了连续两年下滑的历史，告别了负增长；全社会固定资产投资增长13%；规上工业增加值增长4.3%；社会消费品零售总额增长9.4%；出口创汇增长19.3%；服务业增加值比重比上年提高5.3个百分点。2015年主要指标任务的完成，标志着“十二五”规划的圆满收官。

各位代表，回首过去的五年，我们经历的挑战和冲击前所未有，收获的成果和经验弥足珍贵。成绩的取得，得益于我们提早警醒、因势利导，始终把握了转型发展这一主线。在经济发展的上升期，按照市委的决策部署，市政府坚定不移地实施“四五”转型攻坚计划、加速构建“3+5+6”产业体系，有效缓解了部分下行压力，使全市经济结构更趋合理、经济发展在严峻的挑战面前得以稳健前行。五年来的实践证明，转型发展符合经济发展规律，符合迁安发展实际，是迁安实现科学发展的必由之路，早转早主动，晚转就被动。成绩的取得，得益于我们勇于担当、迎难而进，始终保持了坚定的发展信心和政治定力。五年来，我们时时有挑战，处处有考验。面对特殊的经济、政治和社会形势，我们牢牢稳住阵脚，稳住民心士气，旗帜鲜明地支持企业化解危机与难题，全力遏制住下滑态势；与此同时，我们还抓了建设四大省级园区、彰显水城特色、调优产业产品结构、打造四条生态绿道等许多打基础、利长远的工作，实施了城乡医保统筹并轨、培育发展高等教育、农村面貌改造提升等许多改善民生的工作。可以说，本届政府经受了有史以来最严峻的挑战和考验，展现了应有的政治定力和政治担当，圆满履行了政府的岗位职责。

成绩的取得，得益于我们内激外引、乘势而上，在全市唱响了“以项目论英雄、以项目论荣辱”的主旋律。大力推进全民创业和民企二次创业，新增民营企业2415家、新增个体工商户15065户。全力构建大招商格局，举办了3届经贸洽谈会和上门推介招商、以商招商、中介招商等系列活动，浙江物产、天津物产、芬兰斯道拉恩索等7家世界500强企业，正大制管、新奥能源、北京顺鑫等40余家行业领军企业先后落户。“十二五”期间，全市累计实施了304个亿元以上项目、37个10亿元以上项目，为转型发展提供了强有力的支撑。在此，我代表市政府，向全市人民，向人大代表和政协委员，向驻迁解放军、武警官兵和所有关心支持迁安发展的同志们、朋友们，表示衷心的感谢和崇高的敬意！

在肯定成绩的同时，我们也清醒地认识到，近年来的发展之所以感到困难重重、举步维艰，既有外部环境的冲击影响，更存在着许多深层次的内部问题，主要是：结构性矛盾还没有根本转变，钢铁行业大而不强、产业链条短、产品档次低、抵御市场风险能力弱的问题亟待解决；新兴产业和现代服务业尚处在起步和成长阶段，数量少、规模小，短期内还不足以完全对冲“减”的总量；经济外向度还不高，创新驱动对产业升级的拉动效应还不明显；化解过剩产能、改善生态环境的任务依然艰巨；尽管城市建设取得了很大成绩，但加速新型城镇化进程仍然是今后一个时期的紧迫任务；部分干部和企业家的思想还不够解放，适应新常态、解决新问题的办法还不多；政府职能转变还不到位，一些工作人员懒政怠政现象仍然存在，能力本领恐慌问题还比较突出。对这些问题，我们一定高度重视，采取有效措施认真加以解决。

二、“十三五”时期的主要目标和任务

随着我国经济发展进入新常态，增长速度已经从高速转向中高速，发展方式正在由规模速度型转向质量效率型，经济结构从增量扩能为主转向优化存量、强化增量并举，发展动力从要素驱动、投资驱动转向创新驱动。这是我国经济发展到一定阶段必然要经历的历史过程，是经济规律的客观反映和必然要求。深刻剖析我市遇到的困难和挑战，根源就是产业结构、发展方式、增长动力与新常态下的要求还不完全适应。而我市经济发展之所以能够在艰难中稳步前行，也主要得益于转型思路与新常态下“中高速、优结构、新动力”的要求高度契合，转型发展成效初步显现。中央指出，认识新常态、适应新常态、引领新常态，是当前和今后一个时期我国经济发展的大逻辑。对这一科学判断，回顾迁安几年来的转型实践，我们的体会尤为深刻。

当前，经济下行压力依然较大，企稳回升的基础还不稳固。世界主要经济体延续疲弱复苏态势，我国经济发展仍面临着经济增速下降、工业品价格下降、企业盈利下降、财政收入增幅下降、经济风险发生概率上升等突出矛盾和问题。在这一大的形势背景下，我市“一钢独大、大而不强”的结构性矛盾更显突出，去产能、治污染、调结构、转方式等任务更加艰巨而繁重，经受的冲击和挑战比其他地区更为严峻。

从机遇看，京津冀协同发展已经上升为国家战略，我们正面临着迁安有史以来最大的发展机遇。在改革开放初期，我们有过大办“黑色工厂”、实现依矿而起的机遇；在国家工业化和城镇化加速推进时期，有过北京申奥成功、首钢外迁、实现因钢而兴的重大项目示范带动机遇。而这次协同发展带来的机遇，不仅会解决经济增长问题，还将解决发展方式和发展质量问题，无论在层次上、范围上、领域上，还是在持续时间上，都比我市以往两次机遇重大得多，甚至比珠三角、长三角崛起时的机遇还要大、还要持久、还要直接。抓住这一机遇，迁安一定能够成为产业新城、魅力水城、幸福之城。当前，中央已经加大了积极财政政策的实施力度，为供给侧结构性改革营造宽松的金融环境，出台了降低企业成本、建立化解产能专项资金等一系列政策，为我们应对挑战、稳中求进提供了难得机遇和政策支

持。对此，我们将进一步强化转型提升的机遇意识、忧患意识和责任意识，坚定信心，抢抓机遇，积极作为，努力实现经济社会持续稳定健康发展。

按照市委五届六次全会精神，根据我市面临的形势和任务，确定“十三五”时期政府工作的指导思想是：认真贯彻中央、河北省、唐山市和迁安市委的决策部署，坚持创新、协调、绿色、开放、共享的发展理念，坚持协同发展、转型升级、又好又快的工作主基调，抢抓京津冀协同发展机遇，全面实施“12336”战略，加快建设“魅力水城、绿色迁安”，为率先全面建成小康社会、在新常态下再创新辉煌奠定坚实的基础。

按照上述工作思路，确定“十三五”时期我市经济社会发展的总体目标是，“一个率先、两个提前、三个领先”：“一个率先”，就是在全省率先全面建成小康社会；“两个提前”，就是地区生产总值提前一年在2010年基础上翻一番；城乡居民收入提前两年在2010年基础上翻一番；“三个领先”，就是经济发展保持中高速增长，产业结构调整成效省市领先；发展迈入中高端，质量效益提升幅度省市领先；生态建设成效明显，空气质量改善程度省市领先。力争地区生产总值年均增长6.5%以上，公共财政预算收入年均增长8%以上，城乡居民人均可支配收入年均增长8%以上；重污染天气减少60%，PM2.5浓度比2013年下降33%左右、达到每立方米72.4微克，化学需氧量、氨氮、二氧化硫、氮氧化物等主要污染物排放量达到省市下达的控制目标。

围绕上述目标，今后五年我们将突出抓好以下六方面工作：第一，坚持转型发展，在调优产业结构上求突破。加速建设新型制造业基地和现代服务业高地，推进产业向中高端迈进。到2020年，高附加值钢材产品比重提升到50%以上，装备制造业产值占工业比重达到20%以上，新兴产业占工业比重达到20%以上；力争服务业增加值占GDP比重达到40%以上，农业产业化率达到78%以上。第二，坚持创新发展，在催生发展新动力上求突破。全面推进科技与经济对接、创新成果与产业发展对接，积极构建“京津研发、迁安转化”的协同创新格局；强化企业创新主体和主导作用，增加研发投入，加快构建区域创新体系。深入实施全民创业和民企创新创业工程，切实打造一批创新水平高、成长性好、科技支撑作用强的创新型企业群。到2020年，研发投入占GDP比重达到2.5%，科技型中小企业达到400家以上。第三，坚持协调发展，在推进城乡一体化进程上求突破。以“1-3-38-48”四级城镇发展体系为引领，加快南部新城区、滦河生态休闲区、右岸新城三大城市板块开发建设步伐。统筹城乡发展，加快城镇组团建设，到2020年全市常住人口城镇化率达到60.5%，户籍人口城镇化率达到49.6%。按照“四美五改”要求，推进具有迁安特色的美丽乡村建设。第四，坚持绿色发展，在生态文明建设上求突破。牢固树立“绿水青山就是金山银山”理念，大力开展大气污染防治攻坚战，全面完成节能减排、压减产能任务，促进空气质量持续改善。加强水保护，全面落实水源地保护措施，基本实现地下水采补平衡，市域内滦河水质优良比例达到上级要求。实施土壤行动计划，建立健全市域土壤环境保护体系。加强生态修复与建设，到2020年森林覆盖率达到46.5%以上。大力发展绿色产业，以提高资源利用效率为核心，推进产业生态化、生态产业化，坚定不移地走绿色、低碳、循环发展之路。第五，坚持开放发展，在激发活力上求突破。更加主动地服务和融入京津冀一体化、国家“一带一路”战略，增强对接京津力量，积极承接京津产业转移和功能疏解，充分利用京津市场，构建全方位开放大格局。不断提升招商引资水平，引进一批新兴产业项目，培育一批新的增长点。“十三五”期间力争引进世界500强、中国百强、央企和行业领军企业20家以上。大力发展外经外贸，实施“走出去”战略，有序转移钢铁、水泥和玻璃等过剩产能。坚持以开放促改革，全面深化各领域改革，破解瓶颈制约，最大限度激发发展活力。第六，坚持共享发展，在提升群众幸福感上求突破。持续加大民生投入，每年实施一批为民实事工程。努力扩大就业，多渠道开发就业岗位，落实援企稳岗政策。完善社会保障体系，到2020年城镇职工养老保险参保人数达到12.86万人，年均增长1.6%，推进城乡居民医疗保险全覆盖。大力发展教育事业，积极改善办学条件，不断提高教育整体质量和水平。加快健康迁安建设，深化医药卫生体制改革，推进医疗信息化和中医药事业发展，全面提升城乡医疗卫生服务水平。加快构建现代公共文化服务体系，推进文化大发展、大繁荣。

三、2016年重点工作

按照“十三五”的总体安排，综合考虑当前形势和我市发展实际，确定2016年的主要预期目标是：地区生产总值增长2%；公共财政预算收入达到36.2亿元，增长3%；固定资产投资达到649亿元，增长10%；利用外资突破6000万美元。进一步改善环境质量，全面完成上级下达的各项指标任务，空气质量达到或好于二级标准的天数比2015年进一步增加。

2016年，是“十三五”开局年，做好全年工作非常关键。围绕贯彻落实市委工作部署，我们将重点打好十项攻坚战。

（一）打好稳增长攻坚战。稳增长仍然是2016年市政府工作的首要任务。我们将全力保障现有企业正常生产，狠抓项目建设，积极支持全民创业，确保全市发展稳中有进。依托既有企业抓增长点。积极推进“两登一扶”工程：推进成长性企业登台阶，选择一批成长性好的企业，在资金、技术等方面实施精准扶持，加快小升规、个转企，在企业规模、管理、创新三个方面登台阶。推进规上企业登台阶，引导规上企业对标达标，建立现代企业制度，狠抓技术改造，在管理和技术上登台阶。抓好困难企业帮扶，全面落实中央经济工作会精神和上级相关政策，帮助企业降低成本；坚持困难企业领导分包制度，协调解决实际问题，全力支持困难企业复产达产。依托项目建设抓增长点。深入推进项目建设大会战，集中力量抓好10个立市项目和100个重点项目。严格落实“五个一”项目工作机制，着力强化领导分包责任，组织项目观摩拉练活动，使抓项目、稳增长、增后劲成为政府工作的最强音。尤其是对竣工项目，我们将逐项目调查摸底，主动搞好协调服务，力促项目早日达产达效。依托创新创业抓增长点。继续深入开展全民创业和民企创新创业活动，设立专项资金，通过组织参加EMBA课程、专题培训、外出考察等方式，引导企业家开阔视野、创新思维，实施高端装备制造、休闲旅游、生物医药等转型项目。充分发挥青年企业家协会作用，把全市创新创业活动引向深入。摸清迁安企业家在外投资底数，了解其回乡投资意愿，实施“凤还巢”工程。年内新增个体工商户3600户以上、民营企业400家以上、规模以上工业企业15家以上、限额以上三产企业15家以上。

（二）打好调结构攻坚战。顺应国家供给侧结构性改革大势，着力优化存量、引导增量，引领产业结构优化升级。加快建设新型制造业基地。坚持存量调优，推动传统产业改造升级。本着公开、公平、公正原则，坚决、稳妥地做好钢铁产能化解工作。全力抓整合，通过兼并、托管、引进战略投资者、进行资本运营等多种方式，提高困难企业抵御风险能力。积极抓延伸，实施燕钢精品钢、迁钢公司冷轧硅钢扩能等5个项目，进一步调优钢铁产品结构；加快华洲金属制品公司8万吨紧固件等14个项目建设，确保正大350万吨焊管二期等项目尽快达产达效，积极谋划推进板材深加工、住宅用钢结构等项目，以耗钢化、链条化、智能化、高端化为主攻方向，大力发展装备制造业和钢铁初深加工产业。同时，加速延伸煤化工产业链条，抓好中溶科技30万吨无水乙醇、新奥LNG等4个重点项目，推进煤化工产业精细化发展。抓好首实3万吨包装带、中建西部新型建材等7个项目，进一步做大做强包装建材产业。力争2016年装备制造业产值占工业比重达到10%以上。持续抓提升，在引导企业提高经营管理、技术创新水平的同时，高度重视与京津冀钢铁联盟的战略合作，在节能减排技术转化、环保设备制造等产业上高端起步、快速发展，力争钢铁创新研究院年内开工建设。坚持增量调强，做大做强新兴产业。突出生物制药、节能环保、高新技术等战略性新兴产业，引进龙头，培育集群，做大总量规模，形成经济发展的重要支撑和强势增长极。年内重点支持英诺特、葵花、百善、金沙工贸、乐达特种陶瓷等企业做大做强，实现量质齐升；抓好天津信地新智慧创新基地、艾驰高端医疗诊断试剂等9个项目，力争新兴产业增加值增长15%以上。着力打造现代服务业高地。扎实推进服务业三年行动计划，实现发展提速、比重提高、贡献提升，力争2016年服务业增加值比全市平均增速高2个百分点以上。全力壮大现代物流业。加快天津物产综合物流服务中心等项目建设，力争新引进1亿元以上物流项目3个，5亿元以上物流项目1个，10亿元以上物流项目1个，进一步壮大规模、拓展服务功能。加快发展休闲旅游业。积极推进中唐文化旅游综合体、塔寺峪等10个重点项目建设，进一步完善景区基础设施，打造一批精品景区。加大宣传推介力度，积极融入京津冀旅游线路，培育迁安绿道休闲游、长城文化游、乡村度假游等旅游品牌；挖掘京津冀旅游市场潜力，打造旅游目的地城市。依托京津加快发展高端服务业。进一步擦亮水城品牌，提高滦河文化产业园区的承载能力，积极承接京津功能疏解、公共服务转移项目，年内在教育培训、医疗服务、养生养老等产业上努力取得新成果，通过承接京津地区优质公共服务资源，吸引更多的项目和高端人才落户。借助京津人才高地优势，加强与中关村、科研机构、高等院校的对接，促进科技研发、文化创意等产业发展。制定鼓励扶持政策，促进总部经济发展。

（三）打好对接京津、招商引资攻坚战。牢牢把握协同发展机遇，强化开放思维，努力在对接京津、招商引资上实现新突破。全力做好对接京津工作。进一步加强驻京招商力量，组织开展主题推介、周末迁安行、新媒体招商等推介活动。重点实施产业对接“十百千工程”，力争对接京津地区国企、央企、国内百强等巨型航母企业10家以上，对接科技研发机构、行业协会等100家以上，对接科技型中小企业1000家以上。巩固和深化与北京市科委、北京科技大学、北京家具行业协会等单位的对接成果，盯紧盯牢意向项目，力争签约落户。精心组织招商推介活动。继续走出去上门招商、以商招商、委托招商、精准招商，切实引进一批大项目、好项目；坚持请进来推介招商，精心筹办经贸洽谈会等系列活动，确保签约落地一批项目。年内力争引进世界500强、中国500强和大型央企、行业领军企业4家以上，新引进域外资金100亿元以上。全力构建大招商格局。逐级分解落实招商任务，加强督导调度和目标考核；发挥招商政策的激励作用，营造“全年招商、全面招商、全员招商、全力招商”的浓厚氛围。

（四）打好新型城镇化建设攻坚战。以列入省级新型城镇化综合试点为契机，强化规划引领，突出水城特色，促进产城融合，不断提高新型城镇化水平。进一步强化规划的引领作用。抓好城乡总体规划修编，加快编制海绵城市、城区停车布置、地下空间综合利用等专项规划，抓紧完成城镇组团和一、二级社区控制性详细规划、省级美丽乡村设计方案等编制工作。坚持规划即法理念，加强规划监管与执行，确保一张蓝图绘到底。着力打造魅力水城。加快海绵城市建设，加速前期工作，抓紧确定PPP项目合作单位，确保所有年内的海绵城市工程6月底前全面开工，切实提升城市内涵。加速滦河文化产业园区开发，打造协同发展的高端平台。瞄准京津重点地区，加大招商引资力度，全力吸引养生养老、教育培训、文化旅游等项目落户。加快建设供热、供水、亮化等在建工程，进一步提升园区承载能力。创新开发模式，对9号岛等岛屿、右岸新城等重点区域，引进战略投资商，进行总体规划和开发建设。积极吸引京津众创空间设立分支机构，支持创客空间、创业咖啡、创新工场等新型众创空间发展，用最美的资源培育最具活力的产业，打造水城、绿岛、新活力的园区品牌。统筹“居、产、教、医、娱”发展，繁荣城市经济。坚持以“人”为核心，打好吸引人口落户的组合拳。抓好碧桂园、天洋城等小区建设，打造一批精品。鼓励万嘉云商、爱米网等电子商务发展，促进商贸流通业丰富业态、做大做强。依托金融街、奥体中心、会展中心，大力发展金融服务、体育赛事、会展经济。鼓励文艺展演、餐饮等行业引进品牌、打造特色。积极承接非首都功能疏解项目，着力培育教育强市、医疗强市品牌，增强城市吸引力。同时，抓好西里铺城市棚户区改造、既有建筑节能改造、80万平方米集中供热扩容、天然气输送、生活垃圾焚烧发电等工程，进一步提高城市承载能力。全面提升城市管理水平。深入推进智慧医疗、智慧交通、智慧电网等工程，加快建设智慧城市。强化事件部件考核，进一步提升数字化、网格化、常态化管理水平。着力规范小区物业管理，创新管理模式，专项整治市容市貌，加大交通秩序整治力度，进一步提升绿、美、亮、净水平。

（五）打好科技创新攻坚战。设立科技创新专项基金，强化科技资金的导向作用和企业的主体地位，全力补齐科技创新这一短板。积极推进协同创新。加大科技合作的对接力度，进一步深化与京津冀钢铁联盟的战略合作，年内力争在筹建固废资源循环利用产业园、建设创新研究院、技术合作、科技成果转化等方面取得实质性进展。鼓励企业与各大院校、科研院所开展技术合作，提升创新能力。年内力争新增产学研基地2家，实施科技成果转化应用项目5个以上。推动孵化器建设提档升级。支持燕大科技园迁安分园、昌安耀滨孵化器与风险投资、天使投资相结合，增强融资、技术支持、市场推广等服务功能，打造孵化器升级版。做大做实燕大创业苗圃，加快建设华北理工创新创业科技孵化园，搭建新的孵化平台，进一步提高孵化能力。强化企业创新主体作用。引导企业加强研发平台建设，年内力争新建市本级工程技术中心、唐山市级研发中心各2家以上。支持企业引进、研发新技术、新产品，新增高新技术企业2家以上、科技型中小企业40家以上。

（六）打好生态环境整治和保护攻坚战。把生态文明建设作为转型之要，加大生态保护与修复力度，依法加强监管，从严惩处各类环境违法行为，让“绿”和“蓝”成为全市发展的主色调。狠抓环保综合治理。加强重点行业减排工程建设。抓好242项钢铁、焦化、玻璃等行业污染治理项目，确保污染物稳定达标排放。督导燕钢、九江等6家企业加大投入，加快实施球团脱硫、玻璃熔窑脱硫、脱硝等28个减排工程，确保按时竣工、正常运转。狠抓大气环境综合治理。开展大气颗粒物来源解析，推进初始排污权核定和分配工作。做好首钢矿业球团厂等3家企业清洁生产审核评估工作，抓好新能源汽车推广、扬尘整治等17项任务，治理燃煤锅炉120台，确保完成省和唐山市达目标任务。加大水污染防治力度。出台水污染防治方案。加强源头管控，严控水污染物排放总量。加强地下水环境监管，以焦化企业为重点，开展地下水评估工作；严格水资源管理，加大对滦河、西沙河、三里河等主要水系监测、保护力度，确保地表水安全，实现水资源可持续利用。推进农村环境污染综合治理。支持镇乡污水处理厂建设，培树5～10家畜禽养殖污染治理示范企业。加快建设绿色家园。以“四环、三沿、两山”为重点，完成营造林4万亩以上。按照“谁破坏、谁治理”的原则，完成矿山企业生态修复治理1500亩以上。推进绿色集约发展。坚持“金山银山、有污染不进迁安”，严禁高耗能、高污染项目上马。积极推广电机系统节能、能量系统优化使用等节能新技术，抓好平钢物流技改提升、首钢迁钢循环化改造等项目，支持高炉除尘灰再利用、焦炉煤气精深加工等循环经济发展。

（七）打好农业农村改革发展攻坚战。认真贯彻落实中央文件精神，以农业园区建设为载体，推进一二三产业融合发展，建设环境美、产业美、精神美、生态美的美丽乡村。做大做强现代农业。推动园区升级。健全园区管理机构，重点培育农产品加工、休闲农业、规模种养业、循环农业四大产业，提高省级现代农业园区发展水平。按照唐山市级园区标准，抓好白羊峪休闲农业与乡村旅游园、上庄万亩现代休闲农业园建设。抓好亚滦湾农业生态园等13个休闲农业园发展，推进贺家沟蘑菇种植基地等3个设施农业标准园建设，实施12个规模种养业项目，争创2家四星级休闲农业园区。培育新型经营主体。抓好濡水黄香豆制品加工、祺盛农产品加工基地及现代物流等8个项目，新培育省级农业龙头企业1家，争创绿色食品、有机食品7个，中国地理标志商标1个；新培育国家级示范社1家、省级2家、唐山市级3家、家庭农场10家。实施科技强农工程。充分发挥农业院士工作站作用，实施30个以上科技项目。深入推进“国家电子商务进农村示范市”建设，新建农业物联网应用示范点2个。改善农业生产条件。实施滦河青龙河口迁安段治理工程，抓好河道、水库等度汛工程维护，发展节水灌溉1万亩、治理水土流失18平方公里。加快建设美丽乡村。以列入省级美丽乡村重点县区为契机，打造北部长城山野绿道景观带，抓好41个省级重点村，深入实施“三清一拆”、绿化、特色富民产业、农村改厕等行动，确保达到“四美”要求。重点片区以外镇乡打造1～2条示范线路，每条线路至少涵盖2个精品村，为整体推进美丽乡村建设奠定基础。按照突出“燕赵特色、田园风光”的要求，抓好3个省级中心村示范点建设。稳步推进农村改革。稳妥实施农村土地经营改革，引导农村土地承包经营权有序流转。推进农村土地产权制度改革，完成确权登记颁证21.5万亩。深化农村集体经济股份制改革，规范农村集体“三资”管理。

（八）打好改革和破解瓶颈制约攻坚战。以改革为动力，着力加强要素保障，开拓发展空间，为转型发展保驾护航。进一步深化改革。严格落实上级各项改革政策。围绕新型城镇化建设，研究农村宅基地置换、村改居、社会保障和就业等城乡一体化的政策措施，促进人口向城市集中、产业向园区集聚。围绕促进产业转型升级，探索差异化的要素配置政策，推进行业阶梯价格制度，研究建立高耗能产业退出机制，鼓励扶持新兴产业发展。围绕促进创新创业，制定完善平台建设、金融支持、人才支撑的政策措施，营造大众创业、万众创新的浓厚氛围。进一步提升承载能力。加强园区建设。积极寻求合作伙伴，引进专业管理团队，探索托管运营、建设园中园等模式，健全完善园区经营管理机制。支持园区开展规划招商、产业链配套招商、以商招商工作，促进园区健康发展。提升运输通达能力。积极跑办平青大改线、102国道改建工程，力争年内开工建设；支持水曹铁路建设，提升顺畅出海能力。加强电力基础设施建设。加快夏官营220千伏、陈官营和步步川2个110千伏变电站建设，抓好扣庄—陈官营、岳野山—步步川110千伏输变电基建工程，实施5个35千伏配套保障工程，进一步提高电力保障水平。积极推动金融创新。用足用好上级政策，在钢铁产业转型、新型城镇化和美丽乡村建设等方面，积极争取上级专项资金支持；继续做好争取上级置换债、专项债工作，进一步优化债务结构、降低融资成本。积极助推企业上市，确保明营科技等4家以上企业挂牌上市，新增上市后备企业8家。大力推广PPP模式，引进社会资本参与基础设施建设。壮大财信担保公司规模，提高担保能力，解决中小微企业担保难问题。成立基金管理机构，加快设立产业发展基金，规范海绵城市建设引导基金，进一步活跃资本市场。着力破解土地瓶颈制约。深入挖掘开发潜力，实施好2000亩土地整治补充耕地、2000亩工矿废弃地复垦项目，积极争取五小企业土地复垦规模，做好闲置和低效利用土地的查处和盘活工作，进一步提高保障能力。

（九）打好改善民生攻坚战。始终牢记宗旨，实施好10件为民实事工程。千方百计促进就业。积极争取上级政策支持，高度重视并认真解决钢铁企业下岗职工再就业问题。进一步健全就业服务体系，开展城乡劳动力职业技能培训2000人以上，发放创业担保贷款2000万元以上，提供创业服务1000人以上，带动就业1500人以上。全年新增城镇就业6600人以上，城镇失业人员再就业1200人以上，转移农村劳动力5600人以上。积极打造教育强市。抓好六实小扩建、七实小新建、农村薄弱学校改造等工程，谋划建设第八实验小学，进一步改善办学条件。大力实施“三名工程”，努力提高教育教学质量。深入开展国家级职成教育示范县创建活动，发挥华北理工大学迁安学院、迁安技师学院主力军作用，实施“金蓝领”工程，打造高素质蓝领队伍。扩大开放办学成果，积极推进与北科大合作项目，努力在教育协同发展上取得新成绩。提升公共卫生服务水平。深化县级公立医院改革，巩固基层医改成果。加快建设区域性健康信息平台，打造省级智慧医疗试点。创新体制机制，积极对接京津地区高端医疗机构，抓好黄家医圈肿瘤分院、“胡大一”慢病防控工作站等项目，进一步提升医疗服务能力和水平。落实全面两孩政策，加强管理和服务，提升新形势下人口计生工作水平。大力发展文体事业。抓好国家公共文化服务体系示范项目，促进公共文化服务标准化、均等化。承办好里约奥运会拳击项目亚大区资格赛，进一步提升迁安的知名度和影响力。大力推进全民健身，举办好“城乡联动·康乐同行”、第三届体育大会等活动，进一步丰富群众文化生活。提高社会保障水平。建立健全广覆盖、多层级的社会救助体系，做好农村五保和城乡低保工作；试点推行临时救助服务，解决群众突发性、紧迫性、临时性生活困难；推进社会保险扩面，年内养老保险、医疗保险、生育保险、工伤保险各新增参保2000人。

（十）打好社会和谐稳定攻坚战。加强应急管理工作，以平安保稳定、以稳定促和谐。依法抓好信访稳定。抓好群众工作中心建设。加强人民调解工作，完善矛盾纠纷排查调处机制。引导群众依法理性表达诉求，建立依法有序的信访秩序。严格落实领导包案责任制，深入开展大接访、大走访、大下访活动，及时稳妥化解各类信访问题。全面加强安全生产。推进依法治安、强基治安、科技治安工程，夯实基层基础，狠抓责任落实，加强信息化建设，实行网格化监管，深入推进安全生产大检查、打非治违、重点行业专项整治“三项攻坚”行动，确保安全生产态势总体稳定。强化食品药品监管。推进区域性食品安全快速检测平台建设，提高食品安全规范化、常态化监管水平。着力加强药品监管，依法打击、查处假冒伪劣案件，规范药品生产销售行为，确保群众用药安全。深入建设平安迁安。实施科技防范工程，加强科技强警工作，提高反恐防暴应急处置能力；加强社会治安综合治理，严厉打击各类违法犯罪活动，为人民群众营造放心、安心的社会环境。

四、加强政府自身建设

新起点要有新气象，新常态需要新作为。面对新形势、新要求，我们将大力弘扬学习调研之风、实干兴市之风、依法行政之风、廉洁从政之风，进一步加强政府自身建设，为率先全面建成小康社会提供作风和队伍保障。

解放思想、开拓创新，增强为民服务本领。深入开展好“三严三实”专题教育、解放思想大讨论活动，坚决破除制约发展的思想障碍和理念束缚，正确认识、主动适应新常态。大兴学习之风，切实开拓视野、创新思维，不断提高学习能力、决策能力和创新能力。牢固树立并践行创新、协调、绿色、开放、共享的发展理念，聚焦实际问题和发展短板，用战略思维谋划发展、破解难题、促进转型。

转变作风、埋头苦干，着力强化责任担当。以各项工作攻坚提升为抓手，在政府系统全面深化“爱唐山、做贡献”主题实践活动。按照“四个干”抓落实的工作机制，编制重点工作运行管理图库，并建立公开承诺、公示、定期督导等制度，确保各项工作如期完成。大力弘扬实干兴市之风，引导政府工作人员敢于担当、勇于作为，使夙兴夜寐、激情工作成为常态，以奔跑的状态抓好各项工作落实，以科学求实的态度善做工作、做好工作，在干事创业中见状态、见担当、见实效。

规范行为、依法行政，加强法治政府建设。自觉接受市人大、市政协以及社会各界的监督，认真办理人大代表建议和政协委员提案。扎实开展普法教育，提高公职人员的法制观念和法律素养。坚持法定职责必须为、法无授权不可为，深化行政审批制度改革，全面开展网上审批、网上监察，使审批行为更便民、更规范、更阳光。开展综合行政执法体制改革，严格落实行政执法责任制、执法过错追究制，进一步规范行政执法行为。认真执行重大事项公众参与、专家咨询、社会公示、听证和质询制度，健全稳定风险评估和合法性审查机制，坚持民主集中制，深化政务公开，提高决策的科学化、民主化、法治化水平。

廉洁从政、干净干事，营造良好政风行风。严格落实中央“八项规定”以及《廉洁自律准则》《纪律处分条例》，引导政府工作人员始终牢记“两个务必”，严守政治纪律和政治规矩，始终敬畏权力，审慎行使权力。强化“一岗双责”，坚持标本兼治，深入开展反腐倡廉教育，加强权力运行监督，严厉查处懒政、怠政行为，坚决纠正损害群众切身利益的不正之风，加大违纪违法案件查办力度，树立为民、务实、清廉的政府形象。

各位代表，激情成就梦想，实干铸就辉煌。过去我们靠着实干和汗水，创造过一次又一次的辉煌；现在我们站在“十三五”的新起点，一定能够靠着激情和智慧，在转型升级的新征程上，开创迁安更加美好的明天。让我们积极行动起来，在中共迁安市委的坚强领导下，积极进取、奋力开拓，为加速建设“魅力水城、绿色迁安”、率先全面建成小康社会而努力奋斗！

□小资料

《政府工作报告》名词解释

新常态：习近平总书记第一次提及“新常态”是在2014年5月考察河南的行程中。新常态意味着中国经济已进入一个与过去三十多年高速增长期不同的新阶段。主要特点是，增长速度已经从高速转向中高速，发展方式正在由规模速度型转向质量效率型，经济结构从增量扩能为主转向调整存量、优化增量并举，发展动力从要素驱动、投资驱动转向创新驱动。

具有九大特征：①模仿型排浪式消费阶段基本结束，个性化、多样化消费渐成主流；②基础设施互联互通和一些新技术、新产品、新业态、新商业模式的投资机会大量涌现；③我国低成本比较优势发生了转化，高水平引进来、大规模走出去正在同步发生；④新兴产业、服务业、小微企业作用更凸显，生产小型化、智能化、专业化将成为产业组织新特征；⑤人口老龄化日趋发展，农业富余人口减少，要素规模驱动力减弱，经济增长将更多依靠人力资本质量和技术进步；⑥市场竞争逐步转向质量型、差异化为主的竞争；⑦环境承载能力已达到或接近上限，必须推动形成绿色低碳循环发展新方式；⑧经济风险总体可控，但化解以高杠杆和泡沫化为主要特征的各类风险将持续一段时间；⑨既要全面化解产能过剩，也要通过发挥市场机制作用探索未来产业发展方向。

海绵城市：即城市能够像海绵一样，在适应环境变化和应对自然灾害等方面具有良好“弹性”，下雨时吸水、蓄水、渗水、净水，需要时“释放”并加以利用。建设海绵城市有利于修复城市水生态、涵养水资源，增强城市防涝能力，扩大公共产品有效投资，提高新型城镇化质量，促进人与自然和谐发展。

习近平总书记在2013年中央

城镇化工作会议、中央财经领导小组第5次会议等场合，多次强调在城市规划建设中要体现“山水林田湖”生命共同体的系统理念，建设“自然积存、自然渗透、自然净化的海绵城市”。2015年4月2日，财政部、住建部、水利部公布第一批试点城市名单，共16个城市，分别是：迁安、白城、镇江、嘉兴、池州、厦门、萍乡、济南、鹤壁、武汉、常德、南宁、重庆、遂宁、贵安新区和西咸新区。试点建设期自2015年至2017年。作为其中唯一的县级试点城市，我市每年可获得中央财政补贴资金4亿元，连补3年。

三大主体功能区：将全市1208平方公里统筹划分为西部工业区、中部和南部生活服务区、东北部农业生态区三大主体功能区，对不同的功能分区，实行不同的要素配置，辅之以不同的发展目标、政策和绩效考核，推动三区互动、差异发展。

“1－3－38－48”四级城镇发展体系：将全市规划为1个中心城区、3个城镇组团、38个新型农村社区和48个特色保留村庄。

“绿道金瓜”：以规划建设的4条生态绿道为藤、以旅游景区景点、农业休闲生态园区等为瓜，顺藤结瓜，促进全市生态旅游和现代农业的大发展。

三级平台、两个代办：推进市政务服务中心—镇乡（城区街道）便民服务中心—村（社区）便民服务站“三级平台”建设，推行为民服务、重点项目全程代办“两个代办”制度。

“四个干”抓落实的工作机制：即党员干部要在实际工作中明确“干什么”“怎么干”“谁来干”“什么时间干成”，形成一种抓落实的机制。

“四五”转型攻坚计划：以新型工业化、新型城镇化、农业现代化、社会治理和谐化、党的建设科学化“五化”联动为总揽，以大城区、大园区、大产业、大交通、大开放“五大战略”为核心，以思想大解放、智力大提升、融资大平台、土地大开发、项目大会战“五大支撑”为平台，以科学决策、工作推进落实、大督查、干部考评任用、扶持奖励“五大机制”为保障，转型攻坚、科学发展，建设“魅力钢城、绿色迁安”。

“3＋5＋6”产业体系：2013年，市委围绕在哪里转、向哪里转、靠什么转，进一步明晰转型发展思路，就向哪里转的问题，市委依据全市产业现状和转型目标任务，提出要加速构建“3＋5＋6”产业体系。“3”，即培育精品钢铁、装备制造、现代物流3个千亿级产业板块；“5”，即打造煤化工、包装建材、节能环保、食品医药、高新技术5大产业集群；“6”，即依托良好的生态环境和宜居宜业的城市环境，促进休闲旅游、教育培训、养生养老、文化创意、科技研发、总部经济六大服务业发展。

供给侧结构性改革：即从提高供给质量出发，用改革的办法推进结构调整，矫正要素配置扭曲，扩大有效供给，提高供给结构对需求变化的适应性和灵活性，提高全要素生产率，更好满足广大人民群众的需要，促进经济社会持续健康发展。

“12336”战略：“1”即把握转型升级这条主线；“2”即建设新型制造业基地和现代服务业高地两大基地；“3”是推动三个转变，即由粗放型、本土型、资源型经济向集约型、开放型、创新型经济转变，由资源加工驱动向制造业、服务业双轮带动转变，由工矿型城市向服务创新型城市转变；“3”即着力打造园区、城市、绿道三大平台；“6”即实现产业升级、改革创新、统筹城乡、绿色发展、社会治理、民生建设六大突破。

“魅力水城、绿色迁安”：“魅力水城”，就是要依托既有的产业基础和水城特色优势，把钢城之骨与水城之秀高度融合，赋予城市以生态、创新、活力的丰富内涵，着力凸显水城灵动之秀、生态之美、智慧之韵、财富之源，以一流的环境集聚一流的人才、一流的创新要素，建设生态宜居之城、创新智慧之城、现代产业新城。“绿色迁安”，不仅是城市形态上的绿，更是绿色的发展理念、绿色的发展模式，体现的是生态和发展的高度统一，追求的是健康、绿色、可持续发展。这一目标，是“魅力钢城、绿色迁安”的继承创新和延续升华，是新常态下全市经济社会发展的目标引领。

四美五改：省委、省政府《关于加快推进美丽乡村建设的意见》指出，四美即做到环境美、产业美、精神美、生态美，五改即改房、改水、改路、改厕、改厨。

国家“一带一路”战略：这是国家级顶层战略，依靠中国与有关国家既有的双多边机制，借助既有的、行之有效的区域合作平台，打造丝绸之路经济带、21世纪海上丝绸之路。

“五个一”项目工作机制：一个项目、一名领导、一套班子、一个方案、一抓到底。

“四环、三沿、两山”绿化：四环即环厂企、环村庄、环城镇、环园区绿化；三沿即沿河、沿路、沿街绿化；两山即荒山、矿山绿化。

“三清一拆”行动：清杂物、清残垣断壁和路障、清庭院，拆违章建筑。

大事记

2015 年

1 月

1 日　红星美凯龙全球家居建材广场在迁安落成，200 余家国内外家居名品店开门迎客，当日客流达到上万人次，新年第一天赢得开门红。

4 日　国家卫生和计划生育委员会（以下简称国家卫计委）网站发布《关于全面提升县级医院综合能力第一阶段 500 家县医院名单的通知》，迁安市人民医院名列其中，成为全国首批 500 家提升综合能力建设县级医院。河北省入选 35 家，其中唐山市有 3 家。

8 日　迁安市职业教育集团成立并召开第一次理事会年会暨校企合作洽谈会。迁安市职教中心和正元包装、燕山钢铁、九江线材、思文科德、迁化公司等 15 家企业正式加盟集团。

9 日　迁安市中共十八届四中全会精神主题宣讲活动圆满结束。为全面贯彻落实中共十八届四中全会精神，迁安成立了市委宣讲团，设 10 个宣讲组，于 2014 年 12 月 18 日分赴全市各镇乡（城区街道）开展主题宣讲活动，至 2015 年 1 月 9 日，共宣讲 20 场。此次宣讲以《中共中央关于全面推进依法治国若干重大问题的决定》为重点，深入宣讲全面推进依法治国的重大意义和主要任务。

上旬　迁安市被国家卫计委正式确定为第三批国家慢性病综合防控示范区。

上旬　迁安市人民医院医务科科长兼心内科三病区主任、副主任医师杨玉恒在“强强联手”急性冠脉综合征诊疗演讲比赛全国总决赛中获得冠军。

11～16 日　在塞尔维亚苏博蒂察市举办的第四届“国家杯”国际女子拳击邀请赛上，迁安九江体育中心派出 6 名运动员参赛，获得两枚金牌、两枚银牌、两枚铜牌。九江体育中心国际级一星裁判张国受邀为本次大赛担当裁判。本次比赛有 18 个国家的 170 余名运动员参赛。比赛分少年、青年、成年 3 个年龄组，在成年组决赛中，苑美庆战胜俄罗斯 2012 年伦敦奥运会银牌得主，获 75 公斤级金牌；在少年组比赛中，禹立赛初出茅庐就崭露头角，决赛中战胜印度队选手，获 63 公斤级金牌；在青年组 81 公斤级和成人组 54 公斤级决赛中，张婕、司海娟两人均获银牌；史娅卓、程绪在成人组半决赛中分别负于多美尼加和俄罗斯队选手，获铜牌。

19 日　全国爱国卫生运动委员会发布《关于 2014 年国家卫生城市（区）、乡镇（县城）复审结果的通报》，重新确认15个城市（区）为国家卫生城市（区）和122个乡镇（县城）为国家卫生乡镇（县城），迁安市再次获得“国家卫生城市”荣誉。

28～29日 好莱坞（中国）投资集团执行董事黄素庄，首席运营官、派拉蒙主题公园与度假村项目总裁汤姆一行，就“好莱坞·中国梦想城”迁安项目合作事宜到迁安市考察、洽谈，与迁安市政府签订投资框架协议书，拟引入世界顶级娱乐开发项目——派拉蒙主题公园和度假村。

30日 唐秦地区首家“京东帮迁安服务店”正式营业。

是月 迁安市入选水利部公布的全国第一批河湖管护体制机制创新试点县（市）名单，为河北省唯一入选单位。

2月

2～3日 政协迁安市第五届委员会第四次会议召开。会议审议通过了政协迁安市第五届委员会常务委员会工作报告和政协迁安市第五届委员会常务委员会关于五届三次会议以来提案工作情况的报告；表彰了2014年度优秀委员和优秀提案者；列席了迁安市第五届人民代表大会第五次会议，听取并讨论了《迁安市人民政府工作报告》和其他报告。

3～4日 迁安市第五届人民代表大会第五次会议召开。会议听取和审议了《迁安市人民政府工作报告》《迁安市人民代表大会常务委员会工作报告》《迁安市人民法院工作报告》和《迁安市人民检察院工作报告》，审查和批准了《迁安市2014年国民经济和社会发展计划执行情况与2015年国民经济和社会发展计划（草案）的报告》《迁安市2014年财政预算执行情况和2015年财政预算（草案）的报告》，对以上6个报告分别作出决议。

6日 迁安市发放首批居民健康卡。推广使用居民健康卡能进一步方便群众就医，解决跨医疗机构就医信息不能共享、各医院自制就诊卡不能通用、余额损失等问题。至2月6日，迁安市已启动居民健康卡工作两个月，完成制卡58万张、随卡宣传资料70万份，配发读卡器500余套，全市二级以上医院全部按统一的接口标准进行管理系统的升级改造，中国银行迁安市支行已设置助农取款点100余家。

14日 唐山市委书记焦彦龙到迁安市检查安全生产并走访慰问困难群众。

25日 迁安市召开“抢抓新机遇、培育新优势、再创新辉煌”动员大会。市委书记李忠出席并作重要讲话。市委副书记、市长张淑云对全市2015年重点工作进行安排部署。市人大常委会主任郝可军、市政协主席陈子存等市四套班子领导出席会议。

3月

1日 迁安九江拳击队员在第66届保加利亚斯特兰扎杯国际拳击邀请赛上获佳绩。邀请赛于2月24日开幕，来自37个国家和地区的250名拳手参加，是邀请赛有史以来规模最大的一次。斯特兰扎杯国际拳击邀请赛是欧洲最古老的拳击赛事之一，蜚生世界拳坛。中国拳击队派出8名运动员参赛，其中包括迁安九江体育中心的尹军花和杨文璐两位女选手。比赛结束，中国队获得1金1银1铜的成绩。杨文璐获得64公斤级铜牌，尹军花获得60公斤级第五名。

同日 迁安市陆生野生动物救助站在小贾庄村西的畜兴养殖场揭牌，从此，受伤的野生动物可在这里得到及时救助。挂牌当日，一只得到救助的黑尾蜡嘴雀被放飞。

10日 迁安市人民医院举行河北联合大学（后更名为华北理工大学）非隶属附属医院揭牌仪式暨开学典礼。

上旬 高25米的轩辕黄帝像在迁安黄台山公园落成。

12日 中共迁安市第五届纪律检查委员会召开第五次全体会议。会议传达学习了中央、省、唐山市纪委全会精神，总结2014年迁安市党风廉政建设和反腐败工作，部署了2015年工作任务，讨论通过了全会决议。市委书记李忠出席会议并讲话。市委副书记、市长张淑云主持会议。市委常委、纪委书记李志龙代表迁安市纪委常委会作了《依规依纪依法，监督执纪问责，大力推进全市反腐倡廉工作不断取得新成效》的工作报告。市四套班子领导成员、法院院长、检察院检察长出席会议。

13日 国家一级重点保护动物黑鹳▲首现迁安黄台湖。

▲黑鹳：属大型涉禽，在许多国家已绝迹，目前全世界仅存2000多只，中国约有1000只，已被《濒危野生动植物种国际贸易公约》列为濒危物种，其珍稀程度不亚于大熊猫。

4月

8日 2015中国·迁安白羊峪景区吉祥之旅系列活动暨徒步运动启动仪式，在大崔庄镇桃源山庄举行。市政府党组成员张清敏、李晓波出席开幕仪式。唐山市各县区、迁安市各镇（乡）、市直单位、徒步运动协会的2000余名徒步运动爱好者参加。活动到9月结束，包含徒步运动大会、主题曲征集大赛、摄影大赛、自行车骑行游、快乐成长——长城亲子游等十项内容。

8～13日 2015年全国女子拳击锦标赛在迁安市九江体育中心举行，来自全国39支代表队的158名运动员参赛。九江拳击俱乐部的尹军花在60公斤级比赛中获得冠军，司海娟夺得51公斤级亚军，苑美庆夺得75公斤级亚军。

上旬 国家海绵城市建设试点城市名单正式公布。迁安市顺利通过评审，成为首批海绵城市建设试点城市之一，是此次评审中唯一的一个县级市。

11日 省工业和信息化厅（以下简称工信厅）厅长邹平就工业经济发展情况到迁安市调研。市领导李忠、李晓波陪同。

18日 迁安市在北部长城山野绿道举办首届全民健身自行车骑行游活动。活动全程20多公里，来自唐山市各县（市、区）、秦皇岛等地的11个骑行队伍800多名自行车运动协会会员及自行车运动爱好者参加。市政府党组成员张清敏出席活动开幕式。

23日 华为集团战略部副总裁郑志彬一行就智慧城市创建到迁安考察。市长张淑云等陪同。

是月 由中国农业大学提供的太空育种——水果黄瓜、飞碟角瓜、迷你茄子、紫色菜花等20余种错季“特菜”在亚滦湾国家农业开发创新产业园成功上市，备受顾客青睐，成为迁安农业观光采摘的一大亮点。

5月

8日 迁安市在乐丫生态文化产业园举行纪念五四运动96周年暨红高粱杯“迁安市青年创业之星”颁奖典礼。典礼上刘学刚、吴海波、高立国、马永宝、郭宝、袁平、张雯城、桑路明、周国顺、贾占久10名“青年创业之星”受到表彰。市委副书记李维林、市人大常委会副主任田富顺、市政府党组成员张清敏、市政协党组副书记罗远杰出席活动。

14日 迁安市与浙江中唐集团有限公司宣布共同建设的“中国·迁安民俗文化旅游综合体”项目在第十一届深圳文博会上签约。省政协副主席、省委宣传部部长艾文礼出席签约仪式。项目位于迁安市滦河文化产业区，计划总投资60亿元，涵盖民俗科技亲子娱乐、都市综合游乐、民俗文化演艺体验及特色旅游度假配套等全产业链要素。项目计划分三期建设，一期为“迁安·天元谷民俗旅游综合体”项目，占地面积437亩，计划投资15亿元；二期为“迁安·中唐城文化旅游综合体”项目，占地面积2000亩，计划投资35亿元；三期为“多区”，计划投资10亿元。

14～24日 迁安市九江体育中心选手在中国台北举行的2015年国际拳联世界青少年女子拳击锦标赛上表现突出，青年组常远获55公斤级冠军，张婕获81公斤级第二名；少年组禹立赛获63公斤级冠军，刘家绮获48公斤级第五名。

本届世锦赛有来自36个国家和地区的297名拳手参加，进行青年组10个级别和少年组13个级别冠军的争夺。此次中国队参加青年组比赛的共7名拳手，其中有迁安市九江体育中心代表队2名拳手；参加少年组比赛的共5名拳手，其中有迁安市九江体育中心代表队3名拳手。

17日 广西柳工集团有限公司、广西柳工机械股份有限公司董事长兼党委书记曾光安，广西柳工机械股份有限公司副总裁、北京首钢重型汽车制造股份有限公司副董事长黄建兵，北京首钢重型汽车制造股份有限公司总经理梁国强一行在首钢矿业公司总经理吴林等陪同下，就集团在迁安企业项目发展事宜到迁安市洽谈。迁安市委书记李忠，市委常委、常务副市长李福林，市委常委、秘书长侯旭，市高新技术产业开发区管委会主任冯尚会见了曾光安一行并陪同参观考察。

18日 迁安市与中建西部建设股份有限公司签订迁安产业园区项目战略合作协议。中建西部建设股份有限公司董事长、党委书记吴文贵，中建西部建设股份有限公司副总经理、北方公司董事长、党委书记曾昭德及迁安市委书记李忠，市委常委、常务副市长李福林，市委常委、秘书长侯旭，市政府副市长马文柏出席签字仪式。

21日 迁安市文艺志愿者协会成立，并于当日举行成立大会暨第一次会员代表大会，92位各艺术门类老中青艺术爱好者出席成立大会，郎新民当选为协会主席。

25日 好莱坞中国梦想城暨派拉蒙影视主题公园（河北迁安）项目合作协议在北京签约。迁安市长张淑云、好莱坞（中国）投资集团董事局主席蒂姆斯分别代表迁安市人民政府和好莱坞（中国）投资集团在协议书上签字。项目核心景区计划投资300亿元人民币。

29日 迁安市人民检察院2个驻派预防职务犯罪检察工作室分别在中国人民财产保险股份有限公司迁安支公司和中国人寿财产保险股份有限公司迁安支公司成立。工作室通过开展警示教育、提供法律咨询、预防调查等形式，“零距离”服务保险行业。

29日 迁安九江体育中心75公斤级选手赵明刚在全国男子拳击锦标赛上，发挥出色，为河北队夺得1枚金牌。本次比赛由国家体育总局拳击跆拳道运动管理中心主办，设10个级别的比赛，全国38支代表队230名运动员参赛。迁安九江体育中心派出8名队员代表河北队参赛，经过6天的激烈角逐，队员赵明刚获得75公斤级冠军，队员孟才成获得64公斤级第五名。

6月

2日 市五届人大常委会召开第28次会议，会议以举手表决的方式通过了市政府关于提请许晓华同志（女，2014年5月挂职任副市长）免职的议案。

11～12日 北京科技大学校长张欣欣带领考察团就城市建设及钢铁产业发展等情况到迁安市参观考察。市领导李忠、张淑云、侯旭、王志刚陪同。

12日 迁安市人民政府与恒丰金控资产管理股份有限公司签订战略合作框架协议、招商引资合作协议、基金协议3份协议书。恒丰金控资产管理股份有限公司董事长谢峰，恒丰美林投资管理有限公司总经理王振坤，恒丰研究院副院长郭旭平等公司高层领导和迁安市委书记李忠，市委副书记、市长张淑云，市委常委、常务副市长李福林，市委常委、秘书长侯旭，市政府副市长马文柏出席签约仪式。张淑云、谢峰分别代表迁安市人民政府和恒丰金控资产管理股份有限公司在协议书上签字。

17日 国家卫计委副主任刘谦等一行就医改工作到迁安市调研。调研组一行先后深入建昌营镇中心卫生院、建昌营镇张庄村卫生室、市人民医院进行实地视察，听取相关情况汇报，与基层卫生医务人员、乡村医生沟通交流，详细了解患者就医费用和医疗服务、患者住院需办理的相关手续和应走的程序、基层医疗卫生机构建设等情况。听取了迁安市医药卫生体制改革有关情况汇报。刘谦高度评价和充分肯定了迁安市在医改工作中取得的进展和成效；希望迁安市继续把握好改革方向，紧紧围绕人人享有基本医疗卫生服务的宗旨，合理提高卫生绩效，合理控制费用，提高群众对医改工作的感受度；要不断完善体制机制，最大限度地减少基层医疗人才流失，使基层医疗水平不断提升；要加强协调，不断提高医改整体水平，规范医务人员行为；要将改善群众健康指标作为考核指标之一，及时总结经验求得实效。省卫计委主任张绍廉，省卫计委副主任朱会宾，唐山市委常委、常务副市长王久宗，唐山市政府副市长高瑞华及迁安市委书记李忠，市长张淑云，市委常委、秘书长侯旭，市政府副市长王志刚陪同调研。

18日　迁安市青年民营企业家协会成立。市委副书记李维林出席成立大会并讲话。市委书记李忠看望了与会全体会员并合影留念。协会推举英诺特生物技术有限公司兼迁安市金宝商贸有限公司董事长叶金保为会长。聘请市政府原副市长、春瑞书院院长徐春瑞为名誉会长。协会首批会员60余人，均为全市青年企业界精英。

中旬　由工业和信息化部规划司指导，中国信息通信研究院和人民邮电出版社联合发布了《2015年中国工业发展报告》，报告中首次发布2014年中国工业百强县（市）榜单，迁安市位列第14位。除迁安市外，河北省入围的还有武安市、任丘市和遵化市，分别位列第38位、76位和96位。

23～24日　中德（迁安）城市公共交通合作交流研讨会在迁安市举办。德国城市议会亚洲事务专员吕津生、德国德累斯顿市交通科主任弗郎克·菲德勒等德国代表，国家发展与改革委员会（以下简称国家发改委）城市和小城镇改革发展中心综合交通院院长张国华及迁安市委书记李忠，市委常委、秘书长侯旭，迁曹高速公路筹建处处长、市政府党组成员李晓波出席研讨会。研讨会上，吕津生阐述了中德合作迁安项目对中国城镇化发展的示范意义及在中德合作中的意义；张国华就城市群交通、产业、空间协同规划进行发言；德方代表分别就可持续城市交通规划原理及如何应用到迁安、制订迁安市交通快速规划及理念等方面进行发言；迁安市对全市交通现状和需求进行了分析，并与德方代表进行深入研讨。

下旬　市体校学生张婕在2015年全国女子青年拳击锦标赛上夺得81公斤级冠军。

是月　迁安市2015年高考传捷报，全市本科二批以上上线1949人，位居唐山市县区第三；本科二批以上上线率57.29%，由2014年的唐山市县区第七位跃至第二位，创历史最好水平。迁安一中、迁安二中、迁安三中3所高中实现全面突破，本二以上上线率均进入各自系列前三强。

7月

1日　中国艺术节基金会秘书长方建文，中投中财基金会总经理王力宏一行就佛教事业发展、禅休养生养老基地项目合作事宜到迁安市洽谈并参观考察。

9日　市政务服务中心“三证合一”▲综合登记窗口为“唐山市爸妈和我商贸有限责任公司”颁发了迁安首张“三证合一”营业执照，标志着迁安市“三证合一”登记制度改革全面实施。

▲“三证合一”：指在不改变工商、质监、国税、地税部门审批职能，不改变原有证号编码规则的前提下，将营业执照、组织机构代码证和税务登记证“三证合一”，向市场主体颁发加载组织机构代码、税务登记证号的营业执照。“三证合一”登记制度改革是深化商事制度改革的重要内容，对于简政放权、便利市场准入、鼓励投资创业、激发市场活力具有重要意义。

12日　在北京举行的第十二届中国企业发展论坛暨首届“一带一路”园区建设国际合作峰会上，发布了2015中国产业园区“影响力百强”“创新力百强”“成长力百强”榜单，迁安高新技术产业开发区荣登“成长力百强”榜。该论坛由中国企业联合会、中国企业家协会、中国——阿拉伯国家博览会组委会、中国企业报集团联合举办。

20～21日 原省委书记叶连松，原省人大常委会副主任张震环、赵世居、吴振华，原省政协副主席陈秀芳等省级老领导到迁安市开展“党课一日行”活动，并视察迁安市经济社会发展和城市建设情况。唐山市委副书记、代市长丁绣峰和迁安市委书记李忠，市长张淑云，市人大常委会主任郝可军，市政协主席陈子存，市委常委、秘书长侯旭陪同。

23日 国务院参事、中国人民大学附属中学联合总校校长刘彭芝，中国人民大学附属中学联合总校党委书记王珉珠一行到迁安市参观考察。市委书记李忠，市长张淑云，市委常委、秘书长侯旭陪同。

31日 国家工商总局人事司副司长李红旭率领全国工商系统先进模范代表150余人，就基层建设、廉政建设和机关规范化建设等方面工作到迁安市参观考察。

8月

上旬 按照国家卫计委《消除疟疾考核评估方案（2014年版）》要求，唐山市批准迁安市为消除疟疾达标县（市）。疟疾曾是迁安主要寄生虫病之一，流行历史较久，对人民群众身体健康和经济发展都产生过较大影响，为此，市委、市政府高度重视，建立了较为健全的县（市）、乡、村三级疟疾防治网络和监测系统，严防疟疾病例的输入和发生。从1983年至今，迁安市无新发和输入性病例发生。

13日 北京第二实验小学教育集团成员校签约仪式在迁安第六实验小学举行。以此为标志，迁安第六实验小学正式成为北京第二实验小学教育集团成员，能够对北京第二实验小学的教育教学进行直播、点播，北京第二实验小学专家、名师将亲自指导迁安的教育教学工作。

16日 省内首家大型电商平台——爱米网在迁安市上线。该电商是河北最大的“OTO”▲电商企业，农村电子商务的先行者，由阿里巴巴提供网络技术支持，在线销售13大类100万种商品，已在迁安19个镇乡400个村建立20个推广站，设立400个推广员。仓储基地、物流配送均已建设到位。

▲“OTO”：是“Online To Offline”的简写，即“线上到线下”，一种新诞生的电子商务模式，“OTO”商业模式的核心就是把线上的消费者带到现实的商店中去，在线支付购买线上的商品和服务，再到线下去享受服务。

18日 省委常委、唐山市委书记焦彦龙到迁安市调研。他先后深入首钢迁钢公司、九江线材有限责任公司、正大通用钢管有限公司和葵花药业集团（唐山）生物制药有限公司进行调研。调研中，焦彦龙主持召开座谈会，听取迁安市工作汇报。焦彦龙肯定了迁安市在转方式、调结构上迈出的新步伐，同时认为迁安市严格落实党风廉政建设“两个责任”，在打造良好的政治生态和从政环境上也迈出了很大步伐。焦彦龙强调，迁安要狠抓第一要务，营造良好环境，弘扬实干作风，维护社会大局稳定，奋力推动经济转型升级、再创发展新的辉煌。唐山市委常委、组织部部长丁荣进，唐山市委常委、纪委书记崔晗，唐山市委常委、秘书长胡国辉一同调研。

26～27日 中华全国工商业联合会（以下简称全国工商联）原副主席沈建国带领全国政协办公厅领导和北京东方智华公司、国创控股等集团公司总经理到迁安市参观考察。市委书记李忠出席有关活动。市长张淑云，市委常委、秘书长侯旭陪同参观考察。沈建国一行参观考察了市规划展示中心、博物馆、龙形绿化带、南部新市区、滦河综合治理工程等地和城市夜景，详细听取了有关汇报，对迁安经济社会长足发展特别是城市建设给予充分肯定。

28日 北京市科学技术委员会、迁安市人民政府、京津冀钢铁行业节能减排产业技术创新联盟战略合作框架协议签约仪式暨京津冀钢铁行业节能减排产业技术对接会、座谈会在北京市科学技术委员会办公楼举行。北京市科学技术委员会主任阎傲霜出席并讲话。北京市科学技术委员会党组书记呼文亮主持签约仪式并出席座谈会。京津冀钢铁行业节能减排产业技术创新联盟理事长、北京科技大学校长张欣欣出席签约仪式和座谈会。迁安市委书记李忠出席签约仪式和座谈会并讲话，市长张淑云签约并在座谈会上介绍迁安市情及钢铁产业发展情况。迁曹高速公路筹建处处长、市政府党组成员李晓波出席签约仪式和座谈会。

31 日　省安全稳定和大气污染防治工作综合督导组第五组组长、省残疾人联合会理事长常丽虹一行到迁安市督导检查。

9 月

1 日　由中共迁安市委宣传部、中共迁安市委党史研究室、迁安文广新局主办的“纪念中国抗日战争胜利 70 周年专题展”在市博物馆开幕。展览分伟大的胜利、迁安抗战简史和迁安英雄先烈三部分内容。展线长 120 米，共展出珍贵文物 75 件、抗战照片 131 张，以及大量文字资料，全面、真实地反映了迁安地区广大人民为抗日战争的胜利作出的贡献。此次专题展在市博物馆展出 10 天，之后再到各镇乡文体站展出。

1 ~ 10 日　迁安市梅墨生艺术馆举办著名画家宣道平先生书画精品展。此次展览共展出宣道平先生书画精品 48 幅，作品具有极高的观赏性及收藏价值。宣道平一生精于写意花鸟画，亦擅山水，工书法。其作品 1953 年即参加全国美展，70 年代末作品曾被荣宝斋、北京画店以每平方尺百元价收购，也曾被廖承志等国家领导人以国礼馈赠外国友人。

2 日　环保部副部长翟青率督查组到迁安市督查抗战胜利 70 周年纪念活动期间空气质量保障工作。省环保厅厅长陈国鹰，唐山市委副书记、代市长丁绣峰，唐山市政府特邀咨询辛志纯陪同检查。翟青一行先后深入河北钢铁集团燕山钢铁有限公司、首钢迁钢公司、首钢矿业公司等企业，现场督查抗战胜利 70 周年纪念活动期间企业强制性减排措施落实情况，并详细听取企业负责人关于落实空气质量保障方案等相关情况汇报。督查期间，翟青对迁安市和迁安市空气质量保障工作给予充分肯定，认为地方领导高度重视，部门齐抓共管，采取措施得力，各项工作扎实推进，取得成效。

8 日　大五里乡塔寺峪景区对外开放。景区占地 5000 亩，森林保护区面积 90 万平方米。景区有 16 条沟、18 道岭、18 个天然山洞，有千年古寺九龙寺。植被覆盖率达 56%，有山桔、花椒、杜鹃、高山寒杨等植物 200 余种。动物资源丰富，有野鸡、猫头鹰、狐狸等百余种。景区山形奇特，峡谷幽静，佛寺久远，犹如世外桃源。

11 日　迁安市在北京举行“京东水城、魅力迁安”——“牵手合作、协同发展”宣传推介会。全国工商联原副主席沈建国，北京市证监局原局长张新文，新华社机关党委书记周勇，原卫生部医政司司长于宗河，国家卫计委法制司司长张春生，北京市人民政府国有资产监督管理委员会（以下简称北京市国资委）党委副书记赵林华，中关村科技园区管理委员会（以下简称中关村管委会）调研员陈新，北京市教育工作委员会（以下简称北京市教工委）副书记唐立军，北京科技大学校长张欣欣，北京首都师范大学校长宫辉力，北京市实验二小校长李烈，河北省教工委副书记韩俊兰，恒丰金控资产管理股份有限公司董事长谢峰出席推介会。会议由中央电视台主播彭坤主持。市委书记李忠致辞。市长张淑云就迁安市投资环境和重点合作领域进行推介。市委常委、常务副市长李福林，市委常委、秘书长侯旭，市政府副市长马文柏出席推介会。来自北京市的部分国企、央企、世界 500 强企业及北京的部分学校、医院等 200 余人参会。

13 日　迁安市举办以“跨越金秋长城、亲近山水迁安”为主题的首届长城山野绿道马拉松长城穿越赛。大赛分全程马拉松和 5 公里迷你马拉松两个项目，来自云南、广东、内蒙古、贵州、京津唐等 31 支代表队共 1200 余人参赛。经过激烈角逐，5公里迷你马拉松健身赛男子组吴佳琪获得第一名，成绩为18分06秒；女子组赵超凡获第一名，成绩为20分27秒。全程马拉松长城穿越赛男子组第一名为来自云南的周波，成绩为2小时58分06秒03；女子组第一名为来自秦皇岛的曹凤英，成绩为3小时42分32秒14。市政府党组成员张清敏，迁曹高速公路筹建处处长、市政府党组成员李晓波出席开幕式。

14～15日 省委书记赵克志围绕落实中央《京津冀协同发展规划纲要》、推进新型城镇化与城乡统筹、加快县域经济发展到迁安市调研，并与唐山县（市、区）委书记进行座谈。他强调，县域经济在全省具有重要地位。县域强全省强，县乡美全省美。要深入学习贯彻习近平总书记京津冀协同发展重大战略思想和会见全国优秀县委书记时的重要讲话精神，抓住机遇，坚定信心，点燃干事创业激情，大力发展县域经济，为推动新型城镇化与城乡统筹发展提供支撑。省委常委、秘书长、统战部部长范照兵，省委常委、唐山市委书记焦彦龙参加调研。省有关部门负责同志及唐山市领导王久宗、胡国辉，迁安市领导李忠、张淑云、侯旭等一同调研。

16日 兴业银行迁安支行开业。

22日 迁安市电子商务服务中心开业。

23～26日 2015年“迁安九江线材杯”全国女子柔道冠军赛在迁安市九江奥体中心举行。来自北京、天津、河北、山西、内蒙古、解放军等41支代表队的343名运动员参赛。经过4天的激烈角逐，8个级别的冠军各有其主。在女子－48公斤级决赛中，来自山东队的李亚男战胜解放军队的罗珊珊夺得冠军；在－52公斤级决赛中，来自辽宁队的马英楠战胜四川队陈晨夺得冠军；在－57公斤级决赛中，来自天津队的林媛媛战胜广东队卢童娟夺得冠军；在－63公斤级决赛中，来自山东队的杨俊霞战胜解放军队黄俊华夺得冠军；在－70公斤级决赛中，来自天津队的陈飞战胜解放军队燕子夺得冠军；在－78公斤级决赛中，来自江苏队的张敬丽战胜江苏队张浙慧夺得冠军；在＋78公斤级决赛中，来自解放军队的李扬战胜辽宁队马思思夺得冠军；在无差别级决赛中，来自江苏队的王彦战胜解放军队周亚飞夺得冠军。

28～30日 迁安市举办2015“京东水城、魅力迁安”经贸洽谈会。来自意大利、荷兰、俄罗斯、日本等国家和中国国内各地的305家企业、单位和新闻媒体，472名国内外嘉宾客商集聚迁安，感受迁安作为京东水城所具有的独特城市景观、悠久历史文化、良好产业基础和优质产业承载平台。洽谈会通过实地参观考察、投资环境说明会、项目洽谈等形式，全方位、多角度地展示迁安经济转型取得的最新成果，激发众多企业投资迁安的热情与信心。洽谈会上有59个项目签约，总投资534亿元。其中，投资10亿元以上项目13个，20亿元以上的项目7个。签约项目中，现代物流、食品医药、高新技术、战略新兴、文化旅游、教育培训等新兴产业项目占签约项目总数的60%，占总投资的78%；与京津等地区合作项目31个，占项目总数的53%，占总投资的70%。

下旬 迁安市亚滦湾国家创新产业园培植的金叶碧桃系列产品在2015年廊坊农产品交易博览会上获得金奖。

10月

上旬 迁安市市场监督管理局把企业办照的时间从原来承诺的5日内发照，变为材料齐全，当场受理，当日发照，实现营业执照立等可取。

14日 赵店子镇炉上村农民张永顺家种出了一株重达10.5公斤的巨型红薯。新浪、搜狐、网易、河北新闻等网站纷纷报道。

16日 河北乐村淘村镇电子商务平台暨迁安市农村电商配送中心开始运营。

20日 迁安市五届人大常委会举行第34次会议。会议以投票表决的方式审议通过了市委副书记、市长张淑云所作的《迁安市人民政府关于提请冯涛等3名同志任职的议案》。决定任命冯涛、王学龙、庞再明为迁安市人民政府副市长。市人大常委会主任郝可军为冯涛等3名同志颁发了任命书。

22日 中国冀东国际金融中心高峰论坛在迁安市锦江饭店举行，来自世界500强零售企业台湾大润发超市、北京首旅建国饭店、佛山市星星国际影城、北京同仁堂、农业银行、工商银行、交通银行、中国银行、信用联社等金融才俊、商贾名流、媒体记者200余人齐聚一堂，共谋迁安金融发展大计。市委常委、常务副市长李福林致辞并为中国冀东国际金融中心揭牌。市人大常委会副主任范晓华，市政府副市长马文柏出席。

25日 由河北美术学院和市汇远书画纸有限公司共同创办的河北美术学院艺术中心迁安创作基地，在市汇远书画纸有限公司举行揭牌仪式。市委常委、宣传部部长郭卫民，市政府党组成员张清敏，市政协副主席马丹青出席揭牌仪式。

下旬 香港电视台《探索大世界》栏目组到迁安市拍摄城市新貌及旅游风景。

11月

5日 唐山市委副书记、市长丁绣峰带领唐山市发改委、工信局、商务局、统计局、科技局等部门的主要负责人到迁安市调研。丁绣峰强调，迁安市要发挥引领示范作用，全力打造经济发展“升级版”。迁安市委书记李忠，市长张淑云，市委常委、常务副市长李福林，市委常委、秘书长侯旭陪同调研。

同日 经济日报社社长徐如俊一行到迁安市参观考察。唐山市委常委、宣传部部长杨洁，迁安市委常委、宣传部部长郭卫民陪同。

11日 迁安市委书记李忠，市长张淑云在迁安市主会场聆听中央宣讲团成员、省委书记赵克志为全省党员干部作的学习贯彻党的十八届五中全会精神宣讲报告。赵克志紧紧围绕中央“十三五”规划建议，就全面建成小康社会决胜阶段的形势、指导思想和“十三五”时期中国经济社会发展的主要目标、基本理念、重大任务、保证措施作了全面宣讲。市人大常委会主任郝可军，市政协主席陈子存，市委常委、纪委书记许俊良，市委常委、政法委书记张雪峰，市委常委、秘书长侯旭，市委常委、宣传部部长郭卫民，市政府副市长、公安局局长李凤春，迁曹高速公路筹建处处长、市政府党组成员李晓波，市政协副主席马丹青在迁安市分会场收听收看了报告会实况。

13日 迁安市与北京科技大学签订全面合作框架协议。北京科技大学校长张欣欣，副校长孙冬柏、吴爱祥，北京恒丰美林集团董事长谢峰，北京市科学技术委员会社会发展处主管工程师、钢铁创新联盟秘书长刘育松，唐山市政府副市长高瑞华，迁安市委书记李忠，市长张淑云，市委副书记、副市长冯涛，市委常委、秘书长侯旭，市政府副市长王学龙出席签约仪式。协议包括四方面合作内容：一是推进京津冀钢铁行业节能减排产业技术创新联盟与迁安市的合作；二是推进北京科技大学迁安研究院的筹建工作；三是推进北京科技大学合作办学项目在迁安落户；四是深化人才培养及共享等领域合作。迁安市长张淑云与北京科技大学校长张欣欣代表双方签字。

22～26日 2015年“九江杯”全国男子拳击冠军赛在迁安市九江体育中心举行。本次赛事由国家体育总局拳击跆拳道运动管理中心、中国拳击协会主办，来自山东、内蒙古、北京等全国各地的29支代表队184名运动员参赛。比赛设10个重量级别，分别为49公斤级、52公斤级、56公斤级、60公斤级、64公斤级、69公斤级、75公斤级、81公斤级、91公斤级、+90公斤级。各队参赛选手均为2015年全国男子拳击锦标赛各级别的前5名运动员。东道主队河北迁安九江拳击俱乐部派出4名选手参赛，其中包括年内全国男子拳击锦标赛75公斤级冠军赵明刚等强将。经过5天的激烈角逐，10个级别的冠军分别被山东（2枚）、河北（2枚）、上海、贵州、黑龙江、安徽、解放军、江苏队夺得。九江拳击俱乐部运动员孟才成和赵明刚分别获得64公斤级和75公斤级冠军。

27 日 广德电子商务有限公司项目合作签约暨广德缘网启动仪式在迁安市举行，标志着迁安首家“互联网＋实体企业落地”的网络电商启动运营。

是月 第十九届中国（廊坊）农产品交易会京津冀果王评选活动揭晓，迁安市 11 种果品在农交会上获奖，其中 6 项金奖、2 项银奖、3 项铜奖，在唐山各县（市、区）中，获奖数、金奖数列首位。获得金奖的果品是：市桃园林果种植专业合作社的红星苹果、建昌营镇郑庄村核桃种植园的清香核桃、阎家店乡阎一村板栗种植园的大叶青板栗、市乐丫农产品开发有限公司的大板红板栗、市秋撒乡浓种植专业合作社的大 313 板栗、市亚滦湾创新产业有限公司的银选 1 号桃。获银奖的产品是：市奥成林果种植专业合作社的清香核桃、市硕秋果树种植专业合作社的巨峰葡萄。获铜奖的产品是：建昌营镇新房子村志超果树种植园的早蜜酸梨、市乐丫农产品开发有限公司的绵核桃、市玉华果品农场的北京晚蜜桃。迁安市林业局被评为第十九届中国（廊坊）农产品交易会筹展工作先进单位。

12 月

1 日 唐山市委常委、副市长李忠娟一行就钢铁产业发展情况到迁安市调研。

3 日 迁安市隆重举行公民道德建设基金奖励暨第七届道德模范表彰仪式。14 个道德模范、23 个提名者获奖。市长张淑云，市委副书记李维林，市委副书记、副市长冯涛，市人大常委会主任郝可军，市政协主席陈子存，市委常委、宣传部部长郭卫民出席仪式并为获奖者颁奖。

9 日 在第 30 届全国青少年科技创新大赛中，迁安市第三实验小学逯思婧同学的《行走的生态之家》、郑一鸣同学的《地热能生态工厂》、赵紫琪同学的《虫媒植物助手》均获得科幻画二等奖。迁安 3 名同学同时获得国家级奖项，这在全市尚属首次。

16 日 唐山市政协主席郭彦洪到迁安市走访慰问驻迁安政协委员。迁安市政协主席陈子存、副主席马丹青陪同。

31 日 中国共产党迁安市第五届委员会第六次全体（扩大）会议召开。会议的主要任务是：深入贯彻党的十八届五中全会、中央经济工作会议精神，总结 2015 年工作，审议市委《关于制定国民经济和社会发展第十三个五年规划的建议》，部署“十三五”及 2016 年任务，动员各级党组织和广大干部群众，凝心聚力，扎实苦干，为建设“魅力水城、绿色迁安”而努力奋斗。

是月 由河北日报报业集团主办，河北经济日报社承办的“2015 年度河北十大经济新闻暨年度十大经济风云人物”评选结果正式揭晓，河北艾驰生物技术有限公司董事长叶金保入选十大经济风云人物。

建置沿革

【地理位置】 迁安市位于河北省东北部，地理坐标为北纬39°51′~40°15′，东经118°26′~118°55′。南北跨纬度0°24′，东西跨经度0°29′，市境纵跨直线距离45公里，横跨直线距离39公里。东隔青龙河与秦皇岛市的卢龙县相望，南与滦县相邻，西接迁西县，北以长城为界与秦皇岛市青龙满族自治县毗邻。全市总面积1227平方公里。

区位优越，是便捷通畅的物流聚散地。处于（北）京（天）津冀都市圈中心和环渤海一级经济开发区内，踞华北、东北之咽喉。市人民政府驻地迁安镇，距（北）京沈（阳）高速公路迁安入口处12公里，西距北京市195公里、距天津市160公里、距唐山市90公里，东距秦皇岛市75公里，北距承德市272公里，南距京唐港90公里。临近京唐港、曹妃甸港、天津新港、秦皇岛港。境内京哈高速、京秦高速、102国道、三抚四条公路和津山、大秦、通坨三条铁路横贯东西，冷大公路、卑水铁路、迁曹铁路纵穿南北。津秦高铁在迁安设有客运站，即滦河站，1小时可达北京，半小时达天津。形成辐射晋、冀、辽、蒙和通达京、津等大中城市的四通八达的交通网络。

（高彦军）

【建置隶属】 旧石器时代，境内已有人类活动。商归孤竹国辖。春秋为山戎令支国，战国时属燕国。秦王政二十六年（前221年），设离支县，属辽西郡。西汉称令支县，属辽西郡。东汉沿袭旧置。三国时，属魏辽西郡。晋鲜卑族占之，废令支县，地属辽西郡。北魏太平真君七年（446年），并入阳乐县属平州辽西郡。北齐时，归肥如县。隋开皇六年（586年），肥如县并入新昌县。十八年（598年），更名为卢龙县，属北平郡。唐沿隋置卢龙县，改北平郡为平州。五代时，辽置安喜县，属南京析津府平州。金大定七年（1167年），改安喜县为迁安县，意为“迁自安喜”，属平州，迁安之名始定。元初再并入卢龙县，后又复置。元太祖十年（1215年），改属兴平府。元中统元年（1260年），兴平府升为平滦路。元大德四年（1300年），平滦路更名为永平路，迁安县属之。明代属北直隶省永平府。清代属直隶省永平府。民国元年（1912年），迁安县属直隶省津海道，民国2年（1913年），属渤海道。民国3年（1914年），改属津海道。民国17年（1928年），为河北省辖。民国28~33年（1939~1944年），中国共产党在迁安及附近边区先后成立丰滦迁、迁遵兴、迁滦卢、迁青平、迁卢抚昌联合县，迁卢青、迁遵青、滦卢联合县，先后隶属晋察冀边区冀东区和冀热边区。民国34年（1945年），复置迁安县，属冀东十六专区。1949年8月1日，迁安县属河北省唐山专区。1970年，唐山专区改称唐山地区，迁安隶属之。1983年5月6日，撤销唐山地区，迁安县为唐山市所辖。1996年10月，撤县设市，迁安县改名迁安市，以原迁安县的行政区域为迁安市的行政区域。为省直辖，由唐山市代管。2006年，被省政府批准为扩权市。

（高彦军）

【街区道路、实体分布】 到2015年年底，迁安市建成区面积42平方公里，建成区人口26万人。市区建有主路20条、主街20条。20条主路由西向东分别为：滨湖东路、阜康路、万嘉路、阜安大路、顺喜路、和平路、昌盛大路、胜利路、燕山大路、新颖路、丰安大路、丰喜路、丰乐大路、丰庆路、丰盛路、丰吉路、长城大路、建设路、创新路、科技路。20条主街由北向南分别为：祺瑞街、祺光大街、祺福大街、花园街、聚鑫街、兴安大街、明珠街、景福街、永顺街、全福街 、惠宁大街、星河街、惠泉大街、兆康街、钢城大街、惠民大街、惠安大街、惠兴大街、惠隆大街、惠昌大街。市区的行政机关和企事业单位分别分布在主次道路两侧。其中，市行政办公中心、市行政审批管理办公室、工商局、国税局、地税局、迁安一中、规划局、交通局、文广新局、热力总公司、技术监督局、信用社、疾控中心、燕山医院、博物馆等单位分布于钢城大街；迁安镇政府、城关公安分局、城关法庭、自来水公司、锦江饭店等单位分布于惠泉大街；迁安二中、迁安第一实验小学、移动迁安分公司、环保局、社保中心、电力公司、烟草局等单位分布于惠宁大街；邮政局、妇幼保健院、中医院（旧址）等单位分布于永顺街；迁安市人民法院、迁安市人民检察院分布于明珠街；市委党校、武装部、公安局、财政局、医药公司、城区办等单位分布于兴安大街；住建局、残联、迁安第三实验小学等单位分布于花园街；人民银行、民政局、林业局、光彩幼儿园、成教中心、房产中心、环卫公司、迁安镇第一初级中学、科技局等单位分布于祺福大街；水务局、国土资源局、人保财险迁安支公司等单位分布于丰乐大路；老干部局位于丰喜路；市人民医院位于惠安大街。

（张宏伟　张晓利　殷玉环）

【行政区划】 2015年，全市辖12个镇、7个乡、1个城区街道、505个行政村、37个社区居民委员会。

2015年迁安市各乡镇、街道所辖行政村、社区居委会情况表

表1　　　　单位：个

乡镇、街道名称	辖行政村、居委会个数	所辖行政村、居委会名称
迁安镇	76个村、11个社区居委会	新寨、三里营、刘季庄、烟台吴庄、东关、合理、杨崖、石新庄、洪富庄、沙河子、后石李桥、上屋、小兰庄、毛家洼、马家岗子、郭庄、小营、平房新庄、白沙坡、小李庄、小寨、杨庄子、刘纸庄、黄台庄、张李庄、西关、发展、徐崖、庞庄、卢沟堡、西丁官营、余家洼、谌新庄、尹庄、吴庄、赵庄、大魏庄、东周官营、梨行、北关、吴纸庄、小王庄、张各庄、南关、建设、周洪庄、三李庄、于家村、省庄、前丁官营、大贾庄、石牌庄、汤新庄、胡各庄、张庄、潘营、陈庄、王崖、吉兰庄、黄纸庄、公平、前石李桥、后丁官营、小贾庄、五里岗、官立口、胡南、白庄、杨团堡、马家村、蔡庄、张尹庄、营庄、刘家庄、商庄、谢庄、大王庄社区居委会、殷柳庄社区居委会、王家园社区居委会、民强社区居委会、苏新社区居委会、民安社区居委会、石岩庄社区居委会、阚庄社区居委会、民乐社区居委会、西李铺一社区居委会、西李铺二社区居委会
扣庄乡	27个村	扣庄、十里营、刘家村、蟒山、邓新房、兰若院 、安新庄、上阶地、吉王庄、毕新庄、西晒甲山、陈官营、东晒甲山、郎庄、古松庄、唐庄、东牛山、西李官营、张庄、田庄、任庄、东李官营、寺前、寺后、潘庄、阿兰庄、半坡营
夏官营镇	28个村	永兴庄、花庄、洪庄、袁庄、回新庄、沙坡子、黄官营、南白庄、团新庄、东赵店子、包官营、罗庄子、夏官营、五道沟、西野河峪、东野河峪、大榆树、梅官营、姚官屯、范庄、上马哨、下马哨、六道沟、耿家庄、梁庞庄、六合村、上庄子、何家坟

续表 1

乡镇、街道名称	辖行政村、居委会个数	所辖行政村、居委会名称
彭店子乡	18 个村	彭店子、八里塔、小邹庄、高李庄、崔李庄、柏庄、易庄、徐家沟、富兴庄、八家寨、大周庄、杨家坡、祁庄、坨上、王孟庄、南丘、霍庄、粉子营
杨各庄镇	37 个村	皇姑寺、安各庄、梓林、周各庄、代家沟、鸡鸣庄、尚武旗、阎官屯、张新庄、东高庄、三角庄、文里庄、包各庄、东揣庄、枣行、郭庄、武家庄、东马庄、杨各庄、大贤庄、披甲窝、裴新庄、万军、上换甲套、下换甲套、马庄户、马家沟、玄新庄、青山院、小套、徐流口、森罗寨、曲河、上场、徐流营、东新庄、西新庄
建昌营镇	50 个村	保一、保二、果园、小庄、东安乐、西安乐、和平、平安、文化、得胜、张村、郭村、南道、太平、西安、回民、建平、塘坊、南冷口、北冷口、前窝子、后窝子、大桥庄、教场沟、东密坞、西郭庄、雷庄、鸭河营、温庄、裴庄、胡庄、西高庄、石门子、白道子、茶记沟、北新庄、新立村、东三家、大龙王庙、阎场、朱家店、草场、郑庄、树行、河流口、东堡子、军屯、西三家、新房子、清泉
上射雁庄乡	24 个村	上射雁庄、下射雁庄、二层庄、南晒甲营、北晒甲营、北白庄、彭家洼、陶新庄、丁庄、东晒甲营、高各庄、凉水河、大望都庄、小望都庄、东孟庄、朱庄、揣庄、七里坎、代家铺、平林镇、大新店、小新店、刘新庄、西孟庄
大崔庄镇	21 个村	商庄子、四道沟、白羊峪、台头岭、西密坞、步步川、石梯子沟、沙坨子、三岭、楼子山、大庄、擂鼓台、凤凰山、上金山院、下金山院、桑园、侯庄户、新立庄、王古庄、肖家庄、大崔庄
五重安乡	29 个村	石门、杏山、黄金寨、新开岭、万宝沟、张庄子、才家沟、更新庄、马井子、东陈庄、五重安、苏家沟、西陈庄、小关、大何庄、宫上、小何庄、小崔庄、茶井沟、刘皮庄、贺庄、贺家沟、曹古庄、范家沟、朱家沟、红峪口、母庄、沙河庄、高古庄
阎家店乡	17 个村	阎家店一村、阎家店二村、阎家店三村、李姑店、滕庄、坎新庄、于家坎、东峡口、西峡口、隔滦河、北赵庄、提铃寨、芝草坞、杨山、洗甲河、六股道、孙家店
马兰庄镇	17 个村	西马兰庄、东马兰庄、北马兰庄、前裴庄、后裴庄、红石崖、孟家沟、宫店子、李家沟、柳河峪、刘官营、水厂、新水、印子峪、侯台子、庄户沟、达峪沟
蔡园镇	26 个村	蔡园、好树店、灵山、二郎庙、小杨庄、大杨庄、靠山、横山子、张家窑、北屯、蔡家洼、孟官营、小石岭、吴官营、王李庄、小蔡庄、刘庄子、新庄、朱家庄、杨官营、玄安子、玄家洼、马官营、刘湾子、李庄子、北小店
杨店子镇	32 个村、1 个社区居委会	杨店子、沈家营、大郭庄、大庄户、前胡各庄、后胡各庄、王庄子、靳官营、殷官营、田新庄、高引铺、新立寨、张官营、倪屯、小玄庄、大玄庄、北张庄、常李庄、官寨、上午、洼里、蚕姑庙、大张庄、王庄、任官营、毛庄、张富庄、孟庄、驿南府、麻官营、韩官营、新蔡庄、滨河社区居委会
大五里乡	16 个村	大五里、大石河、松木庄、花果山、张家峪、尚庄子、曹官营、王家湾子、贯头山、小庄户、孟一、孟二、周官营、水峪、山叶口、王官营
木厂口镇	16 个村、1 个社区居委会	木厂口、宗佐、田家店、佛峪院、杨纪庄、老爷庙、马各庄、小张庄、曹庄子、北营、红石峪、井家沟、刘新庄、娄子峪、水泉、榆山、松护社区居委会
沙河驿镇	19 个村	沙河驿、李店子、红庙子、刘台子、前沙窝铺、北沙窝铺、葛庄子、二店子、管庄子、刘庄子、窝子、轩坡子、代庄、孟台子、上炉、下炉、唐庄子、潘庄子、段家岭

续表 1

乡镇、街道名称	辖行政村、居委会个数	所辖行政村、居委会名称
太平庄乡	16 个村	太平庄、马铺营、七家岭、东新店、西新店、苏庄营、郭家营、东山、东蛇探峪、西蛇探峪、石家营、尚庄、崇家峪、田庄营、三岔峪、胡家沟
赵店子镇	15 个村	赵店子、马古寺、李官营、新庄子、申刘庄、沟南庄、小店、大李庄、北代庄、康官营、郑店子、炉上、营里、马庄、三港湾
野鸡坨镇	21 个村	野鸡坨、邵家营、仓库营、小杨官营、东周庄、山港、朱庄子、岚山高庄、武各庄、西周庄、安山口、宋庄、丁庄子、张都庄、大杨官营、新军营、小山东庄、李家峪、大山东庄、爪村、卜官营
城区街道	24 个社区居委会	兴安社区居委会、丰乐路社区居委会、常青社区居委会、燕阳社区居委会、青杨社区居委会、花园街社区居委会、永惠社区居委会、永顺街社区居委会、燕春社区居委会、广场馨园社区居委会、帝景社区居委会、福盛社区居委会、明珠社区居委会、碧水花苑社区居委会、河畔人家社区居委会、燕经社区居委会、安顺社区居委会、迁钢社区居委会、安康社区居委会、燕祥社区居委会、宏源社区居委会、燕钢社区居委会、石岩庄社区居委会、颐景社区居委会

（张惠君）

自然环境

【地质】 迁安市位于燕山沉积带，渤海沉降带，唐山坳陷区的东北部边缘地带。属新华夏构造体系。境内出露地层有太古界、元古界、中生界及新生界。在北部、西北部及西部低山、丘陵间的沟谷地带，山体岩类繁多，主要岩性为片麻岩、变粒岩、白云岩、灰岩、层状砂岩及灰质砾岩等，节理裂隙发育，岩体破碎，剥蚀风化强烈。

（马　林）

【地貌】 迁安市地处燕山隆起带余脉南侧，地形地貌较为复杂，地貌以平原、丘陵为主，其余为低山和谷地。地势北西高，南东低，自北部向南部方向倾斜。北部燕山，西部燕山支脉呈弧形展布，形成典型的“簸箕”状地形。低山主要分布在长城沿线和西部山区，面积 263.91 平方公里，占总面积的 21.85%；丘陵主要分布北部和西部山区及青龙河西岸一带，面积为 369.66 平方公里，占总面积的 30.60%；谷地主要分布在长城沿线和西部山区，面积为 39.90 平方公里，占总面积的 3.30%；平原包括坎上平原、坎下平原和城关盆地，面积为 534.53 平方公里，占总面积的 44.25%。境内山峰较多，均属燕山余脉。海拔在 200～700 米的山峰有 40 余座。主要山峰有龙山、蟒山、晒甲山、金牛山、磨盘山、棒槌山、黄台山、榆山、挂云山、平顶山、龟口山、大嘴子山、佛面山、将军坟、将军帽山、四顶山、大石片山、龙头山、大红山、红山、大鞍口山、羊关鼻子山、塔山、乔山、岚山、南天门山、麻沟山、大杏山、城山、岳野山、羊拉子山。其中，大嘴子山海拔 695.70 米，是境内最高峰，位于市区北偏西 24.5 公里处的五重安乡境内；其次是挂云山，海拔 638.70 米，位于大五里乡；接下来是南天门山，海拔 544 米，位于大五里乡与迁西县交界处；城山，海拔 535.10 米，位于太平庄乡与滦县交界处；将军坟，海拔 530 米，位于建昌营镇。

（马　林）

【气候】 迁安市属暖温带半湿润季风型大陆性气候，受西伯利亚及蒙古冷气团和太平洋高压影响，四季分明。

2015 年，全市降水正常，气温显著偏高，日照偏多。全年降水时空分布不均，总降水量为 609.6 毫米，较常年（611.0 毫米）偏少 1.4 毫米；较 2014 年（522.4 毫米）偏多 87.2 毫米，偏多 16.7%。日最大降水量 73.6 毫米，出现在 7 月 30 日。年平均气温 12.3℃，较常年（10.8℃）偏高 1.5℃，较 2014 年（12.5℃）偏低 0.2℃。极端最高气温 38.5℃，出现在 7 月 13 日；极端最低气温－13.0℃，出现在12月27日。全年日照总时数2662.4小时，占年可照时数的60%。年平均风速1.5米/秒。全年无霜期183天，终霜日出现在4月8日，初霜日出现在10月9日。

冬季（2014年12月至2015年2月），其中，2014年12月，平均气温－1.3℃，较历年平均值（－3.7℃）偏高2.4℃；降水量0.2毫米，较历年平均值（3.3毫米）偏少3.1毫米；日照161.1小时。2015年1～2月，平均气温－1.3℃，较历年平均值（－4.4℃）偏高3.1℃；降水量17.0毫米，较历年平均值（6.2毫米）偏多10.8毫米；日照379.0小时。

春季（3～5月），平均气温13.7℃，较历年平均值（11.8℃）偏高1.9℃；降水量111.4毫米，较历年平均值（81.5毫米）偏多29.9毫米；日照839.5小时。

夏季（6～8月），平均气温24.9℃，较历年平均值（24.1℃）偏高0.8℃；降水量391.1毫米，较历年平均值（427.2毫米）偏少36.1毫米；日照725.3小时。

秋季（9～11月），平均气温11.8℃，较历年平均值（11.2℃）偏高0.6℃；降水量89.9毫米，较历年平均值（92.8毫米）偏少2.9毫米；日照557.5小时。

（李　刚）

【天气灾情】　干旱。2015年，全市阶段性气象干旱严重，夏旱影响较大。入汛以后总体降水量偏少，其中6月降水量85.9毫米，接近常年（85.7毫米）；进入7月后降水显著偏少，1～26日降水量仅19.1毫米，基本未出现有效降水过程，导致阶段性旱情；7月27～31日，出现连续降水天气，过程全市平均降水量94.5毫米，使得一直持续的干旱天气得到有效缓解，但此次过程降水分布不均，大五里、蔡园、杨店子、马兰庄等部分乡镇的降水不够充分，旱情仍未得到彻底解除。

暴雨。2015年，迁安市出现2次强降水，部分地区出现洪涝灾害。其中，7月27～31日全市过程平均降水量94.5毫米，五重安乡降水量最大，达140.4毫米；8月1～4日全市过程平均降水量53.3毫米，夏官营镇降水量最大，达151.8毫米。唐山市气象局对两次过程分别启动暴雨Ⅳ级和暴雨Ⅳ级转Ⅲ级应急响应。

极端降雪。2015年，迁安市降雪日数接近常年，2月、11月异常偏多。全年降雪过程主要出现在1、2和11月，其中2月、11月分别出现5、6次降雪，降雪量分别为16.1毫米、22.7毫米，较常年（3.1毫米、7.9毫米）偏多4倍和2倍左右。

阴雨寡照。2015年，迁安市连阴雨天气多于常年，秋末阴雨寡照天数异常偏多。11月日照时数仅有97.0小时，占可照时数的32%；实照时数占可照时数60%以上的天数仅为10天，20%以下的天数多达15天，且11月降雪量比常年偏多2倍左右，造成全市秋末的阴雨寡照天数异常偏多。

雾霾。2015年，全市雾霾天气较多，重雾霾较少。全年出现雾霾日数142天，其中1、11、12月出现较多，分别为13、19、19天。市政府应急办针对11月14～16日、11月27日～12月1日、12月8～10日、12月31日～2016年1月5日4次过程，发布了重污染天气三级黄色预警响应；针对12月18～25日过程发布了重污染天气二级橙色预警响应。

（秦永红　高志新　王　丹　蔡英娜）

【河流水系】　迁安地处海河流域东北部，有大小河流16条，除滦河、青龙河、白羊河、冷口沙河常年有水外，其余大部分为季节性河流。境内河流除西沙河、管河外均属滦河水系。全市最大过境河流为滦河，滦河流经大崔庄、马兰庄、阎家店、蔡园、杨店子、迁安镇、赵店子、野鸡坨、夏官营、彭店子等镇（乡），境内长54公里，流域面积262.8平方公里。青龙河流经境内杨各庄、扣庄、夏官营、彭店子等镇（乡），境内长31公里，流域面积66.51平方公里。冷口沙河流经境内建昌营、杨各庄等镇（乡），境内长14.9公里，流域面积91.97平方公里。隔滦河流经境内五重安、阎家店等镇（乡），境内长16.52公里，流域面积96.58平方公里。白羊河流经境内大崔庄、建昌营、上庄等镇（乡），境内长15公里，流域面积53.2平方公里。西沙河流经境内蔡园、大五里、杨店子、木厂口、赵店子、沙河驿等镇（乡），境内长 46.1 公里，流域面积 168.1 平方公里。

（曹红飞　李志魁）

【土壤】　全市分褐土、风沙土两个土类，少量风沙土分布在滦河两岸，其他地区多是褐土，褐土又分为褐土性土、淋溶褐土、草甸褐土 3 个亚类。其中褐土性土主要分布于低山的中上部及丘陵的顶部，面积为 43.99 万亩，占土壤总面积的 23.9%；淋溶褐土面积为 42.52 万亩，占土壤总面积的 23.1%；草甸褐土主要分布在迁安镇、夏官营、杨各庄、建昌营、赵店子、杨店子等地的洼处，面积 94.05 万亩，占土壤面积的 51.1%。风沙土面积 3.5 万亩，占土壤面积的 1.9%。土壤性能：有机质 1.065%，相当于全国分级的第四级；全氮 0.056%，碱解氮 56.68ppm（百万分之一），相当于全国分级的第五级；速效磷 20.8ppm，相当于全国分级的第二级；速效钾 84.67ppm，相当于全国分级的第四级。

（刘保军）

自然资源

【矿产资源】　1. 种类、储量及分布。已探明的矿产有 24 种，主要矿种为铁矿、石灰岩矿和白云岩矿，保有储量在 16.32 亿吨左右。其中铁矿资源储量为 15.6 亿吨，主要分布在马兰庄、蔡园、杨店子、木厂口、赵店子、彭店子、夏官营、阎家店等 10 个镇乡；石灰石保有储量为 4000 万吨左右，主要分布在北部长城沿线和西南部的太平庄、沙河驿一带；白云石储量为 3000 万吨左右；膨润土矿主要分布在杨各庄镇徐流营村及建昌营镇的阎场及东堡子一带，累计探明储量为 200 万吨左右。2. 开发及利用。2015 年，共办理采矿权登记手续 32 家。金属矿山，办结 15 家，其中采矿权延续登记 7 家、整合 1 家、变更 4 家、抵押备案 3 家；正在办理 2 家，其中整合 1 家、新设 1 家。非金属矿山，办结 15 家，其中采矿权延续变更登记 13 家、整合 1 家、抵押备案 1 家。收缴 18 家矿山企业采矿权价款、出让金、使用费等费用 1320.1 万元，其中，采矿权价款 1252.05 万元、出让金 64.05 万元、使用费 4 万元。

（马　林　杨　雷）

【生物资源】　全市野生植物分布共 103 科 273 属 503 种，其中分布的野生果树主要有核桃楸、野生软枣猕猴桃，具有保护价值的野生药材有柴胡、党参、远志等，野生蔬菜有羊耳蒜、野韭菜等，同时在迁安西部山区发现重要药用植物崖椒、卫矛，且有很大分布。在分布的野生植物中，核桃楸、野生猕猴桃、崖椒、卫矛具有集中分布区域，而柴胡、党参、远志、羊耳蒜、野韭菜等只有零星分布，不成区域。人工栽植的果树分水果树和干果树两大类。水果以苹果、梨、桃、红果、杏、柿子、葡萄、李子为主；干果以板栗、核桃、枣为主。在农作物资源中，粮食作物主要有玉米、小麦、甘薯、稻谷、谷黍、高粱、豆类等；经济作物以花生为主，棉花、瓜类次之，芝麻、麻类、向日葵、烟草、中草药等也有零散分布。蔬菜类主要有白菜、萝卜、菠菜、西红柿、黄瓜、葱蒜、辣椒、豆角、韭菜等。畜禽资源以人工培育品种为主，主要有猪、牛、羊、马、骡、驴、鸡、鸭、鹅、兔 10 种。野生兽类主要有狐狸、刺猬、黄鼠狼、野兔、獾和松鼠，鸟类主要有猫头鹰、杜鹃、啄木鸟、乌鸦、喜鹊、麻雀、燕子、黄鹂等。水产资源以鱼类为主，有 30 多个品种。其中，最常见的人工养殖鱼类有草鲢、鳙、鲤、鲫、鲂 5 个品种；河流自然鱼类有鲤鱼、鲫鱼、黑鱼、鼋鱼、黄鳝、马口鱼、棒花、白条鱼、麦穗鱼、红鳍鳅、赤眼鳟及少量的鲈鱼。此外，还有草虾、河蟹等。

（刘保军）

【水资源】　迁安市属暖温带季风气候，多年（1956～2010 年）平均降水量 672.4 毫米，其中山区 688 毫米，平原区 653 毫米。全市多年平均入境水量 26.5422 亿立方米，潘家口与大黑汀水库建成运行后，多年平均入境水量为 15.5667 亿立方米。全市多年平均出境水量 24.5417 亿立方米，潘大水库建成运行后，出境水量为 13.3244 亿立方米。迁安市多年平均自产水资源量为 1.7230 亿立方米，其中山丘区 1.1337 亿立方米，平原 0.5893 亿立方米。多年平均地下水资源量 2.2322 亿立方米，其中山丘区 0.6396 亿立方米，平原区 1.7270 亿立方米，山丘区与平原区重复计算量 0.1344 亿立方米。多年平均水资源总量

3.6117 亿立方米，其中地表水资源量 1.7230 亿立方米，地下水资源量 2.2322 亿立方米，地表水与地下水重复计算量 0.3435 亿立方米。迁安市多年平均水资源可利用总量为 2.9134 亿立方米，其中地表水可利用量 1.1546 亿立方米，地下水可开采量 2.1022 亿立方米，二者之间重复量 0.3435 亿立方米。

2015 年，全市用水总量 21337 万立方米，其中农业用水 7744 万立方米，工业用水 10153 万立方米，生活用水 2880 万立方米，生态用水 560 万立方米。境内地下水类型为重碳酸盐—钙镁型，矿化度 0.1～0.6 克/升，PH 值 7.3～8.5，总硬度 39～333 毫升（以碳酸钙计）。

（曹红飞　李志魁）

【土地资源】　全市土地总面积 12.27 万公顷，其中耕地 4.26 万公顷，园地 9323.28 公顷，林地 1.63 万公顷，草地 1.18 万公顷，城镇及工矿用地 2.8 万公顷，交通运输用地 4452.47 公顷，水域及水利设施用地 6326.49 公顷，其他土地 3872.59 公顷。

（朱　宁）

【旅游资源】　迁安历史悠久，旅游资源丰富。早在旧石器时代晚期（4.2 万～5 万年前），境内滦河沿岸、爪村一带就有人类居住。历史上有名的伯夷叔齐让国、老马识途等典故都发生在迁安。世界文化遗产长城在境内蜿蜒 44.9 公里，其中唯一一段 1.5 公里长的大理石长城，堪称长城绝景。有由山叶口景区、灵山景区、红峪口景区和黄台湖风景区组成的 46.57 平方公里的“国家地质公园”。有“百里诗绿道，山水画迁安”一横三纵 4 条旅游绿道，还有黄台山公园、佛山公园、人民广场、迁安博物馆、三里河生态走廊等一批具有现代活力的城市旅游新景观。成功打造了“白羊峪长城旅游区观花节”和“迁安金秋采摘节”2 个靓丽节日旅游品牌，获得“全国休闲农业与乡村旅游示范市”称号。全市基本形成以“三山、两河、两馆”（龙山、佛山、黄台山，滦河、三里河，规划展馆、博物馆）为主题的城市休闲观光游；以白羊峪、红峪口、徐流口古长城文化为主题的长城民俗休闲游；以山叶口国家地质公园自然山水风光为主题的休闲养生、运动康体观光游；以现代设施农业为主题的农事体验游。突出迁安地域自然、人文资源特色的“博物馆、黄台湖景区、山叶口景区、贯头山酒厂、白羊峪景区、龙泽谷酒庄、万宝沟军事乐园”迁安一日游、二日游线路已经成熟。

至 2015 年底，全市建有国家 AAAA 级景区 1 家、国家 AAA 级景区 2 家、国家 AA 级景区 3 家，有全国特色景观旅游名村 2 个、全国工业旅游示范点 2 个、全国休闲农业与乡村旅游示范点 1 个、河北省风景名胜区 1 家。星级饭店发展至 7 家，其中四星级饭店 3 家，三星级饭店 4 家。旅行社 11 家，服务网点 13 家，其中国际旅行社 1 家，国际分社 1 家。

（李建新　赵红强）

历史人文

【历史文化】　迁安历史悠久，文化厚重。境内有旧石器时代遗址十余处，其中爪村遗址为全国重点文物保护单位，在此发掘出的骨锥被誉为“中华第一锥”。有新石器时代遗址 20 余处，其中安新庄遗址被专家们认定为黄帝部落都城。迁安市是“中国轩辕黄帝姓氏文化之乡”，中国文联、中国民间文艺家协会在迁安成立了“中国轩辕黄帝姓氏文化研究中心”，全国人大常委会副委员长、中华炎黄文化研究会会长费孝通为迁安题字“黄帝胜迹，光耀千秋”。夷齐让国、老马识途、蚁穴知水、唐王征东等历史典故发生在迁安。万里长城在境内绵亘百里，其中有堪称绝景的大理石长城及月城、套城。迁安是中国白酒的重要发祥地，魏晋时期狄戎曾在此挖泉酿酒，贯头山酒被商务部认定为“中华老字号”，被文化部诗酒文化协会评为“十大中华文化名酒”之一。唐太宗李世民、康熙皇帝爱新觉罗·玄烨、乾隆皇帝爱新觉罗·弘历等曾在迁安留下足迹和诗文，明代英雄戚继光曾亲临此地修长城、抗倭寇。

【人物概况】　迁安古往今来孕育了一代代仁人志士，他们为中华民族历史文化发展谱写了不朽的篇章。其中 1994 年版《迁安县志》立传的人物有公孙瓒、韩当、王平陆、杨十三、唐义臣、刘虎头、李显庭、郎介三、张秀英、薛化成、碧月珠、王晓岚、晚香玉、潘俊峰、杨继起、倪俊生、吴翠英、韩东征、丁韵清、谌厚慈、历景阳、杨秀峰、张凤楼。2013年版《迁安市志》立传的人物有马永、魏一清、刘鸿儒、刘邦辅、马学赐、高顺贞、金财、谌厚忠、劳恩仓、燕石、历忠、宁文、李焕章、邓奇、于惟廉、万方祥、郭子云、蔡德仁、马国光、吴印海、李超、史立芳、宁振贵、刘炎田、高明、王建生、王子欣、刘瑞林、杨为民、高中原、杨兴隆、孙堂、杨文贤、胡天明、郭生、董澄芝、朱祥、刘汝维。他们当中有战斗英雄、专家学者、社会闻人、能工巧匠，也有身居要职、清廉勤政的领导干部。

【杨氏三杰】 迁安市杨团堡村的杨氏家族中，有三代人先后为中国人民的解放事业和建设事业做出杰出贡献，被誉为“杨氏三杰”。他们是被毛泽东赞为“燕赵多慷慨悲歌之士，于先生犹见典型”的杨十三，被邓小平赞为“文官不爱钱，武臣不怕死，（杨）兼而有之”的杨秀峰，为国防科技工业和军队武器装备建设做出不可磨灭贡献的杨为民。

杨十三（1889—1939） 迁安市杨团堡村人，原名杨彦伦，又名杨裕民，因在堂兄弟中排行十三，得名杨十三。杨十三少年时就读私塾。当时目睹社会黑暗现状，痛恨帝国主义和封建主义的反动统治，同情劳苦群众，自幼养成好学上进的优良品德。从私塾出来后，置一般纨绔子弟的歧视于不顾。1904年，毅然到天津直隶省高等工业专门学校附属工厂当学徒工，把劳动当作学习技能和培养自己革命精神的好课堂。一面积极参加工厂的劳动，一面刻苦攻读科学文化，两年后考入天津工艺学堂。1916年，杨十三在天津直隶省高等工业专门学校毕业后，任天津直隶省工业试验所化学工业课技士。他积极提倡“振兴实业，挽救中华”，埋头致力于研究造纸专业，首创芦苇制浆造纸，对中国开创造纸工业新原料、新工艺做出贡献。1920年，赴美国塞瑞术斯大学专攻造纸，获博士学位。1923年回国后，任化学工业课课长、河北工学院化学制造系教授兼商务课主任。此时，他积极帮助李显庭购买造纸机械设备，建立北方第一个半机械化造纸厂——“显记纸厂”。1924年，国共合作，革命形势蓬勃发展。他的世界观开始转变，认识到爱国反帝运动单靠工业发达不行，必须唤起民众，改造乡情。于是在杨团堡村开办讲习班，唤起民众的觉醒，提倡男女平等，反对旧礼教，同时在家乡办起一所“立三平民女子学校”，开创迁安女子求学之风。1937年，参加“华北人民武装抗日自卫会”，为委员。1938年，在冀东抗日武装大暴动中任冀东抗联第一路军政治部主任。1939年，受朱德总司令电召，到太行山八路军总部搞军工。1939年7月，病逝。为表彰他对中华民族解放事业的忠贞不渝，八路军总部为其召开追悼大会。追悼会由朱德总司令主持，彭德怀副总司令致悼词。毛泽东、朱德等党政军领导人都送了挽联。

毛泽东在题为《悼念冀东抗日英雄杨十三》的挽联中写道：

“国家在风雨飘摇之中，对我辈特增担荷；燕赵多慷慨悲歌之士，于先生犹见典型 。”

朱德在题为《彪炳日月》的挽联中写道：

“渤海毓雄，民族之杰。霭霭风仪，异质挺特；冀东义起，倭奴气慑。瞻彼真容，彪炳日月。”

杨秀峰（1897—1983） 原名碧锋，字秀林，迁安杨团堡村人，杨十三侄子。杨秀峰出生于一个书香之家，父亲杨叙伦是清末举人。1911年，杨秀峰考入滦州直隶省立第三师范学堂。就读期间，即组织反对袁世凯称帝及反袁世凯同日本签订丧权辱国的“二十一条”的示威游行。参加了五四、五卅等反帝反封建爱国运动。杨秀峰自幼与其叔父杨十三关系密切。叔侄利用假期回乡机会，在杨团堡村开办农民讲习班，启发贫苦农民的觉悟，同时在家乡成立女子初级学校，提倡男女平等，开创女子读书的新风。

1921年，杨秀峰毕业于北平高等师范学校。先后任通州女师、北师大附中、北京平民中学教员，北京女子师范大学、北京师范大学教授，被誉为“红色教授”。1928年，从事社会教育，任河北省教育厅第三科科长。1929年秋，入法国巴黎大学学习。1931年春，加入中国共产党，任“东方反帝同盟”党团副书记。著有《社会科学方法论》《中国最近世史》等书。1937年“七七事变”后，根据党的指示，弃笔从戎，奔赴太行山区，组织发动群众开展抗日游击战争。为建立冀西抗日根据地，他利用自己的社会威望，取得“国民政府革命军事委员会委员长保定行营民训处冀西民训特派员”的合法职务和河北省政府委员的公开身份。1937年10月，杨秀峰被任命为冀西游击队总队长，中共晋冀区党委委员。1938年5月，奉党指示，任冀南行政公署主任，宋任穷任副主任。1938年后，历任冀南、太行、太岳行政联合办事处主任，晋冀鲁豫边区政府主席，中共七大代表，华北人民政府主席，河北省人民政府主席，中共河北省委常委，高等教育部、教育部部长兼国务院第二办公室副主任，中共八届中央委员，最高人民法院院长，五届全国人大常委，五届全国政协副主席，中共十大代表。1980年，他出席了党的第十二次全国代表大会。会议期间，他再三向党中央请示不要将他列入中央顾问委员会候选人名单，并辞去一切职务，主动提出离休。中央接受了他的请求，并给他写了致敬信，对他半个世纪以来在革命工作中对党所做的贡献，表示崇高敬意。1983年11月10日，杨秀峰在北京病逝。邓小平称赞他：“文官不爱钱，武臣不怕死，（杨）兼而有之。”

杨为民（1935—2002）　迁安市杨团堡村人，杨秀峰之子。从小受到父亲的严格教育和艰苦环境的熏陶与磨练。杨为民非常理解父母当初给他取名“为民”的深刻含义和期望，他1953年4月加入中国共产党，从入党那天起就立志为党、为国、为民奋斗一生。1953～1956年，杨为民在哈尔滨军事工程学院学习。1956年，在北京航空学院火箭系学习。1958年毕业后，留校工作。1958～1978年，杨为民任北京航空学院火箭系飞行力学教研室副主任、飞行器设计及应用力学系教务组组长。1970年起，杨为民参加中国第一代高空无人侦察机的研制工作，30多岁的杨为民担任中国高空无人驾驭照相侦察机的总设计师，为侦察机的研制、定型和装备部队做出重大贡献，获得国家科学技术进步二等奖，该项成果被镌刻在中华世纪坛青铜甬道上。1985年，年逾50岁的杨为民创建了中国第一个可靠性工程专业，是中国唯一一个培养从本科生到博士后各层次可靠性工程专业人才的基地。他积极开拓可靠性领域的各项技术，主持完成多项重大科研项目，其中“运七飞机定延寿技术”研究课题获得部级科技进步一等奖；主持完成的“武器装备全系统、全寿命管理”研究课题成果，对军队武器装备建设具有重要参考价值。他先后发表论著40余篇，获得国家级、部级科技进步奖20余项。1985年起，任北京航空航天大学工程系统工程系主任、可靠性工程研究所所长。1993年起，担任航空工业总公司（后改为航空第一、第二集团公司）可靠性工程技术和管理中心主任。1996年起，担任国防科学技术工业委员会（以下简称科工委）武器装备可靠性工程技术中心主任。2000年起，担任总装备部武器装备可靠性工程技术中心主任和国防科技工业可靠性工程技术研究中心主任，同时还兼任总装备部科学技术委员会兼职委员、总装备部可靠性技术专业组组长、国防科工委质量与可靠性专家组组长、中国航空学会可靠性专业委员会主任、中国质量管理协会常务理事兼学术教育工作委员会主任、国防科工委可靠性标准化技术委员会主任、国防科技军用产品质量保证体系认证委员会委员等职。杨为民为国防科技工业和军队武器装备建设做出不可磨灭的功绩，得到各级党组织和领导机关的高度评价。1988年，获全国五一劳动奖章、“国家有突出贡献的中青年科技专家称号”。1989年，被评为北京市劳动模范。1990年，国家教委、国家科委授予他“先进科技工作者”称号，航空工业总公司为他记一等功。1991年，获“光华科技一等奖”并享受政府特殊津贴。1992年，当选为中国共产党第十四届全国代表大会代表。1993年，被评为北京市优秀共产党员十杰之一，成为全市党员学习的楷模。同年，航空工业总公司授予他航空金奖。1996年，被北京市委作为八位先进人物之一，其先进事迹在全市广泛宣传。同年，中国航空工业总公司号召全行业的共产党员向杨为民同志学习。1997年，当选为中国共产党第十五届全国代表大会代表，获首都精神文明建设奖章，并被评为全国优秀科技工作者。1999年，获“首都精神文明建设奖”。2000年，被评为全国先进工作者，获“全国质量管理突出贡献一等奖”。曾两次荣立一等功。2002年1月30日，因病逝世。

（地方志办公室）

人口·民族宗教

【人口概况】 2015年年末，全市总户数232690户，总人口761933人。其中男393020人，女368913人；城镇人口219394人，乡村人口542539人。年内出生8994人，人口出生率12.03‰；年内死亡3982人，死亡率5.33‰；人口自然增长率6.71‰。人口密度600人/平方公里。其中迁安镇人口密度最大，为1397人/平方公里；太平庄乡人口密度最小，为258人/平方公里。

（王秀艳）

【民族宗教】 2015年，全市有28个少数民族，分别是回族、满族、蒙古族、朝鲜族、壮族、布依族、苗族、彝族、藏族、维吾尔族、侗族、瑶族、白族、土家族、傣族、黎族、傈僳族、畲族、拉祜族、水族、土族、达斡尔族、仫佬族、仡佬族、锡伯族、鄂温克族、保安族、东方族。少数民族人口2.13万人，占全市总人口的2.8%，其中满族人口11172人，回族人口6892人，蒙古族367人，其他少数民族2869人。全市有少数民族村12个，其中回族村10个，分别是建昌营镇回民村、得胜村、平安村、西安村、建平村、北冷口村，沙河驿镇沙河驿村、李店子村、唐庄子村、前铺村；满族村2个，分别是迁安镇合理村、建设村。全市有佛教、伊斯兰教、天主教、基督教、道教五大宗教。位于迁安市沙河驿镇红庙子村小南山北坡的弘法寺，始建于唐代贞观年间，时称三官庙，2014年3月，经唐山市民族宗教局批准设立为佛教活动场所，周边信众600余人。至2015年底，全市有佛教寺院5处、伊斯兰教清真寺4座、天主教堂5座、基督教活动点8处、道观1处，信教群众2.19万人。

（秦兆亮）

国民经济与社会发展

【概况】 2015年，全市上下认真落实市委五届五次全会精神，继续坚持“稳中求进”的主基调，扎实推进转型攻坚，圆满完成国民经济和社会发展各项目标，经济社会实现平稳健康发展。全年实现地区生产总值891.06亿元，按可比价比上年增长4.8%；完成公共预算财政收入35.17亿元，比上年增长0.03%。

【经济结构进一步优化】 以加快资源型经济转型和转变经济发展方式为目标，加快构建“3+5+6”现代产业体系，产业结构不断优化。

1. 农业经济稳步发展。2015年，全市按照构建三大主体功能区的要求，坚持“生态、高效、富民”的理念，以提升农业产业化经营水平、推进规模农业发展、强化科技创新和现代农业服务体系建设为重点，深化农村改革，创新体制机制，现代农业格局正在加速形成。2015年底，新增省级龙头企业、省级农民合作示范社各1家，全市农业产业化率达到75.9%。全市实现农林牧渔业总产值71.68亿元，比上年增长0.2%；粮食总产量达到20万吨，同比增长9.1%；蔬菜总产量89万吨；实现生猪出栏74万头；家禽出栏725.6万只；肉类总产量8.7万吨。

2. 工业结构不断优化。全市围绕构建现代产业体系的奋斗目标，坚持内涵提升、创新驱动，不断加大转方式、调结构工作力度，促进全市工业结构调整取得新成效。全年规模以上工业企业累计实现工业总产值1236.7亿元，累计完成规模以上工业增加值476.7亿元，同比增长4.3%。精品钢铁业提档升级，天津物产整合地方钢铁企业取得阶段性成果，与京津冀钢铁创新联盟战略合作全面展开，燕钢精品钢铁等一批产业链延伸项目加快推进，钢铁业技术水平、产品结构不断提升，实现增加值92.7亿元。装备制造业发展迅猛，总投资93.8亿元，实施了正大通用制管等17个重点项目，新增耗钢能力540万吨，实现增加值41.2亿元，同此增长29.2%。五个百亿级产业板块快速发展。投资207.7亿元，实施了43个五大板块项目，翅冀LNG、怡蕙达LNG一期、乐达特种高温新材料扩建等项目完工，中溶科技30万吨无水乙醇、明润达玻璃深加工、英诺特生物制药产业基地、金沙工贸环保燃烧器及压裂用支撑材料等项目正在加紧建设，煤化工、包装建材、节能环保、食品医药、高新技术五大产业不断壮大。高耗能产品大幅下降，其中焦炭936.8万吨，同比下降1.7%；水泥97.2万吨，同比下降29.9%；平板玻璃1260.9万重量箱，同比下降10.3%。工业产品产销衔接较好，产销率达到99.2%。

3. 现代服务业发展迅速。不断调整和完善发展思路，服务业保持快速发展态势，服务功能不断完善，整体水平不断提升。2015年，第三产业实现增加值321.3亿元，占GDP比重达到36%，比上年提高了6.6个百分点。生产性服务业不断壮大，总投资235.7亿元，实施了14个物流项目，天津物产物流服务中心一期等项目顺利竣工，全市第三方专业物流吞吐能力达到2000多万吨，物流业实现增加值181.2亿元，占第三产业增加值总量的56.4%。以区域性中心城市建设为依托，生活性服务业实现快速发展，天洋城、碧桂园等高档住宅项目进展顺利，红星美凯龙家居综合体、天洋城第四代城市综合体一期运营正常，文化创意、总部经济等新兴服务业快速兴起，商贸流通业态不断升级。旅游业快速发展，围绕打造滦河滨水观光游、主题公园体验游、绿道生态休闲游三大旅游板块，实施了龙湾游艇俱乐部等一批重点旅游项目。2015年，共接待游客135万人次，同比增长7.9%；旅游总收入5.5亿元，同比增长10%。

4. 城市建设再创新辉煌。三大城市板块快速推进，城市体量进一步壮大，彰显了山水融城的城市特色，城市建成区面积达到42平方公里，城镇化率达到54%，集中供热面积达到1300万平方米，城市绿地率达到40.26%。滦河生态休闲区成功蓄水，形成14平方公里大湖美景和7000多亩可供开发建设的岛屿，水城特色已经成为迁安市最靓丽的名片。现代化标志区品位提升、产城融合，碧桂园高档商住开发、金融街等项目加快推进，大润发等知名企业入住迁安。右岸新城建设稳步实施，中医院迁建项目投入使用，佛山公园加快建设，供水、供热等基础设施配套项目稳步推进。城市业态不断丰富，辐射能力全面增强，迁安成为周边地区消费购物、旅游观光、休闲养生的首选之地。顺利获批海绵城市建设试点城市，城市道路改造、集中供热扩容、环卫设施提升等一批市政基础设施工程全面完工，城市承载能力不断提升。加大老旧小区改造步伐，理顺物业管理体制，新建住宅小区实现物业管理全覆盖，智慧城市建设取得新进展，城市精细化管理水平进一步提高。

【经济发展动力明显增强】 固定资产投资高速增长。2015年，全市以重点项目建设为抓手，积极调整优化投资结构，全市固定资产投资规模保持高速增长。年内完成全社会固定资产投资594.5亿元，同比增长13%。其中，第一产业达到20.6亿元，同比下降18.8%；第二产业达到336.8亿元，同比增长26.4%；第三产业达到237.1亿元，同比增长1.2%。消费市场繁荣稳定。积极扶持和发展与城乡居民消费密切相关的旅游、餐饮、商贸等行业发展，培育新的消费热点，发展文化、体育健身消费，有效促进了消费市场的繁荣和稳定。实现社会消费品零售总额223.2亿元，同比增长9.7%。对外开放硕果累累。积极对接北京等重点地区，组织经贸洽谈会、北京推介会等系列招商活动，引进了中建西部等知名企业，全年新签约项目60个，计划总投资539亿元。全年实际利用外资6430万美元，同比增长0.1%。强力推进外经外贸工作，实现进出口总值23.5亿美元，其中出口创汇5亿美元，同比增长25.4%。

【人民生活质量明显改善】 社会保障和就业工作稳步推进。新增企业养老、医疗、工伤保险人员8000人，社会保障卡持卡人数达到38万人；城乡低保再次提标，发放低保、五保、高龄养老津贴6816万元；开展助困、助医、助学、助老等慈善救助活动，累计发放善款125万元。就业再就业工作扎实推进，全年新增城镇就业6642人，城镇登记失业率为2.99%，城镇失业人员再就业1436人，实现农村劳动力转移就业5981人。人民生活水平明显提高。城镇居民人均可支配收入达到32160元，比上年增长7.7%；农民居民人均可支配收入达到18478元，比上年增长

7.9%。各项社会事业协调发展。坚持创新驱动，不断完善科技创新体系建设，实施专利转化项目5个，2家企业被认定为高新技术企业，85家企业被认定为省级科技型中小企业；新建2家本级企业工程技术研究中心，3家企业工程技术中心升级为唐山市级研究中心；开展国家知识产权示范城市培育工作，专利授权量84件。教育事业不断进步，第六实验小学正式成为北京实验二小教育集团成员校，第七实验小学正在积极筹建；北大学园与一中合作办学稳步推进，高中教育水平再创新高；成功入围第二批国家级农村职业教育与成人教育示范县创建名单。卫生事业快速发展，市中医院新院区、市传染病医院二期顺利投入使用，120急救指挥中心正式成立，城乡居民医疗保险正式并轨运行，累计发放居民健康卡60.6万张。人才支撑作用明显增强，共引进各类人才836人，为市域经济社会发展提供了强大的人才支撑和智力保障。

（汤雅超）

招商引资

【概况】 2015年，全市招商工作围绕加快构建"3+5+6"产业体系，重点抓好内激外引、对接京津、项目建设、优化服务等工作，克服经济持续低迷、投资动力不足等因素带来的不利影响，实现招商引资工作新突破。成功引进京津冀钢铁行业节能减排产业技术创新联盟、中建西部建设、浙江中唐集团、中溶科技无水乙醇、茌原机械铸件、天津中小企业迁安园、大润发综合超市、唐山精丽制罐、雨诗桐总部经济等项目，为经济转型发展注入新活力。全年实现利用外资6430万美元，完成全年目标（6000万美元）的107%，提前完成唐山市下达目标（6400万美元）；全年累计引进国内资金121亿元，完成全年目标任务（120亿元）的100.83%，足额完成唐山市下达的目标任务。

【全民招商】 全市上下对转型发展的认识更加统一，开放招商的意识更加迫切，大招商格局加快形成。一是创新招商机制，强化考评督导。市级领导率先垂范，带头承担1亿元以上目标；完善各级领导班子年度考评体系，加大园区、镇乡招商考评权重，其权重首次达到200分；强化市直单位招商责任，"3+5+6"产业组成员单位和较大单位引进1个亿元以上项目；其他单位引进1个5000万元以上项目；严格落实全市月通报、市领导不定期调度制度。二是发挥主体作用，企业招商日趋活跃。结合民企二次创业和全民创业活动，积极带领企业家走出去解放思想、开阔视野、对接项目，英诺特、明营建材、光镀金属制品、宝利源等企业主动寻求合作，先后吸引鼎晖投资塑料制管、安正金属丝制品、新奥LNG、万嘉云商电子商务产业园等新项目落户。三是拓展渠道，吸引迁安籍在外成功人士返乡创业。广泛联系迁安籍同乡，采取宣传动员、亲情感化、政策优惠等措施，倡导、鼓励和支持在外企业家返乡投资创业。

【对接京津协同发展】 2015年，迁安与京津地区联系紧密，协同发展开启新篇章。一是协调联动，开展常态化招商。招商、发改、科技、教育等部门成立了30余人的专门驻京招商队伍，积极搜集北京产业转移和功能疏解信息线索，主动登门拜访、敲门招商，累计对接9个国家部委、49个科研院所和573家企业，先后有140多批次团组到迁安考察，洽谈项目170余个。二是锁定目标，开展小团组招商。围绕打造新型制造业基地和现代服务业高地的目标，锁定招商对象，市领导带队先后赴美国派拉蒙影视集团、北京市国资委、中关村管委会、北京科技大学、恒丰美林投资管理有限公司、国家康复辅具研究中心附属康复医院、中车北京二七机车有限公司、中国低碳产业投资中心、中国老年保健医学研究会健康产业促进会、新奥集团等企业、单位对接招商。三是广泛宣传，提升城市知名度和影响力。9月10～12日，在北京成功举办对接京津协同发展宣传推介会，吸引北京211家单位272位嘉宾参会，其中央企25家、国企31家、行业协会12家、院校21家、医疗机构10家、主流媒体18家，以及国家卫计委、北京市国资委等行政单位。年内，全市对接京津工作开启了新篇章，实现京津冀钢铁技术创新联盟协同创新研究院、北京科技大学合作办学等签约项目32个，计划投资373亿元；达成九次方大数据基地、首钢工学院外迁等意向项目34个。

【经贸洽谈会活动】 9月28～30日，精心筹备组织了2015年“京东水城 魅力迁安”经贸洽谈会，吸引来自意大利、荷兰、俄罗斯、日本等国家和全国各地共305家企业、单位和新闻媒体，472名国内外嘉宾客商集聚迁安，累计接待客商613人。活动有四大亮点：一是会议档次高。强企、名企云集，其中世界500强企业14家、中国百强企业11家、央企12家、行业龙头企业49家。二是客商层次高。到会的都是在行政机构、商协会、企业中具有较高知名度、影响力和投资决策权的高层人士。参会的世界500强、中国百强、央企和行业领军企业中，副总经理以上的决策层领导65人；其他企业中，参会的董事长、总经理等主要负责人157人。三是对接洽谈实。有120余家企业是怀着投资兴趣、带着合作项目，进行对接洽谈。四是活动成果丰。实现签约项目59个，计划总投资534亿元，主要有投资200亿元的低碳迁安智慧新城、投资60亿元的中国迁安民俗文化旅游综合体、投资24亿元的中建西部迁安矿山固废综合利用、投资20亿元的节能环保产业园、投资10.3亿元的中能国源电力技术生物固化燃料发电供暖、投资17.5亿元的昌安耀滨新智慧创新产业基地等项目。

【驻点招商】 攻坚克难，北京驻点桥头堡作用充分显现。一是全力打通高层渠道。先后与北京市国资委、北京市投资促进局（以下简称北京市投促局）、中关村管委会、天合科技成果转化促进中心等京津冀协同发展关键部门、重要单位建立良好关系，与北京市国资委保持密切联系，并力邀其成为北京宣传推介会支持单位；通过北京证监局原局长张新文，拜访了中关村管委会主任郭洪、副主任张涛，促成市主要领导与之对接洽谈，达成合作共识，为迁安深入对接京津协同发展打开重要通道。二是广泛搜集项目信息线索。依托已建立的人脉资源，对接京城机电控股有限公司、东方嘉城传媒公司、北京台胞投资贸易公司、北京市家具协会等35家企事业单位、协会及80多名投资者，获取了东方嘉诚众创空间、北京市家具协会迁安产业园、橙地电影文化休闲娱乐综合体等11个项目信息，并组织到迁安考察洽谈。三是持续开展“迁安行”活动。先后组织北京市投促局、北京市女企业家协会、北京市家具行业协会、东方华盖股权投资管理有限公司、北京比比爱影视公司等12批次团队到迁安考察洽谈，寻求合作，累计对接66家企业、148名客商。

【优化服务及项目建设】 1. 建立健全投资服务首问负责、跟踪盯办、领办代办制度。累计接受投资咨询电话110多例，为投资商提供基础信息资料53次，领办代办项目20多个。2. 优化外资项目审批服务。累计受理咨询服务100余人次，清理和规范现有全部行政许可、非行政许可、管理服务事项及属于上级部门权限的相关审批服务事项，高效办理各项审批事项12项。3. 实行项目分包责任制。按照“3+5+6”和现代农业产业，业务科室按产业对全市意向、签约、开工项目分包负责，月汇总，月调度，随时掌握项目进度，及时协调解决问题。4. 强化队伍建设。坚持每周全员培训，重点学习国家产业政策、发达地区招商经验、谈判技巧、接待礼仪、迁安市情、产业优势，全面提升招商能力和水平。通过上述措施，树立迁安招商的良好形象，推动招商项目洽谈、开工和建设进度。2015年，全市实现签约项目45个，计划总投资702.93亿元；达成意向项目49个，计划投资538.62亿元；当年新开工项目62个，总投资143.12亿元；已完成投资55.04亿元，其中16个项目竣工投产。

市招商局
局　长　唐继勇（12月离）
副局长　韩文峰（12月离）

（穆德朋）

发展民营经济

【民营经济主要指标】 截止到2015年底，全市民营经济户数39070家，同比增长17.77%，其中民营企业5424家，同比增长26.64%；民营经济从业人员34.26万人，同比增长1.72%；民营经济实现增加值801.42亿元，按可比价同比增长4.8%，占全市地区生产总值的89.94%；民营经济上缴税金41.23亿元，同比增长-16.04%，占全市财政收入的66.66%；民营经济完成固定资产投资481.51亿元，同比增长12.96%，占全社会固定资产投资的81.46%。民营经济的发展，繁荣了城乡经济、增加了财政收入，扩大了社会就业、改善了人民生活，对全市改革、发展、稳定，对构建社会主义和谐社会发挥了重要作用。

【涂镀板业发展情况学习考察活动】 贯彻落实"大众创业、万众创新"有关政策，深入开展民企二次创业活动，延伸钢铁产业链条，大力发展耗钢产业，促进民营经济转型发展。2015年11月4～6日，副市长王学龙带领市工信局、高新技术产业开发区、迁安经济开发区、钢铁物流产业聚集区、大五里乡、野鸡坨镇、马兰庄镇、木厂口镇等单位负责人和部分民营企业家一行42人赴市彦博彩板公司和山东省博兴县，对迁安和博兴县涂镀板业发展情况进行了为期3天的学习考察。考察团成员开阔了眼界，解放了思想，切身感受到了转型发展的危机感和紧迫感，深刻领悟到了转型发展的必要性。

【优化发展环境，减轻企业负担】 认真贯彻落实市委《关于在全市县处级领导干部中深入开展"三严三实"专题教育的推进方案》要求，切实减轻企业特别是中小微企业负担，市工信局以"三严三实"专题教育活动为契机，开展集中整治涉企"五乱"（乱罚款、乱收费、乱摊派、乱检查、乱评比）问题行动，组织市葵花药业集团（唐山）生物制药有限公司、河北彦博彩涂板业有限公司、冀东普天线缆有限公司填报企业负担网上问卷调查，为省和国家制定相关政策提供基础数据。

【发挥信用担保职能，缓解企业资金瓶颈】 加强融资性担保机构建设和监管，督导市内2家已取得融资性担保机构经营许可证的担保机构加强业务人员培训，扩大担保业务开展。2015年，为43家企业提供贷款担保金额1.45亿元，缓解了企业资金压力。

【青年民营企业家协会成立】 6月18日，迁安市青年民营企业家协会在春瑞书院成立。协会推举英诺特生物技术有限公司兼迁安市金宝商贸有限公司董事长叶金保为会长。聘请市政府原副市长、春瑞书院院长徐春瑞为名誉会长。协会首批会员60人，均为全市青年企业界精英，他们中有艰苦创业、卓然有成的创一代，也有子承父业、勇于超越的创二代。协会的成立，旨在为企业家打造学习、交流、合作的平台，共同书写迁安经济发展的新篇章。市委书记李忠看望了与会全体会员并合影留念。市委副书记李维林出席成立大会并讲话。

（王利武）

产业平台

迁安高新技术产业开发区

【概况】 2015年，完成国税收入23275万元、地税收入8751万元；完成固定资产投资69.4亿元；新增企业27家，新增规上企业2家；入统企业增加值增长率达14.6%。加强党员队伍建设及基层党组织建设，组建昌安耀滨科技企业孵化器和迁安市京安大华汽车综合性能检测有限公司党支部；组织8名入党积极分子参加考试，完成3名预备党员转正，培养3名积极分子入党。加强创新平台建设，帮助英诺特生物技术有限公司与天津南开大学联合，共建"呼吸道病原体感染检测试剂"研发基地；帮助河北力通能源科技有限公司申报唐山市工程技术研究中心，推动企业产、学、研一体化建设。加强基础设施建设。投资1147万元，完成祺瑞街、科技路和城东10KV双回路电力线改工程，总长度5160米；投资216万元，完成聚鑫街至祺丰街2740米供水管道铺设工程。

【招商引资】 高新区把2015年作为招商突破年，精准发力，通过驻京蹲点招商、上门邀商、开门迎商、网络招商、以商招商等多种方式，广泛接触协会、商会、投资集团、科研院所、中介机构及客商，逐步建立起涵盖100多家企业、商会、协会组织的招商智库，直接接洽的达到52家。全年引进、签约项目12个，总投资50.31亿元，其中5000万元以下项目2个、5000万元至1亿元项目（含5000万元）4个、1亿元至5亿元项目（含1亿元）2个、5亿元至10亿元项目（含5亿元）1个（山东蓬莱艺联细微电磁线科技有限公司电磁生产线项目）、10亿元及以上项目3个（河北海鹰环境安全科技股份有限公司投资20亿的节能环保产业园项目、北京欣丰硕汽车商贸有限公司投资10亿的中德镁合金汽车零部件产业园项目、北京浩联鸿途新能源科技有限公司投资10亿元的新能源汽车运营总部项目），超额完成2015年招商引资工作目标任务。

【管理与服务】 一是积极化解土地瓶颈制约。完成6个项目1390亩地的规划选址工作，并加强低效土地专项整治；督导8家企业解决土地历史遗留问题398亩；对18家部分土地闲置企业下达整改通知书并督促整改到位。二是加快小微企业创业园改造工作。共涉及胡各庄、郭庄、尹庄、张尹庄、半坡营、胡南6个村庄821亩土地，胡各庄、半坡营两村共2933.62万元征地款已发放到位；尹庄村租改征工作已开始启动。三是完善开发区功能。为方便区内企业职工出行，打破区内没有公共交通的僵局，经请示市政府并与公交公司协调，优化、开通11路公交车，正在积极商讨其他线路。四是创建省级知名品牌示范园区。以此为平台，积极培育一批质量好、效益佳、具有一定影响力和关联度的骨干企业，相关材料已申报完毕，等待2016年春节之后进行专家评审。五是加强园区环境保护。开展4次“地毯式”环保大检查活动，彻底摸清环境隐患企业分布及污水排放情况，建立完善的环境影响评价档案，一企一档，做到环保底数清楚，问题整改到位。六是提升开发区科技水平。组织区内6家中小企业申报7个市级以上科学技术研究与发展计划项目；帮助英诺特和葵花药业2家制药企业申报国家高新技术企业，并通过评审；帮助8家小微企业成功申报河北省科技型中小企业。此外，积极做好开发区信访稳定、安全生产和区域治理工作，化解北商泵阀产业园、彦博彩板、立德照明、葵花药业、首钢重汽等公司民企纠纷、欠薪及拖欠农民工工资等问题，查处十余起违规违建及违反城市管理法规案件，开发区社会秩序根本好转。

【拓宽融资渠道】 一是提升园区融资能力。以污水处理厂和二期供水工程2个项目，向国家开发银行申请贷款2900万元，并已经到位；与沧州银行接洽，以供水公司为主体，申请3000万元项目贷款，并初获批准。二是积极搭建第三方平台桥梁，帮助区内企业破解融资难题。组织企业与银行、财信担保中心三方对接，帮助隆信电气、万家轮胎等企业融资1200万元。三是积极申请国家专项基金。组织市百善药业、英诺特生物技术有限公司新研发药品及昌安耀滨科技企业孵化器3个项目申报河北省创新基金，可直接获得无偿资助。

【迁安高新区入选中国产业园区“成长力百强”榜单】 7月，第十二届中国企业发展论坛暨首届“一带一路”园区建设国际合作峰会在北京举行。会议现场发布了2015中国产业园区“影响力百强”“创新力百强”“成长力百强”榜单，迁安高新技术产业开发区“以发展生产性服务业为抓手、以高新技术为支撑”的优势荣登“成长力百强”榜。该论坛由中国企业联合会、中国企业家协会、中国—阿拉伯国家博览会组委会、中国企业报集团联合举办。迁安高新技术产业开发区自2007年8月筹建，成立后始终坚持“巩固现有产业，发展战略性新兴产业，做大做强生产性服务业”的发展战略，按照产城融合模式，加快基础设施建设和产业配套，交通区位、资源禀赋、人才支撑等要素优势愈加凸显，开发区发展成长力日益增强。2013年1月，被省政府批准为省级高新技术产业开发区。2014年1月，被省工信厅、科技厅、财政厅批准为河北省第一批创建省级清洁生产试点园区。此次入选2015中国产业园区“成长力百强”有效加快迁安及开发区和

"一带一路"国家的国际合作，高新区的品牌力、创新力、竞争力进一步提升。

迁安高新技术产业开发区
党工委书记、管委会主任 冯 尚
党工委副书记 汤任才
管委会副主任 张晓昱 张 健
综合办公室主任 徐 英
招商投资部部长 周立国
规划建设部部长 李宝军
投资服务中心主任 刘志刚
园区建设服务中心主任 高翠明（女）

（史宏伟）

河北迁安经济开发区

【概况】 河北迁安经济开发区为全省承接京津产业转移的40家重点平台之一，2015年，入选河北省首批"省级清洁生产试点示范园区"，并被列为首批"河北省循环经济示范园区"创建单位，为环京津地区首选投资创业之地。2015年，继续加强基础设施建设，投资677万元，完成经十二路道路及经十一路等绿化工程。至2015年底，建成区面积33平方公里，入驻企业296家，其中规模以上企业34家。开发区内产业布局集中，初步形成以钢铁冶金产业为主导，装备制造业、煤化工业、环保建材业及现代服务业相互依存、融合发展、链式集聚的良好发展格局。2015年，开发区实现主营业务收入1046.8亿元，同比增长4%；实现地区生产总值272.91亿元，同比增长5%；累计完成固定资产投资214.7亿元，同比增长20.1%；实现税收21.42亿元，同比下降8.1%。

【项目建设】 2015年，开发区实施重点工业项目20个，计划总投资99亿元。其中，续建项目16个，计划总投资94.3亿元；新开项目4个，计划总投资4.7亿元。拟开工项目4个，计划总投资25.6亿元。至2015年底，累计完成投资56.5亿元，当年完成投资13.9亿元，其中10个项目已完工。在实施项目中，开发区实施自主招商重点工业项目7个，计划总投资7.6亿元。其中，续建项目5个，计划总投资5.5亿元；新开工项目2个，计划总投资2.1亿元。至2015年年底，累计完成投资6.3亿元，当年完成投资2.6亿元，其中4个项目已经完工。

【招商引资】 2015年，完成10亿元以上签约项目1个，即唐山中溶科技有限公司年产30万吨无水乙醇项目；5亿元以上签约项目1个，即河北英涛环保科技有限公司烟尘灰处理项目；谋划在谈项目3个，即中科复兴（迁安）高新科技产业园项目、正大制药集团眼科医院项目和上海荣叙节能电机（迁安）分公司项目。

河北迁安经济开发区
党工委书记、管委会主任 玄士丰
管委会副主任 崔学杰 郭 坤（女）
党工委副书记 刘继君
规划建设部部长 刘友芳
信息统计服务中心主任 彭会军
综合办公室主任 赵志东
投资招商部部长 洪江浩
园区建设服务中心主任 刘 祎（女）
投资服务中心主任 杨 帆（女）

（陈玉飞）

北方钢铁物流产业聚集区

【概况】 北方钢铁物流产业聚集区位于迁安市西南部、沙河驿镇境内，是迁安四大省级园区之一，规划面积20平方公里，已开发3平方公里。2010年9月，被认定为河北省首批省级物流产业聚集区，定位于产业基地型。聚集区为全国物流园区专业委员会副主任单位，先后被认定为中国物流示范基地、中国物流学会产学研基地、河北省新型工业化产业示范基地、河北省首批创建清洁生产试点园区。2015年，再次获"全国优秀物流园区"称号，成为全省唯一一家连续三年获"全国优秀物流园区"称号的省级物流园区。园区先后聘请中铁工程设计院有限公司等多家权威单位和国内知名物流专家，高标准编制了聚集区总规、产规、控制性详规及各类专项规划，并于2011年11月得到省发改委批复。聚集区围绕打造千亿级物流产业集群的目标，按照“一年打基础、两年加速度、三年大跨越、五年成规模”的总体思路，突出“稳中求进”主基调，全力推进聚集区开发建设，成绩显著，年货物吞吐能力达到3000万吨。到2015年年底，聚集区拥有入驻企业63家，实现主营业务收入45亿元，税收4774.8万元。

【项目建设】 继续按照项目最急、项目最重、项目第一的理念，加大督导服务力度，重点项目建设势头强劲。2015年，聚集区实施项目4个。其中，计划总投资10亿元的天津物产（迁安）综合物流服务中心项目一期年内完成投资7000万元，工程主体已竣工并通过验收，即将投入运营；平刚物流高炉除尘灰处理及仓储项目当年完成投资4500万元，两条生产线于10月投产运营；新奥LNG项目年内完成投资2亿元，已完成前期手续和设备订购；安正金属制品公司年产5万吨镀锌铁丝项目，累计完成投资1300万元，3条生产线正式投产运营。与沙河驿镇共同推进项目2个，中溶科技年产30万吨无水乙醇项目已经开工建设，众鑫环保设备有限公司环保设备制造项目年内已经竣工投产。

【对接京津招商】 “镇园一体”成功引进1亿元项目3个，分别是平刚物流高炉除尘灰处理、仓储项目，安正金属丝制品有限公司5万吨镀锌拔丝项目，迁安市众鑫环保设备有限公司环保设备制造项目；5亿元项目1个，即投资5亿元的新奥集团LNG项目；10亿元以上项目1个，即投资16亿元的中溶科技年产30万吨无水乙醇项目。

【成功邀请香港理工大学到园考察】 通过北京交通大学，于10月18日成功邀请了由亚太采购联盟主席、香港理工大学教授吴慧群，北京交通大学交通运输学院教授张晓东共同带队的百余名师生到迁安进行考察交流和学习实践。考察团先后参观考察了迁安市浙江物产、天津物产、玩家商贸物流园、沙河驿镇站等多地，并就迁安市现代物流产业和聚集区开发建设等方面对考察团进行了授课，得到了师生和专家教授一致好评。在强化学习交流的同时，有效宣传推介了迁安，使聚集区在国际物流领域的知名度得到了提高。

【园区成功经验得到中物联专家认可】 聚集区大胆探索，创新实践，积极推进物流业与关联产业的融合联动，着力向延伸、服务、增值要效益，推进物流产业与钢铁产业、煤化工产业以及耗钢产业的融合，创新性地打造了以物流企业为主导的“闭环式”供应链，走出一条独具特色的“产业融合、联动发展”道路。聚集区与北京交通大学合作，将开发运营实践经验提炼总结出“产业联动、融合发展”的模式，被中国物流与采购联会成功收录到出版的《2015年物流园区发展报告》中，作为典型案例在全国物流行业推广。此外，聚集区还与北京交通大学联合开展《基于综合交通的物流园区发展模式》的课题研究，得到中国物流学会专家高度认可，被评为二等奖。

市北方钢铁物流产业聚集区
党工委书记、管委会主任 王学龙（满族）
管委会常务副主任 张忠彦
党工委副书记 彭　彪
管委会副主任 李振华
综合办公室主任 付永军
招商投资部部长 武　刚
企业管理服务中心主任 梁海明
规划建设部部长 付春娥（女，12月离）
企业投资服务中心主任 裴立艳（女，1月任）

（付永军　安海旭）

滦河文化产业区

【概况】 迁安市滦河文化产业区以滦河环迁安城区段为核心，向上、下游延伸，向左、右岸扩展，总规划面积65平方公里，划分为左岸休闲旅游区、中部生态景观区、右岸文化创意区3个功能区。左岸休闲旅游区，规划面积3平方公里，主要发挥滦河、三里河两河交汇，黄台山、龙山两山拱卫的山水优势，打造休闲旅游目的地。中部生态景观区，规划面积50平方公里，依托投资130亿元的滦河综合开发工程，通过征地拆迁、挖湖筑岛、市政景观灯建设，打造24平方公里的大湖水面，18平方公里的绿化（含旅游景观）用地、8平方公里可供建设的20余座岛屿，主要承载休闲娱乐、养生养老、旅游度假、教育培训、总部基地等高端服务业发展。右岸文化创意区，规划面积12平方公里，主要承载文化创意产业园、文化主题公园、滨水文化带、特色文化体验街、养生养老、企业总部基地等产业。三大功能区既互相独立、独具特色，又互为呼应、协调发展、融为一体。2015年，滦河文化产业区扎实推进基础设施配套建设，积极扩大招商引资和优质服务项目建设，各项工作均取得阶段性成绩。

【基础建设】 2015年，基础建设成效显著。左岸休闲旅游区已建设完成；右岸文化创意区完成控制性详规制定，正在推进招商；中部生态景观区正加快开发，完成平整建设用地岛8个、景观岛6个，累计完成土方开挖3922万立方米，河道防渗935万平方米，共整理岛屿土地7237亩、滩涂地5219亩、河道20022亩和14平方公里的水域面积；7号、8号、9号岛通水、通电、通信、热力、排水等基础管道建设正在推进。钢城大桥与祺光大桥之间4座岛屿衔接桥梁已完工，正等待验收。投资251万元，完成高速迁安支线与祺光路交叉口南侧、北侧及莲花岛三处绿化工程，提升了园区景观效果；投资28万元，完成世纪大道北延便道工程，完善了园区交通网络。

【项目建设】 项目建设加快推进。至2015年，园区已建成项目10个，其中春瑞书院、梅墨生艺术馆、古泥艺术馆已对外开放，文化会馆已正式经营，一中西校区已投入使用。在建项目5个，市中医院于9月底完成搬迁；龙湾游艇俱乐部项目完成总工程的40%；佛山公园石佛寺项目、7号岛西李铺返迁楼项目和九江职工住宅楼项目按照时间节点正加快建设。

【招商引资】 招商引资实现突破。年内，滦河文化产业区正式签约项目2个。一是计划投资60亿元的中国·迁安民俗文化旅游综合体项目，该项目主要建设“一谷一城多区”，涵盖民俗科技亲子娱乐、都市综合游乐、民俗文化演艺体验及特色旅游度假配套等全产业链要素，正在进行一期开工前准备工作，计划2016年上半年开工。二是计划投资65亿元的中汇（迁安）国际动漫体验岛项目，主要建设动漫大世界、欢乐城及产业总部、酒店、部分配套住宅、培训基地及部分相关配套商业设施，正在制作总体创意规划和控制性规划，同时积极争取引进华强集团参与动漫岛的开发建设。签订框架协议项目1个，即计划投资300亿元的好莱坞中国梦想城暨派拉蒙主题公园项目。

【园区宣传】 2015年，滦河文化产业区与知名媒体及网站合作，举办“滦河杯”系列诗词楹联征集活动，与邮政局合作举行生肖邮票品鉴会，与京津冀旅行社合作开辟“观轩辕像、登黄台山、览轩辕阁、游黄台湖”旅游线路，加大投入，开放“黄台湖”号游船，组织开展“我为园区添光彩”主题演讲及园区知识问答等活动，系列宣传活动增强了园区文化底蕴，园区对外知名度进一步提升，影响力进一步扩大。

迁安市滦河文化产业区
党工委书记、管委会主任 任　顺
管委会副主任 司文志　李小波
规划建设部部长 密文富
招商投资部部长 刘　宏
园区建设服务中心主任 王立侠（女，1月任）
园区投资服务中心主任 孟红艳（女，1月任）
副主任科员 史荣新（11月任）

（张　利）

精神文明建设

【概况】 2015年，全市精神文明建设工作以培育和践行社会主义核心价值观为主线，以创建全国县级文明城市为总揽，着力打造“善行迁安”精神文明建设工作品牌，深入开展市民文明素质提升、公民道德建设、城乡文明创建、模范人物评选等活动，推动市民文明素质和城市文明程度实现新提升。

【市民文明素质提升】 1. 开展讲文明树新风公益广告宣传工作。召开专题会议，在全市推广“中国梦”“社会主义核心价值观”“经济强省·美丽河北”公益广告，在市区主干道、建筑围挡、广场公园、窗口单位、各级文明单位，市内各新闻媒体、网站等显著位置设置（刊播）公益广告，设置户外广告牌3000多块，形成铺天盖地的宣传声势。2. 推进“我们的节日”主题实践活动。以春节、元宵节、清明节、端午节等传统节日为重点，广泛开展“送春联”下乡、灯谜竞猜、文明祭扫、经典诵读、浓情端午包粽子等活动，营造浓厚的节日氛围，引导群众认知传统、弘扬传统。3. 开展文明旅游宣传活动。下发专门文件，在全市集中开展文明旅游宣传活动，通过在景区（景点）发放文明旅游宣传海报、折页和公益广告等形式，营造文明旅游氛围。

【公民道德建设】 1. 注重示范引领，实施好人“奖励+援助”工程，激励善行。组织开展第七届道德模范评选表彰活动，评出道德模范14人，道德模范提名奖23人。12月3日，在锦江会堂举办迁安市公民道德建设基金奖励暨第七届道德模范表彰仪式，社会各界近千人观看了表彰仪式。迁安推荐的市中医院韩文宝，“父子义工”李文华、李晓壹被评为河北省道德模范提名奖，唐山市级以上道德模范达到15人。同时，利用道德讲堂、孝德讲堂等形式，广泛开展道德模范学习宣传活动，举办各类道德讲堂近百场次，受教育人数8500余人。以“我推荐我评议身边好人”活动为载体，自4月起，在迁安文明网和“善行迁安”微信公众平台推出《迁安好人·每周一星》专栏，每周讲述一位迁安好人的精彩故事，释放榜样的力量，鼓励广大市民发现、推荐身边好人、好事。2015年，推出张海艳、玄兆庆、张兴等群众身边的好人好事40期，引起广泛关注。此外，家住迁安城区、从首钢退休的张海彬家庭，于2015年5月荣获“首都最美家庭”称号。2. 注重实践养成，实施“善行迁安”志愿服务工程。2015年，“善行迁安”志愿服务品牌被评为河北省优秀志愿服务品牌，4人被评为河北省优秀志愿者、志愿服务先进工作者。发挥共产党员的先锋模范作用，在全市共产党员中广泛开展“亮牌争星”（亮明共产党员志愿者身份，争做星级志愿者）志愿服务活动，组织21个文明单位党员志愿服务队、近5000名党员志愿者主动到社区报到，开展走访慰问、科普宣传、环境清洁、医疗保健等志愿服务活动，促进党员接地气、办实事、惠民生。进一步完善志愿服务常态化机制，坚持集中大规模活动与特色活动相结合，推进志愿服务活动常态化、制度化。市文明办集中组织开展三项大规模志愿服务活动：3月，举办“善行迁安·学雷锋志愿服务”系列活动，市卫生、环保、公安等13支志愿服务队在市文化广场开展集中宣传咨询活动，各镇乡（城区街道）、市直各单位也开展不同形式的志愿服务活动。4月22日，在市文化广场举办党员志愿服务队助迁安好人圆梦活动，8个文明单位志愿服务队帮助10名迁安好人实现了梦想。5月，组织100多个单位500余名志愿者走上街头，开展文明交通志愿服务活动，引导市民文明出行。同时，深入开展扶贫帮困“春雨行动”“爱心传递·邻里守望”“文化惠民·送艺下乡”“立德树人·雷锋精神在校园”等八项主题志愿服务活动近千场次，让“善行迁安”志愿服务旗帜在迁安大地高高飘扬。继续深入开展“季评学雷锋十佳”活动，评出2015年度“季评学雷锋十佳”40件。市中医院韩文宝被评为9月网评河北雷锋，7件好事入选唐山市“月评学雷锋十佳”。不断加大对志愿服务工作的表彰激励力度。4月，利用公民道德建设基金表彰“季评学雷锋十佳”和志愿服务工作先进集体、先进个人97个，发放奖金4.87万元。3. 注重立德树人，实施未成年人思想道德建设“心灵工程”。健全完善乡村学校少年宫20个，实现每个镇乡拥有一所乡村学校少年宫的目标。为7所乡村学校少年宫争得中央彩票公益金支持，2011～2015年，共争取上级资金210万元，各乡村少年宫均实现课余时间和寒暑假免费开放，年参与人数达到两万余人次。深入开展“善行迁安·立德树人”“做一个有道德的人”主题实践活动，白雨新同学被评为河北省“五星追梦少年”，7篇中小学生诗文书画作品入选“善行河北·美德传承”优秀作品集，迁安市获优秀组织奖。

【城乡文明创建】 继续实施以创建文明单位、文明示范窗口、文明家庭等为主要内容的文明细胞创建工程，实现以评促创，以点带面。一是做好全国县级文明城市测评工作。2014年底，迁安市被中央文明办确定为全国县级文明城市提名资格城市。12月9日，接到全国县级文明城市年度测评通知，为做好迎接省测评相关准备，完成档案资料组卷、实地考察、问卷调查等工作，形成创建工作档案52卷，准备实地考察点82个，实际检查33个，顺利通过省测评组的考评验收。二是深入开展文明单位创建工作。积极推进文明单位“五个一”建设，着力提升各级文明单位的创建水平和档次；广泛开展文明示范窗口创建活动，推进诚信服务、便民服务，市场监督管理局、政务服务中心获“河北省文明行业创建标兵”称号。三是不断深化乡风文明创建活动。在全市广泛开展“善行迁安·最美家庭”征集评选、最美乡贤人物推荐、孝老好儿女评选等活动，全市涌现最美家庭1880户，赵金家庭获“善行河北·善美家庭”提名奖，张兴、张海艳被评为“燕赵最孝儿女”。以农村文化墙为重点，加强美丽乡村建设，全市设置文化墙近千块。全市涌现出杨各庄镇“道德明星”、城区街道“感动社区人物”、“赵店子好人”等一批乡风文明建设先进典型。四是广泛设立“善行功德榜”和《功德录》。在唐山市级以上文明单位设立“善行功德榜”，以图文并茂的方式宣传道德模范的先进事迹；指导各村（居）利用《功德录》分门别类记录本村（社区）的好人好事、善行义举。

【模范人物评选】 至2015年，迁安市连续开展了七届道德模范评选表彰活动，累计评出各类道德模范79人。15人被评为唐山市级以上道德模范，“盲眼好爸爸”喻长富被评为河北省道德模范，市中医院韩文宝和“父子义工”李文华、李晓壹获评河北省道德模范提名奖。同时，设立公民道德建设基金，用于表彰奖励各级各类道德模范和身边好人，资助生活困难的道德模范和身边好人。至2015年，公民道德建设基金累计奖励、扶助各级各类道德模范和身边好人600余人，发放奖助金49万多元。

【模范简介】 9月，迁安市评出第七届道德模范，分别是：道德模范集体——城管执法大队“春风”党员志愿服务队、杨各庄镇“好媳妇”志愿服务队、职教中心“马兰花”志愿服务队；敬业奉献模范——韩文宝、李兴、高素芬；孝老爱亲模范——张海艳、郎富强；诚实守信模范——刘才、姚秀芹；助人为乐模范——玄兆庆、全宇增等10位爱心吧友；见义勇为模范——张航、韩路宁等8位农民。

城管执法大队“春风”党员志愿服务队。为了给爱心人士搭建平台，圆更多贫困学子的求学梦，2013年5月，该服务队在成立“春风”爱心基金的基础上，启动实施了扶困助学“爱心街”工程，在兴安大街西段设立“爱心街”，搭建商户和贫困学生之间的爱心桥梁。通过志愿者的宣传动员，沿街商户积极响应，纷纷以“一对一、一对多、多对一”等多种形式对贫困学生进行资助，参与爱心助学的商铺130余家，收到捐款24.96万元，至2015年，已有200余名贫困生得到资助。

敬业奉献模范韩文宝。韩文宝，男，43岁，中共党员，市中医院院长助理、心血管呼吸内科主任，一个坚强医者，一个好人医生。行医20载，他先后获2015年河北省“敬业奉献”道德模范提名奖、中国好人榜“诚实守信好人”等荣誉称号。2011年，罹患肝癌的他实施了肝脏左半切除手术，术后仅仅18天，便拖着病弱之躯坚强地站在了工作岗位上；半年后，因病情复发又实施了肝脏整体移植手术，术后仅仅50多天，腹腔还插着引流导管便又站在了手术台前。他是敬业奉献的楷模，用平凡岗位上的恪尽职守，为迁安经济社会发展注入磅礴的正能量。

孝老爱亲模范张海艳。张海燕，女，38岁，迁安镇庞庄村村民。婆婆在唐山大地震中砸成下肢瘫痪，失去正常行动能力。结婚前，未婚夫在纸厂上班出了工伤事故，右膝盖以下截肢。尚未结婚的海艳面对即将走进的家庭中出了两位残疾人，她完全可以选择逃避，善良的她以无畏的勇气做出坚守这份爱情的决定。婚后她承担起伺候婆婆的任务，通过翻阅资料、咨询专家，找到了最适合婆婆需要的电动轮椅车，让婆婆可以与外界交流，调整心情。长期卧床的婆婆身上长了褥疮又患有糖尿病，伤口不爱愈合，她每天给婆婆清洗身体、上药，为婆婆倒粪尿、洗尿布、洗床单，比亲闺女还亲。

诚实守信模范姚秀芹。姚秀芹，女，中共党员，70岁，沙河驿镇葛庄子村村民。她将孤苦无依的同村老人姚子珍接到家中，照顾了近40年。选择本身就很难，坚持更难。尤其是在2013年，姚子珍视力急剧下降、身体越来越差、生活完全不能自理后，生活并不富裕的她，担起了照顾姚子珍的责任，她用农民最朴素的方式，传达着生活中最真挚的情感，四十载岁月荏苒，青丝变白发，不变的是人间真情。

助人为乐模范玄兆庆。玄兆庆，男，88岁，中共党员，蔡园镇马官营村村民。8年来，他坚持义务为乡邻打磨菜刀、剪刀，方便了村民生活。就是这样的“小举动”体现了“为民服务”的“大情怀”，受到邻里交口称赞。玄大爷年轻时在杨店子镇供销社打过铁器，菜刀、镰刀、镐头等工具都会打制，因此打磨刀具对他来说轻而易举。从2008年开始，闲不住的玄大爷就琢磨用自己的打磨手艺再为乡邻做些力所能及的事。看到年事已高的玄大爷依然这么忙碌，很多人都劝他注意身体。但他总是笑眯眯地说：“为乡亲们做点事一点都不累，只要我身板好就总为大伙服务。”

见义勇为模范张航、韩路宁等8位农民。韩路宁等8人均为彭店子乡霍庄村村民。3月25日下午，在京沈高速213公里处，一辆装有价值20多万元建筑钢材的大货车右后桥着火，轮胎自燃。正在附近农田中栽树的8位农民不畏险情，开着洒水车奋力援助。洒水车保险杠掉了漆，后视镜被刮掉，离合器片也被烧焦。经过大约10分钟，洒水车里4吨的水几乎全被用光，大火才被渐渐熄灭。由于救援及时，货车只有轮胎损坏，为车主把损失降到了最低。

市精神文明建设办公室

主　任　王永进（女）

副主任　张秀红（女）

（蔡　畔）

中国共产党迁安市委员会

主要会议及重大决策

【全市“抢抓新机遇、培育新优势、再创新辉煌”动员大会】 2月25日召开，大会采取电视直播的形式进行，设主会场和分会场。主会场设在迁安锦江会堂；分会场设在各镇乡（城区街道）、各园区、市直各单位。市四大班子领导，各镇乡（城区街道）、各园区、市直各单位副科级以上干部，部分企业主要负责人在主会场参加会议。各镇乡（城区街道）机关全体干部，各村党组织书记、村委会主任，各园区、市直各单位全体机关干部在分会场参加会议。此次会议既是节后的收心会，也是2015年工作任务的分解部署会。会议确定了2015年工作要点和重点任务运行图，围绕“抢抓新机遇、培育新优势、再创新辉煌”的目标和主线，吹响了全市“打好攻坚战、决战落实年”的号角。会上市委书记李忠作了重要讲话，市委副书记、市长张淑云对全市2015年重点工作进行安排部署。

【2015“京东水城 魅力迁安”经贸洽谈会】 （详见46页《迁安概况》栏目《招商引资》分目下的【经贸洽谈会活动】条目）

【全市警示教育暨落实“两个责任”集体约谈大会】 11月27日，在迁安锦江会堂召开。市四大班子领导，各园区主要负责人，各镇乡（城区街道）党委书记、镇乡长（城区街道办事处主任）、纪委书记，市直各单位主要负责人，设纪检组织市直单位的纪委书记（纪检组长），市纪委委局班子成员、各室主任，各纪工委书记、监察分局局长，重点单位的科室、基层站所（队）等负责人参加会议。会议的主要目的是贯彻落实中央、河北省、唐山市关于党风廉政建设和反腐败工作的系列安排部署，通报迁安市2015年违纪违法典型案例，对全市党员干部进行慎独、慎微、慎行警示教育集体约谈，告诫全体党员干部始终把“两个责任”（党委主体责任、纪委监督责任）记在心上、抓在手上、扛在肩上，维护好、打造好助推经济社会转型发展的良好政治生态。会上市委书记李忠作重要讲话，市委副书记、市长张淑云主持会议并讲话。

【中国共产党迁安市第五届委员会第六次全体（扩大）会议】 12月31日，在市行政办公中心召开。市委委员、市委候补委员出席会议。市纪委委员，不是市委委员、市委候补委员的市人大、市政府、市政协领导班子成员，驻迁单位团级主官，其他在职副县级领导干部，各镇乡（城区街道）党委书记、镇乡长（城区街道办事处主任），市直各单位党政主要负责人，市人大各科室党员主要负责人，市政协秘书长、各委办党员主要负责人，部分企业主要负责人列席会议。这次全会，是在收官“十二五”、开启“十三五”的关键时期召开的一次十分重要的会议。会议的主要任务是：深入贯彻中共十八届五中全会、中央经济工作会议精神，总结2015年工作，审议市委《关于制定国民经济和社会发展第十三个五年规划的建议》，部署“十三五”及2016年任务，动员各级党组织和广大干部群众，凝心聚力，扎实苦干，为建设“魅力水城、绿色迁安”而努力奋斗。会上，市委书记李忠作了题为《凝心聚力 扎实苦干 为建设“魅力水城、绿色迁安”而努力奋斗》的工作报告，市委副书记、市长张淑云对《中共迁安市委关于制定国民经济和社会发展第十三个五年规划的建议（讨论稿）》作了说明。

（黄 鹏）

2015年迁安市委重要文件题录表

表2

发文日期	文件标题
1月2日	中共迁安市委关于印发中共迁安市委常委会工作报告的通知
2月6日	中共迁安市委关于印发《“学习台州经验，转脑子、转作风、转方式”解放思想大讨论活动实施方案》的通知
2月25日	中共迁安市委、迁安市人民政府关于印发《迁安市2015年工作要点》的通知
2月25日	中共迁安市委、迁安市人民政府关于印发《迁安市2015年重点任务运行图》的通知
3月5日	中共迁安市委关于印发《迁安市2015年党建工作要点》的通知
6月3日	中共迁安市委关于将招商引资工作纳入《迁安市市委管理的领导班子和领导干部综合考评办法》的通知
9月25日	中共迁安市委印发《关于在市乡两级干部中开展“解放思想、抢抓机遇、奋发作为、协同发展”大讨论活动的实施方案》的通知
10月14日	中共迁安市委、迁安市人民政府关于进一步加强城市管理工作的意见
11月4日	中共迁安市委关于调整中共迁安市第五届委员会常务委员会委员分工的通知

（秦 漫）

中共迁安市委领导成员

书　记 李　忠

副书记 张淑云（女）　李维林
冯　涛（9月任，挂职）

常　委 李　忠　张淑云（女）　李维林
冯　涛（9月任，挂职）　王建伟
李志龙（10月离）　许俊良（10月任）
李福林　毛成海　张雪峰　庞再明
侯　旭　郭卫民
李晓丹（女，11月任，挂职）

委　员（以姓氏笔画为序）
孔祥会　毛成海　王　钧　王书成
王志刚　王学龙（满）　王建伟
韦长怀　付立军　冯　尚
冯　涛（9月任，挂职）　玄士丰
田富顺　任　顺　刘东友　朱广久
许俊良（10月任）　张金铭
张淑云（女）　张清敏　张雪峰
时立新　李　超　李　忠
李志龙（10月离）
李晓丹（女，11月任，挂职）
李晓波　李维林　李福林　杨　华
杨春景　陈子存　陈子红　陈春山
周文瑞　庞再明　侯　旭　郝可军
唐延海　贾春民　郭卫民　郭桂军
谌永林　黄玉东（12月离）
彭忠臣　彭顺辉　蒋振清

候补委员（以得票多少为序，得票相等的以姓氏笔画为序）
王　武　李爱军　杨玉良
杨秀丽（女）　周玉成　孟祥中
阎双友　蔡金艳（女）　魏建国

（黄 鹏）

市委办公室工作

【概况】　2015年，市委办公室坚持践行“五个坚持”▲和“三严三实”▲要求，认真落实市委五届五次全会部署，围绕服务转型发展这一主线，忠诚履职、践严务实，保障了各项工作的高效有序运转。调研、综合、公文、秘书、督查、办公自动化等工作实现创一流目标；信息、机要、值班、保密等有评比工作继续保持河北省、唐山市领先水平，获评河北省党委系统信息工作优胜单位、2015年度《中办通讯》征订工作先进单位等，连续13年被评为河北省县级密码工作先进单位。着眼破解瓶颈制约、加快转型发展，围绕产业链条延伸等重要课题，形成《产业链延伸大有可为——河北彦博彩板公司发展的启示》等一系列调研成果，为市委提供了决策参考。《打造民营经济“升级版”——关于迁安市引导民营企业二次创业推动转型发展的调查》得到省委书记赵克志等4位省领导的肯定批示，并印发全省学习。突出“三服务”（服务基层、服务群众、服务大局）职能，充分发挥信息主渠道作用，编报《迁安信息》310期，《迁安快报》65期，《内部信息》12期，《网络信息呈阅》22期，《网络信息摘报》37期，有力保障了信息畅通。起草各类综合材料260多篇，综合文稿一次过关率100%。发挥大督查机制作用，突出重点、狠抓落实，开展各项督导活动30多次。共组织各类大型会议、活动64场次，成功组织市委五届六次全会、2015“京东水城 魅力迁安”经贸洽谈会开幕式等重大活动。组织接待活动100多次，接待考察团20多批次、2400余人次。大力开展节约型机关建设，为各项工作正常运转提供有力保障。以“三严三实”专题教育和“解放思想、抢抓机遇、奋发作为、协同发展”大讨论活动为契机，进一步加强干部队伍建设，展现了办公室的良好风貌，营造了风清气正的良好氛围。同时，积极开展招商引资工作，先后邀请11家行业龙头企业、上市公司的30多位高层到迁安参观考察、洽谈项目。

▲“五个坚持”：2014年5月8日，习近平总书记在考察中办工作时提出“坚持绝对忠诚的政治品格、坚持高度自觉的大局意识、坚持极端负责的工作作风、坚持无怨无悔的奉献精神、坚持廉洁自律的道德操守”的“五个坚持”要求。

▲“三严三实”：2014年3月9日，习近平总书记在中华人民共和国第十二届全国人民代表大会第二次会议安徽代表团参加审议时，在关于推进作风建设的讲话中，提到“既严以修身、严以用权、严以律己；又谋事要实、创业要实、做人要实”的重要论述，称为“三严三实”讲话。

2015年迁安市委办公室重要文件题录表

表3

发文日期	文件标题
1月4日	中共迁安市委办公室关于认真学习宣传贯彻市委五届五次全会精神的通知
3月9日	中共迁安市委办公室、迁安市人民政府办公室关于调整市四大班子领导分包重点项目的通知
5月12日	中共迁安市委办公室关于印发《2015年落实党风廉政建设主体责任重点任务运行图》的通知
5月13日	中共迁安市委办公室、迁安市人民政府办公室关于印发《迁安市2015年“魅力钢城之夜”群众文化展演活动实施方案》的通知
5月15日	中共迁安市委办公室印发《关于在全市县处级领导干部中深入开展“三严三实”专题教育的推进方案》的通知
6月23日	中共迁安市委办公室、迁安市人民政府办公室关于印发《市直单位贯彻落实2015年度党风廉政建设和反腐败工作部署分工安排》的通知
7月6日	中共迁安市委办公室、迁安市人民政府办公室关于成立迁安市海绵城市创建工作指挥部及重点责任单位职责分工的通知
7月21日	中共迁安市委办公室、迁安市人民政府办公室关于印发《推进网上审批、网上监察工作实施方案》的通知

续表 3

发文日期	文件标题
8 月 20 日	中共迁安市委办公室、迁安市人民政府办公室关于印发《迁安市安全生产大检查工作方案》的通知
9 月 8 日	中共迁安市委办公室、迁安市人民政府办公室关于 2015 年教育系统优秀校长和优秀教师的通报
11 月 5 日	中共迁安市委办公室、迁安市人民政府办公室关于印发《迁安市公共文化资源共建共享工程项目实施方案》的通知
11 月 26 日	中共迁安市委办公室关于深入推进“解放思想、抢抓机遇、奋发作为、协同发展”大讨论的通知

市委办公室

市委常委、市委秘书长、办公室主任 侯　旭

常务副主任 （1～7 月空缺）

郝爱东（7 月任）

副　主　任 宋俊合　赵文利（7 月离）

滕　菲（女）　郝爱东（7 月离）

杨立文　张　维

主 任 科 员 刘桂栋　李　杰（女）

副主任科员 田　伟（11 月任）　孙建庆

（秦　漫）

市委督查工作

【概况】 2015 年，市委督查室围绕市委中心工作，履职尽责，把握关键，强化协调，狠抓落实，不断增强督促检查工作的实效，有力推动了党委重大决策、重要工作部署以及领导交办、批办事项的贯彻落实。抓住市委重大决策和重要工作部署，对市委五届五次全会议定事项进行任务分解，制定了《迁安市 2015 年重点任务运行图》，并加强督促检查；对推行“三级平台”（市政务服务中心、镇乡及城区办事处便民服务中心、村或社区便民服务站）建设、“两个代办”（为民服务全程代办、重点项目全程代办）制度情况、市四大班子领导分包重点项目情况等重点工作进行跟踪督查督办；对中国人民抗日战争暨世界反法西斯战争胜利 70 周年阅兵期间全市维稳安保、大气污染防治工作进行督导检查，并积极参与“海绵城市”建设、经贸洽谈会及解放思想大讨论等市委重要活动的服务工作。全年组织召开小范围协调会、开展各项督导活动 30 多次，解决各类实际问题 100 多个；参与接待上级部门工作检查 10 次，组织撰写汇报或反馈材料 6 篇；刊发《市委督查》12 期；撰写《督查专报》22 期；刊发市委重点工作任务分解及督查工作通知（迁督发）2 期；制发单项工作督办函 7 期；承办上级领导批办事项 1 件，已办结；承办本级领导批办事项 316 件，督办本级领导交办事项 53 件，督办市委主要领导接访案件 43 件，已全部办结；撰写督导调研文章及内外宣稿件 4 篇。

市委督查室

主　任 赵文利（兼，7 月离）（7～12 月空缺）

（王　民）

市委保密工作

【概况】 2015 年，市委保密办（迁安市国家保密局）认真学习贯彻省保密工作会议精神，深入推进保密管理标准化、保密队伍职业化、保密行为规范化建设，保密工作水平进一步提高。对已建成或在建涉密网络、非涉密网络进行全面核查，规范大组工网、公务内网及机关门户网站的网络管理，加强机关单位互联网门户网站保密监督检查工作，确保不发生网络泄密事件。指导各单位规范定密工作流程，推进定密管理规范化。组织开展党政机关涉密人员的分类确定与普查抽查，加强对涉密人员上岗、在岗、离岗管理。开展保密法及保密法实施条例的宣传教育。指导并协助各单位梳理保密工作制度，规范涉密载体交接流程。对中高考试卷保密室进行专项检查，确保中高考期间保密工作有章可循。制发《中共迁安市委保密委员会 2015 年工作要点》。按照省国家保密局统一部署，于 5 月 20 日更名为迁安市国家保密局。积极参加省保密协会组织的国家秘密载体印制资质审查培训班及武器装备科研生产等涉密资质单位保密培训会议，为做好保密资质审查工作做好准备。

市委保密办
主　任　滕　菲（女，兼）
副主任　付贺利　田　伟（11月离）

（贫丽媛）

市委机要工作

【概况】　2015年，市委机要局实现电报传输办理“保密、优质、高效、无事故”，确保了密码信息的绝对安全和密码通信的绝对畅通，在跟随领导服务、处理紧急重要情况、维护全市社会政治稳定、促进经济转型发展中发挥了密码通信“生命线、保障线、指挥线”的主渠道作用。至2015年，连续13年被省委办公厅评为河北省县级密码工作先进单位。制定了《密码工作制度规范与流程设计手册》，及时、准确完成了密码通信任务，全年传输办理电报2241份，其中紧急重要电报23份，完成跟随领导服务4次，得到市委领导及上级业务部门的充分肯定。推进全市电子政务内网建设，配合省一市一县主干线路建设，完成市本级中心节点建设任务。

市委机要局
局　　长　刘　武（满族）
副 局 长　李　波
副主任科员　李艳启

（姬鹏鹰）

市委调研工作

【概况】　2015年，市委研究室瞄准打造“上级调研部门的得力助手、调研精品的基地、市委领导决策的外脑、对外宣传迁安的窗口”目标，发挥综合服务和参谋助手作用，较好完成调查研究、文稿起草、解放思想大讨论活动等各方面工作。全年编发《领导内参》《工作参考》12期，在唐山市以上报刊发表内外宣稿件10多篇次，被各级领导批示和直接转化为领导决策10篇次。深入总结“十二五”全市经济社会发展情况，客观分析面临的新形势新任务新要求，认真研究谋划“十三五”发展的目标、思路和重大战略举措，精心组织起草了市委《关于国民经济和社会发展第十三个五年规划的建议》，成为指导全市“十三五”发展的纲领性文件。因势设谋开展调查研究，撰写《产业链延伸大有可为——河北彦博彩板公司发展的启示》《全市财税收入情况分析及工作建议》等一批高质量的调研报告，得到市委主要领导的肯定并为领导决策提供了依据。《打造民营经济“升级版”——关于迁安市引导民营企业二次创业推动转型发展的调查》得到省委书记赵克志等4位省领导的肯定和批示，省委办公厅《工作情况交流》作为典型经验印发全省。《努力构筑资源型经济转型发展新格局》《坚定不移走生态文明与经济协调发展之路》等一批稿件先后被省委办公厅《综合与调研》呈报件、《河北发展》以及《唐山经济》等采用，提升了迁安的知名度和美誉度。高质量、高标准完成向《中国改革年鉴》2015卷编纂工作组提供涉及迁安部分的全部文字和图片内容的征集工作。组织接待省委办公厅、省委研究室、唐山市委市政府研究室等单位领导对迁安市的考察调研活动。

市委研究室
主　任　杨立文（兼）
副主任　周连军

（张　武）

市委信息工作

【概况】　2015年，市委信息中心坚持紧贴全市中心、服务大局，充分履行信息服务基层、服务群众、服务大局“三服务”职能，全方位反映市委领导工作思路、方法举措以及全市经济社会发展成果，积极参与市委重大活动的协调服务工作。全年编报《迁安信息》310期，被省委办公厅刊物采用44条，其中《改革创新解难题加快转型促发展——迁安市以改革创新为抓手着力提升核心竞争力》等4篇长篇信息分别获得赵勇、张杰辉、许宁等省领导肯定性批示。上报信息工作在省内各县（市）区名列前茅，得到市委书记李忠的充分肯定。围绕全国工业百强县市、重点项目建设等方面，编报《内部信息》12期。针对媒体、网站、贴吧中关于迁安民生的热点贴文进行24小时监控，共编报《网络信息呈阅》22期。围绕京津冀协同发展、经济动态、行业动态、改革发展等内容，编报《网络信息摘报》37期，为市领导了解最新时事动态提供170多条有价值的信息资料。围绕贯彻落实市委五届五次全会精神、“3+5+6”产业体系构建等重点工作编发《迁安快报》65期。强化调度考核，落实通报制度，不断加大服务基层工作力度，先后跟班培训、上门培训100余人。积极参与市委重大活动的协调服务工作，全员参与2015“京东水城　绿色迁安”经贸洽谈会，出色完成邀商、对口服务、接待等工作任务。积极承担市委办公室“解放思想、抢抓机遇、奋发作为、协同发展”大讨论活动的组织协调工作。

市委信息中心

主　任　（1～12月空缺）

（刘　伟）

市委值班工作

【概况】　2015年，市委值班室按照“抓管理促规范、抓创新促提高”的总体思路，围绕市委中心工作和全市经济社会发展大局，着力推进值班工作制度化、规范化、科学化，充分发挥市委“窗口”作用和协调各方推动工作的枢纽作用，保证各类紧急情况重大事件的及时上报和有效处置，实现党委系统值班室各项工作有序开展。在上级党委多次值班工作明察暗访中，没有出现任何问题，值班室工作始终保持省、唐山市领先水平。全年办理传真电报222期、来电处理29期、来文来函处理176期、值班报告87期；接待来人、来信访500余次，接待电话政务问询、上访等3000余人次。做到领导批示和指示传达及时，督办落实及时，拟办建议零差错，办结率100%，充分发挥了党委信息主渠道和处置紧急情况重大事件前沿阵地作用。探索创新工作方式方法，制定《文件办理登记本》，全年共单独检查、联合市委督查室检查、联合市政府应急办检查值班工作十多次。主动关注网络有关迁安舆情信息，特别是“迁安吧”、门户网站，安排专人时时监控网络舆情，全年呈报《社会舆情信息》5期，为领导及时处置舆情突发事件提供了详细准确的信息。

市委值班室

主　任　王长华

（黄　鹏）

市机关事务管理工作

【概况】　2015年7月，根据《迁安市机构编制委员会关于印发迁安市机关事务管理局主要职责机构设置和人员编制规定的通知》，整合市委机关事务管理局和市政府机关事务管理局机构职责，不再保留市委机关事务管理局和市政府机关事务管理局，设立迁安市机关事务管理局，为迁安市委办公室管理的正科级事业单位，设办公室、财务科、物业管理科、综合服务科、公共机构节能管理科、保卫科，事业编制60名。

市机关事务管理局以“精细管理、依法保障、高效服务”为主线，以贯彻落实国务院《机关事务管理条例》和中共中央、国务院《党政机关厉行节约反对浪费条例》为契机，转变作风，真抓实干，圆满完成承担的各项工作任务，实现管理、服务、保障工作的新提升。厉行节约，降低运行成本，通过节约一度电、节约一张纸、节约一滴水等活动引导机关干部职工养成节约的良好习惯，树立节约理念。大力压减“三公”经费（因公出国、出境经费，公务车购置及运行费，公务招待费）支出和一般性支出，提高预算资金的使用效益，保证财务工作规范有序进行。在采购工作中，严格办事程序，分级负责，层层把关，实现规范采购。严格执行中央“八项规定”《党政机关厉行节约反对浪费条例》和《迁安市党政机关三公经费及差旅费等支出标准暂行规定》等规定，严格接待标准，注重服务质量，实现接待任务零差错。强化公务用车管理，继续执行公务用车定点保险、定点加油、定点维修“三定”制度，降低公务用车费用开支，积极推进公务用车改革。组织开展办公用房清理和规范化管理。及时高效地完成市行政办公大楼的管理维护、安全保卫工作。不断改进机关食堂建设。逐步建立健全有关机关经费管理、资产和服务管理的配套制度和标准，修定完善《内部控制规范手册》《接待工作规则》《财务管理制度》《驾驶员管理制度》《机关食堂管理制度》《行政办公中心安全保卫制度》《节能管理制度》。以“解放思想、抢抓机遇、奋发作为、协同发展”大讨论活动为契机，进一步加强作风建设，形成风清气正的良好氛围。

市委机关事务管理局（7月与市政府机关事务管理局整合为市机关事务管理局）
局　长　郝爱东（兼，7月离）
副局长　胡建青（7月离）
市机关事务管理局（7月设立）
局　长　郝爱东（7月任，兼）
副局长　胡建青（7月任）　杨志军（7月任）
应春峰（7月任）　孙小刚（7月任）

（李玉宝）

组织工作

【概况】　2015年，迁安市有基层党组织1416个，其中基层党委36个、党总支部62个、党支部1318个，党员总数44404人。全市组织工作坚持围绕市委工作中心，服务市委工作大局，突出全面从严治党这条主线，着力加强思想政治建设，持续深入改进作风，从严管理监督干部，全力夯实基层基础，落实管党治党责任，推动了新常态下全市组织工作登台阶、上水平。

【乡科级领导班子和干部队伍建设】　重点抓好《关于加强乡科级领导班子建设的意见》和《关于进一步加强干部队伍建设的意见》的配套实施，推进乡科级领导班子和干部队伍建设的规范化、制度化。研究制定《迁安市乡科级领导班子议事决策规则》，对乡科级领导班子议事决策原则、范围和内容、总体要求和具体程序、保障措施等内容作出明确规定，为提高乡科级领导班子依法决策、民主决策和科学决策水平提供了制度依据。坚持以政府机构改革、消化超职数配备干部和配备急需的重要岗位干部为目标，按照“心中有党、心中有民、心中有责、心中有戒”要求和“好干部”标准，稳妥有序地推进干部调整配备工作，全年共研究任免市管干部216人次，干部队伍结构进一步优化，推动科学发展能力进一步增强。按照市委“四个干”抓落实机制要求，制发《中共迁安市委组织部关于建立干部干事档案的有关规定》，将干部干事档案列入年度考评，并将干部干事事项完成情况和对领导干部综合评价按照4∶6的比例组成干部业绩成绩，计入领导干部年度考评综合结果。参照乡科级领导干部做法，在全市普遍建立了村党组织书记和村委会主任干事档案，实行承诺、督导、核销、问责，并列入农村干部年度考评。认真组织乡科级领导干部公开承诺，全市领导干部共承诺事项3310项，进一步增强了各级领导干部干事创业的责任感和使命感。联合市审计局对20名离任市直单位行政正职、乡镇党政正职进行了离任审计。

【基层组织建设】　按照省、唐山市村“两委”换届工作有关要求，研究制定了《关于做好村“两委”换届选举工作的实施方案》，系统指导全市村两委换届工作稳步推进；联合民政局对乡镇工作人员进行业务培训，指导各乡镇培训换届工作人员6526人；严格落实候选人资格审查制度，组织协调市纪委、政法委、民政局、公安局等部门审查村“两委”主要负责人候选人1010名，保证了选人质量；抽调市直单位150名科级以上干部，带队组成150个督导组深入所有换届村进行督导指导。在市乡村三级的共同努力下，全市村“两委”换届工作于2015年4月底圆满完成。以“两委”换届为契机，健全完善农村基层组织体系。以“选好人、事平稳”为目标，全面加强农村配套组织建设，所有村均配套健全村代会、村监会、经合组织、综治维稳组织，以及妇代会、团支部等组织，“四个覆盖”模式在农村得到全面推广，构建起以村党组织为核心的农村基层组织体系。农村基层党组织晋档升级全面推进。在全市农村党组织开展分类定级活动，确定20%比例五星级党组织。同时，着眼于打造一批各具特色、可看可学的农村基层党建工作典型，本着按地域、按产业、按特色，高起点定位，高标准要求，将地域相近、特色鲜明、成片连线的先进典型群体，重点谋划打造成北部长城山野绿道党建示范带、西部森林生态绿道党建示范带、中部产业富民党建示范带和马兰社区（村改居）党建示范区“三带一区”，发挥示范区示范引领、典型带动作用。农村基层党组织引领服务作用突显。围绕提升基层党组织服务能力，全力推进“三级平台、两个代办”工作，即市政务服务中心、镇乡（城区办事处）便民服务中心、村（社区）便民服务站三级平台，推行为民服务全程代办、重点项目全程代办。19个乡镇和1个城区办全部建立便民服务大厅，全市所有村全面建成便民服务站，筛选确定村级代理代办事项36项，组建了代办队伍，健全了代办制度，推行代办轮流值班、定点受理办法。全年，累计为农村群众代办各项事项1.86万余件。后进基层党组织整顿转化强力推进。4月，制发了《关于上报软弱涣散基层党组织的通知》，按照倒排15%、上不封顶的原则，对505个行政村进行两次摸底排查，共筛选确定软弱涣散党组织76个。5月，组织召开全市集中整顿后进村党组织工作会议，印发了《关于认真做好集中整顿后进村党组织帮扶工作的通知》和《关于集中整顿后进村党组织的实施方案》，对全市后进村党组织整顿工作作出详细部署。各乡镇、市直各单位迅速结合，入村座谈走访，广泛征求意见，“把脉会诊”找“病因”，先后召开座谈会155次，走访党员群众3000多人次，提出整改措施310条，明确整改任务，制定了整顿工作方案和台账。同时，通过党务公开栏对帮扶方案和帮扶任务进行公示，接受党员群众监督。后进村整顿转化工作全部完成。农村党务村务规范化建设水平全面提升。结合村“两委”换届，全市534个行政村（含村改居）全部组建村代会和村监会。村代会中村书记兼任村代会主席的有381人，占村代会主席总数的71%，其他支部成员兼任村代会主席的有52人。选举产生各村村民代表会议、民主理财小组，分别为11087人、2467人。在全市普遍推行村级重大事项报告“四议一行两监督”，即村级重大事务实行党组织提议、村两委商议、乡镇党委审议、村代会决议，村委会执行，村监会、乡镇党委政府监督工作机制。同时，推行乡镇干部包村责任制，促进基层事务运作的规范化。制发《迁安市村级民主议事规则》，推广以“组织健全、决策民主、管理严格、服务到位、基础完善、产业发展”为主要内容的村务工作规范化建设经验，全面提升依法治村水平。全力提升农村基层干部队伍素质和能力。3月，联合市委农工委、市民政局等9个涉农部门组成市委巡回宣讲团，按照缺什么、补什么的原则，对全市农村干部进行“菜单式”任职巡回培训及专题业务培训，乡村两级干部4800余人次参加培训，进一步增强农村干部服务新农村建设、服务群众的本领。同时，选派10名村党组织书记参加省委组织部组织的优秀村党组织书记省外培训班，选派22名村党组织书记参加省委组织部“三农”专题培训班。9月21～24日，组织76个后进村和35个山区村的党组织书记赴邢台前南峪学习观摩，重点学习前南峪艰苦奋斗的精神和发展山区经济的经验，提高他们的责任意识和奉献意识。制定出台《迁安市农村“两委”班子和“两委”干部综合考评办法（试行）》，指导乡镇结合实际制定考评细则，使村干部干有目标、行为有约束、工作有动力，破解了农村干部约束不力、用权失范的难题。提高农村干部基础职务补贴，有效激发农村干部工作积极性。建立农村干部干事档案制度。年内，全市农村党组织书记和村委会主任共提出干事承诺事项近2000件。为扩大党组织覆盖面，在全市88家规模以上非公企业建立党组织。制定示范点创建标准，打造可观可学示范点20个。开展“五抓五提”▲活动，建成高标准示范社区6个。扎实推进服务型机关建设，开展创建“群众满意窗口、行业服务标兵、优质服务品牌”活动，促进机关党建工作提质增效，评选出“群众满意窗口”13个，“行业服务标兵”41名。乡镇党代会年会制试点工作圆满完成。制发《关于认真做好2015年试行乡镇党代会年会制有关工作的通知》和《迁安市乡镇党代会年会制工作流程》，对年会召开时间和范围、关键环节、检查指导等工作进行了安排部署，对召开年会的每个步骤环节进行详细讲解说明。抽调精干力量组成12个督导组深入试点乡镇进行指导督导，严格会议程序、纪律等内容，确保会议程序合规有序进行。全市12个试点乡镇于3月25日前全部成功召开党代会年会，代表们积极建言献策，提出适合本乡镇党的建设和经济社会发展的意见建议，形成提案提议160多件，各试点乡镇实行党委委员领办提案制，落实专人负责、限期办理，确保提案办理件件有回复、有落实。为深入贯彻落实党代表任期制，不断提高党代表履职能力。11月，举办全市党代表培训示范班，对各乡镇党委组织委员、市直单位党委副书记（人事科长）和部分市五次党代表会代表共40人进行培训，进一步提高党代表的思想认识，提升履职能力。各党委参照市培训班模式，对本单位范围内各级党代表进行专题培训，全市各级党代表的素质得到普遍提高。

▲“五抓五提”：抓督导检查，提升社区干部责任意识；抓示范点创建，提升示范引领作用；抓便民服务，提升社区服务水平；抓“三结合”，提升在职党员到社区服务水平；抓“三访一带一”活动，提升相互感情。

【干部教育培训】　10月，举办第24期优秀中青年干部培训班。结合干部成长需求，从理想信念教育、党性修养教育、经济社会发展和能力提升4个方面，安排23个专题讲座，对51名优秀中青年干部进行培训，引导他们强化理想信念，增强履职本领，塑造良好品行。为扩大干部培训覆盖面，建立了领导干部大讲堂，邀请知名专家学者到迁安授课，让广大干部领略前沿理论，拓宽思想视野，更好地服务地方经济发展，全年累计培训各级干部2730人次。加大优秀年轻干部培养锻炼力度，选派10名优秀乡科级后备干部到市信访局挂职锻炼，提高做好群众工作能力和处理复杂问题的能力。

【人才工作】　组织开展“人才工作宣传月”活动，利用迁安党建网和迁安人事劳动网，对人才工作新理念新部署、人才支撑创新驱动发展政策和经验做法进行重点宣传。组织市电视台、迁安时讯社，对职教中心技能型人才培养工程等5个先进典型进行连续报道，营造识才、爱才、敬才、用才的浓厚氛围。邀请清华大学博士生实践服务团到迁安开展社会实践活动，围绕“迁安市发展农村电子商务的路径及效果”和“县域高新技术产业开发区发展路径研究”两个主题进行调研走访，为迁安转型发展把脉问诊，有力宣传了迁安，促进了与清华大学的交流合作。谋划迁安市首批拔尖人才评选活动，计划评选专业技术人才、企业经营管理人才、高技能人才、农村实用人才等各类拔尖人才40名。同时，建立拔尖人才管理制度和实绩档案，着力培养一批市域行业领军人才。

【党员发展教育管理】　以提高发展党员质量为目标，严把党员“入口”。按照控制数量、优化结构、提高质量的总体思路，研究制定了《迁安市2015年发展党员工作计划》。加大审核把关力度，规范完善发展党员公示、备案、征求意见等制度，初步形成一人发展、多方把关的考察机制。2015年，发展新党员533名。以党日活动为抓手，认真落实“三会一课”制度。结合“三严三实”专题教育，以市委书记讲专题党课启动开局，认真落实领导干部讲党课制度。贯彻《全市2013～2015年党员教育培训规划》和《关于做好2014～2018年全省党员教育培训工作的意见》精神，以职教中心、农广校、乡镇培训基地为主阵地，对党员开展职业技能培训、实用技术培训和创业技能培训。全年，共组织实用技术、职业技术培训20场次，培训党员4300名，2321名党员通过培训再次创业，1007名党员找到了新的致富项目。开展处置不合格党员工作，畅通党员“出口”。制发《处置不合格党员实施方案》，对镇乡组织委员、市直单位主管领导以及各单位业务骨干进行专题培训。结合党日活动，对处置不合格党员工作进行专项督导检查。各单位以“七清理”▲为主要内容，推进党员队伍排查清理工作，开展“双找”（组织找党员、党员找组织）活动，共排查党员4.39万余人，完善党员档案120多份，理顺党员组织关系142人次，排查问题线索256个，查实问题党员189人，排查失联党员294人，找回失联党员265人，找回率达到90%。

▲“七清理”：清理入党材料、清理党费缴纳情况、清理党员参加组织生活情况、清理流动党员管理情况、清理党员鼓动参与群体性事件和越级访情况、清理党员信教和参加邪教组织情况、清理党员违法违纪情况。

【农村党员干部远程教育】 抓好精品专题片制作工作，提高远教制片能力和水平。《80后女大学生村官的青春蜕变》《民心在这里凝聚》等9部专题片被选作全国统编教材。以杨各庄镇森罗寨村武凤英事迹为题材拍摄的专题片《灯笼石》，获得全省党员教育电视片观摩交流活动优秀党员事迹类一等奖、第十八届河北省影视艺术奔马奖党建专题工作类一等奖和年度三农人物电视评选二等奖。与唐山市委组织部联合拍摄的专题片《背影》，在第七届中国新农村电视艺术节上获年度优秀对农电视作品一等奖。加大网络舆情监控力度，圆满完成农村“两委”换届、“三严三实”专题教育等重点工作的舆情监控，为全市组织工作创新创优营造了良好的舆论环境。4月，迁安市委组织部被评为唐山市组织系统新闻和网络宣传工作先进单位。

市委组织部

市委常委、组织部部长	毛成海
常务副部长	郭卫民（10月离）
	（11月空缺）
	张金铭（12月任）
副部长兼人力资源和社会保障局局长	周文瑞
副部长兼老干部局局长	李春生（12月离）
	张振军（12月任）
副部长（正科级）	张彦祥
副部长、正科级组织员	李立志（1～11月）
副部长（正科级）	李立志（12月任）
副部长（正科级）	马心刚
市委组织员办主任	玄海波（1～12月）
副部长兼市委组织员办主任	玄海波（12月任）
市委考评办主任、干部一科科长	袁铁军
市委副科级组织员、组织一科科长	高春辉
市委副科级组织员、办公室主任	伞学峰
市委党员电化（远程）教育中心主任	杨景华
市委副科级组织员、考评办副主任	（牵头）
	李长余
	（白启明）

宣传思想文化工作

【概况】 2015年，全市宣传思想文化工作继续按照“高举旗帜、围绕大局、服务人民、改革创新”的总要求，全面贯彻党的十八届四中、五中全会和市委五届五次全会精神，围绕全市转型发展任务目标，大力唱响“稳中求进”的主基调，着力统一思想、凝聚力量、增强信心，维护好改革发展稳定大局，确保宣传思想文化工作与全市中心工作同频共振。理论武装、社会宣传、对外宣传、精神文明建设、文化事业和文化产业发展等各项工作都取得新进展，为全市经济社会科学发展提供了强有力的思想保证、精神动力、舆论支持和文化条件。

【理论教育】 1. 扎实推进习近平总书记系列重要讲话和重要论述的学习宣传贯彻。结合“三严三实”专题教育和解放思想大讨论活动，重点围绕习近平总书记系列重要讲话、重要论述、省委书记赵克志到河北工作以后特别是在迁安调研时的讲话，以及“地方融资模式与金融创新”等专题，组织市委中心组集中学习17次21天。其中，开展集中研讨3次，邀请知名专家学者举办大型专题辅导报告会6场次。同时，将党员干部理论学习与“党章学习日”“2·23赶考日”等专题学习活动相结合，组织基层党委（党组）通过集中学习会、读书报告会、党组织书记讲党课等形式，深入学习贯彻习近平总书记系列重要讲话和各级全会精神，有效提升各级领导干部的政治素养、理论水平和实践能力。2. 组织开展“三严三实”专题教育和解放思想大讨论活动。按照市委统一部署，认真做好活动的学习研讨、宣传报道、简报编发和信息反馈等工作。全年编发《学习秘书》13期、“理论学习提示”10期，发放《活页文选》58期，集印学习资料12类720册，为市委中心组学习研讨做好服务。同时，组织市内媒体开设专栏专题，全方位宣传报道活动的进展和成效，为活动开展营造浓厚的氛围。3. 组织做好企事业单位政工人员专业职务评审工作。全市事业单位有10人进入高级政工职务评审，4人进入中级政工职务评审，2人进入初级政工职务评审。

【思想政治】 1. 深入推进社会主义核心价值观

宣传教育活动。以“县校合作”为模式，以开展“探寻迁安文明之旅”专题讲座、“我的价值观，奋斗的青春最美丽”演讲比赛、“践行核心价值观，共筑青春中国梦”主题征文比赛、“中国梦·赶考行”百姓故事汇以及各种志愿服务活动等系列主题实践活动为载体，在全社会掀起培育和践行社会主义核心价值观的热潮。2. 组织开展主题宣传报道活动。组织市内新闻媒体开设专栏专题，围绕“三严三实”专题教育、解放思想大讨论活动和全市党风廉政建设等，开展全方位宣传报道，大力宣传活动的进展和成效。全年，市内新闻媒体累计播发相关专题新闻和评论言论180余篇（条），制作播出“浙江台州经济改革调查”系列报道4期，播出廉政公益广告40余条、中华德育故事130集。同时，20位市直单位“一把手”通过电视台面向社会公开承诺，接受群众监督。广播电视台开办“记者在行动”专栏，曝光社会不良现象和行为，强化媒体舆论监督，督促相关单位或部门整改，进一步提升媒体的公信力和影响力。3. 扎实开展青少年爱国主义教育活动。以青少年“奋发向上、崇德向善”爱国主义教育读书活动、第十一届中学生夏令营活动和“绿书签行动2015”倡议签名活动为载体，激发广大青少年的爱国情怀，引导其从小树立正确的人生观和价值观，自觉远离、抵制有害盗版出版物和不良网站，促进青少年健康成长。4. 扫黄打非工作常抓不懈。加强文化市场监管，以重大节庆为契机，组织文化执法、网络管理、公安、市场监管等职能部门，集中开展扫黄打非专项行动30余次，保持打击非法出版物、盗版软件、非法报刊、网络淫秽色情信息的高压态势，全市文化市场安全稳定。5. 组织开展国防教育工作。以纪念中国人民抗日战争暨世界反法西斯战争胜利70周年为契机，组织开展优秀抗战题材影视剧展播、主题书画摄影展览、中小学生演讲比赛等系列纪念活动；编辑出版国防教育文献汇编《国防花开情更浓》一书，为基层开展国防教育提供教材；组织开展第十五个全民国防教育日宣传活动，进一步增强群众的国防观念和国防意识，激发群众热爱国防、参与国防建设的自觉性。

【新闻外宣】　一是外宣发稿成果丰硕。全年，累计在唐山市级以上媒体发稿2716篇，其中国家级媒体发稿590篇；累计接待国家、省和唐山市各类媒体记者311人次。2月，图文并茂的长篇通讯《钢铁，一个春天的故事》和长篇报道《“钢城”转身变“水城”》《迁安电子商务进乡村》等重头稿件先后在新华社和《经济日报》刊发。4月21日，《英诺特的艰难生长——跨越资源诅咒》在《河北日报》头版刊发。9月15日，长篇通讯《转型之水抱山城》在《河北经济日报》头版头条刊发，全方位展示了迁安转型发展取得的丰硕成果。与此同时，《10万亩河滩荒地变身文化产业园》《迁安：把河流森林搬进城市》《钢铁硬汉补课软实力》《迁安：资源型城市百亿建水城》《迁安打造百里生态绿道引来北京客》等深度报道，《迁安打造北方水城——访迁安市委书记李忠》人物专访，《河北迁安——首都东边一座成长在水里的城市》专版先后在《北京日报》《北京商报》、北京电视台播发，从不同层面展示了迁安对接京津协同发展、加快转型升级的典型做法和成效。二是组织集中采访和新闻发布工作。邀请新华社、中新社、中央电视台、《经济日报》《河北日报》、河北电视台等中央和省市级主流媒体到迁安，就文化旅游、招商引资、生态文明等主题，先后组织大型集中采访活动7次，及时宣传报道了迁安经济社会发展的新成果。9月2日，通过“迁安吧”、微博“迁安发布”等网络平台，面向社会及时、准确发布首钢迁钢重大淹溺事故的有关信息，及时回应社会关切，正确引导社会舆论。三是城市形象宣传展示魅力。累计投入两千多万元，精心制作了“首都东边一座成长在水里的城市”系列城市形象宣传片，在中央电视台CCTV－1《新闻30分》《晚间新闻》、CCTV－4《海峡两岸》和北京电视台《直播北京》等栏目中播出。同时，累计投入300多万元，与国家旅游局合作制作的城市品牌形象广告，在北京城市公交候车亭及首都机场航站楼LED大屏等处滚动发布。1月6日，“水城迁安”专题网页在新华网首页显要位置上线，迁安独具特色的城市景观、优美的自然风光和良好的投资环境被世人所了解，有效提升了迁安的知名度和影响力。四是舆论引导平稳有力。积极有效开展网络宣传和舆论引导，及时处置网上不良信息和敏感话题，全力改善网络舆论环境，高度关注“穹顶之下”“钢铁寒流”“迁钢‘9·2’淹溺事故”“松钢停产”等相关网络舆情，通过卓有成效的网评工作，营造和谐文明的网络舆论氛围，累计整理上报《舆情专报》12 篇，编发《舆情信息》27 篇，一些民生问题经反馈得到解决，个别热点问题引起领导和相关部门的进一步重视。正确对待舆论监督，对媒体送达的稿件核实函，坚持依法、依理、依据答复，全年妥善处理上级媒体涉及迁安市环保、土地、民生等问题性报道 134 起，确保了全市新闻舆论安全。

【精神文明创建】 1. 实施文明素质提升工程。以“中国梦”“社会主义核心价值观”“经济强省·美丽河北”等为主题，大力推广公益广告，共设置户外广告牌 3000 多块，传播社会主流价值，引领文明风尚。以春节、端午节、中秋节等传统节日为重点，深入开展“我们的节日”主题实践活动，弘扬优秀传统文化，营造温馨和谐的节日氛围。2. 开展先进模范人物评选表彰活动。通过开展道德模范评选表彰、“迁安好人·每周一星”评选和“季评学雷锋十佳”等活动，以榜样的力量引领社会风尚。12 月 3 日晚，在锦江会堂举行“迁安市公民道德建设基金奖励暨第七届道德模范表彰仪式”，对 2015 年度评选出的 14 名道德模范、23 名道德模范提名奖进行了隆重表彰。充分发挥“公民道德建设基金”作用，奖励扶助各级各类道德模范和身边好人，自 2012 年“公民道德建设基金”设立至 2015 年，已累计奖励扶助各级各类道德模范和身边好人 600 余人，发放奖助金 49 万多元。同时，将表彰活动延伸到基层，支持赵店子镇开展第二届“赵店子好人”表彰活动。利用网络、微信等平台，广泛宣传先进模范的典型事迹，迁安文明网与“善行迁安”微信公共平台共同开辟“迁安好人·每周一星”专栏，累计推出 41 期，先进模范成为引领社会风尚的旗帜。3. 推进学雷锋志愿服务工程。全年，组织各类志愿服务队和志愿者深入城乡社区，开展扶贫帮困“春雨行动”“邻里守望”“文明交通”“文明旅游”“文化惠民·送艺下乡”“立德树人·雷锋精神在校园”等八项主题志愿服务活动近千场次。2015 年，“善行迁安”志愿服务品牌被评为河北省优秀志愿服务品牌，4 人被评为河北省优秀志愿者、志愿服务先进工作者。同时，加大对志愿服务工作的表彰激励力度，2015 年，利用“公民道德建设基金”表彰“季评学雷锋十佳”和志愿服务工作先进集体、先进个人 97 个，发放奖金 4.87 万元。4. 推进全国县级文明城市创建工作。2 月 28 日，市长张淑云作为全国县级文明城市提名资格城市代表在人民大会堂参加了全国精神文明建设表彰会议。3 月 12 日，迁安市顺利通过河北省县级文明城市督导检查，全市文明城市创建工作迈上新台阶。12 月 14～18 日，省测评组通过查看档案资料、实地考察和问卷调查等形式进行测评检查，对迁安市创建工作给予高度评价。同时，以文明单位评选“五个一”建设、乡风文明创建、设立“善行功德榜”等有效举措，加强美丽乡村建设，倡导文明勤俭新风尚，提升各级文明单位的创建水平和档次。市场监督管理局、政务服务中心获“河北省 2015 年度文明行业创建标兵”称号。

【文化建设】 1. 文化产业项目有序推进。依托山水融城的城市特色优势和毗邻京津的区位优势，以滦河文化产业园区为平台，积极培育文化创意等产业。5 月 14 日，投资 60 亿元的“中国·迁安民俗文化旅游综合体”一期——“中唐·天元谷民俗旅游综合体”项目在第十一届深圳文博会上成功签约。至 2015 年底，全市累计谋划实施文化产业项目 45 个，计划总投资 757 亿元，文化产业的实力和规模进一步增强。积极争取上级文化产业发展专项资金，谋划实施的“万宝沟军事乐园”“嘉源文化艺术陶瓷研究基地”“正元印刷包装产业园”3 个项目共获得省级文化产业发展引导资金 600 万元。2. 文化活动丰富多彩。成功举办第十一届“魅力钢城之夜”群众文化展演，全年，举办大型文艺演出 30 余场。依托文化馆、博物馆、梅墨生艺术馆等文化阵地，先后举办迎新春中国画十人展、“山水融城、文化迁安”十人书画联展等大型展览十余次，丰富了广大市民的精神文化生活。3. 着力打造黄帝文化品牌。推进轩辕阁布展和开馆准备工作。高标准设计制作《迁安黄帝胜迹》宣传画册，从考古有证、史有所载、地有其利、民有所诵、专家认同五个方面对迁安“黄帝胜迹”进行全面展示。编辑出版《黄帝文化百答》科普图书，从黄帝传说、黄帝胜迹、黄帝姓氏、黄帝祭祀等方面宣传普及黄帝文化，不断扩大迁安黄帝文化的知名度和影响力。

市委宣传部

市委常委、宣传部部长	（1~9月空缺） 郭卫民（10月任）
常务副部长	毛广丰
副部长	田军民　王永进（女） 周晓英（挂任） 李爱斌（挂任） 王艳军(女，7月挂任)
社科联主席	田军民（兼）
文明办主任	王永进（女，兼）
主任科员	浑　广
文明办副主任	张秀红（女）
副主任科员	胡琳泊

（朱学军）

对外宣传

【概况】　2015年，对外宣传工作以打造“魅力水城、绿色迁安”城市名片为目标，大力宣传迁安市在调整经济结构、推进资源型城市转型、对接京津、加快城乡一体化和改善民生等方面的典型经验和做法。坚持正确的宣传舆论导向，创新宣传方法，完善宣传机制，拓宽外宣渠道。加大全市网络宣传力度，确保全市互联网舆论安全，同时全力做好舆情信息调研工作，为迁安经济社会又好又快发展创造和谐、安全、稳定的外部舆论环境。全年，累计在唐山市级以上传统媒体刊发稿件2420篇。在国家级以上新闻媒体发稿579篇，其中新华社刊发通稿22篇，在国家级媒体发稿量再创新高，在《人民日报》、新华社、《光明日报》《经济日报》《工人日报》《农民日报》、中央人民广播电台等国家级媒体刊发刊播稿件159篇，大报大台宣传亮点纷呈。全年，主要网站转发或刊发各类稿件2.6万多条。

【主题报道“亮”】　1. 唱好转型发展“大合唱”。2015年，围绕构建“3+5”产业体系打造六大功能中心，迁安转型发展进入全新阶段，展示全市科学发展的新举措、新方法、新成果为对外宣传的首要任务。截至2015年年底，全市累计在国家级主流新闻媒体刊发转型成果新闻稿件84篇。网站刊发或转发转型发展稿件1100多条。2月10日，《经济日报》5版刊发了《“钢城”转身变“水城”》长篇报道，文章以蓝天绿地变环境、有中生新保存量、跨界拓展求跨越三部分，展示全市加快转型发展取得的最新成果。2. 奏响城市建设“新乐章”。迁安将城市建设作为转型发展的平台，形成独具特色的城市风格。城市建设为全市对外宣传的重点之一。2015年，累计在国家主流新闻媒体刊发反映迁安城市建设的新闻稿件72篇，仅新华社一家媒体就刊发反映城市建设的稿件18篇。网站刊发或转发城市建设稿件近800篇。1月6日起，“水城迁安”专题网页在新华网首页显要位置上线，网页分傍水、依山、叠绿、人文、宜业、在迁安6部分，通过近百张图片，形象地展示了迁安良好的投资环境，提高了迁安作为北方水城在国内外的知名度和美誉度。3. 吹响项目建设“新号角”。项目建设是转型发展的助推器，为此把项目建设作为宣传工作重点，全方位展示项目建设取得的丰硕成果。《河北日报》《河北经济日报》以《跨界：英诺特的艰难“生长”——跨越“资源诅咒”》《年产30万吨无水乙醇项目落户“迁安”》《迁安钢老板的转型之路》为题，报道迁安市产业结构调整的新成果和发展战略新兴产业取得的成效。5月10日，河北电视台播出《魅力钢城绿色迁安》转型发展专题。9月28~30日经贸洽谈会后，《北京日报》刊发《59个总投资534亿元项目迁安签约》，《北京商报》刊发《资源型城市百亿建水城》等重分量稿件。

【专题报道“深”】　1. 党风廉政建设和反腐败工作对外宣传扎实推进。7月10日，《工人日报》

刊发《拓宽“受理网”促干部作风转变》。4月3日，《农民日报》刊发《河北迁安市后丁官营村：新班子移风易俗获“点赞”》。6月3日，《河北日报》刊发《迁安让志愿服务成为入党“必修课”》。3月24日，中国网刊发《河北迁安：专题培训提升农村“两委”干部素质》。7月9日，长城网刊发《迁安：市民可举报各单位及工作人员为官不为》。2. 文化产业发展宣传有声有色。8月31日，人民网、中国网、长城网、《唐山劳动日报》等多家媒体以《迁安春瑞书院：彰显公益性历史文化的靓丽名片》为题，报道迁安市文化产业取得的新成果。《迁安民企投入百亿元进军文化产业》《中国迁安民俗文化旅游综合体项目签约》《高25米黄帝像迁安落成 黄台山公园又添新景》等新闻稿件在中新社和《北京日报》《河北经济日报》、长城网等新闻媒体刊发，充分展示迁安市文化产业大发展大繁荣的新景象。

【做好“借船出海”文章】 加强与《人民日报》、新华社、中央电视台等国家级主流媒体和《北京日报》、北京电视台、《京华时报》等首都媒体的联系，邀请大媒体记者以“转型攻坚”为主线，围绕“京津冀协同发展”“产业结构调整”等专题集中采访，高频率地向国内外受众及时、准确地宣传迁安经济社会发展的新成就、文明和谐的新风貌。年初，《北京商报》刊登《钢铁硬汉补课软实力》专题文章，并收录到《2015京津冀一体化的商业机遇》蓝皮书，文章全面展示了迁安潜在的巨大的投资机遇。投资1000余万元，制作的《首都东边一座成长在水里的城市》视频广告在中央电视台CCTV－1、CCTV－4、CCTV－13新闻栏目热播，并在北京机场电子广告屏、公交候车厅广告牌上播发广告，宣传迁安北方水城特色。配合广告公司在京沈高速及迁安支线制作《首都东边一座成长在水里的城市》城市宣传广告牌。7月，迁安市与北京电视台合作，冠名举办了“水城杯2015世界青少年数独锦标赛”，组委会制作了迁安城市建设专题片和赛事宣传片，在赛前、赛中及赛后播放，向参赛的各国友人和北京地区观众展示迁安市的良好形象。

【提高舆论引导水平】 建立突发事件应对机制，提高舆论引导水平，构建“有章可循、规范有序、职责分明、统筹有力”的新闻舆论引导机制，起草了《迁安市委办公室、迁安市政府办公室关于进一步做好新闻舆论引导工作的意见》，就到迁安采访媒体记者接待、新闻发布、突发新闻事件应急响应、重大突发事件网络舆论引导等工作进行详细、明确的规定。年内，全市已建立由各镇乡、市直重点单位、重点企业70人组成的新闻发言人队伍，累计开展新闻发言人培训4次，新闻发言人队伍理论水平与业务知识有效提高。

【加强网络宣传管理】 实施“一张网”工程建设，加强网络宣传管理。一是加强网络监测。按照全市“一张网”的要求，各镇乡、市直单位、重点企业均明确1～2名网络舆情监测员，负责日常舆情监测和重大事件专项监测工作。2015年，累计在长城网等知名新闻网站发表评论文章56篇、新闻跟帖5518条；在天涯、猫扑、贴吧等网络社区发表原创贴文862篇、转发帖文6061篇；在新浪微博、腾讯微博累计撰写、转发博文31340篇；制作、转发微信1076条。全年，累计上报舆情信息1440篇，成绩排名列唐山各县区第一位、河北省各直报点前列。2015年4月，获省委宣传部颁发的“2014年度河北省舆情信息工作先进单位”称号。2015年5月，获“2014年度唐山市舆情信息工作先进单位”称号。

市委对外宣传局（市政府新闻办公室）
局　长　李爱斌

（郭红颖）

农村工作

【概况】 2015年，全市农村工作适宜新形势、新要求、新内容的变化，重点抓了农村环境卫生整治、美丽乡村建设、农村土地确权登记颁证、农村基层民主政治建设等几项工作。农村环境面貌焕然一新，农村土地确权登记颁证工作扎实推进，农村基层民主政治建设水平明显提升，美丽乡村建设取得新突破。迁安市被河北省美丽乡村建设领导小组评为2015年度河北省美丽乡村建设先进县（市、区），全省共30个县（市、区）、唐山市2个县（市、区）获此荣誉；大崔庄镇白羊峪村、上庄乡上庄村被评为2015年度河北省美丽乡村，全省共评选美丽乡村200个，唐山市有15个村获此荣誉。

【农村环境卫生整治工作】 1. 建立健全全力攻坚制度。以清垃圾、清杂物、清残垣断壁、清污染企业、清庭院为突破口，解决农村环境卫生脏乱差问题。截至年底，完成清运积存垃圾、杂物11.9万立方米，清残垣断壁347处，清庭院5439个。2. 健全长效管护机制。严密组织垃圾清理清运，加强保洁员队伍建设，完善必要的配套设施，做到有制度、有资金、有人员，确保农村环境卫生常态保洁，长效管护。全市村级卫生保洁队伍稳定，村村有专职保洁队伍，镇乡全部有专职垃圾转运队伍，保洁人员达到2438人，建设生活垃圾填埋场8座、垃圾焚烧厂1座，建设垃圾中转站573个、垃圾池2.3万个，设置垃圾桶（箱）2360个、户用垃圾收集斗10万个，配备各类垃圾运输车86辆、拉臂中转箱335个、专用垃圾收集三轮车1900辆。3. 构建强力推动机制。定期拉练观摩，实地检查，现场评价，当场排名。加大对月评先进、最差的奖惩力度，强化责任追究。建立日常巡查制度，实时记录工作开展情况，及时下发督办通报，限期整改，实现常态化管理和督导。

【美丽乡村建设工作】 坚持科学谋划，整体推进，全力打造美丽乡村。1. 抓实事工程，完成项目建设任务。按照“因地制宜、量力而行”的原则，准确把握农村需求，优先办农民最需要办的事，优先办力所能及的事，做好环境整治、村庄绿化、厕所改造、道路硬化、民居改造等实事工程。2015年，全市60个省级重点村，累计完成投资1.22亿元，完成道路硬化34.4万平方米；村庄绿化83.2万平方米，栽植树木15.4万株；墙体改造1.7万平方米，民居改造279户，危房改造130户；新建村民中心2378平方米；村庄美化6.9万平方米，新增文化广场8690平方米，新设村庄标识19个，街牌、路牌等89个；铺设农村供水管道2.32万米，打井6眼，安装水表1370块；新增变压器容量1350千瓦，高低压线路改造28.77公里；全市完成改厕1.2万个，其中重点村完成6497个；安装路灯2346盏；校舍改造1420平方米；安装体育设施128件。2. 整市提升，争创美丽乡村建设先进市。按照“整市推进，提升品位”的原则，全市沿绿道和主干公路布点、扩点成线、集中连片，实施整镇乡推进、廊道片区推进，进而逐步形成整市推进美丽乡村建设的工作格局。2015年，在巩固南部高速沿线片区和西部森林生态绿道片区的基础上，向北部长城山野绿道延伸，通过点、线、片、面相结合，整体提升全市美丽乡村建设水平。在点上，以60个省级重点村为重点，扎实推进15件实事项目建设，建成美丽乡村达标村58个，精品村2个；在线上，除五重安乡、大崔庄镇、建昌营镇等8个重点镇乡外，其他镇乡结合实际实施垃圾治理、村庄绿化、道路硬化等专项行动，每个镇乡打造1～2条示范线路，先后涌现出大五里乡乡村旅游示范线、大崔庄镇连片整治示范片等精品线路、示范片，辐射带动周边，农村面貌发生明显变化；在片上，沿平青大公路，打造上庄乡绿色高效农业美丽乡村建设示范片。通过美丽乡村建设、第六产业、农村改革、乡村治理4个方面整体提升片区档次。片区涉及村庄11个，高标准打造精品村1个、达标村10个，建设高水平农业园区4个、龙头企业4个。3. 抓精品村创建，争创省级美丽乡村。按照“突出特色、打造精品”的思路，抓精细化管理，抓特色化推进，量身打造一批各具特色和品味的新农村。经省验收组综合评价，全市60个重点村，达到精品村标准的有2个村，分别是大崔庄镇白羊峪村和上庄乡上庄村，它们被河北省美丽乡村建设领导小组评为2015年度河北省美丽乡村。4. 抓机制创新，推动工作落实。建立工作推进机制。领导小组办公室履行综合协调、项目调度、督导检查等工作职责，全年制定下发41个涉及项目建设、经费管理、工作推进等指导性文件，为工作开展提供有力指导。建立调度协调机制。根据各个阶段的目标任务、工作进展、相关要求和存在问题，围绕重点项目、驻村情况，定期召开联席会、调度会、座谈会，会商建设进展、存在问题，研究推进措施。全年，召开调度会、现场会8次，承办人大代表、政协委员视察2次。建立督导检查机制。围绕15件实事的推进节点和重点，采取集中督导与专项督导相结合、阶段督导与随机督导相结合的方式，建立常态督导检查机制和预警整改通报机制，加强督导力度，营造齐抓督导、大力推进的强劲态势。全年，累计进行集中督导和专项督导8轮，重点村覆盖率100%。对集中督导检查中发现的问题，下发《预警通知书》8个，整改到位率100%。建立宣传引导机制。加强动态报道。市电视台、电台、《迁安时讯》等新闻媒体根据自身特点，深入美丽乡村建设一线，开辟“走进美丽乡村”专栏，及时反映各地的新思路、新举措、新进展、新成效，宣传先进典型，营造良好氛围。全年，在河北省美丽乡村网站刊登信息65篇，在迁安电视台《走进美丽乡村》专栏播发新闻35期、专题报道3期、《视点》专题片4期，在《迁安时讯》刊登信息45篇，在《迁安快报》发表信息9篇，印发《美丽乡村建设简报》20期，其中2篇被省简报采用。培训美丽乡村讲解员。从大学生村官、驻村干部、老党员中培训美丽乡村建设讲解员，让其参与美丽乡村建设宣传活动，加大对外品牌宣传和推介力度，提高迁安美丽乡村建设的知名度。

2015年度迁安市美丽乡村建设省级重点村庄一览表

表4

所在镇（乡）	重点村（60个）
大崔庄镇	白羊峪村、石梯子沟村、上金山院村、下金山院村
木厂口镇	刘新庄村、娄子峪村、北营村
蔡园镇	大杨庄村、北小店村、蔡园村、马官营村、刘湾子村、新庄村
五重安乡	石门村、新开岭村、马井子村、大何庄村、五重安村、小崔庄村、红峪口村、更新庄村
上庄乡	上庄村、二层庄村、下庄村、北白庄村、大新店村、小新店村、平林镇村、西孟庄村、代家铺村、七里坎村、东孟庄村、刘新庄村、北晒甲营村、彭家洼村、朱庄村、大望都庄村、小望都庄村、凉水河村、东晒甲营村、高各庄村
建昌营镇	东三家村、石门子村、西三家村、果园村、阎场村、草场村、新房子村、树行村、郑庄村、大桥庄村、后窝子村、前窝子村、塘坊村、北冷口村、南冷口村
太平庄乡	三岔峪村、尚庄村、胡家沟村
大五里乡	小庄户村

【农村土地经营权确权登记颁证工作】 协调联动、稳步推进，扎实开展农村土地经营权确权登记颁证工作。1. 组织保证。市委、市政府成立农村土地经营权确权登记颁证领导小组，并下设办公室，各镇乡明确主抓副职，镇乡农经站具体负责辖区的确权登记颁证工作，各村挑选熟悉土地承包情况的骨干力量协助配合土地确权登记颁证工作。市、乡、村三级协调联动，密切配合，构建各级有人抓有人管的土地确权登记颁证工作领导管理网络。坚持周五例会制度，对测绘公司上报的数据进行汇总分析，对镇乡反馈的问题进行梳理，做到对农村土地确权颁证组织、调度工作的正确指导，并及时发现问题，解决问题，把握好全市土地确权工作的通盘棋。2. 基础工作。选好试点。本着先易后难的原则，优先在全市19个镇乡56个试点村率先开展确权工作，为全市土地确权整体推进发挥示范引领作用。抓好培训。定期对各镇乡主抓副职、农经站站长进行专业培训，培训注意了原则性与灵活性相结合，使工作人员在开展工作中既借鉴成功经验，又能创新办法解决实际问题。全年培训20场次、2546人次，发放《确权登记颁证公告》《致群众的一封公开信》等各种资料50余万份。搞好调研。市确权办成立专门的土地承包经营权确权登记颁证调研课题组，每月在全市范围内开展一次全面深入的专题调研，本着“既坚持尊重历史、又保

持稳定”的原则，对不同类型的村、不同性质的问题全部梳理和分析，并研究制定切实可行的解决办法。3. 健全机制。实行定期调度制度。定期召开由各镇乡长、主抓副职、农经站站长、各有关部门、各测绘公司负责人、测绘公司各片区负责人参加的调度会。促使镇乡和测绘公司团结协作，密切配合，全力以赴做好土地确权颁证工作。建立检查督导机制。市确权办成立督导组，采取定期与不定期检查督导相结合的方式开展督导检查工作。建立定期通报制度。市确权办建立月、周通报制度。根据测绘公司上报的数据，每月对各镇乡工作进展情况进行通报，并依次排队，检查结果在全市通报，并作为年度考核的重要内容。

【农村基层民主政治建设工作】 强化督导，民主管理，提升农村基层民主政治建设水平。1. 圆满完成村委会换届选举工作。协同市委政法委、组织部及公安局、纪委、民政局等部门，做好全市各村两委干部候选人的资格审查工作，农村两委换届选举工作顺利完成。2. 科学修订村级民主议事规则。以加强农村民主决策制度建设、完善村民议事管理为目标，在广泛征求意见的基础上，修订完善《迁安市村级民主议事规则》，明确村级民主议事的范围、方式，规范村民委员会的民主决策程序，保障农民群众民主决策权利。3. 村民自治，认真落实民主管理。以《村规民约》和《村民自治章程》为载体，提高村民自我管理意识，规范村民行为，营造和谐文明村风。4. 强化督导，促进村务公开工作规范化、制度化。规范村务公开工作，加强阵地建设，丰富公开内容，拓展公开形式，加强督导检查，全市村务公开普及率始终保持100%，“五规范一满意”（公开阵地规范、公开内容规范、公开程序规范、公开时间规范、公开档案管理规范，群众满意）率达到98%。

【市委书记李忠调研美丽乡村建设】 11月2日，市委书记李忠带领市委农工委、市规划局、国土资源局、旅游局、林业局等市直有关部门主要负责同志，就美丽乡村建设深入北部长城山野绿道沿线镇乡的有关村庄、驿站、农庄等地进行专题调研。市委常委、市政府副市长、市委农工委书记庞再明，市委常委、秘书长侯旭一同调研。李忠一行沿着北部长城山野绿道，从西向东，穿村过庄，先后实地踏察了五重安乡万宝沟村、茶井沟村、红峪口村，大崔庄镇四道沟村、白羊峪村，建昌营镇白道子村、石门子村、北冷口村、河流口村等地及其有关节点驿站的地理地貌、村庄现状、景观景点等情况，并走街串巷，与在村中休闲的农民们热情攀谈，深入农户家中、农家饭庄内，坐在炕头上，与村庄百姓、村干部、个体经营者手拉手、面对面地攀谈交流，悉心听取他们的想法和打算，认真征询他们的意见和建议，并就北部长城绿道沿线片区美丽乡村的规划、设计、建设以及重点村的确定、发展打造、运营模式等讲了重要意见。李忠强调，美丽乡村建设的核心要放在绿道上，要多机制、多形式、高标准、高品位打造独具特色的旅游观光带。

【迁安市人大代表、政协委员视察美丽乡村建设】 9月23日，迁安市政协常委会召开会议，组织政协委员视察迁安市上庄乡上庄村美丽乡村建设，与会人员现场观摩了美丽庭院、村庄绿化、改水改厕、村史馆等建设进展情况。9月24日，迁安市人大常委会召开会议，组织人大代表视察美丽乡村建设，并听取市政府《关于农村面貌改造提升工作的报告》。与会人员现场观摩了木厂口镇刘新庄村、太平庄乡尚庄村美丽庭院、村庄绿化、河道治理、道路硬化、文化广场等工作进展情况。人大代表、政协委员对美丽乡村建设给予充分肯定，一致认为迁安美丽乡村建设组织推动有力，全民创建氛围深厚，农村面貌焕然一新，并赢得了群众的支持和赞赏。

【市长张淑云率队赴先进地区学习考察美丽乡村建设】 11月6日，市长张淑云、市委副书记李维林、市人大常委会主任郝可军以及市委常委、市政府副市长、市委农工委书记庞再明带领市直相关部门和部分重点镇乡负责人赴安新县、大厂县参观考察美丽乡村建设情况，学习、借鉴先进地区的经验和做法，助推迁安市美丽乡村建设。

实地考察了安新县王家寨村（望月岛）、邵庄子村、寨南村、大淀头村、东淀头村，大厂回族自治县亮甲台村、威武屯村、东杨辛庄村、吴辛庄村、世界农业嘉年华等。各地各村美丽乡村建设的做法和效果给考察组一行留下深刻印象。考察结束后，张淑云要求相关镇乡和有关部门认真梳理和学习领会安新县、大厂回族自治县的好经验、好做法，结合自身实际，学思路、比精神、增干劲，提早谋划好2016年迁安市美丽乡村的具体规划。希望有关镇乡对照外地先进经验，找到迁安市美丽乡村建设与现代高效农业和文化旅游产业发展的结合点，高起点规划、高标准建设，激发广大群众参与和支持美丽乡村建设的积极性和创造性，按照环境美、产业美、精神美、生态美的“四美”要求，加大投入，由点到面，推进美丽乡村建设，实现百姓富生态美的有机统一，做深农村文化、做强产业支撑，促进农民增收、农业增效、农村增活力，把全市的美丽乡村建设再提高到一个新水平。

市委农工委

书　　记　（1～10月空缺）
　　　　　　庞再明（11月任）
常务副书记　李爱军（7月离）
　　　　　　李　超（7月任）
副 书 记　阎学东（7月离）
　　　　　　李荣义　滕桂民
副主任科员　郭永明

（李晓玲）

统战工作

【民族宗教工作】　继续以“促进和谐”为重点，做好民族宗教工作，确保宗教领域和谐稳定。1. 加强宗教事务管理，为宗教活动营造良好环境。结合全市民族宗教工作特点，进一步健全完善市、乡、村网格化民族宗教管理体系。为提高基层民族宗教干部依法管理民族宗教事务水平，7月9日，召开由各镇乡民族宗教干部、各宗教教职人员、场所负责人参加的全市民族宗教工作培训会。会上，邀请上级民族宗教事务局专家就如何深入学习领会中央、省民族宗教工作会议精神和进一步做好新时期民族宗教工作做专题辅导，相关部门人员就当前工作进行讲解。培训增强了全市镇乡民族宗教干部、各宗教教职人员及寺管会负责人依法管理民族宗教事务的法律意识，提高了各宗教活动场所遵规守法意识，促进了全市民族宗教领域和谐稳定。2. 深入宗教团体走访慰问，增进党同信教群众的联系。一是春节前，与民宗局一道，走访慰问各宗教的宗教团体。慰问组先后深入5座佛教寺院、4座清真寺、5座天主教堂、8处基督教活动点，给每人送去500元的慰问金，带去党和政府的温暖、关怀和节日祝福。其间，与宗教界人士谈心交心，充分肯定他们在促进宗教领域和谐稳定等方面做出的积极贡献，认真听取他们对宗教工作的意见建议，并详细了解存在的实际困难和问题。二是于7月18日穆斯林群众传统节日——开斋节，在市领导的带领下，对市内4座清真寺和广大穆斯林群众进行节日慰问，为每座清真寺送去2万元慰问金，与穆斯林群众共庆开斋节。3. 继续开展“一学二促三提升”活动，提高宗教领域的思想水平和管理水平，使之成为和谐社会建设的重要力量。一学即抓好学习培训，二促即促进宗教健康发展、促进宗教领域和谐稳定，三提升即提升宗教界人士的政治素质、提升教职人员的宗教造诣水平、提升宗教界贡献社会的本领。一方面，引导宗教团体参加精神文明建设。另一方面，号召宗教界积极参与和谐社会建设。全市宗教界深入开展“扶贫济困、送温暖”活动，仅石佛寺1个寺院就先后走访慰问9个镇乡的65个贫困户，送去米面油等慰问品及慰问金。尤其佛教界，捐款10万余元，每户500～2000元不等，捐献米面100多袋。活动深深感动了困难户，彰显了宗教界对社会的关怀，促进了社会和谐。4. 支持、引导宗教领域开展丰富多彩的文化活动，活跃宗教领域文化生活。一是支持石佛寺成功举办2次京、津、冀、辽等地书法绘画笔会，宣传了迁安造纸、皮影等传统文化。二是支持佛教界举办放生祈福活动。全年，共举办活动6次，宣传了珍爱生命、珍爱大自然、保护生态环境的理念。三是以纪念抗日战争暨世界反法西斯战争胜利70周年为契机，组织开展相关活动。在寺院门前露天放映抗战影片，组织为期一个月的抗战图片展，组织信众参观天津大沽炮台、潘家峪惨案纪念馆等。激发信众的爱国热情，增进爱国爱教的自觉性。推进文化交流和公益慈善活动。特别是以纪念抗日战争暨世界反法西斯战争胜利70周年为契机开展的“鑫融源”杯慈善拍卖会，受到广泛好评。活动于8月30日上午拉开帷幕，在上午和下午两场分别为3个小时的拍卖会现场，各界爱心人士纷纷抢拍各位书法大家的书画作品。活动拍卖所得善款全部捐助给贫困儿童和抗日军烈属。主办方将部分善款在拍卖会现场进行现场捐助，其中包含贫困学子及抗战老英雄们。

【非党干部和党外知识分子工作】　1. 推进各民主党派建设试点工作。迁安于2014年11月初被确定为唐山市民主党派建设试点县（市）后，党派发展工作进入正常轨道。据不完全统计，已有6个党派在迁安市发展成员，其中民盟和农工两个党派成立小组。同时，尽职尽责做好民革、民盟、民建、民进、农工等党派上级组织到迁安调研等活动的接待和服务工作。2. 完善党外代表人士队伍建设。市领导高度重视党外知识分子及党外干部工作，关心他们的工作、学习和生活，引导他们提高综合素质和参政议政水平。不定期召开党外人士座谈会，征求意见建议。严把队伍出入关，对发现问题的党外人士及时提出处理意见建议，保持党外代表人士队伍的高素质与相对稳定。3. 组织党外文化骨干开展文化活动。2月16日，组织党外书法家走进杨店子镇滨河社区，开展“写春联、进社区”活动，为社区群众免费写春联。活动现场十分火热，吸引众多社区居民，送出春联200多副，一幅幅精彩的书法作品，一副副吉祥如意的春联，为即将来临的2016年春节增添了浓浓的喜庆氛围。

【侨联和对台工作】　扎实做好侨联、对台工作。认真贯彻落实中共中央办公厅（以下简称中央办公厅）《关于加强和改进新形势下侨联工作的意见》《中共中央关于加强和改进党的群团工作的意见》以及省委办公厅《关于加强和改进新形势下侨联工作的实施意见》，推动侨联组织建设，组织学习中央党的群团工作会议精神，学习中央和省委关于加强党的群团工作的意见，学习中央办公厅、省委办公厅关于加强和改进侨联工作的意见精神，认真践行“海外国内并重，老侨新侨并重”和“拓展海外联络、拓展服务新侨”总体思路。

市委统战部

部　　长　彭忠臣（7月离）（8～12月空缺）
常务副部长　肖　波
主任科员　邵　民（12月任）
副 部 长　王俊喜（兼）　王玉侠（女）
　　　　　　鲍志霞（女，兼）
侨联主席　鲍志霞（女）

（王翠霞）

机关党务工作

【思想建设】　以建设学习型党组织为载体，抓好理论武装工作。1. 加强党性修养，坚定理想信念。一是紧追形势，提升素养。为适应新形势的需要，组织引导各基层党组织认真学习党的十八大，习近平总书记系列讲话，十八届四中、五中全会精神，“三严三实”重要论述等，紧追时代潮流，用先进的理论知识武装头脑、指导实践，推动各项工作开展。二是学习党章，坚定信念。7月1日，组织开展了“党章学习日”活动，各基层党组织积极行动，通过领导干部讲党课、重温入党誓词、召开学习交流讨论会、党员志愿服务等形式广泛开展学党章活动，提高广大党员的党性修养，筑牢思想防线。2. 继续推进学习型党组织建设。坚持市直机关干部理论学习“四个一”制度，即每天学习时间不少于一小时，每月至少通读一本书，每季以演讲、博客、读书日志、心得体会等形式进行一次交流，每半年对机关党员干部学习情况进行一次检查。年内，党工委组织两次集中督导检查，所辖各党组织能够通过采取个人自学、集中研讨、干部宣讲、专题交流、观看专题片等形式认真学习，扎实推进学习型党组织建设。3. 认真开展“解放思想、抢抓机遇、奋发作为、协同发展”大讨论活动。一是广泛动员，深入学习。组织机关全体党员干部开展专题学习，统一思想，使机关全体党员干部自觉投入到大讨论活动中来。二是全力以赴，扎实推进。制定机关党工委《关于开展“解放思想、抢抓机遇、奋发作为、协同发展”大讨论活动的实施方案》。采取集中学习、征求意见建议等形式开展大讨论活动，大兴解放思想之风，大鼓真抓实干之劲，为迁安转型发展助力。

【基层党组织建设】　以彰显先进性为核心，抓好基层党组织建设。一是坚持党日活动制度。加强机关广大党员干部的党性锻炼，在每月的第一个周五，组织各基层党组织集中开展慰问困难党员、志愿服务、承诺践诺等一系列活动，市市场监督管理局、住建局、民政局、环保局等单位以“学习雷锋，奉献他人，提升自己”为志愿服务理念，组织开展各种公益活动，增进群众感情，树立党员干部的良好形象。同时引导各基层党组织严格落实“三会一课”、双重组织生活、民主评议、民主生活会等党组织生活制度，强化组织功能，活跃组织生活。二是调整完善基层党组织设置。为适应市委市政府机构改革步伐，根据《中国共产党章程》的相关规定，对相关党组织及时进行撤并和增补，共撤销计划生育局党总支、食品药品监督管理局党支部、物价局党支部、粮食局党总支4个党组织，分别并入卫计局党委、市场管理局党总支、发展改革局党总支。根据工作需要，新增国家统计局迁安调查队党支部。

【纪念建党94周年系列活动】　精心组织纪念建党94周年系列活动。1. 开展学习践行“三严三实”先进典型活动。展示践行“三严三实”党员干部良好的精神面貌，发挥先进典型的示范带动效应。5月，开展践行“三严三实”先进典型评选活动，对市城管局党支部赵宇洁同志、政务服务中心党总支高建军同志、建昌营镇中心卫生院党支部刘福东同志、法院党总支徐俊荣同志、林业局党总支李晓松同志、国土局党委任永新同志等先进个人和文化广播电视新闻出版局党总支等先进党组织进行广泛宣传和推广，强化党员的先锋队意识，凝聚大家的“严”态度、“实”作风，促进各项任务的完成。2. 开展“践行社会主义核心价值观，传播正能量”主题实践活动。首先，将社会主义核心价值观内化于心。在所辖党组织开展理论中心组学习、举办系统宣讲大会、开办“道德讲堂”、举办演讲比赛等活动，宣传社会主义核心价值观的主要内涵和精神实质，使市直广大党员干部统一思想、凝聚共识、明确方向，形成建设社会主义核心价值体系的强大合力。其次，将核心价值观外化于行。为真正实现爱国、敬业、诚信、友善，各级党组织开展“学台州、强服务、优环境、作表率”主题实践活动、创建“群众满意窗口、行业服务标兵、优质服务品牌”活动、“立足岗位比作为、实干兴业当先锋”专项行动、公务员志愿服务、一对一结对帮扶、慰问困难党员和减免党费等多种活动，以实际行动践行社会主义核心价值观。第三，集中展示。为宣传展示基层党组织在践行社会主义核心价值观，传播正能量活动中取得的优异成绩，7月，在博物馆举办“践行社会主义核心价值观，传播正能量”活动成果展，择优选取31个党组织参展，组织91个市直单位的5600余名党员干部分批进行学习观摩，有效增强了基层党组织的创造力、凝聚力和战斗力。

【党员发展教育管理工作】　1. 严把党员“入口关”。一是开展2015年入党积极分子培训教育。为保证新党员质量，采取集中培训与个人自学相结合的方式，于5月23日、24日对2015年12名入党积极分子进行培训。培训内容主要为党的基本理论知识、迁安相关时政热点和发展党员流程等，组织收看了《信仰》《早日站在党旗下》等经典教育片。同时，组织入党积极分子开展集中志愿服务，从思想和行动上增强入党积极分子的党性意识。11名入党积极分子取得入党积极分子合格证。二是严格发展党员程序。按照新修订的《中国共产党发展党员工作细则》，坚持控制总量、优化结构、提高质量、发挥作用的总要求，有领导、有计划地发展党员。严格审批程序，规范党组织谈话程序，从源头上把好党员入口关。2015年，发展预备党员27名。三是加强党务干部专题培训。贯彻新修订的《中国共产党发展党员工作细则》。7月5日，组织发展党员工作专题培训，集中培训之后，进行了现场讨论交流，各参训人员积极提问，踊跃发言，情绪高涨，收到很好的培训效果。2. 处置不合格党员。一是开展党员信息登记工作。1~2月，集中对党组织关系隶属市直机关的全体党员进行信息登记。针对市直机关党员人数多且情况复杂的情况，将各党总支、支部上报的党员信息登记表与党员年统库一一核对，经核对汇总，机关党委已参加党员信息登记的党员为2658名，失去联系的3名，自愿放弃的1名，为下一步处置不合格党员工作奠定了基础。二是开展党员队伍排查清理工作。8~10月底，以党支部为单位，以党员年统库为基础，对隶属于市直机关党组织的党员进行了一次全面排查。通过开展摸清党员底数、理顺组织关系、开展“双找”（组织找党员、党员找组织）活动、做好党员确认四个步骤，与党组织失去联系的3名党员中已找到2名。3. 严格党费核算和收缴工作。一是核实收缴信息。年初，下发了《关于做好2015年党费收缴信息录入的通知》，要求各党组织的党费收缴系统与党员年统库系统保持一致，确保准确性。二是加大收缴力度。2015年，市直机关党委收缴党费40余万元。

【“走在前，做表率”主题实践活动】　认真开展“走在前，做表率”主题实践活动。一是开展党建调研工作，确保思想走在前。3月和9月，分两个小组深入住建局、环保局、地税局等基层党组织，对党建工作开展情况进行调研，并征求广大党员干部对机关党建的意见建议。二是开展征求意见建议活动，确保作风走在前，做表率。扎实推进“三严三实”专题教育活动深入开展，6月16日，组织召开由30个基层党组织分管领导及部分两代表一委员参加的征求意见座谈会，主要征求市直机关党工委存在“不严不实”问题的意见和建议。经梳理，共收集建议9条。机关党工委将征集上来的意见进行认真分析，对于确实存在的问题，积极整改落实，并取得良好效果。三是开展志愿服务和创建优质服务品牌活动，争做服务上的表率。组织机关广大党员开展交通志愿服务、义务植树、慰问困难党员等活动，展示共产党员无私奉献的良好形象。在市直机关开展创建“群众满意窗口、行业服务标兵、优质服务品牌”活动。为确保活动取得实效，分别于5月13日和11月16日对窗口单位和服务单位的工作情况开展两次突击检查，对存在的问题进行现场指正。通过开展创建优质服务品牌活动，机关作风明显改善，服务群众意识明显增强。

【党风廉政教育宣传工作】　1. 继续开展廉政文化进机关活动。制定《关于开展廉政文化进机关活动的实施方案》，对开展廉政文化进机关的目的意义、活动主题和内容以及具体方法步骤进行安排部署，进一步增强机关党员干部廉政勤政意识，形成以廉为荣、以贪为耻的良好风尚。2. 开展党风廉政建设专题讲座。10月9日，邀请市纪委常委、监察局副局长王志义作党风廉政建设专题讲座。王志义以“把握趋势，加强修养，坚定不移地开展党风廉政建设和反腐败斗争”为题，从党的十八大以来党风廉政建设和反腐败工作回顾、2015年反腐败主要工作的任务、坚定不移地开展党风廉政建设和反腐败斗争三个方面对党风廉政建设进行详细讲解。讲座观点新颖，切合实际，针对性强，对灵魂的触动深刻。市直各单位分管党务工作的领导、部分党员干部代表200余人参加了讲座。

市直机关党工委

书　　记　侯　旭（兼）

常务副书记　张淑文（女，12月离）

薛　东（12月任）

副 书 记　沈与丰

副主任科员　张桂敏（女）

（应　新）

党校教育

【概况】　2015年，市委党校继续发挥党校干部教育培训主渠道、理论宣传主阵地和为领导决策服务智囊团作用，在干部培训轮训、理论宣讲、教学科研、师资队伍建设等方面取得显著成效。

科研工作尤为突出，在“为教学质量服务、为区域经济社会发展服务、为地方党委和政府科学决策服务”等方面凸显重要作用。党校课题组撰写了《引领新常态 争当县域经济发展的排头兵》的调研报告，孙迎春《河北省新型城镇化与生态文明建设协调发展研究》的课题被列为河北省科研项目；在唐山市委党校举办的第二届优秀科研成果奖评选中，孙迎春撰写的《迁安在京津冀协同发展背景下的实践探索》调研报告获二等奖，鲁艳玲撰写的《发挥党校优势 开展群众路线教育实践活动》一文获三等奖；在党校系统“有奖书评”活动评选中，张卫华的《何人不起故园情》获省党校一等奖、唐山党校二等奖，孙迎春的《浅谈时尚文化对大学生的消极影响》获唐山党校二等奖，凌凡的《为官要有官德》获唐山党校三等奖。在《迁安时讯》开辟理论专栏。连载6篇党的十八届四中全会精神解读文章；以“学习台州经验，转脑子、转作风、转方式”为主题的解放思想大讨论活动为契机，在《迁安时讯》上连载《打造现代服务业高地》等6篇文章；连载8篇迁安市委五届五次全会精神解读文章，为迁安的转型发展提供了理论支撑。积极参与司法局举办的“放飞法治的梦想”主题征文活动，鲁艳玲的《法治感言》和孙迎春的《构建中国特色社会主义法治体系》获一等奖，彭建军的《大力弘扬法治精神 助推和谐社会建设》获三等奖。在国家国防教育办公室举办的“维护海洋权益，共建强大国防”主题征文中，孙迎春的《关注南海形势 维护海洋安全》获“强我国防 兴我中华”金海杯第八次全国国防教育系列活动三等奖，李双双、彭建军获优秀奖，市委党校被河北省国防教育办公室授予优秀组织奖、被唐山市国防教育办公室评为先进单位；在国防教育教案评比中，宋东侠、凌凡两位教师分别获二、三等奖。宋东侠和彭建军被评为唐山市国防教育先进个人，市委党校被评为唐山市全民国防教育先进单位。

【中青年后备干部培训班】 10月12日～11月10日，市委组织部、市委党校联合举办迁安市第24期优秀中青年干部培训班，51人参训。课程突出了党性教育，安排理想信念、党性修养、经济社会发展、能力提升4个教育板块，设置《坚持党的群众路线，密切党和人民群众关系》《新常态下经济机遇与挑战》《加快实施创新驱动战略》《第三次工业革命与大数据时代》《领导干部语言表达艺术》等多项专题讲座，教学形式灵活多样，教学内容全面丰富，涵盖能够提高中青年干部综合素质的人生信念、工作作风、反腐倡廉、工作能力、产业知识、社会管理、矛盾排处、社交礼仪等方方面面知识。

【乡科级干部轮训班】 根据领导干部的实际需求，结合迁安经济社会发展状况，市委党校与市委组织部联合组织3次全市副科级以上领导干部集中轮训。4月23日，特邀中国社科院财经战略研究员蒋震讲授《金融思维与金融创新》专题讲座；10月13日，特邀北京大学民营经济研究院研究员刘赢到迁安进行《互联网＋与现代金融》专题讲座；10月27日，特邀国家发改委司长、研究员宋承敏解读《新常态下经济机遇与挑战》。聆听权威专家的专题讲座，使领导干部们深刻认识到新常态下中国经济发展的特点、趋势，金融热点问题，在互联网时代中国企业如何实现转型升级以及创新发展等最前沿的理论和高端信息，强化了领导干部的创新思维和应对市场经济考验、引领经济发展的本领，收到较好的培训效果。

【新换届农村“两委”干部履职培训班】 2015年，恰逢农村“两委”干部换届，面对农村工作的新形势、新任务，3月11～26日，市委党校与市委组织部一起对19个乡镇534个行政村的农村两委干部、会计、村监会代表共4000多人以乡镇为单位进行为期半个月的履职培训，市委党校副校长杨明承担授课任务。

【全市党代表培训示范班】 11月11～13日，市委党校和市委组织部联合举办全市党代表培训示范班，44人参训，市委党校副校长杨明主讲《十八届五中全会精神解读》。

【宣讲解读】　2015 年，市委党校把宣讲教育活动作为重要工作任务，成立党校宣讲团，副校长杨明亲自带队，深入镇乡、村开展党的十八届四中全会、五中全会精神宣讲。同时充分发挥自身理论优势，采取订单式教学方式，为其他单位提供教学服务支持。周艳文老师接受中国农业银行迁安支行邀请，为其全体员工讲授专题课《加强党性锻炼，努力践行三严三实》；周艳文老师还接受市交通局邀请，承担交通局干部培训专题课《正风肃纪，始终把纪律和规矩摆在前面》的教学任务，系统讲授了《中国共产党廉洁自律准则》和《中国共产党纪律处分条例》，为正风肃纪打下坚实的理论基础。

【安全生产培训】　分别于 9 月和 11 月支持众安培训机构举办 4 次非高危安全员培训，共培训 300 多人。

【教师队伍建设】　继续解决市委党校教师普遍存在的实践经验少、理论功底仍需加强的问题，采取多种办法提高教师素质。年内，组织教师跟随中青班学员全程听课并到市内重点项目建设基地进行参观学习。参加上级党校举办的师资培训，4 月，选派骨干教师到唐山市委党校去听《新常态下京津冀协同发展战略研究》讲座；9 月，到唐山市委党校参加宣讲骨干培训班关于《解放思想 抢抓机遇 奋发作为 协同发展——河北省委中心组学习会精神学习辅导》培训；11 月，组织全体教师到唐山市委党校参加全市党校系统师资培训班，聆听同济大学郭永康教授主讲的《关于党校教师授课艺术与技巧》讲座；12 月，选派潘晓华和凌凡两位教师到省委党校参加党的十八届五中全会和省委八届十二次全会精神师资培训班培训。

【对乡镇党校的业务指导】　认真做好对乡镇党校的业务指导工作，按季发放 4 期培训教材，分别是《2015 年中央政府工作报告新亮点梳理》《“四个全面”新时期治国理政总方略》《中国抗日战争的重要地位和伟大意义》《十八届五中全会精神解读》。所编教材紧密结合当前形势、针对性强，深受乡镇党校欢迎。

【驻村帮扶】　以市委党校主任科员田华为组长、以教师周艳文为组员的驻杨店子镇小玄庄村帮扶工作组，帮助村民解决用电、社会造林等问题；投资 2 万元为村部安装健身器材、大门、监控设备；出资为村委会开办了公开栏，村务内容得以及时公开，便于村民监督。以副校长杨明为组长，以宋金华和凌凡为组员的驻上庄乡朱庄村帮扶工作组，围绕 2015 年美丽乡村建设 15 件实事，紧密结合村庄实际，做好帮扶工作。具体包括：当好宣传员，宣传党在农村的各项惠民政策；捐赠 68 套桌凳，装备村党员活动室，为村务会议及党员活动创造良好的环境；组织党校全体党员捐款献爱心，筹款 13050 元，支持帮扶工作；解决低保户、五保户、优抚对象及特困高龄老人等生活困难问题；与市交通局、水务局、住建局、供电公司、老干部局等单位协调，抓好村内项目建设，协助村里有条不紊地推进农村面貌改造提升工作，使百姓切实得到实惠。

市委党校
校　　长　李维林（兼）
常务副校长　彭学才（12 月离）
　　　　　　周玉成（12 月任）
主任科员　田　华（11 月离）
副 校 长　杨　明

（鲁艳玲）

老干部工作

【概况】　2015 年，全市有离退休干部 4887 名，其中离休干部 153 名，退休干部 4734 名。市委老干部局内设办公室、安置管理科、组织指导科 3 个科室，有下属事业单位 3 个，即关心下一代工作委员会办公室（以下简称关工委办）、老干部活动中心、老干部保健中心，在编工作人员 38 人。老干部工作以全心全意服务老干部为宗旨，以让市委市政府放心、让老干部满意为目标，认真落实离退休干部政治、生活待遇，充分发挥离退休干部在各方面的独特作用，永保先进本色，再创佳绩。

【离退休干部生活待遇】 随着离休干部整体进入“三高期”，老干部医疗保健工作任务越来越重，为应对这一形势，实施了一系列举措。一是自筹资金购置免疫分析仪、周林频谱仪等先进的医疗设备，满足临床需求。二是结合年度体检，对于普查出重大疾病、需长期治疗的患者实施动态跟踪，随时掌握其疾病转归情况。三是加强医德医风医技建设。强化带着感情做好老干部工作的服务意识，开展“医德医风教育读书、读报”活动；在各科室开展“最美护士”和“星级护理单位”评选活动，提高护士的工作积极性。四是与湖北马应龙药业集团合作建设迁安市老干部局医院肛肠诊疗中心，至2015年年底，诊疗中心基本完工。五是做好日常服务，按照市委市政府要求，坚持“六必访”，即老干部生病住院必访、重要寿辰必访、新春佳节必访、矛盾纠纷必访、生活困难必访、丧葬大事必访。照顾好离休干部配偶和遗属，为他们解除后顾之忧。其间，把233名无工资收入的离休干部配偶和遗属，全部纳入城镇居民基本医疗保险，为171名离休干部遗属每人每年补助冬季取暖费800元；就高不就低，为离休干部提高护理费标准。80岁以上离休干部过生日，局领导带上礼品到家祝寿。2015年，逝世26名离休干部，局领导代表市委市政府前去吊唁。4月8日～9月中旬，组织全市4700多名退休干部在老干部局医院进行年度健康体检。6月26日起，组织全市离休干部进行暑期疗养。其间，为老干部进行全面健康体检，开办健康教育讲座，组织青蛙跳水、跳棋、飞镖、象棋、麻将等娱乐活动。组织老干部相互交流养生之道、长寿秘诀，开办《老年人防跌倒健康知识讲座》。结合抗日战争暨世界反法西斯战争胜利70周年，组织观看系列爱国主义影片。优质的服务和人性的管理，受到老领导的一致好评。

【离退休干部思想政治建设】 1. 加强离退休干部党支部建设。全市有老干部党员2860名，约占全市党员总数的1/10。各市直单位和乡镇，凡有3名以上老干部正式党员的，都单独建立党支部或党小组。全市68个离退休干部党支部都建立健全了政治学习、“三会一课”（定期召开支部党员大会、支部委员会、党小组会，按时上党课）、联系群众、民主评议、组织培训等长效机制。2. 认真组织政治理论学习，加强老干部思想政治工作。年初，按照政策规定，为每位老干部征订了《老人世界》或《老同志之友》1份，共征订《老人世界》4072份、《老同志之友》1249份，为老干部阅览室订阅了十多种党报党刊、生活杂志。6月，组织全市副县级以上离退休干部集中学习。7月，以创建“五好”党支部为契机，组织全市专兼职干部和党支部书记汇报会、培训会。9月，组织全市老干部工作会。在抗日战争暨世界反法西斯战争胜利70周年之际，组织开展老干部太极八法展演、老干部书画作品展、钢城之夜老干部专场演出等活动。在评选省、唐山市“尊老孝亲”模范集体和个人的基础上，对尊老敬老先进事迹进行广泛推介，在全社会营造尊老敬老的浓厚氛围。3. 开展走访慰问。以元旦、春节、重阳节、国庆节等节日为契机，市领导带头，分级负责，下基层、进家门，心连心、解难题，全年走访慰问老干部400余人次。8月底，对全市32位抗日战争前参加工作的老领导进行走访慰问，并为每位老领导送去5000元慰问金和慰问品。对因病住院的离退休干部，到医院看望。对安置在外地的离退休干部，采取多种形式关心慰问。

【老干部晚年生活丰富多彩】 2015年，迁安市有老年大学总校1所，分校21所，教学班48个，在校学员600人，累计毕业学员3000人，常年开设音乐、美术、舞蹈、英语、书法5门课程。老年大学以常规教学为主，同时注重学乐结合。书法班多次参加市博物馆、文化会展中心、古泥艺术馆举办的书法作品展，将现场观摩研讨作为授课形式；美术班定期到黄台湖、三里河、白羊峪等地写生、采风，把大自然作为第二课堂。同时，因势利导，组织学员发挥余热，不断把老年大学作用向全社会辐射。“欢乐广场舞”、太极八法在市区、镇乡普及。9月，与崇尚百货合作举办以纪念抗战为主题的老干部书画笔会，并在市博物馆展出优秀书画作品120幅。老干部活动中心设阅览室、麻将室、台球室、象棋室、乒乓球室、射击室7个活动室，全部配备活动设施。5月，举办全市春季老干部运动会和八段锦、健身项目展演活动。9月，组织教师门球赛。10月，举办老干部门球等级赛。

【老干部作用充分发挥】 1. 根据老干部专业特长、兴趣爱好组成老科学技术工作者协会（以下简称老科协）、老年人体育协会（以下简称老体协）、革命老区促进会（以下简称老促会）、关工委等团体，有的放矢地引导他们为“三个文明”建设再立新功。2. 组织老干部深入群众，争当勤劳致富示范员、政策法规宣讲员、勤政廉政监督员、民事纠纷调解员。五重安乡老干部邹建亭自觉清扫街道卫生，维护村内环境整洁优美，带头孝敬父母，为村内各户作出表率，主动劝说“法轮功”习练人员远离邪教组织。更为可贵的是，作为退休教师，他常年不计报酬，不分早晚，为本村中小学生进行课外辅导，有时主动为出门不便的学生登门辅导，受到村民一致好评。

市委老干部局

局　　长　李春生（12月离）
　　　　　　张振军（12月任）
主任科员　刘树森
保健中心主任挂任副局长　杨海霞（女）
副 局 长　蔡久国
关工委办主任　张书红（女，7月去世）
活动中心主任　贾永田（11月离）

（周　雪）

关心下一代工作

【概况】 2015年，全市有青少年25.1万人，其中在校学生10.2万人，社会青年14.9万人。有基层关心下一代工作委员会21个，村级关心下一代工作领导小组534个，会员3595名。年内，市关心下一代工作委员会（以下简称市关工委）充分发挥各级关工委作用，继续调动“五老”（老干部、老专家、老军人、老劳模、老教师）的积极性和主动性，认真做好关心教育下一代工作，取得较好的社会效益。8月，市关工委郭智博被中国关心下一代工作委员会办公室评为优秀宣传员。

【爱国主义教育】 开展丰富多彩的活动，对青少年进行革命传统教育、爱国主义教育。2015年，为纪念抗日战争暨世界反法西斯战争胜利70周年，组织全市中小学电视演讲比赛33场次、全市中小学书画评比活动2场次、抗日战争历史宣讲3场次，与迁安市成长驿站合作组织中小学感恩励志校园行演讲3场次。清明节，开展“缅怀革命先烈，传承民族精神”系列活动：组织全市十多万名中小学生和青年干部职工到基地祭扫烈士墓，请老干部作革命传统报告；各镇乡关工委除了积极组织开展清明节祭扫烈士墓活动外，还组织开展清明诗文朗诵会和诗词歌会、班团队会等系列活动。7月14～18日，市关工委、宣传部、教育局、老干部局、团市委、党史研究室联合组织开展迁安市第十一届中学生夏令营活动。此次活动以爱国主义教育为主线，以革命传统教育、科学发展教育、国防教育、群众路线教育为核心，以纪念抗日战争暨世界反法西斯战争胜利70周年为契机，以“继承革命传统，弘扬民族精神”为主题，营员们倾听了老促会副会长姚继兴作的专题报告《继承革命传统，弘扬民族精神》，参观了乐亭李大钊故居，秦皇岛的渔岛和迁安的杨家坡民俗园、成山景区、桃园农庄、贯头山酒厂、博物馆、规划展馆，游览了轩辕阁，聆听了原迁安市副市长徐春瑞关于轩辕阁的修建背景介绍。

【思想道德建设】 加强未成年人思想道德建设和青少年思想政治教育工作，动员和组织全市广大青少年弘扬雷锋精神，实践志愿服务，自觉奉献社会，促进家乡文明素质大提升。1. 各中小学校召开团会（队会）、校会，抽出专门时间就“如何在新时期学习雷锋精神”进行专题宣讲。2. 深入开展“护环境、送温暖、献爱心”活动。组织广大青少年在学校、社区、街道等公共场所开展环境整洁、绿地养护等公益活动；开展“关爱老前辈”小雷锋特别行动；向特困学生家庭送温暖活动；寻找身边的雷锋等活动。3. 开展感恩教育活动。以3月8日国际妇女节和3月22日世界水日为契机，组织全市各中小学校开展以孝敬父母、尊敬师长、关爱他人、学会感恩、学会报效为主要内容的感恩教育活动。4. 开展关爱留守儿童志愿服务行动。以“大手牵小手，爱心助成长”为主题，开展关爱留守儿童“牵手行动”志愿服务。开展亲情陪护、学业辅导、感受城市、自护教育、爱心捐助等志愿服务。5. 关注细节，开创思想道德建设新路子。一是积极推进道德教育。利用公民道德教育材料，组织报告团到各镇乡中小学讲解，使公民道德教育深入青少年心中。同时，实施“老少结对子，一帮一教育人”工程，先后有200多名老干部与青少年结成对子，对教育转化后进青少年，提高其道德水平起到积极作用。二是开展法治宣讲。在全市青少年中广泛开展法治教育，年内组建2次大型报告团，举行报告12场次，受教育人数7万多人。各镇乡关工委每年自发举行一次法治教育活动，青少年增长了法律知识，增强了法治观念。三是做好《中国火炬》征订工作。为基层组织订阅700余份《中国火炬》刊物，运用《中国火炬》指导全市关心下一代工作和青少年教育工作。四是爱心做好救助工程。9月11日晚，市关工委、教育局关工委、康俊医药连锁有限公司，联合举办“康俊杯”第二届少儿才艺大赛暨“康俊医药爱心工程救助仪式”。康俊公司每年投入2.4万元，资助品学兼优、因家庭困难而面临失辍学的孩子，帮助他们完成学业，实现大学梦，直至走上工作岗位。为使更多贫苦的孩子得到帮助，2015年，市关工委会同教育局关工委、迁安电视台联合推出《圆梦之旅》专题节目，每周一期，在迁安电视台新闻频道定期播放。节目组走进乡镇、农村、学校，询问家庭困难孩子的梦想，并力所能及地完成他们的梦想：一辆自行车、一双运动鞋、一本课外书、一个学习机……。《圆梦之旅》帮助许多孩子实现了梦想，也使更多的组织和个人加入到帮扶就困行动中来。

【“家长课堂”活动】 继续开办电视家长学校，通过“家长课堂”，向广大学生家长宣传新的家教理念。至2015年底，已播出“家长课堂”123节，受教育群众达到400万人次，有力配合了学校教育和教学工作。此外，迁安市网上家长学校——春风网已运行一年多，受到社会各界广泛关注，开设的新闻快递、关工简讯、“五老”风采、校园活动、心理健康、家教心得、亲子园地、名师在线、名人家教等专栏，满足了家长需求。为进一步拓宽家庭教育渠道，提升全市家庭教育水平，年内，市关工委与“心之桥”心理研究室合作，组建一支专业家庭教育志愿者队伍，每周一次深入社区进行家庭教育指导，并不定期组织家庭教育讲座。同时，成立“童子军”社团活动小组，每周一次为青少年义务辅导，包括：舞蹈、声乐、书法、美术、国学、演讲、手工、爱阅、跆拳道9项内容。

【净化社会环境】 市关工委牵头，继续联合市文明办、市文广新局等相关单位，在全市开展“未成年人远离网吧，戒除网瘾”宣传教育活动。10月底，市关工委和成员单位的有关人员，深入网吧、中小学校，调查研究、协调指导；并上下联动，多方配合，采取多种形式开展“三项教育”（对未成年人、网吧业主、家长的教育）；组织一批志愿者，对网瘾青少年进行结对帮教，使他们逐步戒掉网瘾。“五老”监督员们打破正常8小时工作制，利用中午、下午放学后及晚上巡查监督，发挥了不可替代的作用。

市关工委办

主　任　张书红（女，7月去世）
（7～12月空缺）

（郭智博）

党史工作

【提升党史工作科学化水平】 用习近平总书记关于党史工作系列讲话精神统一思想，努力提升党史科学化水平。一是深入学习党的十八大和十八届三中、四中全会及市委五届五次全会精神，深刻分析党史工作面临的新形势、新任务，围绕市委、市政府中心开展党史工作。二是学习贯彻全国县级党史主任培训会议精神，努力提升党史工作能力。三是认真学习全省党史工作会议精神，充分认识党史工作在党和政府工作大局中的地位和作用，增强做好党史工作的责任感和使命感。四是全面总结迁安党史工作“十二五”规划完成情况，总结经验，查找不足，着手谋划制定党史工作“十三五”规划。

【加强党史征编工作】 着力加强党史研究和资料征编工作，为发挥资政育人作用奠定坚实基础。一是积极推进《中国共产党迁安历史》第二卷的编纂。在查阅迁安市档案馆藏1949年至1978年档案的基础上，又到唐山、迁西档案馆查档完善资料。10月初，完成初稿。随后，又对书稿进行充实完善，到年底，完成高质量的初稿40万字。二是按照“一突出、两跟进”（突出中国特色社会主义时间段历史研究，不断跟进党中央的步伐，不断跟进历史前进的脚步）的要求，积极推进改革开放以来迁安党史资料的征集整理工作，梳理文字资料3.5万字。

【推进党史宣传教育】 积极开展党史宣传教育，发挥党史“教科书、必修课”作用。一是与宣传部、文广新局等单位联合组织“纪念抗战胜利70周年”专题展。展线长达120米，展出珍贵文物75件、照片131张及大量文字史实，全面、真实地反映了中华民族及迁安地区广大人民为抗日战争胜利做出的突出贡献。二是与市关工委等单位联合组织中小学生夏令营活动，并撰写迁安抗战史讲稿，请退休干部向中小学生宣讲抗战史。三是为市委办、宣传部、地方志办公室、旅游局等单位提供书籍、文稿、照片等抗战史料。

【完成上级党史部门交办任务】 加强与河北省、唐山市党史部门沟通联系，圆满完成交办任务。一是积极参加省委党史研究室组织的纪念抗日战争胜利70周年研讨征文活动，上报论文3篇。二是上报抗战时期发生的大杨官营惨案和“无人区”的相关资料。三是完成《中共唐山年鉴》2014年迁安资料的撰写上报工作，《中共唐山历史》（一、二卷本）的发行工作。四是按市委办要求，积极推进《新唐山40年》文稿迁安部分的组织编写工作。到年底，基本完成承担的迁安40年概述及结语部分3万字的初稿。五是在全省《党史博采》发行会上，被省委党史研究室评为《党史博采》组织宣传工作先进单位，党史研究室主任王翠玲被评为先进个人，完成2016年度《党史博采》征订505份。

【加强党史队伍建设】 按照“政治坚定、实事求是、勤勉敬业、团结和谐”的要求，加强党史队伍建设。一是按照市委要求，开展解放思想大讨论活动，坚持突出统一思想，坚持突出问题导向，坚持突出奋力争先，坚持突出工作落实，使解放思想的过程成为转变观念、谋划思路、完善举措、落实工作的过程。二是建立全员干事档案，确定每人的具体工作目标，作为年终考核依据。三是开展党风廉政教育，学习《中国共产党纪律处分条例》和《中国共产党廉洁自律准则》，开展“把纪律规矩挺在前面”活动。以制度规范行为，端正党员干部的工作和生活作风，树立党史部门良好形象。同时，坚决整治庸懒散拖行为，全面落实“三严三实”，巩固群众路线教育实践活动成果。四是壮大党史队伍，经向市委请示，调入2名工作人员，增加了党史工作力量，为党史研究室增添了活力。

市委党史研究室

主　　任　王翠玲（女）
主任科员　刘艳光（11月离）
副主任科员　任　民

（李伶玉）

信访工作

【信访接待】 人民群众来信来访的接待办理工作，主要由市委、市政府领导和市信访局承担，有关职能部门主要受理职权范围之内的信访事项。对到市信访局的来访由来访人持身份证到信访服务中心接待大厅登录室进行登记，录入河北省信访信息系统，然后按问题性质分归各职能接待小组进行接待，跨地区、跨部门的复杂疑难案件由综合接待组接待。综合接待组对每天接待的信访案件按问题性质和各单位管理权限通过河北信访信息系统交办到有关镇乡或市直职能部门查处。调查科负责督办市本级交办的各类信访案件；复查办负责信访人不服办理机关的处理意见提出申请复查的案件；督查室负责中央、省、唐山市三级交办要结果案件的交办、督办和组织上报工作；信息科负责上级信访部门网上交办直转直送案件的立案、交办、上报和本市群众网上信访的办理工作。复杂疑难案件由市联席办协调有关部门解决，重大疑难信访案件提交市联席会议或市委、市政府协调解决。2015 年，市信访局共受理群众来信 187 件，来访 2877 件 21093 人（次），信访总量 3064 件（次）。按群众来信来访办理程序办结 1351 件（不含重复信访件），办结率 87%；妥善化解了 713 批 17468 人次集体上访，269 户次到市以上个体越级访案件。

2015 年迁安市来信来访情况统计表

表 5

总量（件次）	其中		办结情况（不含重复信访件）		群众反映较为普遍和突出的信访问题
	来信（件）	来访（件次）	办结（件）	办结率（%）	
3064	187	2877	1351	87	土地征占补偿 336 件，城中村改造拆迁和重点项目占地拆迁 361 件，村民待遇、农村宅基地、各业承包 112 件，农村干部违法违纪 273 件，社会保障和拖欠农民工工资 346 件，小区物业管理 68 件，人口和计划生育 113 件，涉法涉诉 156 件

2015 年迁安市越级访及集体访统计表

表 6

越级个体访（户次）					集体访（批次、人数）			
到唐山市	赴省	进京	总量	同期比（%）	到市	同期比（%）	唐山市以上	同期比（%）
40	117	112	269	-41	673 批 16817 人次	16	40 批 651 人次	21

【信访案件查处】 群众信访案件的调查处理工作主要由市信访局组织实施。一般性信访案件由市信访局直接交办有关单位调查处理；较为复杂的、涉及几个部门的重点单人访和重大集体访案件由市委、市政府有关领导或市信访局进行协调解决，或组成联合调查组查处。2015 年，市信访局共对 1552 起信访案件向有关责任单位立案交办，市委、市政府对 2 起重大信访案件派驻了工作组。中央、省、唐山市交办要结果和市领导批办的信访案件由市信访局负责交办、督办或直查。案件承办单位在受理之日起两个月内办理完毕；情况复杂的，可以适当延长，但不得超过三个月。办理结果在规定时限内向信访人出具《信访事项答复意见书》，然后信访局按要求逐级上报。承办单位在调查处理群众信访案件过程中，受市信访局的检查、督促、指导，调查处理结果经市信访局审核把关。中央、省、唐山市三级交办要结果案件，经市主管领导签字同意后方可组织上报。2015 年，市信访局完成中央、省、唐山市三级交办要结果案件 41 件，完成中央、省、唐山市三级转送案件 464 件，全部按期结案，按期结案率、年终结案率均达 100%。为进一步加大解决问题力度，2015 年，市信访局组织开展信访积案集中化解专项行动，对重点案件实行挂账督办、定期催办、限时办结，使省联席办交办的 24 件信访积案全部按时办结，其中息诉罢访 19 件。为推动信访问题化解，市有关领导和市信访局先后组织召开案件调度会和协调会 81 次，协调解决信访案件 217 件。

2015 年迁安市上级交办要结果和市领导批办案件情况统计表

表 7

中央、省、唐山市交办案件（件）			市领导信访接待日批办案件（件）		
交办数	办结数	结案率（%）	到市	办结数	同期比（%）
41	41	100	333	316	-31

【领导信访接待日】 市委、市政府高度重视信访稳定工作，按上级要求，每周安排一次市党政主要领导接访，其他市党政领导每月安排一次公开接访，做到接待时间、接待地点、领导分工、接访安排“四公开”，提前向群众公示。为提高接访的质量和效率，实行按分工对口接待，市党政主要领导主要接待涉及全局性的重大信访问题和重点疑难案件。2015 年，市党政领导共接待群众来访 333 件 2031 人次。

【信访工作目标管理】 2015 年，市委、市政府继续对信访工作实行目标管理，将信访事项办理等重点工作纳入信访工作目标考核。信访局负责对镇乡的信访工作目标完成情况进行年度考核，考核结果报市委、市政府和市委组织部，作为评价各单位领导班子和领导干部政绩的重要依据。

【依法治访】 引导群众理性信访、依法维权，市信访局在接待大厅悬挂《河北省信访条例》《上访人员须知》《信访工作流程》，使信访群众及时掌握信访方面的法规和制度，自觉规范信访行为。利用电台、电视台、《迁安时讯》等新闻媒体和市信访服务中心、市行政办公中心信访接待场所等宣传阵地，加大对新修订的《河北省信访条例》、依法治访相关政策法规及违法信访行为典型案例处置情况的宣传和曝光；各镇乡（城区街道）通过出动宣传车，用广播、板报、标语，发放“明白纸”及对重点上访人员“点对点”宣传教育等方式，加大依法上访知识的普及宣传，扩大教育覆盖面。同时加大对违法信访行为的处置力度，起到很好的教育作用，维护了正常信访秩序，树立了依法有序信访的正确导向。

市信访局

局　　长　宋俊合

副 局 长　郭新国　刘宝军

　　　　　　郭永生（12 月任）

主任科员　林晓华（12 月任）

副主任科员　郭永生（12 月离）

（周彦民）

中国共产党迁安市纪律检查委员会

纪检监察工作

【落实“两个责任”】 “两个责任”即党委主体责任和纪委监督责任。迁安市纪委、监察局积极协助市委落实党风廉政建设主体责任，代市委起草《2015 年度党风廉政建设主体责任重点任务运行图》，细化分解主体责任 35 项重点任务，明确分管市领导、牵头单位和完成时限，制定重点推进举措，实施挂图作战，确保全面推进。出台《2015 年度落实党风廉政建设监督责任重点任务运行图》，突出 9 项监督重点，细化 29 项重点任务，明确责任领导和责任科室。按照“清单式明责”“层阶式传导”的标准，把“两个责任”落实复制延伸到基层所站、各村党组织。加大监督检查力度，由委局班子成员带队，成立 6 个专项巡查组，采取听取汇报、查阅资料、召开座谈会和实地走访调查等形式，对全市各镇乡、园区、市直单位“两个责任”落实情况巡查督导。强化落实廉政谈话制度，各位班子成员分别与市委管理的乡科级领导班子成员进行廉政谈话，并重点与党组织负责人、纪委书记（纪检组长）单独交换意见，指出落实“两个责任”方面存在的问题，提出具体整改要求。年终，由委局班子成员带队，在全市集中开展党风廉政建设和反腐败工作专项巡查调研活动，分别听取各地各单位党组织主要负责人、纪委书记（纪检组长）“两个责任”落实情况专题汇报，对落实不力的7个单位11名责任人进行了约谈。

【纪律审查】 紧紧扭住“把纪律和规矩挺在前面”这一中心，创新举措、突出重点，实现纪律审查工作新提升。重点查处“村官腐败”、涉农资金使用、医保新农合、公路治超等领域违纪案件；着力查处群众实名举报、反映强烈的发生在群众身边的热点问题以及公职人员职务犯罪案件。抓住省纪委开展的“规范审理年”的机会，制发《关于进一步明确市委管理的干部党纪政纪处分办理程序的通知》，向市委组织部下发2名科级干部免职纪律检查建议并予及时落实。不断加大上级“两要”（要查办结果和查办情况）案件查办力度，全部查结省、唐山市交办的93件案件，成案38件，党政纪处分69人。组成3个调查组，以办案的要求和方式，对财政供养人员经商办企情况清理核查，党纪处分4人，追究7人集体责任，追缴违纪资金40多万元。全年，受理信访举报855件（次），审查违纪问题214件，党政纪处分228人，其中乡科级干部20人，收缴违规资金607万元。

【纠正“四风”】 狠刹“四风”（形式主义、官僚主义、享乐主义和奢靡之风），继续高扬“纪委在行动”大旗，高频次、多层次、不定期、虚实结合地组织开展明查暗访。根据实际情况确定检查主题、侧重点和对象，提高监督检查的针对性和时效性。集中购置激光测距仪、酒精测试仪、隐蔽式暗访机等专业设备，利用科技手段提升检查效果。坚持快查快处，小范围制定访查预案，当日定当日查，最大限度杜绝跑风漏气；访查后立即汇总，通报问题线索不过夜，然后再调查核实，不给“说情者”留时间。全年，累计组织开展明察暗访48次，通报10次，查纠各类问题91件，处理人员131人，其中党政纪处分44人，在全市上下持续营造了“反腐无处不在、纪委就在身边”的“全天候”监控态势。开展深化行政审批制度改革落实情况督导检查，全面推行审批权力清单制度。加强对政府职能部门依法行政和履职情况的监督检查，开展大气污染集中整治和校园食品安全、政务环境建设专项督查等活动，严肃查处履职不力、监管缺失、失职渎职等问题。全年，收到各类举报投诉38件次，提出监察建议5件次。抽调精干力量成立10个检查组，配备专业测量仪，在全市逐单位逐房间开展清理办公用房专项督查活动，发现问题单位11个，诫勉谈话37人，党纪处分1人，清理腾退办公用房1346间33272.35平方米。

【“把纪律和规矩挺在前面”主题教育实践活动】

深入开展“把纪律和规矩挺在前面”主题教育实践活动，制发详细的实施方案，各级党组织分别召开动员会、民主生活会和主题报告会，广泛发动，党员干部全部参与。深入推进“廉政教育大讲堂”活动，结合农村“两委”换届，举办“两委”干部培训班，全市3100多名村“两委”干部接受培训。在全市深入开展“学条规、守纪律、讲廉洁、做表率”学习教育活动，进一步筑牢党纪国法防线。提请并协助市委召开全市警示教育暨落实“两个责任”集体约谈大会，通报7起违反中央八项规定典型案例，市四大班子在内的近800人受到教育。创办《纪律与规矩》专刊，全年刊发9期，在全市广大党员干部中反响强烈，深受欢迎。严格落实党风廉政宣传教育联席会议制度，细化分解责任，形成工作合力。将党纪条规宣传与国学传统文化相结合，创建三里河“贞观文化”长廊。在《迁安时讯》开辟《廉政建设进行时》专栏，在迁安电视台增设《清风剧院》《纪律和规矩》栏目，通过多种形式融入干部群众的日常生活中。

【勤政机制建设】 围绕市委、市政府中心工作，以强化不敢腐、不能腐、不想腐的廉政机制和不敢懒、不能懒、不想懒的勤政机制建设为目标，围绕“干什么、怎么干、谁来干、什么时间干成”为主要内容的“四个干”抓落实机制和“政务公开、司法公开、执法公开”“行政权力清单、监管清单、负面清单”（以下简称“三个公开、三个清单”）标准，明确以9大类30个方面问题为重点内容，在全市组织开展整治“庸懒散拖”“懒政怠政、为官不为”专项行动。成立专门督导检查组，通过听取汇报、查阅资料、召集有关人员座谈和不打招呼、不定时间、有重点、有目的地开展暗访活动等形式，不定期对各单位行动开展情况进行监督检查。向社会公布24小时投诉举报电话，设立举报箱，诚请群众随时监督举报，发现问题限期整改、跟踪问效。借鉴巡视做法，针对在全市专项整治查访出问题（建议）的29个单位，组成10个巡查工作组，通过现场交办问题、公布举报电话、查阅相关资料、明察暗访及走访座谈等方式，从落实“两个责任”和中央八项规定、政务服务、纪律作风建设及交办问题整改等方面进行巡查督导。

【纪检监察制度建设】 制定《关于对市委管理干部进行廉政谈话、廉政约谈和诫勉谈话的实施意见》，明确每种类型的谈话对象、内容和时限要求，并充分发挥谈话机制的职能作用。唐山市纪委研究室对此项工作专门进行跟踪调研，得到唐山市委常委、纪委书记崔晗的批示肯定。建立履行监督责任纪实制度，对监督主体履行党风廉政建设监督责任事前、事中和事后的全过程进行全面记录，推进党风廉政建设监督责任具体化、规范化和科学化。实化细化科级干部廉洁自律承诺，严格落实签字背书、公示备查制度。严格执行重大事项报告制度，组织全市801名乡科级领导干部对2014年度个人重大事项进行集中报告。出台《市纪委监察局班子加强和改进作风“十个带头”规定》《纪检监察干部“十严守、十不准”》《纪检监察干部执纪办案工作“十严禁”》三项规定，从制度层面约束纪检监察干部。

【组织学习新修订的“准则”和“条例”】 提高纪检监察干部履职担当素质水平，市纪委举办中共中央新修订的《中国共产党廉洁自律准则》《中国共产党纪律处分条例》暨业务知识学习培训班，对全市近200名专职纪检监察干部进行2天封闭式培训。培训班采取“请下来”和“身边讲”相结合的方式，以学习新“准则”“条例”为重点，邀请唐山市纪委领导专门就新“准则”“条例”的起草背景、政治内涵、现实意义、贯彻执行及注意事项进行深入解读，强化全市纪检监察干部对两项党内法规的理解和把握；邀请迁安市纪委机关业务骨干，就信访举报、纪律审查、案件审理、党风政风、信息反馈等业务工作进行专题辅导，提升全市纪检监察干部执纪监督履职能力。

【纪检监察干部素质提升工作】 组织5人（次）参加中纪委、省纪委业务培训；组织全市党员干部开展党政纪条规常用知识竞赛，对全市纪检监察干部进行党政纪条规常用知识考试；在委局机关持续开展“周五业务大讲堂”和“每周一卷”活动。在全省学习贯彻《中国共产党巡视工作条例》和《中共河北省委巡视工作实施办法》知识竞赛中，市纪委获优秀组织奖。召开全系统年度工作总结汇报考评会，49个单位负责人全部汇报测评。研究“机关科室＋纪工委＋镇乡纪委”合成协作机制，注重发挥系统整体作用。及时向市委、市政府汇报队伍结构素质情况，与市委组织部、市编办等部门沟通，在干部交流配备和新选调人员上得到支持。在全系统深入开展“岗位廉政风险点查找”活动，建立纪检监察干部廉政档案、重大事项报告、定期巡查和约谈函询制度。全市纪检监察干部带头落实中央“八项规定”，坚决纠正“四风”，紧密结合“三严三实”专题教育和“解放思想、抢抓机遇、奋发作为、协同发展”大讨论活动，内强素质，外树形象，系统上下呈现激情工作、夙兴夜寐的良好状态，有132篇工作经验文章被唐山市级以上各类媒体刊载，其中国家级刊发17篇，省级刊发24篇。

中国共产党迁安市纪律检查委员会领导成员

书　记 李志龙（10月离） 许俊良（10月任）
副书记 李曙光 尹国华
委　员（按姓氏笔画）

马福军　尹国华　毛广丰　王志义
许俊良（10月任）　张树安　李立志
李志龙（10月离）　李晓明　李曙光
武宝和　侯继春　赵云欣　赵增华
郝晓华（女）　唐延来　钱治有
崔学杰　魏　波

迁安市监察局领导成员

局　长　李曙光（兼）
副局长　王志义（12月离）　戴景珍（女）

中国共产党迁安市纪律检查委员会工作机构及其领导成员

办公室
主　任　周晓兵
信访室
主　任　凌　泉
第一纪检监察室
主　任　鲁卫国
正科级纪检员　马志海
第二纪检监察室
主　任　张志强
第三纪检监察室
主　任　王利文
案件审理室
主　任　吴春涛
正科级纪检员　高少华
执法和效能监督室
主　任　唐延来（常委兼主任）
牵头人　尹文红
党风政风监督室
主　任　裴桂林
正科级纪检员　窦秀芝（女，7月离）
干部管理室
主　任　刘立军
副主任　王会娜（女）
宣传教育室
主　任　高冀安
第一纪工委、监察分局
书　记、局　长　傅贺流
副书记、副局长　陈绍歌　张筱钧（女）
第二纪工委、监察分局
书　记、局　长　杨士芳（女）
副书记、副局长　李海军　刘坤香（女）
第三纪工委、监察分局
书　记、局　长　马　余
副书记、副局长　高致远　徐翠侠（女）
第四纪工委、监察分局
书　记、局　长　乔得春
副书记、副局长　刘向芳（女）
张新娇（女）
第五纪工委、监察分局
书　记、局　长　凌志忠
副书记、副局长　刘艳华（女，满族）
李立新
第六纪工委、监察分局
书　记、局　长　何海蛟
副书记、副局长　张巧玲（女）
第七纪工委、监察分局
书　记、局　长　王振宏
副书记、副局长　刘　江（7月离）
第八纪工委、监察分局
书　记、局　长　杨小林
副书记、副局长　李红军
第九纪工委、监察分局
书　记、局　长　郑少林
副书记、副局长　刘兴华
第十纪工委、监察分局
书　记、局　长　李国军
副书记、副局长　王玉军（7月离）

（吴建瑞）

迁安市人民代表大会

市人民代表大会会议

【迁安市第五届人民代表大会第五次会议】　2月2～4日在迁安市锦江饭店举行，应出席代表240名，实到226名，因事、因病请假14名。会议听取和审议了迁安市人民政府工作报告、市人大常委会工作报告、市人民法院工作报告和市人民检察院工作报告，审查和批准了迁安市2014年国民经济和社会发展计划执行情况与2015年国民经济和社会发展计划（草案）的报告（书面）、迁安市2014年财政预算执行情况和2015年财政预算（草案）的报告（书面），对以上6个报告分别作出决议。会议期间，收到代表提出的建议、批评和意见37件。

（赵崎峰）

市人大常委会会议

【市第五届人大常委会第二十六次会议】 1月23日在行政办公中心0118会议室举行。应出席会议的常委会组成人员24人，实到21人。会议由市人大常委会主任郝可军主持，副主任田富顺、张宏图、范晓华出席会议，市政府副市长李凤春，市法院院长王建民，市检察院副检察长李靖奎，相关市直单位主要负责人，部分乡镇人大主席以及市人大常委会机关科室负责人列席会议。会议审议通过了市人大常委会关于接受唐锐、刘玉国辞去市五届人大代表职务的决定，审议通过市人大常委会关于表彰2014年度优秀市人大代表的决定和表彰2014年度优秀代表建议的决定。会议决定迁安市第五届人民代表大会第五次会议于2015年2月3日召开，会议通过了市五届人大五次会议议程（草案）、日程（草案），主席团、秘书长名单（草案），主席团常务主席及执行主席名单（草案），议案审查委员会组成人员名单（草案），计划预算审查委员会组成人员名单（草案），副秘书长名单（草案），各代表团团长、副团长建议名单，决定了市五届人大五次会议列席人员。

【市第五届人大常委会第二十七次会议】 3月13日在市行政办公中心0118会议室举行。应出席会议的常委会组成人员24人，实到20人。会议由市人大常委会主任郝可军主持，副主任田富顺、张宏图、范晓华出席会议，市委常委、常务副市长李福林，市法院院长王建民，市检察院副检察长李求军，市人大常委会机关科室负责人列席会议。会议审议通过了市人大常委会2015年工作要点。

【市第五届人大常委会第二十八次会议】 6月2日在市行政办公中心0118会议室举行。应出席会议的常委会组成人员24人，实到20人。会议由市人大常委会主任郝可军主持，副主任田富顺、张宏图、范晓华出席会议，市政府党组成员张清敏，市法院院长王建民，市检察院检察长孙玉军，部分乡镇人大主席，部分人大代表以及市人大常委会机关科室负责人列席会议。会议采取视察与听取审议报告相结合的方式进行。市人大常委会组成人员和部分市人大代表实地视察了杨店子镇综合文化站、杨店子村文化活动室、迁安镇马家村文化活动室、市文化馆和图书馆，深入了解了迁安市创建全省公共文化示范区情况。会议根据市政府的提请，决定免去许晓华市政府副市长职务。会议听取和审议了市文广新局局长刘海受市政府委托所作的关于创建全省公共文化示范区情况的报告。会议听取和审议了市民政局局长张金铭受市政府委托所作的关于《中华人民共和国村民委员会组织法》（以下简称《村民委员会组织法》）贯彻实施情况的报告，听取市人大常委会关于《村民委员会组织法》贯彻实施情况的调查报告。会议听取和审议了市人大常委会执法检查组副组长张艳萍所作的关于《中华人民共和国大气污染防治法》（以下简称《大气污染防治法》）执法检查情况的报告。

【市第五届人大常委会第二十九次会议】 7月6日在市行政办公中心七楼会议室举行。应出席会议的常委会组成人员24人，实到23人。会议由市人大常委会主任郝可军主持，副主任田富顺、张宏图、范晓华出席会议，市人大常委会机关科室负责人列席会议。会议审议通过了《迁安市人大常委会关于接受李志文辞去市五届人大代表职务的决定》。

【市第五届人大常委会第三十次会议】 7月20日在市行政办公中心七楼会议室举行。应出席会议的常委会组成人员24人，实到23人。会议由市人大常委会主任郝可军主持，副主任田富顺、张宏图、范晓华出席会议，市人大常委会机关科室负责人列席会议。会议审议通过了《迁安市人大常委会关于接受符雪松辞去唐山市第十四届人大代表职务的决定》。

【市第五届人大常委会第三十一次会议】 7月24日在市行政办公中心0118会议室举行。应出席会议的常委会组成人员24人，实到19人。会议由市人大常委会主任郝可军主持，副主任田富顺、张宏图、范晓华出席会议，市政府党组成员李晓波，市法院院长王建民，市检察院检察长孙玉军，部分乡镇人大主席以及市人大常委会机关科室负责人列席会议。会议根据市政府的提请，表决通过了黄玉东等6人任免职的议案。会议听取和审议了市政府关于迁安市“中国·迁安民俗文化旅游综合体”之一期“中唐·天元谷民俗旅游综合体”项目综合扶持贴补支出纳入迁安市政府预算支出安排的请示，并作出相关批复。会议听取和审议了市审计局局长赵云新受市政府委托所作的关于迁安市2014年度财政预算执行及其他财政收支情况的审计工作报告、市财政局局长孔祥会受市政府委托所作的迁安市2014年度财政决算（草案）的报告，作出关于批准迁安市2014年度财政决算的决议。会议听取和审议了市发改局局长郎文昌受市政府委托所作的关于2015年上半年国民经济和社会发展计划执行情况的报告、市财政局局长孔祥会受市政府委托所作的关于2015年上半年财政预算执行情况的报告，听取了市人大常委会经济科关于2015年上半年国民经济和社会发展计划及财政预算执行情况的调查报告。会议听取和审议了市人大常委会执法检查组关于检查《中华人民共和国治安管理处罚法》贯彻实施情况的报告。

【市第五届人大常委会第三十二次会议】 8月7日在市行政办公中心七楼会议室举行。应出席会议的常委会组成人员24人，实到22人。会议由市人大常委会主任郝可军主持，副主任田富顺、张宏图、范晓华出席会议，市人大常委会机关科室负责人列席会议。会议审议通过了《迁安市人大常委会关于许可对市五届人大代表、常委会委员徐汉有依法采取强制措施的决定》。

【市第五届人大常委会第三十三次会议】 9月24日在市行政办公中心0118会议室举行。应出席会议的常委会组成人员24人，实到18人。会议由市人大常委会主任郝可军主持，副主任田富顺、张宏图、范晓华出席会议，市委常委庞再明，市法院院长王建民，市检察院检察长孙玉军，部分乡镇人大主席、部分人大代表、相关市直单位主要负责人以及市人大常委会机关科室负责人列席会议。会议采取视察与听取审议报告相结合的方式进行。市人大常委会组成人员和部分市人大代表，深入河北福安达商贸公司年产100万吨洁净型煤等项目建设现场和木厂口镇刘新庄村、太平庄乡尚庄村，对全市重点项目建设和农村面貌改造提升情况进行了实地视察。会议根据市人大常委会主任会议和市政府的提请，表决通过了人事任免事项。会议听取和审议了市重点项目办主任王树满受市政府委托所作的关于全市重点项目建设情况的报告，听取和审议了市委农工委常务副书记李超受市政府委托所作的关于农村面貌改造提升工作的报告。会议听取和审议了市政府督查室主任刘英椿受市政府委托所作的关于市五届人大五次会议及闭会期间代表建议办理情况的报告，听取了市人大常委会关于市五届人大五次会议及闭会期间代表所提建议、批评和意见办理情况的调查报告。会议听取和审议了市卫生和计划生育局局长阎双友受市政府委托所作的关于城乡居民基本医疗保险运行情况的报告，听取了市人大常委会关于市城乡居民基本医疗保险运行情况的调查报告。

【市第五届人大常委会第三十四次会议】 10月20日在市行政办公中心七楼会议室举行。应出席会议的常委会组成人员24人，实到19人。会议由市人大常委会主任郝可军主持，副主任田富顺、范晓华出席会议，市委副书记、市长张淑云，市人大常委会机关科室负责人列席会议。会议根据市长张淑云的提请，经过投票表决，决定任命冯涛、庞再明、王学龙为市人民政府副市长。

【市第五届人大常委会第三十五次会议】 12月2日在市行政办公中心0118会议室举行。应出席会议的常委会组成人员24人，实到19人。会议由市人大常委会主任郝可军主持，副主任田富顺、张宏图、范晓华出席会议，市政府副市长马文柏，市法院院长王建民，市检察院副检察长李求军，部分乡镇人大主席以及市人大常委会机关科室负责人列席会议。会议听取和审议了市科技局局长杨玉良受市政府委托所作的关于全市科技创新工作开展情况的报告，听取了市人大常委会关于全市科技创新工作开展情况的调查报告。会议根据市法院的提请，表决通过了人事任免事项。会议审议通过了迁安市实施宪法宣誓制度办法。会议听取和审议了市审计局局长赵云新受市政府委托所作的关于2014年财政预算执行及其他财政收支存在问题整改情况的报告，听取和审议了市工信局副局长王玉军受市政府委托所作的关于扶持小微企业工作开展情况的报告。会议审议了市政府关于市五届人大常委会第三十三次会议审议意见落实情况的书面报告。

【市第五届人大常委会第三十六次会议】 12月30日在市行政办公中心0118会议室举行。应出席会议的常委会组成人员24人，实到15人。会议由市人大常委会主任郝可军主持，副主任田富顺、范晓华出席会议，市委常委、常务副市长李福林，市法院院长王建民，市检察院副检察长李求军以及市人大常委会机关科室负责人列席会议。会议根据市政府的提请，表决通过了人事任免事项。会议审议通过了关于接受任治坤辞去市五届人大代表、常委会委员职务的决定，审议通过了关于接受张国辞去市五届人大代表职务的决定。会议审议通过了代表资格审查委员会关于补选的市五届人大代表代表资格的审查报告。会议听取和审议了市财政局局长孔祥会受市政府委托提出的关于将迁安海绵城市项目建设资金纳入财政预算并进行基金化管理的请示，表决通过了有关批复。会议听取和审议了市财政局局长孔祥会受市政府委托所作的关于2015年财政预算调整方案的报告，表决通过了《迁安市人大常委会关于批准迁安市2015年财政预算调整方案的决定》。会议听取和审议了市发改局局长郎文昌受市政府委托所作的关于2015年国民经济和社会发展计划指标调整方案的报告、关于国民经济和社会发展“十二五”规划部分指标调整方案的报告，表决通过了《迁安市人大常委会关于批准迁安市2015年国民经济和社会发展计划指标调整方案的决定》《迁安市人大常委会关于批准迁安市国民经济和社会发展“十二五”规划部分指标调整方案的决定》。

（赵崎峰）

市人大常委会主要工作

【监督工作】 2015年，选择15项审议监督议题，组织代表开展专题调查、视察和执法检查活动13次，听取和审议政府专项工作报告18项，提出有针对性的意见建议70余条。围绕重点项目建设、科技创新、扶持小微企业等事关转型发展的重点工作，采取专题视察、调查和审议专项报告相结合的方式，组织人大代表深入怡蕙达LNG、亚滦湾国家农业开发创新产业园、英诺特生物制药、昌安耀滨科技企业孵化器等10多个重点项目建设现场和高新技术企业，了解项目进展情况，询问企业存在的困难，督促市政府积极适应新常态，抢抓新机遇，发挥新优势，加速构建“3+5+6”现代产业格局，助推经济社会平稳发展。围绕经济社会发展、财政预算执行、财政收支审计等方面，认真开展调查调研，听取和审议市政府专项工作报告，肯定成绩，指出问题，督促整改，力促宏观经济和公共财政健康运行。组织人大常委会组成人员、部分人大代表和专业人士对财政预算草案进行初步审查，提出整改意见，提高预算编制工作的科学化和规范化水平。高度关注环境保护，采取市、乡两级人大上下联动的方式，深入环境监控中心、机动车尾气检测站、迁钢公司等单位和项目现场，对《大气污染防治法》贯彻实施情况进行执法检查，查看防范措施，查找问题不足，督促市政府严格落实政府、企业和社会防治责任，加大执法力度，依法加强重点领域污染防治、联防联控和重污染天气应对，在全社会形成依法保护大气环境的良好氛围。坚持把依法处理来信来访作为密切联系群众、了解社情民意的重要渠道，对受理的46件（次）群众来信来访进行及时、妥善处理，重点督办9件信访案件，推动解决群众合法诉求，化解社会矛盾，促进社会稳定。给人民群众营造和谐稳定的社会环境，组织开展《中华人民共和国治安管理处罚法》贯彻落实情况执法检查，督促公安机关不断增强依法履职能力，健全治安管理处罚体系，推进平安迁安、法治迁安建设。让人民群众办事快捷方便，组织开展行政许可法律法规贯彻落实情况执法检查，推动市政府各职能部门构建行为规范、运转协调、公正透明、廉洁高效的行政管理体制。落实好人民群众的民主权利，组织开展《村民委员会组织法》贯彻实施情况专题调研，督促市政府坚持问题导向，强化责任措施，推进农村基层民主政治建设。依法对市政府提交的2个规范性文件备案审查，维护法制统一。

（赵崎峰）

【代表工作】 年内，组织开展2期集中培训活动，参训代表320多人次，广大代表的责任感和使命感不断增强，履职能力和工作水平进一步提高。定期寄送常委会会刊、《公民与法治》等文件和资料，及时通报经济社会发展、重大项目建设、重要人事调整等情况和信息，保障代表知情、知政权利，为代表执行职务创造良好条件。注重培树先进典型，积极开展优秀人大代表、优秀代表建议评选表彰活动，激发广大代表主动参与转型发展的政治热情。坚持邀请代表参与常委会活动制度，先后安排180多名代表参加常委会会议，参与视察、调查、执法检查等活动，鼓励引导代表建真言、献真策，反映群众诉求，集中群众智慧，为常委会决策提供依据。推荐20名人大代表为行风监督员，对各部门工作进行监督测评，广大代表监督“一府两院”工作的渠道进一步拓宽。强化常委会与代表之间的联系沟通，采取集中走访的方式，与广大代表座谈交流，了解代表履职情况，认真听取意见建议，加强代表与群众的联系沟通，继续组织开展“走访选民心连心，扶贫济困献真情”活动，充分发挥广大代表在倾听民声、反映民意、促进和谐、维护稳定等方面的作用。2015年，广大代表共走访群众1200多人次，帮助困难群众400余人次，捐助物资50多万元。把督办代表建议作为保障代表权利、督促“一府两院”改进工作的重要途径，广泛征集，认真梳理，及时转交人代会和闭会期间代表提出的意见建议，并采取领导带头亲自督办、重点建议跟踪督办、邀请代表参与督办、听取审议专项报告等多种形式，督促承办单位完善办理程序，健全办理机制，加快办理进度，提高办理实效，确保代表建议办理及时有序推进。到2015年7月底，84件代表建议全部办结并答复代表，改善农村群众出行、加大农村环境卫生监管力度等一批关系民生的建议得到较好落实。

（李建永）

【人事任免】 坚持党管干部和人大依法任免相统一的原则，严格落实《中华人民共和国地方各级人民代表大会和地方各级人民政府组织法》（以下简称《地方组织法》）《市人大常委会任免地方国家机关工作人员办法》的有关规定，全年依法任免地方国家机关工作人员46人次。

（李建永）

【自身建设】 不断巩固拓展群众路线教育实践活动成果，扎实开展“三严三实”专题教育和解放思想大讨论活动，认真学习习近平总书记系列重要讲话精神，广泛征求各方面意见建议，深入查找常委会班子和领导干部自身存在的主要问题，在专题民主生活会上开诚布公地开展批评与自我批评，并坚持立行立改，推动整改落实，形成积极向上、干事创业、风清气正的良好政治生态。全年深入基层开展调研活动20多次，走访党员群众100多人，征集意见建议40多条，确定的12项整改问题全部整改到位。实施审议意见书制度，认真梳理、汇总常委会组成人员和人大代表提出的意见建议，及时印发“一府两院”文件，并加强跟踪督办，督促整改落实，提出的21条审议意见均在规定时间内得到较好解决。为彰显宪法权威，研究制定了《迁安市实施宪法宣誓制度办法》，激励和教育国家机关工作人员忠于宪法、遵守宪法、维护宪法。始终把加强学习作为提高履职能力的重要手段，不断改进和创新学习的方式方法，增强学习的自觉性和主动性。围绕中共十八届三中、四中、五中全会和习近平总书记系列重要讲话精神开展政治理论学习，坚定道路自信、理论自信、制度自信，进一步提高常委会组成人员和机关干部把握大局、服务大局的能力，围绕《地方组织法》《中华人民共和国各级人民代表大会常务委员会代表法》《中华人民共和国全国人民代表大会和地方各级人民代表大会监督法》等法律法规和《中共全国人大常委会党组关于加强县乡人大工作和建设的若干意见》开展业务知识学习，丰富法律知识，增强法律意识，提高依法办事的能力和水平，围绕党风廉政建设有关规定开展正风肃纪学习，树立廉洁从政意识，增强拒腐防变能力，维护人大机关的良好形象。

（赵崎峰）

2015 年迁安市人大常委会重要文件题录表

表 8

文件号	发文日期	标　题
迁人常字〔2015〕1 号	1 月 30 日	迁安市人大常委会关于接受唐锐、刘玉国辞去市五届人大代表职务的决定
迁人常字〔2015〕6 号	6 月 2 日	迁安市人大常委会关于许晓华同志免职的通知
迁人常字〔2015〕7 号	7 月 6 日	迁安市人大常委会关于接受李志文辞去市五届人大代表职务的决定
迁人常字〔2015〕8 号	7 月 20 日	迁安市人大常委会关于接受符雪松辞去唐山市第十四届人大代表职务的决定
迁人常字〔2015〕9 号	7 月 27 日	迁安市人大常委会关于任免黄玉东等职务的通知
迁人常字〔2015〕13 号	9 月 25 日	迁安市人大常委会关于玄海文任免职的决定
迁人常字〔2015〕14 号	9 月 25 日	迁安市人大常委会关于任免李志勇等职务的通知
迁人常字〔2015〕16 号	10 月 20 日	迁安市人大常委会关于冯涛等任免的通知
迁人常字〔2015〕17 号	12 月 3 日	迁安市人大常委会关于王虹等同志任免职的决定
迁人常字〔2015〕18 号	12 月 3 日	迁安市人大常委会关于印发《迁安市实施宪法宣誓制度办法》的通知
迁人常字〔2015〕20 号	12 月 30 日	迁安市人大常委会关于任免高雅利等职务的通知
迁人常字〔2015〕21 号	12 月 30 日	迁安市人大常委会关于接受任治坤辞去市五届人大代表、常委职务的决定
迁人常字〔2015〕22 号	12 月 30 日	迁安市人大常委会关于接受张国辞去市五届人大代表职务的决定

（赵崎峰）

市人大常委会领导成员

主　　任　郝可军

副 主 任　田富顺　张宏图　范晓华（满族）

党组书记　郝可军

党组副书记　田富顺

党组成员　范晓华（满族）

李　成（5 月离）

玄海文（7 月任）

委　　员　王　满　尹淑新（女）　任志坤

李秀红（女）　李建永　李禹江

李爱文　李聪敏（女）　杨立国

张　千　张玉秋（女）

张艳萍（女）　陈　晨（女）

金增欣（女）　郑宝海

徐汉有　殷自新（女，满族）

郭卫民　韩向新

市人大常委会工作机构及其领导成员

办公室

主　任　（1～7 月空缺）

玄海文（7 月任）

副主任　廉海兵

政法科

科　长　玄海文（7 月离）

（7～12 月空缺）

副科长　吴玉荣（女）

教科文卫科

科　长　李禹江

副科长　郭东青

选举人事科

科　长　李建永

副科长　（1～12 月空缺）

经济科

科　长　张艳萍（女）

副科长　孟德新

（赵崎峰）

迁安市人民政府

综　述

【市政府常务会】　2015年，迁安市共召开市政府常务会9次。1月21日，召开五届市政府第十八次常务会议。会议听取审议《政府工作报告》《迁安市2014年国民经济和社会发展计划执行情况与2015年国民经济和社会发展计划（草案）的报告》《迁安市2014年预算执行情况和2015年预算（草案）的报告》《迁安市2015年为民实事工程》，并听取关于市财政有关问题的汇报。

2月11日，召开五届市政府第十九次常务会议。会议听取审议《迁安市人民政府2015年工作要点》，听取市发改局关于2015年全市主要经济指标分解情况的汇报，并就下一步落实工作提出明确要求。

5月25日，召开五届市政府第二十一次常务会议。会议听取审议《迁安市土地整治项目管理暂行办法》《2016年里约热内卢奥运会拳击项目亚大区资格赛工作方案》和《迁安市申报第三批国家公共文化服务体系示范项目》，并就食品药品安全、环境保护治理工作提出明确要求。

6月30日，召开五届市政府第二十二次常务会议。会议听取市编委办关于省直管后市本级行政审批事项清理规范情况、权力清单和责任清单制度建设工作的汇报，听取审议《迁安市燃煤锅炉治理实施方案》《迁安市人民政府关于做好2015年洁净型煤推广工作的通知》。

7月27日，召开五届市政府第二十三次常务会议。会议听取审议《2015年经贸洽谈会工作方案》《迁安市化解钢铁过剩产能实施方案》《关于规范审批行为改进审批工作的意见》和《迁安市行政权力清单动态管理办法》。

8月10日，召开五届市政府第二十四次常务会议。会议听取关于设立海绵城市建设引导基金相关情况的汇报和关于北京宣传推介会筹备情况的汇报，并就下一步工作提出明确要求。会议听取审议《迁安市农民工工资预储金制度实施细则》。

10月14日，召开五届市政府第二十五次常务会议。会议组织学习《中华人民共和国预算法》，听取审议《关于进一步加强全市住宅小区物业管理工作的实施意见》《关于对迁安市财信融资担保有限公司、迁安市农业小额信贷担保中心进行整合重组的决定》，并听取关于公共文化资源共建共享工程创建工作有关情况的汇报。会议对市政府近期重点工作进行安排部署，就政府系统党风廉政建设、“三严三实”专题教育活动提出明确要求。

12月24日，召开五届市政府第二十六次常务会议。会议研究审议《迁安市重污染天气应急预案》《迁安市人民政府关于加强安全生产监管执法工作的意见》，并就下一步落实工作提出明确要求。会议听取关于赴上海高达资产管理公司考察及拟合资成立股份制资产管理公司相关情况的汇报。会议就市政府下一步工作进行安排部署。

【力遏经济下滑势头】　2015年是迁安发展史上极为特殊的一年，全市经受住了经济持续下行压力的严峻考验，围绕振兴崛起、求稳求进，全力做好改革发展稳定各项工作，全市经济社会发展呈现出稳中趋好的态势。全市主要经济指标止跌回升，全市地区生产总值达到891.1亿元，同比增长4.8%；完成全社会固定资产投资594.5亿元，同比增长13%；实现公共财政预算收入35.2亿元，同比增长0.03%，结束了连续两年下滑的历史、告别了负增长；出口创汇增长19.3%；城镇、农村居民人均可支配收入分别增长7.7%、7.9%。在中国中小城市综合实力百强中列第19位。

【产业结构优化升级】　围绕打造新型制造业基地和现代服务业高地，积极推进产业转型增效升级。坚持内激、外引，引导民营企业二次创业，全年新增民营企业1147家、个体工商户5857户。

全力对接京津，成功举办对接京津系列推介会和“京东水城、魅力迁安”经贸洽谈会，新增签约项目60个，计划总投资539亿元。全年共确定113个结构调整和新兴产业重点项目，服务业比重较上年提高5.3个百分点。推动传统产业转型升级。建立钢铁产能压减装备综合评价体系，圆满完成化解产能年度任务。与京津冀钢铁创新联盟签署战略合作协议，燕钢精品钢基地等链条延伸项目加快建设，精品钢材比重达到30.5%。正大350万吨焊管等一批耗钢产业项目积极推进，全市耗钢能力达到1250万吨，耗钢率达到33%。天津物产物流中心等项目加快建设，形成2000多万吨的第三方专业物流吞吐能力。煤化工、食品医药、包装建材等产业快速发展，实施了中溶科技30万吨无水乙醇等一批项目，艾驰生物科技、英诺特生物制药等制药企业高端起步、集群发展。大力培育新兴产业。金融街、商企联盟电子商城等项目加快建设，黄家医圈肿瘤分院正式运营，市第六实验小学正式成为北京第二实验小学教育集团成员校，投资60亿元的中唐天元谷文化旅游综合体加快推进，雨诗桐、中溶科技总部基地项目顺利落户。同时，建设1个省级、2个唐山市级现代农业园区，实施了亚滦湾休闲农业园、华农养殖基地等一批绿道金瓜工程。建立农民专业合作社319家，唐山市级以上农业产业化龙头企业达到20家，农业产业化率达到76.1%。

【城镇化建设】　全年谋划实施重点城建项目22个，计划总投资109亿元，城市建成区面积达到42平方公里，常住人口城镇化率达到54.8%。成功申报并获批国家海绵城市中唯一的县级试点，中央连续三年每年给予4亿元资金支持。天洋城商业一期正式营业，红星美凯龙家居博览中心投入使用，佛山公园等项目加快建设。以60个省级重点村为引领，扎实推进美丽乡村建设，安排资金1.28亿元实施环境整治、厕所改造等15件实事工程。上庄、白羊峪被评为河北省“美丽乡村”，迁安市获省美丽乡村建设先进县（市），被确定为唐山市唯一的美丽乡村建设省级重点片区。

【改善生态环境】　狠抓生态环境治理，圆满完成“9·3”阅兵空气质量保障任务。强力推进137项大气污染治理任务，强化点源治理，建立长效机制，全市优良天气达到166天，同比增加25天，环境空气质量综合指数排名居唐山市第6位。持续开展造林绿化攻坚，累计完成营造林5.3万亩，全市森林覆盖率达到43.5%；加强矿山生态环境治理，完成矿山地貌修复1890亩、生态修复1730亩，生态环境进一步改善。

【创优发展环境】　深化行政审批制度改革，本级行政许可（审批）事项由171项减少到99项。继续推进“三级平台、两个代办”，10项县级审批事项下放到乡镇。创新融资方式，与深圳金砖基金公司就海绵城市建设开展低成本融资合作，争取省级政府债券15.5亿元，争取国家专项建设基金1.48亿元。积极推进农村土地经营确权登记，扎实开展集体经济股份制改革试点。

【社会事业】　教育事业均衡快速发展。投入9700万元，优化农村教育布局，改善中小学办学条件，积极破解农村小学生上学远问题；高考成绩创历史新高，本科二批上线率由唐山市第7名跃升至第2名；被列为国家职业教育和成人教育示范县创建试点。文体事业蓬勃发展。顺利通过全国文化先进市复查验收，被评为河北省公共文化服务示范区，公共文化资源共建共享工程被列为全国示范项目。成功申报第二批国家级农村职业教育和成人教育示范县创建试点，成功获得奥运会亚（洲）大（洋洲）地区拳击项目资格赛承办权。卫生计生事业稳步发展。公立医院改革稳步推进，药品零差率销售让利群众2141万元；城乡居民医保补偿比例和保障水平继续提高，累计最高补偿额达到50万元；新建中医院投入使用。科技创新能力显著提升。创新创业平台扎实推进，燕山大学科技园设立迁安分园，华北理工大学创新创业孵化园加快建设，新增省级科技型中小企业85家、高新技术企业2家。

【民生改善】　全年投入48亿元用于民生和社会事业，占公共预算支出的65.3%。圆满完成社会保障提升、就业帮扶等20件为民实事工程。城镇居民人均可支配收入达到32160元，增长7.7%；农村居民人均可支配收入达到18478元，增长7.9%。农村居民和城镇居民最低生活保障标准分别提高到每人每年3550元、每人每月500元，全年累计发放低保、五保、高龄养老津贴6890万元。城乡居民社会养老保险参保人数达到29.7万人，参保率97.8%。持续抓好安全生产、食品药品安全、社会治安和信访稳定工作，维护了和谐安定的良好局面。

【政府自身建设】 在推进经济社会发展的同时，按照省、唐山市和迁安市的统一部署，深入开展“三严三实”专题教育和解放思想大讨论活动，着力加强思想政治建设和作风建设。自觉接受市人大的法律监督和工作监督、市政协的民主监督以及各界群众和新闻媒体的监督。按照“四个干”抓落实工作机制，汇总51家单位的312项重点工作，逐项明确“干什么、怎么干、谁来干、什么时间干成”，编制了《2015年市政府重点工作运行管理图库》，各项工作如期完成。

（郭　磊　刘向超）

2015年迁安市政府重要文件题录表

表9

文件号	发文日期	标　　题
迁政〔2015〕1号	2月16日	关于印发迁安市2015年为民实事工程的通知
迁政发〔2015〕8号	1月20日	关于推行重点项目全程代办制的实施意见
迁政发〔2015〕17号	2月12日	关于切实做好2015年春运工作的通知
迁政发〔2015〕19号	2月16日	关于下达2015年度主要经济目标任务的通知
迁政发〔2015〕31号	4月8日	关于印发《迁安市创建国家公共文化服务体系示范区建设规划（2015—2017年)》的通知
迁政发〔2015〕33号	4月9日	关于印发迁安市加强和规范民办幼儿园管理的实施意见的通知
迁政发〔2015〕37号	4月16日	关于印发迁安市2015年度食品安全重点工作安排的通知
迁政发〔2015〕46号	5月19日	关于进一步加强政府法律顾问制度建设的意见
迁政发〔2015〕50号	6月4日	关于印发《迁安市国民经济和社会发展第十三个五年规划纲要编制工作方案》的通知
迁政发〔2015〕52号	6月4日	关于迁安市农业综合开发扶持农业优势特色产业规划（2016—2018年）的批复
迁政发〔2015〕57号	6月19日	关于市政府领导分包防汛重点部位的通知
迁政发〔2015〕58号	6月30日	关于印发《推进简政放权放管结合转变政府职能工作方案》的通知
迁政发〔2015〕67号	7月16日	关于印发迁安市燃煤锅炉治理实施方案的通知
迁政发〔2015〕83号	8月19日	关于设立海绵城市建设引导基金的批复
迁政发〔2015〕93号	9月17日	关于批准成立化工产业园的批复
迁政发〔2015〕94号	10月8日	关于印发《迁安市落实〈唐山市创建国家食品安全城市工作方案〉的意见》的通知
迁政发〔2015〕105号	10月10日	关于印发迁安市化解钢铁过剩产能实施方案的通知
迁政发〔2015〕106号	10月11日	关于下达2015年化解钢铁过剩产能实施方案的通知
迁政发〔2015〕129号	10月22日	关于政府班子成员分工的通知
迁政发〔2015〕136号	10月22日	关于进一步加强全市住宅小区物业管理工作的实施意见
迁政发〔2015〕161号	11月23日	关于印发《迁安市人民政府关于贯彻落实“爱唐山、做贡献”主题实践活动、开展“八项攻坚”提升行动的实施方案》的通知
迁政发〔2015〕179号	12月29日	关于印发重污染天气应急预案的通知

（郭　磊　刘向超）

市政府领导成员

市　　　　　长　张淑云（女）
常 务 副 市 长　李福林
副　　市　　长　冯　涛（10月任，挂职）
　　　　　　　　庞再明（10月任）
　　　　　　　　王学龙（10月任）
　　　　　　　　李晓丹（女，挂职，11月任）
　　　　　　　　马文柏　王志刚　李凤春
　　　　　　　　许晓华（女，挂职，6月离）
　　　　　　　　黄玉东（7月离）
市政府党组书记　张淑云（女）
市政府党组副书记　李福林　杨春景
市政府党组成员　冯　涛（11月任）
　　　　　　　　庞再明（11月任）
　　　　　　　　王学龙（11月任）　王志刚
　　　　　　　　李凤春　张清敏　李晓波
　　　　　　　　李曙光　孟祥中
　　　　　　　　许晓华（女，挂职，6月离）
　　　　　　　　黄玉东（7月离）

市政府办公室工作

【概况】　2015年，迁安市人民政府办公室围绕转方式、调结构、治污染、压产能、防风险等全市核心工作和项目建设、2015年实事工程等，充分发挥参谋、协调、督导、服务职能，全年累计处理并传阅上级、平级文件1799件，传真电报1159件，电话记录275件，受理请示报告821件，当日送达率100%。发放督办卡60件，件件按时限要求办理完毕；印发市政府及办公室文件407件。对2014年年底前以市政府名义下发的规范性文件进行全面清理，修改11件，废止26件。审核以市政府和市政府办公室名义下发的规范性文件6件，提出审核意见21条。加强行政执法监察，对17个行政执法部门80件行政处罚案卷进行抽查，并依规通报了结果。累计受理并按时办结行政复议案件19件。累计办理人大代表建议、政协委员提案156件，会办政协河北省第十一届委员会第三次会议提案1件，按时办结率100%，走访率100%，满意率97.5%。接待群众单人来访307批670人次，群众集体访312批11239人次，群众反映事项答复率100%，均得到及时稳妥处理。“12345”热线（唐山市民公共服务热线）共受理群众来电、来信9164件，下派重点、难点问题督办件1866件，至2015年，承办件按时办结率、满意率已连续三年居全唐山市第一。完成市政府门户网站改版升级工作，全市78家维护单位共发布信息3609条，较上年提升15.2个百分点。开通行政执法、“爱唐山、做贡献”主题实践活动、打击侵权假冒案件信息公开等专栏。全年上传信息7634条，综合浏览量（PV）达到280.5万个，日均1000余个。政务外网正式开通，网上审批系统、信访系统稳定运行。指导相关部门编修了《重污染天气应急预案》《血液保障应急预案》等专项应急预案。值班室建设进一步规范，被唐山市推荐为河北省县级政府值班工作先进示范点。周密部署应急值守和规范信息上报工作，圆满完成重污染天气预警、汛期防汛、抗日战争暨世界反法西斯战争胜利70周年纪念活动等各项应急保障任务。圆满完成70.8万字的《迁安年鉴（2015）》出版发行工作。深入挖掘抗战史料，推荐的“河北迁安，皮影抗战那些年”在人民网刊播。外事侨务工作，严格执行《因公临时出国（境）人员审批程序及管理暂行办法》，共办理1批1人；按规定办理6批24人次入境技术指导手续。协助有关部门处理好涉外事件。

不断加强自身建设。按照上级统一部署，市政府办公室深入开展解放思想大讨论、“三严三实”专题教育、“爱唐山、做贡献”主题实践活动等系列活动，干部队伍精神面貌、服务能力和水平明显提升。加强廉政建设。严格落实中央“八项规定”，牢记“两个务必”，深入开展廉政教育，不断强化办公室全体人员的法律意识、纪律意识和红线意识，严守各项廉政规定，打造出一支作风过硬的干部队伍。

【充分发挥以文辅政作用】　一是调研力求高质高效。紧跟市政府领导工作思路，紧贴经济社会热点难点问题，紧密结合全市生产生活实际，重视跟踪性、经验性研究。累计刊发《领导参阅》14期、《工作研究》19期，编发《决策参考》62

期。其中，《我市应研究PPP融资模式，稳妥化解政府平台债务》《关于我市出租车行业改革创新的建议》《借鉴优秀钢企改革创新举措，应对经济增长新常态》等9篇调研文章得到市委、市政府领导肯定，部分建议进入领导决策。二是信息力求准、新、快、精。围绕经济社会发展、重大决策执行等方面，深入开展信息工作，累计上报河北省、唐山市政府办公厅信息700余条，被采用90余条，其中《迁安市积极开展海绵城市试点建设工作》和《迁安市反映：玉米收购价格呈现下降态势》被国务院办公厅采用。围绕全市工作重点和领导关注的热点编发《政务信息》58期、《专报信息》2期。创新工作载体，累计编发《唐山市微信平台摘要》11期，为领导决策提供了有益借鉴。三是办文力求精益求精。积极适应新形势、新变化，不断提高领导讲话稿的思想性、前瞻性和可操作性，高质量撰写了政府工作报告、市政府全体会、安全生产工作会等讲话稿以及《关于贯彻落实“爱唐山、做贡献”主题实践活动开展“八项攻坚提升”行动的实施方案》等文稿，有效指导工作开展。

【充分发挥协调督导职能】 一是围绕年度目标抓督查。依据《政府工作报告》确定的年度工作任务，结合全市项目建设计划、2014年实事工程，编制了《迁安市人民政府2014年工作要点》，将8个方面、37类、132项具体工作逐项明确分管领导、责任单位、任务目标、完成时限，定期督查反馈进度，确保各项目标任务圆满完成。二是围绕重点工作推进抓协调。2015年，面对外部冲击和内部问题相互叠加、主导产业效益急剧下滑的严峻挑战，全市既要稳增长，又要调结构、打基础、增后劲，转型攻坚压力不断加大。为此，市政府办公室紧紧围绕稳增长，积极落实市委、市政府主要领导指示精神，做好具体的协调服务工作，解决了部分企业资金链断裂的危机；围绕抓项目、增后劲，精心组织项目建设攻坚和现场办公活动，协调解决金牛管业、正大制管、滦河综合治理、龙湾游艇俱乐部等项目建设中遇到的困难和问题，项目建设在唐山市观摩活动中保持优异成绩；围绕抓招商、增活力，协调各乡镇、市政府各工作部门“走出去、请进来”，做好小团组精准招商工作，对接京津取得丰硕成果；围绕破解瓶颈制约，做好联系、协调、服务工作，推动北商泵阀、路明实业2家企业在天津股权交易所挂牌上市，全市上市后备企业新增至12家；责成职能科室与国土部门紧密配合，推进矿山废弃地复垦试点、土地整治补充耕地和建设用地组卷报批工作，多方争取上级批复建设用地8660亩，占唐山市总量的1/5，实现历史性突破。三是围绕工作落实抓督办。对市政府全体会、市长办公会、市政府常务会、现场办公会议定事项和领导批办件，逐一明确时间节点，严格执行日督导、周通报制度，累计编发《督查专报》51期、《督查动态》21期，其中41期得到市政府领导批示。先后组织重点项目建设、环境保护专项整治、高速及绿道沿线环境整治等专项督查50余次，下发各类督办函件1500余件，有力推进了工作落实。

【精心承办各类政务活动】 严把会议规格、规模，组织了市政府全体会、市政府党组会、市长办公会等会议。圆满完成省委书记赵克志，省委常委、唐山市委书记焦彦龙，省环保厅厅长陈国鹰，唐山市市长丁绣峰到迁安视察工作，与浙江中唐集团迁安民俗文化旅游综合体项目签约仪式等活动的筹备、组织工作，受到各级领导的一致好评。牢固树立过紧日子思想。年内，在保障市政府机关高效运转的基础上，人、车和接待等各方面经费明显降低。扎实推进“阳光采购”，全年组织集中采购297次，累计完成采购额2亿元，比审计后预算价节约4891万元，节支率为19.66%。

（郭　磊　刘向超）

2015年迁安市政府办公室重要文件题录表

表10

文件号	发文日期	标　题
迁政办〔2015〕4号	1月19日	关于编纂出版《迁安年鉴》2015年卷的通知
迁政办〔2015〕8号	1月23日	关于成立中国迁安文化旅游综合体项目对接工作领导小组的通知
迁政办〔2015〕13号	2月19日	关于加强水资源管理和水资源费征收工作的通知
迁政办〔2015〕15号	3月12日	关于印发迁安市环境保护大检查工作方案的通知
迁政办〔2015〕19号	4月2日	关于印发2015年政府法制工作要点的通知
迁政办〔2015〕21号	4月7日	关于印发迁安市首届全民健身自行车骑行游活动方案的通知
迁政办〔2015〕29号	5月11日	关于印发《迁安市水泥市场经济秩序专项整治工作方案》的通知
迁政办〔2015〕33号	5月15日	关于成立迁安市推进京津冀协同发展工作领导小组的通知
迁政办〔2015〕38号	5月28日	关于印发迁安市汛期安全生产工作实施方案的通知
迁政办〔2015〕39号	6月1日	关于转发《河北省人民政府办公厅转发国务院审改办关于严肃纪律巩固行政审批制度改革成果的通知》
迁政办〔2015〕44号	6月25日	关于印发迁安市电子商务进农村综合示范工作实施方案的通知
迁政办〔2015〕49号	7月13日	关于印发当前政府信息公开工作要点的通知
迁政办〔2015〕51号	7月20日	关于公布市本级清理规范行政许可非行政许可审批事项有关情况的通知
迁政办〔2015〕54号	7月24日	关于成立迁安市重点项目协调领导小组的通知
迁政办〔2015〕64号	8月13日	关于印发2015年既有居住建筑节能改造实施方案的通知
迁政办〔2015〕66号	8月15日	关于印发中国人民抗日战争胜利暨世界反法西斯战争胜利70周年纪念活动迁安市空气质量保障方案的通知
迁政办〔2015〕80号	9月8日	关于加强气象防灾减灾工作的通知
迁政办〔2015〕82号	9月28日	关于做好2015年全市1%人口抽样调查工作的通知
迁政办〔2015〕89号	10月29日	关于印发迁安市2015年农村能源清洁开发利用工程实施方案的通知
迁政办〔2015〕90号	11月10日	关于印发《丁绣峰同志来迁调研时的讲话》的通知
迁政办〔2015〕92号	11月10日	关于全市政务部门（第一批）接入全市电子政务外网工作的通知
迁政办〔2015〕100号	12月8日	关于印发“爱唐山、做贡献、消隐患、保安全”消防安全百日攻坚会战工作方案的通知

（郭　磊　刘向超）

市政府办公室

主　　任　孟祥中

常务副主任　（1~12月空缺）

副 主 任　桑　稳（7月离）　宋中江

陈学忠　牛春宝

张宏志（7月离）

朱少达（11月离）

刘文丰（11月离）

韩进昌（7月离）

高建军（11月离）

主任科员　邹建会（12月任）

张宏志（7月任）

白宝俭　陈国文

副主任科员　刘国新　张少春

市政府机关事务管理局（7月与市委机关事务管理局整合）

局　　长　（1~7月空缺）

副 局 长　杨志军（7月离）

应春峰（7月离）

孙小刚（7月离）

信息调研

【上报信息】 2015年，累计上报河北省、唐山市政府办公厅信息700余条，被采用90余条，其中上报的《迁安市积极开展海绵城市试点建设工作》和《迁安市反映：玉米收购价格呈现下降态势》被国务院办公厅采用。上报信息紧密结合全市经济社会建设情况，全面反映迁安市经济社会全貌。1. 把准基本信息。深入基层挖掘信息，充分发挥各单位信息工作人员作用，把大量第一线的信息和基层的原始情况捕捉到手，为各级领导了解社情民意、解决基层问题提供依据，收到较好的效果。2. 捕捉亮点信息。对上报的信息，强调精筛选、突亮点，反映出本市的特色和工作特点，达到以点带面的效果。把捕捉亮点信息作为提升信息价值的重要举措，对特色信息、典型信息归纳总结，反复提炼，形成有价值的上报信息。3. 突出重点信息。从全市重点工作出发，加强各类信息情况反映，编报更多的精品信息，提高信息工作的主动性。首先，围绕上级方针、政策和重大决策反馈信息。总结基层贯彻上级决策的具体部署和做法、决策落实中存在的问题和建议等。其次，围绕群众关心的难点、热点问题反馈信息。深入基层围绕焦点、热点问题和群众关注问题采编信息。面对新常态下的一些新情况、新问题、新矛盾，认真调查、集中整理、分类上报，不断提高信息采用率。

（田红祥　张明远）

【政务信息】 围绕本市工作重点和领导关注的热点编发本级《政务信息》58期、《专报信息》2期。工作中抓质量、拓网络、强队伍，畅通渠道，以高效、详实、准确的信息工作服务领导决策。1. 围绕中心，提高信息质量。首先是狠抓重点信息，服务领导决策。坚持把领导关注的、急需了解的问题作为信息工作的切入点，把握政府每个时期的工作重点，有选择、有目的地采编、报送反映全局、突出重点的信息，为领导科学决策提供高质量的信息服务。其次是重视“问题”信息，为基层和群众服务。端正对“问题”信息的认识，突破报忧“禁区”，做到既报“喜”又报“忧”。基层上报的一些信息，往往从各个方面反映与群众生产生活息息相关的带有苗头性、倾向性的问题，经过归纳整理、及时报送，反映基层和群众的呼声，让领导及时准确掌握基层动态，把问题处理在萌芽期。2. 健全机制，拓展信息网络。在明确专职信息工作人员的前提下，注重从各层面布网点，培育骨干，通过重点带动全面，实现信息收集网络化，使信息在广度、深度上不打折扣，提高服务决策的实效性。3. 推进信息人才队伍建设。充实信息工作队伍，整合信息工作职能，加快工作效率；加强自身素质的提高，在政策、理论、综合分析、调查研究、文字表述等方面，不断提高信息员的业务水平，拓宽信息渠道，创新工作方式，开发信息资源；采取多种形式对信息人员培训，培养过硬、稳定的专业信息队伍，为参政、执政发挥更大的信息反馈作用。

（田红祥　张明远）

【调研工作】 2015年，市政府研究室围绕市政府主要领导决策、社会关注的热点难点问题、事关全市国计民生的大政方针加强调查研究，突出全局性、应用型课题，重视跟踪性、经验性研究，努力让调研成果在服务领导决策中发挥更重要的作用。全年刊发《领导参阅》14期、《工作研究》19期，编发《决策参考》62期。其中，《我市应研究PPP融资模式，稳妥化解政府平台债务》《关于我市出租车行业改革创新的建议》《借鉴优秀钢企改革创新举措，应对经济增长新常态》《积极争取河北省环境污染治理资金的建议》等9篇调研文章得到市委、市政府领导肯定，部分建议进入领导决策。

组织调查研究工作中，市政府研究室紧扣调查、研究、撰稿三个环节，坚持每一步都抓实、抓深、抓透，去粗取精，去伪存真，由表及里，努力提升调研成果的质量。在立足自身开展调查研究的同时，还充分发挥主观能动性，积极借外力、引外智，开门搞研究。一是坚持领导抓、抓领导。定期向市政府分管领导汇报工作，争取领导的工作支持，形成领导重视调研、决策前必须调研、决策后跟踪调研的工作机制。探索建立调研课题领导负责制度。各级领导对调研课题的确定、调研方案的实施、调研报告的撰写提出意见和指导，指派专人负责课题研究，做到课题明确、时间明确、责任明确。对调研成果的执行情况进行跟踪调查，并及时反馈给有关领导，促进调研成果进入决策、影响决策。二是坚持抓重点、抓热点。根据全市工作实际及上级下达的调查研究任务，以研究新情况、总结新经验、制度创新和工作创新为着力点，深入开展调查研究，努力实现服务中心、服务工作的目标。为增强调研服务的主动性，精心选题，科学谋划，扣住重点，每季度都要提出调查研究要点，报分管市领导和办公室主任同意后，组织相关人员开展调查研究。三是坚持抓机制、见实效。制定长效工作机制，调动各方面的力量和优势开展调查研究活动，力争多出成果、多出思路。年初制订全年调研计划，落实课题研究责任，做到工作有计划、有部署、有检查、有效果。将开展调查研究与解决实际问题结合起来，把通过调研得来的材料、观点、意见及时反馈给领导和部门，对问题认真分析研究，提出合理化建议，推动调研成果的转化。

（李建华）

市政府研究室

主　任　张新松

副主任　张　铮（满族）

督查工作

【概况】　2015年，市政府牢牢把握京津冀协同发展和环渤海地区崛起的历史性机遇，坚持“稳中求进”的工作主基调，持续抓好项目建设、招商引资、调优结构、城市建设、服务“三农”、环保治理、改革创新和民生改善等重点工作。为提升行政效能，有效推动政府决策部署落地生根，市政府督查室发挥参谋部、协调部、督导部作用，加强对市政府各部门、市直相关单位、各乡镇政府、各园区管委会承担市政府工作任务落实情况的协调督导，建立实行“每月分析、按季通报、年度考评”的政务督查工作推进机制，为全市重大决策落地生根、工作部署政令畅通、经济社会稳步发展提供坚强保障。

【决策督查工作】　1. 全面督导政府重点工作。根据市委五届五次全会和市五届五次人代会部署的年度重点工作，贯彻落实“干什么、怎么干、谁来干、什么时间干成”的“四个干”工作机制，汇总编制《迁安市人民政府2015年重点工作运行管理图库》，收录51家单位的年度重点工作运行图，涉及312项重点工作。按照以图为纲、挂图作战、据图督导、按图对账的要求，每月对各项工作进行综合督导并汇编成册，有力地推进各项工作的有效落实。2. 紧密追踪市政府会议部署。坚持对市政府常务会议、市长办公会议等相关会议议定事项及市政府主要领导深入基层调研、现场办公指示意见的落实情况进行跟踪督导，细化分解工作任务，明确责任单位、责任领导，制定《市政府相关会议议定重点工作进展情况对比表》，落实台账制度，每周对各项工作进展情况进行督导检查并形成专项报告呈报领导参阅。全年就相关会议议定事项及市政府主要领导指示意见督导工作开展落实，累计编发《督查专报》38期、《督查动态》19期，其中28期得到市政府领导批示。

【专项督查工作】　按照市领导指示和市政府办公室安排，先后围绕重点项目建设、抗日战争暨世界反法西斯战争胜利70周年纪念活动期间空气质量保障、国土资源管理等五项重点工作组织专项督查50余次，会同相关单位围绕“爱唐山、做贡献”主题实践活动、“三级平台、两个代办”建设等开展联合督导10余次；积极参与重大会务活动，先后参与“京东水城、魅力迁安”经贸洽谈会、河北省委书记赵克志等上级领导到迁安视察、唐山市项目观摩等重要会议、活动的组织工作，提前踏查活动线路及现场，督导相关单位落实环境整治、交通疏导、突发事件处置等任务，为全年重要会议、重点活动的圆满完成提供坚实保障。全年撰发督办通知单、交办事项通知单、责任分解表等各类督办函件1200余件次。

【批办督查工作】　按照工作职能分工，市政府督查室负责办理上级领导批示事项、唐山市政府督查室交办事项，迁安市委领导批转市政府办理事项、市政府主要领导批示事项及市政府主要领导来信来函事项。2015年，累计办理各类交办事项208件，其中唐山市级以上领导批示事项、唐山市政府督查室交办事项21件，迁安市委领导批转市政府办理事项64件、市政府主要领导批示办理及来信来函事项123件。严格按照“限期办理、逐件落实、分类督办、定期反馈”的要求，做到交则必查、查则必果、果则必报，事项办结率100%，一次办结率达到99%。

【为群众办实事工作】 2015年年初，市政府督查室本着“结合自身实际、合理配置资源、提高综合效益、促进统筹发展”的原则，广泛征集各单位实事工程方案，认真征求人大代表、政协委员意见和建议，充分尊重群众意愿，精心谋划2015年实事工程，经市委、市政府同意，实施充分就业、社会保险扩面、优化教育基础设施等十个方面20项实事工程。为确保实事办实、好事办好，市政府督查室采取实地督查、电话督查、跟踪督查等多种形式，按季度通报各项实事工程进展情况，及时研究解决实事实施过程中遇到的各类困难和问题，并及时在《迁安时讯》、政府门户网站、政务公开栏上向社会公布年中进展情况及年底完成情况，保证实事工程的实施始终处于群众监督之下。至2015年年底，20项为民实事工程全部顺利完成，进一步提升了市政府在人民群众中的公信力。

2015年迁安市人民政府为民实事工程完成情况表

表11

实事工程	完成情况	责任单位
开展就业和创业专项培训，拓展就业渠道，提高就业和创业能力，促进人民增收	全年实现城镇新增就业6642人，完成目标的110.7%；开展职业技能培训101期，免费培训城乡劳动力2839人，完成目标的142%；发放创业担保贷款3169万元，完成目标的158.45%；创业带动就业1613人，完成目标的107.5%	人社局
推进企业职工社会保险扩面，提高城乡低保、农村五保供养标准，持续关注关爱残疾人弱势群体，提高社会保障能力	1. 企业养老保险新增参保3980人，医疗生育保险新增参保2020人，工伤保险新增参保2020人。2. 农村居民最低生活保障标准提高到每人每年3550元，城镇居民最低生活保障标准提高到每人每月500元。累计为20154位低保对象发放保障金4250万元。3. 按照集中供养五保对象每人每年7600元、一般分散供养五保对象每人每年5000元、病瘫分散供养五保对象每人每年8000元的标准，累计为1873位五保对象发放五保供养金1140.3万元。4. 完成农村贫困残疾人危房改造100户，实施精神残疾人救助200名、残疾人居家托养救助120名，为965名一、二级农村贫困重度残疾人发放生活补贴	人社局 民政局 残联
优化农村教育基础设施布局，解决农村小学生上学远问题。升级改造学校食堂18所，保障师生用餐安全	1. 实施解决农村小学上学远工程，完成投资3000万元。2. 杨店子镇初级中学、马兰庄童之梦幼儿园等18所学校食堂升级改造工程全部完工	教育局
实施免费婚前医学检查，有效降低新生儿缺陷发生率，提高全市出生人口素质	制定《迁安市开展免费婚前医学检查工作实施方案》，完成婚检27对	卫计局
实施第三通道西延工程，保障东西区交通安全畅通；完成集中供热扩容60万平方米，持续推进老旧小区改造，进一步提高社区物业管理服务水平	1. 第三通道西延工程累计完成投资3000万元，部分配套连通道路建设已完工。2. 集中供热扩容工程全部完成，实施供热扩容面积60万平方米。3. 既有居住建筑节能改造工程完成青杨小区、昌安小区、常青小区等12栋楼房、4万平方米改造任务。4. 老旧小区改造完成绿化1.94万平方米，硬化道路5450平方米，安装路灯147盏，更新地埋线840米，铺设甬道170平方米，维修凉亭2个	交通局 住建局 城区办

续表 11

实事工程	完成情况	责任单位
完成营造林面积 5 万亩，全力构筑市域生态绿色屏障	完成营造林 5.3 万亩，其中人工造林 2.7 万亩（含荒山雨季造林 1 万亩）、封山育林 2.6 万亩	林业局
实施小麦、棉花、玉米、奶牛、能繁母猪、森林等 14 个政策性保险险种，为全市农业生产持续稳定健康发展保驾护航	政策性农业保险完成保险费总额 2176.7 万元，实现赔补 1074.2 万元	农牧局 林业局
实施农村面貌改造提升、1.1 万座卫生厕所改造、饮水安全、400 户危房改造工程，持续改善农村面貌和农民群众生活条件	1. 以打造“省级美丽乡村”建设为契机，培育省级重点村 60 个、省级中心村示范点 1 个，整体提升全市农村面貌。2. 农村卫生厕所改造完成 1.2 万座，超额完成。3. 农村饮水安全工程完成投资 853 万元，解决 1.7 万人饮水安全问题。4. 农村危房改造工程完成 501 户	农工委 卫计局 水务局 住建局
投入 9668 万元，完成农村低电压治理、低压智能电表和专变客户端安装、步步川 110 千伏输变电新建工程，为全市工农生产、群众生活提供更为安全有效的供电保障	农村低电压治理项目更换电缆 2.3 公里，更换接户线 51 公里，处理隐患缺陷 41 处；安装低压智能电表 35 万块、专变终端 5200 台、集中器 1700 台、计量箱 6.7 万个；步步川 110 千伏输变电工程已完成基础设施建设	供电公司
维修改造现有体育健身设施，广泛开展文化惠民活动，丰富群众业余文化生活	新一轮农民体育健身工程完成 34 个村体育健身器材配置更新。“文化惠民”巡回演出 150 场，惠及全市 20 个镇乡（城区办）群众，成功举办“魅力钢城之夜”“城乡联动·康乐同行”等大型文体活动，进一步活跃了广大群众业余生活	文广新局

【人大代表建议、政协提案办理工作】 2015 年，市政府系统承办市五届人大五次会议代表建议及政协五届四次会议提案 156 件，至 9 月底全部办结，按时办结率 100%，走访率 100%，代表、委员满意率 97.5%。此外，按照唐山市政府办公厅通知要求，办结政协河北省第十一届委员会第三次会议提案 1 件。为推动承办工作有效开展，市政府督查室组织召开承办工作会议，对建议、提案进行全面梳理，明确责任单位，印发《关于规范办理人大代表建议及政协提案工作的通知》，严格规定办理时限、走访形式、答复格式等。6 月，会同市人大选举人事科、政协祖统提案委开展承办工作督导月活动，协调解决各单位落实承办工作中的重点难点问题。在 10 月市五届人大常委会第三十三次会议及 11 月政协提案视察工作会议上，市人大、政协领导及参会代表、委员对政府系统办理工作给予高度评价。

【市政府本级政务公开工作】 继续坚持群众路线，接受群众监督。2015 年，按照市政务公开领导小组要求，市政府督查室围绕公开内容充实、公开时间及时、公开重点突出的原则，认真组织整理相关资料，精心设计、印制、安装政务公开版面 4 幅，及时将领导分工、国民经济社会发展计划运行、财政收入支出、为民实事等情况向社会予以公示，树立政府机关公开、公正、透明的良好形象。

市政府督查室
主　任　刘英椿

（杨卫军）

农业办公室工作

【概况】 市政府农业办公室综合、协调、指导全市农业农村经济工作，2015 年，累计制发市政府文件 174 期、市政府办公室文件 13 期，撰写领导讲话稿、工作汇报、典型发言等综合材料 43 篇，组织工作安排部署、项目调度、现场观摩等各种本级会议活动66场次，组织接待上级督导检查、项目观摩等活动24场次。

【现代农业建设工作】 1. 督导农业重点项目。重点督导迁安亚滦湾国家农业开发创新产业园、燕禾泉饮料有限责任公司干鲜果品深加工基地等41个农业重点项目，其中27个项目已完工。2. 推进现代农业园区建设。迁安市现代农业园区被列为省级现代农业园区。上庄乡万亩现代休闲农业产业园、白羊峪休闲农业与乡村旅游园区被评为唐山市级现代农业园区。3. 促进农业企业上市工作。乐丫农产品有限公司、燕禾泉饮料有限公司、亚滦湾国家农业创新产业园、唐山佳禾生态农业开发有限公司、正农鹅养殖有限公司5家农业企业纳入唐山市上市后备企业资源库。4. 推动农业品牌创建工作。新增“龙泽谷”“迁安板栗”“成仙石”“水泉亿达”“成泉”等农业注册商标20个，新增“迁安板栗”地理标志1个，新培育“燕禾泉”和“龙泽谷”农业品牌2个，新增有机食品认证3个，即迁安市郑富来农产品开发有限公司生产的谷子和板栗、河北正元农业生态开发有限公司加工的大米、迁安市桃园林果种植专业合作社生产的桃。“迁安板栗”地理标志证明商标注册成功，实现全市在地理标志证明商标注册上零的突破。5. 组织参加第十九届中国（廊坊）农产品交易会，全市11种果品在农交会上获奖，其中金奖6个、银奖2个、铜奖3个，在唐山各县（市、区）中，获奖数、金奖数均列首位。

【新型农业经营主体培育工作】 分解责任落实到各乡镇，协调农牧、林业、供销社等有关单位，严格督导。新培育唐山市级农业产业化重点龙头企业4家，即迁安市大绿洲花卉种植专业合作社、迁安市龙泽谷国际酒庄有限公司、迁安市东亚食品有限公司、河北正元农业生态开发有限公司；省级龙头企业1家，即迁安市乐丫农产品开发有限公司。新发展农民专业合作社112家，其中国家级示范社1家，即迁安市乡伊香农林专业合作社；省级示范社2家，即迁安市乡伊香农林专业合作社、迁安市文华玉米种植专业合作社；评定唐山市级示范社8家，即迁安市正农鹅养殖专业合作社、迁安市桃园林果种植专业合作社、迁安市秀禾蔬菜种植专业合作社、迁安市育民果菜种植专业合作社等。新确立示范家庭农场20家，进行工商登记注册的家庭农场10家。

【造林绿化工作】 组织协调林业、国土、环保等部门，深入造林绿化现场，督导工作落实，协调解决存在问题。2015年，完成营造林5.3万亩，森林覆盖率达到43.5%。对京秦高速迁安支线两侧环境进行专项整治，拆除遮挡两侧100米范围内的非法企业，实现高速支线两侧绿化无缝隙覆盖。

【气象、地质灾害应急工作】 1. 制定《关于印发迁安市重大气象灾害应急预案的通知》《关于加强气象防灾减灾工作的通知》《关于全面推进全市气象现代化建设的意见》等文件，安排部署防灾应急工作，为全面推进迁安气象现代化建设提供依据。2. 及时做好暴雨等灾情上传下达工作。灾情来临前，及时协调市防汛办、市气象局迅速启动防汛和气象灾害应急响应。全年发布防汛、寒潮、雾霾、降温等预警信号49次，气象灾害指挥部文件6期。

【供销合作社综合改革工作】 与市供销社一起推进以农民合作社建设为重点的基层供销社改革。重点打造迁安镇、沙河驿镇、杨店子镇、赵店子镇、建昌营镇、杨各庄镇、夏官营镇、大崔庄镇8个基层供销社，探索以合作保险、合作金融为服务模式的迁安镇供销农民合作社联合社，推进以大田托管为服务模式的夏官营供销农民专业合作社联合社。

市政府农业办公室
分管领导 宋中江（市政府办公室副主任）
副 主 任 韦 玮

（王 伟 纪 东）

地方志工作

【《迁安年鉴（2015）》出版】 2015年12月，

由迁安市人民政府主办、迁安市地方志办公室承编的《迁安年鉴（2015）》由方志出版社出版发行，为《迁安年鉴》第19卷。全书设23个栏目、210个分目、900余个条目。卷首为特载、大事记，正文设迁安概况、政治、综合管理、政法·武装、农业、工业、交通·邮电、城建·环保、财政·税务、商贸服务·旅游、金融、科学技术、教育、文化·体育、黄帝文化研究与开发、卫生、社会生活、乡镇 街道、人物，卷尾为文献文件辑存和统计资料。该年鉴加强了人物资料入鉴，除《人物》栏目外，在《特载》《迁安概况》《农业》《文化·体育》《黄帝文化研究与开发》《教育》《科学技术》等栏目，多角度增加不同类型的典型人物的记述，在弘扬良好风尚的同时，增强了年鉴的可读性。该年鉴开本为889毫米×1194毫米，正文页码391页，图片16幅，字数708千字，印数1000册。

【《河北迁安，皮影抗战那些年》在人民网刊播】 纪念中国人民抗日战争胜利70周年之际，人民网策划了“我的家乡，我的好儿郎”专题报道，在全国范围内每个省选取一个区域的集体抗日故事线索。市地方志办公室深入挖掘抗战史料，推荐的“迁安皮影抗日”线索在河北上报的20余条故事线索中被人民网采用。7月2～6日，人民网派3名记者对迁安市进行为期一周的采访。采访了冀东最大的皮影艺术个人展馆——赵店子镇郭宝皮影传承馆，采访了当年劝父捐献影箱的迁安“洋八路”——刘汝林的妻子、96岁的老人邢少华和他的儿子刘梦庚，采访了在刘汝林感召下后来也参加八路军的郑昆老人等。8月17日，人民网以《河北迁安，皮影抗战那些年》为题制作的图文及视频报道在人民网首页《要闻·快讯·图解》和《热点专题》两个栏目中刊播，后迅速被凤凰网、新浪网、网易网等10余家网站转载。报道讲述了70年前迁安人民自发的或在共产党领导下利用皮影艺术宣传抗日、鼓舞人民抗战热情的感人故事，报道图文并茂，其中文字近5000字，图片10幅，视频时长8分44秒。报道对弘扬爱国主义精神、展现全迁安乃至全省人民的集体精神具有重要意义。当年迁安人利用深受人们欢迎的文艺形式提振民族精神抵御外侮的做法，对当今宣传实施党的各项政策及抵御敌对文化的侵袭仍有借鉴作用。

【指导与服务】 走访20余家单位，与各单位年鉴编辑人员开展面对面的交流，指导年鉴撰稿。充分发挥地方志资源优势，促进全市经济社会科学发展。一是搜集整理自然、历史、风土人情、人文景观、经济发展等资料，为修编城乡各项规划提供史料依据。二是为迁安市经济开发区、物流园区及滦河文化产业区建设顺利实施和提档升级提供科学依据。三是为社会各界提供咨询服务，为房地产开发、招商引资、减灾防灾及各界人士提供40余次咨询服务。帮助现居外地且祖籍迁安的9位同乡寻根谒祖，查阅书籍，帮助联络，努力帮他们实现多年夙愿。同时，通过他们进一步宣传迁安，提升迁安知名度。

市地方志办公室
主　任　郭伟强

（赵　辉）

应急管理工作

【概况】 2015年，全市发生各类突发事件8724起，主要为自然灾害、事故灾难和社会安全事件，同比减少1178起；造成直接经济损失2019.7万元，同比增加408.4万元。其中，较大自然灾害（洪涝、风雹）2起，直接经济损失879.4万元。事故灾难事件主要为工矿企业生产安全事故5起，死亡14人，直接经济损失1064万元。社会安全事件8717起，其中刑事案件3399起、治安案件5243起、交通事故47起、火灾事故28起，死亡29人，直接经济损失76.3万元。无公共卫生突发事件发生。

在市委、市政府的正确领导和各级各部门的共同努力下，2015年，全市应急管理工作取得良好成效，总体安全形势明显趋于好转，突发事件总数有所下降。安全生产形势总体较为平稳；公共卫生安全形势持续稳定；社会安全事件总体下降，刑事案件和治安案件数量下降，信访工作总体平稳，未发生恐怖袭击、金融安全事件及重特大道路交通、火灾事故。但全市公共安全形势依然比较严峻，特别是全市正处于转型升级的关键时期，对有效应对各类突发事件提出了更高的要求。全市工矿企业多，大气污染防治和雾霾天气防范应对工作压力大、任务重，2015年，启动重污染天气预警应急响应12次；安全生产事故时有发生，安全发展任重道远；受国内“三期叠加”普遍矛盾和全市化解过剩产能的影响，经济下行压力较大，经济社会发展长期积累的深层次矛盾凸显，社会安全事件尤其是群体性事件面临上升压力。

【应急管理运行工作机制建设】 按照预防与应急相结合、常态与非常态相结合的工作思路，围绕应急基础建设，认真做好常态下的应急值守、风险评估、物资储备、队伍建设、装备完善和预案演练等工作。强化各级各单位的应急值守工作。严格落实领导干部外出请假报备工作制度和24小时应急值班制度，做好突发事件信息报告工作。形成目标统一、步调一致、联系紧密、反应敏捷、协调联动、落实有力的值班体系。市政府值班室被唐山推荐为河北省县级政府值班工作先进示范点。做好应急平台建设。按照上级关于加强应急平台建设的相关要求，实现了与省、唐山市政府应急平台的直联对接，并增设了应急平台的多路传真和短信群发功能，为有效处置突发事件提供保障。做好特殊时期应急业务工作。针对重污染天气，及时发布和解除预警信息，并加大对各单位响应措施落实情况的监督检查力度；针对汛期、天津市“8·12”特大火灾爆炸事故、纪念中国人民抗日战争暨世界反法西斯战争胜利70周年纪念活动等特殊时期，周密部署应急值守和规范信息上报工作，提高了应急保障能力。

【应急预案体系建设】 2015年，及时完善更新《迁安市突发公共事件总体应急预案》，组织督促相关部门编修《迁安市重污染天气应急预案》《迁安市血液保障应急预案》等专项应急预案。各乡镇（城区街道）、各规模企业和所有学校的应急预案已基本完善，形成横向到边、纵向到底的应急预案体系，为积极防范应对和有效处置突发事件发挥重要保障作用。

结合全市实际情况，有计划、有步骤、有重点地组织实施应急预案演练工作。市安监局组织召开迁安市2015年应急比武综合演练暨应急预案、重大危险源备案工作会议，举办了迁安市2015年安全生产应急救援技能比武大赛，开展尾矿库事故应急预案演练；市教育局开展中小学幼儿园应急疏散演练；市市场监督管理局开展食品安全事故应急演练；市公安局开展应对恐怖袭击突发事件应急演练；市卫计局开展霍乱疫情处置应急演练和禽流感暴发疫情处置应急演练等。按照迁安市灭火与消防应急救援社会联动工作机制，建立灭火与消防应急救援联合定期演练制度，使各乡镇（城区街道）、各派出机构和有关部门全面提升了协调联动能力。

【应急队伍建设】 结合各类预案的制定，挖掘潜力，整合资源，组建市级应急管理专家组队伍。按照《迁安市人民政府办公室关于加强应急队伍建设的意见》，建立与驻地武警部队、预备役的长效联系机制，加强公安、消防、矿山、卫生医疗等专业救援队伍建设。充分发挥以公安消防队伍和其他优势专业应急救援队伍为依托的市级综合性应急救援队伍作用。积极建立社会化的应急救援机制，大中型企业特别是高危行业建立专职或兼职应急救援队伍，并积极参与社会应急救援，全市救援队伍之间的协调联动能力进一步提高。

【应急保障能力建设】 增加应对突发公共事件经费，森林防火基础设施建设、设备配备初具规模，公安消防灭火和抢险救援能力进一步提高，医疗救治和疾病防控体系基础设施建设、设备配备不断加强。改善物资储备设施，加强物资保障能力，城区范围内应急避难场所达到26个。

根据“宁可备而不用，不可用而不备”的原则，对防汛物料实行分级储备、分级管理、分级使用。汛期前，市防汛办储备7万条编织袋、1.5万平方米编织布、1万平方米无纺布、2艘橡皮舟、4艘冲锋舟、400件救生衣、200个救生圈、10套应急照明设备、23部海事卫星电话、34部手机和68台移动水泵，并分别在市防汛办、冷口水文站、桑园雨量站等地设置基地台，用于雨水情的上传下达。结合全市防汛物资储备情况，市民政部门对防汛物资进行了购置补充，2015年，更新储备棉衣150套、棉被200床、大衣50件、帐篷110顶，并在汛期前与防汛抢险物资储备企业保持24小时联系畅通，可随时将防汛物资调运至救灾现场，为防汛抢险提供应急物资保障。市卫生计生部门建立医疗卫生应急物资储备库，新配备5千瓦发电机、全面型和半面型呼吸防护器，并及时更新和补充了84消毒液、漂白粉、预防用抗菌药物、消毒器械和个人防护用品等大量后勤保障物资。

加大应急物资装备督导检查，相关部门督导企业落实安全生产资金投入，购置先进的物资装备，加强日常维护管理，确保装备器材齐全完好，有效保障全市生产安全和社会稳定。

【监测预警工作】　2015年，挂牌成立迁安市气象灾害防御中心和突发事件预警信息发布中心，落实机构和人员编制。构建“覆盖面广、渠道畅通”的突发事件监测预警和信息管理机制，依托政务内网、应急平台、移动通信和微信平台等，初步建立覆盖全市各级各部门的信息网络系统。市安全监管部门完善安全生产预警机制，在原有基础上，督导重点企业开展安全生产应急平台建设。特别是进入汛期后，重点对病险水库、山洪易发区等重要区域、重点部位，明确专人负责，实行24小时轮流值守，确保了汛期人民群众生命财产安全。

【应急处置与救援工作】　2015年，先后发生小庄户村森林火灾、鑫达来工贸公司污水管道疏通作业中毒事故、“9·2”首钢迁钢公司淹溺事故等突发事件，事件发生后，市委、市政府领导在第一时间赶赴现场，并做出批示指示，相关部门和单位密切配合，有效沟通，及时启动应急响应，协调调度应急救援队伍、物资，把保护人民群众的生命安全作为首要任务，科学果断采取应对措施，最大程度地降低了损失和影响。

【应急知识宣教培训】　结合全市实际制定具体的工作方案，有计划、有步骤、有重点地组织实施科普宣传工作。在春节、清明等特殊时期，向公众发布大量气象预警和森林防火宣教短信；投入专项资金用于重点部位宣传牌和宣传标语翻新建设。以“5·12”国家防灾减灾日、纪念中国人民抗日战争暨世界反法西斯战争胜利70周年纪念日等活动为契机，深入开展应急管理法律法规和科普宣教活动。利用市电视台、电台宣传《中华人民共和国突发事件应对法》《河北省突发事件应对条例》等应急法律法规；利用网络等媒体宣传应对突发公共事件的成功经验和案例，做到应急常识进乡村、进企业、进社区、进学校、进家庭，帮助公众掌握突发公共事件的预防、避险、减灾、救助常识，增强公众的危机意识和社会责任意识，提高公众的自救互救能力，形成全社会共同正确应对突发公共事件的良好局面，提高全社会对应急工作重要性的认识，增强广大人民群众的应急意识和应急能力。

市政府应急管理办公室
主　任　徐小松

（赵文浩）

政府集中采购工作

【概况】　2015年，政府集中采购工作在市财政、监察、审计和采购单位的监督、支持下，围绕“依法采购、优质服务、规范操作、廉洁高效”的服务宗旨，按照《中华人民共和国政府采购法》和国务院《中华人民共和国政府采购法实施条例》（以下简称《政府采购法实施条例》）等相关法律法规，实行依法采购，严格规范采购行为，提供廉洁高效的服务，提高财政资金使用效益，保护政府采购当事人合法权益，构建公开、公平、公正、和谐的政府采购环境。全年组织集中采购302次，累计完成采购金额2.01亿元，比采购控制价节约资金4909.5万元，节支率19.6%。

【采购范围逐渐扩大，规模效益逐步凸显】
1.2015年，采购范围空前扩大，采购内容多样，采购方式有新探索。服务领域涉及办公家具、教学仪器、办公自动化设备、环保及农业设备、海绵城市建设引导基金优先级份额及项目综合金融服务、工程施工图审查、造价咨询等，年实现政府采购支出2.01亿元，比采购控制价节约资金4909.5万元，在财政投资评审严控采购限定价的情况下，达到19.6%的节支率，体现了规模效益。在采购方式上，市政府采购中心严格遵照政府采购方案进行采购，其中公开招标采购54次，询价采购211次，单一来源采购31次；竞争性谈判2次；邀请招标3次，竞争性磋商采购1次。2.2015年是迁安海绵城市建设的开局年，涉及方案编制、财务法律技术咨询服务、项目建议书、可行性研究报告、施工图审、造价咨询、地质勘查、测绘等多个方面，中心在完成日常采购工作的同时，以海绵城市建设项目采购为重点，在严格遵守采购程序的前提下，优质、高效地完成了海绵城市建设采购项目，采购规模达9202.79万元。3.在采购方式上进行新探索。在迁安市海绵城市建设引导基金优先级份额及项目综合金融服务项目中，对竞争性磋商采购进行了有益探索，迁安海绵城市引导基金是全国首支海绵城市建设引导基金，中心严格按照“财政部政府采购竞争性磋商采购方式管理暂行办法”的程序及评审标准进行操作，圆满完成此次采购，节支率25.25%。

【狠抓关键环节，规范采购行为】 采购中心狠抓五个主要环节，规范政府采购行为，实现公开透明、依法采购。一是狠抓程序规范。以实施《政府采购法实施条例》为契机，进一步严格执行经市政府批准的采购方案，按批准的采购审定价、采购内容、供应商资格资质、采购方式、评标办法规范操作。从标书制作、论证审定，到评标委员会的抽取，直至评标全过程，都邀请监察、采购办、审计等部门以及采购单位代表共同参与，主动接受监督，并在指定媒体上公开发布采购信息；在开标评标过程中，充分利用行政服务中心的交易环境，并邀请公证处现场全程公证，增加采购活动的透明度，并将中标结果及时公告。询价采购，网上公开发布采购信息及成交结果信息，全程公开，透明采购，要求供应商在规定时间内将报价单密封或邮寄送达采购中心，每次询价采购都由采购单位一人和评审专家两人及以上组成询价小组，询价小组在采购办监督下共同拆封，以最低报价者为成交供应商。二是狠抓文本规范。结合采购单位提供的具体要求，3个工作日内草拟标书初稿，明确规定使用的评标办法及评审程序。及时邀请监察、采购办、审计、工商、物价、质量技术监督、公证等部门共同论证标书。对技术要求复杂、专业性强的项目，还要征求专家意见，最后综合各方意见对标书做出修改，确保文件内容客观、公平，报市采购办备案，送采购单位确认签章，形成定稿。三是严把采购业务信息制作发布关，确保信息公开。全年通过中国政府采购网、河北政府采购网、中国迁安、迁安市公共资源交易中心等指定媒体公开发布采购信息600余条。四是严格供应商进入和评标委员会的组成。所有采购活动，在文件发放之前，对招标文件、谈判文件、询价文件等进行审核把关，并对领取文件的供应商按既定方案进行资格预审，确保采购活动的客观公平和严肃性。严把评审关，确保结果公正。各项采购活动，都必须要求三家以上的合格供应商和三名以上的评标委员会或谈判、询价小组成员参与，从采购办指定范围内抽取评审专家，按发布文件确定的“最低评标价法”由评标委员会或谈判、询价小组现场评审确定，现场宣布结果，整个过程有公证人员或监察、审计、采购办等现场监督，确保各项采购活动过程的公开性和结果的公正性。五是狠抓行为规范。政府采购中心内部分工明确，规范操作，责任到人。做到合理分工，制定岗位责任制，明确各自职责。针对各个工作环节，制定严格的运行程序，严格按照程序办事。特别是在与市公共资源交易中心相关规定的结合上，既保证政府采购的必要程序，又遵守公共资源交易中心的制度要求，相互配合，共建和谐政府采购环境。

市政府采购中心
主　任　杨再田
副主任　荣　智

（马艳华）

爱国卫生

【概况】　2015年，市爱卫办以“改善迁安城乡环境、保障人民健康”为着力点，深入推进卫生城市创建工作，巩固提升“无烟单位”创建成果，努力改善人居环境，促进卫生防病工作落实。年内，全市改建无害化卫生厕所1.2万座。2015年1月19日，全国爱卫会发布了《关于2014年国家卫生城市（区）、乡镇（县城）复核结果的通报》，重新确认15个城市（区）为国家卫生城市（区）、122个乡镇（县城）为国家卫生乡镇（县城），迁安市再次获得“国家卫生城市”称号。

【控烟宣传及健康教育】　1. 加强与吸烟相关的疾病防控知识的宣传教育。开展“世界无烟日”集中宣传活动。印制并发放控烟宣传册1.5万份，向市民发放倡议书4万份；组织开展控烟知识答题活动，5000名干部职工参与控烟答题竞赛；组织控烟健康宣传义诊活动，出动宣传人员1200人次，对3230人开展控烟咨询服务，受教育群众13.5万人。10月27日，与市疾病控制中心、唐山市疾病控制中心联合举办唐山市2015年度“健康燕赵行——无烟生活”主题健康巡讲迁安站健康巡讲会，106家单位约1000余人参加。2. 深入推进无烟场所建设。制定下发《2015年无烟单位创建活动实施方案》及《关于做好2015年无烟单位创建申报工作的通知》，组织各级各单位开展无烟单位创建工作，全市有28家单位申请创建无烟单位。巩固提升“无烟单位”创建成果，对各医疗卫生单位控烟工作进行全面督导检查。

【病媒生物防制】　病媒防制工作严格落实城乡统一步骤、统一时间、统一行动的“三统一”方针，坚持“以环境治理为主，化学药物消杀为辅”的综合防治原则，开展春秋两季集中统一灭鼠、灭蟑活动，市区投放鼠药共计约2.7吨、灭蟑药468公斤，鼠、蟑得到有效控制。组织群众开展夏季环境卫生综合整治，清除蚊蝇孳生地，蚊蝇密度控制在国家规定标准之内。

【环境卫生整治】　制定《迁安市城乡环境卫生整洁行动实施方案（2015～2020年）》，方案明确了全市整洁行动目标、重点任务，并将整洁任务量化、细化，分解到20个部门、19个乡镇和城区办，各单位各负其责，各司其职，深入推进整洁行动实施。强化督导，加强信息反馈。坚持定期与不定期督导相结合，每季度对整洁行动情况进行一次全面检查督导，并将每季度整洁行动开展情况及时汇总报送省爱卫办。

【卫生创建】　深入推进卫生创建工作。一是农村卫生创建工作，2015年，全市有2个乡镇申报创建唐山市卫生镇，2个村申报创建省级卫生村，14个村申报创建唐山市卫生村，申报单位创建工作取得阶段性成效。二是市区创建工作，2015年，有2个社区开展创建唐山市卫生社区，并全部通过唐山市爱卫办验收。三是卫生创建成果得到巩固提升。

市爱卫办
主　任　张立超

（王东侠）

支工工作

【确保企业生产正常有序进行】　2015年，市政府支工办公室（以下简称市支工办）认真履行服务职能，为首钢矿业公司等唐山市属以上企业正常生产建设营造和谐宽松的外部环境。1. 全力支持首钢驻迁企业在建工程建设。首钢迁钢公司正在进行的职工倒班宿舍楼建设工程，施工范围内有迁安市九江公司一条供水、两条供热管道需要迁改，而管道迁改直接影响九江公司向杨店子镇滨河社区供水供热，为保证宿舍楼建设正常进行，市支工办多次召开会议，协调此问题，最终促成市九江公司与迁钢公司达成协议：一是迁钢公司支付九江公司38万元，用于供水供热线路迁改；二是九江公司积极配合，按要求及时完成迁钢公司院内的线路迁改工作；三是九江公司管道迁改过程中，迁钢公司不再承担任何责任和其他费用。同时，市支工办多次协调解决工程施工过程中发生的人为影响工程进度问题。至年底，迁钢公司职工倒班宿舍楼主体已完工。2. 耐心细致处理各种纠纷，维护首钢驻迁企业正常生产秩序。2015 年，以杨店子镇车辕寨村、木厂口镇松汀村和大崔庄镇桑园村为代表的部分首钢占地村，因村民就业、环境污染、饮用水困难等问题，多次围堵首钢驻迁企业厂门，影响企业正常生产。为此，市支工办总是第一时间赶赴现场，千方百计解除停产状态。此外，及时处理了首钢水厂铁矿尾矿管崩裂、首钢水厂铁矿河东排土场渗水等突发事件。至年底，市支工办处理工农关系问题 100 多件，保证了首钢驻迁企业正常生产秩序。

【依法依规维护村民权益】 保证占地村民的正当权益不受损害。1. 力促首钢矿业公司落实养老保险费补差工作。首钢矿业公司未按规定为被占地临时工缴纳养老保险，市支工办对此事高度重视，经不懈努力，最终促成首钢矿业公司同意按照冀政〔2006〕67 号文件中“养老保险最低缴费基数不低于全省上年度在岗职工月平均工资 60%”的标准，对 2003 年 11 月至 2007 年 12 月期间的保险费用进行补差。2015 年 2 月，首钢矿业公司将养老保险费差额款 130 万元支付给市支工办。3 月，市支工办根据各占地乡镇提供的数据，将此款拨付给各乡镇，事件圆满解决，受到占地临时工的充分好评和一致认可。2. 妥善解决 2012 年“7·28”强降雨遗留问题。2012 年 7 月 28 日强降雨过程中，因首钢运输部铁路阻水，造成蔡园镇小石岭村排水不畅，导致农田被淹。由于双方就赔偿金额一直无法达成一致，问题一直没得到解决。为维护占地村民正当权益，市支工办多次组织首钢矿业公司运输部、蔡园镇政府和小石岭村各相关部门召开例会协商，最终达成一致意见，由首钢矿业公司运输部出资 19.8 万元对小石岭村受损群众进行补偿。2015 年，市支工办主持签订各类协议 113 份，为占地村民争取到补偿协议款 1130 多万元。

【服务国家重点项目建设】 2015 年，市支工办继续倾全力支持锦州——郑州成品油管道工程。至年底，管道穿越滦河工程的地面附着物清点和补偿款发放工作均已到位，施工方正与高速、铁路等部门协调相关手续问题。管道穿越青龙河工程正在进行地面附着物清点收量工作。

【多措并举为占地村民办好事实事】 1. 支持杨店子镇大庄户村饮水安全工程建设。为解决杨店子镇大庄户村饮用水困难问题，经市政府协调，首钢迁钢公司同意提供帮扶资金 290 万元专项用于饮水安全工程建设。但因各种原因，专项帮扶资金迟迟不能落实到位。对此，市支工办多次召开协调会，督促首钢迁钢公司尽快将帮扶资金落实到位。经努力，2015 年 10 月，首钢迁钢公司将 290 万元帮扶资金拨付到位。2. 协调首钢矿业公司改变占地轮换工用工方式。因历史原因，马兰庄镇印子峪村、达峪沟村的占地临时工一直采取轮换方式，此方式弊端是不能给上岗工人员缴纳各种保险，存在一定的信访和安全隐患。为解决此问题，市支工办积极与首钢矿业公司协调，最终首钢矿业公司改变了用工方式，对两村占地轮换工采取发放居家安置费的方式进行安置，即印子峪、达峪沟两村的占地轮换工自 2015 年 6 月 1 日起不用再到首钢矿业公司上班；首钢矿业公司以居家安置费的方式，每月按时发放给印子峪和达峪沟两村轮换占地工生活保障费，同时将相关保险费用拨付给两村。此举既保障了首钢企业安全生产，又最大限度地保证了占地村民的既得利益不受损失。

市政府支工办公室
主　　任　刘文丰（兼）
副 主 任　高荣春　王哲群
副主任科员　邢乃利

（刘　峻）

房屋征收管理

【房屋征收基础工作】 加强房屋征收基础工作。1. 加强制度建设。结合实际，对《工作管理制度》《信访工作制度》等 11 项制度进行全面系统梳理，本着明确、具体、可供操作的原则，做好废、改、立工作，确保工作有章可循、有序进行。随着“权力清单”和“责任清单”制度建设不断深入，房屋征收管理办公室（以下简称房征办）依据国有土地上房屋征收相关法律法规，进一步履顺两个清单具体内容，对相关法律法规全面认真地学习和研究，工作中努力做到“法不授权不可为，法定职责必须为”。2. 编制适宜迁安市的国有土地上房屋征收与补偿事项流程图。3. 完善档案工作。一是加强硬件建设，安排固定人员管理档案，配备和完善所需设备。二是做好资料收集工作，确保不出现丢失、错漏等现象。三是做好各类档案归档入库工作。严格按文书档案、照片档案、业务档案等大类进行收集、归类、整理入库，总计782卷。四是制定、完善档案规范化建设管理的各类制度，并规范各类档案借阅、管理、登记等簿册。五是搞好档案软件录入工作。按照档案管理系统要求，将历年文书档案目录逐一录入计算机，便于查阅。4. 举办培训班，宣传政策法规。深入宣传各级政府关于国有土地上房屋征收与补偿的政策法规，营造依法征收、和谐征收的社会氛围。同时，就征收过程中应该掌握的政策、法律法规，征收中应该把握好的问题及具体案例分析等，组织沙河驿、木厂口、杨店子等相关乡镇征收工作人员开展专题讲座，全面提高征收队伍的业务素质。

【项目建设房屋征收工作】　依法依规做好项目建设中的房屋征收工作。1. 认真谋划棚户区改造房屋征收实施办法。一是未雨绸缪，在市委、市政府主导下，以棚户区改造领导小组为核心，联合各职能部门，确立新机制，谋划新方法。二是强化民主决策程序，倾听民意，顺势而为。棚户区改造涉及老百姓长远利益，因势利导，在百姓满意的情况下，完成改造征收任务。三是适时推进《迁安市国有土地上房屋征收与补偿实施细则》在项目征收上的应用。2. 做好水曹铁路（北接迁安矿区既有卑水铁路，南至曹妃甸新区）项目房屋征收工作。水曹铁路是经铁道部批准的国家重点项目，同时也是迁安市重大基础设施项目。工程全长131公里，迁安段10.2公里，占地40多公顷。涉及迁安沙河驿镇和木厂口镇民宅245户，企业及非民宅120家（户）。迁安市承担的拆迁任务量占工程拆迁总量的87%，该项目迁安段的拆迁工作，由房征办牵头。房征办会同相关乡镇及部门，结合以往征收拆迁经验，依法依规确定16大项征收拆迁工作流程。为此，首先印发《水曹铁路（迁安段）征收工作人员应知应会》，并组织培训学习，使建设单位、监管单位、评估公司及乡镇的工作人员统一思想，统一方法，为有序推进征收工作奠定基础。随后深入工程建设需要征收的现场实地调研，召开调度会，研究下一步工作，经不断努力，会同市政府办、交通局、国土局和木厂口、沙河驿两镇在有限的时间内，拟定了《水曹铁路征收工作实施方案》《水曹铁路项目国有土地上房屋征收与安置补偿方案（草案）》。此外，协调相关部门与乡镇、建设单位及相关企业，完善水曹铁路路由方案。评估收量阶段，坚持做到征收政策宣讲到位、困难问题预测到位、矛盾纠纷化解到位、一把标尺衡量到位的工作方针。到年底，资产清点登记工作全部结束，受到唐山市政府领导的高度肯定。3. 金牛管业项目征收工作。会同经济开发区，协调规划、国土、人社、市政府法制办、杨店子镇政府等相关部门，依法依规把握政策，耐心细致做好被征收人工作，全面完成金牛管业涉及企业房屋征收的工作。

【房屋征收信访工作】　梳理解决遗留问题，做好房屋征收拆迁领域矛盾纠纷排查化解工作。1. 建章立制，不断优化工作方法。成立以“一把手”为组长的信访工作领导小组，完善并出台《信访工作管理制度》，明确工作职责、程序、原则和方法。重点化解城中村改造、首钢迁钢公司环保综合治理工程、滦河生态防洪工程等项目的房屋征收遗留问题，为市委、市政府当好参谋和助手。畅通信访渠道。实行开门接访，切实做好初信初访化解工作。扎实开展干部下访活动，变群众上访为干部下访，将工作窗口前移、重心下移，进一步拓宽群众诉求渠道。把督查督办作为解决信访问题的关键环节，每件来访案情，坚持首问负责，认真分析，及时处理。不断加大督促检查力度。包案领导经常深入基层，针对群众反映涉及面广、情况复杂的疑难信访问题，通过协调处理，限时办结。2. 热情接待群众来访，妥善处理信访事项。对待来访群众做到“三个到位”，即热情服务到位，政策解答到位，说理引导到位，全年接待来信来访300余人次。3. 全面排查矛盾纠纷，有效化解遗留问题。年内，先后协调办理城中村改造、首钢迁钢公司环保综合项目工程、滦河生态防洪工程等项目所涉及的行政诉讼和民事诉讼案件91件，其中一审案件78件，二审案件16件，还有1件上诉到省高级人民法院。已结案32件，其余正在办理。

市房屋征收管理办公室

主　任　朱少达

副主任　蔡　丰　刘增斌

（王凌云）

政务服务工作

【推进部门进驻】　进一步推进部门进驻，行政审批制度改革初见成效。结合市政府机构改革，市行政审批管理办公室及时整合归并各市直部门职能，按照应进必进的原则，要求各单位成立审批服务科并成建制进驻政务服务大厅办公。至年底，全市32家职能部门进驻办公，承担本级事项351项，项目进驻率95%。

【加强三级平台建设】　进一步加强三级平台（市政务服务中心、乡镇〈城区办事处〉便民服务中心、村〈社区〉便民服务站）建设，打造阳光审批平台。在着力抓好市级平台建设的同时，不断完善乡镇便民服务大厅建设，充分下放行政审批权限，将婚姻登记等10项与老百姓生活息息相关的审批服务事项下放到乡镇（城区办）办理，且试点村成立便民服务室，市、镇、村三级联动政务服务网络基本形成。同时不断加大对乡镇平台的督导检查力度，每季度从项目进驻、授权情况、办件情况和在岗情况等八个方面进行考核通报，不定期进行暗访并全市通报结果。2015年，市本级平台办理审批事项37326件，即办件21443件，即办件比例57.4%。19个乡镇、1个城区办全面建设便民服务大厅，办理事项77717件，按时办结率100%。

【优化审批流程】　进一步优化审批流程，“三大流程”（企业注册类、固定资产投资类、便民服务类）运转效果良好。按照“建设‘三级平台’、推行‘两个代办’，进一步完善便民服务体系实施方案”的要求，优化“三大流程”，并在原有基础上扩容升级，按照流程划分功能区。办什么事、进什么厅、先办什么、后办什么，一目了然，做到明白办事、高效办事。

【整合交易职能】　进一步整合交易职能，打造阳光交易平台。根据统一进场交易、统一信息发布、统一评标专家库整合、统一安排场地、统一交易规则、统一收费管理、统一见证服务、统一综合监管的“八统一”运行模式，完善公共资源交易流程，规范工程建设招投标、政府采购等业务操作流程，修订《统一进场和招投标保证金退付的相关规定》，对中介招标代理机构进行信用等级评价，实行开、评标全过程全方位监管。2015年，组织交易活动257宗，成交项目199宗，依法废标58宗，交易金额6.65亿元，节约金额9783万元，增值金额447万元。

【实施标准化管理】　成为河北省首家行政服务行业标准化示范单位后，市行政审批管理办公室进一步加大标准化管理力度，推进硬件建设、进驻项目、审批流程、网上服务、内部管理5项标准化工作。推进“三大流程”再造，完善“审批服务项目目录”“审批服务指导规范”和“管理规范”，规范审批行为。完善文明服务和廉洁服务等72项制度，编制了273项服务标准，以严格的标准化管理提升服务效率和服务形象，至年底，申报国家级标准化示范单位工作正在进行。

【打造作风过硬的服务队伍】　强化考核评议，倾力打造作风过硬的服务队伍。坚持《综合评议管理制度》，将即时评价、日随机评议、周电话跟踪回访、月集中测评和领导单独约谈有机结合，评议结果实行周公示、月通报、季评比，真正把监督权和评判权交还给办事群众。完善考核机制，制定《窗口季度综合考核细则》，从职能整合、项目进驻、窗口授权、业务审批、工作纪律、主管领导现场办公、服务形象、群众评议8个方面对窗口进行季度考核，评选出红旗窗口、星级窗口、最差窗口、先进个人、“211”先进个人（道德模范、廉政模范、文明服务标兵、优秀共产党员）、星级党员。2015年，组织随机评议2115人次，集中测评12次，领导单独约谈266人次，群众对政务服务工作的满意度高达99.8%；评选出流动红旗窗口61个、五星级及以上窗口36个，爱岗敬业先进个人94人次、微笑服务先进个人55人次、延伸服务先进个人59人次、“211”先进个人114人次、三星级以上党员166人次。考核和评议两手抓，打造出一支政治素质高、服务态度好、业务水平强、办事效率高的过硬服务队伍。

【加强公开监督】　公开办事信息，全面梳理进驻项目，按照便民、就近的原则，将300项进驻事项的项目名称、审批要件、办理流程、承诺时限、收费情况5个方面100%上墙、上网，公示、公开。公开人员信息，通过监督台、工号牌、党员示范牌等方式公开工作人员信息，并将人员信息录入终端评议平台，方便群众评议。加大监督力度，细化考勤制度，对窗口工作人员实行每天4次面部识别考勤、两次不定时巡视查岗，一次随机抽查和网络监控倒查，年内，先后5次对违纪人员和违纪情况进行通报处理。

【推动服务创新】　把服务于项目、服务于企业、服务于基层百姓作为最终落脚点，强化亲切服务、延伸服务、代办服务、协办服务、三级网络服务、绿道服务、样本服务、预约服务、预审服务、容缺服务、培训服务11项服务。着力在服务上做文章，力求打造效能服务的迁安高地。2015年，制作纸质样本69个，各窗口累计为企业和群众提供上门服务29次、预约服务84次、预审服务51次、协办服务96次、代办56次、容缺服务102次，利用休息时间145个小时为群众提供延时服务。国土窗口加班到深夜十二点半为企业办理土地抵押手续，让群众体会到了家人般温暖。张家口市商业银行股份有限公司迁安支行职工王保在市场监督管理局窗口办理分公司设立手续时，在授权书不规范需到张家口总行重新开具授权书的情况下，迅速启动容缺服务，在其填写《容缺受理承诺书》后先行受理发证，大大简化了审批程序，提高了审批效率，赢得商家的高度称赞。

【推进制度改革】　推进制度改革，竭力创建便民利企的服务基地。推进窗口授权，启用领导手章和审批专用章，资料审核通过后直接盖章发证，将审批权从各职能部门迁移到各窗口；压缩审批环节，实行两岗终结制，变多步审批为受理、审核、签批三步审批，85%的窗口实现三步审批。积极推进“三证合一、一照一码”，即企业登记直接到市场监督管理部门申请登记，核发一个加载法人和其他组织统一社会信用代码的营业执照，不再办组织机构代码证和税务登记证。10月8日起，迁安市实行“三证合一、一照一码”登记制度，办理营业证照的承诺时限压缩到3个工作日，最快30分钟即可出证，95%的企业能实现当场发证。启动网上审批，经过积极筹备，11月30日，网上审批系统正式开通运行，办事群众进入网上行政审批大厅，根据网页提示进行网上办事、网上预约、网上咨询和网上投诉，工作人员实时受理、审核、答疑，进一步缩减报批时间、提高了办事效率。

【注重队伍建设】　积极开展解放思想大讨论活动和“爱唐山、做贡献”主题实践活动，领导班子始终注重“崇尚道德、永怀感恩之心，崇尚文明、永树廉政之风”文化引导，强调“用文化凝聚人、用制度鞭策人、用成绩鼓舞人”的管理理念，努力将迁安市行政审批管理办公室建成省内一流的服务典范。2015年，市审管办组织开展演讲比赛3次、文明交通志愿服务1次、党员论坛3次，印发《政务服务简报》4期、《窗口风采》7期、《三级平台建设快讯》2期，累计收到表扬信、锦旗61面（封），被评为河北省文明行业创建标兵、唐山市精神文明建设先进单位、唐山市文明单位，国家县域经济网、中国共产党新闻网、凤凰网、长城网、《河北日报》、《河北经济日报》和河北电视台等十多家媒体进行宣传报道。

市行政审批管理办公室
主　任　高建军
副主任　姚小勇　温建新

（陈　娜）

中国人民政治协商会议迁安市委员会

【概况】　2015年，市政协团结带领全体政协委员和政协机关工作人员，围绕市委、市政府中心工作和重大决策，扎实开展“三严三实”专题教育，认真履行政治协商、民主监督、参政议政职能，卓有成效地开展各项工作，为“魅力水城，绿色迁安”发展做出新的更大贡献。年内，召开全体委员会议1次、常务委员会议5次、主席会议7次。到2015年年底，共有政协委员238名，其中常务委员39名；政协机关设办公室、学习文史委员会、祖统提案委员会、文卫法制委员会、经济建设科技委员会，有在职干部、职工23名。

（孙立民）

【市政协五届四次会议】　2015年2月1~3日，市政协五届四次会议在市行政办公中心举行。会议审议通过了政协迁安市第五届委员会常务委员会工作报告和政协迁安市第五届委员会常务委员会关于五届三次会议以来提案工作情况的报告；表彰了2014年度优秀委员和优秀提案者；列席了迁安市第五届人民代表大会第五次会议；听取并讨论了市长张淑云所作的政府工作报告；讨论了迁安市2014年国民经济和社会发展计划执行情况与2015年国民经济和社会发展计划的报告、迁安市2014年财政预算执行情况和2015年财政预算的报告、迁安市人民法院工作报告和迁安市人民检察院工作报告，会议对上述报告均表示赞同。会议号召，全市各级政协组织、政协各参加单位、广大政协委员和各族各界人士，要在中共迁安市委的坚强领导下，坚定信心、勇于担当，砥砺同心、团结奋进，为再创迁安转型发展新辉煌而努力奋斗。

（李青松　范丽丽）

【市政协常委会】　市政协全年召开常委会议5次。1月23日，市政协召开五届十六次常委会议。会议学习传达市委五届五次全体（扩大）会议精神；审议通过政协迁安市第五届委员会常务委员会工作报告（草案）和政协迁安市第五届委员会常务委员会关于五届三次会议以来提案工作情况的报告（草案）；审议通过市政协五届四次会议日程、议程、提案审查委员会名单、秘书长和副秘书长名单；审议通过市政协关于表彰优秀委员和优秀提案者的决定、市政协2015年工作要点及主要工作安排。市政协主席陈子存就学习贯彻市委全会精神及政协机关工作强调三点意见：1. 要认真学习，全面深刻领会市委五届五次全会精神。2. 要把握重点，用市委全会精神指导政协工作。一是把握正确的政治方向，坚持服务中心为民履职；二是坚持实践创新，着力提高协商议政、民主监督实效；三是凝聚正能量，在助推发展关注民生中多办实事；四是围绕学习贯彻市委五届五次全会精神，继续开展“履职有为、岗位建功”主题实践活动；五是运用法治思维，在自身建设中提高政协整体水平。3. 要认真做好政协五届四次全会各项筹备工作，确保会议如期顺利召开。

2月3日，市政协召开五届十七次常委会议。会议听取各讨论组关于市政协常委会工作报告、提案工作报告审议情况和政府工作报告及其他报告讨论情况的汇报；审议通过市政协五届四次会议政治决议（草案）。

3月25日，市政协召开五届十八次常委会议。会议审议通过政协迁安市第五届委员会提案委员会关于五届四次会议提案审查情况的报告；审议通过市政协2015年重点提案，书面审查市政协五届四次会议委员提案摘要。市政协主席陈子存就如何做好当前重点工作提出三点要求：一是要不断加强学习，明确履职方向。深入把握中央治国理政新思想、新要求，进一步明确政协工作前进方向；不断增强责任意识、使命意识和进取意识，把思想和行动统一到中央关于“四个全面”的战略部署上去；紧密联系迁安实际，结合各自岗位工作，全面贯彻落实好市委和市政府重大决策部署；二是聚焦迁安转型发展，积极建言献策。要始终围绕市委全会报告和政府工作报告提出的各项目标任务，始终坚持聚焦转型、服务转型，始终坚持履职为民。继续发挥模范带头作用，带头认真搞好调查研究；三是要发挥职能作用，创新履职方式、增强履职实效。围绕迁安改革发展、转型升级、关注民生等方面，提出超前可行的意见建议，发挥政协应有作用，为再创迁安转型发展新辉煌做出新的更大贡献。

7月1日，市政协召开五届十九次常委会议暨推进京津冀协同发展协商议政座谈会。会议听取市政府关于2015年上半年全市经济运行情况的通报。座谈会前，市政协各委办在组织常委、部分委员深入各乡镇、园区充分调研的基础上，围绕推动京津冀协同发展、推进迁安转型升级、重点项目建设、生态文明建设和民生建设方面积极议政建言，共收集发言材料36篇，部分常委、委员在会上提出意见建议。市政府党组成员张清敏应邀出席会议并讲话。市政协主席陈子存就全市政协组织和广大政协委员，如何围绕推进京津冀协同发展、推动迁安转型升级参政议政、履职尽责，讲三点意见：一是认清使命勇于担当，为强力推动京津冀协同发展履职尽责；二是发挥优势，广泛凝聚共识，搭建服务平台，充分发挥委员主体作用，继续通过多种渠道为京津冀协同发展献计出力；三是精心组织，突出建言重点，确保建言质量，积极参与“我为京津冀协同发展献一计”活动。

9月23日，市政协召开五届二十次常委会议，围绕市政府为民办实事工程进行视察，并就当时重点工作进行安排部署。与会人员首先对市政务服务中心、上庄村美丽乡村建设、大崔庄镇树德学校、亚滦湾国家农业发展创新产业园4个市政府为民办实事工程、农业重点项目视察观摩。会前，各位常委、委员利用两个多月时间围绕民生议题和调研参考题目，深入调查研究，提交协商议政发言材料18篇。市政协主席陈子存就全面做好政协工作讲三点意见：一要树立主体意识，履行好政协委员职责。一方面，注重查找和收集学习资料，了解掌握上级相关方针政策和法律法规。另一方面，把功夫用在平时，注重平常的学习和积累，加强平时的探索和磨练。同时要遵章守纪，做到把本职工作与履行政协职能有机结合；二要认真搞好调查研究，力争在年度全会上提交一份好的提案；三要统筹安排，明确重点，扎实做好下步工作。

（李青松　范丽丽）

【政协专题调研】　2015年，政协各专委会分别就四级城镇体系建设、全市文化产业发展情况、食品安全现状、推动全市商贸物流业发展等社会关注的热点问题，组织有专业技术知识的委员视察、考察、调研，听取有关部门情况通报，多层次开展议政建言活动，形成调研报告4篇，提出意见、建议50多条。这些活动选题准确，意见中肯，专业性强，较好地发挥了政协广泛联系社会各界的纽带作用，突显了政协独特的优势和特点，调研成果受到市委、市政府重视，并在相关部门工作中得到落实。

（李青松　范丽丽）

【政协专题协商议政】　2015年，市政协先后以“推动京津冀协同发展”“市政府为民实事工程推进情况”为议题，开展专题协商议政活动。活动中，邀请市政府领导和相关职能部门负责人参与视察并座谈交流相关情况，形成共识。两次活动共征集委员发言材料54份，10余名委员在座谈会上作了重点发言。对征集的意见建议，一方面以专报形式报送市委、市政府领导及有关部门，供决策参考，另一方面选取部分有代表性的意见建议，以社情民意和“我为京津冀协同发展献一计”专报形式反馈给省政协研究室，得到省政协的充分肯定。

（李青松　范丽丽）

【唐山市政协主席郭彦洪到迁安走访慰问驻迁唐山市政协委员】　12月16日，唐山市政协主席郭彦洪到迁安市走访慰问驻迁安唐山市政协委员。走访活动中，郭彦洪与委员们一起参观委员所在企业——河北百善药业有限公司，对委员们所取得的成绩表示赞赏。座谈会上，唐山市政协向委员们通报了2015年政协工作，并就进一步做好市政协工作征求委员们的意见建议。郭彦洪指出，2015年，在全市政协委员和政协各参加单位的共同努力下，唐山市政协工作又上了一个新台阶，特别是在围绕中心、服务大局上作出了新的贡献。郭彦洪强调，2016 年是实施“十三五”规划的开局之年，也是唐山转型升级再创辉煌的关键一年。全市各级政协组织和广大政协委员，要心怀大局、心系发展，紧紧围绕市委九届七次全会部署和“十三五”战略规划的落实，履职尽责，与全市人民共同努力为唐山的发展作出新贡献：一是更加注重理论学习，坚定正确的政治方向；二是更加注重能力提升，夯实自身的履职基础；三是更加注重履职尽责，切实发挥好委员主体作用；四是更加注重自身修养，在工作中严格要求自己，努力塑树委员的良好形象；五是更加注重服务地方，主动为经济社会发展做贡献。

（李青松　范丽丽）

【提案督办】　市政协五届四次会议期间，全体委员以科学发展观为指导，紧紧围绕市委提出的向着“魅力水城、绿色迁安”全力加速，全面创优和人民群众普遍关心的难点、热点问题，认真履行“政治协商、民主监督、参政议政”职能，在深入调研、精心准备的基础上，提交了具有全局性、前瞻性、可操作性的提案。政协迁安市第五届委员会第四次会议共收到提案 88 件，经提案审查委员会审核，未立案 5 件，归纳整合 7 件，审查立案并会同市委市政府交办 76 件。其中经济建设方面 13 件，占 17%；城乡建设与管理方面 29 件，占 38 %；社会事业方面 29 件，占 38%；社会治理方面 5 件，占 7 %。到 2015 年 8 月底全部办结。从办理结果看：提案基本得到落实的 34 件，占提案总数的 44.7%。如董柏林委员所提的“关于翻修燕赵路的提案”，市政府已责成市交通局会同赵店子镇联合办理。至 7 月底，油面摊铺等工程全部完工，道路实现顺利通车。提案已被采纳，或正在逐步落实，或已列入工作计划的 41 件，占提案总数的 53.9%。如康䎱文、马晓明、杜宝海、徐艳君、沈久峰 5 名委员提出的“关于加强旅游资源整合，打造独具特色、令人向往的旅游目的地，形成三产服务业经济增长点的提案”，市政府已责成市旅游局、文广新局联合办理。结合委员所提，全市“十三五”旅游业发展规划正在加紧制定，《迁安市人民政府关于促进旅游业改革发展的实施方案》正在进一步修改完善。旅游业宣传和投入力度正在逐步加大。2015 年，全市旅游总投入约 2 亿元，重点实施了山叶口景区提升、大龙王庙景区旅游开发及万宝沟军事乐园、塔寺峪景区、成山景区建设等项目。设计了以黄台湖、黄台山公园、三里河生态走廊为主线的迁安城市旅游线路，集中邀请京津冀周边 20 余家旅行社组团到迁安考察旅游资源；举办了迁安市首届全民健身自行车骑行游、迁安市首届长城山野绿道马拉松穿越赛等大型旅游宣传活动，进一步促进了全市旅游业快速健康发展。因相关政策不允许、客观条件不具备等原因暂未落实、已向委员做出解释说明的 1 件，占提案总数的 1.3%。“关于减免土地占用税，减轻企业负担的提案”（玄富国、沈志强委员的提案），依据现行政策暂时不能落实。政协委员对办理结果全部签署了评价意见，75 件签署“满意”意见，1 件因政协委员对办理结果提出新的办理要求，认定为“基本满意”，满意率为 98.7%。五届四次会议以来，提案办结率、解决问题率、委员满意率、答复函规范化率、委员走访率五项指标均达到上级规定标准，受到唐山市政协的充分肯定，为推动迁安“魅力水城、绿色迁安”建设做出了一定贡献。

（杨俊友　韩立民　杨秀成）

【文史工作】　2015 年，市政协文史资料工作紧紧围绕市委、市政府中心工作，广泛联系并充分发挥专委会所联系的界别委员和社会文史工作爱好者的作用，按照“征集为主、抢救优先、充分利用、服务社会”的要求，有计划地推进文史资料的征集、整理工作。积极参加唐山市政协“纪念抗战 70 周年”征文活动，配合唐山市政协组织征集《迁安市烈士公墓纪念碑》和《挪河抗日战斗始末》等抗战史料。把政协文史征编工作与参政议政紧密结合，就迁安历史文化遗产保护与传承召开专题座谈会，组织委员开展迁安乡土文化与文化底蕴调研活动，引导政协委员关注文化建设，为促进经济社会发展服务。组织编撰出版了《迁安历史探源》一书。此书旨在进一步挖掘迁安历史文化底蕴，让更多的人从更深层次了解迁安、认识迁安，了解迁安的历史文化，扩大迁安的对外知名度和影响力。重视文史资料的捐赠、交换工作，特别是与各地政协的文史资料交换，加强交流和联系，更好地发挥政协文史资料的作用，扩大文史资料的社会影响。

（郭尊德　张志军）

2015 年迁安市政协重要文件题录表

表 12

序号	文件号	发文时间	内　容
1	迁协发〔2015〕1 号	1 月 23 日	政协迁安市委员会关于表彰优秀委员和优秀提案者的决定
2	迁协发〔2015〕2 号	2 月 1 日	政协迁安市委员会 2015 年工作要点
3	迁协发〔2015〕3 号	4 月 8 日	政协迁安市委员会转发《政协河北省委员会关于在全省政协组织开展“我为京津冀协同发展献一计”活动的工作方案》的通知
4	迁协发〔2015〕6 号	10 月 20 日	市政协机关开展“解放思想、抢抓机遇、奋发作为、协同发展”大讨论活动实施方案
5	迁协发〔2015〕7 号	10 月 23 日	迁安市政协关于成立“解放思想、抢抓机遇、奋发作为、协同发展”大讨论活动领导小组的通知
6	迁协办〔2015〕2 号	2 月 6 日	政协迁安市委员会办公室关于印发市委书记李忠同志在市政协五届四次会议闭幕式上讲话的通知
7	迁协办〔2015〕3 号	3 月 20 日	政协迁安市委员会办公室关于印发提案审查委员会《关于政协五届四次会议提案审查情况的报告》的通知
8	迁协办〔2015〕5 号	5 月 25 日	政协迁安市委员会办公室关于市政协党组深入开展“三严三实”专题教育的实施方案
9	迁协办〔2015〕6 号	6 月 8 日	市政协机关集中开展整治“慵懒散拖”“懒政怠政、为官不为”专项行动工作方案

（李青松　范丽丽）

政协迁安市第五届委员会常务委员会组成人员

主　席　陈子存

副主席　彭忠臣（7 月离）　李志文（7 月离）
马丹青　赵玉江　杨贺平（女）

秘书长　孙立民

常务委员（按姓氏笔画为序）
王　晶　王建良（女）　王俊喜
王树立　王振宏　付政军　兰志勇
田兴民　任建民　刘　贵　刘晓奎
刘红艳（女）　安士利　张晓文
李　民　李学辉　李金华　李晓鹏
李致华（女）　杜印光　杨丽新（女）
杨振红（女，回族）　花立军　邸雪松
陈志今（满族）　肖　波
周秀玲（女）　郑　勇　组秋君
赵　云　敖铁强（回族）　崔建新
裴　庆　戴景珍（女）

（刘红艳）

市政协党组成员

党组书记　陈子存

党组副书记　彭忠臣（7 月离）
罗远杰（10 月离）

党组成员　李志文（7 月离）
赵玉江　孙立民

（刘红艳）

市政协工作机构及其领导成员

办公室

主　任　刘红艳

副主任　郭慧琦

学习文史委员会

主任兼办公室主任　郭尊德

办公室副主任　张志军

副 主 任 科 员　赵凤山（6月离）

祖统提案委员会

主任兼办公室主任　杨俊友

主 任 科 员　韩立民

办 公 室 副 主 任　杨秀成

文卫法制委员会

主任兼办公室主任　邵寿林

办 公 室 副 主 任　李青松

经济建设科技委员会

主任兼办公室主任　王会艳

主 任 科 员　双志好（7月任）

办 公 室 副 主 任　范学荣

（郭慧琦）

社会团体·工商联

迁安市总工会

【概况】　2015年，迁安市总工会所属系统工会6个、乡镇（街道）总工会20个、园区工会3个、基层工会1540个，涵盖法人单位3033家，会员总数222195人。各级工会围绕全市工作大局，积极投身省总工会“改革创新年”活动，转变作风，主动作为，各项工作取得新进展、新突破。市总工会被评为唐山市总工会县级工会工作考核优秀单位、女职工“关爱”活动优秀组织单位、“安康杯”竞赛优秀组织单位、唐山市职工中国象棋（棋王）比赛优秀组织奖，被迁安市委评为优秀领导班子。

【工会组织建设】　全力推进“农民工入会集中行动”。按照省总工会统一部署，市总工会以加强基层组织建设“落实年”为契机，以提高农民工组织化程度为着力点，开展了“农民工入会集中行动”。印发《关于开展“农民工入会集中行动”实施方案》，聚焦省级以上开发区（工业园区）、建筑项目、物流（快递）业、家庭服务业等重点区域和领域，摸清底数，并对建会入会目标任务进行分解。至年底，全市3个省级园区（开发区）建立总工会，534个村全部建立工会联合会或工作委员会，组建在建项目工会3个、物流（快递）企业工会68个、家庭服务企业工会3个，新增农民工会员9500人，完成了增长12%的任务，基本实现乡镇、系统、村企、市直单位的全覆盖。增强基层工会活力。深入开展“基层组织建设落实年”活动，以“模范职工之家”创建活动为载体，建立市级工会工作综合性典型库和各专业性典型库50个，评选上报唐山市级典型库5个；选树马兰庄铁矿有限责任公司工会选矿厂分会为“全国模范职工小家”、迁安市交通运输局工会委员会为“河北省模范职工之家”、迁安市佳源工贸有限公司工会委员会为“唐山市模范职工之家”；在全市非公企业中开展第三批“百家示范非公企业创建”活动，培育和选树省级示范非公企业1家、唐山市级3家。全面实施工会干部提质工程。坚持分级培训，按需施训，着力提高工会干部的能力素质，组织市3个园区工会主席和市总工会常务副主席、副主席参加省总工会举办的工会干部培训班4期。

【职工民主管理】　深入开展集体协商“百日行动”。转发《唐山市五部门关于在全市开展工资集体协商“百日行动”的实施方案》，联合市人力资源和社会保障局、市工商联召开工资集体协商现场观摩会，依法推进企业工资集体协商。全市工资集体合同覆盖企业达到2006家，覆盖职工15.56万人，100人以上企业建立工资协商592家，选树典型单位4家、区域2家、行业2家，培训职工代表150人。深入开展厂务公开民主管理示范单位创建活动。按照唐山市总工会“职代会规范建设年”活动要求，进一步完善创建方案和标准，提高规范化水平。全市企业厂务公开民主管理建制率达到90%，规范率80%，民营医疗教育单位民主管理建制率100%，典型单位8家，培训150人次。

【协调劳动关系】　深入开展和谐企业创建活动，维护劳动关系和职工队伍稳定。大力开展劳动关系矛盾纠纷排查调处工作，依法维护职工合法权益和切身利益。全年累计接待调处职工信访案件及政策咨询12起，接待调处率100%，职工满意率100%。

【扶贫帮困】　开展“春雨行动——精准帮扶活动”。制定活动方案，明确目标任务，坚持“输血”与“造血”并重，根据困难职工家庭实际情况，主要围绕就医、住房、子女上学、就业创业、基本生活保障5个方面，提供力所能及的帮助，提高帮扶工作精准化水平。年内，采取集中救助与入户走访慰问相结合的方式，帮扶救助困难职工308人，发放救助款物20多万元；帮扶救助困难学子20名，发放助学金7.5万元；深入开展专项救助患尿毒症肾透析职工活动，已审核上报患尿毒症职工25人次，争取省总工会专项救助款20万元。做好职工大病医疗互助的解释、核实、报销工作，补助、救助参保职工200名，发放补助、救助款70万多元。

【职工宣教文体生活】　举办以“干事创业、廉洁迁安”为主题的反腐倡廉对联、楹联、标语优秀作品展，共展出90余幅优秀作品，并选送优秀作品到唐山参展；与市旅游局共同主办“迁安市首届长城山野绿道马拉松穿越赛”活动，组织23个代表队、400余人参赛，活动取得圆满成功。

【经济技术创新】　以提升企业核心竞争力为着力点，广泛开展职工技术创新、岗位练兵、技术比武等活动，深入开展以“我为发展献一计”为主要内容的“群众性创新创优创效优秀合理化建议”活动，与市商务局等单位举办面点厨艺、果品生鲜技艺大赛。迁安市供电公司创新工作室被评为唐山市级创新工作室，各基层单位举办比武竞赛110场次，参赛职工2万人次，提合理化建议2687条。

【职工职业技能素质提升工程】　市总工会为提高广大职工学技能、提素质、做贡献的积极性，打造高技能水平的职工队伍，推进全市转型升级攻坚计划和全民创业，畅通培训渠道，丰富培训内容，完善培训机制，督导企业加强职工多种技能综合性培训工作，鼓励职工学习文化技术，掌握新工艺、新技术，熟悉新设备、新材料，使广大职工成为“精一门，会两门，学三门”的复合型人才，为全市发展提供高素质人力支撑。印发《关于开展全市职工学历提升远程教育项目的通知》，依托职教中心，联合市人力资源和社会保障局，搭建职工教育技能培训工作平台，引导企业加强职工多种技能综合性培训，全年培训中级以上技术等级工人160名、能工巧匠和技术状元能手33名，为唐山市第十五届职工职业技能大赛输送39名各工种优秀选手。

【安全生产活动】　年内，市总工会成立“查隐患、保安全、促发展”安全生产活动领导小组，下发《关于组织全市职工开展“查隐患、保安全、促发展”安全生产活动的实施意见》，召开乡镇、工业园区、系统、较大企业工会主席会议，专题安排部署。联合安监局下发《关于开展2015年度“安康杯”竞赛活动的通知》，以“安康杯”竞赛为有效载体，坚持“安全第一，预防为主、综合治理”的方针，安全生产活动深入开展。一是广泛宣传。市总工会于8月10日在市文化广场举办安全生产日活动，发放宣传资料5000余份，悬挂宣传条幅12幅，出动宣传车5台。二是严格督导检查。成立3个督导小组，由各分管主席带队深入企业督导检查，下达隐患排查整改建议书。三是全员培训。市总工会与市安监局、职教中心举办职工安全生产培训班，培训企业安全员235人。同时，各企业也开展企业内部职工安全操作规程、自我防护安全检查方法、突发事件应急措施和自我保护能力等实用性教育培训，激发广大职工学习掌握安全生产知识的主动性和积极性，提高职工安全生产意识和素质，保障维护职工的生命健康权利。

市总工会

主　　席　范晓华
常务副主席　张振玲
副 主 席　宋保泉　付春娥（女，12月任）
主任科员　韦永红

（陈跃飞）

共青团迁安市委员会

【概况】　2015年，全市有14周岁至28周岁青年8.52万人，其中团员3.43万人。乡镇（街道）、机关部门、企事业单位等各直属团组织41个。所属基层团支部1304个，其中村（居委会）团支部505个、社区团支部18个、学校团支部486个、机关事业单位团组织15个、非公有制企业团支部280个。年内，共青团迁安市委以中共十八届三中、四中全会和习近平总书记系列讲话精神为指导，深化共青团思想引领、成长服务、组织体系建设，继续推进春雨行动、希望工程、志愿者行动、青年就业创业工作，进一步改进工作作风，明确导向，突出重点，找准载体，狠抓落实，引领全市广大团员青年抢抓京津冀协同发展、环渤海地区崛起的新机遇，主动适应新常态，积极投身“魅力水城、绿色迁安”建设，为推动全市经济转型升级作出新贡献。2015年度，共青团迁安市委被迁安市精神文明建设委员会评为优秀志愿服务队。

【思想政治建设】 通过开展宣传教育、强化典型带动、推进道德实践等形式，推动“青春向心力”工程广泛深入开展，青少年思想道德建设工作进一步加强。1. 开展“践行核心价值观 共筑青春中国梦”征文比赛和“我的价值观——奋斗的青春最美丽”演讲比赛，在全市广大青少年中营造学习、宣传和践行社会主义核心价值观的浓厚氛围，充分展示迁安广大青少年积极健康、阳光向上的良好精神风貌。2. 开展“观看爱国影片、抒发爱国情怀”纪念抗日战争暨世界反法西斯战争胜利70周年中小学生演讲大赛活动。活动以“勿忘历史，振兴中华”为主题，通过演讲，揭露日本帝国主义侵略罪行，歌颂中国人民前赴后继、不屈不饶反抗侵略的英雄事迹，歌颂中国共产党在全民族团结抗战中的中流砥柱作用和丰功伟绩，弘扬抗日战争中孕育出的伟大民族精神。3. 教育引导广大青少年树立绿色环保理念，增进美丽中国共识，组织全市青少年开展“保护母亲河，美丽中国梦——迁安市2015年度青少年植树活动”，以实际行动为建设美丽迁安作贡献。4. 加强对学生的公民教育和责任教育，组织在校中学生开展“感恩、责任、奋斗、梦想”18周岁成人宣誓仪式。参加成人礼的学生们激动异常，纷纷表示成人不只是一个灵动的词语，更是“修身、齐家、治国、平天下”的责任，是从“大我”的意义上践行对国家、社会的承诺。5. 培养中学生树立积极向上的阳光心态，引导学生管理自己的情绪，开展“拥抱阳光，健康成长”系列活动，召开中学生心理健康主题培训会，引导学生发现并体验成长的快乐，激发他们热爱生命、热爱生活的健康情感。6. 为青年搭建公益性、诚信度高且积极向上的交友联谊平台，丰富单身男女青年的业余生活，增进彼此了解，促进交流。8月20日，联合市妇联、大崔庄镇政府，在大崔庄镇白羊峪守备署举办第三届“君和杯”相约七夕·牵手白羊峪单身青年交友联谊活动。市内科技企业、教育系统、卫生系统、以及党政机关、事业单位的230余名优秀男女青年，通过“雾里看花”“服装设计、反串走秀”“我想和你在一块”等互动游戏和才艺展示等，增进彼此之间的友谊。

【志愿服务活动】 继续以青年志愿者行动为载体，引领全市广大青年投身各种志愿服务活动、社会公益活动、群众性精神文化活动，在志愿服务中强化辐射力和感染力。1. 建成安顺社区、帝景社区、明珠社区等5个社区青年志愿者服务站，全面开展共青团关爱农民工子女志愿服务行动，深化服务机制，推进志愿服务向参与社会管理和政府决策的延伸。2. 拓展服务内容，开展“铭记历史、心怀感恩”慰问抗战老兵志愿服务活动，给那些在抗日战争中为国家和民族战斗过的英雄们送去节日问候。在团市委的号召下，9月8日，顺风车迁安站的志愿者们自发购买了大米、面粉、食用油等生活必需品，先后到杨店子驿南府及野鸡坨镇爪村，慰问张海、刘伍合两位老战士，并自掏腰包，为两位老人送去每人500元的慰问金。9月30日，迁安三中的志愿者为抗战老兵送去鲜花及特别定制的“抗战英雄”绶带和纪念章。3. 以节假日的传统民俗为切入点，开展系列相关志愿服务活动。春节期间，开展“牵手千千爱，陪您过大年”关爱失独家庭志愿行动。组织社会爱心人士、爱心企业、青年志愿者等对失独家庭进行系列关爱帮扶，向他们传递党和政府的亲切关怀。3月，在全市各级团组织中开展“温暖三月，志愿同行”青年志愿者服务月活动。3月5日，组织100余名志愿者开展大规模的集中志愿服务活动，志愿者在服务实践中深刻诠释了“奉献、友爱、互助、进步”的志愿服务精神，展现了新时期迁安青年良好的精神风貌。5月17日助残日期间，在全市开展助残志愿服务活动。各级团组织纷纷响应。迁安三中的志愿者为市福利院的孩子带去玩具、学习物品等，专业的心理老师为他们带去一场生动的心理讲座，教孩子们如何面对生活、学习中的困难和挫折，引导他们在学会感恩的同时，立志成才，回报社会。彭店子乡的志愿者们为崔李庄村邹凤荣、富兴庄村莫秀花等人免费上门体检，为他们量血压、测血糖、做心电图，宣传日常保健常识，帮助他们打扫室内卫生等。中秋节期间，开展“爱在中秋节、情暖福利院”志愿服务活动。志愿者们走进市中心福利院，陪老人和孩子们共度节日，给小朋友们送去学习用品，与老人和孩子们共同分享精心定制的爱心月饼。重阳节期间，组织学生代表和志愿者300余人，开展“重阳话感恩，孝老白发亲”志愿服务活动。夏官营镇的青年志愿者们到迁安市第四福利院，给孤寡老人们表演心灵上的慰藉，让他们感受到青春的朝气和社会的温暖。迁安二中的青年志愿者们在城北福利院开展“九九重阳日，浓浓敬老情”活动，给那里的老人们表演精彩节目，赢得他们阵阵热烈的掌声。迁安职中的40余名青年志愿者开展“情系重阳、温暖你我”志愿服务活动，为迁安市“怡家养老公寓”带去精彩节目。4. 6月3日，组织10多名青年开展文明交通志愿服务活动。志愿者们头戴志愿帽，身穿绿马甲，手持指挥旗，到人流车流最多的燕山大路锦江交通路段协管交通，对过往行人和非机动车的不文明交通行为进行劝导，对种种不规范行为耐心劝说，用温馨的话语提醒过往路人文明出行。5. 组织100名优秀青年志愿者，以饱满的热情、优质的服务投身2015“京东水城、魅力迁安”经贸洽谈会各项志愿服务活动，为大会圆满成功奉献青春和力量。

【扶贫济困活动】 积极搭建平台，动员更多的爱心青年和爱心企业家参与扶贫济困活动，推动全市扶贫济困活动深入开展。1. 1月，在全市开展“春雨行动——新年圆梦”活动，各镇乡团委分别举办“春雨行动——新年圆梦”仪式，倾听全市19个乡镇380余名农村在校贫困小学生的新年愿望，同时发放希望工程款5400元，拓展全市“春雨行动”内涵，倾听广大贫困学生，尤其是农村在校贫困小学生的心声、呼声，努力传递党和政府对贫困青少年群体的关爱关怀，激发他们学习的热情和对生活的信心。2. 开展“献爱心，送温暖”活动。2月2日，在团市委号召下，迁安供电公司的青年志愿者一行9人为大龙王庙小学师生送去棉服、书包及7000元现金，并同小学生们一起学习，交流家庭用电安全知识，教育、指导小学生远离危险电源、安全节约用电。3. 扎实开展一助一扶贫济困活动。为了让帮扶的贫困户过上温馨祥和的春节，2月9日，为阎家店乡滕庄村滕学礼和五重安乡宫上村丁艳芬两户贫困户分别送去慰问金500元。4. 开展“点亮希望·传递爱心”关爱贫困学生慈善公益活动。6月27日，联合欧神诺陶瓷共同举办“点亮希望·传递爱心”关爱贫困学生慈善公益活动捐赠仪式，为10名贫困学生筹集发放善款5000元。仪式上太平庄乡太平庄小学学生高文妍作为代表表态，立志好好学习，用自己的实际行动回报社会和学校，做社会的栋梁、迁安的精英。开展扶贫济困系列活动，使团组织更加吸引青少年，团的工作更加贴近青少年，共青团在青少年中的凝聚力、号召力和影响力得到增强。

【少先队工作】 推动全市少年儿童精神文明建设工作全面顺利开展，丰富活跃少年儿童文化生活。春节期间，发挥节庆、民俗等传统文化活动集中的特点，动员少先队员开展“红领巾小讲堂——优秀传统文化在身边”活动，引导少年儿童体验并感受中华优秀传统文化的魅力，将“红领巾小讲堂”阵地推向家庭、推向社会。清明节期间，在全市开展“清明祭英烈，共铸中华魂”主题宣传教育活动。各基层团组织积极响应，纷纷通过网上为英烈献花、留言、学习英烈事迹和革命历史，到烈士陵园扫墓等形式寄托对革命先烈的哀思，缅怀革命先烈的丰功伟绩。为增强少先队员的光荣感和归属感，组织开展庆“六一”相约“中国梦”活动，各项文化展演让孩子们感受到成长的快乐，享受成功的喜悦。6月，在全市开展“最美童声”歌唱比赛，近千名选手参赛，27位入围总决赛。6月14日，在锦江会堂进行最后角逐，张刘洋以一首《雪域传奇》获得小雏鹰大奖，第二实验小学的蔡苗苗演唱的《梦中的格桑梅花》获得小白鸽大奖，第三实验小学的任怡霖用一首《少年中国梦》获得晨星大奖。

【团组织建设】 2015年，立足固本强基，全面激活各基层团组织活力。一是微博、微信、微信群、QQ群等新媒体内容建设工作进一步加强，微博开通认证工作进展顺利。开通了“青年之声——迁安”互动社交平台，依托网络，直接面向广大普通青年开展联系与服务，利用“微邦”系统吸收100名专家入驻本地“青年之声”平台，并创建乡镇、街道“青年之声”，对团干部进一步加强规范指导和培训，工作载体更加丰富。二是深入贯彻落实省、市关于村“两委”换届工作安排部署，按照党建带团建工作原则，进一步提升村级团组织的工作活力，在村“两委”换届期间开展村团支部集中换届直选工作。3月18日，全市19个乡镇符合换届条件的505个农村团支部全部按照“三位一体”配置要求配齐配强了村级团支书，圆满完成农村团支部换届直选工作，增强了农村团组织的活力。三是根据团中央《关于广泛开展“百县千乡”分类示范创建活动深入推进农村区域化团建和基层服务型团组织建设的通知》要求，结合迁安市实际情况，在农村基层团组织中广泛开展“百县千乡”分类示范创建活动，完善农村基层团组织体系，强化基层团组织的服务意识、服务功能和服务能力。四是加强新形势下团干部作风建设，推动形成全面从严治团新常态，在全市专兼职团干部中开展“团干部如何健康成长”大讨论活动。活动分“学习”“讨论”“落实”三个阶段，就如何坚定理想信念、密切联系青年、提高工作本领、锤炼优良作风开展专题学习交流，着力解决团干部中存在的“浮、虚、怕、娇”等突出问题，引导团干部养成慎始、慎独、慎微的意识。

【纪念五四运动96周年暨红高粱杯“迁安市青年创业之星”颁奖典礼】 “五四”期间，市委宣传部、市人力资源和社会保障局、共青团迁安市委、迁安广播电视台和迁安时讯社联合开展“放飞青春梦想，点燃创业激情”红高粱杯“迁安市青年创业之星”评选表彰活动。5月8日，迁安市在乐丫生态文化产业园举行纪念五四运动96周年暨红高粱杯“迁安市青年创业之星”颁奖典礼。典礼以舞蹈《向祖国报告》开场，随后进入颁奖环节，受到表彰的有迁安市正宇农牧有限公司总经理刘学刚、迁安市庆昌老年公寓总经理吴海波、迁安市鸿霖纸业有限公司总经理高立国、迁安市九朵文化传媒有限责任公司董事长马永宝、迁安市郭宝工艺品经销处经理郭宝、迁安市亚滦湾国家农业开发创新产业有限公司总经理袁平、迁安市泰佳散热器有限公司总经理张雯城、迁安市路明实业股份有限公司董事长桑路明、迁安市隆艺广告装饰公司总经理周国顺、迁安久红连锁总经理贾占久。其中贾占久和迁安市乐丫农产品开发有限公司董事长许晓冰分别讲述了自己的创业经历，展示了迁安优秀的青年企业家的精神风貌。最后，以一曲《五月的花海》结束本次典礼。市委副书记李维林、市人大常委会副主任田富顺、市政府党组成员张清敏、市政协党组副书记罗远杰出席活动。

共青团迁安市委
书　记　任治坤
副书记　李　钊

（客志咏）

迁安市妇女联合会

【概况】 2015年，市妇联以“坚强阵地”和“温暖之家”建设为统揽，围绕全市中心工作，服务大局，服务妇女，实施女性素质提升、女性创业创富、“幸福家庭”创建、女性维权维稳、改善妇女儿童民生、强基固本六大工程，引领妇女积极求进、跨越争先。迁安市妇联获中国妇女报社和农家女杂志社"2015年度舆论宣传工作先进单位"、河北省"三八"红旗集体、河北省"美丽庭院创建先进单位"、全国家庭教育指导服务体系唐山试点建设先进单位、唐山市妇联系统先进集体等6项荣誉。

【女性素质提升工程】 1. 组织开展"解放思想、抢抓机遇、奋发有为、协同发展"解放思想大讨论活动；采取座谈、演讲、讨论等多种形式学习宣传中共十八大，十八届三中、四中全会，习近平总书记系列重要讲话精神及市委五届五次会议精神；学习宣传"十三五规划"内容，妇女思想观念不断转变。2. 以母亲节、端午节、重阳节等节日迎庆为契机，广泛组织开展"品味端午、传承文明"等主题实践活动、孝德实践活动40余场次，营造传承美德、弘扬孝道的浓厚氛围，妇女们的思想道德水平不断提高。3. 举办种植、养殖、林果等技术培训班500场次，培训妇女2万人次；举办家政培训班5场次，培训妇女200人次；重点实施巧手创富工程项目和职业技能培训项目，辐射带动周边各村，发展示范点920个，开展手工编织培训200场次，培训妇女6000余人，妇女综合发展能力不断提升。

【女性创业创富工程】 1. 继续构建以妇女商界协会、"双学双比"女能手协会、巾帼家政协会、妇女手工编织协会、女农产品经纪人协会为支撑，以优秀女性创业人才为结点的女性创业网络体系，新建巾帼科技示范基地20个；乡伊香合作社在沙河驿镇沙窝铺村建立了百亩红薯种植基地，采取统一供苗、统一机耕的模式发展，亩产在2500公斤左右，让更多的村民通过"小红薯"实现"大收益"；在京津冀女企业家走进河北"一区十县"牵手创富活动中，乡伊香超市成功与北京福源润科贸有限公司签约合作农产品销售，并引进天津爱稻草实业有限公司合作项目一个。按照"工作室+示范点+市场+妇女"的思路，联合市职教中心，建立总面积200多平方米的迁安市家庭手工业服务中心，指导乡镇妇联建立滨河社区手工业服务中心、马兰社区手工业服务中心，示范带动1000多名妇女创业就业。2. 扎实推进"巾帼建功"竞赛活动，组织女性集中的行业和窗口单位开展岗位技能竞赛，卫生局举办的卫生系统首届职工运动会，800名运动员中有女性180名；工商局开展服务技能大比拼活动，系统内65名女职工全部参与此次活动，参与率100%；老干部局医院保健中心护理部开展护理技能比拼，每月评选优秀护士1名；蔡园镇中心校举办幼儿教师基本功大赛，全镇30名教师参加比赛；举办迁安市富达杯"创业在迁安"首届创新创业大赛，35家小微企业参赛，为广大小微企业、科技型企业提供了交流、发展平台。

【"幸福家庭"建设创建工程】 1. 扎实开展"美丽庭院"创建活动。采取多种形式抓思想提升，发放倡议书、门帘等各类宣传品3万份，建立橱窗、QQ群等各类宣传阵地100余处。从妇女讲习所入手抓素质提升，创办了市级美丽庭院示范妇女讲习所，完善60个重点村讲习所，组建69支讲师团队伍，累计举办培训活动275场次。15类活动抓集中创建，开展"美丽庭院"创建知识竞赛、"晒晒我的美丽庭院"、寻找"最美家庭"等系列活动120场次，2万名妇女参与创建。从制度入手抓规范管理，建立周检查汇报、季度拉练评比、包村蹲点等一系列制度，促进工作取得实效。2. 以提升家庭教育水平为重点，推进家庭教育指导服务体系建设。迁安市被确定为首批河北省家庭教育指导服务体系建设试点市。进一步完善375个家庭教育阵地，建立100多支讲师队伍；充分发挥七大平台作用，组织开展"好爸，好妈，好孩子""家庭教育研讨培训班"等新颖活泼的亲子活动和家庭教育培训，帮助家庭树立先进的家庭教育理念；开展空中课堂、全国妇联伴随成长每周一信公益项目，7000名家长享受家庭教育指导服务。推荐的《妇女与家庭教育、家风养成问题研究》课题，被确定为省妇联研究室2016年重点研究项目。3. 加强防治艾滋病宣传力度，关爱女性健康。联合市卫生局、防艾办共同举办以"关爱女性、防治艾滋病"为主题的艾滋病防治妇女"面对面"宣传教育启动仪式暨培训会；指导镇村、街道妇联利用妇女讲习所，宣传防艾知识，发放宣传册1500册，开展扭秧歌、广场舞等形式多样的防艾宣传活动，提高妇女预防和控制艾滋病的意识和能力。4. 举办青年联谊活动，搭建交流平台。七夕之际，联合社会各界26个部门举办第三届青年联谊活动，拓宽全市600多名大龄男女青年的沟通交流渠道，丰富了单身青年的精神文化生活。

【女性维权维稳工程】 1. 推进国务院妇女儿童工作委员会《妇女发展规划（2011～2020）》和《儿童发展规划（2011～2020）》（以下简称“两规”）中期评估工作。召开全市“两规”中期评估动员培训会，对各级、各部门提出具体工作要求；联合成员单位组成督导组，督导“两规”落实情况，及时查漏补缺，圆满完成唐山市级评估工作，为迎接省级评估打下坚实基础。2. 全面推进妇女信访代理工作。加强妇女信访代理工作阵地建设，营造温馨和谐环境；完善全市代理员数据库，对妇女信访代理员队伍实行动态管理；继续推行妇女信访代理工作“五步建设法”，即岗前培训、持证上岗、岗位培训、定期上站和实践分享，严格按工作流程和程序进行代理；加强档案规范管理，建立优秀信访案月报制度，一案一档。年内，接待妇女来电来访170余次，结案率100%。3. 强力落实与法院联席会议制度。根据唐山市中级人民法院、妇联下发的《关于建立法院、妇联联席会议制度的意见》，迁安市妇联与法院联合成立以市妇联主席为组长的领导小组；制定相关会议、妇联调解员培训、督促检查等制度。同时，向市法院推荐优秀妇女陪审员5名，参与庭审活动，促进妇女儿童合法权益维护。4. 联合政法部门保证未成年人合法权益。受市刑警队、检察院等委托，为7名无法定监护人、未满16周岁的未成年人担任临时监护人，监督其执法过程的合法性。

【改善妇女儿童民生工程】 一是建立贫困妇女儿童数据库。聘请软件设计专业人员量身定做功能完备的数据库，乡镇妇联工作人员在当地工作电脑上就可以储备信息，接受数据审核，了解救助信息。经过详细摸底调查，现已储备1000余名贫困妇女儿童的信息，促进精准帮扶。二是实施春蕾救助计划。争取唐山中信证券、城关供电二所、巾帼爱心妈妈、宋雄飞先生、赵凌云女士等社会爱心机构和人士支持，募集爱心物资30余万元，成立“春雨行动·巾帼关爱”基金，先后组织开展“春蕾”女童救助会、回访见面会等活动，分5批次救助400余名“春蕾”女童。三是开展贫困母亲救助项目。开展革命母亲关爱项目，为全市9名革命母亲送去每人300元共计2700元的慰问金，为革命母亲提供“娘家人”的关爱。联合唐山市东安超商有限责任公司等17家爱心企业，开展“微笑行动，让爱延续”为主题的“贫困母亲救助基金”捐赠等活动，为全市465名贫困母亲送上救助金30万元。开展“衣加衣”爱心救助项目，与迁安市绿环生活清洗有限公司、迁安市一中等联合开展主题为“我们在一起”的爱心衣物传递活动，为建昌营镇、杨各庄镇、五重安乡等地的贫困妇女儿童送上爱心衣物10000余件，助推了家庭稳定和社会和谐，受到各界一致好评。

【强基固本工程】 加强妇联组织网络建设、阵地建设、队伍建设，打造马兰庄镇、杨店子镇等一批妇联基层组织建设过硬典型，为提升妇联整体工作水平奠定基础。一是健全基层组织。以新一届村“两委”换届为契机，做好女性进村“两委”及妇代会换届工作。全市选出女性村“两委”成员544名，选出妇代会成员1647名；更新妇女小组、志愿者服务队、妇女互助组等妇女组织，广泛吸纳在农村、社区任职的女大学生和妇女骨干，充实基层妇联队伍。二是完善基层阵地。在全覆盖基础上，提升阵地建设标准，将妇女组织机构名单、职责分工、工作制度、工作计划公示等统一制作看板上墙，打造了马兰庄镇马兰社区、杨店子镇滨河社区、沙河驿镇唐庄子村3个省级示范妇女之家，马兰庄镇成功创建省级“三有两突出”（有人干事、有阵地做事、有钱办事，服务基层妇女作用突出、参与和谐社会建设能力突出）示范镇，并争取省级专项资金4万元。三是加强培训与实践。积极争得市委重视支持，首次将农村妇代会干部培训纳入全市农村

“两委”干部培训的总体规划，利用半个月时间集中到19个乡镇巡回授课，讲解党建、农村政策、信访、妇女工作、预防职务犯罪等多方面知识，提升妇联干部履职能力。同时，组织“下基层、访妇情、办实事”、“一联五”帮扶等活动，加强理论联系实践能力，锤炼了妇联干部作风。

【纪念“三八”国际劳动妇女节105周年暨迁安“庆‘三八’·闹元宵”联欢会】 3月4日下午，在迁安市乐丫生态文化产业园隆重举行全市纪念“三八”国际劳动妇女节105周年暨迁安“庆‘三八’·闹元宵”联欢会，全市副科级以上女干部、乡镇（城区街道）主抓副职、妇联主席、企事业单位业主及重点村妇代会主任、优秀妇女代表等200余人参加。市委副书记李维林、市政协副主席杨贺平出席联欢会，李维林致辞。联欢会上表演了歌曲、舞蹈、诗朗诵等节目，节目以各行各业涌现出的先进典型事迹、先进做法为素材和模板，展示巾帼之美，抒发巾帼之志，亲切感人，营造了浓厚的节日氛围，弘扬了社会正能量。

迁安市妇女联合会

主　　席　王艳军（7月离）
　　　　　　杨秀丽（7月任）
副 主 席　丁俊艳（12月离）
　　　　　　张海侠（12月任）
副主任科员　张海侠（12月离）

（刘颖如）

迁安市科学技术协会

【继续贯彻《全民科学素质行动计划纲要》】 依照“政府推动，全民参与，提升素质，促进和谐”的方针，形成党委领导、政府推动、各部门协作、全社会参与的工作格局，在提高重点人群科学素质、增强基层科普服务能力、优化科普工作的社会环境等方面发挥示范带动作用。以领导干部和公务员、农民、未成年人、城镇劳动人口“四类人群”为重点，全面实施全民科学素质行动计划，强力推进科技培训。培训紧贴农村、农业、农民工作实际，注重发挥科技大团体的特点和职能优势，努力搭建社会化科技培训的服务平台，专家服务团利用农村电教课堂开展科技培训、科技咨询，根据时令季节深入田间地头解决实际问题。并在农村活动室播放种植、养殖科技录像片，生动形象地开展科技教育和培训活动，使农村广大干部群众了解和掌握科学知识、实用技能，提高他们依靠科技发展生产和科学生产的能力。

【科技帮扶】 发挥科学技术协会的技术培训及辐射带动作用，先后组织300名科技带头人到国家级优秀农村专业技术协会——顺元奶牛养殖协会参观、学习、交流。此项活动使科技带头人开阔了眼界，学到了真经，增强了信心和带领广大群众依靠科技致富的本领。两次组织农牧、水利、林业等40多名科技工作者开展集中帮扶活动。全年开展技术培训50多场次，培养技术骨干800多人，引进推广先进实用技术5项，为农户解决种养殖难题150多个。

【科普宣传活动】 广泛开展群众性、社会性、经常性的科普宣传活动。利用“全国科普日”“世界人口日”“世界环境日”“世界卫生日”等纪念日组织开展4次科普进农村活动。开展以“携手、建设、创新”为主题的科技活动周。组织科技、林业、环保、农牧、卫生等方面的专家开展科普宣讲20多场次，技术咨询1500多人次，义诊27场次。群众的科技意识进一步增强，营造了崇尚科学、追求知识、科技致富、文明生活的良好社会风尚和良好环境。

【科普益民计划】 以“加快转型发展，引领绿色未来”为主题，开展主题科普周活动，内容涵盖产业转型科普、低碳城市科普、感知迁安科普、生态环境科普、绿色生活科普、时事热点科普六大板块，安排了“科普百家汇”、广场科普宣传等重点活动。实施社区科普益民计划，围绕食品安全问题、科学饮食问题、科学养身问题等专题，广泛开展群众性社区科普活动。

【科技兴业】 实施兴农富民工程，为高效农业发展提供技术支撑。组织广大科技工作者推广普及现代农业技术，传授高效农业知识，为农业增产、农民增收和美丽乡村建设提供科技支撑。有效集成农村各类农业科技资源，推动形成专家、专职科普工作者、农村基层科普组织和农村科普带头人共同构成的农村科普大军，农村科普服务网络不断扩大。积极实施“兴农富民”工程，做好培训指导、跟踪服务等工作，全市新建兴农富民工程示范基地项目2个。

市科学技术协会

主　　席　林晓华（12月离）
副 主 席　马金娥（女）
副主任科员　刘朝晖

（孙玉柱）

迁安市文学艺术界联合会

【概况】　2015年，市文联下属18个协会、4个社团，其中文艺志愿者协会和播音主持协会为年内新组建协会。文联工作围绕中共十八大及习近平总书记文艺座谈会上的讲话精神，结合全市中心工作，弘扬新时期迁安人文精神，组织广大文艺工作者开展各种文艺创作交流活动，掀起文艺创作新高潮，开创了文艺工作新局面。市书画艺术研究会携手唐山市书画家协会在迁安龙泽谷国际酒庄举办了别开生面的书画笔会，并正式将龙泽谷国际酒庄作为书画研究会的活动基地。加强文学艺术网站管理，充实网站内容，网站成为市内外文艺爱好者交流展示的平台。作协与诗词协会以“新迁安吧”为阵地，发表大量优秀作品，并自筹资金出版两期《燕山》（总计7期）杂志，以文艺形式宣传全市建设成就。2015年度，市文联被唐山市文联评为先进集体，文联主席毛广丰及副主席李保成分别被评为先进工作者。

精心组织协会换届工作。2010年各协会换届，至2015年已届满。根据中共唐山市委组织部《关于从严控制和规范在职和退（离）休干部在社会团体兼职问题的通知》要求，市诗词、摄影等协会主席先后提出辞职。为繁荣全市文艺事业，文联对各个协会的换届工作积极筹备，至年底，摄影家协会、音乐家协会、戏剧家协会、曲艺家协会、舞蹈家协会5个协会完成换届，其他协会在有条不紊地筹备中。组织成立新协会。2015年，市文联队伍进一步壮大，成立了迁安市文艺志愿者协会，协会主席为郎新民。文艺志愿者协会成立后，与其他协会携手举办多场演出，受到市民的一致好评。成立了迁安市播音主持协会，协会主席为吴波。

【文艺创作】　1. 市书法家协会理事石海林创作的书法作品《沁园春·雪》在中国艺术研究院文化市场研究中心与渤海书画院联合举办的“纪念中国人民抗日战争暨世界反法西斯战争胜利70周年书法大赛”中获得银奖。石海林被聘为中国艺术研究院文化市场研究中心创作委员。2. 曲艺作品出精品。由市曲艺家协会出品的《古韵新曲赞迁安》正式发行。以迁安历史人物及事件为内容，以京东大鼓、乐亭大鼓、快板书以及评书模仿为表现形式，展示了迁安深厚的文化底蕴。3. 摄影家协会启动“亚滦湾杯”摄影大赛。市摄影家协会落实市委、市政府提出的“转型发展、跨越提升”战略部署，加大生态农业宣传推介力度，打造特色农业旅游品牌，承办了“亚滦湾杯”摄影大赛，活动收到良好效果。

【系列文艺活动】　为丰富百姓生活，让百姓享受更多文艺成果，市文联积极组织各协会开展慰问演出等各种形式的送文化下乡和文艺志愿服务工作。1. 市文艺志愿者协会在5月23日全国文艺志愿者服务日，为纪念《毛主席在延安文艺座谈会上的讲话》发表73周年，在市文化广场举办专场晚会。晚会以传统戏曲和歌颂祖国的主旋律歌曲为主，得到市民的高度赞扬。市文艺志愿者协会成立后，多次组织文艺演出及书画慈善拍卖活动，得到社会各界好评。2. 舞蹈家协会组织会员到养老院等公共机构演出。在“钢城之夜”文艺展演中举办教学成果演出，成为全市的一道亮丽风景。5月，与迁安电视台快乐3频道联合举办迁安市第一届童模大赛，历时3个月，由舞协教学基地——舞之鸟舞蹈学校培训模特学员近千人次。活动得到广大家长朋友的支持和小朋友们的喜爱。3. 音乐家协会配合其他各协会和社会组织举办活动，并牵头开展由市委宣传部、市文联主办，音协和春蕾艺术团承办的“唱响中国梦·文化送万家”惠民系列文艺下乡活动，在市文化广场等地演出100多场。活动所到之处得到群众一致称赞。4. 曲艺家协会名誉主席唐桂义成立曲艺团，先后为市敬老院、福利院、驻迁安部队、消防大队、鑫达、九江、荣茂等企业及乡镇慰问演出100余场，丰富了群众文化生活，得到老百姓的喜爱。5. 书法家协会、美术家协会春节期间组织骨干会员为百姓写春联。

【专题书画展】 2015年，市文联举办多场高水平的书画展。1. 1月9日，由九朵文化传媒公司和美术市场报策划承办的“着手成春”——迎新春中国画十人展在市文化会展中心九朵美术馆盛大开幕。2.5月1日，“山水融城、文化迁安”恭贺迁安市为河北省直管市“十人”书画联展在九朵美术馆开幕，联展作品在5月3日进行慈善拍卖，拍卖所得部分善款捐助给贫困儿童，助力青春梦想。慈善拍卖活动得到爱心人士和书画收藏爱好者积极参与，市民们对本次活动予以高度评价。3.9月16日，由市老年书画家协会举办的“纪念抗日战争暨世界反法西斯战争胜利70周年迁安市老干部书画展”在市博物馆举办。4.9月20日，美术家协会在市文化馆4楼举办大型“纪念抗日战争暨世界反法西斯战争胜利70周年”专题书画展，受到群众高度称赞。5. 12月31日，市文联举办“庆元旦、迎新春”书画展，得到国内知名书画家的关注和支持，挑选出百余幅精品展览，展期10天。

市文学艺术界联合会

主　席　毛广丰（兼）

副主席　李保成

秘书长　王志伟

（高金艳）

迁安市红十字会

【概况】 2015年，全市持续开展救助、救灾和送温暖活动。一是采取多种形式，广泛开展无偿献血宣传、造血干细胞捐献活动，采集造血干细胞38人次。二是开展大病救助活动。对42名大病特困群众进行救助，发放救助金27.8万元。同时，帮助3名先心病患儿和1名白血病患儿申请中国红十字基金会救助项目。三是帮助18名群众申请特困救助。四是统计全市各乡镇贫困儿童情况，为相关捐助活动做好统计工作。

【加强人体器官捐献宣传】 组织市人民医院、中医院、燕山医院的全体医务人员，认真学习《人体器官移植条例》等法律法规和医疗知识，开展器官移植有关法律及医疗知识专题宣传，同时印发宣传资料，在各医疗机构发放，并在各医院门诊、病房及ICU等显著位置张贴人体器官移植宣传画，动员全社会力量，形成良好的社会氛围。

【“世界急救日”主题宣传活动】 9月12日，即第16个“世界急救日”前后，迁安市红十字会结合全市实际，围绕“急救与老龄化人群”这一主题，深入社区、校园开展急救知识宣传，通过普及急救知识和现场救护演练等方式向社会各界传播红十字救护理念，营造人人参与急救的浓厚社会氛围。共发放宣传手册1000余册，培训人员400人次。1. 广泛开展急救知识进校园活动。9月10日，在华北理工大学迁安学院开展现场急救知识讲座，由迁安市中医院医生牛闵涛为在校大学生进行急性外伤现场处置知识讲座，并现场给学生演示，提高学生自救互救的意识和能力。2. 深入社区开展急救知识宣传普及活动。9月11日，在市明珠社区卫生服务中心，站长杨立娟为50多位社区群众现场演练了徒手心肺复苏术，针对老龄化人群特点，开展急救知识宣讲活动，让老年人掌握基本的自救互救知识和技能，提高老龄人群的健康安全意识。3. 集中开展“世界急救日”主题宣传活动。9月11日，在市文化广场设立“世界急救日”主题宣传点，普及宣传急救知识，并为群众免费义诊，为大家测血糖、量血压，受到群众的热烈欢迎。活动现场发放宣传资料100多份，前来义诊咨询的有80多人次。

（王东侠）

迁安市慈善协会

【概况】 至2015年，市慈善协会已成立7年，累计筹集善款5780.49万元，通过开展助医、助学、助老、助困等慈善活动，救助9870人次。其中，2015年，市慈善协会接收社会各界捐款49.19万元，先后开展助困、助医、助学、助老、救助贫困小学生等活动，累计发放善款128.9万元，救助城乡困难群众1349人次。

【募捐救助】 多方式开展慈善募捐活动。一是通过与市书画艺术研究会、市电视台、迁安在线等社会团体、爱心商家、媒体合作，举办3次捐赠会，同时，通过“慈善募捐”“捐款箱”等募捐方式，接收社会捐款、捐物47万元，分别用于助学、助医、孤儿专项救助等。二是与迁安两家家电销售公司分别开展福利惠民活动，以购买商品获得现金优惠的方式让低保家庭得到实惠。

2015年春节期间，市慈善协会开展“慈善助困”活动，活动共安排慰问500户，对象为享受低保待遇且因病、因灾导致生活困难的家庭、低保边缘户等，慰问标准为500元/户，其中唐山市慈善总会慰问80户，标准为1000元/户。

以关注弱势群体、解决困难群众的实际问题为宗旨，以城乡低保户为主、兼顾低保边缘户为原则，对26户患癌、白血病、器官移植等重大疾病而导致生活特别困难的家庭进行救助。

为保证低保家庭学生顺利进入大学继续求学，2015年，继续开展慈善助学活动，对被全日制高校录取的126名城乡低保家庭考生，根据录取批次分别给予2000元、4000元或5000元一次性资助。

关注贫困老人，营造尊老敬老、感恩回报的浓厚氛围，在老年节前夕与市老龄委共同开展“九九慈善助老”活动，慰问80周岁以上生活困难的老人600位，慰问百岁以上生活困难的老人12位。

（李　伟）

迁安市残疾人联合会

【概况】 2015年，迁安市有各类残疾人14687万人，其中视力残疾1049人、听力残疾1143人、言语残疾566人、肢体残疾10056人、智力残疾1088人、精神残疾754人、多重残疾29人。市残联在社会各界支持下，以“站残疾人立场、走残疾人路线、为残疾人服务、让残疾人满意”为标准，履行“代表、服务、管理”职能，卓有成效推进残疾人各项工作，促进残疾人事业与经济社会协调发展。

【危房改造工作】 开展危房改造，建设舒适之家。按照《唐山市残疾人事业专项彩票公益金农村贫困残疾人危房改造“阳光安居工程”项目实施方案》精神，筹资103.87万元对104户9769.31平方米农村贫困残疾人危房进行改造。各乡镇、村残联组织同财政部门密切配合，通力协作，改造农户已入住新居。

【残疾人培训就业】 开展残疾人就业保障金年审认定，与地税部门协调联动，利用2个月时间，深入沙河驿、杨店子等6个分局所属企业，年审认定276户919.66万元，安排残疾人就业380人，收缴残疾人就业保障金296万元。为1000户农村贫困残疾人发放生产救助金50万元，用于购买种子、农药、化肥等生产资料。按省市安排，筹资5万元，为10名残疾人自主创业每人给予5000元资金支持。新增城镇残疾人就业86人，扶持农村残疾人从业3200人，举办农村实用技术培训班2期760人，组织残疾人职业技能培训140人，农村残疾人稳定脱贫950人，有效扶持贫困残疾人1900人。争取省资金29.19万元，本级配套29.19万元，为全市享受低保的973名重度残疾人提供58.38万元生活补贴，争取省19万元资金为731名符合条件残疾人发放护理补贴，残疾人的幸福指数得到提高。

【康复服务】 争取省14万元资金，给予200名精神残患者每人700元救助；争取省9.6万元资金，对160名残疾人每人600元居家托养救助；投入82.17万元，为7470多名残疾人每人办理110元城乡医保；投资4.27万元为122名盲人进行定向行走训练；投资4000元为63名聋儿进行语言康复训练；投资24万元为20名脑瘫儿童进行康复术；发放轮椅、便椅、拐杖、掖杖、盲杖、盲表、助视器等各种辅具247件。

【扶危济困】 实行集中慰问与临时救济相结合，加大对困难残疾人帮扶力度，在入冬至春节前，开展为贫困残疾人送温暖活动，筹资50万元为1000户农村贫困残疾人每户发放500元冬季生活补贴和两节慰问金。对因病因灾造成生活临时困难的342人予以9.6万元临时救助。为20名残疾人提供优质高效法律服务，维护残疾人合法权益。为17名残疾人发放机动轮椅车燃油补贴4500元。做好残疾人证鉴定、发放工作，对行走不便的12名重度残疾人实行上门办证。办理残疾人证1686人，其中一级245人、二级462人、三级381人、四级598人。为594名社区和农村残疾人专职委员发放35.64万元的误工补贴。争取中国残联和唐山残联康复物资设备150台（套/件），价值百万元。按市助残母舰工作领导小组安排，组织全市党政机关、企事业单位“献爱心·一元捐”活动，募捐善款1.96万元。

【教育救助】 完成2015年全日制残疾人大学毕业生调查统计，做好教育救助工作，争取中央和省资金，对1名残疾本科生、12名父母残疾且有低保手续本科学生，予以特别救助，使用自有资金对27名贫困残疾专本科学生予以救济，救助善款3万多元。

【助残日活动】 以“5·17”第25个全国助残日“关注孤独症儿童，走向美好未来”为主题开展系列活动，营造扶残助残氛围。一是走访慰问。5月15日上午，市委副书记、市残联名誉主席李维林带领有关部门负责人到市中心福利院，为百名残障孤儿、智障老人送去1万元慰问金，帮助解决实际困难。二是义诊服务。5月15日上午，市中医院10名医务人员为福利院残障孤儿、智障老人提供义诊服务和心理咨询，使他们倍感温暖。三是提供爱心卡。投资5000元与联通公司联合推出一百张“爱心卡”，为特教学校100名聋哑学生免费提供联通手机短信套餐，建设聋哑人无障碍通信平台。市欧C草莓公园为特教学校赠送价值3000元草莓。四是赠送借书卡。与市图书馆联合开展文化助残活动。为特教学校100名残疾人预约送书上门，帮助残疾人学习知识、掌握技能。五是广泛宣传。5月15日，在文化广场设立宣传咨询台，摆放看板12个，发放宣传资料2100多份，悬挂宣传标语16幅，咨询人数500多人（次）。市领导现场为市民发放资料并回答问题30多个。

【残疾人体育工作】 9月，在全国第九届残疾人运动会暨第六届特殊奥林匹克运动会上，迁安残疾人运动员郝文华与队友获女子篮球比赛团体第四名；10月，在唐山市举行的第二届唐山残疾人室内运动会上，来自迁安的郝文华、张静等15名残疾人运动员参加了男、女轮椅篮球，举重，乒乓球，羽毛球等9个项目比赛，取得1金、2银、2铜、团体总分第二名成绩。

市残疾人联合会
理 事 长　李文学
副理事长　蔡卜文

（王　超）

迁安市工商业联合会

【围绕全市中心工作，推动县域经济社会发展】 2015年，工商联充分发挥职能作用，广泛团结和密切联系非公有制经济人士，积极应对经济下行、企业发展困难的压力，开拓思路，广寻出路，创业创新，为全市经济可持续发展做出贡献。1. 抓好项目建设。发挥自身优势，引导工商联会员投身项目建设。配合市委、市政府以商招商，组织会员参加“京东水城，魅力迁安”经贸洽谈会。经贸洽谈会上，共有60个项目签约，计划总投资539亿元。其中通过会员企业引进项目占比78%。引导全民创业和民企二次创业深入开展，2015年，全市新增民营企业1147家、个体工商户5857户、规模以上工业企业22家、规模以上服务业企业14家。民营经济投资占全市固定资产投资的81.46%，为促进市域经济发展做出了重要贡献。2. 推动企业转型升级，走可持续发展之路。引导工商联副主席发挥示范带头作用，引导各企业家涉足新领域、谋求新发展，加快全市转型发展步伐。九江公司依靠新品种钢开发，加快产品结构调整，提高产品档次。至年底，开发新产品9种，取得显著的经济效益。此外，燕钢精品钢基地等链条延伸项目加快建设；正大350万吨焊管等一批耗钢产业项目积极推进，新增耗钢能力540万吨。九江LNG、中海油LNG、中溶科技30万吨无水乙醇等一批链条延伸项目已经实施，煤化工产业加快集群和精细化发展。3. 引导企业进军电子商务产业。围绕"互联网+"这一发展新趋势，力促全市传统商贸物流企业向网络化、信息化方向发展。市东安易购、乐村淘、爱米商城、北购+、万嘉商城、淘实惠、小鸟商城、一路超商、民乐商贸、乐丫商务网等10余家企业加入到电商队伍。各企业通过线下体验、线上下单、线上带动线下、网络带动实体等新兴营销手段，较上年同期销售额实现跨越式增长。

【工商联参政议政】 2015年，工商联负责人列席市委、市政府有关会议28人次，本级本届执委以上参加市人大代表检查活动、市政协委员视察活动32人次，本级本届执委中的市人大代表议案、市政协委员提案36件，较好地履行了政治协商、民主监督、参政议政职能。利用走访调研和召开企业家座谈会的方式，征集民营企业家对全市经济发展环境的意见和建议，全年召开3次座谈会，征集意见建议26条，并将意见和建议梳理反馈给有关职能部门，得到相关部门的积极落实，对各职能部门转变工作作风，对改善全市民营企业发展环境起到积极的促进作用。

【工商联基层组织建设】 加强基层组织建设，调优会员结构，增强商会影响力。一是会员数量质量不断提高。加快吸收行业协会入会，发展团体会员。加大科技创新型企业、产业领军型企业比例，增加企业会员数量，调优会员结构。2015年，市工商联新增会员75个，其中科技创新、产业领军企业占32个，团体会员8个。会员队伍质量显著提高。二是基层商会、协会活动开展越来越活跃。年内，刚刚成立的青年企业家协会抓住服务会员、促进交流与合作这一主线，卓有成效地开展专家讲座、赴外地考察、与银行对接等一系列活动，为会员的交流合作搭建良好平台。

【理想信念教育实践活动】 开展以守法诚信为重点的理想信念教育实践活动。4月，成立活动领导小组，在充分调研的基础上制定实施方案。以协会、商会为单位，组织非公有制经济代表人士带头学习、带头讨论、带头实践，形成浓厚的活动氛围。通过组织企业查找对中国特色社会主义的信念、对党和政府的信任、对企业发展的信心、对社会的信誉上存在的不足，增强"四信"意识和守法诚信意识。通过"普法资源共享、警示教育基地共享、协会组织共享、培训基地共享、教育资源共享"这5个共享，克服工商联自身人员少、精力不足的困难，与市委、市政府，与法制办、司法局、党校、工信局等部门以及部分企业通力合作，举办普法知识讲座、反腐败警示教育展览、企业家素质提升工程等，全市受教育企业家近2500人，涌现了龙兴公司、女企业家协会、九朵文化传媒公司等先进典型。

【春雨行动】 组织发动民营企业参与春雨行动。市工商联结合民营企业在参与农村扶贫和光彩事业中的实际情况，通过资金帮扶、技术帮扶、项目帮扶、村企结对帮扶等方式推动开展扶贫帮困活动。累计与农村困难户结成帮扶对子2132对，帮扶资金2000多万元。在全市集中整顿后进村党组织活动中，市工商联工作队入村积极开展工作，通过调研并结合实际，制订帮扶计划，为村集体提供帮扶资金50万元，对村级组织活动场所破损的屋顶进行修缮，改造了村务公开栏，为后进村党组织整顿做出贡献。

【服务会员】 贴近企业需求，全方位为会员服务。1. 继续实施民营企业家素质提升工程，搞好培训服务。一是重点企业负责人参加市委、市政府外聘的高级专家学者专题辅导报告。内容涉及经济、法律、金融等诸多领域，与企业发展息息相关，年内举办5期，受训企业家790余人次。二是组织8家会员企业参加唐山市工商联举办的预防职务犯罪、服务非公企业法制大讲堂活动和经济发展趋势主题培训活动。三是组织民营企业家经验交流、现场观摩、赴外地参观考察12次，开阔企业家思路和眼界，激发企业家转型升级和二次创业的热情。2. 组织招聘会，为企业提供人才服务。5月22～28日，与市就业服务局、教育局、总工会联合举办以“帮人才就业、促民企发展”为主题的民营企业招聘周活动。招聘会期间，有102家（次）民营企业进场招聘，累计提供就业岗位935个，1850名求职者进场求职，525人达成就业意向，发放宣传资料1000余份。3. 提供信息和融资等服务。年内，为会员提供项目、科技、就业信息221条，帮助民营企业融资3000万元，开展法律服务36次。

市工商业联合会

主　　席　赵玉江
常务副主席　王俊喜
主任科员　梁永生
副 主 席　丁俊山
王　全（不驻会）
王树立（不驻会）
兰玉岐（不驻会）
田兴民（不驻会）
任建民（不驻会）
孙学平（不驻会）
朱　国（不驻会）
李致华（女，不驻会）
杜宝海（不驻会）
杨立国（不驻会）
郑宝海（不驻会）
官万芹（不驻会）
徐汉有（不驻会）
贾志民（不驻会）
郭　财（不驻会）
曾秀兰（女，不驻会）
党组书记　王俊喜
党组成员　梁永生　丁俊山

（李雪梅）

综合管理

人力资源管理

【干部考核】 政府序列机关事业单位工作人员2015年度考核奖励工作从2016年2月上旬开始，至3月底结束。政府序列机关事业单位股级及以下工作人员共计17175人参加考核，授奖人员1933人。考核奖惩工作由市委组织部、市人力资源和社会保障局（以下简称市人社局）共同研究部署，审核把关。工作中继续坚持五点：1. 根据上级政策，制定各单位参加考核的人数及评优指标。2. 严格考核程序，确保考核质量。各单位按照个人总结述职、民主测评、考核组评议、单位领导集体确定考核等次、结果公示5个程序确定每个工作人员的考核等次。3. 严格审核，规范操作。各单位将考核结果公示无异议后报市人社局审核备案，重点审核考核程序是否规范，指标使用是否合理。确定等次是否准确及公示公开过程、各种表格填写是否规范等情况。4. 加强与执法执纪部门联系，确保考核结果准确、公正。对各单位拟评定为优秀等次的人员，与市纪检会、监察局、信访局、人民法院、检察院以及计划生育部门逐一审核有无违法违纪行为，确保评定为优秀等次人员的先进性。5. 严格按政策确定部分人员的考核等次。对当年受党纪政纪处分人员，长期无故不在岗、不能完成工作任务及不服从工作分配人员，一律定为不称职（不合格），不搞迁就照顾。正在接受审查人员、长期病休及待岗人员不定等次。

【军转干部安置】 2015年，全市共接收计划分配军队转业干部4人、营职及以下转业干部4人。军转干部随调家属1人。经过市委、市政府、市委组织部、市人社局统一研究部署，根据各单位编制要求和个人意愿，做到了部队、转业干部和接收单位“三满意”。

【企业军转干部待遇调整】 完成企业军转干部“两补”审批工作，即在岗的企业军转干部，月工资达不到全市职工月平均工资水平的，给予生活补助，补到平均水平；基本养老金偏低的企业退休军转干部，月基本养老金达不到市企业退休职工月养老金平均水平的，补到平均水平。全市共有企业军转干部96人，其中在职9人、退休90人。调整后，在职企业军转干部工资由3987元/月调整到4254元/月，退休企业军转干部基本养老金均达到全省平均水平，并且根据企业军转干部职级调整困难生活补助标准。此外，“八一”、春节期间对困难企业军转干部进行走访慰问，标准为200元/人，以实物形式发放，共发放价值4.92万元的慰问物品；发放体检费500元/人，共发放44500元。

【公务员队伍建设】 1. 公务员在线培训。深入贯彻落实《中华人民共和国公务员法》，加强公务员信息管理。贯彻落实《2011～2015年行政机关公务员培训纲要》，重点抓好公务员初任和任职培训，以“唐山市公务员在线”网络培训网站为平台，组织全市公务员参加培训。培训主要内容是着眼建设学习型、服务型、廉洁型机关，课程有《提高公务员廉洁从政道德水平》《解读十八大以来习近平总书记重要讲话精神》《从政风险与职务犯罪预防》《从个人层面深入解读社会主义核心价值观》等。全年培训公务员 915 人。

【专业技术人员管理和职称工作】 1. 继续严格按照河北省、唐山市职称工作改革要求，做好全市职称评聘工作，重点做好教育系统教师职称评定改革。年内，向省推荐申报高级职称 192 人，向唐山市推荐中级职称 399 人，评审认定初级职称 535 人。年内，新增高级专业技术人才 172 人，其中 45 岁以下中青年高级专业技术人才 123 人；新增中级专业技术人才 257 人；新增初级专业技术人才 535 人。2. 按照上级安排部署，做好 2014 年度事业单位专业技术岗位聘用工作，共审核完成 197 家上报单位，聘用专业技术人员 1534 人。审批三级岗 3 人。完善专业技术人员聘用合同鉴证工作。3. 进一步加强继续教育管理，扩大继续教育参加范围，强化继续教育与职称晋升、聘任、资格考试及年度考核挂钩制度，提高参训率，全年完成继续教育培训 1.2 万人。4. 积极引进国外智力，建立引智示范基地。年内，引进国外智力 20 人次。5. 推荐上报河北省“三三三人才工程”▲第三层次人选 3 人。

▲“三三三人才工程”：是河北省启动于 2003 年，计划到 2007 年，在全省培养 30 名左右 45 岁以下、专业技术水平在国内领先，在全省保持学科优势的学术、技术带头人，为“工程”第一层次人选；培养 300 名左右 45 岁以下，在全省各学科、技术领域有较高学术、技术造诣，作出突出贡献或成绩显著的科技骨干，为“工程”第二层次人选；培养 3000 名左右 40 岁以下，具有发展潜能的优秀年轻人才，为“工程”第三层次人选。但河北省打破计划，“三三三人才工程”延续至今（2015 年）。

2015 年迁安市获正高级职称人员情况表

表 13

姓　名	性别	出生日期	工作单位	专业类别	资格名称	职称等级
何国良	男	1971.01.04	迁安市农牧局	农业	农业技术推广研究员	正高
王淑敏	女	1976.02.05	迁安市人民医院	卫生技术	主任医师	正高
杨玉恒	男	1976.03.11	迁安市人民医院	卫生技术	主任医师	正高
韩文宝	男	1970.08.13	迁安市中医院	中医技术	主任中医师	正高

【调资审批工作】 顺利完成各项调资审批工作。1. 完成机关事业单位工资调标工作。根据河北省人民政府办公厅《关于调整机关事业单位工作人员基本工资标准和增加机关事业单位离退休人员离退休费的实施办法的通知》等文件精神，对全市机关事业单位在职人员和离退休人员的工资进行调整。2. 继续稳步推进绩效工资工作。年底时，正在进行 2015 年度奖励性绩效总量核定工作，同时完善各单位奖励性绩效工资的考核办法及分配方案。3. 圆满完成公务员晋升级别、事业单位工作人员正常增加薪级工资工作。根据唐山市统一部署，按时完成公务员晋升级别和工资档次、事业单位工作人员正常增加薪级工资工作。一是部分机关工作人员晋升级别和工资档次工作。2010～2014 年连续 5 年考核结果为称职及以上的，按照冀政〔2006〕88 号文件，可从 2015 年 1 月 1 日起晋升一个级别，级别工资就近、就高套入晋升后级别对应的工资标准。2013 年、2014 年两个年度考核为称职及以上的执行公务员工资的人员，从 2015 年 1 月 1 日起在所任级别对应工资标准内晋升一个工资档次。2013 年、2014 年两个年度考核为合格及以上的工人，从 2015 年 1 月 1 日起晋升一档岗位工资。二是事业单位工作人员正常增加薪级工资工作。2014 年度考核结果为合格及以上等次的事业单位工作人员，可从 2015 年 1 月 1 日起正常增加一级薪级工资。4.

完成机关事业单位调整遗属补助标准工作。根据唐山市城市居民生活最低保障标准，从2015年1月1日起，迁安市机关事业单位工作人员死亡后遗属生活困难补助由每人470元/月调整为500元/月，增资30元/月。5. 完成市政府口科级以下公务员职务职级并行工资兑现工作。6. 完成机关事业单位2015～2016年取暖期取暖补贴审批工作；完成机关工作人员和离退休人员死亡一次性抚恤金及丧葬费审批工作。

【执法监察】 继续大力宣传《中华人民共和国劳动合同法》，全面推行劳动合同和劳动用工备案制度，劳动合同签订率95%。深入开展农民工工资专项治理工作，全年受理拖欠农民工工资案件210起，为5955名农民工追回被拖欠工资9162万元。

【劳动争议案件处理】 对劳动人事争议案件，按照“三个及时”处理，即及时立案，及时调查审理，及时裁决，从立案到出结果一般不超过45天，少数案件在60天内结案。同时，做到公正处理劳动人事争议案件，对每起需要裁决的案件，都组成专门的仲裁庭合议，最后根据合议结果做出公正的裁决。2015年，受理各类劳动人事争议案件318件，结案303件，涉及劳动者334人，涉及金额1800余万元，结案率95%以上。

市人力资源和社会保障局

局　　长　周文瑞
副 局 长　刘子玉　马　杰（女）　张士杰
　　　　　　田　克　马凤文
副 书 记　韩秀民
主任科员　王彦文
副主任科员　卜爱民

（王　扬）

机构编制管理、行政审批制度改革和事业单位登记管理

【政府职能转变和机构改革工作】 根据河北省机构编制委员会办公室《关于进一步做好县级政府机构改革工作的通知》和中共唐山市委办公厅、唐山市人民政府办公厅《关于印发<迁安市人民政府职能转变和机构改革方案>的通知》文件精神，2015年7月13日下午，迁安市召开了政府职能转变和机构改革动员大会，宣读了《关于迁安市人民政府职能转变和机构改革的实施意见》，宣布了新组建和调整部门领导干部任免。2015年7月30日，市机构编制委员会（以下简称市编委会）审议通过市发展改革局、市卫生和计划生育局、市市场监督管理局、市质量技术监督局、市农业畜牧水产局、市住房和城乡建设局、市机关事务管理局和市档案馆8个部门的“三定”（定机构，定编制，定职能）规定并下发执行。此次政府机构改革保持24个工作部门不变，保留直属事业单位1家（比2010年政府机构改革减少2家）。

【行政审批制度改革工作】 1. 清理规范迁安市本级行政许可和非行政许可审批事项。结合省直管体制试运行期间全市各单位行政审批事项的变化情况，审改办重新梳理和认定各单位的行政审批事项，最终确定保留241项（市本级237项，省委托4项）行政许可事项，34项非行政许可审批事项作为各单位的行政权力暂时予以保留，并于2015年7月20日下发《迁安市人民政府办公室关于公布市本级清理规范行政许可、非行政许可审批事项有关情况的通知》，向社会予以公布。2. 做好上级取消下放行政审批事项的衔接工作。2015年，共衔接《河北省人民政府办公厅关于做好国务院取消调整行政审批事项和省政府部门2014年第二批取消下放行政审批事项衔接落实工作的通知》《河北省人民政府办公厅关于做好国务院2014年第三批取消和调整行政审批事项衔接落实工作的通知》《唐山市人民政府办公厅关于做好国务院省政府取消下放行政审批事项和市本级取消下放行政审批事项衔接落实工作的通知》以及《河北省人民政府办公厅关于做好国务院2015年第一批取消和调整审批事项衔接落实工作的通知》下放行政审批事项12项，取消行政审批事项2项，改为后置审批的工商登记前置审批事项134项。3. 进一步规范行政审批中介服

务行为。按照《河北省人民政府办公厅关于清理规范省政府部门行政审批中介服务的通知》，下发了《迁安市人民政府关于公布市政府部门保留的行政许可中介服务事项清单的通知》，经市政府批准，确定保留市政府部门行政许可中介服务事项53项（含审批权限在上级，由迁安市初审的行政许可事项5项）。其中，审批要件既可由申请人委托中介机构编制，也可由申请人自行编制的18项，必须由申请人委托具有相应资质的中介机构编制的35项；纳入市政府部门审批程序的技术性服务事项7项（含审批权限在上级，由迁安市初审的行政许可事项1项）。

【权力清单、责任清单制度建设】 按照党中央、国务院、河北省有关要求，结合政府职能转变和机构改革工作实际，组织开展迁安市部门权力清单、责任清单（以下简称“两个清单”）制度建设工作。2015年6月30日，全市“两个清单”编制完成并在迁安市机构编制网上公开。一是全市列入“两个清单”实施范围的市级部门40个，共梳理、保留实施的行政权力3148项，其中行政许可236项，行政处罚1856项，行政强制138项，行政征收33项，行政给付27项，行政裁决11项，行政确认127项，行政奖励52项，行政监督286项，其他行政权力382项。涉及部门职责事项共2907项，其中部门具体工作事项2245项，明确相关部门职责边界事项201项，制定事中事后监管制度293项，公共服务事项168项。二是制定下发《迁安市人民政府办公室关于印发迁安市行政权力清单动态管理办法的通知》，明确“两个清单”的修改原则、程序等相关内容，加强部门“两个清单”的动态管理，真正做到“法无授权不可为”和“法定职责必须为”。

【事业单位法人登记和中文域名注册管理工作】 一是圆满完成2014年度事业单位法人年度报告工作。全市有283家事业单位提交年度报告，合格率达100%。二是做好事业单位法人的日常管理工作。2015年，全市新增事业单位法人3家，变更登记70家，重新申领证书1家。三是中文域名注册管理实现常态化。全市办理域名续费559家，成功挂标566家，注册单位覆盖率94.69%，完成挂标率85.89%。

市机构编制委员会办公室
主　任　王兴华
副主任　玄兆静
市事业单位登记管理局
局　长　耿小东

（郭丽华）

国土资源管理

【概况】 2015年，全面落实国家、省、唐山市有关国土资源管理的各项部署要求，以严格管理国土资源开发利用秩序为重点，以增强国土资源对经济社会可持续发展保障能力为目标，强化服务意识，全面推进依法行政，在保护资源、保障发展、完善体制、提高素质、依法行政、维护权益等方面取得较好成绩。9月，市国土资源局副局长张朝阳被国土资源部授予全国国土资源系统“六五”普法先进个人称号。

（姚　来　宋书利　付明阳）

【耕地保护】 严格以唐山市与迁安市耕地保护目标责任状中耕地保护数量为标准，组织完成市政府与各乡镇政府耕地保护目标责任状签订工作，按照《迁安市耕地保护责任目标考核细则》要求，年终对各乡镇耕地保护目标责任落实情况进行评定考核，实行奖惩，进一步明确了耕地保护的政府责任。同时，加大巡查抽查力度，完善机制体制，加强耕地保护目标管理。推进高标准基本农田建设。2013年5万亩任务正在做验收前的准备工作。2014年，10万亩项目勘察设计项目划分三个标段，其中两个标段已经完成专家评审、立项、审计，准备发布招标公告进行招标，另一标段正在根据专家意见地设计进行修改完善。2015年度10万亩任务，根据工作实际和上级要求，采取分期完成，一期任务4.5万亩，自11月开始做勘察设计招标前期工作，至年底，政府采购手续已完成，正按程序组织招标。实施13个占补平衡项目，总规模2000亩，预计新增耕地1444.3亩。其中1个项目已完成验收，新增耕地64.43亩；6个项目已立项，正在组织项目施工，预计新增耕地692.03亩；2个项目已完成专家评审；3个项目正在进行项目设计与预算编制；1个项目处于可行性研究阶段。

（郭万军　刘爱民　高云怀）

【用地管理】　围绕全市经济发展中心任务，依托职能积极为重点项目、城市建设、基础设施建设提供用地保障。狠抓建设用地报批工作。2015年，上报19个城市批次建设用地卷（包含3个工矿废弃地复垦利用整体审批用地卷），涉及土地102宗，批准转用征收总面积5092.0515亩，其中转用征收集体农用地1609.8555亩（耕地348.0345亩）、未利用地1145.517亩、建设用地2336.679亩，保障了中溶科技、富达园、天圣药业、新奥LNG等重点项目建设用地。规范土地市场建设，严格按照相关法律规定进行土地交易。全年供应国有建设用地67宗1671.358亩。迁安市作为河北省首批"五小"（小化工、小钢铁、小电镀、小印染、小水泥）企业城乡建设用地增减挂钩试点项目区，省国土资源厅建议首次项目组卷范围控制在300～400亩，待省复垦验收通过后在全市展开。至年底，项目区建筑设施拆除及执法处理组卷工作仍在进行。根据河北省开展关停取缔实心粘土砖瓦窑专项行动安排和省国土资源厅相关文件精神，开展城乡建设用地增减挂钩试点项目局部调整工作，调整后，项目拆旧区共涉及4个砖瓦窑，复垦总面积360.369亩，新增建设用地指标349.241亩。根据省国土资源厅文件要求，迁安市列入城市建设用地节约集约评价范围，2015年，组织开展区域建设用地节约集约利用状况初始评价和中心城区建设用地集约利用潜力初始评价工作。

（郭万军　朱明浩）

【土地规划】　2015年度，迁安市土地整治规划调整拟将84个土地整治项目纳入土地整治范围，项目实施后共可补充耕地995.58公顷。其中，未利用地开发项目18个，总规模1082.5471公顷，项目区分布在蔡园镇、大五里乡、建昌营镇、扣庄乡、木厂口镇、彭店子乡、迁安镇、上庄乡、五重安乡、阎家店乡、杨店子镇、杨各庄镇和野鸡坨镇13个乡镇44个行政村；废弃地复垦项目65个，总规模1154.1999公顷，项目区分布在蔡园镇、大崔庄镇、大五里乡、建昌营镇、扣庄乡、马兰庄镇、木厂口镇、彭店子乡、迁安镇、沙河驿镇、上庄乡、太平庄乡、夏官营镇、阎家店乡、杨店子镇、杨各庄镇、野鸡坨镇、赵店子镇18个乡镇93个行政村；农用地整理项目1个，即洪庄和田庄农用地整理项目，项目总规模1.3735公顷。

（廖廷松）

【执法监察】　保持全市打击国土资源违法行为的高压态势，遏制国土资源违法行为发生。4月，印发《迁安市国土资源局关于开展春季国土资源执法专项行动的实施方案》，在全市开展为期2个月的春季执法专项行动，对全市国土资源违法行为进行了一次全面排查整治，对发现的违法行为及时处置，取得预期效果。年内，全系统加大国土执法巡查力度，促进国土资源管理秩序和谐稳定。同时，强化土地利用动态巡查监管工作，建立健全建设用地批后监管长效机制，动态跟踪，做到早提醒、早发现、早处置，有效防止土地违约或闲置行为的发生，全面促进土地节约集约利用。

（赵琼宇）

【地籍管理】　开展土地利用现状年度变更调查工作。及时将耕地、建设用地、未利用地等变化数据上图入库。扎实开展农村集体建设用地、宅基地使用权确权登记发证工作。截至2015年年底，已完成辖区内19个乡镇230个村庄8.4万余宗地外业调查工作以及42个村庄1.8万余宗地内业整理及数据入库工作。

（朱　宁）

【地价管理】　按照唐山市国土资源局《关于迁安市提前进行新一轮城镇土地级别调整与基准地价更新工作的意见》要求，2015年，开展了新一轮基准地价更新工作，年底前已将更新成果上报唐山市国土资源局，等待省国土资源厅验收。

（朱明浩）

【矿产资源管理】　1. 做好采矿许可证设立、延续、变更及转让等组卷上报及年检工作。1月，制定并印发了《迁安市国土资源局关于2014年度矿产资源开发利用检查工作的通知》，2014年度采矿权年检应检的矿山企业为59家，其中金属矿山企业35家、非金属矿山企业24家，3月底前按时完成了采矿权年检工作。2. 全面提升矿产资源动态监管水平。按照国土资源部《关于健全完善矿产资源勘查开采监督管理和执法监察长效机制的通知》、河北省国土资源厅《关于健全完善矿产资源勘查开采监督管理和执法监察长效机制的实施意见》和唐山市国土资源局《关于进一步加强矿山开采现状动态监测工作的通知》等文件要求，已完成2015年动态监测工作，未发现违法行为。严格按照矿产资源开采管理巡查制度要求，对全市持证矿山企业逐一巡查，发现越界开采违法行为及时查处。3. 做好《迁安市矿产资源总体规划（2016—2020年）》编制工作。根据国土资源部办公厅关于印发《省级矿产资源总体规划编制技术规程》和《市县级矿产资源总体规划编制指导意见》的通知要求，9月，通过市政府采购中心公开招标确定《迁安市矿产资源总体规划（2016—2020年）》编制单位，已与中标单位河北省地矿局第二地质大队签订了编制合同。至年底，规划正在编制之中。4. 加强矿产资源补偿费征缴工作。严把报停环节的审查，全面掌握企业生产规模及生产经营情况，最大限度地控制费源流失。全年征收矿产资源补偿费2059.41万元、其中金属企业2014.07万元、非金属企业24.3万元、金矿21.04万元。截至2015年12月底，被上级列入关停取缔采石场名单的49家企业，有33家采石场企业的采矿许可证被注销，7家正在履行注销程序，5家未提交延续申请的采石场已发布采矿许可证废止公告，剩余4家采石场待工商营业执照注销后将依法注销其采矿许可证。

（杨　雷　刘　颍　马　林）

【矿山生态地质环境治理】　市委、市政府针对全市矿山生态环境恢复治理工作实际，在原有矿山生态环境恢复治理成果的基础上又进行了高站位、高层次的规划建设，要求逐步对全市大部分废弃的矿山排土场、尾矿库和采矿坑开展工程修复、地貌修复、生态修复。按此要求，市国土资源局组织矿山企业逐一编制了《地貌修复规划方案》和《生态修复治理方案》，同时以高速公路、铁路等主要交通干线两侧企业为重点，实地踏勘，积极谋划。2015年，制定矿山生态治理任务22个，计划治理面积2000亩，全年完成生态修复面积2140亩。

（马　林）

【地质灾害防治】　迁安市地处燕山隆起带南侧，山体多为古老的变质片麻岩，岩体破碎，风化强烈，加之采矿业发达，人类工程活动频繁，地质灾害发育程度相对较高，且灾害种类较多，主要分布在北部和西部山区。2015年，成立地质灾害防治工作领导小组，印发《迁安市2015年度地质灾害防治方案》，市国土资源局聘请唐山市环境勘察院编制了地质灾害预警分析、汛期巡查和防治方案报告，对地质灾害隐患点进行全面排查，筛选出地质灾害隐患点70处，其中省级6处、唐山市级11处、县级53处，确定大何庄村大沟泥石流、石门村马蹄峪泥石流等5个地质灾害隐患点为2015年全市地质灾害重点关注点。同时，配合河北省水文工程地质勘查院开展1:50000地灾详查工程，发放明白卡400余张，建立、完善市、镇、村、监测人四级监测网络和群测群防体系，层层签订责任状，成立防汛指挥部，落实地质灾害速报、汛期值班等各项规章制度，明确地质灾害灾情和险情分级标准，加强汛期地质灾害巡查，全年未发生地质灾害。

（马　林）

【地质勘查】　2015年，全市探矿权共有11个，其中探矿权保留9个，共完成钻探15899.25米、槽探200米，勘查投资1157万元。探矿权全部完成了最低勘查投入，按时报送有关报表及开工报告，无非法转让和转包探矿权的行为。迁安地区找矿空靶区已经非常少。

（马　林）

【基础测绘】　制定《迁安市测绘管理实施意见》，加强测绘标志保护工作，定期巡查境内各三角点、水准点和GPS点，准确了解掌握测绘标志现状，完成全市18个水准点（包括3个GPS共用点）、19个三角点的测量标志普查，并已录入河北省测量普查系统。加强测绘资质备案管理工作，测绘资质备案的测绘单位有15家，已全部提交资质备案所需资料。协调各相关单位完成国情普查所需资料的汇总报送工作。

（李　勇）

【国土资源法制建设】 做好行政复议、应诉工作，依法依规组织听证会，做好信息公开工作，以“节约集约利用土地——推动土地利用方式根本转变”为主题，搞好国土资源法律法规及政策宣传。结合“4·22”地球日、“6·25”土地日、“12·4”法制宣传日，开展国土资源法律法规及政策宣传咨询，发放宣传资料8000份，出动宣传车20台次，悬挂条幅20条，制作看板20块，受教育群众达万余人。

（唐维远）

【闲置土地处置工作】 加强批后土地跟踪管理，做好国土资源部督察局闲置土地台账中涉及的26宗6057.7亩闲置土地处置工作。共收缴土地闲置费1.02亿元，收回土地23宗5910.4亩。全部完成处置整改任务。

（朱明浩）

【卫片执法检查整改】 2015年，国土资源部下发迁安市土地卫片监测图斑1145个，涉及10222.9亩土地，其中违法图斑8宗57.3亩，违法占用耕地比例为0.5%，矿产卫片涉及16个图斑，其中违法图斑3个。所有违法图斑已全部按要求整改到位，并顺利通过上级验收。

（赵琼宇）

【国家工矿废弃地复垦调整利用试点工作】 做好工矿废弃地复垦调整利用试点建设工作，共实施29个项目，总规模3248.8亩。已通过专家验收项目8个，净增耕地541.93亩；已立项施工的项目20个，可净增耕地1629.4亩。同时，经过努力，争取2015年工矿废弃地复垦利用计划指标4950亩，占全省计划指标的五分之一。

（王立广）

【“数字城市”建设工作】 全力推进“数字城市”建设工作。完成对原有数据及成果的摸底、收集、汇总工作；完成26个三等GPS控制点和68个一级GPS控制点的选埋工作；170平方公里DEM（数字高程模型）和DOM（数字正射影像图）的制作已全部完成；120平方公里1∶1000 DLG（数字线划地图）已经完成，正在进行检查验收；完成50平方公里1∶500地形图外业测点；完成190平方公里航空摄影和10平方公里三维模型外业飞行拍摄；完成约10平方公里地名地址普查。

（李　勇）

【第三轮征地区片价调整工作】 按照《河北省国土资源厅〈关于印发2014年河北省征地区片价调整工作方案〉的通知》，完成全市第三轮征地区片价的调整工作。

（郭万军）

【不动产登记中心设立】 11月20日，根据迁安市编委会《关于全市不动产登记职责机构整合的通知》，市国土资源局地籍管理科增挂不动产登记局牌子，设立不动产登记中心，为市国土资源局所属正股级事业单位。11月29日，完成不动产登记职责整合全部工作。11月30日，不动产统一登记工作正式启动。

（付明阳　朱　宁）

【安全生产监督管理科成立】 12月29日，根据《迁安市人民政府关于加强安全生产监管执法工作的实施意见》要求，市国土资源局设立安全生产监督管理科，暂挂矿产资源管理科牌。

（付明阳）

市国土资源局

局　　长　陈子红
副 局 长　张朝阳　孟令永　车新刚　陈志勇
纪委书记　王大江
执法监察大队队长　岳春光
土地储备中心主任　沈　东
书　　记　陈子红（兼）
副 书 记　张朝阳（兼）　李　强
主任科员　张朝阳　李　强

迁安国家地质公园管理处

副 主 任　冯立新　于洪瑾

（付明阳）

发展与改革

【概况】 根据唐山市委办公厅、唐山市政府办公厅《关于印发〈迁安市人民政府职能转变和机构改革方案〉的通知》要求，2015年7月13日，迁安市委常委会研究决定，撤销迁安市粮食局、迁安市物价局，将其承担的职责划入迁安市发展改革局（挂迁安市粮食局、迁安市物价局牌子）。机构改革前，原粮食局内设机构6个，分别是办公室、购销调控科、监督检查科、执法监察科、行业发展科、财务审计科；原物价局内设机构6个，分别是物价办公室、物价检查科、收费管理科、价格管理科、价格监测信息科、价格认证中心。机构改革后，市发展改革局有20个内设机构，分别是办公室、国民经济综合和发展规划科、固定资产投资科、产业协调和高技术科、体改法规科、资源节约和环境保护科、重点项目办公室、社会事业及服务业管理科、价格收费管理科、价格监督检查科、价格监测监审科、粮食购销调控科、粮食市场监管科、粮食行业发展科、粮食企业管理科、农村经济办公室、项目稽察办公室、节能监察监测中心、行政审批科、迁安市价格认证中心。

2015年，市发展改革局按照年初确定的目标任务，以稳增长、调结构、促改革、惠民生为核心，充分发挥"项目部、参谋部、服务部"作用，解放思想，开拓创新，真抓实干，各项工作扎实推进，有力地促进了全市经济社会平稳健康发展。

【国民经济计划目标完成情况】 2015年，面对错综复杂的宏观形势和经济下行压力持续加大的严峻考验，全市上下始终坚持"稳中求进"的主基调，扎实推进转型攻坚，经济社会实现平稳健康发展。全年实现地区生产总值891.1亿元，增长4.8%；完成全社会固定资产投资594.5亿元，增长13%；完成社会消费品零售总额223.2亿元，增长9.7%；城镇居民人均可支配收入达到32160元，增长7.7%；农村居民人均可支配收入达到18478元，增长7.9%。

【"十三五"规划编制】 高质量组织编制了《迁安市国民经济和社会发展第十三个五年规划纲要（草案）》，在总结"十二五"期间成绩、客观分析未来5年形势的基础上，提出"十三五"期间迁安市经济社会发展指导思想、奋斗目标和主要任务，明确全市"十三五"期间总的发展目标为"一个率先、两个提前、三个领先"，即在全省率先全面建成小康社会；地区生产总值提前一年在2010年基础上翻一番；经济发展保持中高速增长，产业结构调整成效在省及唐山市领先。

【年度计划编制】 2015年年初，编制完成了《2014年国民经济和社会发展计划执行情况和2015年国民经济和社会发展计划（草案）的报告》，经市人大五届五次会议审议通过，并将计划指标及时分解下达到各乡镇、市直有关单位，有效地指导了全市国民经济的健康运行。

【重点项目管理】 建立协议管理、分类监控、梯次管理、督导通报等重点项目管理制度，筛选13个立市项目和100个重点项目纳入市重点项目，其中已实施项目90个，当年完成投资163.3亿元，有海纳环保设备有限公司冶金环保除尘成套设备产业化、迁安市鼎安专用车辆制造公司特种车辆加工等25个项目完工，进一步加快了经济社会转型步伐。

【重点项目申报办理】 通过精心筹备，多次办理，年内，迁安市正大通用钢管有限公司250万吨焊接钢管项目一期、河北明润达节能材料有限公司玻璃深加工等17个项目被列为唐山市重点建设项目，翅冀公司焦炉煤气制液化天然气、北商公司泵阀生产基地、唐山中溶科技有限公司年产30万吨无水乙醇3个项目被列为省重点项目，3个省重点项目共争取土地指标500亩。

【项目观摩拉练活动】 在唐山市第四季度重点项目观摩活动中获得第一名；成功组织迁安市5月和10月两次重点项目观摩活动，充分展示全市项目建设最新成果，进一步增强了各乡镇、各园区、各单位招商引资和建设项目的积极性，助推全市项目建设进程。

【推进产业转型升级】 1. 提升精品钢铁业。积极推进天津物产集团有限公司整合荣信、鑫达、松汀三家地方钢铁企业工作，顺利完成3家企业财务审计、资产评估等工作，为下步整合奠定基础；积极稳妥地推进钢铁过剩产能化解工作，研究制定了《迁安市钢铁产能化解方案》，建立钢铁产能压减装备综合评价体系，对松汀钢铁公司一座450立方米高炉、九江线材公司一座480立方米高炉、轧一钢铁公司（津安）一座450立方米高炉和一座40吨转炉进行停产封存，提前完成156万吨铁、67万吨钢的产能化解任务，得到省、唐山市的认可和高度评价；组织实施燕钢精品钢铁等一批产业链延伸项目，钢铁业技术水平、产品结构不断提升。2. 推进装备制造业发展。组织实施正大通用制管等17个装备制造业项目，年内，新增耗钢能力540万吨，装备制造业增幅达到29.2%，高于工业增幅25个百分点，成为发展最快的产业。3. 大力发展服务业。组织实施红星美凯龙等一系列项目，天津物产物流服务中心一期等项目顺利竣工，第三方物流吞吐能力达到2000万吨，服务业增加值增长6.6%。积极扶持现有服务业企业发展壮大，全年新增限额以上服务业企业14家，超额完成唐山市下达的任务。4. 协调推进煤化工、包装建材、节能环保、食品医药、高新技术五大产业板块不断壮大，全年组织实施43个五大板块重点项目，翅冀LNG、怡蕙达LNG一期、乐达特种高温新材料扩建等项目完工，中溶科技30万吨无水乙醇、明润达玻璃深加工、英诺特生物制药产业基地、金沙工贸环保燃烧器及压裂用支撑材料等项目正在加紧建设。5. 做好减煤降炭工作。推进大型燃煤锅炉淘汰改造，推广清洁能源，控制工业企业煤炭消费量，全市共推广洁净型煤2.1万吨，规模以上企业煤炭消费量降低到630.69万吨，完成唐山市目标任务。

【对接京津冀协同发展】 及时协调成立京津冀协同发展办公室，研究提出迁安市在京津冀协同发展中的功能定位、产业定位和发展思路。成功举办北京推介会，对接了国家卫计委、北京教工委、中关村以及央企、行业协会、北京院校、医疗机构等211家单位，接洽272位客商。积极推进京津对接项目建设，组织实施首钢包装、天津信地新智慧创新产业基地等京津协同发展项目。

【招商引资】 组织参与全市经贸洽谈会，全面完成项目观摩考察、讲解、项目签约、项目洽谈等专题活动。促使60个项目签约，总投资539亿元。积极推进派拉蒙、国创联合控股、中唐天元等项目洽谈，投资16亿元的中融科技30万吨无水乙醇等3个项目顺利开工，圆满完成年初目标任务。

【固定资产投资监控考核】 年初，及时将固定资产投资目标分解下达到各乡镇和市直有关部门，并强化监控考核。2015年，全社会固定资产投资达到594.5亿元，同比增长13%。各乡镇均完成或超额完成年度计划目标。

【服务工作】 1. 提高审批服务水平，主动优化审批流程，全年办结各类事项266项，按时办结率100%。2. 全力服务企业项目建设，帮助企业解决涉及项目选址、用水用电、立项审批、落地开工及资金等方面问题，思文科德公司年产20万吨镀铬板等6个项目顺利获省发改委核准、备案；海绵城市给排水改造等7个项目获得国家专项建设基金1.48亿元，为项目顺利开工建设创造有利条件，加快了项目建设步伐。

【农村经济工作】 以服务农业和农村经济、促进现代农业发展为目标，积极探索农业资源区划工作的新思路、新方法，圆满完成唐山市下达的农业可持续发展调研、家庭农场发展现状调研、农作物长势和耕地土壤墒情遥感监测等工作。帮助华农大型沼气工程等8个农业项目申请国家、省等各级资金支持3484万元，进一步加快了现代农业项目建设步伐。

【信息调研工作】 面对复杂多变的经济形势，密切跟踪全市经济发展态势，深入研究经济运行中的热点、难点问题，撰写1～5月《经济运行分析》等54期调研信息，提出具有建设性的意见建议，得到市领导的关注和认可。

（汤雅超）

市发展改革局

局　　长　郎文昌

副 局 长　沈　杰（7~12月）

纪万春（7月任）　王树满

沈文瑞（7月任）　李会中

任振利　温景春（7月任）

赵晓峰（7月任）　郭海军

张士文（7月任）

主任科员　刘宪华　裴瑞明（7月任）

任利成（7月任）

副主任科员　孙国强（7月任）　耿向军（女）

（张晓红）

重点项目建设工作

【113个重点项目】　2015年，迁安市重点筛选13个立市项目及100个重点项目，作为项目建设工作的重中之重，举全市之力加快推进。5月、10月，组织两次由市四大班子领导、市直相关部门、高新技术开发区、经济开发区及19个乡镇参加的重点项目观摩活动，并以实名制的形式对参评单位的观摩项目打分测评，激发全市上项目、建项目的主动性和紧迫感，助推了项目建设进程。至12月底，纳入管理的13个立市项目和100个重点项目已实施90个，当年完成投资163.3亿元，其中海纳环保设备有限公司冶金环保除尘成套设备产业化、迁安市鼎安专用车辆制造公司特种车辆加工等25个项目完工。

【省、唐山市重点项目】　经过精心准备和积极申报、办理，2015年，迁安市正大通用钢管有限公司250万吨焊接钢管项目一期、河北明润达节能材料有限公司玻璃深加工等17个项目被列为唐山市重点项目，翅冀公司焦炉煤气制液化天然气、北商公司泵阀生产基地、唐山中溶科技有限公司年产30万吨无水乙醇3个项目被列为省重点项目，3个省重点项目共争取土地指标500亩。

【项目建设做法及成效】　继续坚持多措并举、齐抓共管，取得明显成效。1. 坚持有中生新、无中生有两手抓，加快产业转型升级。依靠项目建设，推动“三个转变”，即由粗放型、本土型经济向集约型、开放型经济转变，由资源加工驱动向制造业、现代服务业双轮带动转变，由工矿型城市向文化旅游型城市转变；打造“两个基地”，即新型制造业基地、现代服务业高地；全力“做强3、做大5、做高6”。做强3，即增强精品钢铁、装备制造、现代物流三大千亿级板块的市场竞争力。精品钢铁业，在7家民营钢铁企业全部进入工信部钢铁行业规范企业名录，在基本实现装备大型化、生产循环化的基础上，做好整合重组、延伸链条、差异化发展、管理提升四篇文章，努力实现工艺技术先进化、产品高端化的目标。重点抓好首钢特种钢生产基地等一批重点项目，提高精品钢材比重。装备制造业，以装备制造和钢铁初、深加工为主导，抓好正大350万吨焊接钢管等项目，新增耗钢能力310万吨。现代物流业，重点抓好天津物产综合物流服务中心、皓盛汽贸物流中心等5个项目，新增物流吞吐量2000万吨。做大5，即壮大煤化工、包装建材、食品医药、节能环保和高新技术5个百亿产业集群的规模。加快建设怡惠达LNG及加气站、翅冀LNG等项目，尽快形成58.5万吨的液化天然气生产能力。抓好润泽建材公司新型节能复合墙板、乐达特种高温新材料扩建等项目，形成集群产业的规模优势。做高6，即高起点发展休闲旅游、教育培训、养生养老、文化创意、科技研发、总部经济六大服务业。积极推进龙湾游艇俱乐部、长城国家公园等项目建设；以天洋城市综合体、红星美凯龙家居综合体、万嘉综合商贸园为支撑，加快形成核心商圈；抓好商企联盟电子商城等一批创新型项目，推进北大学园教育园、北京实验二小合作办学等教育培训项目，促进全市现代服务业加快发展。2. 坚持内激外引两手抓，壮大转型发展的市场主体。对内，立足把雄厚的民营资本转化成发展的优势、转型的优势，着眼解决创业主体不想转、不会转、不敢转的问题，持续开展民企二次创业和全民创业，鼓励大众创业、万众创新。同时，加强创新扶持引导，实施小微企业创业园、科技孵化园扩园工程，推进北科大产学研基地、华北理工大学生创业苗圃建设，安排1亿元资金设立产业发展基金，引导企业加强技术创新。到12月底，全市累计新增民营企业970家，新增个体工商户4931户，民营经济投资占全市固定资产投资的81.46%。对外，以京津地区和转型产业的行业龙头企业为重点，制定《迁安市招商引资优惠政策》，成立由市长任组长，全体副市长任副组长，市政府办、发改、工信、商务、招商等部门一把手任成员的推进京津冀协同发展工作领导小组，全力招商对接。2015年，中唐民俗文化旅游综合体、中建西部环保建材产业园等33个项目正式签约，中国铁路通信信号产业园、北京人大附中等27个项目达成意向。9月10~12日，在北京举办了协同发展宣传推介会，对接国家卫计委、北京教工委、中关村以及央企、行业协会、北京院校、医疗机构共211家单位，接洽了272位客商，与恒丰金控资产管理公司就合作设立300亿元产业发展基金达成协议。此外，9月28~30日，组织2015年“京东水城　魅力迁安”经贸洽谈会，以请进来的方式进一步宣传迁安，积极对接招商，实现60个项目正式签约，计划总投资539亿元。3. 坚持软、硬环境两手抓，优化项目建设环境和发展环境。一是着力打造园区、城市、绿道3个产业承载平台。把园区作为承载工业和现代物流业的平台，以4个省级园区为依托，进一步完善园区水、电、路、通信等基础设施，提高园区承载能力。把城市作为承载高端服务业的平台，抓好滦河综合治理等工程，开展创建国家海绵城市等活动，打造宜居、宜业、宜商、宜学的城市环境，先后吸引浙江中唐天元谷文化旅游综合体、中汇国际动漫体验岛等项目落户。把绿道作为承载现代农业和文化旅游业的平台，以绿道为“藤”，以农业园区、景区景点为“瓜”，形成“绿道金瓜”模式，华农公司农业循环经济等一批休闲农业项目投入运营，农业产业化龙头企业达到88家，其中唐山市级以上29家。二是积极破解要素制约。在土地上，建立和完善重大项目用地事前协商和保障制度，上级下达用地指标主要用于项目建设。同时，积极开展工矿废弃地复垦和土地整治补充耕地工作，千方百计保障项目建设用地需求。在资金上，积极推进银企对接，争取信贷支持，帮助企业拓宽融资渠道，推行企业上市、发行企业债券等多种方式，解决项目融资难问题；在重大基础设施和公共事业项目上，积极推广PPP模式▲等，不断拓宽投融资渠道。三是优化发展环境。深入实施行政审批“瘦身提速”工程，精简审批事项，缩短审批时限。出台了《关于推行重点项目全程代办制的实施意见》，提高办事效率。同时，对重点项目实行全程保姆式服务，加速项目建设步伐。4. 坚持服务和管理两手抓，创新项目建设的工作机制。一是坚持领导分包制度。按照“一个项目、一名领导、一套班子、一套方案、一抓到底”的“五个一”工作要求，年初，将重点项目全部分包给市领导，落实到责任单位，细化到时间节点，全程跟踪服务，每月，市委常委会听取分包领导汇报，确保项目顺利推进。二是实行项目观摩制度。借鉴唐山市项目观摩经验，2015年，迁安市继续开展重点项目观摩活动，5月、10月组织两次项目观摩活动，激发全市上下谋项目、建项目的积极性和主动性，形成以项目论英雄、以项目论荣辱的浓厚氛围。三是加大考核权重。把项目建设作为各级、各部门评优评先和奖励的重要依据，项目考核权重由原来的10%提高到22%。四是建立严格的管理制度。协议管理制度：对年内计划实施和正在实施的项目，明确项目建设的重要时间节点，项目主管单位要严格按工期计划全程跟踪逼进，推动项目加快建设。分类监控制度：本着“突出重点、精准管理”的原则，筛选确定13个立市项目和100个重点项目作为重中之重，由市重点项目办公室和市委督查室进行监控。对中小项目由各部门监控管理，形成大项目加速推进、中小项目齐头并进的工作格局。梯次管理制度：按照“谋划项目抓推进、意向项目抓签约、签约项目抓落地、开工项目抓进度”的思路，根据项目建设不同阶段特点，确定不同的工作重点，采取不同的工作举措，实现各类项目同步推进。督导通报制度：将各级重点建设项目纳入市委督查范围，对破坏和影响项目建设的行为和个人，依法依规进行严惩，确保项目推进步伐。

▲PPP（Public - Private Partnership）模式：公私合作模式，是公共基础设施中的一种项目融

资模式。在该模式下，鼓励私营企业、民营资本与政府进行合作，参与公共基础设施的建设。

市重点项目办公室
主　任　王树满
副主任　顾艳菲（女）

（韩立云）

统　　计

【概况】　2015年，市统计局秉承“科学统计、认真分析、详实汇总、准确上报”四原则，圆满完成1%人口抽样调查和迁安市第三次全国经济普查资料开发工作，继续做好“企业一套表”这一统计核心工程，强化基层基础建设，创新机制，强化服务，不断提高统计部门的参谋服务水平，加大统计执法力度，强化统计法律法规宣传督导，深入优化统计法制环境，年内，全市无统计违法行为发生。科学把握GDP核算工作，确保GDP核算更加真实准确地反映全市的经济总量。

【1%人口抽样调查工作顺利完成】　1%人口抽样调查是一项重要的人口调查，是国家在两次人口普查年份之间摸清全国人口底数的重要工作。为确保全市此项工作圆满完成，市统计局从各业务科室抽调骨干会同市卫计局等相关部门组成1%人口抽样调查办公室，对全市乡级以下普查、调查人员千余人次进行组织培训，通过近4个月的紧张筹备，近一个月的入户登记、录入上报，至2015年年底，全市1%人口抽样调查工作圆满完成。

【迁安市第三次全国经济普查资料开发工作圆满完成】　经济普查是全市经济、社会发展的一面镜子，为确保第三次全国经济普查成果成功反射并转化为全市经济、社会发展的动力，市统计局组织参与经济普查的重点科室和业务骨干编辑撰写大量数据详实、分析精准的调研资料，印制了《迁安市第三次全国经济普查数据资料汇编》，为市委、市政府领导及相关部门科学使用普查数据提供有力保障。

【推进“企业一套表”工程】　继续高标准推进“企业一套表”工作。一是做好各项常规统计专业2014年年报和2015年月季度定报数据联网直报采集统计以及投资、服务业、劳动力、人口抽样调查等专业报表和调查数据的收集、审核、录入、汇总和上报工作。二是开展全市重点企业及新增企业联网直报培训工作。针对多年基层反映的一套表联网直报工作中所出现的热点、难点问题，组织业务骨干参加上级统计部门组织的培训学习，培训后与乡镇统计人员深入直报企业将学来的知识向全市各基层单位进行反馈并指导。通过与相关部门、各乡镇之间的相互配合，和对统计人员开展经常性业务指导，全市“企业一套表”联网直报工作水平得到进一步提升。

【提高统计服务水平】　创新机制，强化服务，不断提高统计部门的参谋服务水平。一是围绕全市中心工作，及时做好经济发展趋势预测分析，搞好专项调研。2015年，全市经济走势低位运行时间较长，财税收入形势较为严峻，市统计局在对本市多项重点经济指标进行严谨统计、科学预测的同时，深入追踪全国百强、河北省十强、唐山市十四县区、河北省直管县（市）的横向对比及纵向发展位次变动情况，为市委、市政府领导按月提供富有见解和实践性的统计专刊，引起市委、市政府的高度重视，并多次就这类专报作出重要批示。二是确保统计数据信息的时效性。为保证市领导在第一时间把握全市经济社会发展最新情况，市统计局干部职工为《经济月报》编撰工作加班加点，确保印刷、发行时间不断提前，已基本能够做到每月8日报表封网，9日上报，10日汇总编撰，11日确保月报印刷，12日准时上报至市委、市政府领导案头备阅。此外，为确保市领导能够比月报提前掌握统计数据，市统计局通过对部分迟滞指标进行科学预计的方法确保每月初能为领导提供统计专报，得到市委、市政府领导的高度认可。

市统计局
局　　长　李文秋
副 局 长　孟国武　徐晓静（女）

主任科员 曹向民
农调队队长 冯淑华（女）
城调队队长 张凤田

（司马龙）

国家统计局迁安调查队

【业务规范】 严格业务规范，确保数据质量。1. 夯实基层基础。贯彻国家统计局和总队要求，严格执行国家调查制度和方案，完善各专业工作规范，维护调查工作科学性、准确性和权威性，稳妥做好新旧数据的衔接，顺利完成各专业定期报表任务。2. 抓好源头数据核查。加大对已报数据抽查力度，完善经常性实地核查制度，采用机查、人核、抽检等多种方式核查源头数据。3. 认真履职。抵制各种干扰，如实搜集、报送调查资料，提高调查专业人员及全社会的统计法律意识。4. 强化管理。通过集中培训、跟班检查、举行座谈会等方式，提高培训效果，全年各专业培训辅助调查员、调查对象300人次；严格按照辅助调查员管理办法，抓好辅助调查员的选配，提高配合度和责任心。

【城乡住户一体化调查】 继续认真执行城乡一体化住户调查制度，做好记账资料的审核、录入、汇总和样本轮换工作，确保居民收支数据的真实可靠和平稳过渡，确保分市县数据与省级抽样调查数据的总体匹配。一是抓思想。要求专业人员及辅助调查员，充分认识城乡一体化住户调查数据的重要性，树立“为国记账，严守数据质量；为民理财，笔笔记真记实”的理念和责任感。二是抓源头。要求辅助调查员增加访户的次数和入户辅导时间，对调查户在记账过程中出现的问题及时纠正，确保源头数据准确可靠。三是抓规范。自审互审，要求调查队调查人员找差距、摆问题，并及时向记账户反馈、讲解，协助记账户规范记账。四是抓审核。建立调查户自我审核、辅助调查员报账前审核、工作人员录入时逐户审核、汇总后逻辑关系重点审核的四层审核制度，保证数据的科学性和合理性。

【粮食大县调查】 圆满完成粮食大县调查工作。市政府高度重视粮食大县调查工作，副市长亲自指示，并发文、召开各部门协调会，全面支持粮食大县调查工作。认真执行粮食大县调查制度，全面部署，专人负责，全体参与，确保调查数据真实可靠。一是认真对待。连同相关部门召开协调会议，要求专业人员与辅助调查员充分认识粮食大县调查的重要性，增强责任感与使命感。二是专人专项，责任到人。按照河北调查总队部署及调查制度，指派专人负责粮食大县调查任务，对辅助调查员进行业务培训，分工明确，责任到人。三是认真审核。建立审核制度，要求辅助调查员遵守自我审核、报账前审核、录入审核、汇总审核相结合制度，确保数据真实、可靠。

【国家调查任务】 认真完成国家调查任务。1. 严格遵循国家调查制度方法，抓好调查数据采集、整理、审核、评估、管理、发布等各个环节工作，把住统计调查数据“源头关”，确保国家宏观调控和国民经济核算所需重要统计数据真实可信。2. 认真完成常规调查。抓好国家调查项目的组织实施，把握重点环节，加大对数据生产流程的管控，圆满完成城乡一体化调查、农产品生产者价格调查、主要农产品中间消耗调查、小微企业调查、畜禽监测、农民工监测、退耕还林调查、产量和播种面积全年调查以及新设立小微企业跟踪调查等常规工作。

国家统计局迁安调查队
队　　长 邸海军
副 队 长 马　国
纪 检 员 杨秀艳（女）
副主任科员 王永久

（马　国）

审　　计

【概况】 审计工作坚持“依法审计、服务大局、围绕中心、突出重点、求真务实”的工作方针，认真贯彻《中华人民共和国审计法》，加强对重点领域、重点部门、重点资金、重大政策执行的审计监督，全年完成5个项目、700多家次的审计任务，审计资金总额200余亿元，查出各类问题30余个，审计处理处罚资金2291.5万元，包括：1. 市本级财政、税务预算执行审计。2. 马兰庄镇、大崔庄镇财政决算审计。3. 经济责任审计事项9项。4. 稳增长调结构政策落实情况跟踪审计、保障性安居工程资金跟踪审计、环保资金及社保资金等各类专项审计11个。5. 领导交办的城乡建设投资管理有限责任公司财务收支、人民医院清产核资、热力公司清产核资、燕山大路南延、第三通道、滦河综合开发、农村“三资”（农村集体资金、资产、资源）等一大批重点审计任务。

【财政审计】 在预决算审计中，积极推动将全部政府性收支纳入预算管理，加大对市级预算单位的二级机构和所属单位的延伸审计力度，努力实现财政资金的“全口径、全过程、全方位”监督。工作中重点对预算编制及其执行的合规性、合法性和科学性，税费征管的完整性、真实性，重点项目和支出的绩效情况，重点预算执行部门预算执行情况，以及民生资金使用管理情况进行审计。同时，为落实中央“八项规定”，特别关注公务接待费、公务用车购置运行费、因公出国（境）费用即“三公经费”和培训费的支出审计。上半年，为进一步提高和规范财税部门的预算管理水平和税收征管力度，市审计局抽调4个中介机构近20名专业人员，与机关的审计人员一起，组成6个审计小组，对地税部门税收征管和财政非税收收入情况进行了全面细致地审计，到6月底，共抽审矿山企业、钢铁企业、房地产开发企业等37家企业，审计出应缴税费3.1亿元，充分发挥了审计机关的监督职能。

【基建审计】 认真执行《迁安市政府性投资工程服务费管理办法》《迁安市国有资金投资项目招投标管理办法》，并严格按照“财政资金运行到哪里，审计就跟进到哪里”的要求，组织开展政府重点投资项目实施情况审计。一是加强对投资数额大、社会关注的重点项目的全程跟踪审计，确保重点建设项目的质量和效率。二是严格决算审计，加强对工程招投标情况项目变更洽商的审计监督，对未依法进行招投标、自行招投标、未经批准擅自变更洽商的工程项目坚持重新审计、据实审计，确保审计质量，防止工程虚假造价问题的发生，提高决算审计质量。三是进一步改进预算控制价复核审计。对预算控制价由原来的随机委托造价中介机构进行，改为采取招投标的办法委托造价中介机构进行，进一步提高审计效率和质量，节省了复核服务费的支出。2015年，全市固定资产投资审计项目累计698个，报审总额29.67亿元，核减3.93亿元，核减率13.3%，取得良好的社会效益和经济效益。

【经济责任审计】 包括一般性财务收支审计、相关经济活动、内部控制制度及其执行情况的审计。2015年，共开展8个部门9名领导干部的经济责任审计。工作中重点把握三方面的转变：一是由以监督检查经济指标完成情况为主向以监督检查经济决策为主转变，把领导干部科学决策、民主决策、公正决策情况作为重中之重，评价领导干部重大经济决策的程序、执行和效果情况；二是由以财务收支审计为主向以内部控制制度审计为主转变，不仅要审计其内部控制制度的建立健全情况，更要审计其执行情况；三是由以检查财政财务收支中的违纪违规为主向以检查落实中央“八项规定”情况为主转变。通过审计，收到较好效果。

【专项审计调查】 加大对“三农”、社会保障、环境保护等涉及民生的专项资金审计力度，促使公共资源配置更多地向民生领域倾斜，维护人民群众的利益。年内，重点开展了“五个围绕”（围绕重大建设项目加快推进、财政资金统筹使用、重大政策贯彻落实、简政放权审计监督、防范经济领域风险隐患跟踪问题）跟踪审计和保障性住房、环保、社保等专项审计。防止专项资金的损失浪费。2015年，在“五个围绕”跟踪审计工作中，对18家单位2631万元的重点补贴项目进行了跟踪，并将审计结果向唐山市审计局进行汇总与报告。

市审计局
局　长　赵云新

主任科员 孟令彪 魏 波
副 局 长 李宝军

（李宝军）

质量技术监督管理

【概况】 2015年，迁安市质量技术监督局（以下简称市质监局）按照国家质检总局质检利剑行动总体部署，集中开展了水泥、电热毯等重点产品的专项整治，对部分水泥、电热毯企业进行约谈，提高企业质量安全主体责任意识，限期整改存在的问题，督促企业尽快办理生产许可证，降低产品质量安全风险。加强对全市医疗卫生机构和集贸市场、超市、加油站、眼镜配制等领域在用强检计量器具的监督检查。办理行政执法立案案件65起，其中产品质量案件53起、特种设备案件4起、工业许可案件2起、标准化与条代码案件6起，结案率100%。接待处理消费者投诉10起，办结率100%，无一行政复议和行政诉讼案件。市质监局被评为河北省质量技术监督系统实绩突出单位，迁安市质量技术监督检验所被评为河北省质量技术监督系统优秀技术机构。

【名牌战略】 继续在市高新技术产业开发区开展“河北省知名品牌示范区”创建工作。冀东普天线缆有限公司的35千伏及以下高压交联电力电缆、河北百善药业有限公司的阳光老人老来宝牌参乌健脑胶囊、河北海钺耐磨材料科技有限公司的海钺牌高锰钢齿板被评为河北省名牌产品。至2015年年底，全市共有中国名牌产品1个，河北省名牌产品20个、优质产品7个，省服务名牌1个，质量效益型企业1家，获得质量体系认证、3C认证、绿色农产品认证等各种认证的企业50家。质量强市工作更加深入，实现名优企业和产品带动引领经济发展的良好态势。

【质量管理】 按照国家质检总局关于质量信用体系建设要求，完善了唐山联盛伟业包装制品有限公司、斯道拉恩索正元包装有限公司等4家食品相关产品生产企业档案；组织16家名优企业纳入名优产品信息采集系统，全面采集了全市55家行政许可工业企业的质量信用信息，完善了全市质量信用档案。针对全市危险化学品、水泥等行业无证生产的问题，向迁安市政府、唐山市质监局提交了《关于我市危险化学品及水泥生产企业情况的报告》。帮助迁安市沙滦水泥有限公司、唐山市蓝海实业有限公司2家企业通过生产许可证验收。

【认证认可管理】 组织全市13家获证实验室开展检验检测服务业统计分析，对迁安市农产品质量监测中心、河北四通建筑工程检测有限公司等10家实验室进行分类评价。帮助迁安京安大华汽车综合性能检测有限公司、迁安市万信汽车安全综合性能检测有限公司、迁安市源鑫机动车检测有限公司3家机动车安全技术检验机构完成GB 21861标准变更相关手续，提高全市机动车安全技术检验工作的科学性、规范性和有效性。

【标准化管理】 迁安市热力总公司通过省级服务业标准化项目验收，河北海钺耐磨材料科技有限公司通过4A级标准化良好行为试点单位验收，贯头山酒业有限公司成功申报第六批省级标准化良好行为企业试点项目。帮助冀东普天线缆有限公司对其采用的8项标准进行修订，帮助一诺饲料加工有限公司等单位制定《复合预混合饲料》等8项企业标准。完成2015年度地方标准清理整顿工作。完成迁安桑皮纸（迁纸）地理标志产品保护工作的前期调研，申请报告已上报国家质检总局。

【计量管理】 与市卫生局联合，完善全市医疗卫生机构的计量器具台帐，实现对全市医疗机构计量器具的动态监管。以《河北省计量标准管理系统》为平台，完善全市社会公用计量标准和计量建标单位的计量标准档案。与市住建、卫生、民政、教育等部门联合发文落实民用“四表”（水表、电能表、燃气表、热能表）检定工作；组织供水、供电、供气、治超卸载等涉及民生的7家企业开展诚信计量自我承诺，“计量惠民生、诚信促和谐”工程深入百姓生活。帮助弘业地毯等3家企业通过唐山市质监局组织的能源计量审查验收；指导津唐球墨铸管有限公司、弘业地毯有限公司等列入省级联网名单的4家企业确定能源计量数据上传技术方案，已通过省质监局验收。更新了压力表检定装置和电能表检定装备。全年检定计量器具2.86万台（件）次。

【特种设备安全监察】 2015年年底，全市有特种设备9777台、压力管道109千米，新注册特种设备1159台。年内，培训特种设备作业人员560人次，检验特种设备4090台。与钢铁、化工、充装等重点行业的84家企业签订特种设备安全目标管理责任书。在镇（乡）政府、城区办、工业园区组建基层特种设备安全协管员队伍，形成“地方党委统一领导、政府依法监管、企业全面负责、职工积极参与、社会支持监督”的工作格局。集中开展电梯、气瓶、涉氨企业等特种设备安全专项整治活动。实现特种设备行政许可、日常监察和检验检测无缝对接，保障了全市特种设备的安全运行。

【质量检验】 按照2015年度产品质量监督抽查计划，对全市钢铁、水泥、尿素、有机肥料等47个批次的产品开展监督抽查；对全市12家重点用煤单位进行煤炭（焦炭）购销合同备案管理，抽检煤炭（焦炭）238个批次；与市环保局联合抽取原煤样品20个批次。配合河北省、唐山市有关部门完成肉制品、面粉、食用油、成品乳、酒类产品等40个批次和水泥、钢材、电线电缆、危化品、型煤、食品相关产品89个批次的监督抽查。发布了《2014年度全市工业企业质量状况分析报告》。

【机构职能调整】 1. 质监部门调整为属地管理。7月31日，迁安市人民政府办公室下发《关于印发迁安市质量技术监督局主要职责内设机构和人员编制规定的通知》，质监部门由省以下垂直管理调整为属地管理，设立迁安市质量技术监督局，为市政府工作部门。市质监局内设办公室、政策法规科、行政审批科、质量管理科（认证认可监督管理科）、产品质量综合监督科、标准化监督管理科、计量监督管理科、特种设备安全监察科、稽查科（打假办公室）、计划财务与科技科10个科室，行政编制24名。其中，局长1名，副局长3名，正股级职数10名，副股级职数2名，机关工勤人员编制2名。下属迁安市质量技术监督检验所1个事业单位，为财政性资金基本保障事业单位，机构规格相当于正股级，有编制37名，设所长1名、副所长3名、总工程师1名、总检验师1名。2. 食品监管职能调整。9月15日，将市质监局负责的生产加工环节食品行政许可和监督管理职责划出，划归市场监督管理局负责。

市质量技术监督局
局　　长　张卫兵
副 局 长　张　军　王爱民（3月离）　周现保
主任科员　宋立文

（李凤文）

市场监督管理

【概况】 根据市政府办公室《关于印发迁安市市场监督管理局主要职责内设机构和人员编制规定的通知》和市编委会《关于印发迁安市市场监督管理局所属事业单位主要职责机构设置和人员编制规定的通知》精神，市市场监督管理局于2015年7月成立，整合市食品药品监督管理局、市工商行政管理局和市食品安全委员会办公室的职能和机构，为主管全市工商行政管理和食品药品监督管理工作的市政府工作部门。设内设科室15个，分别是办公室、人事科、政策法规科、纪检监察科、食品安全综合协调与督查科、食品生产流通监督管理科、餐饮消费监督管理科、药品生产医疗器械监督管理科、药品流通监督管理科、保健食品化妆品监督管理科、行政审批科、市场规范科、消费者权益保护科（“12315”“12311”举报申诉中心）、市场主体监督管理科、商标广告监督管理科；事业单位4个，分别是市私营个体劳动者协会、市消费者协会、市维修行业管理办公室、市食品药品检验检测中心（加挂市药品不良反应监测中心牌子）；派出机构13个，分别是城区分局、杨店子分局、建昌营分局、沙河驿分局、野鸡坨分局、夏官营分局、大崔庄分局、马兰庄分局、扣庄分局（2016年3月更名为高新技术产业开发区分局）、蔡园分局（2016年3月撤销）、杨各庄分局、木厂口分局、阎家店分局、滨河分局（2016年3月设立）。有在编人员259名。

2015年，迁安市积极应对工商体制改革、商事登记制度改革、食品药品监督管理体制改革和省直管县试点改革所带来的挑战，以“服务地方经济发展、保证食品药品安全、维护市场公平公正”为主线，以全省工商系统开展的市场主体帮扶、市场秩序优化、企业信用监管、“12315”护民生“四个专项行动”和“推进全程监管”为抓手，以创建食品安全城市为契机，忠实履行市场监管职能，圆满完成改革推进、队伍稳定、职能融合等各项工作。

【注册登记及管理】 制定出台《关于支持大众创业万众创新的实施意见》，将准入门槛一次降低到位。除国家保留的34项前置审批文件外，不再要求申请人提供任何其他部门的前置文件。实行审核合一制、一次告知服务U盘制、申请办事预约制、材料齐全当场办结制等改革措施，极大提高了行政效能。推行“三证合一、一照一码”“先照后证”“电子营业执照”等工作，保证商事登记制度等改革措施的顺利推进。利用省直管县试点机遇，积极办理获得外商投资企业登记管理权，为3家外资企业办理了营业执照，弥补了企业需求的短板，到2015年年底，全市内资企业发展到5489家，外资企业发展到59家，农民专业合作社发展到447家，个体工商户发展到33601户。

【助企融资工作】 以“融资助企、服务发展”为目标，积极促成银企对接，搭建动产抵押、股权质押、商标专用权质押登记的融资平台，统一进驻政务服务中心开展业务，引导企业尤其是迁安市的精品钢铁、现代物流、装备制造三大主导产业，拓宽融资渠道，将企业的存量资产盘活为所需的资金，帮助企业解决贷款难的问题，保证了迁安支柱产业的生存和发展，全年共办理融资方面登记99件，为企业融资超百亿元，资金数量居唐山市各县区之首。

【商标广告管理】 实施商标战略，引导企业提升品牌意识，提高产品的知名度，增强产品的市场竞争力，同时，帮助资源型企业走转型创新发展之路，扶持企业做大做强。建立中小企业驰名商标、著名商标和涉农商标、地理标志商标战略发展规划，实施“一对一”跟踪指导。至2015年年底，全市共有注册商标1043件、唐山市知名商标14件、河北省著名商标23件、国家商标局核准注册“迁安板栗”地理标志证明商标2件。

【市场秩序整顿】 落实国务院关于商事登记制度改革宽进严管的要求，拓宽监管思路，探索新的工作模式，通过和登记环节的有效衔接，实现对企业从准入到退出市场的全程监管。坚持疏堵结合、规范和取缔并重，因地制宜地制定了迁安市《食品生产加工小作坊登记实施方案》和《食品摊贩登记实施方案》，登记工作已全面展开。通过依法监测，促进履职到位。2015年，抽检农资、成品油、液化气、水泥、煤炭、金银饰品、珠宝玉石、服装、床上用品计356批次。抽检餐饮、预包装食品、豆制品、生肉、保健食品、化妆品计2361批次，全年立案27起。全年统一登记案源978件，审批立案956起，核审通过案件898起，未发生复议和被诉案件。

【消费维权及食品药品安全知识宣传】 强化“12315”消费维权网络和消费维权制度建设，先查后调、以查促调，切实维护广大消费者的合法权益。2015年，接待消费者咨询5960人次，受理申诉325件、举报297件，为消费者挽回经济损失60.32余万元。以“3·15”、药品安全宣传月为契机，开展《中华人民共和国药品管理法》、新《中华人民共和国食品安全法》、《中华人民共和国广告法》系列宣传活动。2015年，组织开展集中宣传活动20场次、大讲堂30场，公众参与2万余人次。建立迁安食品药品公众微信平台、“迁安药品流通”公众邮箱、“迁安药品流通监督管理”QQ工作群，累计发布信息131条，已有376人予以关注。

【药品市场监管工作】 全年累计监督检查药品生产企业及制剂室 18 家次，发出预警信息 5 条，责令整改 3 家次；监督检查医疗器械生产企业 4 家次，医疗器械经营使用企业 800 余家次，提出整改意见 100 余条；检查药品流通使用单位 442 家次，立案 16 起，责令整改 59 家次，罚没款 23.06 万元。

市工商行政管理局（7 月，与市食品药品监督管理局、市食品安全委员会办公室整合为市市场监督管理局）

局长 王　起（7 月离）
副局长 武林全（7 月离）
李红军（7 月离）
王永军（7 月离）
纪检组长 李志刚（7 月离）
经济检查支队队长 唐　勇（7 月离）
城区工商分局局长 玄兆春（7 月离）
惠宁工商分局局长 王玉泽（7 月离）
夏官营工商分局局长 玄艳华（女，7 月离）
建昌营工商分局局长 花建新（7 月离）
野鸡坨工商分局局长 兰　涛（7 月离）
大崔庄工商分局局长 王小飞（7 月离）
杨店子工商分局局长 孙曙光（7 月离）
沙河驿工商分局局长 田庆国（7 月离）
马兰庄工商分局局长 张卫东（7 月离）
滨河村工商分局局长 邓凤友（7 月离）

市市场监督管理局（7 月设立）
党组书记、局长 王　起（7 月任）
党组成员、副局长 刘向东（7 月任）
李一凡（7 月任）
武林全（7 月任）
李红军（7 月任）
王永军（7 月任）
徐秀云（女，7～12 月）
王青松（7 月任）
李　誌（7 月任）
党组成员、主任科员 徐秀云（女，12 月任）
党组成员、纪检组长 李志刚（7 月任）
党组成员、副主任科员 任红亮（7 月任）
主任科员 田庆国（7 月任，负责沙河驿分局工作）
经济检查大队大队长 唐　勇（7 月任）
城关分局局长 玄兆春（7 月任）

高新技术产业开发区分局局长
王玉泽（7 月任）
夏官营分局局长 彭秀芹（女，7～11 月）
建昌营分局局长 花建新（7 月任）
野鸡坨分局局长 兰　涛（7 月任）
大崔庄分局局长 王晓飞（7 月任）
马兰庄分局局长 张卫东（7 月任）
杨店子分局局长 孙曙光（7 月任）
滨河分局局长 邓凤友（7 月任）
木厂口分局局长 石　磊（7 月任）
杨各庄分局局长 （空缺）
阎家店分局局长 （空缺）

（逯晨曦）

市场建设服务

【概况】 2015 年，市场建设服务中心内设机构 4 个，即办公室、人事教育科、开发建设科、经营服务科，下设兴安所、城关所、昌盛所、惠宁所、夏官营所、杨各庄所、建昌营所、大崔庄所、杨店子所、沙河驿所、滨河村所、野鸡坨所、赵店子所 13 个市场建设服务所和 1 个市场治安派出所，全系统有干部职工 126 人，其中中层干部 34 人。年内，市场中心挖潜增效，不断加快建设步伐，市场建设和管理水平进一步提升，市场安全稳定无事故。至年底，全市市场总数 33 家，市场摊位（营业房）总数 2000 多个，场内经营户 1800 多户，从业人员 2600 多人，市场交易金额 19.69 亿元，比上年减少 27%。

【市场建设】 立足全市实际，着眼于城市建设发展大局，稳步推进市场建设工作。1. 完善购物中心市场硬件设施，投资 9 万元改造购物中心一、二、三层暖气管道，改善经营户过冬取暖条件，深受群众欢迎。2. 维护、修缮辖区各市场硬件设施。为滨河村市场、毛家洼市场、南市场更换遮阳网；拆除损坏的太平庄市场棚顶，并对更换的棚顶进行加固，有效杜绝安全隐患，创造良好的交易环境。3. 维护市场内安全消防设施。为确保经营户用电安全，惠宁所及时更换市场内84间板房的部分陈旧线路；对购物中心、南果菜市场定期更换消防设施；抢修维护购物中心变压器，确保市场正常用电。

【市场管理】 加强市场环境卫生管理。开展环境卫生整治，做到分行划市清楚、摊位摆放整齐，重点整治乱摆摊点、欺街占道、市场外溢和私搭乱建等现象，严格按照国家卫生城市标准，建立市场卫生管理长效机制，市场秩序井然。清理农村集贸市场内堆放的生活垃圾、建筑垃圾，消除隐患，提升农村集贸市场形象。

强化收费管理。定期召开科所长会议，分阶段安排部署市场收费工作。要求各所既“抢西瓜”，又“捡芝麻”，做到“颗粒归仓”。市场收费本着公开、公正、公平的原则，不收人情费，不安排人情摊位；规范招投标工作，规范各市场合同管理。

【市场安全】 警钟长鸣，安全工作常抓不懈。继续实行安全生产目标管理。将安全工作纳入年终目标考核，实行一票否决制。各所均设立安全生产自查台帐，将日常检查整改情况一一记录在册，实行追踪管理。普及消防知识，开展安全生产宣传咨询日活动。在文化广场设立咨询点，宣传新《中华人民共和国安全生产法》以及各类安全生产常识，增强安全意识。此外，在购物中心举行灭火演练现场会，使广大经营者对安全消防知识有深层次地了解，增强应急能力和自救能力。

【队伍建设】 切实抓好党风廉政教育。按照全市党风廉政建设主体责任及推进惩防体系建设工作的总体要求，针对单位的实际情况，召开全系统廉政建设警示教育大会，要求会后每名干部职工特别是中层以上领导干部都要将会议精神结合自身工作认真总结，深刻反思，切实将廉政建设落到工作实处。

进一步健全制度。进一步完善了请销假制度，新建了《市场中心干部职工年休假管理办法》和《申报中高级专业技术职务任职资格量化考评办法》，进一步规范了干部职工的工作行为。

市市场建设服务中心

主　任　赵新明（12月离）　裴瑞明（12月任）

副主任　徐平华　李国文　王艳民

（徐平华　杨艳文）

物价管理

【价格收费管理】 1. 依法履行程序，组织民生价格听证会。年内，组织山叶口和塔寺峪景区票价调整、居民生活用水和生活用气阶梯价格制定、公交票价调整五项听证会，经市政府批准后执行，打破迁安市听证会的历史纪录。2. 加强房地产预售价格管理。完成金港花园二期、三期，湖景花苑一期，金港花园二期商铺，富达园，碧桂园精装商品房等7个项目预售价格备案工作，确定了迁安镇农民保障性住房预售价格。3. 取消收费许可证制度。6月12日，印发《关于取消收费许可证制度加强事中事后监管的通知》，认真贯彻落实国家和省取消收费许可证及年审制度政策，切实简政放权。到2015年10月底，收回注销收费许可证370个，其中行政事业性收费许可证189个、卫生系统收费许可证90个、经营服务性收费许可证91个，收回并注销率达到100%，结束了收费许可证制度的历史。4. 根据省病房床位价格管理办法规定，对市人民医院新建病房床位价格进行批复。根据成本监审及上级政策规定，制定出台了医疗废物处理费标准。

2015 年迁安市主要价格调整情况表

表 14

发文时间	文　号	主　要　内　容
1 月 26 日	迁价〔2015〕4 号	印发《关于调整山叶口景区门票价格的批复》，山叶口景区门票价格调整到 60 元/人
2 月 5 日	迁价〔2015〕5 号	印发《关于核定医疗废物集中处理服务价格的批复》，1. 按床位收取医疗废物处理费，收费标准为 1.5 元/床/日；2. 按医疗废物重量计算，收费标准为 2.8 元/千克
2 月 6 日	迁价〔2015〕7 号	印发《关于迁安市人民医院新建病房楼床位价格的批复》，单人间 120 元/床日，2 人间 64 元/床日，3 人间 32 元/床日
7 月 6 日	迁价〔2015〕15 号	印发《关于居民生活用水实行阶梯水价的通知》，居民用户家庭全年用水量划分为三档，水价分档递增。第一阶梯：为 120（含）立方米以下，居民用水价格 2.2 元/立方米（含水费 1.40 元，污水处理费 0.80 元，水资源费免收，下同）；第二阶梯：120 立方米至 180（含）立方米之间，水价 2.90 元/立方米；第三阶梯：180 立方米以上，水价 5.00 元/立方米。城区居民享受低保待遇的家庭每户月不超过 10 立方米仍执行原来优惠价格，即 1.2 元/立方米（含污水处理费 0.2 元）；第二阶梯水价 1.60 元/立方米；第三阶梯水价 2.2 元/立方米。非居民用户 2.34 元/立方米
8 月 18 日	迁发改〔2015〕74 号	印发《关于制定塔寺峪景区门票价格的批复》，门票价格为 40 元/人
8 月 18 日	迁发改〔2015〕75 号	同时印发《关于制定塔寺峪景区游览观光车收费标准的批复》，游览观光车单程 5 元/次
10 月 29 日	迁发改〔2015〕103 号	印发《关于迁安镇农民保障性住房预售价格的批复》，住宅平均预售价格 2795.86 元/平方米（含地下室）
11 月 2 日	迁发改〔2015〕105 号	印发《关于调整城乡公交票价标准的批复》，城乡公交票价标准由现行 0.132 元/人/千米（省农村道路客运中型车型普通级别上限运价表）调整为 0.192 元/人/千米（省农村道路客运中型车型中级级别上限运价表）
12 月 15 日	迁发改〔2015〕123 号	印发《关于我市非居民用天然气价格调整的通知》，非居民天然气销售价格自 2015 年 4 月 1 日起，由 3.90 元/立方米调为 3.78 元/立方米，自 2015 年 11 月 20 日起，由 3.78 元/立方米调为 3.08 元/立方米
12 月 30 日	迁发改〔2015〕132 号	印发《关于居民生活用气实行阶梯价格的通知》，第一阶梯气价为 2.35 元/立方米，年用气量 300 立方米以下；第二阶梯气价 2.82 元/立方米，年用气量 301～1000 立方米；第三阶梯气价为 3.08 元/立方米，年用气量 1001 立方米以上。城区居民享受低保待遇的家庭用气在第一阶梯气量范围内为 2.15 元/立方米；超过第一阶梯气量后为 2.35 元/立方米

（崔佳山　佟　伟）

【成本监审】依法认真开展成本监审工作。全年完成城区供热、城乡公交票价、塔寺峪景区、天然气、迁安镇保障房、医疗废弃物处置等成本监审 11 项，涉及金额 12.48 亿元，依法核减 7420 万元。

（魏国喜）

【价格监测】　根据国家发展和改革委员会《价格监测规定》、《河北省价格监测规定》以及唐山市《价格监测报告制度》规定，圆满完成上级下达的 2015 年各项价格监测任务，主要是农产品农资 20 种商品价格周报、粮油肉蛋菜 30 种商品价格旬报、生产资料生活日用品涉农收费 180 种商品价格月报（2015 年 5 月以后为 176 种），撰写上报调查分析 15 篇，被上级采用 3 篇。迁安市发改局被河北省物价局评为全省价格监测工作先进单位。

（魏国喜）

【成本调查】　完成农户存粮、农资购买及 2016 年种植意向调查数据上报工作；成本调查价格周报（包括玉米、小麦、大豆市场价格和尿素、二铵、碳铵、复合肥市场价格）正常上报；对农调户填报的各项数据进行认真审核，确保调查数据的准确性、客观性、代表性，指定品种玉米、花生、苹果、大白菜、大棚黄瓜和专业养猪（下半年及全年）的成本调查数据及分析上报工作全面完成。

2015 年迁安市农产品成本效益一览表

表 15

项目	单位	玉米	花生	苹果	设施黄瓜	露地大白菜	中规模生猪
主产品产量	公斤	346.17	223.69	1556.00	4191.17	3928.72	113.48
产值合计	元	655.05	1343.13	6734.68	12245.80	2826.05	1675.27
总成本	元	1268.18	1466.55	4016.87	12103.04	1449.05	1473.65
生产成本	元	1048.18	1256.55	3566.87	11913.04	1289.05	1471.07
物质与服务费用	元	364.98	574.15	1563.67	4100.51	475.45	1291.87
人工成本	元	683.20	682.40	2003.20	7812.53	813.60	179.20
土地成本	元	220.00	210.00	450.00	190.00	160.00	2.58
净利润	元	-613.13	-123.42	2717.81	142.76	1377.00	201.62
现金成本	元	384.12	592.42	1859.62	5318.37	489.37	—
现金收益	元	270.93	750.71	4875.06	6927.43	2336.68	—
成本利润率	%	-48.35	-8.42	67.66	1.18	95.03	13.68
产品出售价格	元	0.92	2.95	2.16	1.46	0.36	7.32

说明：1. 种植业调查单位为亩，养殖业调查单位为头；

2. 总成本 = 生产成本 + 土地成本；

3. 生产成本 = 物质与服务费用 + 人工成本；

4. 净利润 = 产值 - 总成本

（魏国喜）

【价格执法与监督检查】 创新工作方法，以约谈会和提醒告诫的执法方式促进价格执法关口前移。预防为主，价费单位自查自纠在前，减少或杜绝违法行为发生，并成功化解多年积存的价格矛盾。强化法规政策宣传，通过现场发放传单、现场政策讲解、网络传播等多种方式，宣传《价格违法行为举报处理规定》《价格违法行为行政处罚规定》，宣传新版《河北省价格监督检查条例》，现场接受群众举报投诉及咨询百余人次。依法依规开展价格监督检查。先后开展医疗价费、涉农收费、涉企收费、幼儿园收费、学校教育收费、4S 店收费等多项专项检查工作，受理 112 件价格投诉和举报案件，对于举报集中的单位和企业，加强监督检查力度，维护了国家价格法规的严肃性和市场价格行为的有序性。

（马爱民　史颖超）

【价格鉴证认证】 注重公平公正，严格程序，依法办事，全年办结涉案价格鉴证 153 件，涉案金额 591 万元；价格认证 61 件，标的额 506 万元；交通事故车物定损案件 426 件，案件标的额 2663 万元。涉案鉴证率 100%，无一复议案，树立了公平公正的权威价格认证机构形象。

（高　花）

市物价局（7 月 13 日其职责划入市发改局）

局　　长　沈　杰（7 月离）

副 局 长　温景春（7 月离）

　　　　　　张士文（7 月离）

主任科员　任利成（7 月离）

安全生产监督管理

【概况】 2015 年，全市共发生各类安全生产事故34起（不含火灾事故），比上年下降14.7%；死亡43人，比上年上升9.3%；造成直接经济损失1107.3万元，下降32.12 %。其中，工矿商贸企业发生事故5起，比上年下降44.44%；死亡14人，比上年上升55.56%；造成直接经济损失1064万元，比上年下降25.80%。发生道路交通事故29起，比上年下降3.33%；死伤29人，比上年下降3.33%；造成直接经济损失43.3万元，比上年上升48.80%。发生火灾事故33起，造成直接财产损失21.11万元，比上年下降55.28%。

年内，市安全生产委员会召开全市安全生产工作会议，印发《迁安市2015年安全生产责任制目标管理考核办法》，市政府与19个乡镇、1个城区办事处、4个园区和23家安委会成员单位共47家责任单位签订安全生产目标责任书，各乡镇、各单位和各企业也层层签订安全生产责任书和责任状，企业主体责任、行业主管部门监管责任和属地管理责任落实到位。

市安全生产监督管理局（以下简称市安监局）扎实开展安全生产各项工作，采取积极有效措施，解决安全生产领域主要矛盾和突出问题，安全隐患得到有效治理，企业安全水平明显提升，全民安全素质显著增强。

【安全生产规范管理】 市安监局注重加强安全生产源头管理，严格按照《安全生产许可证条例》和《建设项目安全设施“三同时”监督管理暂行办法》规定的条件、程序、时限，审查安全生产行政许可项目，做到程序合规、资料齐全、现场合格。全年共受理各类行政许可事项526项，按时办结率为100%。动态推进安全生产标准化建设，采取定人分包企业、专家现场指导、中介公司介入、达标企业带动等措施，继续在非煤矿山（含尾矿库）、危险化学品企业和六大行业（机械、轻工、纺织、电力、烟草、商贸）企业深化安全生产标准化创建工作，规范企业安全生产管理达标。年内，组织19家非煤矿山企业、11家六大行业企业、8家危化企业和3家冶金企业9个单元通过安全标准化验收，超额完成年度工作任务。2015年，累计完成180家企业安全标准化验收工作，其中标准化一级1家、二级21家、三级158家。

【安全生产宣传教育】 2015年，继续以宣传贯彻2014年12月1日起施行的《中华人民共和国安全生产法》（以下简称《安全生产法》）为主线，以全国第14个“安全生产月”活动为载体，在全市开展安全生产宣传教育活动。组织乡镇、村和企业等2400余名不同层次人员参加新《安全生产法》宣传培训会。在文化广场开展“安全生产咨询日”活动，接受市民咨询1000余人次；推进“三项岗位”人员（主要负责人、安全生产管理人员、特种作业人员）和班组长安全培训工作，组织培训“三项岗位”人员4223人次，培训其他从业人员20余万人次。

【重点行业监控】 1. 综合采取定期检查、专项检查、联合检查、专家检查和行业互查等多种形式，加强对非煤矿山、危险化学品、烟花爆竹、冶金、六大行业等企业的安全生产检查和职业卫生检查，定期检查无人看管铁路道口安全运行状况，全年检查各类企业4013家次，排查安全隐患10234处。2. 在非煤矿山、冶金建材、危险化学品生产企业和烟花爆竹批发企业、涉氨涉氯和粉尘涉爆企业开展隐患排查治理专项行动，各行业企业自查隐患6456项。聘请32名专家对完成自查的企业逐个进行隐患再排查，共检查企业156家次，排查隐患3278处。3. 印发不同行业安全生产“打非治违”专项执法行动方案，组织足够的执法力量和专家对本行业领域所有企事业单位进行拉网式执法，严格落实停产整顿、关闭取缔、上限处罚和严厉追责措施，集中打击和整治非法违法、违规违章行为，规范安全生产法治秩序，减少因非法违法行为造成的事故。

【执法监察】 2015年，按照年初制定的以“全覆盖不留死角、零容忍不留后患、严执法不讲情面、重实效不走过场”为总要求的监管执法工作计划，深入企业一线监察安全生产动态，严格落实执法计划。全年检查企业801家次，排查安全隐患1001处。依法加大对企业非法违法行为的处罚力度，全年立案 7 件，收缴罚款 833.32 万元。本着实事求是、公平公正的原则，认真查处群众举报、上级督办案件，全年受理群众举报和上级督办案件 50 件，全部在规定时限内办结，结案率 100%。

【应急救援】 市安监局注重生产安全事故应急处置能力建设，2015 年，完成 479 家企业应急预案备案工作，完成 49 家（含唐山备案 5 家）企业重大危险源备案工作，60 余家企业组织开展了硐采炮烟中毒、尾矿库溃坝、冶金企业一氧化碳泄漏及中毒、火灾与疏散逃生等应急演练活动，累计 3500 余人直接参与了演练。

市安全生产监督管理局

局　　长　谌永林
副 局 长　徐志国（12 月离）　吴殿华　姜福奎　吴　军　谢建民
主任科员　张金富
监察大队大队长　王振义
副主任科员　徐文辉

（李博文）

政法委及综治工作

【概况】 2015年，全市政法机关务实履职，稳步推进平安建设、法治建设和政法队伍建设，继续保持迁安和谐稳定，人民群众安居乐业。市交警大队被共青团河北省委授予“青年文明号”称号，刘富军、李杰、王虹、张建君等被省、唐山市级政法系统树为先进典型。

全力维护社会平安稳定。圆满完成“两会”、暑期、“9·3”大阅兵等重大安保任务，妥善处理各类敏感问题，平稳度过敏感期。市公安局全年破获刑事案件1256起，抓获犯罪嫌疑人916人，受理治安案件5253起，打击违法人员2187名。检察院全年批准逮捕315件410人，提起公诉527件681人。法院全年审结刑事案件584起，判处人犯903人，审结民商事案件6172起，其中调解撤诉3395起，调撤率达到55%，居唐山各县（市）区之首。

社会治安综合治理成效明显。全方位加强社会治安防控体系建设，内部单位和公共复杂场所监控设施覆盖率达到100%，金融机构及其营业网点全部实现与“110”报警联网。深入开展矛盾纠纷排查化解工作，全市排查矛盾纠纷279起，化解266起，化解率95%，无“民转刑”案件发生。制定出台《迁安市交通事故纠纷人民调解工作实施办法》和《迁安市医患纠纷人民调解工作实施办法》。不断推进网格化管理工作，确定明珠社区、马兰社区、白龙港社区3家单位先行开展网格化试点管理。

扎实开展涉法、涉诉信访工作。以“信访法治建设年”为抓手，深入推进涉法、涉诉信访改革，突出政法部门的主体作用，突出以法治思维和法治方式解决信访问题，依法化解各类积案，实现信访总量逐年下降的目标。年内，全市排查调处涉法、涉诉信访积案54起，结案42起，办结率77%，息诉40起，息诉率74%，在唐山市14个县（市）区中排名第一。

以司法公开为着力点，稳步推进司法体制改革。政法各部门均建立门户网站并实现规定内容全公开。法院全年网上公开裁判文书5064件，网络直播庭审257件。检察院网上公开重大案件信息13篇、案件程序性信息747条、法律文书信息349篇，检察院案管办工作流程被省检察院采纳后在全省推广。公安局利用燕赵警民通公开职能，上传行政处罚决定书1397份。司法局网上公开各类工作信息98条。

深入落实法治迁安建设。成立法学会，填补迁安法治建设的空白。全面落实“六五”普法规划，深入推进村（居）法律顾问制度。广泛开展“法治八建”示范点创建（“依法行政示范机关”“民主法治示范村”“民主法治示范社区”“依法治校示范校”“学法守法示范家庭”“诚信守法示范企业”“依法管理示范单位”“公平守信示范市场”创建）工作，打造团新庄村、白羊峪村等农村普法宣传示范点，明珠社区等普法宣传教育示范社区，市工商局、教育局等普法宣传示范机关。

【迁安市法学会成立】 12月24日，迁安市召开法学会成立暨第一次会员代表大会。市委副书记李维林、市人大副主任田富顺、市政法委书记张雪峰等领导和来自社会各界的约80名代表参加会议。会议由市政法委常务副书记高荣主持，根据《中国法学会章程》规定，选举产生迁安市法学会组织领导机构，市政法委书记张雪峰当选为第一届会长，选举产生第一届理事会理事40名、常务理事16名。

【服务经济发展】 主动服务经济发展大局。以服务重点项目和企业发展为抓手，依法规范市场秩序，保障各类市场主体的合法权益。公安局对合同诈骗、信用卡诈骗、职务侵占等经济犯罪，特别是非法集资、吸收公众存款等涉众型经济犯罪给予严厉打击，全年受理经济案件86起，涉案金额1.3亿元。检察院围绕规范市场经济秩序，起诉诈骗、传销、非法集资等经济犯罪14人，查处商业贿赂犯罪5人。法院妥善处理经济下行引发的各类涉企矛盾纠纷，全年审结涉企案件1833件，标的额22亿元。

市委政法委书记 张雪峰
常务副书记、综治办主任 高荣
副书记 马友军 何文奎
政治处主任 陈立民
防范办主任 杨玉林
综治办副主任 杨东旭 梁立军
办公室主任 张立新
涉法涉诉联合接访服务中心主任 王尚
防范办副主任 尚玉海
国安办副主任 司欣峰

（刘立安）

法治政府建设

【概况】 2015年，市政府法制部门认真贯彻落实《国务院关于加强市县政府依法行政的决定》和《河北省关于推进依法行政加强法治政府建设的意见》，围绕全市经济结构转型和京津冀协同发展战略，以建设法治政府为目标，进一步规范行政执法行为，优化发展环境，着力提高依法行政能力，全面提升依法行政工作水平，迁安市在唐山市2015年度依法行政工作考核中，位列优秀等次。

【依法行政组织保障】 1. 加强对依法行政工作的组织协调，研究部署依法行政工作。根据领导干部人事调整情况和工作需要，及时调整依法行政工作领导小组成员。召开政府法制专题会议，听取2014年政府法制工作汇报，并就2015年法制工作进行安排部署，下发《2015年政府法制工作要点的通知》《关于印发迁安市深入推进依法行政加快建设法治政府重点任务分工方案的通知》，将依法行政工作纳入本级政府年度工作目标，列入重点工作运行管理图库挂图作战、据图督导、每月汇报。2. 加强全市法制机构队伍建设，市公安、市场监督管理、国土、住建、交通、环保、教育、卫计、农牧、质监、城管、文广新、人社13家执法部门均设立了法制机构，工作人员50人，专门负责本单位的法律审核把关、行政执法监督以及法制信息反馈上报工作。制定下发了《迁安市2015年度依法行政考核实施方案》和考核标准，完成行政执法部门依法行政年度考核工作，考核结果作为各行政执法部门领导班子和领导干部综合考核评价的重要内容。3. 深入开展法制宣传工作，营造良好法治环境。做好依法行政、行政执法和法制工作动态信息上报反馈工作，及时反映全市依法行政工作开展情况。

【依法行政能力建设】 1. 严格落实领导干部学法制度。利用市政府常务会议及理论中心组学习等形式，组织领导学习法律法规。7月，邀请河北大学政法学院教授对包括四大班子领导在内的科级干部700多人进行依法治国和依法行政知识解读。10月，市政府第二十五次常务会专题学习了《中华人民共和国预算法》。2. 落实行政执法人员法律培训制度，组织行政执法人员培训。3月，市城管局邀请上级法制部门领导进行执法实务讲座，受训人员200多人；6月，聘请法学专家对相关职能部门执法人员进行新《中华人民共和国安全生产法》《中华人民共和国环境保护法》等专业法律法规培训；组织公职人员参加国家司法考试，2015年度，全市有14名政府法制工作人员和行政执法人员参加司法考试，其中2人通过。3. 完善重大行政决策程序。按照《迁安市人民政府工作规则》等有关文件要求，将群众参与、专家咨询和政府决策相结合的决策机制纳入政府重大行政决策程序，决策前必经市政府常务会议集体讨论，并由法制办进行合法性审查。政府重大决策涉及公共利益的事项，积极组织听证，广泛征求意见。4月，市政府五届二十次常务会议对中国电子商会在迁安兴建国际动漫体验岛和浙江中唐集团在迁安建设民俗文化旅游综合体两大项目协议内容进行广泛征求意见，会前法制办就相关内容进行了审查。6月，物价部门就居民用水阶梯水价组织了听证。9月，市烟草专卖局就烟草专卖零售许可证合理布局规划（草案）修订进行听证。《迁安市2015年为民实事工程》等重大决策事项均按要求向上级政府法制办进行了报告。4. 落实政府法律顾问制度，发挥法律顾问咨询指导作用。制定下发《迁安市人民政府关于进一步加强政府法律顾问制度建设的意见》，市政府及全市各镇（乡）政府，城区办事处，市各行政执法部门、各园区管委会均按要求全面完成法律顾问聘用，签订了法律服务合同，法律顾问经费均列入本级财政年度预算。2015年，在全市行政复议、应诉以及重大决策、重要合同的签订等项工作中，政府法律顾问队伍发挥了重要的法律咨询指导作用。

【规范性文件审查和清理】 1. 严格落实规范性文件审查备案制度。按照《迁安市规范性文件制定程序规定》，加强对规范性文件起草、审核、备案工作的监督管理。2015年，市政府法制办审核以市政府和市政府办公室名义下发的规范性文件6件，提出审核意见21条，均向上级法制办和本级人大进行备案；对部门下发的2件规范性文件按“三统一”制度进行统一登记编号公示。2. 建立落实规范性文件清理制度。5月，法制办对2014年底前以市（县）政府名义下发的规范性文件进行了全面清理，对《迁安市人民政府关于全市旅游资源保护与开发的实施意见》等141件文件予以保留，对《迁安市城镇职工基本医疗保险费征缴办法等11件文件予以修改，对《迁安市人民政府关于加强节育手术并发症管理的意见》等26件文件予以废止，清理结果及时上报。

【行政执法监督】 1. 完善并落实行政处罚自由裁量权基准制度。5月，全面梳理市行政处罚裁量基准制度落实总体情况、主要做法及存在问题，上报省法制办。全市各执法部门借鉴或自行制定标准，都已建立并完善行政处罚裁量权基准制度和相关配套制度，行政处罚案卷中都能体现处罚自由裁量权适用情况。通过细化、量化执法标准，完善执法流程，健全配套制度，有效地减少和杜绝了行政执法中裁量不当、处罚畸轻畸重、同案异罚、执法不公等现象。2. 进一步梳理确认行政执罚资格主体。市政府法制办与市财政局联合下发《关于2015年度罚没许可证年检工作的通知》，结合机构改革和人事调整，12月完成全市罚没许可证年检工作。经审核梳理，全市确定56家单位具备行政执法主体资格，其中镇（乡）政府19家、市直单位37家，持有150个罚没许可证副本。年检结果及时向上级备案。3. 建立行政执法公开制度并狠抓落实。多次组织召开全市行政执法公开工作调度会、培训会，对行政执法公开工作进行安排部署，市政府法制办专人负责对政府网站上各部门信息公开情况的督导检查。结合机构改革，不断对行政执法公开平台进行更新、完善。4. 落实行政执法过错责任追究制度。全市各行政执法部门均建立行政执法责任追究制度，制定了相关措施和配套制度，就执法依据、执法职权、执法责任、考评办法、考评程序5个方面加以完善。5. 推进行政执法全过程记录制度建设。转发《河北省人民政府办公厅关于印发河北省行政执法全过程记录实施办法的通知》，督导相关部门及时建立健全配套制度及办法。通过不定期开展行政执法案卷评查、持证上岗检查等形式，对各部门此项制度落实情况进行督导，确保相关工作有序推进。6. 加强行政执法队伍建设。在2015年新型行政执法证件换发工作中，市政府法制办认真完成执法人员信息录入和上报工作。按照省、唐山市有关要求，全市共上报行政、全额事业（参公）编制行政执法人员1133人，10月底前完成了新旧证换发工作。7. 加强行政执法监督工作。进一步优化经济发展环境，规范执法行为，加大对行政执法部门监督检查力度。6月、7月，市政府法制办会同市纪委、审改办、政府服务中心对全市各行政执法部门行政许可案卷进行了评查。9月中下旬，市政府法制办对市安监局、国土局等17个行政执法部门2015年以来的80本行政处罚案卷进行抽查评查，提出整改意见226条，将检查结果予以通报，各部门整改情况及时上报。8. 推进相对集中行政处罚权工作。经省政府批准，迁安市在城市管理领域实施相对集中行政处罚权，由迁安市城市管理行政执法局综合行使城市规划、市容环境卫生、园林绿化、市政设施、公用事业及工商、环保、公安等部门的部分行政处罚权，城市管理工作有序开展，成效明显。此外，市交通、国土、水务、商务、文广新、农牧、安监等部门都成立了综合执法大队，不断探索推进部门相对集中处罚工作。9. 做好涉嫌犯罪案件移送和统计上报工作。全市2015年度行政违法涉嫌犯罪案件共22起，其中12起涉及环境污染，2起涉及食品安全，1起涉及拖欠农民工工资，7起涉及村干部索贿受贿。按要求将统计情况及时上报。

【依法化解行政争议】 1. 严格行政复议案件审理程序，发挥行政复议在化解行政争议中的主渠道作用。2015年，市政府共受理行政复议案件19起，截至12月底，审结14起（其中7起维持，3起因申请人撤回行政复议申请案件终止，2起驳回行政复议申请，2起撤销），正在审理5起。2. 行政应诉工作。2015年，发生以市政府为被告的行政诉讼案件16起，截至12月底，已审结7起，其中驳回起诉3起，判决履职1起，撤诉3起，其余9起案件已提交答辩待开庭审理。同时，按照《迁安市行政机关负责人行政诉讼出庭应诉制度（试行）》要求，行政机关负责人积极出庭应诉。2015年，以市政府为被告行政诉讼案件中，行政机关负责人应出庭应诉1起，实际出庭1起。3. 建立行政调解工作机制。完善人民调解、行政调解、司法调解联动工作体系，建立调处化解矛盾纠纷综合机制。2015年度，全市各行政执法部门共调解案件600余起。市司法局交通、医疗两个专业调解委员会作用发挥明显，同时，正在加强环境纠纷、物业纠纷等其他6个调委会建设。

【主动接受依法行政监督】 2015年，市政府依法行政工作自觉接受人大法律监督、政协民主监督、法院司法监督、行政监察和审计专项监督。及时向市人大报告年度依法行政工作情况，依法履行人民法院的生效判决和裁定，积极受理群众举报和新闻媒体反映问题，认真落实行政监察、审计监督制度和政务信息公开制度，以政府门户网站“中国·迁安”为政府信息公开第一平台，以档案馆为政府信息公开主要场所，及时发布和更新政府信息。

市政府法制办公室
分管领导 陈国文（市政府办公室主任科员）

（贾永泉　张永新）

公　安

【概况】 2015年，迁安市公安机关紧密围绕“平安迁安”建设，合理统筹打、防、管、控、建五个关键点，实现刑事、治安案件发案率，交通事故死亡率，火灾损失连续4年全面下降，全市社会治安秩序稳定，人民群众的安全感和满意度显著提升。

全年立刑事案件3399起，破获1256起，抓获犯罪嫌疑人916名；6起命案即发即破；打掉各类犯罪团伙35个，抓获涉案成员148人；收缴赃款赃物总计420余万元。受理治安案件5253起，查处1705起，打击违法人员2187名。受理经济案件86起，破获60起，刑事拘留23人，抓获逃犯16人，涉案1.3亿余元，为群众挽回经济损失5100余万元。

【治安防控体系建设】 针对易受恐怖袭击的重点地区和重点部位，坚持车巡与步巡相结合、公开与隐蔽相结合的方式，最大限度地屯警街头，提高街面见警率。开展护校安园工作，定期开展校园安全大检查，市区各责任单位和各乡镇派出所严格落实“护学岗”和上放学时段校园门口及周边巡逻守护勤务制度，做到校园周边重点时段“见警察、见警车、见警灯”。针对涉企犯罪高发态势，定期深入企业开展治安防范指导，维护企业治安秩序。按照上级要求，适时启动“加强级武装巡逻”，延长武装巡控时间，扩大武装巡逻覆盖范围，加强重点部位安全防范和应急处置，确保24小时不失控。依托治安卡点、主要道路和重点复杂场所，密织道路巡逻控制、单位内部防控、行业场所防控、治安卡口堵控体系，最大限度减少和杜绝防范管理盲区。实施“平安迁安”工程，初步建成出城、出市“两级技防封控圈”，形成以卡口为依托，人防、物防、技防交叉发挥作用的防控体系，治安防控能力显著提升。

【治安管理】 深入开展“缉枪治爆”“社会治安突出问题专项治理”“扫黄打非”“护校安园”“户口清理整顿”“断链”等专项行动，重拳打击严重影响社会安全稳定的突出治安问题。在整治行动中，治安大队与各派出所密切配合，采取有力措施，始终保持高压严打态势，做到露头就打，除恶务尽，收到良好社会效果。

【社区和农村治安】 有序推进“一村一警”工作。4月3日，市公安局召开专题会议，对“一村一警、多警联动”民警包村工作进行安排部署，会上宣布了《迁安市公安局社区和农村警务“一村一警、多警联动”工作方案》，全局民警、事业人员、文职共563人进驻或分包全市534个行政村及29家重点企业，形成以社区和农村警务为中心，统筹使用警务资源，多警联动的治安稳控格局。明确驻村民警任务，包村民警工作职责；制作并下发《驻（包）村民警工作日志》，每名包村民警每月下村（社区）不少于2天，将所了解的人、事、案具体情况以及处理结果完整记录在日志上；实行包村联系工作每月一通报，及时发现问题并整改到位。同时，把“一村一警”工作与案件回访、治安检查、警民恳谈等工作有机结合，形成社区警务工作合力。年内，包村民警共参与治安检查460场次，消除治安隐患280余处，回访刑事和行政案件660起，征求意见建议220条，全市治安防范水平显著提升。

【“110”报警服务】 2015年，迁安市“110”报警服务台接到各类报警电话126234个，有效接警26734个。其中“110”报警电话22036个、“122”报警电话4698个。“110”报警中刑事案件报警1233个，治安案件报警16858个，求助报警3945个，报警、求助、投诉接警正确率100%。回访案（事）件26734余起，回访报警人26730余人，群众满意率100%。接收数字化城管待办案件1615条、金融报警45008条。完善修订各类预案13篇，各类重大案（事）件汇报信息19篇，信息上报及时、准确。不断建立健全各项规章制度，确保各项工作有章可循。组织应急处突拉动演练6次。

【出入境管理】 切实将境外人员纳入实有人口管理，完善境外人员住宿登记管理工作，全面掌握辖区内涉外信息、动态，及时发现、查处涉外案（事）件，对境外人员管理实现“底数清、情况明、信息灵”的工作目标。加强对涉外宾馆、酒店的管理，确保涉外宾馆、酒店对境外人员的申报率、及时率、准确率达到100%。加强与涉外单位联络员的沟通、联系。对涉外单位的外事联络员，强化涉外情报信息上报，进一步延伸工作触角，努力构建覆盖面广、渠道畅通的涉外信息网络，有效掌握全市的涉外动态。全年，共阻止28名未出具单位意见的国家工作人员、12名法定不准出境人员、2名双重户口人员申办出国（境）证件。

【行业场所管理】 加大对旅馆、网吧、歌舞厅、废品收购站、洗浴等行业场所的管理力度，重点对快递寄递（物流）业及学生公寓等边缘新生行业的摸底排查和造册工作，探索有效监管的法律依据和手段。全年出动警力1951人次、警车608台次，召开行业场所业主会议9次，检查旅馆2356家次、歌厅580家次、足疗店516家次、洗浴店298家次、废品收购站408家次、机动车修理店356家次、典当行68家次、中介29家次、汽车租赁店19家次、快递企业98家次。停业整顿18家，现场整改58家，限期整改20家。

【危险物品管理】 严格执行民爆物品审批制度，监督民爆物品储存库落实各项安防措施，不断加强从业人员教育培训和动态管理，对涉危、涉枪、涉爆、涉毒生产和使用单位进行反复检查，切实提出隐患，确保安全。深入开展缉枪治爆行动，共收缴枪支20支、各种子弹1093发、仿真枪20支，处罚涉枪违法行为人3名。为全市3名涉枪、17名涉爆重点人员建立专门档案，并全部利用信息系统落实管控措施。

【内部单位管理】 按照国家、省、唐山市关于集中开展输油气管道整治和“六打六治”打非治违专项行动的要求，会同迁安输油气站及时开展排查整治行动，认真查找工作中存在的各类隐患和薄弱环节，强力整改，及时消除，堵塞漏洞。深化“护校安园”行动，重拳整治校园周边秩序，严格落实“护学岗”执勤制度，各辖区派出所认真做好上放学时段校园门口及周边巡逻守护。严格保安员管理，规范保安服务队伍，规范全市保安服务市场秩序，加强保安服务监管。组织开展保安员资格考试工作，为打造全市规范化、职业化的保安员队伍奠定良好基础。扎实开展金融机构安全评估，对全市19家金融机构、126个营业网点进行认真检查评分，合格率100%。

【专项治理】 刑侦领域，开展“打击涉恶类犯罪”“命案攻坚”“严打清剿”和打击“两抢一盗”犯罪等严打专项行动。同时，因时、因地制宜，组织开展打击入室盗窃、盗窃摩托车和电动车及追捕历年逃犯百日攻坚专项行动。治安系统，开展“缉枪治爆”“社会治安突出问题专项治理”“扫黄打非”“护校安园”“户口清理整顿”“断链”等专项行动。消防系统，开展建筑工地消防专项整治、养老院和福利院专项检查、商场及市场专项检查、学校幼儿园专项检查、医院专项检查、学生公寓专项检查。环安系统，开展省厅“2014利剑斩污”“蓝天清水”专项行动，组织开展全市“小石灰窑清查行动”，与市环保局联合开展“打击企业非法排污专项整治行动”。食品药品安全系统，开展食品药品打假“利剑”等专项行动。网络安全系统，开展电话“黑卡”治理、扫黄打非、清源净网专项行动。交警系统，定期开展涉牌、涉证、酒驾、治超等专项治理行动。

【交通管理】 以“降事故、保安全、保畅通”为目标，健全市、镇、村三级交通安全预防网络，强化源头治理。将酒驾、醉驾、超限超载、涉牌涉证等严重交通违法行为作为交通整治重点，积极推进交通事故“黑点”的排查治理，确保交通畅通、安全。全年查处各类交通违法行为158220起，其中无证驾驶75起、假牌45起、酒后驾驶177起（醉驾48起）、涉牌涉证870起、超载超员701起、改型488起、违停22186起、超速60010起、闯红灯58881起，全市交通事故起数、死亡人数、受伤人数较上年均有较大幅度下降。

【人口管理】 开展户口登记管理专项清理整顿，完成补报往年出生、补录、出生日期变更更正、无准迁证落户四类户籍档案的核查工作，排查出生日期差错92人、姓名差错60人、其他项目差错57人，对排查出的差错全部纠正解决。排查出重复户口629人，已全部删除。清理应销未销户口192人，其中死亡未注销户口177人，服现役未注销户口15人。扎实开展人口信息无相片人员清理核对工作，全市18周岁以上无照片人员共计11478人，通过清理，注销2378人。删除重复户口633人；办理居民身份证人数3493人，空挂户口4896人，清理后剩余78人。核对率达到99%。推进“2015清源行动”，清查流动人口49146人，排查出租房屋和从业场所5712家，其中新登记暂住人口4401人，注销2936人。办理居住证4803本，新登记出租房屋59间，注销出租房屋3间。推进户籍制度改革，专门制定《迁安市公安局吸纳人才户口迁入办法》，按照统筹规划、分类推进的原则，制定推出一系列非常宽松的户口政策，加大政策宣传力度，积极吸引农村转移人口和外地人口落户。户籍制度改革工作开展以来，截至年底，全市共办理人才类落户101人、公共地址落户23人，办理其他类户口迁移892人。

【监所管理】 优化勤务模式，按照“规范设岗、以岗定人、定职定责、协调配合”的原则，将警力前移、下沉到管教、巡视等重点岗位和监情复杂、易出问题的重点时段和重点部位，做到防范关口前置，各岗位间协调联动，实时共享动态信息，使勤务运行顺畅有序，反应快速灵敏，安全保障有力。推进文明管理、人性化管理，完善预约服务系统，健全绩效考核奖惩机制，实现监所卫生医疗社会化；联合市传统文化协会，将中国传统文化教育引入监区，搭建文化教育平台。投入16万元实施管教智能终端建设，完成所内电网改造更新、4个监区的20个监室及收押大厅的改造，全面启动违法犯罪人员信息系统，实现巡视、提讯、提解、会见等日常工作无纸化操作。

【安全保卫】 出动2万多名警力、5000多台车辆，圆满完成“两会”、暑期、抗战胜利70周年、中共十八届五中全会及迁安市经贸洽谈会等重大安保任务，特别是高标准完成了75次暑期警卫任务。环京“护城河”及环秦“三道防线”各警务站在安保工作中发挥了巨大作用，检查车辆7311辆，检查人员40288人，发放安检证2778张，查获吸毒人员1名，劝返精神病患者1人，劝返证件不全人员32名，收缴假冒、套用车牌53副，管制刀具32把，棒球棒、甩棍11根，烟花爆竹5030头，收缴镐把等其他物品196件，有效消除了各类安全隐患。

【消防建设与管理】 以节假日和重大活动安全检查为契机，对全市各消防重点单位、人员密集场所进行多次拉网式消防隐患排查整改；深入学校、厂企、社区，以模拟火情实战演练的形式，讲解消防知识，普及灭火逃生技能；加大人员密集场所特别是幼儿园、医院、养老院等老弱群体集中场所的日常监管力度，突出抓好小饭桌、学生公寓、补习班等场所的安全监管，提升消防安全“四个能力”▲。2015年，开展消防演练295次、消防培训45次，检查消防重点单位133家，发现、整改消防隐患81处，全市消防火灾造成直接经济损失65万元，较2014年下降20%。

▲消防安全“四个能力”：是公安部构筑社会消防安全“防火墙”工程提出的，即1. 提高社会单位检查消除火灾隐患的能力；2. 提高社会单位组织扑救初起火灾的能力；3. 提高社会单位组织人员疏散逃生的能力；4. 提高社会单位消防宣传教育培训的能力。

【消防宣传】 广泛开展各种形式的宣传活动。市消防大队指导消防安全重点单位和非重点单位开展全员消防安全培训和灭火疏散演练；督促企业单位加强对本单位人员的消防宣传教育，协调市广播、电视台等单位，有针对性的面向社会进行消防宣传教育；利用室外LED显示屏、公交车车载电视等媒体开展宣传，推动各类团体结合各自工作对象特点，创造性地开展消防宣传教育；开展社会化消防宣传，消防大队与电视台结合，对存有突出火灾隐患的单位进行曝光，有效震慑消防违法违章行为，加大火灾隐患的整改力度，促进隐患整改。指导迁钢、东安、一路购物、中心福利院、英诺特制药等大型企业开展灭火疏散演练，对迁安学院、迁安一中、人民医院、购物中心等人员密集场所进行消防安全培训。11月9日，在人民广场开展以“参与社区消防，建设平安家园”为主题的大型消防宣传活动。

【《中华人民共和国刑法修正案九》宣传】 11月1日，《中华人民共和国刑法修正案（九）》（以下简称《刑法修正案（九）》）正式实施，为积极应对《刑法修正案（九）》实施后所面临的新形势、新情况、新问题，确保《刑法修正案（九）》得到有效落实，市公安交警大队组织全体民警集中学习了《刑法修正案（九）》交通管理方面的相关内容，组织一线民警和法制员培训。同时，采取三项措施提高《刑法修正案（九）》的社会知晓度和关注度。一是充分利用广播、电视等新闻媒体大力宣传。结合《刑法修正案（九）》实施后，针对客车、校车、危险化学品运输驾驶员编发了一批安全提示、警示短信，确保形成多层次、多元化宣传，以有效覆盖为目的，努力营造声势。二是深入客货运企业、旅游公司、中小学校、广场等地通过发放宣传资料、悬挂标语等方式开展宣传教育活动。对企业负责人、安全管理人员和驾驶人、随车照管人员、押运员以及其他相关人员至少开展一次面对面教育，确保其充分了解《刑法修正案（九）》相关规定。三是充分发挥乡镇“两站两员”（乡镇交管站及农村交通安全劝导服务站，乡镇专职交通管理员及农村交通安全协管员）职能作用，入村宣传。教育广大群众深刻认识，切实提高交通安全意识。呼吁广大交通参与者文明出行，拒绝交通违法，远离交通事故，争做文明守法市民。

【市公安局顺利通过公安部保密工作检查】 9月18日，公安部保密工作检查组一行4人在公安部办公厅档案馆编研处副处长徐小江的带领下到迁安市公安局检查保密工作。省公安厅保密办主任张生贵，唐山市公安局指挥部副主任陈蕾、指挥部政秘处处长刘慧敏陪同检查。自8月20日接到检查通知到检查完毕的近一个月时间里，先后两次对全局所有计算机进行了保密检查，发现问题4类30余个，全部逐一落实了整改措施，完善保密工作台账6大类47项，签订保密责任书1649份，圆满完成各项迎检工作，受到公安部、省厅、唐山市局领导的一致好评。

【警营文化试点观摩拉练活动】 为扎实推进全市公安机关正规化建设，根据省公安厅、唐山市公安局“210工程”推进会精神，10月20日，市公安局组织开展“210工程”及警营文化建设试点观摩拉练活动。市政府副市长、公安局党委书记、局长李凤春，公安局党委副书记、政委卢智慧等市公安局党委班子成员，机关各科（室）、各所（队）、分局“一把手”等60余人参加活动。

【典型案例】 2月4日，市公安局刑侦大队在唐山市公安局技侦支队的密切配合下，成功摧毁一盗窃变压器犯罪团伙，抓获犯罪嫌疑人张某、周某，初步审查破获迁安北部、西部地区系列盗窃变压器案10余起，涉案价值30余万元。

5月7日，市公安局刑侦大队在唐山市公安局、遵化市公安局的全力配合下，对秘密侦查近2个月的入室盗窃犯罪团伙集中收网抓捕，一举抓获犯罪嫌疑人4名，破获迁安、丰润、遵化、迁西及辽宁、承德、天津等地系列入室盗窃案80余起、盗窃汽车案2起，涉案价值40余万元。

5月26日，市公安局刑侦大案二中队与沙河驿派出所密切配合，抓获抢劫、强奸犯罪嫌疑人徐某，破获“4·18”持刀拦路抢劫、强奸（未遂）案1起，并审讯深挖破获强奸（未遂）案4起、盗窃案5起。

7月10日，唐山、迁安两级刑侦、技侦、特警、网安、情报等部门同步上案，联合秦皇岛市技侦、青龙县刑侦，辽宁省葫芦岛、绥中、建昌两级刑侦、技侦部门，以及建昌县新开岭治安检查站、青龙县木头凳治安检查站，跨区域协同作战，历时18小时成功侦破迁安市“7·10”绑架案，安全解救人质。

10月10日，市公安局刑侦大案一中队成功侦破社会影响恶劣，备受领导关注的“9·23”“6·30”抢劫、强奸案，将犯罪嫌疑人李某抓获归案。经审理查明：犯罪嫌疑人于2015年年初到迁安城区打工，因经济拮据产生抢劫恶念，于6月30日晚在城关法厅附近尾随受害人丁某至黄台山公园正门马路对面公厕旁，持刀威胁丁某，对其实施强奸（未遂），后抢劫三星手机一部，价值1000余元。9月23日晚，其在黄台山公园一凉亭锁定作案目标亢某，持刀作案过程中遭到亢某反抗，将亢某胸腹部扎伤，后又将亢某挟持至公园废弃房屋内强奸，抢劫现金800元、OPPO手机一部、黄金戒指一枚，总价值4800余元。

11月4日，市公安局刑侦大队与城关派出所合力侦破“11·4”故意伤害致死案，抓获主要犯罪嫌疑人杨某、兰某。经审理初步查明：11月4日凌晨1时许，犯罪嫌疑人兰某等人在快乐迪歌厅外与受害人王某等人发生口角，后兰某等人找到杨某，一同在新颖路灵通网吧附近对王某等人进行殴打。期间，杨某持刀将王某、郭某扎伤，并致王某死亡。

12 月 14 日，市公安局刑侦大队在专案攻坚侦查 20 余天后，把握战机果断行动，一举抓获抢劫犯罪嫌疑人刁某瑞、刁某磊，成功破获左岸蓝郡小区系列抢劫案 4 起（未遂 1 起），带破滦县盗窃车内财物案 4 起，缴获被抢汽车 2 辆（其中 1 辆被烧毁）、仿真枪 2 支、疑似钢珠枪 1 支（待鉴定）。

市公安局

副市长、党委书记、局长 李凤春
党委副书记、政委 卢智慧
党委副书记、副局长 张小峰　康　永（回族）
党委委员 宋耀兴　李火箭
党委委员、副局长 张自忠　高建立　秦　东　李英刚　彭明辉　吴　云　张建山　万向阳　刘书良　杨永红
党委委员、纪委书记 王铁林
政工监督室主任 王铁林（兼）
指挥中心主任 丁　帅（满族）
警务保障室主任 张存国
法制室主任 王晓林（满族）
刑侦大队大队长 雷志刚
刑侦大队教导员 王亚群
刑侦大队副大队长 侯均好
交警大队大队长 陈小勇
交警大队教导员 唐学军
交警大队车管所所长 王建民
国保大队大队长 范颖红（女，满族）
巡特警大队大队长 郝　明
经侦大队大队长 张玉中
经侦大队教导员 孙勇杰　曹洪波（6 月开展工作）
治安大队大队长 朱宝云（蒙古族）
治安大队教导员 沈国友（5 月去世）　陶　辉（5 月开展工作）
环安大队大队长 刘玉国
城关派出所所长 周玉川（满族）
城关派出所指导员 江通华
马兰庄派出所所长 徐　兴（12 月离）
蔡园派出所所长 王　新
建昌营派出所所长 曹洪波（6 月离）　许天成（6 月主持工作，正股级）
上庄派出所所长 王立平
彭店子派出所所长 王春林
彭店子派出所指导员 陶　辉（5 月离）
沙河驿派出所所长 石复兴
木厂口派出所所长 郭志勇
阎家店派出所所长 任仲江
阎家店派出所指导员 侯锡成
杨各庄派出所所长 李文军
杨店子派出所所长 杨进荣
大五里派出所所长 陈永喜
夏官营派出所所长 刘成新
赵店子派出所所长 庞银生
五重安派出所所长 王利文
大崔庄派出所所长 蔡之恒
野鸡坨派出所所长 李振军
扣庄派出所所长 马建海
太平庄派出所所长 王建波
看守所所长 常福元（回族）
看守所指导员 李　冲
拘留所所长 刘玉宝
滦河所所长 潘玉柱
公交所所长 孟祥东
迁钢治安分局局长 白广存
森林公安局局长 王永红
城市管理派出所所长 时维伟（挂任城市管理综合执法大队副大队长）

（丁　帅　张志江）

检　察

【概况】 2015 年，市检察院批准逮捕 315 件 410 人，提起公诉 527 件 681 人。推进“平安迁安”建设，起诉严重暴力犯罪、黑恶势力犯罪、“两抢一盗”等多发性侵财犯罪 52 人。落实禁毒工作要求，批捕各类毒品犯罪 7 人。打击涉医违法犯罪活动，集中整治医闹、网络诈骗等突出问

题。注重把化解矛盾贯穿执法办案全过程，检察环节达成刑事和解案件23起，对4人作出不起诉决定，对1名未成年犯罪嫌疑人作出附条件不起诉决定，封存未成年人犯罪记录19件。

加强检察官队伍思想政治建设，在系统学习中央精神的同时，把京津冀协同发展重大战略学通学深学透，真正转化为分析问题、解决问题的实际本领，转化为深入推进协同发展的强大动力，转化为服务保障经济社会发展新常态的具体措施。加强纪律作风建设。从严治检，以钉钉子的精神落实好“两个责任”，既发挥好党组书记牵头抓总的作用，担负起党组主体责任，又发挥好纪检组长第一执行人的作用，履行好纪检部门监督责任。提前备课助力司法改革。遵循检察权运行规律，突出检察官办案主体地位，增强检察官办案责任心，强化职业特点，提高办案质量效率，提升司法公信力，构建权责明晰、制约有力、运行高效的检察权运行机制。

【服务和保障经济平稳发展】 围绕规范市场经济秩序，起诉诈骗、传销、非法集资等经济犯罪14人，查处商业贿赂犯罪5人，侵吞、窃取民营企业财物犯罪11人，查处生产安全责任事故背后的职务犯罪2人。服务重点项目建设，促进各类企业依法公平参与市场竞争，对2个重点项目开展系统预防。进一步落实检调对接、刑事和解等制度；畅通和规范群众诉求表达渠道，推进在法治轨道内解决群众的合理合法诉求。强化对困难群众、弱势群体司法保护，先后为3名生活困难的刑事被害人或其近亲属提供2万余元司法救助金。

【反腐倡廉建设】 专案侦办工作强势推进。连续两年参与省纪委专案查办工作，先后查处处级以上干部3人，侦查能力受到省纪委和省检察院的高度认可。查办贪渎案件持续发力。坚持有贪必肃、有腐必惩。积极查办权力集中、资金密集、资源富集部门和岗位的案件，加大对群众身边腐败犯罪特别是“小官大贪”的查处力度。年内，立案查办10起职务犯罪案件，涉案人员17人，其中贿赂犯罪7起13人，渎职侵权犯罪3起4人。推进惩防体系建设。在健全职务犯罪预测预警机制的基础上，深度融合侦查和预防资源，紧密结合侦查办案开展预防工作，推动建立融预防犯罪、内控制度、风险管理于一体的廉政风险防控体系。全年开展预防调查5次，提供预防咨询7次，发出检察建议8件，在市直乡镇开展警示教育28次，提供行贿犯罪档案查询337起。

【法律监督常态化】 1. 侦查活动监督。监督公安机关立案27起32人，追捕犯罪嫌疑人9人，对不符合逮捕条件的55名犯罪嫌疑人作出不批准逮捕决定，要求公安机关撤回案件11起。纠正侦查活动违法34起，追诉漏犯14人，追诉漏罪28起。2. 审判活动监督。在用实抗诉手段的基础上，灵活运用检察建议和纠正违法等措施，使监督的外延更广、内涵更深。提出刑事抗诉4起，向法院发出纠正违法通知书46件，量刑建议采纳率90%以上。3. 民事行政检察监督。全面开展审判活动监督、执行活动监督、督促履行职责监督以及支持起诉工作。发出再审检察建议3件，终结审查5件，发出执行监督检察建议39件，受理支持起诉案件10起，发出督促履行职责检察建议60件，协助唐山市检察院办理案件14起，抗诉后改判案件1起。4. 刑罚执行监督。发出羁押必要性审查建议8件，纠正社区矫正监督违法20件，发出的纠正违法通知书和检察建议均得到答复和落实，监督司法局、法院撤销缓刑收监2人，纠正看守所拒绝律师正常会见1起，依法保障律师执业权利。5. 深化检务公开工作。高标准建成检务公开大厅并开通迁安检察机关门户网站。在人民检察案件信息公开网上发布重大案件信息13篇、案件程序性信息747条、法律文书信息349篇，保障了人民群众的知情权和监督权。

市检察院

检察长	孙玉军
副检察长	李求军　冯小军　侯继春　陆爱东
反贪局局长	赵　珍
反贪局副局长	邵富强　刘　政

反渎职局局长 陆爱东（兼）
反渎职局副局长 刘利军 马睿敏（女）
政治处主任 李靖奎
纪检组组长 王向林

（张平玮）

法 院

【概况】 2015年，市法院有31个下设机构，分别为：城关法庭、夏官营法庭、杨各庄法庭、建昌营法庭、赵店子法庭、大崔庄法庭、杨店子法庭、沙河驿法庭、马兰庄法庭、刑一庭、刑二庭、少年法庭、民一庭、民二庭、民三庭、婚姻家庭法庭、金融法庭、交通法庭、行政庭、审监庭、立案庭、诉讼服务中心、信访办、水政庭、计生庭、法警队、政治处、监察室、审管办、办公室、司法技术辅助室。市法院围绕“努力让人民群众在每一个司法案件中都感受到公平正义”的工作目标，全年受理各类案件7138起，审结7036起。

主动接受监督，加强改进法院工作。自觉接受人大及其常委会的监督，认真负责地向人大及其常委会报告工作，11月27日，向唐山市人大调研组专题汇报司法公开工作开展情况，得到充分肯定和好评；健全完善联络沟通机制，坚持定期走访，主动邀请人大代表旁听案件审理；对人大代表、政协委员提出的意见和建议，实行专人登记、院长督办、及时反馈；落实人民陪审员制度，有效推动司法民主。同时，虚心接受检察机关的法律监督、新闻媒体的舆论监督和社会各界的监督，及时改进工作。

【刑事审判】 刑事审判立足维护社会稳定，深入贯彻宽严相济刑事政策，依法严厉打击各类违法犯罪活动。全年审结刑事案件584起，判处人犯903人。1. 严厉打击严重暴力犯罪和多发性侵财犯罪，审结故意伤害、抢劫、盗窃等犯罪案件208起269人，保障了人民群众生命财产安全。2. 严惩各类职务犯罪，审结贿赂、滥用职权、玩忽职守等犯罪案件15起23人，保持了反腐高压态势。3. 扎实推进量刑规范化工作，提升裁判公正性。4. 加大刑事附带民事案件调解力度，全年为196起刑事案件的被害人及其家属挽回经济损失1200万余元。

【民商事审判】 民商事审判立足促进社会和谐，坚持以案结事了为目标，依法化解各类矛盾纠纷。全年审结民商事案件6172起，标的额超26亿元，其中调解撤诉3395起，调撤率55%，居唐山法院之首。1. 坚持依法保障民生，妥善审结婚姻家庭、交通事故、劳动争议等案件2168起，维护人民群众合法权益。2. 坚持依法规范市场行为，高效审结买卖、保险、租赁等合同纠纷案件1695起，促进社会诚信体系建设。3. 坚持有效防范化解金融风险，依法审理金融借款和民间借贷纠纷案件1062起。4. 坚持不断完善矛盾纠纷多元化解机制，全年诉前化解纠纷281起，参与诉外调处纠纷545起。

【行政审判】 行政审判立足促进官民和谐，坚持保护行政相对人合法权益与支持监督行政机关依法行政并重，妥善解决行政争议。2015年，审结行政案件72起、非诉审查案件208起，同比分别增长350%和571%。工作中，不断创新协调和解机制，推动行政纠纷实质性化解，维护行政相对人的合法权益，规范和支持行政机关依法行政。

【司法为民】 勇于担当，服务经济转型升级。市法院主动适应经济发展新常态，找准服务的切入点和着力点，妥善处理经济下行压力加大引发的各类涉企矛盾纠纷，最大限度优化发展环境。针对部分钢铁企业经营困难、负债较多、拖欠职工工资数额较大的状况，从实际出发，多措并举，化解纠纷。对未进入诉讼程序的，主动服务，提前介入，了解掌握企业资产情况，积极与相关部门协调配合，在最短时间内平稳解决纠纷，将影响和损失降到最低。对已进入诉讼程序的，及时采取保全措施，并坚持依法办案和灵活处理相结合，力促双方达成和解，既维护债权人合法权益，又帮助企业渡过难关。同时，多次到重点企业调研，全面了解钢铁企业在转型升级过程中遇到的新情况、新问题，依法提供法律帮助。全年审结涉企案件1833起，标的额22亿元，促进了全市经济健康发展。

关注民生，满足群众司法新需求。强化诉讼服务中心建设，配备电子触摸屏，开通“12368”司法服务热线，为群众提供高效便捷的诉讼服务；加强网上预约立案工作，全年在网上预约立案709起；完成历年案卷电子扫描工作，实现诉讼档案电子化阅卷；落实司法救助制度，为弱势群体开通诉讼“绿色通道”，全年减、缓、免诉讼费75万余元。

能动司法，积极参与综合治理。强化与市妇联和各乡镇（城区办）司法所、综治办、信访办的协调联动，对婚姻家庭、抚养赡养和邻里关系等矛盾合力进行调解，实现更好更快地解决群众纠纷；深入开展巡回审判、送法下乡以及和谐乡镇、和谐社区共建等活动，通过“以案讲法”、走访座谈等形式提高群众的法制意识；加强司法建议工作，就关于解决农民工欠薪等问题及时提出司法建议，为党委政府及有关部门依法、科学决策提供参考。

【司法公开】 深化司法公开，打造阳光司法。市法院以信息化建设为依托，加强审判流程、裁判文书公开平台建设，进一步增强审判工作透明度，实现以公开促公正。全年网上公开裁判文书5064件，网络直播庭审257件，公开案件信息7054件，电子卷宗制作率和归档率均达到100%。同时，强化自有媒体建设，开通法院官方微博、微信，向公众及时传递最新司法信息。10月，省高院委托省社科院对市法院司法公开工作进行评估，给予了高度评价。

【审判管理】 严格审判管理，提升案件质效。加强审判流程管理，实现各节点全程、无缝隙监控；推行审限预警机制，明确专人对审限情况进行全天候、不间断的巡查，确保所有案件在审限内及时审结；强化案件和庭审评查，成立评查小组对所有审结案件逐案进行评查，对每名审判人员的庭审情况定期旁听考核，促进案件质量和审判技能的提高。2015年，市法院一线法官人均结案113起，其中200起以上的4人，超300起的1人。

【司法改革】 推进司法改革，规范司法行为。扎实推进立案登记制改革，当场登记立案率达到90%以上，切实做到有案必立、有诉必理，充分保障当事人诉权；成立刑事、民事两个专业审判委员会，完善裁判文书签发制度，逐渐推进让审理者裁判、由裁判者负责；全面落实诉访分离制度，建立涉诉信访内部协作配合、就地接访督导和网络办理等机制，将涉诉信访问题纳入法治化轨道。全年化解信访案件96起。

【审判队伍建设】 以提升能力素质为目标，强化干警队伍建设。建立常态化学习培训机制，通过观摩庭审、现场演练、讲评研讨等方式，不断提高干警综合素质和实践能力。全年开展业务培训15次，组织业务考核4次。坚持正确的用人导向，将政治素质高、业务能力强的青年干警充实到中层领导岗位，激发干部队伍活力。

以源头防治为要点，强化司法队伍廉洁建设。开展警示教育，引导广大干警保持高尚品格和廉洁操守，筑牢思想防线。认真落实党风廉政建设主体责任和监督责任，强化对落实中央“八项规定”的检查督导，及时发放廉政监督卡，开通网络监督举报平台，确保司法公正廉洁。

市法院

院长 王建民

副院长 张树安　吴晓恒（满族）　张志远　李印付　任丽伟（女）　杨江

政治处主任 雷志伟

纪检组组长 王秀田

专职审判委员会委员 张海祁　王子良　徐天文（女）

办公室主任 玄振红（女）

（张倩）

司法行政

【概况】 2015年，全市司法系统继续深入推进“社会矛盾化解、社会管理创新、公证廉洁执法”

三项重点工作，突出在履职能、强宣传、重防控、抓调处、维民权、保稳定上下功夫，在加强队伍建设提升素质上有创新。全市排查出各类民间纠纷989起，调解成功956起，调解成功率97%，没有因调解不当、不及时而引发的矛盾纠纷激化案件。至年底，律师事务所担任法律顾问216家，办理各类诉讼事务2035起、非诉讼事务1033起，解答咨询18060多人次，代写法律文书1015份，全市8个基层法律服务所，办理诉讼事务398起、非诉讼事务286起，解答咨询5000余人次，代写法律文书430份，承担法律顾问69家，举办法律咨询20次、法治讲座25次、图片展览20次，印发宣传资料2万份。在各乡镇的支持下，通过司法干警的共同努力，全市建立帮教组织556个，有成员1668人。2015年，回归释解人员172人，全部得到安置帮教，有效避免了释解人员重新违法犯罪。

【人民调解工作】　1. 以调解组织建设为基础，做好矛盾纠纷化解工作。创新人民调解工作机制，积极推动人民调解与行政调解、司法调解联动的工作格局，推进调解工作向解决劳动纠纷、征地拆迁和解决医患、交通纠纷等专业性、行业性领域延伸。至年底，建立企事业单位调委会、交通事故调解组织12个，扩大了人民调解覆盖面，为有效化解行业、专业领域的矛盾纠纷起到积极作用。2. 加强调解组织队伍建设，在继续抓好全市20个乡镇（街道）、553个村（居）人民调解委员会建设的基础上，巩固扩大企事业单位人民调解组织建设。3. 做好矛盾纠纷排查化解工作。集中化解一批关系群众切身利益、影响当前社会和谐稳定的矛盾纠纷和民间矛盾纠纷性质的信访问题。全年排查各类民间纠纷989起，调解成功956起，调解成功率97%。4. 抓好司法规范化建设。2015年6月起，实行了司法所由司法局直管的管理体制，招聘15名公务员，至年底，有专职司法工作人员39人，健全司法所队伍，配齐了所长，完善了司法工作关系。5. 积极贯彻执行省、唐山市《关于进一步加强人民调解工作经费保障的意见》的文件精神，争取人民调解员“以案补贴”经费落到实处。

【社区矫正工作】　1. 认真贯彻落实最高人民法院、最高人民检察院、公安部、司法部联合印发的《社区矫正实施办法》，将该办法及司法部、省司法厅和唐山市司法局关于做好社区矫正工作的文件，下发至各司法所，要求各司法所统一规范使用社区矫正文书格式，促进社区矫正工作规范有序开展；做好拟进入社区矫正人员的审前调查评估工作，调查内容详细、全面、真实、客观，做出正确风险评估，为法院裁判提供翔实依据；12月，组织全市20个司法所对社区矫正人员逐一排查摸底。至年底，审前调查评估245人，接收社区矫正人员218人，解除114人。全市在册社区服刑人员397人，其中，缓刑380人，假释11人，暂与监外执行5人，管制1人。2. 加强社区矫正人员管理。做好对社区矫正对象的个别谈话、集中教育、思想汇报，严格请销假制度、变更居住地等各项事项的审批。强化矫正对象的档案管理工作，做到一人一档，完善档案内容，矫正工作记录全部入档。加强社区矫正对象GPS定位手机的使用管理，全天侯监控，对违反监管制度、不服管理的社区矫正人员进行处罚。至年底，给予警告处分17人，建议收监4人，已收监1人。3. 在纪念抗日战争暨世界反法西斯战争胜利70周年之际，根据《全国人大常委会关于特赦部分服刑罪犯的决定》和中华人民共和国主席特赦令，依法做好特赦工作，成立特赦工作领导小组，严格评审，全市有第四类特赦人员8人，其中社区矫正人员2人、监狱服刑人员6人，8人全部纳入重点帮扶对象。

【普法依法治市】　1. 推进依法治理，扩大法治宣传覆盖面。实施村（居）法律顾问制度建设，帮助解决农村和社区涉法问题。全市配齐了“十户普法宣传员”（将10户左右的村民或居民组成学法用法小组，并在每个小组中选任1名普法宣传员，向群众宣传法律常识和知识，实现住户相邻、互帮互学、一人带动、共同学法的普法工作制度，满足人民群众的法律需求），并实现一村一名法律顾问，做到普法宣传全覆盖。开展“法治八建”示范点创建工作，打造团新庄、李官营、白羊峪村等农村普法宣传示范点，打造明珠社区等普法宣传教育示范社区，打造市工商局、教育局等市直机关普法宣传示范机关，打造第三高中、第二镇中等普法宣传示范学校，发挥引领、示范、辐射全市创建活动的作用，推进创建活动向纵深发展。2. 开展法治宣传，营造良好法治环境。把宪法宣传放在首位，深入宣传宪法和国家基本法律，以“3·15”消费者权益保护日、“4·26”世界知识产权日、“6·5”世界环境日、“6·26”国际禁毒日、“12·4”宪法日等为契机，联合市文明办、妇联、工商局、环保局等单位，在市文化广场及集镇等群众密集场所开展法律宣传，制条幅120多条、展版86块，发放宣传资料3万余份，各乡镇开展法治集市、送法进村、法治讲堂等宣传教育活动，受教育群众5万余人。通过法治宣传，引导群众依法参与社会管理、依法表达利益诉求、依法解决矛盾纠纷，为维护社会稳定营造良好的法治环境。3. 继续实施“六五”普法规划，努力形成“大普法”格局。扩大法治宣传教育平台，依托广播、电视、报刊等媒体的同时，鼓励全市公民尤其是青少年投身到尊法、学法、守法、用法的热潮中，市普法办与市委宣传部、市教育局联合开展“放飞法治的梦想”征文活动，收集征文1520篇，评选出优秀作品293篇、优秀指导教师39名，活动收到良好的法治宣传教育效果。扩大普法宣传，出资10万元编制宣传专题节目《法治迁安行》，在全市各乡镇巡回展演，以寓教于乐的方式普及法律知识，深受群众欢迎。利用互联网、手机平台，开通“迁安普法”微信，上传普法知识，关注人数不断增多，普法覆盖面不断加大。4. 推进领导干部、公务员学法用法工作。12月，组织市直单位、乡镇干部职工和县处级干部参加法律知识考试，参考率100%，合格率100%，对推动各级领导干部学法用法，提高领导干部的法律素质和依法办事能力起到重要作用。

【律师及基层法律服务工作】 一是规范管理法律服务市场。在强化组织学习、提升法律服务从业人员的政治意识和大局意识的基础上，切实加强对法律服务工作者和法律服务市场的监督与指导，加大投诉、查处力度，推进法律服务诚信建设，规范法律服务秩序，提高服务水平。二是推进律师事务所“三化建设”（专业化、规范化、法制化建设）。按照省厅和唐山市司法局《关于开展律师事务所“三化建设”的意见》要求，年内重点抓好律师事务所“三化建设”，全市4家律师事务所已有1家被评为“唐山市三化建设示范所”，并被唐山市推荐为“省级示范所”候选单位。三是深化法律服务专项活动。把民生领域作为法律服务的重点，贯彻“大服务”理念，整合法律服务资源，深化重点项目法律服务，组织参与接待信访活动，推进社会矛盾化解。全年全市律师事务所担任法律顾问216家，办理各类诉讼事务2035起、非诉讼事务1033起，解答咨询18060多人次，代写法律文书1015份。基层法律事务所担任法律顾问69家，办理各类诉讼事务398起、非诉讼事务286起，解答咨询5000余人次，代写法律文书430份。

【公证工作】 组织全体工作人员认真学习新颁布的各项法律法规，提高依法执业水平。年内，未出现假证、错证。狠抓公证质量，健全制度，强化管理，加强对公证员的职业纪律和职业道德培训。全年办理各类公证事务1018件、其中民事490件，经济类528件。

【司法鉴定】 加强培训，提高鉴定人员素质，保证鉴定质量。抓制度建设，先后制定并实施回避制度、集体讨论制度、假错鉴责任追究制度、学习讨论制度和档案管理制度，落实司法鉴定诚信执业管理办法，建立鉴定人诚信执业档案，规范司法鉴定执业行为，增强依法执业、诚信服务意识。全年作出司法医学鉴定书158份，准确率100%。

【法律援助】 1. 12月1日，迁安市综合法律服务中心挂牌运行，规章制度、服务窗口牌、LED显示屏、触控一体机、电脑、饮水机、药箱、便民伞、档案秘笈柜等硬件设施落实到位。2. 开展法律援助案件质量评估工作，对专业人员2015年法律援助案件按10%抽查评比，对于优秀法律援助卷宗进行表彰，对于存在的问题进行通报。3. 本着应援尽援的原则，进一步降低援助门槛，加大便民服务措施，开辟农民工、老年人、未成年人绿色通道，凡需要援助的追索劳动报酬、劳动关系和工伤的案件，一律免于经济困难审查，对于追索赡养费、抚养费、交通事故、医疗事故的老年人和未成年人也免于经济困难审查。全市无论手机和座机均可免费拨打“12348”法律援助热线，免费获得法律咨询帮助。2015 年，通过热线解答法律咨询 1486 人次，为弱势群体提供了法律帮助。全年建立法律援助工作站 38 个，19 个乡镇和 1 个街道办事处，4 个律师所和 8 个法律服务所，妇联、共青团、工会、残联、武装部、看守所全部建立法律援助工作站，并较好的发挥作用。2015 年，全市办理法律援助案件 150 起，其中刑事 27 起、民事 123 起。有效地援助了社会弱势群体，司法公证得到保障。

市司法局
局　　长　王　钧（7 月任）
主任科员　刘东松
副 局 长　朱长宝　曹东艳（女）
政治处主任　张建君（女，满族）
副主任科员　刘少武

（吕志远）

地方武装

【概况】　2015 年，市人民武装部（以下简称市人武部）深入学习习近平主席系列重要讲话，中共十八届四中、五中全会和全军政治工作会议精神，按照军分区党委决策部署，着眼改革大局强军魂，聚焦能打胜仗强能力，扭住作风建设强队伍，坚持全面建设强基础，深化融合发展强作为，民兵队伍训练水平和遂行任务能力有效提升，市人武部全面建设和全市国防后备力量建设取得新发展，迁安市人武部被评为河北省军区全面建设先进旅团级单位。

【思想政治建设】　部党委扎实深入开展“三严三实”专题教育整顿和“学习践行强军目标、做新一代革命军人”主题教育，科学制定方案计划，严格落实学习日制度，严密组织整改落实，定期汇编《应知应会》和学习资料，营造浓厚的学习氛围，取得良好的整改效果。5 月 14 日，在军分区政治部主任王玉宝的指导下，召开党委专题民主生活会，达到触及思想、解决问题、增进团结的目的，做法被军分区《人武信息》转发。做好军队调整改革的思想教育，及时传达学习上级指示精神，加强一人一事的思想教育，全员理想坚定、思想稳定。加大对重点工作的宣传力度，7 篇稿件被《解放军报》《国防报》《战友报》报道。在“四会”（会搞思想调查和计划安排教育、会运用现代化教学手段备课讲课、会做思想工作、会进行心理教育疏导）政治教员评比中获军分区现役干部组第 3 名、专武干部组第 1 名，省军区预任及专武干部组第 2 名。迁安市人武部全面建设受到省军区司令员邵亨、参谋长潘平的高度肯定。

【战备训练】　3 月下旬，市人武部安排部署整组工作，开展调查摸底、方案制定、宣传教育、调整队伍等工作。4 月初，检查督导 20 个基层武装部的软件、硬件建设，当场提出整改意见，补齐基层建设“短板”。4 月 8 日，召开由涉军领导、专武干部和民兵代表共 110 余人参加的全市民兵应急队伍开训动员部署会，军分区参谋长庞保全到会指导并检查了国防训练基地。4 月中旬，利用一周时间，采取专武干部“一带三”的方法，把全市乡镇专武干部和部分民兵骨干共 80 人集中到市国防教育基地培训，开展森林防火、应急维稳业务讲解、教学法示范演示、基础科目训练，增强组训施训能力。4 月 29 日，与市公安局、武警中队、武警水电部队一支队共同组织 430 人的军警民联训联演。之后，组织市民兵应急连反恐维稳排、抗洪抢险排、抗震救灾排和蔡园镇民兵应急排共 200 余人的训练。市人武部机关在参加军分区 10 月组织的两次集训中，取得优异成绩。

【征兵工作】　落实省军区和军分区首长关于提高兵员质量的指示要求，着眼实现“征好兵、不退兵”的目标，重点做好 3 项工作：一是广泛深入动员。5月中旬，开展兵役登记工作，利用网络、手机、农村广播等广泛宣传发动，在每个乡镇主干路口、重点部位悬挂不少于5条的横幅。在市文化广场组织征兵宣传活动，在市中心黄金地段布设巨型征兵海报，讲明优惠政策，公开征兵咨询电话，激发适龄青年参军热情，近千人次上门或电话咨询相关问题。3次深入华北理工大学迁安学院，开展面对面的政策解读。二是做好各项准备工作。召开由主管副市长、乡镇长、专武部部长、派出所所长和市直有关单位负责人参加的征兵工作会议，明确工作重点和具体要求。组织由专武干部、乡镇派出所负责人参加的政审培训和全体体检医生参加的体检培训。保证体检结果客观公正。全市参加乡镇初检的1094人，合格951人，学历初审后上站892人，体检合格557人，圆满完成上级赋予的征兵任务。三是研究探索零退兵的措施办法。制定了《迁安市思想原因退兵处理办法》，征求市公安、法院、宣传、人社、工商、银行等部门意见，经市委议军会研究讨论通过，以市政府名义印发。召开由所有新兵和家长参加的新兵入营教育大会，会上宣讲各级优抚政策、入伍前景，讲清入伍将面临的困难和挑战，新兵及家长签定安心服役保证书，坚定了新兵走进军营、热爱军营、扎根军营的思想根基。

【安全管理】 1. 抓好经常性教育，突出人、车、密、网、电等管理重点。每月初，组织全体干部职工召开安全形势分析会。开展枪支弹药清查，每名现役人员都签订承诺书。严格车辆使用审批登记，军车钥匙实行集中保管，加强安全行车教育，做到“出车有手续、脑中有安全”。指定专人负责涉密文电、载体，严格落实登记、办理、借阅、回收等制度，夯实安全稳定根基。2. 做好战备值班，落实好两级军区和军分区的有关指示要求，值班首长和值班员24小时处于值班位置，及时向值班人员传达上级精神，每天下午三时由值班员与市应急办沟通联系，了解全市重大灾情和应急处置情况，确保及时掌握、及时上报、及时应对。加大应急分队备勤力度，圆满完成军分区赋予的战备值班应急处置示范演练任务。大五里乡、太平庄乡民兵分队成功地处置了2起山火。3. 做好国防工程管护，3月10日，召开由国土局、公安局和相关3个乡镇参加的国防工程巡查部署会，分3个小组开展巡查。针对每条坑道实际，研究制定整改意见，由市政府协调有关市直单位、乡镇及企业做好周边地貌恢复、警示标识设置等工作。

【国防教育】 贯彻落实河北省委关于进一步解决新形势下双拥工作重难点问题的意见，开展“助力强军·服务国防”“助力小康·服务人民”系列活动，为迁安籍现役官兵寄发慰问信，为其家庭悬挂光荣军属牌，协调解决涉军维权案10件。深入开展拥军工作。高标准建设迁安市国防教育训练基地，年内，民兵训练800多人次，接待省内外参观人员2万余人次。9月，迁安市国防教育训练基地被河北省人民政府、河北省军区评为省级国防教育示范基地。国防教育亮点突出，在全市范围内开展纪念抗日战争暨世界反法西斯战争胜利70周年中小学生演讲大赛；编印了《国防花开情更浓》一书，作为国防教育教材下发到企业单位、村（社区）以及中小学校。迁安市国防教育基地被命名为河北省级国防教育基地，在保障民兵训练的同时，承办企事业培训及团体接待51个1.2万人、军事夏令营8期560人、高中新生军训1200人，取得良好的军事效益和社会效益。年内，协调召开迁安市委议军会议，传达学习上级会议精神，听取市人武部全面建设情况，研究破解制约国防后备力量及驻军部队建设发展的重难点问题，强化了党政干部的国防观念。

市人民武装部

部　　长　王建伟
政　　委　李红军
副 部 长　贾　彬（3月离）
　　　　　　肖存锐（3月任）
国教办副主任　马红礼
民兵训练基地主任　张　江

（杜彦伟）

人民防空

【人防宣传教育】 2015年，深入推进人防宣传教育"进机关、进学校、进社区、进企业、进网络"工作，重点抓好"进学校、进社区"，利用"7·7"警报试鸣活动之际，上街发放人防宣传手袋及知识手册2000余份。在人防审批过程中，积极向直接服务对象宣传人防法律法规。并通过电视、报纸等新闻媒体，开展人防宣传，充分利用媒体的辐射作用，扩大人防知识宣传，使人民防空深入人心。

【人防工程管理】 规范防空地下室建设管理，严格依法律、依政策、依规范开展审批工作，确保"结建"建收率达到100%；抓好防空地下室竣工验收，推动已建成防空地下室应验尽验，及时入统。全面加强人防工程质量监督和设计、审图、监理、防护设备生产安装等业务单位质量行为监管，落实质量监督经费和人员，强化质量监督检查，做到质量监督全覆盖；抓好人防工程开发利用，提升人防工程惠民服务能力。

【人防指挥通信体系建设】 制定完善警报建设规划，新装备指挥通信车1辆，并安装了车载电台和固定短波电台，与省人防办、唐山及各县区人防办达到信号互通；在深入研究现代空袭与反空袭作战特点、新战法、新措施和全面收集数据资料基础上，做好修订本级防空袭预案准备工作；对本地区重要经济目标摸底调查、定级分类，明确防护措施，建立电子文档；加强抢险抢修、医疗救护、消防、治安、防化防疫、通信、运输7种人防专业队伍建设，完成整组训练任务；按要求开展短波电台、海事卫星电话训练。

【人防工程审批】 1. 严格审批，规范执法。在人防工程审批过程中，积极会同市住建局、规划局对审批事项严格审查、把关，批复时对工程应建面积进行严格核准，提出明确要求。在"结建"审批过程中，严格依法规、按程序履行行政许可职能，做到应建尽建。对确因地质等原因不能修建人防地下室的项目，严格依法征收易地建设费，做到应征不漏。2015年，受理行政审批申请10项，其中报建项目4个，审批防空地下室建筑面积数万平方米；收取易地建设费1003.6万元。2. 建档立卷，规范有序。年内，认真对"结建"审批项目案卷进行评查，制定规范性文件和法律文书，做到"有件必备、有备必审、有错必纠"，一案一卷，统一编号。

市人防办
分 管 领 导 邹建会（市政府办主任科员）
协助分管领导 张少春（市政府办副主任科员）

（祁艳红）

综 述

【概况】 2015年，全市以发展规模农业为重点，推进农业结构调整、农业科技创新和现代农业服务体系建设，全面深化农村改革，加速推进具有迁安特色的现代农业发展。迁安市现代农业园区被省政府认定为省级现代农业园区，上庄乡万亩现代休闲农业产业园、白羊峪休闲农业与乡村旅游园区两个园区被唐山市认定为市级现代农业园区。龙泽谷国际酒庄被认定为国家级休闲农业与乡村旅游四星级企业（园区）。农业经济平稳发展，全市实现农林牧渔业总产值71.68亿元，比上年增长0.2%；实现粮食总产20.03万吨，比上年增长9.1%；蔬菜总产89万吨，比上年下降5.9%；实现生猪出栏74万头，比上年增长0.6%；家禽出栏725.6万只，比上年下降2.5%；肉类总产8.73万吨，比上年增长0.4%。

【农业产业化】 农业产业化水平稳步提升，农业产业化率达到76.1%，比上年提高0.2个百分点。全市农业产业化经营型企业265家，其中农业产业化龙头企业88家，农业园区带动型企业46家（包括休闲农业园区带动型企业16家、设施农业园区带动型企业12家、规模养殖与循环农业等农业园区带动型企业18家），合作组织带动型企业131家。2015年，全市农业产业化龙头企业固定资产投资额达到120.77亿元，实现年销售收入142亿元，年带动农业产业化基地30万亩，辐射农户10万户以上，实现农民增收15亿元。

【农业结构调整】 按照河北省、唐山市的安排部署，以“魅力水城、绿色迁安”为统揽，以生态、高效、富民为主线，以“提质增效转方式、稳粮增收可持续”为目标，加快农业组织形式和经营方式创新，积极优化区域布局，调整种植产业结构和产品结构，推进全市传统农业向现代农业加速转变。利用三年时间，大力进行农业生产结构性调整，在尊重农民意愿的基础上，充分发挥花生、大豆、杂粮杂豆传统种植优势，以发展青贮玉米和粮豆轮作、花生和杂粮生产为主，同时，积极发展饲草、甘薯和经济林果种植，着力提高农产品市场竞争力。

【农业科技推广与示范】 依托院士工作站，围绕迁安的六大主导产业，完成十大类农业科技项目建设，先后引进科研院校原始创新成果19项，其中农作物、果品、苗木新品种、新技术16项，主导品种和主推技术应用率达到96.3%。科技成果覆盖全市19个乡镇486个村10.5万户，乡镇覆盖率100%，村覆盖率90%以上，累计推广面积153万亩，主要农作物调优率90%以上，实现农民人均增收842元，农业科技在农业生产中的贡献率达到60%。

【农业品牌创建】 农业标准化和品牌化建设有新突破，全市有88家农业产业化龙头企业，其中省级龙头企业2家、唐山市级龙头企业18家，均建有专门的质检机构，建立了质量管理制度，严格按国家、省、唐山市产品质量标准生产，将无公害、绿色食品标准应用到种植、养殖、农产品加工等领域。2015年，全市共有农副产品注册商标272个，其中省名牌产品4个、省著名商标5个、唐山知名商标6个。国明生态农业开发公司、春良绿色种植合作社、瑞阳果木种植合作社等6家农业企业或合作社完成有机食品认证17个。

【农民负担监督管理】　在全市19个乡镇开展农民负担突出问题专项治理活动，通过专项治理，进一步建立健全农民负担监督管理长效机制，规范收费行为。在迁安镇、蔡园镇、五重安乡3个乡镇50户农户中，组织开展了农民负担监测工作，迁安市的农民负担保持较低水平。

【村级公益事业建设一事一议财政奖补项目】
2015年，市农牧局与市财政局共同组织村级申报一事一议财政奖补项目75个，其中重点村60个、一般村15个。涉及筹资人数73343人，筹资总额220.029万元，争取各级奖补资金1953.096万元，有力支持了农村公益事业建设。

【农村信访】　全年接待来人来电政策咨询364人次，接待调处信访案件17起，全部结案，依法保护了农民合法权益，维护了农村社会稳定。

【土地流转】　2015年，全市累计完成农村土地经营权流转交易面积13.2394万亩，全市土地流转率22.6%，规模流转率达83.1%。7月20日，完成对市人大第五次会议第4号建议《关于扶持农村土地流转的建议》的答复。2015年，新增9个乡镇土地流转所标准化建设。

【农业科技成果获奖】　承担实施国家、省、唐山市科技推广项目2项，即迁安市花生创新与集成示范基地建设项目和迁安市绿色杂粮标准化生产集成技术示范与推广项目。

【农民培训】　利用迁安市被列入国家级新型职业农民培育示范县的政策机遇，完成培育生产经营型职业农民任务500人，2014年完成认定职业农民198人，2015年228人。培训产业涉及养猪业、养鸡业，种植核桃、玉米、板栗、设施蔬菜等10余种，共举办生产经营型培训班12期。同时，开展基层巡回讲座10场次，培训130人；现场指导150场次，培训2.5万人；组织参观学习3次，培训140人；赶科技大集5场次，培训2万人；制作发放光盘500张，发放图书2000册，发放资料1800本；利用科技进村服务站宣传，辐射5万人次。

【农资管理】　结合新型农民职业培训，对全市260余家农资经营单位、30余个农产品生产基地负责人开展大培训2次，在8个区域站开展“放心农资下乡”“农资打假专项宣传”“农产品质量安全宣传”活动13场次。全年农业综合执法大队出动宣传人员108人次，举办现场咨询活动11场次，接待咨询群众970余人次，发放宣传材料1.5万余份。出动执法人员768人次、执法车辆137台次，检查农资经营门店524家次，农产品生产基地73个次，发出责令整改通知书6份，蔬菜生产基地采样66个，检测合格率100%。圆满解决农资投诉纠纷15起。

【农资打假】　继续把好农资产品市场准入关，对全市8家农资经营代理商提交的67个大宗农资品种进行严格审查，并将合格产品予以备案。抽检了境内销售的农资样品和标签115个，发布问题产品预警2次。送唐山市检测样品35个，检测结果均合格。查处违规行为32起，查扣涉嫌不合格农资7.93吨，立案5起，结案6起。发出责令整改通知书6份。通过监管关口前移，严格执行备案、审查、退出制度，从源头上杜绝了各类违法违规农资产品进入流通领域。市农业综合执法大队获2015年度唐山市农业综合执法工作先进单位称号。

【农村集体经济管理】　启动市农村集体经济股份制改革试点工作，探索农村集体经济有效实现形式。乡镇农经站基本达到基础设施功能化、管理手段信息化、业务流程标准化、制度建设规范化、干部队伍知识化、服务管理高效化的要求。举办全市农经政策业务培训班，累计培训人数4400人次。加强村级资产资源招投标指导和监督，指导村集体资产资源招标项目23个，招标金额1228万元，为集体增加收入260万元。

【农村集体经济审计】 根据市政府办公室印发的《迁安市农村集体资金资产资源管理专项审计工作实施方案》要求，市农牧局专项审计组于6月10日~8月7日对扣庄乡等12个乡镇90个村的2012年1月~2014年12月3个会计年度的集体“三资”经营管理及有关经济活动情况实施了就地审计。并以乡镇为单位下发专项审计工作报告12份，同时，针对各乡镇审计中发现的问题，制定下发审计建议书12份、审计整改通知书14份、代管资金整改通知书4份。

市农牧局全年办理5起审计案件。一是配合市委农工委完成对阎家店乡信访案件的调查处理工作。二是受市公安局委托于3月13~16日对迁安镇营庄村村民郝振林信访问题进行了审计，得到上访人认可，审计结果已上报公安局。三是于6月对杨各庄镇包各庄村刘新国赴省信访案件进行处理。四是于9月处理扣庄乡潘庄子村潘凤田等人信访案件。五是于11月完成杨店子镇张官营村信访案件的调查处理。

市农业畜牧水产局
局　　长　王书成
副 局 长　张继青　吴振强（7月任）
常志军　马小刚（12月离）
田立军　侯　勤　张存平（7月任）
全维瑶（7月任）
主任科员　裴立新
农业综合执法大队大队长　刘向辉

（刘保军）

农业综合开发

【概况】 2015年，农业综合开发工作围绕“改善农业生态条件，增加农民收入”这一主旨，坚持把发展作为主题，把结构调整作为主线，继续加强农业基础设施建设，发展高效节水农业，改善农业生产条件，推进农业产业化经营，实现农业增产、农民增收的目标。

【杨各庄镇高标准农田建设项目】 完成2015年度杨各庄镇高标准农田建设项目。根据《河北省农业综合开发办公室关于2015年农业综合开发存量资金土地治理项目计划批复》的通知精神，迁安市2015年度高标准农田建设项目总规模5600亩，项目地点位于杨各庄镇。项目共完成投资730万元，其中中央财政投资500万元、省财政配套投资160万元、迁安市本级财政配套投资40万元、农民自筹（投劳折资）资金30万元。项目建设共完成新打机井48眼、节水管道46.03公里；新建高低压输变电线路10.96公里，新增变压器6台（套），电力增容540千伏安；修整农田道路3.98公里，其中混凝土硬化路1.7公里、砂石硬化路2.28公里；农田防护林网植树24亩，共2400株；食用菌栽培技术示范推广30亩，完成农民技术培训100人次。通过项目建设，新增节水灌溉面积5600亩，年新增粮食产量74.1万公斤，新增种植业产值196.5万元，新增净利润119.7万元。此外，项目建设通过完善农田防护林网及节水技术的推广应用，有效地控制了风沙危害，缓解了水资源紧缺局面，改善了区域生态环境，为实现农业可持续发展奠定坚实基础。项目建设中，根据国家、省、唐山市有关规定，严格执行项目建设监理制、县级报帐制、工程和物资招投标制以及项目公示制等制度，严格操作程序，广泛接受社会监督，确保了项目建设规范运行。

【产业化经营项目】 2015年，迁安市农业综合开发产业化经营项目共有3个：一是迁安市广原奶牛养殖科技有限公司的“唐山市迁安市600头奶牛养殖基地扩建”项目，项目总投资620万元，其中中央财政资金155万元、省财政配套资金50万元、迁安市财政配套资金12万元、项目单位自筹资金403万元。主要建设内容：建牛舍1栋4752平方米、消毒间1座80平方米、晾晒牛粪厂房1座1320平方米，购置挤奶机1台、TMR饲料搅拌机1台，购澳洲荷斯坦奶牛100头。项目达产后可年产鲜奶260万公斤，实现营业收入1001万元，利税203万元，新增就业9人，带动农户210户，直接带动农民增收119万元。二是迁安市春良绿色蔬菜种植专业合作社的"唐山市迁安市100亩设施蔬菜种植基地扩建"项目，总投资450万元，其中中央财政资金120万元、省财政配套资金38万元、迁安市财政配套资金10万元、项目单位自筹资金282万元。主要建设内容：新建标准化日光温室34座，购买卷帘机57台、电动喷雾器70件、变频水泵3台、施肥灌溉系统1套。项目达产后可年产蔬菜70万公斤，实现营业收入264万元，利税111万元，新增就业50人，带动农户108户，直接带动农民增收152万元。三是迁安市乐丫农产品开发有限公司的唐山市迁安市杂粮、核桃、板栗收购2100万元流动资金贷款贴息加工项目，该项目使用银行贷款2100万元，用于收购杂粮80万公斤、核桃23万公斤、板栗15万公斤。项目达产后可年加工杂粮、核桃、板栗118万公斤。中央财政贴息69万元，直接带动农民增收46万元。至2015年年底，3个项目均已实施到位，完成全部建设内容和投资，实现了预期的社会效益和经济效益。

（马晓军）

种植业

【概况】 2015年，全市粮食总产20.03万吨，比上年增长9.1%；油料总产3.15万吨，比上年下降6.16%；蔬菜总产89万吨，比上年下降5.9%。组织完成了省级中药材种植示范园创建工作，实施了河北省水果标准化创建项目，承担了河北省财政厅"花生地膜覆盖综合配套技术示范"项目，完成国家级花生良种补贴项目16万亩、农作物良种补贴项目48.09万亩。

【粮油生产】 2015年，全市种植的粮油作物主要有小麦、玉米、花生、甘薯、大豆、谷子等。其中，小麦播种面积6.7万亩，总产2.18万吨，主要品种有京冬8、京冬12、京9843等；玉米播种面积39万亩，总产14.8万吨，主要品种有金科968、冀元28号、承玉18、登海605、致泰1号、冀元1号等；花生播种面积14.8万亩，总产3.15万吨，主要品种有冀花5、冀花6、邢花6等；甘薯播种面积2.4万亩，总产1.4万吨，主要品种有冀薯98、冀薯4、苏薯7号等；谷子播种面积7478亩，总产2105吨，主要品种有张杂谷2号、张杂谷5号、冀谷18、小香米等；大豆播种面积2.72万亩，总产6445吨。

【蔬菜生产】 全市蔬菜播种面积22.87万亩，其中设施瓜菜播种面积11.83万亩，设施种类有高标准日光温室、竹木结构大棚及中小拱棚，种植的瓜菜主要有甜瓜、西瓜、白菜、黄瓜、菠菜、番茄、甜椒、西葫芦、茄子、萝卜、葱、蒜、豆角、韭菜等。其中，白菜播种面积4.75万亩，产量24.71万吨，平均亩产值1192元，主要品种有北京新三号、春秀、小杂系列等；黄瓜播种面积3.26万亩，产量28.09万吨，平均亩产值1.2万元，主要品种有津优37号、38号，中荷6M12，绿翡翠，春秋绿宝等；番茄播种面积1.98万亩，产量13.99万吨，平均亩产值1.05万元，主要品种有硬粉2号、卡依罗、劳斯特、东亚超美等；甜椒播种面积6800亩，产量2.35万吨，平均亩产值7659元，主要品种有中椒7号、冀椒六号、海丰68、津椒15号、津椒13号等；西瓜播种面积9820亩，产量4.33万吨，平均亩产值6055元，主要品种有京欣一号、京欣二号、抗列瓜王等；甜瓜播种面积2.1万亩，产量8.78万吨，平均亩产值7388元，主要品种有景甜1号、红城15号、永甜十一、顶甜二等；西葫芦播种面积7300亩，产量4.36万吨，平均亩产值7409元，主要品种有京葫1号、京葫3号、嫩玉西葫芦等；茄子播种面积7500亩，产量2.93万吨，平均亩产值7464元，主要品种有二茛、京茄1号、京茄5号、黑茄王、圆丰一号、京圆一号等；豆角播种面积1.19万亩，产量2.53万吨，平均亩产值8149元，主要品种有绿龙、乐丰9、双冠王等。

【农业实用技术】 1. 继续实施迁安市中药材种

植示范园创建工作，2015年12月8日，该项目通过迁安市专家组验收。项目引进优良决明子品种，建有与生产规模配套的良种繁育基地10亩，推广测土配方施肥技术550亩，采用抗病虫害品种、太阳能杀虫灯、性诱剂、黄板诱杀和生物农药5项生态防控栽培技术各550亩，制定了决明子栽培技术规程，园区建设了晾晒场、成品仓库等基础设施，购置了决明子筛选分级设备，建立分等分级标准，实行统一包装、统一商标进行销售，实施农资管理制度、档案记录管理制度、产品检测制度、基地准出制度、质量追溯制度等决明子质量管理制度，示范园实现种植规模化、生产标准化、产品品牌化、产地加工化、经营产业化的创建成效。示范园内决明子平均亩产达到252公斤，平均每亩节本增收892元，示范园总节本增效达49.1万元。园内由于采用测土配方施肥，增施有机肥料；采用杀虫灯、性诱剂、粘虫板等农业技术，对可持续发展和生态环境综合治理具有十分重要的意义。

2. 实施河北省水果标准化创建项目，11月21日通过省专家组验收。园区主栽品种为雪花梨，集中连片面积1200亩。推广应用频振式杀虫灯、性诱剂、粘虫板等生态病虫防治技术，推广应用高光效树形修剪技术、疏花疏果技术、果园覆草生草技术、果实套袋技术、配方施肥技术，标准园无公害、集成生态栽培技术覆盖率100%，优良品种覆盖率100%。实行产品分级采收、分等分级包装销售；统一包装，统一“尚谷之乡”商标标识，标准园100%实行商品化处理，实现品牌销售。标准园全程实施农资管理制度、档案记录管理制度、产品检测制度、基地准出制度、质量追溯制度，保证了产品质量安全。2015年，水果标准园盛果期果树平均亩产达到3700公斤，比2014年增加367公斤；平均亩效益7009元，每亩纯收入6328元，比2014年增加1328元，园区每年节本增效159.3万元，实现节本增效26.5%。产品质量100%达到食品安全国家标准。

3. 承担河北省财政厅“花生地膜覆盖综合配套技术示范”项目。项目以合作社为主体，共涉及迁安镇、夏官营、杨各庄、上庄乡4个乡镇10个村，实施面积2542.95亩，按照每亩70元进行补助，共补贴资金17.8万元。项目区花生平均亩产达到282公斤，较超薄地膜每亩增产25公斤，增加花生产量6.35万公斤，增加经济效益25.4万元，促进项目区农户人均增收140元。

【病虫草鼠害防治】 全年农作物病虫草害累计发生面积453.4万亩，防治面积404.6万亩，防治率89.2%，其中病害发生面积123.4万亩，防治面积106.2万亩，虫害发生面积241.2万亩，防治面积216.3万亩。全市完成春季农区灭鼠72.9万亩、住宅农户灭鼠10万户，累计使用杀虫剂、杀菌剂、杀螨剂、除草剂、杀鼠剂等农药共计305.3吨。

【农作物优良品种推广补贴项目】 2015年，组织完成国家级花生良种补贴项目16万亩，其中大田花生良种补贴15万亩、繁种田花生良种补贴1万亩，涉及补贴资金200万元。全市共调入花生优种40万公斤，涉及全市19个乡镇、251个村、9810户。组织实施农作物良种补贴项目48.09万亩，其中玉米45.21万亩、小麦2.64万亩、棉花0.01万亩、水稻0.23万亩。共涉及补贴资金482.09万元，全部通过“一卡通”支付到位。

【良种繁育与推广】 2015年，全市玉米重点推广了纪元128、京科665、京科516、承玉18、承玉19、沈玉29、华青28等综合性状好、抗病性强、产量高的优良品种，优种普及率100%；花生重点推广冀花5、冀花6号、邢花6号、花育33号、花育36号等适应迁安种植的优种，优种普及率100%。

【测土配方施肥】 年内，完成测土配方施肥面积43万亩，其中小麦5万亩，玉米30万亩，白菜测土配方施肥面积3万亩，其他蔬菜、果树园艺作物测土配方施肥面积5万亩。推广应用配方肥面积20万亩。免费为10万农户提供测土配方施肥技术服务，采集耕层土样300个，农户调查300份，获得有效数据5500个，大田作物玉米、花生田间肥效试验3个，花生硼肥微量元素单因子肥效试验3个。印制并发放配方肥建议卡2万份，完成信息上墙100个村。

【植物检疫】　2015年，开展14次市场检查，出动执法车辆28次、执法人员104人次，共检查种子经营门市部112个次，未发现外来有害生物。

【蔬菜质量检测】　2015年，在市场、超市、蔬菜生产基地抽样检测样品16.32万个，检测合格率99.99%以上；完成蔬菜、土壤、水等样品常规检测503次，出具有价值的检测报告60份；全年完成省农业厅在迁安基地、市场抽样送检（GPS定位）蔬菜样品20个，唐山市农牧局在迁安市场、基地抽样、送样32个，检测合格率100%。完成省质监局组织的水能力检测验证，获得“满意”证书。顺利通过省技术监督局组织的专家复评审，目前，迁安监测中心的承检能力为127个参数，专家对监测中心实验室的硬件、软件建设及检测人员的承检水平和实验室的管理水平给予高度评价。

【种子管理】　市农作物种子管理站对全市重点种子经营户进行备案，累计备案种子60万公斤，全市种子经营规范有序。

【农民张永顺种出10.5公斤巨型红薯】　迁安市赵店子镇炉上村张永顺家种出了一株重达10.5公斤的巨型红薯，这株红薯有2个大的、1个小的，大红薯的直径足有19厘米。红薯适合在沙质壤土种植，通风、喜光、喜钾。张永顺种植的红薯地是沙质壤土，又在垄头，位置比较通风，还能获得充足的光照。另外，最重要的“无心之举”是用了家里柴火烧尽的灰，这种草木灰含有极其丰富的碳酸钾，因此种出的红薯个头巨大。

（刘保军）

农业机械

【概况】　2015年，迁安农机化事业健康发展。全市农机总动力达到216.7531万千瓦，农机综合作业水平达到85%以上。农机全部为农民个体经营。农机装备总量增长迅猛，结构进一步优化，一大批农机化实用新技术得到广泛推广应用，农机项目进展顺利，农机管理和农机安全监理进一步规范，全年实现农机安全生产无事故，为全市农业经济又好又快发展提供了有力保障。

继续巩固提高小麦全程机械化、甘薯全程机械化，推广玉米收获机，实现花生、玉米全程机械化技术的推广应用。实现“小麦机收—麦秸粉碎还田—夏玉米铁茬播种”一条龙机械化作业，有效解决了秸秆焚烧问题，改善了农业生态环境。全市完成机耕面积2.183万公顷、机播面积3.922万公顷、机收面积1.2388万公顷。引进新型玉米联合收获机4台、小麦收割机1台、喷杆式喷雾机2台、挤奶机2台（套）、孵化机20台、秸秆粉碎还田机1台，试验示范推广1万亩。

【农机种类】　全市农机种类有轮式拖拉机、手扶拖拉机、玉米联合收获机、旋耕机、深松联合整地机、双轴联合整地机、铧式犁、穴播机、小麦条播机、微耕机、田园管理机、花生摘果机、微灌设备、水稻插秧机、孵化机、粮食烘干机、花生2行收获机、挤奶机、卷帘机、冷藏罐、喷杆式喷雾机、饲料混合机、饲料搅拌机、送料机、压块机、压捆机、铡草机、贮奶罐。

【农机购置补贴】　2015年，河北省安排迁安市农业机械购置补贴专项资金400万元，落实383.09万元。签订指标确认书617份，受益户数448户，补贴机具782台，其中轮式拖拉机138台、手扶拖拉机21台、联合整地机14台、玉米收获机4台、小麦收割机1台、中耕机92台、压捆机2台、穴播机41台、条播机7台、旋耕机131台、微耕机39台、田园管理机50台、青贮取料机1台、饲料混合机5台、薯类收获机4台、揉丝机19台、青饲料收获机1台、喷管式喷雾机2台、免耕播种机46台、卷帘机100台、挤奶机2台（套）、花生摘果机40台（套）、根茎类种子播种机1台、孵化机20台、秸秆粉碎还田机1台。

【农机监理】 2015年，农机监理站坚持“农机安则农机兴、农机兴则农业强”的理念，认真落实安全生产法律法规和国家、省、唐山市有关安全生产工作决策部署，严格履行农机安全监管职责，积极开展农机安全宣传教育、农机安全生产监督检查、“打非治违”专项行动、“平安农机”创建活动，农机安全生产保持平稳态势，为农业生产安全和农业机械化又好又快发展提供有力保障。结合全市农业农村经济发展需要，启动了建设“平安农机·免征农机监理收费”的惠民举措。2015年，未发生较大及以上农机安全生产事故，农机安全生产健康持续发展。

【农机产业化发展】 2015年，迁安市拥有各类农机化作业服务组织26个，其中农机原价值在20万~50万元的服务组织有5个，50万元以上的服务组织有5个。拥有农机专业合作社6个。拥有农机原价值在20万~50万元的农机大户10户。全市拥有农机修理厂和修理点207个。

（刘保军）

林　　业

【造林绿化】 至2015年年底，全市有林地面积4.99万公顷，森林覆盖率43.5%。依据《迁安市2014~2015年度造林绿化工作实施方案》，按照“重点地段实行工程造林，其他地段实行社会造林”的组织形式，以“四环、三沿、两山”（环城镇、环园区、环厂企、环村庄；沿路、沿河、沿街；荒山、矿山）绿化为重点，科学规划，稳步推进工程造林、社会造林和封山育林工程建设，全市完成造林绿化3533.3公顷，其中人工造林1800公顷、封山育林1733.3公顷。一是工程造林。在京秦高速迁安支线两侧100米工程造林已在2012年实施一期绿化、2014年春季实施二期绿化的基础上，于2014年秋冬季到2015年春季实施支线绿化三期工程40公顷。在原有工程造林的基础上，按照高速支线两侧各100米绿化宽度的标准，对大坝废墟、不明业主堆积的废料及尾矿砂堆积路段，本着经济节俭的原则，按照可植树的标准，结合现有地形、地貌特点，进行简单的土地整理，对整治后的地块进行绿化，打造成了迁安第一条景观大道。二是社会造林。在京秦高速迁安支线两侧100米工程造林以外可视范围、“三纵一横”四条绿道两侧、城区四周及其他适宜绿化地段实施社会造林1326.7公顷。按照政策引导、群众自愿的原则，引导并组织群众植树造林，因地制宜选择树种和品种，适度规模发展，推进农业产业结构调整，改善生态环境，增加群众收入。三是雨季造林。以西部森林生态绿道、北部长城山野绿道两侧荒山绿化为重点，在道路两侧可视范围内的宜林荒山进行鱼鳞坑整地（大鱼鳞坑整地标准为鱼鳞坑长径与等高线平行，长100厘米，短径与等高线垂直，长60~70厘米，坑深50厘米，外埂以石块砌成），品字型配置，栽植侧柏容器苗。全市完成雨季造林433.3公顷。四是封山育林。在北部长城山野绿道和西部森林生态绿道两侧幼林地、疏林地封山育林1733.3公顷。采用全封或半封形式，按照工程建设规范，设置碑牌、隔离网，落实看护人员，封育期间，禁止一切人、畜活动。同时，对一些宜林地块采用封育结合方式进行鱼鳞坑整地造林。

【林果产业】 2015年，全市干鲜果产量16.32万吨，完成精品园建设工程206.7公顷，提高果树管理水平，提升果品质量。市林业局把开展林业科技下乡活动与“科技创新、科技兴林、产业富民”战略有机结合，深入基层，对口帮扶。以室内理论培训、现场技能操作培训、科普大集发放技术资料等手段，以果农点菜、专家讲授等形式进行帮扶。全年完成林果技术培训120场次，培训果农9000多人次，解决林果技术难题100多个，深受果农欢迎。在2015年11月举办的第十九届中国（廊坊）农产品交易会京津冀果王评选中，迁安市11种果品获奖，其中6项金奖、2项银奖、3项铜奖，在唐山各县（市、区）中，获奖数、金奖数列首位。获得金奖的果品是：市桃园林果种植专业合作社的红星苹果、建昌营镇郑庄村核桃种植园的清香核桃、阎家店乡阎一村板栗种植园的大叶青板栗、市乐丫农产品开发有限公司的大板红板栗、市秋撒乡浓种植专业合作社的313板栗、市亚滦湾创新产业有限公司的银选1号桃；获银奖的果品是：市奥成林果种植专业合作社的清香核桃、市硕秋果树种植专业合作社的巨峰葡萄；获铜奖的果品是：建昌营镇新房子村志超果树种植园的早蜜酸梨、市乐丫农产品开发有限公司的绵核桃、市玉华果品农场的北京晚蜜桃。同时，迁安市林业局被评为第十九届中国（廊坊）农产品交易会筹展工作先进单位。

【林业行政审批】 2015年，办理林业征占地审批审核2.33公顷，收缴森林植被恢复费14万元；办理林木砍伐许可证315件，采伐林木8906立方米，收缴育林基金26.72万元，占全年采伐限额的83.3%；办理木材运输证24件、国内森林植物检疫证70件、木材经营加工许可证5件。

【森林执法】 始终对涉林案件保持严打的高压态势，先后开展多次专项行动，严厉查处各类涉林案件。全年办理行政案件13起、刑事案件5起，罚没金额12.1万元，保护了林业资源安全。同时，对于信访案件，本着有一起查一起的原则，查根源，堵漏洞，化解不稳定因素，把隐患消除在萌芽状态。

【森林消防】 迁安市为二级火险市，森林防火责任重大。2015年，森林防火工作坚持“预防为主、积极消灭”的方针，狠抓责任制落实、防火宣传、野外火源管理及隐患排查等工作，全市森林防火工作总体平稳。全年处置森林火情75起，其中卫星林火热点2起、过境火9起、市域境内火险64起，无重大人员伤亡，实现森林火灾发生率控制在0.3‰以下的目标。推进森林保险工作，2015年，完成公益林投保面积45618亩，保费104009元，保险金额2737万元，理赔30多万元，另有66582亩公益林正在办理保险手续，森林保险工作得到群众认可。

【全民义务植树】 依据全国人大常委会《关于开展全民义务植树运动的决议》和《河北省义务植树条例》要求，遵照迁安市绿化委员会的安排部署，3月31日，市四套班子领导和市直机关单位、驻迁安企事业单位员工在京秦高速迁安支线东、京秦铁路南面参加了义务植树，各乡镇也根据当地情况相继组织本地义务植树活动。2015年，全市参加义务植树人数达到23万人，栽植各种树木100万株。

【陆生野生动物救助站成立】 近年来，迁安市十分重视生态环境建设，森林和湿地面积大幅提升，吸引了众多野生保护鸟类到迁安“旅行”和“定居”。为此，2015年3月1日，在市林业局的大力支持下，迁安市陆生野生动物救助站在迁安镇小贾庄村西的畜兴养殖场揭牌。众多爱心人士、爱鸟志愿者相继加入，野生动物资源得到保护。迁安市林业部门观测记录结果显示，在迁安候鸟变留鸟的鸭科种类已有赤麻鸭、秋沙鸭、斑嘴鸭、绿翅鸭等10余种，灰鹤的滞留时间已达到45天，过境白天鹅的数量已有40只，11只罕见的北美黑嘴天鹅远道而来，神秘的一级保护动物黑鹳也突然现身在迁安市的人工湖上。2015年，救助野生动物30只，其中国家二级保护动物16只，成功放生27只；加大打击非法贩卖、盗猎、危害野生动物安全的力度，查处没收捕鸟网15片，总计长1500多米，销毁非法盗猎贩卖野生动物200余只。

市林业局
局　　　长　付立军
副　局　长　花立军　刘俊甲
主任科员　孟令连
副主任科员　郭树明

市森林公安局
局　　　长　王永红
政　　　委　胡国东

（马红月　李晓松）

畜牧水产

【概况】 全市主要畜禽品种有马、驴、骡、牛、猪、羊、兔、鸡、鸭、鹅等，以猪、牛、鸡养殖为主导，其次有狐狸、貉子、獭兔、鹿等特种动物养殖。有生猪、奶牛、种鹅等养殖基地6个，养殖结构趋向优化。2015年，突出抓好畜牧生产养殖，依靠龙头企业带动规模产业发展，健全动物防疫、检疫监督、良种繁育、畜禽水产品质量安全保障、畜牧兽医执法五大体系建设，推进全市畜牧业健康协调有序发展。全市生猪出栏74万头，比上年增长0.6%；家禽出栏725.6万只，比上年下降2.5%；蛋鸡出栏162.3万只，比上年增长0.56%；肉牛出栏7.99万头，比上年增长6.82%；羊出栏16.67万只，比上年增长0.12%；奶牛存栏2.29万头，比上年下降49.1%。畜牧产品主要为肉、蛋、奶。肉类总产8.73万吨，比上年增长2.85%，其中猪肉产量6.85万吨、牛肉产量1.65万吨；鸡蛋产量3.92万吨；牛奶产量9.61万吨。全市重大动物疫病强制免疫密度达到100%，动物定点屠宰、产地检疫率达到100%。

【规模化养殖】 2015年，全市有规模养殖场980个，其中100头以上规模猪场406个、2000只以上规模蛋鸡养殖场122个、3000只以上规模肉鸡养殖场64个、50头以上规模肉牛场49个、规模奶牛场23个、规模羊场191个、特种养殖场35个。新建及改扩建500头以上规模猪场11个，新建及改扩建200头以上规模牛场3个，新建及改扩建万只以上规模化养鸡场10个。新办畜禽养殖场代码证101个，规模养殖场登记造册率、建档率、备案率、代码证持有率全部达到100%。全市生猪规模养殖比例达到90%，产业化经营率达到68%，畜禽养殖档案规范化填写率95%。

【畜禽产业标准化建设】 根据《河北省畜牧兽医局2015年全省畜禽标准化规模养殖示范区建设指导意见》，全市开展标准化示范区建设活动，成立以主管市长为组长、各相关部门为成员的标准化示范区建设领导小组，制定方案，按照方案规划有条不紊地开展示范区创建工作。加大对创建部、省级示范场的扶持力度，鼓励畜禽规模养殖场进行示范场创建，到2015年，全市共创建部级标准化示范场1个、省级标准化示范场14个、唐山市级标准化示范场14个。全市有15家畜禽养殖场通过省级无公害产地认证，其中奶牛养殖场3家、生猪养殖场12家。2家养殖场通过有机产品认证。

【畜禽疾病防控防治】 2015年，全市对协防员进行了调整及增设，共调整34名，增设32名。核定608名村级防疫员，做到每村至少有1~2名村级防疫员，健全“市、乡、村”三级重大动物疫病防控体系。春、秋季动物疫病防控共投入资金174.4万元，发放价值38.86万元的防疫物资、39.82万元的疫苗。春、秋季强制免疫猪25.62万头、肉牛1.62万头、奶牛1.45万头、羊44.73万只、蛋鸡220.65万只、合同鸡11万只、鸭2.34万只、鹅37.44万只，实现免疫密度无缝隙覆盖，免疫抗体监测全部合格，顺利通过省畜牧兽医局和唐山市农牧局组织的检查验收。

【饲料市场监管】 依据《饲料和饲料添加剂管理条例》等法律法规，采取日常监管、集中检查，结合“双随机”抽查制度，对全市30余家饲料经营企业开展经营门店检查，清查拆包分装行为，扩大饲料中瘦肉精、莱克多巴胺、三聚氰胺检测面和检测频率，严厉打击在饲料生产、经营过程中使用违禁药物和非法添加物等违法行为。全市未发现经营和使用假饲料现象。

【兽药管理】 排查兽药市场上出现的假冒违劣兽药产品，巩固兽药GSP（《药品经营质量管理规范》）认证成果，对监督检查发现的违法违规兽药、兽用生物制品一律清缴销毁。2015年，对7家动物诊疗机构、27家兽药经营企业和部分养殖企业大户进行兽药安全宣传培训2场，强化兽药残留和兽药休药期规章制度的严格落实，检查兽药经营企业165家次，出动执法人员488人次，对于违法案件，发现一起，立案一起，处理一起，溯源一起，从源头上制止违法行为的滋生，全市动物性产品质量安全得到有效保障。

【项目建设】 完成奶牛标准化规模养殖小区（场）和畜禽标准化健康养殖项目的申报工作，对项目单位进行督导检查。2015年，奶牛标准化规模养殖小区（场）涉及市内2家奶牛场，共申请补助资金250万元；畜禽标准化健康养殖项目涉及1家肉羊场和1家肉牛场，共申请补助资金50万元。

【动物检疫】 1. 开展产地和屠宰检疫。全市以8个动物卫生监督分所为支撑，建立9个产地检疫电子出证点，以7个屠宰场为支撑建立7个屠宰检疫电子出证点。到年底，全市完成产地检疫410.15万头（只），屠宰检疫25.27万头（只）。2. 继续实行瘦肉精检测制度化。坚持瘦肉精监管工作不放松，养殖场实现瘦肉精自检5479头（份），检测结果全部为阴性。在屠宰环节，全市7个屠宰场每天安排两名工作人员实施同步检疫和监测瘦肉精，共监测瘦肉精7261批次，检测结果全部为阴性。同时，配合农业部、省动物卫生监督所和唐山市动物卫生监督所开展瘦肉精监测270头（份），监测结果均为阴性。3. 确保无害化处理监管工作到位。做到无害化处理和确保无害化处理数量的真实性，有疫情及时发现、及时处理，严禁套取国家补贴行为的出现，不给国家财政造成损失。年内，无害化处理病死猪58303头，无害化处理率100%。

【水产养殖】 迁安内陆水域总面积49公顷，其中水库面积21公顷、池塘28公顷，池塘大多数为机井抽水补给自然积水。此外，境内有滦河、青龙河两大河流，河流面积为8650公顷，主要水产养殖品种以鲤、草、鲢、鳙为主。2015年，继续以贯彻实施农业部《水产养殖质量安全管理规定》为契机，进一步加强对渔业生产和水产品质量的监管。一是按照上级业务部门对渔业生产的总体要求，围绕“渔业增效、渔民增收”这一目标，以渔业结构调整为主线，加大渔业适用技术和名优品种的推广力度，提高水产养殖的科技含量，全市的渔业生产保持健康、良好的发展态势。二是充分利用无污染、条件好的水域资源，提高自然水域的综合利用，例如黄台湖、九龙泉水库等，生态养殖与休闲渔业相结合，通过设立旅游景点和服务设施增加渔业产品附加值，从而增加总体经济效益。三是对全市餐饮行业进行检查，重点检查食用国家重点保护野生水生动物行为。没有发现无证经营水生野生国家二级保护动物行为。

【养殖业管理】 1. 继续加大政策引导和扶持力度，以农牧结合、适度规模为基础，扶持龙头企业，以畜禽养殖标准化示范创建为载体，实现畜产品供需基本平衡、生产水平明显提高、养殖效益稳定增加、畜产品质量安全可靠的综合目标。2. 加强畜禽良种繁育体系建设，积极争取生猪良种补贴项目，争取补贴能繁母猪4.5万余头；奶牛良种补贴项目，争取补贴能繁母牛2万余头，全市生猪和奶牛品种改良进程不断加快。3. 健全重大动物疫病防控管理，做好免疫工作，围绕“应免尽免，不留空档”的工作目标，做到“乡不漏村、村不漏户、户不漏畜、畜不漏针”，以确保免疫覆盖率和抗体合格率为重点，促进各规模化养殖场和散养户的免疫工作落实；做好疫情监测与排查，重点对规模养殖场、育肥大户和散养户的疫情监测排查，特别是对小反刍兽疫疫情的监测与排查。

【综合执法】 市农业畜牧执法队按照省、唐山市安全检查工作部署，依据《省农业厅关于开展全省农业系统安全检查的紧急通知》要求，组织全市27家兽药经营企业、30余家饲料生产经营企业、7家动物诊疗机构、10余家生鲜乳收购站等召开安全生产经营专题会议，年内，培训安全生产知识2场次，按照“全覆盖、零容忍、严执法、重实效”的总体要求，开展全方位安全生产大检查，着重检查生产经营企业是否存有易燃易爆物品，是否添加有毒有害物质，是否经营农业部公布的假兽药、不合格兽药产品等，全面打击治理违法违规行为，全市未发生重大农业安全生产事故。

市畜牧水产技术服务中心（7月，划入市农业畜牧水产局）

主　任　闫学东（7月离）

副主任　吴振强（7月离）　张存平（7月离）　全维瑶（7月离）

（刘保军）

水　　利

【概况】　2015年，市水务局围绕全市中心工作，着力践行“节水优先、空间均衡、系统治理、两手发力”的新时期治水思路，团结拼搏，攻坚克难，水务事业继续保持投资加大、建设加快、基础增强、管理加强、能力提升的良好态势，各项工作取得显著成绩。全市新建饮水安全工程13处，完成水土流失治理面积28.45平方公里，发展节水灌溉面积1333.33公顷，水利各项工作全面达标。2015年度，迁安市水务局先后荣获唐山市文明单位、迁安市优秀领导班子等多项称号。

【农田水利基本建设】　结合全省深化加强基层建设年活动，实施农村饮水安全工程，利用上级资金解决12个村、1所学校1.75万人农村人口和师生的饮水安全问题。投资853万元，新打水源井15眼，配套水泵15台，配套变频器15台，配套消毒设备15台，铺设地下输水管道7.8万米。立足全市农业发展大局，以现代农业粮食产业项目为平台，统筹规划，建设管灌工程2.024万亩，进一步推广农业节水灌溉技术。投资2000.2万元，更新机井174眼，配套水泵210台，配套智能井房210套，铺设地下输水管道20.49万米，新上80千伏安变压器7台，架设低压线6.24公里。同时，利用本市财政资金128.28万元，实施农村饮水修复和节水灌溉等水利建设项目。至年底，全市有效灌溉面积4.01万公顷，其中节水灌溉面积2.61万公顷，灌溉水利用系数达0.69。

【水土保持】　继续以治理水土流失为根本，以减少江河泥沙、恢复植被、改善生态环境和群众生产生活为目标，因地制宜，因时制宜，重点实施以小流域治理为主的水保生态工程，治理水土流失面积28.45平方公里，其中，2014年崇家峪小流域综合治理工程，总投资120.38万元，治理水土流失面积6平方公里；2015年崇家峪小流域综合治理工程，总投资110.29万元，治理水土流失面积5平方公里；2014年度坡耕地水土流失综合治理试点工程，工程总投资1666万元，修建水平梯田443.33公顷，新修干砌石谷坊12道（800立方米），修建水窖104个（3000立方米），截排水沟8.53千米、田间道路9.3千米，建标志碑2块，完成批复的全部建设内容；完成其他水土流失治理面积13.02平方公里，项目区生态环境进一步改善。同时，不断加强水土保持监督管理能力建设，最大限度地修复和改善迁安市生态环境，监督检查生产建设项目单位37家，填写监督检查表49份，做好防汛安全检查工作。收取水土保持补偿费893.89万元。

【水资源管理】　采取多种形式，深入各取水单位，广泛宣传《中华人民共和国水法》、《取水许可和水资源费征收管理条例》（国务院460号令）、《河北省水资源费征收管理使用办法》以及国务院、河北省实行的最严格水资源管理制度的意见，及时出台《迁安市人民政府办公室加强水资源管理和水资源费征收工作的通知》。实行计划用水，做好总量控制。2015年，全市用水总量21337万立方米，其中农业用水7744万立方米、工业用水10153万立方米、生活用水2880万立方米、生态用水560万立方米。2015年，迁安市工业增加值（2010年价）763.97亿元，工业取水量10153万立方米，万元工业增加值用水量13.29立方米/万元。安装计量设施，按量足额征收水资源费。2015年，取水计量监控系统全面升级，投入12万元对远传系统进行设备更新。至年底，规范控制的计量设施已达到269块。

【滦河综合开发工程】　2012年3月11日开始动工，是市委、市政府确定的重点工程，至2015年年底，累计完成投资71亿元，祺光桥以下部分已于2013年6月成功蓄水，形成14平方公里的水域和湿地，4座橡胶坝、4座桥梁及西李铺回迁安置楼的建设工作基本完成，提高了滦河的行洪能力和城市的防洪能力，同时，改善了生态和居住环境。

【防汛抗旱】　坚持“宁可备而不用，不可用而不备”的原则，防汛物料实行分级储备、分级管理、分级使用。汛前，市防汛办储备7万条编织袋、1.5万平方米编织布、1万平方米无纺布、2只橡皮舟、4艘冲锋舟、400件救生衣、200个救生圈、10套应急照明设备、23部海事卫星电话、34部对讲机、68台移动水泵，并分别在防汛办、冷口水文站、桑园雨量站设置4部基地台，用于雨水情的上传下达和与唐山市防汛办的联系。各乡镇、厂矿企业按照需要，各自储备防汛物资。利用企业人员集中、抢险设备较多的有利条件，以企业为主组建抢险队伍，市人武部负责各企业抢险队演练工作，滦河大堤抢险由市直单位和相关乡镇组建抢险队伍。依照2015年滦河防洪大堤抗洪抢险包段责任表的安排，成立由市直单位和沿河乡镇、村共同组成的3000余人的抢险队伍。各乡镇根据本辖区防汛重点，全部组建以青年为骨干的防汛抢险队伍，较大企业储备一定数量的抢险物资和机器设备，做到召之即来、来之能战、战之能胜，确保全市安全度汛。投资54.7万元，购置水泵44台（套），抗旱实施中央特大抗旱补助经费项目。

武警水电第一支队驻扎到迁安市，市水务局会同武警水电部队选择演练场所，于2015年5月下旬在迁安市滦河综合开发工程10号岛组织开展“水电抢险——15演习”。此次演习由武警水电指挥部统一组织，以展现信息化条件下的人才、技术以及多种装备的合成救援效能为演练重点，动用主战装备、指挥通信装备、各类保障装备约40台（套），以决口封堵、堤坝加固为想定进行演练。同时，迁安市组织部分业务人员参与水电部队此次演习，加强与武警水电部队防洪抢险合作，进一步提高迁安处置大规模洪涝灾害抢险救援的能力。

【水利科技】　继续采取分层次和交叉相结合的方式组织培训学习。102名水利科技人员参加市农广校（河北省农业广播电视学校迁安市分校）组织的继续教育培训，18名财会、经济类专业技术人员参加市广播电视大学组织的继续教育培训，1人参加国家防洪抗旱总指挥部组织的全国基层防办主任培训班，2人参加省防洪办山洪灾害调查评价培训，2人参加省防洪办组织的抗旱统计培训，2人参加省水利厅组织的河北省水利站站长培训班，1人参加省水利厅组织的全省水政执法人员培训。通过各种形式的技术业务培训，全系统干部职工专业技术水平得到提高，年内，5人获本科毕业证书，102名水利科技人员中有1人获副高级工程师任职资格，9人获工程师任职资格，4人获助理工程师任职资格。

【水库和河道工程管理】　2015年，全市有水库18座，其中小（一）型7座、小（二）型11座。水库总库容1733.9万立方米，其中兴利库容1123.7万立方米、死库容59.2万立方米，控制流域面积31.23平方公里。市水务局从全市实际出发，树立尊重自然、顺应自然、保护自然的生态文明理念，扎实推进河流综合治理工作。一是白羊河生产桥工程。市水务局向上级申请到水利闸桥——白羊河生产桥工程补助资金25万元，至年底工程全部完工，解决了建昌营镇张庄、郭庄、南道3个村群众的通行，满足了当地居民生产生活的需要。二是青龙河河口段迁安市防洪治理工程。工程治理范围为京沈高速公路跨越处至青龙河与滦河汇合口，长8.5公里，设计标准为10年一遇，主要建设内容为新建防洪堤、河道疏浚、岸坡防护、排涝防洪闸等，总投资10048万元。根据上级补助资金到位情况，市水务局采取分段治理的办法逐步实施。本次治理为第一标段，投资1500万元，综合治理长度为740米，设计标准为10年一遇，主要建设内容为新建防洪堤、河道疏浚、岸坡防护、排涝防洪闸等。工程于2015年11月开工建设，至年底，防洪大堤主体填筑工程、穿堤闸涵浇筑工程已完成。防洪堤的修建可以固定河道位置，使万亩耕地得到保护。

【河道竖桩划界】　2015年10月，唐山市水务局组织河道竖桩划界工作竣工验收会议，迁安市滦河、青龙河、西沙河、冷口沙河通过竣工验收。此项工作于2014年10月开始，至2015年1月全面完成。全市共标界长度137.1公里，埋设界桩2802根，其中滦河54公里，埋设界桩1048根；青龙河31公里，埋设界桩408根；西沙河

36公里，埋设界桩922根；冷口沙河16.1公里，埋设界桩424根。

【水政执法】 2015年，市水务局开展河道巡查100余次，出动执法人员400余人次，行政处罚3起，罚款3万元，下达《责令停止违法行为通知书》等法律文书20余份，制止及责令改正违法行为25次。开展治理非法捕鱼专项行动30余次，收缴、摧毁渔网200多片，叉裤6条。

【移民迁建工作】 2015年，以加快水库移民创业致富为主线，着力解决突出问题，不断提升移民群众幸福指数，推进移民工作科学发展。一是加强移民资金管理，落实大中型水库移民后期扶持政策。全年发放水库移民后期扶持直补资金165.21万元，受益移民2753人；扶持移民生产开发项目投入资金86.5万元，受益移民2627人；协助7个乡镇14个行政村基础设施建设项目，受益人口19220人，受益移民130人。二是全力维护移民队伍稳定，做好移民信访稳定工作，移民信访接待、劝返和结案率均为100%；做好潘家口、大黑汀和桃林口水库遗留问题处理工作，帮助移民解决实际困难，做好移民春节慰问工作，慰问移民2130人，有效维护了移民队伍的和谐稳定。

市水务局

局　　长　朱广久
副 局 长　郭秀瑞　陈启华　姜存东
主任科员　张建明
副主任科员　张晓芳（女）　李　彦
滦河生态防洪工程管理处主任　章瑞银
移民办主任　朱广久（兼，12月离）
移民办副主任　姜存东（兼，12月离）

（曹红飞　李志魁）

综　述

【工业运行概况】　2015年，迁安市工业经济在错综复杂的宏观形势下，通过主动适应新常态，坚定不移地把项目建设作为稳增长、调结构的重要手段，加快传统优势产业升级改造，发展高新产业、战略新兴产业，以点带面，延伸产业链条，加快推进产业转型升级，实现平稳运行。全市规模以上工业企业累计实现工业增加值476.72亿元，按可比价计算，同比增长4.3%；累计实现利税211.44亿元，同比下降31.6%，其中累计实现利润145.5亿元，同比下降33.9%；实现产品销售收入1206亿元，同比下降22.3%。

主要产品产量完成情况：铁矿石18117.2万吨，同比增长14.4%；铁精粉7368万吨，同比增长12.7%；生铁1924.5万吨（其中首钢迁钢公司累计生产642.6万吨），与上年持平；钢坯1870.8万吨（其中首钢迁钢公司累计生产627.8万吨），同比下降1.3；钢材1582.7万吨（其中首钢迁钢公司累计生产689.9万吨），同比增长0.1%；焦炭936.8万吨，同比下降1.7%；水泥97.2万吨，同比下降29.9%；机制纸及纸板4.7万吨，同比下降26.1%；地毯15.9万平方米，同比下降32.1%；平板玻璃1260.9万重箱，同比下降10.3%。

【优化产业结构】　统筹规划，合理布局，坚持存量调优，推动传统产业改造升级。围绕“延伸”，将钢铁产业做精做细。在稳妥化解钢铁产能的同时，7家钢铁企业全部进入工信部规范企业名录，精品钢材比重由25%提高到30.5%。

大力发展耗钢产业，提高产品附加值和市场占有率，钢铁产业加快向装备制造业和耗钢产业延伸。正大制管、彦博彩版等项目相继投产，按照小规模、大群体的思路，实施了一批钢铁初、深加工集群项目，制管、彩涂板等产业由弱到强，全市耗钢能力达到1250万吨，耗钢率达到33%。装备制造业增加值年均增长33.3%，成为全市增长最快的产业。

围绕“提升”，做大其他传统产业。按照巩固优势、提升档次、转变发展方式的总体要求，立足加快产业结构调整，鼓励传统行业企业自主创新，改造升级技术设备，从简单的模仿跟进，转向创新核心技术，实施品牌战略，不断增强企业核心竞争力。在钢铁、建材包装、地毯服装、食品医药、焦炭化工等骨干企业深入开展对标行动，引导企业在工艺技术、装备水平、产品研发、节能减排和综合效益等方面，对照国内外领先水平开展阶梯对标、行业对标。思文科德八色印涂铁等一批项目投产，实现了由纸质包装向铁质包装、特种包装的拓展。推动生物医药、节能环保、新材料、新能源、高新技术等战略新兴产业做大做强。英诺特生物制药、百善药业、葵花药业等制药企业高端起步、集群发展。

【新兴产业培育】　以项目谋划建设为着眼点，抓新兴产业的培育。持续开展项目建设攻坚，把项目建设督导与服务作为工作重点，重点项目建设总体进展顺利。首钢迁钢特种钢项目优质线材生产线已完工；首矿重工设备安装已到位；正大通用管业二期项目厂房建设已完成，14条机组已安装13条，另一条安装已进入尾声；实施了怡惠达LNG、翅冀LNG等一批链条延伸项目，打破了有“焦”无“化”的粗放式发展格局。

加强项目引导，积极培育新兴主导产业。把项目建设和发展新兴产业紧紧结合起来，按照构建“龙头带动、多业并举、特色鲜明、产业互补”的新型工业条件体系总体要求，依托葵花制药、英诺特制药、百善药业等企业，积极培育行业、产业龙头，发挥牵动示范效应，优先谋划建设生物医药、新材料、新能源、电子信息、节能环保等战略性新兴产业项目，构建低投入、低消耗、低排放和高效益的产业发展模式，形成支撑全市工业经济发展的骨干体系。

【节能降耗工作】 2015年，大力开展大气污染防治攻坚战，全面完成节能减排、压减产能任务，促进空气质量维持和改善。加大工业企业节能技改力度，强化企业锅（窑）炉节能改造、电机系统节能、能量系统优化使用、余热余压利用等节能技改项目推广，减少煤炭一次能源用量。提高能源使用效率，严格落实节能评估审查制度，加大淘汰落后和化解过剩产能工作力度。节能目标运行良好。2015年，迁安市万元GDP能耗1.3758吨标准煤，同比降低9.59%。节能项目进展顺利。年内，省政府给迁安市下达的燃煤工业锅炉改造任务是16台55蒸吨，截止到2015年年底，完成燃煤工业锅炉改造21台256蒸吨。九江线材有限责任公司投资1.2亿元的1×65兆瓦高温超高压中间再热煤气发电节能技术改造项目，截止到8月底竣工并投入运行，年可形成节能能力17万吨标准煤。淘汰落后产能进展有序。拆除迁安市沙滦水泥有限公司直径3×40米旋窑1座，化解过剩熟料产能16万吨。

【迁安市位居中国工业百强县第14位】 6月，由工信部规划司指导，中国信息通信研究院和人民邮电出版社联合发布了《2015年中国工业发展报告》（以下简称《报告》），《报告》中首次发布2014年中国工业百强县（市）榜单，迁安市位列第14位。除迁安市外，河北省入围的还有武安市、任丘市和遵化市，分别位列第38位、76位和96位。该榜单通过构建包括基础条件、运行绩效、发展活力3个要素和14个具体指标的县域工业经济发展水平评价指标体系，并根据全国1719个县（市）的统计数据测算出各县（市）工业经济发展水平综合指数，排名前100名的即为2014年中国工业百强县（市）。2014年以来，迁安紧紧围绕打造精品钢铁、装备制造、现代物流3个超千亿产业集群和构建煤化工、包装建材、食品医药、文化旅游、高新技术5个超百亿产业板块，培育金融服务、教育培训、文化创意、消费购物、养生养老、总部经济6个功能中心，即“3+5+6”产业体系目标，不断创优发展平台，搭建特色鲜明、功能完善的四大省级园区，坚持把项目建设作为促进结构调优、产业调强的有力抓手，做好做足“有中生新”“无中生有”两篇大文章，钢铁产业优化升级，装备制造产业突飞猛进，新兴产业异军突起，转型发展活力显著提升。2014年，迁安市累计完成工业增加值621.4亿元，同比增长5.0%。其中，装备制造业增长最快，实现增加值41.3亿元，同比增长19.5%。

（宋晓娇）

主要行业

冶金矿山业

【概况】 2015年，全市有地方铁矿采选企业711家，其中采选联合企业41家、单一采矿企业5家、独立选矿企业665家（含粉矿加工企业134家）。全市形成年产铁矿石2000万吨、年处理铁矿石6477.5万吨、年加工低品位铁精粉（含钢渣）2019.5万吨、年产铁精粉1800万吨的生产能力。

2015年，国内宏观经济增速继续放缓，下游钢铁产品市场需求减弱且价格连创新低，进口矿数量居高不下且价格持续探底，本地铁精粉承压跌势难止且市场需求继续萎缩，迁安市冶金矿山行业下行压力进一步增大，企业生产困难加重，经营形势进一步恶化，严重影响到行业的稳定健康发展。2015年，冶金矿山行业生产经营形势主要有以下几个特点：1. 行业生产持续下行，主要经济指标（产品产量）同比下降。行业生产呈逐月下降趋势。据统计，全年铁矿石、铁精粉产量分别达到18117.2万吨、7368.0万吨，同比分别增长14.4%、12.7%，全年现价产值、工业增加值、利润、税金分别达到552.70亿元、325.64亿元、226.76亿元和169.96亿元，同比分别下降16.51%、17.89%、22.8%和22.0%，绝大多数主要生产经营指标低于上年。2. 困境下生产难维持，减产、停产企业持续增加。铁精粉价格持续下滑，市场需求大幅萎缩且生产成本普遍远高于市场价格，企业生产困难加剧，行业亏损面和亏损额持续扩大。据调查，除6月出现短暂回升的25家外，全行业生产企业数量总体呈一路下降趋势，1～5月为22～20家，7～10月为17家，11～12月又降至12家和10家，且多数在产企业未达到满负荷生产，部分车间停产或间断生产现象持续增加。生产企业中，多数为有一定成本优势的、规模较大的以及与本地钢企有较稳定的合作关系的采选联合企业，另有个别小型企业间或有过生产行为，其余企业基本处于全面停产状态。但持续亏损形势下生产企业承压愈重，期间不时有企业承压不住，选择减产或停产，维持生产企业数量持续减少。3. 铁精粉价格持续深度探底，市场成交日渐清淡。受宏观经济、下游钢铁行业及进口矿等多重下行压力的影响，自年初起，本地铁精粉呈持续下行之势，虽于4月下旬起出现小幅的涨势，但仅持续月余，此后重又转为弱势下调态势。1～12月，本地铁精粉月度平均价格（湿基不含税）分别为490元/吨、495元/吨、480元/吨、460元/吨、450元/吨、450元/吨，435元/吨、440元/吨、445元/吨、425元/吨、360元/吨、305元/吨，总体呈持续下降趋势。2015年，本地铁精粉平均价格436元/吨，与上年同期的675元/吨相比，跌幅达239元。由于本地矿企布局分散、个体规模小、生产不稳定，而京唐港、曹妃甸港、天津港等位于本地周边，距离较近，进口矿采购和运输方便，本地钢企更偏向选择价格更低、冶炼性能更优、货源组织更方便的进口矿，加之部分消耗本地铁精粉的本地钢企减产、停产，造成本地铁精粉市场话语权消失殆尽，市场价格持续下滑，需求进一步萎缩，悲观情绪进一步蔓延，部分企业只好低价销售以维持生产，或选择减产甚至停产。出现本地钢企消耗本地铁精粉与进口矿的比例已降至不足1：9，每月本地铁精粉用量仅在25万吨左右，仅相当于2011～2014年间的四分之一左右。

冶金矿山行业运行中存在的主要问题有：一是本地铁精粉市场需求大幅萎缩，价格持续深度探底和超低位盘整，成本与价格倒挂严重，国家的下调资源税等相关政策和企业自身的内部挖潜增效等措施都被持续下跌的铁精粉价格所吞噬，行业陷入全面亏损和大面积停产境地。二是随着亏损数额持续加大，企业生产经营资金愈加紧张，无法保证企业生产经营等领域必要的资金投入，更不必说矿山建设、技术创新和产业升级了，行业安全、环境、债务、社会稳定等风险也随之加大，全行业正遭遇历史上少有的困境。

【冶金矿山企业日常监管】　2015年，市工业和信息化局认真落实上级有关政策法规，督促和指导企业严格按行业规范标准组织生产。全年以日常检查和专项检查为主要形式，先后深入马兰庄镇、蔡园镇等地的27家矿山企业采场、尾矿库，发现各类违规操作和安全隐患45处，立即督促企业整改，推动了行业企业的规范生产和安全生产。

【落实冶金矿产品生产许可证制度】　全年完成13家矿山企业（生产单元）的冶金矿山基本生产条件评价工作和生产系统及质量保证体系论证工作，完成13家新办证（延期）企业的现场审查和组卷上报工作，全部通过省级审批获证。

【冶金矿山业经济运行监测、预警与分析】　在认真调查分析的基础上，于每月末形成《冶金矿山行业月度经济运行情况》等信息统计资料，及时上报上级有关部门，全年有12篇月度行业经济运行情况分析被省矿山办主办的《铁矿市场信息（月刊）》采用，为领导决策和指导行业管理提供了及时、可靠的依据。

【推进冶金矿山行业简政放权】 严格落实行业简政放权改革措施，为行业企业清障、松绑和减负。1. 全面贯彻落实《中共中央办公厅、国务院办公厅关于印发〈行业协会商会与行政机关脱钩总体方案〉的通知》文件精神及河北省、唐山市有关工作部署，进一步创新行业协会管理体制和运行机制，推动协会服务重心从政府转向企业、行业、市场，市工业和信息化局于7月初将市冶金矿山行业协会与行业主管部门脱钩，改选了协会组织机构，行业主管部门人员在协会内部不再任职。2. 2015年6月25日，河北省发展和改革委员会下发了《关于进一步规范冶金矿产品生产许可证管理工作的通知》，决定取消冶金矿山基本生产条件评价。即日起，企业申请办理河北省冶金矿产品生产许可证，不再进行基本生产条件评价，仍按《河北省冶金矿产品生产经营监督管理条例》规定提供矿山建设工程设计文件；同时决定，在2013年9月冶金矿山建设工程设计文件由审批改为专家论证的基础上，进一步简政放权，即日起，省、市、县冶金矿产品行政主管部门不再组织专家的论证工作，由企业自行组织。据此，迁安市行业主管部门不再组织行业企业开展基本生产条件评价工作和冶金矿山建设工程设计文件专家论证工作。3. 2015年7月24日，河北省第十二届人民代表大会常务委员会第十六次会议通过了《关于修改〈河北省冶金矿产品生产经营监督管理条例〉》等8部法规的决定，之后，河北省发展和改革委员会于2015年9月14日下发了《关于停止办理"河北省冶金矿产品生产许可证"的通知》，要求"自即日起各地停止办理'河北省冶金矿产品生产许可证'"。据此，迁安市自当日起停止了"河北省冶金矿产品生产许可证"办理工作。

（彭树海）

冶金工业

【概况】 2015年度，受国际、国内经济环境影响，迁安钢铁业经历了前所未有的考验。面对严峻的市场形势，各钢铁企业认真落实科学发展观，以资源型城市转型为主线，以《产业结构调整指导目录（2011年本）》为指导，以节能减排攻坚行动为抓手，以经济效益为中心，以科技进步为动力，密切跟踪市场行情，积极组织生产，认真谋划企业的经营发展策略，钢铁业平稳健康发展。2015年，全市钢铁企业共生产生铁1924.5万吨、粗钢1870.8万吨、钢材1582.7万吨。首钢迁钢公司生铁、粗钢、钢材产量分别为642.58万吨、627.76万吨和689.85万吨。

【召开《钢铁行业规范条件（2015年修订）》和《钢铁行业规范企业管理办法》培训会】 2015年5月19日工信部正式发布修订后的《钢铁行业规范条件（2015年修订）》和《钢铁行业规范企业管理办法》，迁安市及时贯彻落实文件精神，于6月10日组织召开已公告钢铁企业培训会，市工信局组织迁钢、燕钢、九江、松汀、轧一、鑫达、荣信7家已公告企业参加培训座谈。会上，市工信局局长时立新就工信部最新发布的《钢铁行业规范条件（2015年修订）》和《钢铁行业规范企业管理办法》，从修订背景、主要原则、具体修订内容以及管理办法等方面深入解读，要求企业对照新版《钢铁行业规范条件》和《钢铁行业规范企业管理办法》认真对标达标，做好年度审查准备工作。7月16日，省冶金行业协会在迁安组织召开全省钢铁企业《钢铁行业规范条件（2015年修订）和《钢铁行业规范企业管理办法》宣传贯彻会，市工信局积极配合，会议圆满召开。

【钢铁业整合重组】 围绕提高竞争力、优化企业负债结构、资金结构抓整合。积极寻求对接战略投资伙伴，全力推进以股权配置、增资扩股为主要形式的产权融合，推动钢铁企业整合重组。2015年度，市委、市政府积极推进鑫达、荣信、松汀3家钢铁企业与天津物产集团整合重组。1月，天津立信会计师事务所、天津津联会计师事务所、天津大信会计师事务所分别入驻松汀、荣信、鑫达3家企业，历经了以2014年12月31日为基准日的清产核资、各类财务数据申报、现场审计及交换意见四个阶段。9月底，3家企业的审计报告完成，审计工作基本结束。10月14～

27日、10月16日至11月底，松汀公司、荣信公司分别进行资产评估，年底时评估结束，正在出具评估报告。为加快整合重组进度，市委、市政府及市发展改革局、工信部门积极与天津物产集团联系沟通，洽谈整合意向及整合方案，力促整合重组工作取得突破性进展。

【督导钢铁及下游产业加大在建项目建设】 依托钢铁产业优势，积极督导钢铁及下游产业加大在建项目建设力度，提高境内钢材自用率。燕山钢铁有限公司的精品钢铁延伸项目，计划总投资30亿元。项目自2015年1月开工建设，至12月底，累计完成投资25亿元，土建及钢构工程完工，正全面进行设备安装，设备安装完成20%，已完成总工程量的70%以上。

（张艳红）

建材业

【水泥行业】 2015年，全市有水泥企业5家，水泥生产能力288万吨。全年水泥产量46.06万吨，同比下降32.18%；销量42.21万吨，同比下降34.79%；销售额6734.23万元，同比下降40.01%；实现利税-1098.12万元。

【玻璃行业】 2015年，全市有玻璃生产企业3家、玻璃深加工企业1家。全市玻璃年生产能力1377万重箱。企业均响应国家节能减排、循环经济政策导向，变革了玻璃生产传统能源工艺，循环利用当地焦化厂的焦炉煤气，作为主要能源，既降低了产品能源成本，又避免了焦化企业的排放和污染。浮法生产线采用国际先进的浮法玻璃三大热工技术，采用最新技术成果及设备、材料，在设计上采用成熟的中国洛阳浮法玻璃生产技术，退火窑采用法国斯坦因的技术，冷端采用全国产化的玻璃切割系统、水平堆垛机等，完全能够保证玻璃产品质量。2015年，全市玻璃产量1261.72万重箱，同比增长15%；销售额5.67亿元，同比增长14.77%。

【河北明润达节能材料有限公司玻璃深加工项目】 该项目为2015年在建项目，计划于2016年4月底进行试生产。项目采用先进的生产工艺，致力于生产节能环保产品。主要产品包括单银Low-E玻璃和双银Low-E玻璃、镀金玻璃加工生产。Low-E玻璃又称低辐射玻璃，是在玻璃表面镀上多层金属或其他化合物组成的膜系产品，具有优异节能、环保、隔热、隔寒、隔音、防紫外线等效果和良好的透光性，市场单银Low-E玻璃平均价格达到每平方米40元。双银Low-E玻璃平均价格达到每平方米90元，效果是单银Low-E玻璃的5~10倍。镀金玻璃采用前沿科技成果镀金技术，无“三废”（废水、废渣、废气）排放，节能环保，市场平均价格达到每平方米600元。效果是双银Low-E玻璃的10~20倍。高档节能保温玻璃，当前是国内外建筑市场唯一的一种防火、保温、隔热最好的新型节能环保材料，防火等级达到A级水平，同时也是住建部认可的产品，市场平均价格达到每平方米120元。项目全部投产后，可年生产Low-E玻璃330万平方米、镀金玻璃2万平方米，可实现营业收入上亿元，安排就业100余人。

【河北润安建材有限公司】 该公司位于迁安市太平庄境内，2009年被列为河北省首批重点建设项目之一，是迁安重点支持的非钢铁产业项目。项目于2009年4月正式开工建设，建有两条700吨/天优质浮法玻璃生产线，分别于2010年6月、10月点火试运行。到2015年，公司拥有注册资金4.9亿元，具备年产777万重箱玻璃生产能力，占地370亩，隶属于河北明营科技股份有限公司，是集玻璃原片生产和高端玻璃产品深加工为一体的科技型企业。

（张永春）

热电能源

【概况】 全市有2家热电公司，即迁安恒晖热电有限公司和迁安大唐热电有限责任公司。2015年，迁安恒晖热电有限公司发电2.8亿千瓦时，供暖量325万吉焦。实施1~5#炉脱硝项目、储煤场封闭项目、通廊除尘项目、脱硫烟气监测系统以及1~4#炉的脱硫除尘提效共五项烟尘治理项目，圆满完成省政府及各级环保部门下达的超低排放任务，实现环保对标达标。

迁安大唐热电有限责任公司2015年累计完成发电6.17亿千瓦时，完成供热量189.14万吉焦。年内，公司继续强化计划管理和预算管理，将重要任务、主要生产经营指标细化分解，逐级传递经营压力，逐级落实管理责任，确保了生产经营目标的实现。

（张永春）

电线电缆业

【概况】 2015年，全市电线电缆行业有规模企业4家，完成总产值6亿元，实现利税5000万元。主要产品有高低压电力电缆、架空绝缘电缆、铝绞线及钢芯铝绞线、控制电缆、电线、橡套电缆，矿用电缆，信号电缆，通信电缆、通信光缆、数据电缆、漆包线、电工用铜线坯等。年可生产电力电缆、橡套电缆、矿用电缆及架空绝缘电缆1.5万公里，通信电缆400万对公里，通信光缆200万芯公里，数字通信电缆20万箱，控制电缆、电线等1000万公里，铝绞线及钢芯铝绞线2万吨，聚酯漆包线1万吨，电工用铜线坯2万吨。

生产经营过程中，全市电线电缆行业不断建立和完善科学的质量体系，严格按照中国国家标准或行业标准生产。产品畅销华北、东北、北京、天津、内蒙古等数十余个地区，其中主导产品远销非洲、欧洲及亚洲等国家，深受用户的青睐和好评。分别获得国家相关部委的质量和生产许可证，英国NQA公司的ISO 9002：1994质量体系认证，中国泰尔认证中心ISO 9001：2000、ISO 9001：2008质量管理体系换版认证并获证书。

（张永春）

地毯服装纺织业

【概况】 2015年，全市入统的地毯服装纺织企业有3家，即河北弘业地毯集团有限公司、唐山弘业服装有限公司、迁安市翔远帽业有限公司。主要产品有地毯、服装、帽子等。全年生产地毯15.9万平方米、服装40万件，实现总产值2.48亿元，增加值7900万元，利税4141万元。

【河北弘业地毯集团有限公司】 公司始建于1973年，为行业龙头企业，主要设备225台（套），其中有5台（套）世界最先进的三梭三剑杆比利时地毯织机，形成全市年产111.48万平方米地毯、300万件服装的生产能力。地毯生产形成中国传统毯、超级波斯胶背地毯、羊毛胶背地毯、腈伦胶背地毯、地毯纱、机织地毯六大系列。地毯产品结构有了新变化，实现密度、图案及色彩由低档向高档转移。服装产品形成以夹克衫、羊毛衫、长裤为主导产品的生产格局。地毯产品出口欧洲、美国、日本三大市场中的十几个国家。因国际市场总需求下降，企业外销势态欠佳，公司对现有设备CRT－83向CRX－92进行改进，生产汽车羊毛毯，不断扩大内销。弘业服装加工技术已达到国际一流水平，加工产品质量得到外商青睐，出口业务不断扩大。

河北弘业地毯集团下属有中日合资弘业腈纶地毯有限公司、中日合资弘业服装公司、中美合资弘业机织地毯公司、弘业陶瓷有限公司、弘业海鲜酒店等。实现跨地毯、服装、陶瓷、餐饮四大行业的集团化经营。弘业地毯是河北轻工名牌产品。产品商标为图案商标，是河北省著名商标。弘业地毯文化体现了鲜明的时代性、开放性，同时，形成地域性的一种新的文化因素，具有强大的生命力，对中国地毯的发展、对迁安的文化和经济发展，产生了久远的影响。

（彭翠云）

造纸包装印刷业

【概况】 2015年，迁安市有骨干造纸包装印刷工业企业7家，即迁安市鸿霖纸业有限公司、迁安市四通纸业有限公司、迁安市恒茂纸业有限公司、迁安市富鑫造纸厂、迁安白天鹅纸业有限公司、斯道拉恩索正元包装有限公司、迁安市耀华包装材料厂。主要产品有胶印轻型书刊纸、白板纸、凸板纸、轻型纸、卫生纸及彩印包装等。2015年，生产机制纸及纸板4.4万吨。7家企业从业人数1035人，实现总产值2亿元、增加值0.6亿元。

包装业以斯道拉恩索正元包装有限公司为龙

头企业，通过外拓市场，内强管理，公司已成为国内规模较大、技术设备一流的印刷包装企业。主要客户有摩托罗拉（中国）电子有限公司、天津三星通信电子有限公司、诺基亚通信有限公司、NEC移动通信有限公司、LG电子（天津）电器有限公司、亚利陶瓷有限公司、麦当劳、肯德基、爱芬食品等。产品涵盖电子、食品医药、化妆品、工艺品等多种行业，涉及印刷、包装、品牌策划、咨询服务等多个领域。此外，建有1家金属包装公司，即迁安市思文科德金属包装有限公司。

（彭翠云）

食品加工业

【概况】　2015年，迁安市有骨干食品工业企业4家，即迁安三元食品有限公司（以下简称迁安三元）、河北蓝亨啤酒有限公司、千龙食品、唐山东方希望金豆动物食品有限公司。主要产品有牛奶、白酒、啤酒、安梨汁等饮料、淀粉、饲料等。2015年，4家食品加工企业从业人数705人，实现总产值6.8亿元、增加值1.6亿元。

【迁安三元食品有限公司】　公司为奶制品生产企业，是由北京三元食品股份有限公司与北京三元绿荷奶牛养殖中心、澳洲三元经贸有限公司合资组建的中外合资企业。主要产品有超高温灭菌乳及含乳饮料。产品品种主要有纯牛奶、早餐奶、巧克力牛奶等调制乳及哈酸乳、纤果汇乳饮料。公司液态奶生产工艺全部采用PLC控制系统（即可编程逻辑控制器），从原料奶收购到产成品装箱前全程实现封闭式灌装，界面操作，数据控制。液态奶生产采用国内最先进的闪蒸工艺，公司从瑞典利乐—拉伐公司引进的TETRA PAK A3/FLEX利乐砖无菌包装机，是国际先进的灌装设备，此设备具有快速转换5种包材型号、自动接纸、自动接PP（即聚丙烯）条的先进技术，高速运转，每小时生产能力8000包，设备操作简便，是包装市场上灵活度较高的包装生产线。迁安三元从奶源管理、原辅料进厂、生产加工、储存运输到产品出厂，不断加强质量管理，建立健全产品质量保证体系，于2012年通过食品工业企业诚信管理体系认证。公司依托北京三元食品股份有限公司50年专业品牌效力，雄厚的研发实力，成熟的销售网络，高标准、高起点、严要求的企业管理理念，到2015年，培养和训练出一支有良好的职业素养和敬业精神的优秀团队，带动奶牛养殖小区和企业共同成长。

（彭翠云）

医药化工业

【概况】　2015年，迁安市入统的医药骨干企业有4家，即河北百善（唐山）药业有限公司、唐山葵花药业有限责任公司、英诺特（唐山）生物技术有限公司、天圣制药。主要产品有胶囊、片剂、颗粒剂、口服液、软胶囊、针剂、大输液制剂七大剂型160多个品种。有年产20亿（片）粒、1500万瓶大输液的生产能力。2015年，全市入统的化工企业5家，即唐山蓝海实业有限责任公司、唐山市宝利源炼焦有限责任公司、迁安市宏奥工贸焦化厂、迁安市联旺化工厂、河北省迁安化肥有限责任公司。联旺、蓝海、宏奥、宝利源4家企业形成焦炭生产能力470万吨。生产的产品主要有焦炭、煤焦油、粗苯、硫铵等产品。2015年，受钢厂形势的制约、市场需求疲软、经营资金短缺及国家环保压力加大等因素影响，企业全面亏损，宏奥、宝利源、蓝海全年都在压产50%运行，联旺于11月20日停产。2015年，焦炭产量184.9万吨，实现总产值35.9亿元、增加值7.5亿元，实现利税－5481万元。年内，医药化工企业实现总产值36.9亿元，增加值7.6亿元。

【百善（唐山）药业有限公司】　百善医药董事长韩志强是原太阳石（唐山）药业有限公司的创始人，有多年的药品市场营销经验和药品生产企业管理经验。公司销售系统为三种模式，以“阳光老人”为品牌的代理销售模式和以“百善为民”为品牌的普药和招商两种销售模式。2015年，公司稳定的销售业务人员有500多人，覆盖除台湾和西藏的全国30多个省、市、自治区产品销售市场。

【英诺特（唐山）生物技术有限公司】 公司位于迁安高新技术产业开发区，是集科研、开发、生产为一体的诊断试剂高科技企业。2015年，投资9268.22万元，实施优生优育系列检测试剂技改扩建项目，主要建设生产车间、实验室及其他辅助设施，购置台式高速冷冻离心机、台式多管低速离心机、高压匀质机、机床、纳米金划膜仪、恒流泵、自动部分收集器等设备。

【迁安市翅冀液化天然气项目】 迁安市翅冀天然气有限公司一期8亿标准立方米/年焦炉煤气制液化天然气项目，主要建设焦炉煤气制LNG的工艺生产装置、配套公用工程及辅助设施、LNG储运设施。从2014年1月开始建设，总投资12亿元，于2015年3月底试生产。

【迁安怡蕙达新能源有限公司LNG液化天然气及加气站项目】 迁安怡蕙达新能源有限公司LNG液化天然气及加气站项目，总投资6.3亿元，建设焦炉尾气制LNG液化天然气工厂一座、LNG加气站8座及其他LNG清洁能源设施。项目于2013年3月开始建设，2015年7月试生产。

【河北迁安化肥股份有限公司技改和新建项目】 2015年，公司推进实施多项技术改造项目。“40万吨/年氨醇原料和动力结构调整技术改造”项目在公司院内实施，无新增土地，不需土建施工。购置粉煤加压气化发生炉等设备20台（套），达到年产氨醇40万吨规模，产品（或装备）水平达到国内领先，项目正在实施中。

（彭翠云）

市工业和信息化局

局　　长　时立新

副 局 长　孟令安（女）

　　　　　胡春杰（12月离）

　　　　　王黎明（11月离）

　　　　　王玉军　徐立勇

主任科员　胡春杰（12月任）

　　　　　王黎明　苏万利

副主任科员　张　耐（6月离）

副 书 记　蔡立华

（俞文杰）

电　力

【概况】 2015年，国网冀北迁安市供电公司在售电市场持续低迷的不利条件下，围绕“严格管理强基础，转变作风提效能”的工作主线，以改革创新为动力，以依法治企为保障，坚定信心，迎难而上，全力确保安全生产和队伍稳定，各项工作取得显著成效。全年累计实现购电21.21亿千瓦时，售电20.72亿千瓦时，电费回收率100%，综合线损率2.3%，供电可靠率99.848%，电压合格率99.987%，实现全员劳动生产率25.3万元/人·年，安全生产实现无考核责任事故。

【体制改革】 1. 体系建设日趋完善。强化岗位职责，严格绩效考核，圆满完成“三集五大”（人力资源、财务、物资集约化管理，大规划、大建设、大运行、大检修、大营销）体系建设任务。强化规章制度宣传贯彻执行，典型工作经验在《国家电网工作动态》刊登。2. 管理创新初见成效。实践总结的农电用工集中办公新模式入选国家电网公司社会责任根植项目，典型做法得到国网高层关注，在系统内予以推介。深入开展“本部建设年”活动，创新实施督察督办制度，横纵协同逐步理顺，工作作风明显转变。3. 依法治企规范严格。贯彻中央“八项规定”，加强接待、就餐、会务等方面的规范化管理，印发《关于进一步规范干部职工婚丧嫁娶等事宜的有关要求》，严防“四风”（形式主义、官僚主义、享乐主义和奢靡之风）反弹；完成办公场所清理整顿和规范整合，腾出办公用房2100平方米，整改率100%；对公司48辆生产用车安装GPS定位系统，严防公车私用，公司获得唐山市交通安全先进单位称号；加强信访维稳工作，全年接待各类来人来访、来信来件153件次，积极化解矛盾，妥善处置问题，维护公司合法权益。4. 服务举措为民务实。成立“一户一表”改造办公室，着手解决小区物业转加电价及历史遗留用电问题，初步完成2791户改造任务；加大低电压治理力度，安排低电压治理项目120个，解决了1040户农村低电压问题；加强服务窗口建设，完成20个供电所营业厅的音视频安装工作，窗口人员服务行为得到全面规范和有效监管；强化配调、配抢业务融合，受理故障报修工单2110件，抢修及时率、完成率均达100%。

【安全工作】　1. 全面加强安全教育。建立安全文化阵地，坚持每周例行安全日活动，加强“安规”（《电力安全工作规程》）、“两票”（工作票及操作票）、典型事故案例培训，使安全工作内化于心、外化于行，各类习惯性违章得到有效遏制。2. 全面落实安全责任。调整充实公司安全生产委员会，构建三级安全管控体系，安全管理组织架构得到巩固加强。对工作票签发人、工作许可人、工作负责人“三种人”重新考试认证，明确岗位职责，强化压力传导，提升监管效能。3. 全面深化现场管控。成立安全稽查大队，强化作业现场管理，改变以往单纯依赖考核的稽查方式，加强过程管控，全面参与作业现场安全布控，实现服务与稽查并重、立行立改与事后评比相结合的复合式、全方位稽查，公司反违章工作始终处于唐山十县公司前列；认真落实到岗到位制度，全年1292人次的到岗到位确保了323个作业现场的监管全覆盖。4. 全面推进各类活动。扎实开展春秋季检修和安全生产大检查、隐患大排查等活动，处理各类隐患517个，清理树障6.5万余棵；加强线路设备巡视，在低温雾霾情况下特殊巡视线路60条次，公司所属10千伏线路跳闸率同比下降27.1%；深化应急抢修联动机制，妥善处置6月1日大风雷暴和11月6日雨雪冰冻灾害造成的线路设备故障；圆满完成春节、“两会”、中高考以及纪念抗战胜利70周年期间等重要保电任务。

【电网建设】　1. 科学编制电网规划。抢抓被冀北公司发展策划部列为“本部建设年”活动联系点、被唐山公司列为110千伏项目属地化管理试点的双重机遇，加强业务联系，促进管理沟通，电网规划水平全面提升，年内编制的迁安电网“十三五”规划被唐山公司作为优秀案例予以推介。2. 扎实推进项目建设。承德东—阳乐500千伏输电线路、夏官营220千伏、芦沟堡110千伏输变电工程均完成项目前期；步步川110千伏输变电工程进场施工；陈官营110千伏输变电工程土建基础完工；城东、毛家洼2个35千伏变电站双电源新建工程如期竣工；投资1140.98万元，完成24项技改大修项目。3. 强化配网管控。完成彭店子、包官营、大崔庄等8座35千伏变电站的检修预试工作；完成市区、苏各庄、大五里、宫店子4座35千伏变电站的综合自动化改造任务；完成29座35千伏变电站AVC（自动电压控制）系统参数录入和设备调试；深化营配贯通工作，整改供电所GIS（气体绝缘金属封闭开关设备）、PMS（工程生产管理系统）数据3.89万条，补录照片1.2万张；推进唐山地区物资检测北中心和带电作业示范点建设，运维管控科技含量和技术水平全面升级。

【企业管理】　一是经营管理更加精益。加强售电形势分析，找准效益提升点，在电量大幅下滑、峰谷电价全面执行等不利因素下，实现售电均价可比口径同比上升1.27元/千千瓦时。积极应对售电市场严峻形势，大力推广电能替代项目，实现替代电量7682.87万千瓦时，完成全年指标的130.22%。全面开展“堵漏增收百日攻坚”行动，查处违约用电及窃电90起，追补电费73.47万元，收缴违约使用电费57.39万元。加快用电信息采集系统建设，新装智能电表8.2万只，覆盖率达到98.06%。二是成本管控更加精细。强化经营统计分析，“生产经营统计分析一套表系统”的深化应用，入选国网层面典型案例，并在国网公司进行专题发言和经验介绍；加强财务资产管控，全力降低“三公”经费、一般性及非生产性费用支出，提高可靠性供电收入及其他业务收入，全年压降成本165.54万元，增收1228.89万元。三是实业发展更具潜力。年内，中安公司完成资质升级，实现利润600万元。

【党建、精神文明和企业文化建设】　坚持把党风廉政建设贯穿工作全过程，在全公司范围内聘请35名兼职纪检监察员，加强对人、财、物等重点领域和安全生产、电网建设、优质服务等敏感部位的规范监管，党风廉政建设党委主体责任和纪委监督责任高效落实。坚持党建带团建，组织“五四”主题团日活动，召开青年职工座谈分享会，团员青年的生力军、突击队作用得到全面激发，公司团委被共青团迁安市委命名为“五四红旗团委”。文化品牌得到丰富。深化志愿服务和精神文明创建活动。城关供电二所与市妇联对接，实施“春蕾计划”，一次性向20名高中特困学生捐款1.6万元；李建英被迁安市文明委命名为“优秀志愿者”，张海潮被唐山公司命名为“敬业奉献标兵”，马栋、赵春英被唐山公司评选为“道德之星”。坚持以活动凝聚力量、塑造品牌。韩俊全在冀北公司组织的“美丽家园，幸福冀北”书法绘画大赛中，获得一等奖，张海娟、耿长艳获得二等奖；彭铁成获唐山公司“达人秀”大赛一等奖；朱亚军在唐山实业系统组织的职工大讲堂演讲比赛中，勇夺第一；公司篮球队在唐山公司首届“感恩杯”青年篮球赛中，夺得亚军。加大新闻宣传力度，年内，先后在《中国电力报》《国家电网报》等主流媒体发表稿件80余篇，其中《用电抢修六“溜的”》获得冀北公司“好新闻”二等奖，公司品牌形象得到巩固和加强。队伍建设得到提升。31人通过技师鉴定考试，1人通过高级技师考试。普调考及技能竞赛成绩优异，业务委托员工王庆富获得“国家电网公司乡镇供电所岗位知识技能竞赛”第六名，被国网公司授予“农网营销服务岗位技术能手”称号；王新田在国网公司财务通用制度普考中获得“优秀个人”奖，被唐山公司评选为竞赛调考类A级“首席员工”；马安全、杜文政代表冀北公司团队参加国网公司电力安全工作规程调考，获团体第四名，其中马安全获“优秀个人”奖，被公司评选为竞赛调考类A级“首席员工”；职工李艳青夺得冀北公司档案职业技能调考第一名，先后被公司、唐山公司评选为竞赛调考类C级“首席员工”；耿长艳夺得冀北公司客户服务管理专业调考第一名，被唐山公司评选为竞赛调考类C级“首席员工”；张宏伟获得冀北公司“服务之星”劳动竞赛三等奖，并被评选为冀北公司地市级“优秀专家人才”、国网公司级“优秀专家人才”后备人才，被公司评选为专家人才类D级“首席员工”；王兆勇在唐山公司调控专业技术比武中取得第一名，被公司评选为竞赛调考类C级“首席员工”。组织参与QC（质量管理）、“五小”（小发明、小创造、小革新、小设计、小建议）创新创效活动，获QC成果奖项4个，“五小”创新奖项3个。

国网冀北迁安市供电公司

经　　理　高振峰
副 经 理　郎亚光　贾玉清　陆全忠　张国军
党委书记　李志文（6月离）（7～11月空缺）
　　　　　　王晓立（12月任）
工会主席　张　磊
纪委书记　张　磊（兼）

（郭雅卓）

交　　通

【公路工程项目建设】　全年完成投资2亿元，新增公路里程21公里，全市公路通车总里程达到3249公里，公路密度达到269公里/百平方公里。一是老三抚公路改建工程。工程路线全长32.4公里，项目总投资6600万元，大崔庄至建昌营段18公里道路2014年已完工，完成投资3500万元。2015年完成迁安迁西界至大崔庄段、建昌营至迁安卢龙界段及附属工程，完成投资3100万元。二是建昌营东沙河大桥拆除重建工程。工程桥梁全长406米，宽8.5米，项目总投资1850万元，2015年完成下部工程和箱梁预制工作，完成投资1450万元，占总投资的78%。三是上兰线（上窝铺—兰若院）公路改建工程。项目起点位于老三抚公路与上兰公路交叉处，终点位于上兰公路与北环路交叉处，路线全长17.2公里。按二级公路标准建设，项目总投资3800万，2015年完成8.9公里，完成投资1788万元，占总投资的47%。四是迁徐线（迁安—徐流营）公路改建工程。项目起点位于迁安市城区，终点位于徐流营村，路线全长21.2公里，按二级公路标准建设。项目总投资4650万元，上级支持资金2454万元（其中省补954万元，补贴标准45万元/公里，债券资金1500万元），2015年完成11.28公里，完成投资2454万元，占总投资的54%。五是河西区经十二路道路工程。项目起于纬十街，终于纬十七街，按城市次干路标准建设，红线宽35米，行车道宽20米，非机动车道宽7米，绿化带宽8米，包括道路工程、地下管线工程、照明工程及其他附属工程，路线全长3.7公里，项目总投资4100万元，完成主体工程3.4公里，完成投资3000万元，占总投资的72%。六是沙四路翻修工程（含四道沟村路和娄子山村路），路线全长6.5公里，项目总投资1450万元，6月24日开工建设，9月7日完工。七是黄金寨村南至小何庄村南道路翻修工程。路线全长4.5公里，项目总投资380万，9月23日开工建设，11月底完工。八是杨柏线（102国道至新沙河桥）改建工程，路线全长863米，项目总投资390万元，8月21日进场施工，11月底完工。九是省道平青乐线（建昌营段）中修工程，起点位于唐秦界，终点位于上庄乡，路线全长10.77公里，项目总投资450万元，全部由省交通厅投资，7月2日进场，8月6日完工。十是102国道野鸡坨安保工程，路线全长2.05公里，项目总投资1050万元，全部由省交通厅投资，3月20日开工，8月15日完工。十一是龙山大桥维修加固工程。龙山大桥全长780米，2015年被评定为五类桥，项目总投资3000万元，全部由省交通厅投资，同时，启动老桥拆除工作，完成投资400万元。十二是农村公路新改建工程。2015年，农村公路建设补助项目共154个，合计166公里，完成投资3700万元。项目建设任务保质保量完成，改善了全市路网，推动了新型城镇化与城乡统筹发展，为迁安“美丽乡村”建设奠定基础。

【争取上级资金支持和交通项目前期工作】　年内，争取上级重点项目支持资金1.41亿元，居全省县级前列。一是全市路网成功升级。结合国、省干线公路路网升级工作，成功将迁安境内的国、省干线公路由原来的1条国道、2条省道调整为3条国道、4条省道，干线路网由97公里调整为246公里，此举每年将多争取养护资金1000万元，同时，可争取国、省干线大中修费用近亿元。二是完成平青乐线（毛家洼至迁滦界）大修工程省厅方案批复，争取上级资金7773万元。三是争取迁徐、上兰以及农村公路新改建工程省厅建设资金3371万元。四是争取平青乐爪村桥危桥改造资金3000万元。五是积极跑办赤曹公路唐秦界至205国道段新建工程（平青大改线），至年底路线走向方案已制定，立项收费已报省政府。六是102国道迁安太平庄至唐秦界段改建工程取得省厅项目建议书审查意见。七是完成迁安南客运站项目规划、环评等前期手续，并已进行2次上网招标；城乡客运站已完成初步设计。

【公路养护管理】　遵循“养护管理也是发展”的理念，构建地方道路管理站、养护中心、养护道班三级养护管理、考核长效机制，设立3个养护中心、15个养护道班，全面彻底摸清全市列养公路路况，按公路交通量、路面类型等确定管理养护等级，按区域划分至各养护中心和道班，重点加强公路及沿线设施的日常养护管理、标准化养护管理和预防性养护管理，提高农村公路管养质量。强化路政源头管理，遏制公路抛洒、欺街占道、私设牌匾等违法行为，全市道路通行保畅能力显著提高。在纪念抗日战争胜利70周年大阅兵等系列庆祝活动及迎接经贸洽谈会活动期间，实行全天候保洁、定时洒水，高标准划制冷喷标线、粉刷三桩，投资195万元购置3辆清扫车，累计出动人员6044人次，出动机械174台班、洒水车521台班、吸尘车85台次、三马车156台次，有效控制道路扬尘，大气环境质量显著改善，圆满完成路域环境整治及空气质量保障任务。

【交通行业管理】　1.落实责任，严抓企业标准化和行业监管标准化建设，落实一把手负责制、分管领导具体负责制、全员“一岗双责”制及企业安全生产主体责任制，健全安全生产法规制度、安全责任、预防控制、宣传教育、支撑保障等体系建设；2.严格监管，全面履行“三关一监督”▲职责，深入开展春运、“道路运输平安年”、“安全生产月”、隐患排查整治、“打非治违”等专项整治活动，全年查处违法违规经营客运车辆29部，检查危险货物运输企业40余家，取缔黑修理厂点12家，取缔非法教练点2处，查处非法教练车37辆，清除招生点牌3块，检查船舶80艘次，排查桥梁安全隐患60余处，处理29处，清理山体易滑坡、淤泥6处，全年客货运输任务圆满完成，运输市场秩序得到规范，公路水路安全生产形势稳中趋好。3.交通行政审批坚持实施“五公开一监督”，即审批项目公开、审批标准和规范公开、审批时限公开、审批结果公开、监督举报电话公开，自觉接受社会各界和群众的监督。至12月底，累计办理审批事项4425件，其中即办件4324件、承诺件101件，按时办结率100%，全年收到表扬信18封、锦旗2面，交通窗口各季度均被评为“红旗窗口”第一名，工作人员先后多次被评为爱岗敬业、微笑服务、延伸服务等先进个人。

▲“三关一监督”：主要指严把运输经营者市场准入关，严把营运车辆技术关，严把客运驾驶员资格关；一监督主要指加强客运站场的监督。

【公路综合执法】　一是严格路面执法，开展“狂飙”行动，强化公交合作，路政和公安交警相互配合，一站式查处，保持治超高压态势。二是加大重点区域整治力度。与唐山市治超办联合开展3次突击行动，查扣超限超载车辆200余辆，打击了重点区域超载运输行为。三是严管重罚，严厉查处违法套牌车辆，先后到山东7个县市调查取证，查处违法套牌车辆50余辆，打击了违法套牌行为。四是健全执法机制，实行执法人员考核奖惩制、双向选择聘任制、末位淘汰制、责任追究制，调动执法队伍积极性，全年查处各类违法车辆7096辆，卸载货物8.62万吨，治安办出警412次，批评教育646人，治安拘留2人，刑事拘留3人。五是强化源头治超，道路运输秩序显著提升，加强源头巡查，严抓货源单位公示、视频监控、责任倒查等关键环节，全年倒查车辆230辆次，源头治超工作名列唐山市第一名。六是加快推进治超检测站建设。建昌营镇与青龙、卢龙、迁西3县相邻，每天过往货运车辆200余辆。为有效查处该镇及周边运行的超限超载车辆，优化站点布局，拟在国道平青乐公路与新三抚公路交叉路口增设建昌营超限运输检测站，得到省交通厅、唐山市交通局认可。

【公共交通工作】 1. 在乡镇通公交率100%的基础上，2015年，调整、新开公交线路6条，村通公交率98%，达到全省领先水平。2. 完成全市438个新增站牌、239个候车亭的建设验收工作，督导相关企业做好站牌和候车亭的维护、修复，公交行业服务形象全面提升。3. 新购置并投入使用小型便民公交车10辆，订购纯电动公交车72辆，公交企业正在开展充电桩建设，力争2016年尽快投入使用。4. 新增出租车300辆，市民“出行打车难”问题得到解决。5. 整治规范出租车市场。强化对出租车公司、出租车的日常化、制度化、合同化监管，对群众举报和GPS定位监控系统发现的违规车辆一追到底，严肃处理。全年查处各类违规运营车辆244辆次，查处“黑出租”300辆，接待投诉举报案件402起，处理反馈率100%，出租车预约149台次，办理失物帮寻事项587件，在社会上反响良好。

【道桥收费管理】 1. 开展标准化服务活动。将微笑服务知识培训和动作训练日常化、规范化、标准化、制度化，完善监督检查制度和奖惩办法，对月微笑之星、季微笑明星、年微笑天使给予表彰奖励，涌现三星以上服务标兵84人，收费队伍学标杆、比服务、争明星的氛围日益浓厚，服务水平大幅提升，受到过往司乘人员好评。2. 严格收费标准。规范收费依据和收费标准，严格依规办理月票。市交通局干部职工自觉交纳过桥费，赢得社会各界的高度评价。3. 规范收费管理。明确中队长、值班员、收费员的岗位职责，实行过错问责制，干部职工的事业心和责任感明显增强。

【体制机制创新】 围绕交通可持续发展主题，深入开展3项改革，成效显著。1. 预算制改革有序推进。实行收入支出预算制管理，推行目标经济责任制，预算各项收入任务与局领导和分管人员绩效挂钩，经费支出实行红线控制管理，杜绝预算外、计划外支出。2. 物资管理改革形成闭合管理系统。引入首钢的ERP（即企业资源计划）系统，成立咨询管理中心、招标中心、供应中心、储备中心、采购中心（待建）、财务结算中心六大中心，逐步完善工作流程、运行规章，实现有序衔接、相互制约、高效运转、整体规范的闭合管理供应链，全年节约资金600多万元。3. 工程专项管理改革。专门成立工程专项管理办公室，严格依法依规，对每项工程从招投标到竣工验收进行全过程、全方位的监督、管理、协调，逐项建档，确保规范运作、廉洁高效、资料齐全。

【扶贫帮扶工作务实有效】 组织精干力量，高标准完成赴沧州市海兴县张会亭乡小路村扶贫任务，协调健全该村党支部和村委会，为全村选好带头人；筹资14.15万元铺设管道1万米，解决村民盼望多年的安全饮水入村到户问题，投资127.5万元完成主街道硬化3486米，对64亩盐碱废弃土地开挖灌溉水塘，受到当地领导的充分肯定和群众好评。

筹措资金69万元，帮助迁安五重安村谋划实施道路硬化、村庄亮化和厕所改造等11个项目，投入资金5万元帮助高李庄村解决几百亩地无法正常浇水灌溉的老大难问题。

市交通运输局

局　　长　杨　华

副 局 长　赵增华（兼）　徐　国
　　　　　　刘兴华　廖英超

书　　记　赵增华

副 书 记　马文玲（女）

主任科员 郝满林

迁曹高速公路筹建处副处长 徐 国 闫福云

总工程师 彭玖良

（刘 伟 石海泉 滕 达）

邮 政

【概况】 2015年4月，迁安市邮政局更名为中国邮政集团公司河北省迁安市分公司，在全市设14个邮政支局（所、营业部），其中，杨店子、马兰庄、大崔庄、建昌营、夏官营、西环路、木厂口7个邮政支局为全功能支局；杨各庄、赵店子、滨河村、沙河驿、野鸡坨邮政支局和市公司营业部为单一网点，主要经营邮政传统业务；市公司燕山大路营业所主要经营代理金融业务。全市有邮政储蓄银行ATM机14台、报刊亭4个、邮筒18个。干线邮路150公里，设56个投递段，乡邮里程为2041公里，有投递员58名。

加快推进发展方式转变，加大业务结构调整力度，2015年，邮政经办的业务主要有函件、包裹、汇兑、邮政储蓄、报刊发行、机要通信、集邮、特快专递、函件广告、代收话费、代收电费、代发工资、代理保险、代办电信、物流分销、电子商务等。

全年邮政业务收入5126.18万元，比上年同期增长17.13%，完成收支差额1183万元。各项通信质量全部达标，机要通信万无一失，质量全红。

【函件业务】 完成函件业务量：平常函件41.46万件，比上年同期下降24.36%；给据邮件1.2万件，比上年同期增长26%；函件业务收入237.83万元，同比增长9.31%。

【包裹】 完成包件业务量2.29万件，比上年同期增长89.26%。其中，普通包件6792件，比上年同期下降13.5%；快包1.61万件，比上年同期增长273.46%。实现收入120.71万元，比上年同期增长4.18%。

【汇兑】 出口汇票7351张，比上年同期下降57%；实现汇兑业务收入2.68万元，比上年同期下降36.96%。

【报刊发行】 完成报刊大收订流转额1166万元。在稳定公费订阅、突出私费订阅的同时，以开发企业形象期刊为突破点，开展图书展销会等多种形式活动，收到良好效果。全年实现报刊业务收入344.87万元，比上年同期增长15.51%。

【集邮业务】 开展生肖邮品、邮册等营销活动，开发形象年册1500册，新邮预订2170套。全年实现集邮业务收入291.4万元，比上年同期下降4.49%。

【特快专递】 特快专递业务完成出口速递件7173件，比上年同期下降62.64%。

【电子商务】 电子商务业务在代理电信、代收话费、开办邮储短信、汇兑短信、速递短信、商务通绿卡、航空票务等业务基础上，开展了代收电费业务，代收移动、电信营业款业务；同时，开展“自由一族”业务，实现电子商务收入440.15万元，比上年同期增长15.65%。

【邮政储蓄】 2015年年末，余额达到12.22亿元。全年发放绿卡通19638张，其中，开通绿卡通IC卡12409张。在储蓄业务发展过程中，不断加大宣传力度，提升服务水平，市公司燕山大路营业所为全市余额最大的邮政储蓄网点，期末余额为5.32亿元。

【代理保险业务】 继续发展代理保险业务，代理国华人寿“泰山2号”、富德生命“财富宝”、中国人民人寿保险“鑫利B”、天安人寿“天保利”、中国人寿“鑫丰”、华夏人寿“财富一号”、光大人寿“金宝顺”等产品。全年代理保费4.95亿元，实现代理手续费收入1669.2万元。

中国邮政集团公司河北省迁安市分公司

总 经 理 李尚昆

副总经理 张洪波 高 镜（1月离）

孟令德（1月任）

（贾挽回）

联　通

【概况】　中国联合网络通信集团有限公司迁安市分公司（以下简称中国联通迁安分公司）是迁安市固网业务和移动网业务均衡发展的全业务通信运营企业，具有国际通信技术水准的固定通信网络、移动通信网络和宽带互联网络，固定网和移动网乡镇覆盖率100%。2015年，公司获中国联通河北分公司授予的“五四红旗团支部”、中国联通唐山分公司授予的“基层先进党组织”等多项称号。全年通信服务收入同比增幅下降21.51%，宽带用户数同比下降22.22%，移动用户数同比下降27.37%，固话用户同比下降16.6%。联通电视用户同比上升220%。

【网络建设】　固定通信网络重点开展光改建设工作，建设完成光改项目483个，建设投资2262万元，建设FTTH（即光纤通信到户）端口36872个，全市宽带用户实现光纤接入；移动通信网络共建设3G基站95个、4G基站91个，室分项目7个，实现迁安范围3G信号全覆盖、4G信号大部分覆盖。

【电话资费】　固定电话：首次通话市话3分钟0.2元，以后每分钟0.1元，网话1分钟0.3元，国内长途6秒钟0.07元，被叫免费。移动电话：2G市话主要资费为1分钟0.1元，本地被叫免费，国内长途1分钟0.3元；3G、4G包月资费，市、网、长途包月均为0.15元，无漫游，被叫免费。光纤宽带资费：1年720元，2年1320元，3年1680元。

中国联合网络通信集团有限公司迁安市分公司
总 经 理　常志强
副总经理　宋立新　刘伟刚　王力堡

（司　磊）

移　动

【概况】　2015年，中国移动通信集团河北有限公司迁安分公司（以下简称迁安移动）有员工92人，下设综合部、市场部、运维部、集团客户部、区域营销中心，是电信全业务公司，主要经营移动电话通信（包括话音、数据、多媒体等），IP电话及企事业、家庭宽带互联网接入服务等业务。拥有“和”以及传统的“全球通”“神州行”“动感地带”等服务品牌，“和”即“和彩云”“和包”“和通讯录”“和阅读”等一系列的以“和”为理念的应用。客户号码段包括139、138、137、136、135、134、147、159、158、157、152、151、150、188、187、184、183、182。至2015年，移动手机用户达到34.7万户，宽带用户达到4000户，2015年运营收入2.4亿元。稳步开展各项经营工作，基本完成各项生产任务指标。一是以通信发展服务地方经济建设。2015年，受全国总体经济形势影响，迁安整体经济形势低迷，居民消费水平下降，加之京津冀通信一体化带来的巨大冲击，给迁安移动业务发展带来挑战，全年业务收入完成考核任务的95.62%。二是围绕4G发展，开展流量经营，提高客户体验。以高优惠、高性价比套餐为支撑，聚焦4G业务发展、流量经营。通过换卡赠费、存费赠费等优惠方式，鼓励客户更换4G卡和进行套餐升级。至年底，迁安移动4G用户达到4万余户，领先一步让更多人体验到移动4G的超快网速和超值服务。三是加大小区宽带建设，落实宽带中国战略。响应国家号召，利用公司在政策、资金上的支撑倾斜，率先进行宽带提速降费，冲破宽带建设、发展瓶颈。至年底，建成宽带自建小区30余个、无线宽带小区100余个，互联网宽带用户数4000余户。实现县城、部分重点乡镇和旅游景区覆盖，行政村无线宽带覆盖率达到80%。四是加强工程建设，提升用户感知。2015年，工程建设继续提速，LTE（即长期演进）网络大规模建设，网络传输不断完善。4G LTE宏站开通100余个，LTE津秦高铁项目完成选址1个，配合市政府、业主等完成原有基站搬迁3个，缆线线路总长度达1000多公里，在网运行基站200余个，较好的完成了汛期应急保障等工作，网络覆盖基本满足居民通信需求，用户感知得到更进一步的提升。

【“黑卡”治理工作】 联合市公安局、工业和信息化局、工商局召开“黑卡”治理现场会，宣传贯彻《迁安市强化电话“黑卡”治理专项行动工作方案》。加强后台稽核，对疑似违规办理进行回访调查，发现问题立即整改，并对相应责任人进行处罚，确保实名制工作落实到位，保障网络安全。

【优质服务】 加强服务素质培训和礼仪服务培训，强化礼仪服务意识和主动服务意识，提高一线营业人员的综合服务素质。加强对投诉处理员的培训工作，不断提高投诉处理人员处理能力及处理技巧。公司继续秉承“正德厚生，臻于至善”的企业核心价值观，紧抓京津冀协同发展这个最难得的共享机遇，致力于“做优秀企业公民、促和谐社会构建”，勇担社会责任，通过服务和业务的双提升，推动市场经济发展，以完善的4G网络覆盖，全力支撑魅力水城、绿色迁安的发展建设。

中国移动通信集团河北有限公司迁安分公司
经　理　李志兴（6月离）　王克友（6月任）
副经理　王永贵

（谌海栋）

城乡规划

【加强规划编制】 为适应全市发展需要，2015年，编制完成了《近期建设规划》及其他规划。一是统揽全局，完成控制性详细规划编制工作。组织编制完成《河东片区、河西片区控制性详细规划》，待海绵城市专项指标确定后进行完善；《滦河生态城控制性详细规划》正在编制中；《右岸新城控制性详细规划》初稿已经完成，待市规划委员会（以下简称市规委会）及专家评审会审查。二是做好节点工作，完成部分专项规划编制工作。《雕塑总体规划》正在筹备市规委会审查；《龙山公园总体规划》已经完成初稿，正在完善规划成果。三是重点推进特色街区建设。为进一步提升城市形象，迁安市积极抓好风貌建筑建设。已建成燕山大路（南四环路以南）龙形绿化带和云形绿化带特色景观街道、迁安学院及奥体中心文化教育园区特色景观街区以及红星美凯龙家居综合体特色街区，龙湾游艇俱乐部风貌建筑正在建设。

与此同时，加强乡镇规划编制，统筹城乡发展，根据省政府文件，加强农村面貌改造提升规划编制。2015年，完成省达任务60个村庄的农村面貌改造提升规划编制工作。督导各镇（乡）城镇组团和一级社区控制性详细规划编制工作。到2015年年底，全市需要编制控规的16个乡镇（迁安镇、杨店子镇、赵店子镇除外），已有2家获得市政府批复，野鸡坨、大五里、建昌营、彭店子4个乡镇的控规通过专家评审，大崔庄、五重安2个乡镇未开展此项工作，其余8个乡镇控规都已完成初步成果。

【规范规划审批】 全年受理、审批、核发建设用地规划许可证14件、建设工程规划许可证45件、选址意见书6件。坚持市规委会集体审查制度，避免审批上的领导意识和“一言堂”；坚持方案审查和规划审批分离制度，避免人情审批；坚持“一书三证”（《建设项目选址意见书》、《建设用地规划许可证》、《建设工程规划许可证》、《乡村建设规划许可证》）制度，固守依法行政底线不动摇，确保现行各项规划在审批环节上得以严格落实。

【强化规划管理】 在工程管理过程中，进一步完善建设工程的公示内容，加大社会对规划的监督力度，使批后管理工作取得实质性的进展和突破。所有开工建设项目，要求建设单位必须在开工之前在施工现场醒目位置设立建设工程规划公示牌，就拟建工程的建设内容、经规划部门批准的平面图和单体工程的立面效果图、监督电话等面向社会公示，接受群众监督，加大城市规划管理的公共参与力度；高效利用规划展馆公示平台及网站，面向社会公开，接受社会监督。

严防未批先建、乱建现象发生，加强对城乡重点部位的日常巡查，同时，畅通群众举报通道，并与园区、城管以及各乡镇建立良好的通报、协调、督办机制，营造有效的协调联动、严肃高效的规划管理氛围。2015年，向相关单位发送告知函22份。

【重视规划宣传】 年内，市规划展馆接待社会各类团体近600余次6200余人次，散客1600余人；成功接待住建部、交通部、民政部、国家统计局、省委、省政府、省发改委、省工信厅等相关领导及美国好莱坞派拉蒙影视公司、中唐集团等客商；圆满完成2015经贸洽谈会大型会务接待工作。充分发挥了规划展馆的政务接待窗口作用、招商引资的平台作用及市民热爱家乡教育的阵地作用。

《迁安规划》简报作为市规委会工作简报，主要记载和宣传全市城乡规划领域内发生的重大事项，总结和推介市规划工作的新做法、新经验以及新成果，到2015年已经创刊8年，共出版印发101期。同时，迁安规划网站作为市住建局的门户网站，及时向外传递规划工作动态和审批情况，并就相关规划热点问题与网民进行交流和探讨，已成为市民了解规划、参与规划的有效开放平台。

市城乡规划局（12月起，职能划入市住房和城乡建设局）

局　　长　周玉成（12月离）

副 局 长　王长忠（兼迁安市曹妃甸临港产业园筹建办主任，11月离）

郑　勇（12月离）

曹　录（12月离）

主任科员　张晓彬（12月离）

王长忠（11～12月）

副主任科员　钟宏波（12月离）

（李清柳）

城乡建设

【概况】 2015年，全市城乡建设工作以全面提升县城建设层次和水平为统揽，不断完善基础设施建设，加速城市扩容升级，严格行业市场监管，提升行政服务效能，住房和城乡建设事业取得新突破。到2015年年底，迁安市建成区面积42平方公里，建成区人口26万人。市住房和城乡建设局被住房和城乡建设部普法办授予“住房和城乡建设系统宪法和法律法规知识竞赛主题活动单位组织奖”，获河北省“五一劳动奖状”，被评为唐山市“爱国卫生先进单位”、迁安市“政务信息工作先进单位”“承办工作先进单位”，局领导班子被市委评为“优秀领导班子”。

12月，市机构编制委员会决定撤销市城乡规划局，将其职能划入市住房和城乡建设局。

（殷玉环）

【市政路网建设】 阜安大路北延工程顺利通车，为西北部市民出行和加快姑苏园建设提供了方便。到2015年年底，建成区道路总长度达到174.23公里，道路总面积514.51万平方米，人均道路面积19.79平方米。市区共有主次道路及支路40条（主干道16条，次干道18条，支路6条），其中横向街18条、纵向路22条，已构成较完整的道路体系。城区18条横向街由北向南分别是：祺安大街、祺光大街、祺福大街、花园街、兴安大街、明珠街、永顺街、惠宁大街、星河街、惠泉大街、钢城东路、钢城西路、惠民大街、惠安大街、惠兴大街、惠隆大街、惠昌大街、夕照街。22条纵向路由西向东分别是：滨湖路、万嘉路、阜安大路、昌盛大路、燕山大路、新颖路、丰安大路、丰喜路、丰乐大路、丰庆路、丰盛路、兆康路、丰吉路、长城大路、吉庆路、世纪大路、潘营路、黄台湖观光路、五星环岛路、和平路、阜康路、青杨小区进口路。

（邵小艳）

【市政设施管理】 继续坚持“科学化、常态化、精细化”管理目标，强化日常维修养护，确保市政设施高效运行。1. 加大巡查力度，科学调整维修人员，实现维修工作常态化。发挥道路巡查员和数字化平台网络系统巡查和监督作用，巡查人员由原来的4名增至6名，对市政设施实行网格化不间断巡视监查，对发现的问题登记汇总，填写巡查记录台账；同时，数字化平台网络系统接到维修指令，按照事故地段明确责任权属，及时安排维修人员进行养护或维修，做到第一时间发现问题，第一时间解决问题，实现维修工作常态化。2015年，登录在案的巡查记录500多条，接收数字化平台网络系统维修指令740多条，接收市长和服务热线以及城管委督办卡等派遣单20多份，全部办结，办结率100%。2. 加大维修力度，确保市政设施便捷、高效、完好。维修工作采取组长负责制，按市政设施分布情况进行责任划分，在日常维修过程中，将维修人员分成5组，做到小问题不过时、大问题不过夜，有时为了缩短断交时间、降低维修成本，利用下班时间加班加点工作，早出晚归，尽量错开人流高峰，既保证施工进度，又不影响市民出行。年内，维修工作主要从五个方面展开，一是对永顺大街、惠宁大街、丰安大路、丰乐大路、和平路等路段上的人行道砖进行大面积更换维修；二是对丰乐大路、祺福大街、惠宁大街上破损的沥青路面进行修补；三是对燕山大路、兴安大街、钢城路等路段上缺损的大理石进行更新；四是对燕山大路、丰安大路、惠泉大街、钢城路等路段上的路缘石进行调整更新；五是对昌盛路、惠宁大街、丰盛路、祺光大街、阜安大路等几条路段上的树穴进行维修。全年维修路面4.8万平方米，其中维修沥青及混凝土路面7600平方米，维修人行道面包砖3.89万平方米，维修人行道大理石板1500平方米，维修自行车停放架792米，检查、清掏雨污水井6055座，清理、更换雨水箅子21401套次，更换、维修路缘石6046米、树池板4168个，市政设施完好率在98%以上。

滦河高铁站站前管理维护组对站前广场进出的公交车、出租车和私家车实施划定地段分类管理，设置路锥警示，各类车辆有序停放，改善了广场混乱局面，全面及时地完成了6万多平方米道路，1540平方米人行道，1.3万平方米石板以及720个路灯、景观柱、草坪灯等设施的管护、保洁任务，对10万多平方米绿化带的杂草、垃圾进行了彻底清理。

（张秀艳）

【城区防汛】 1. 加大排水管网排查力度，做好城市排水设施清理疏浚工作。严格落实《雨污水井管理制度》，从4月7日开始，利用1个多月时间，抽调20名施工人员，出动3辆专业车辆，对108.31公里市区排水管网、8248个雨污井和收水口（其中3219个雨污井、5029个收水口）进行全面检查和清理疏通，对破损井箅子、井盖进行维修更换，清除淤泥、垃圾450立方米，维修更换井箅子、井盖270个，保证了市区排水管网无溢水，道路排水口无垃圾堵塞、无井盖损坏丢失等现象。2. 做好市区六座桥梁的养护维修。完善桥梁安全管理制度，平时每月以目测的方式检查一次，用仪器和量具对各部位缺损、裂缝、移位、变形情况进行检查和测量。6月1日上汛后，坚持日检查制度，遇有损坏，及时修补，做到构件无缺损、桥面整洁、排水畅通、伸缩缝正常，保证了雨季排水安全畅通。3. 做好污水泵站的检查监测工作。组织技术人员对2座泵站每月检查2次，汛期实行日检查，详细填写运行记录，发现问题及时排除，确保机组正常运行。4. 加大三里河清淤力度。5月，抽调20多名维修人员，分两组，一组针对三里河省庄、石里桥两段河道淤泥、垃圾进行全面清理；另一组自迁擂路至污水处理厂，对整个三里河管道上的水位高低、井深、私接管道等情况进行检查清理，发现堵塞情况进行及时疏通，确保汛期排水畅通。5. 准备充足的防汛物资。备足沙袋、铁锹、尖镐、潜水泵、发电机及装载机、三轮车、双排车、挖掘机、管道输通车、拖拉机等物资及作业车辆，为防汛排涝提供保障。

（张秀艳）

【市政重点项目建设】 天洋城第四代城市综合体、碧桂园、金融街等重点项目稳步推进。其中，天洋城第四代城市综合体，住宅一期、二期南区已入住，北区4#、5#、6#、10#、11#、12#楼完成基础施工，16#、20#、23#、24#楼正在内外装修；商业一期已交付使用，二期7#楼已封顶；22#楼进行前期准备工作，累计完成投资44.4亿元。碧桂园，低层别墅、多层主体结构已完工，高层71#楼主体28层在建，70#、73#、74#楼主体封顶。金融街，主体已封顶，8～13层正在进行内外装修，累计完成投资3.28亿元。

（王敬伟）

【小城镇建设】 继续坚持城乡统筹、分类指导、典型示范、整体推进的原则，督导各乡镇加快建成区道路、给排水、污水处理、无害化垃圾填埋场等基础设施建设，完善城镇功能，提升城镇品位，发挥聚集效应，加快实施城乡一体化。2015

年，实施城镇建设项目70项，完成项目总投资5.39亿元。全年村镇建设完成投资6.6亿元。年内，完成农村危房改造500户，拨付补助资金719.06万元，完成国家500户的农村危房改造任务。在全市村镇建设中推广示范了外墙内保温隔热措施、薄抹灰外墙外保温、页岩砖、挤塑聚苯板、中空玻璃窗等新型建筑节能新技术、建筑新材料和施工新技术，集中建设节能、环保、宜居型新民居，促进城乡协调发展。在全市19个乡镇推广使用非粘土砖等新型节能环保建筑材料，特别在农村危房改造新建户和马兰庄镇、建昌营镇、大五里乡、木厂口镇等集中建设的新型农村社区广泛使用。

（田英英）

【迁安市入围首批海绵城市建设试点城市】 4月上旬，国家海绵城市建设试点城市名单正式公布，迁安市通过评审，成为首批海绵城市建设试点城市之一。此次海绵城市建设试点竞争性评审中全国有130多个城市参与竞争，最后，经过筛选有34个城市进入初选名单，3月初，财政、建设、水利三部委确定22个城市，参与国家海绵城市建设试点城市竞争性评审答辩。根据竞争性评审答辩得分，全国有16个城市获得首批试点资格。此次参加评审的城市中，迁安是唯一的一个县级市。4月起，迁安有序开展海绵城市创建工作，确立6个管控分区，细化分解各项控制指标，到2017年年底，试点区雨水年径流总量控制率达到76%。成立海安公司，聘请北京大岳咨询有限责任公司为PPP咨询服务公司，完成了PPP（即政府和社会资本合作）项目投资人资格预审，竞争性磋商工作稳步推进；滨湖东路东侧绿化带景观工程、君和广场雨水综合利用改造等先期示范建设项目已陆续开工，其余海绵城市工程正在办理前期手续。

（王敬伟）

【智慧城市创建】 智慧城市建设取得新进展。与中兴通讯有限公司就智慧迁安建设达成初步合作意向，签订了战略框架协议。

（王敬伟）

【中国宜居城市年度巡查】 圆满通过中国宜居城市年度巡查。按照创建标准，中国宜居城市巡查组对已取得宜居城市称号的城市，每年进行一次年度巡查，不符合标准的，取消宜居城市资格。10月30～31日，巡查组对迁安市的宜居城市建设工作进行了巡查。实地查看了城市综合管理指挥中心、第六实验小学、北大学园幼儿园、中医院新址等地，迁安市宜居城市工作获得高度评价，顺利通过中国宜居城市年度巡查。

（王敬伟）

市住房和城乡建设局

局　　长　韦长怀
副 局 长　钱治有　王建拥（12月离）
　　蒋振清（12月离）　贾　利
　　霍志国　贺继宗（12月离）
　　王旭光（12月离）
　　王彦钧（女）　郑　勇（12月任）
　　曹　录（12月任）
书　　记　钱治有
副 书 记　韦长怀　赵　文
党委委员　王建拥（12月离）
　　张金涛（9月任）
　　蒋振清　贾　利　霍志国　贺继宗
　　高　权　张晓彬（12月任）
　　王长忠（12月任）　王旭光
　　王彦钧（女）　曹　录（12月任）
　　李　扬　钟宏波（12月任）
主任科员　贺继宗（12月任）　高　权
　　张晓彬（12月任）
　　王长忠（12月任）
　　王旭光（12月任）
副主任科员　李　扬　钟宏波（12月任）

（张晓利　郤小佳　殷玉环）

房产经营服务

【住房保障】 落实国家住房保障政策，着力做好两项工作，一是全面完成唐山市人民政府下达的保障性安居工程建设目标，其中新开工任务3344套，实施2个棚户区3824套改造项目，占任务的114%。基本建成目标5216套，项目楼主体工程全部完工并开始外部配套施工。二是精准做好城镇中低收入住房困难家庭住房保障工作。

根据市政府办公室文件精神，做好住房保障并轨、扩面工作。进一步建立健全住房保障体系，统一申请条件，扩大保障范围，实现应保尽保。工作中，坚持公开受理、阳光操作，新增住房保障家庭60户，住房补贴足额发放到户。在廉租房管理上，进一步完善准入退出机制，对租赁合同到期的保障性住房家庭进行认真复核，对不再符合住房保障条件的97户家庭予以清退。同时，做好租金收缴工作，严格按照政策规定，实行市场化租金分类减免、梯度保障。

【房地产开发管理】 严格执行国家相关法律法规和政策，首先是强化商品房预售审批管理。坚持手续齐全，逐项审核，实地查看，严谨把关。加大预售审批后的监管力度，对房地产开发市场进行2次拉网式执法检查。依法查处商品房预售、销售中的违法违规行为。其次是认真做好商品房合同备案和房屋租赁登记备案工作，为社会提供首套房购房登记备案记录查询服务。年内，办理商品房预售许可5起，批准预售面积33万平方米、2586套。办理房屋租赁登记备案335件、商品房合同备案3263件，移交办证资料531户，查询首套房购房登记备案记录7049件。

【房屋交易和产权管理】 为切实实现便民利民，在严格遵守国家法规的前提下，进一步简化业务流程，实行预约服务、上门服务，手续齐全的立等可取。2015年，办理房屋抵押登记1153宗，建筑面积82.95万平方米；房屋测绘38宗，建筑面积161.72万平方米；房产评估78宗，评估面积4800万平方米。

【住宅小区物业管理】 认真贯彻国务院《物业管理条例》和各级政府关于物业管理工作的法规政策，提升物业服务水平。1. 严格做好物业服务企业资质的申报审核工作，督导企业健全管理制度，提高服务水平。2. 组织全市物业服务企业经营管理层培训，提高管理能力。3. 认真调处物业纠纷，化解矛盾。年内，因物业问题引发的群访、信访问题有60多件，均得到妥善处理，维护了各相关方的利益。4. 住宅专项维修资金监管不断完善。新建住户维修资金资料全部及时录入计算机管理系统。依规审批16个小区共用设施部位维修项目，经公示无异议后分摊到户。5. 政府统建的3个保障性住房小区物业服务水平进一步提高。

【直管公房管理】 2015年，房管部门负责管理的国有公产房9675平方米，大多为商业用房。由专业人员负责日常维护维修、租金收缴和安保、消防工作，实现保值增值。

【农村新民居建设】 按照城乡建设总体规划，由镇、乡人民政府组织，房管部门参与实施，为停批宅基地的村庄应解决住房之需的村民集中连片兴建农民保障性住房（以下简称农保房）。2015年，新民居建设工程有上年结转工程11.43万平方米，其中2013年开工的10.54万平方米竣工，2014年开工的8871平方米主体完工并开始装修。

【职能变更】 根据国务院和各级人民政府关于设立不动产登记局工作的部署，12月，房屋产权产籍登记业务划转到市国土资源部门。

（张志刚）

城市园林绿化

【概况】 至2015年年底，全市建成区面积42平方公里，建成区人口26万人，建成区绿化覆盖面积1728.27万平方米，绿地面积1691.07万平方米，公园绿地面积535.4万平方米，绿化覆盖率、绿地率和人均公园绿地面积分别达到41.15%、40.26%和20.6平方米。2015年，三里河生态公园被评为省四星级公园，天洋城4代（一期）居住小区被评为省级园林式居住小区。迁安市园林绿化管理局被唐山市人民政府命名为文明建设先进单位，被唐山市委、唐山市人民政府联合命名为2012～2013年度唐山市文明建设先进单位。

（范学军　刘好学）

【绿化督导检查】 2015年，市园林绿化管理局积极配合数字化城市管理工作，及时完成整改案件300余起，接受并处理市民投诉10余次，同时，加大绿化执法力度，处理破坏绿化树木及设施案件49起；协助做好占用绿地审批的现场勘查工作，下发绿化整改通知13次，实施月度考核12次。

（罗成金）

【街道绿化养护】 年内，街道绿地管辖总面积达到125.45万平方米。行道树2.55万株，草坪61.12万平方米，色块14.37万平方米，地被26.86万平方米，片林乔木约14万余株。街道48条，总长度131.3公里，街头游园绿地47处。全年草坪修剪9次，共50万平方米；色块修剪5次，共70万平方米。

（王会林　潘玉民）

【公园管理】 市园林绿化管理局公园管理所负责管理市内黄台山公园、三里河生态公园、黄台湖景区、燕鑫公园和佛山公园，其中黄台山公园以五星级标准进行日常养护管理工作。黄台山公园全年补植花灌木1350株，新植胸径15厘米以上大树21株，栽植时令花卉3.6万盆，改造南部二期地被3560平方米，北部增加宿根花卉302平方米，全年修剪草坪7次、色块5次。全年维修灯具1630盏，维修更换垃圾桶234个，修理座椅36座次、健身器材12次、外放音响32个。接待上级有组织的检查参观72次，举办各种大中型活动4次。黄台湖景区、三里河生态公园、燕鑫公园和佛山公园都处于正常养护管理阶段，各管理部门根据需要对所辖区域内的绿色苗木进行施肥、修剪、浇水等，对斑秃或受损绿化部分进行修复、重新更换绿植，对各种市政设施和灯具进行检测维修与维护。

（钱晓光　贾　悦　朱小刚　曹艳艳　宋国新）

【城区广场管理】 市园林绿化管理局广场管理所所辖广场分别为人民广场、市政广场、市标广场、文化广场、时代广场、兴安广场和龙形、云形绿化带。全年栽植玉簪2万株、时令花卉5.5万株，草坪平均每月修剪4次，色块每月修剪3次。全年接待领导参观40余次，组织大型车展5次，组织钢城之夜文化展演、播放公益电影等大型群众文化活动60余次，其他单位宣传活动40余次。

（唐立奎）

【新建工程进展情况】 2015年，新建的园林绿化工程主要为轩辕阁布展和滨湖东路东侧绿化带景观工程。轩辕阁布展工程由北京中外建设计院设计，京西建设集团承建，计划投资3800万元，工程于2015年4月开工，至年底基本完工。滨湖东路东侧绿化带景观工程，北起壹号公馆，南至惠昌大街，预计总投资4344.4万元，新建面积25.7万平方米，工程已进场施工，计划2016年9月全部完工。

（邹建伟　温世英）

市园林绿化管理局
局　长　蒋振清
副局长　陆中刚　刘　玮

城市管理

【城管委工作概况】 2015年，印发《关于进一步加强全市城市管理工作意见》等文件8个；印发《2015年迁安市城区环境综合整治责任分解表》4批，督导有关单位整改城市环境问题6次、256项；针对城区空中线路混乱现状，组织召开2次架空弱电入地改造工作调度会，制定并印发了《迁安市2015年架空弱电入地改造工作实施方案》，确立以后三年的架空弱电入地改造目标、任务和工作措施。

【城市综合管理】 7月，迁安市城市管理局更名为迁安市城市管理综合执法大队。2015年，城市管理巡查员共上报事件、部件问题信息62219件，立案56523起，应结案55564起，结案53577起，结案率96.42%；受理“12319”城市管理热线电话2813个，立案2813起，结案2813起，结案率100%；受理“12345”唐山市市民公共服务热线电话6758个，立案交办1280起，办结1232起，办结率96.25%。城市综合管理指挥中心全年接待各级参观考察活动8次，城市管理部、事件考评结果在《迁安时讯》《迁安广播电视报》等地方媒体公布12期。

【城市亮化】 对惠昌大街第三通道的6处路灯照明配电箱安装城市照明自动化监控管理系统，

并纳入城市照明集中控制指挥平台；加强对城市照明设施的督导检查，尤其对入夏以后因雷雨、大风等自然天气而损坏的照明设施，做到第一时间发现、第一时间修理，确保城市照明效果。2015年，累计维修LED亮化灯管1320延长米，更换电缆2040延长米，维修路灯9992盏（次），亮灯率95%以上；督导完成锦鸿嘉苑和上东水郡两处居民小区的亮化工程，审核了金融街亮化设计方案；加强夜景亮化设施巡查，发现故障，及时督导责任单位维修、更换。全年组织巡查80余次，维修更换洗墙灯148个、投光灯294个、点光源306个、开关电源48个、电缆2593延长米、地埋灯3个、龙纹灯3个，并根据季节变化及需要，适时调整景观建筑夜景照明设施的启闭时间。

【市容环境治理】 严格控制各类商业活动，审批各类商业活动748家；加强流动摊点管理，治理流动摊点3.36万余摊次，其中暂扣流动摊点三轮车2186辆；加强广告牌匾管理，审批广告牌匾514块，拆除不合格牌匾381块，拆除私自设置的电子屏、灯箱广告、宣传板等743块；清除各类窗贴、小广告159.5万余张，查扣散发小广告行为236起、1.8万余份。加强建筑工地围挡管理，规范工地围挡1280延长米。

对市民反应强烈的商业噪音扰民问题，在城区持续开展噪声污染集中整治行动，发放《迁安市城市管理局关于在市区全面开展噪声污染集中整治的通告》3500余份，关停商业噪音污染源27家，暂扣商业小喇叭及音箱1026个，妥善处理市民健身扰民行为13人次。

取缔露天烧烤污染。6月，下发了《迁安市城市管理局关于禁止在中心城区露天烧烤的通知》，一方面与万嘉商贸园协调，取缔所设烧烤夜市；另一方面开展露天烧烤专项整治，特别是8月，会同市公安局、电视台，集中时间、集中力量，广泛宣传，加强对露天烧烤的集中取缔，出动执法人员上百人，上街巡查239次，暂扣各类烧烤工具126件，暂扣各类高噪音设备21个，录制《专题新闻》及《城管之行》5期，取缔露天烧烤180多家。

加强建筑垃圾管理。年内，办理建筑垃圾处置手续2份，发放处置证4张，补办处置证147张。重点对香巴拉、传世家、天洋城、金港花园、龙湾游艇俱乐部、信访局南侧等在建工地进行巡查。全年受理关于建筑垃圾堆放案件和电话举报案件170起，全部落实到位；查处擅自运输建筑垃圾15起、擅自堆放建筑垃圾20起、泄漏及遗撒污染路面5起，暂扣违章车辆7辆。

加强城市道路交通管理。一是加大非法营运三轮车的整治力度，会同市公安、交通部门集中时间、集中力量查处非法营运三（四）轮车399辆。二是治理欺街占道经营行为。治理占道修理、加工、装修、堆放、晾晒、经营、洗车等违规现象1.5万家次；审批破路施工8处，治理私自挖掘侵占道路7处；妥善处置3处新疆瓜摊占道经营现象。三是加强超限车辆进城管理。对超限车辆进城，规定禁行区域及禁行时段，办理超限车辆通行证。全年累计办理超限车辆通行证668张，换证40次；上路执法500余次，查处违规车辆50余辆，对其中情节严重的4辆违规车辆给予处罚。四是治理城市“僵尸车”。对城区内二手车经营、废弃车辆等长期占用公共停车位及人行道的现象进行整治，对严重影响行人和车辆通行的依法拖离。全年开展交通环境整治行动54次，治理违规占道经营二手车摊点19处，清理违规车辆58辆，处罚4人。

【执法队伍建设】 强化政治理论教育。坚持周五下午学习日制度，大力开展解放思想大讨论活动，把“党旗在一线，党员当先锋”和讲党性、重品行、作表率等活动有机结合。组织开展2015年度全体行政执法人员业务培训活动，邀请唐山市法制办、市纪委等相关领导，就行政执法实务、新形势下廉政和监察工作、行政处罚案件流程及相关法律法规等内容进行培训。强化工作作风建设，教育引导全体工作人员爱岗敬业、忠于职守、乐于奉献，涌现出许多先进集体和先进个人，有15名执法队员在执法过程中受了轻伤、微伤，但轻伤不下火线，全体执法队员牺牲休息时间加班执勤。市容一中队4名执法队员救助受伤男孩一事，被新闻媒体及网络报道，被全国网民誉为“最帅城管哥”。严格规范执法。按照《河北省行政处罚案卷标准（试行）》，对以往执法案卷进行自查，对于查出的问题及时进行整改，使执法文书进一步规范，并严格执行罚缴分离制度。2015 年，共有行政处罚简易程序案卷 206 件、一般程序案卷 8 件。开展爱心服务实践活动。组织党员志愿服务队，开展助“‘迁安好人’圆梦活动”，资助 1 名孝心伴母的高中生；携手爱心商户，为太平庄乡尚庄小学的孩子们送去 130 套校服；到上庄乡大望都庄资助 4 户贫困学生。“爱心街”助学组织年内累计发放善款 1.39 万元，帮扶贫困学生 14 名。12 月初，被市文明办评为“公民道德建设先进集体”。

【“最帅城管哥”巧救男孩】 7 月 20 日，城管执法队员李鹏飞、张晓峰、杨云航、张国臣 4 人在迁安城区惠泉大街巡查至王家小院附近时，看到 2 名十三四岁的男孩骑一辆山地车飞快行驶，突然车子失去平衡摔倒在地，两名男孩一并被压在车子下面动弹不得，其中一男孩左脚深深绞进车子的前轮里，痛得大叫。正在执勤的 4 名城管队员见状立刻紧急施救。有热心群众提议把小孩子的左脚拽出来，可稍微一用力，小孩就痛得大哭。李鹏飞在仔细观察后，迅速从附近修车店铺找到钳子，小心翼翼地剪断数根车辐条，先扩大脚的活动空间，然后慢慢将男孩的左脚拉出。随后，4 人轮流背着小孩直奔迁安市人民医院，请医生为孩子诊治。在医院救治的整个过程中，队员们一直陪护着孩子，得知孩子因施救及时无大碍后，才离开。当天下午，4 名队员又自发买些水果去看望孩子。几天后，小孩就能正常行走了。李鹏飞等人的举动深深感动了孩子的家长和当时在场的群众，有热心市民将施救的现场照片和视频传至网上，称赞 4 人为“最帅城管哥”。

市城市管理局（7 月前）

局　　长　霍志国

副 局 长　董学军　刘　乔

时维伟（城市管理派出所所长挂任城市管理局副局长）

副主任科员　赵宇洁（女）

市城市管理综合执法大队（7 月后）

大 队 长　张金涛（7 月任，挂任市住房和城乡建设局副局长）

副大队长　董学军　刘　乔

时维伟（城市管理派出所所长挂任城市管理综合执法大队副大队长）

副主任科员　赵宇洁（女）

（孙丽丽）

公用事业

【城市供水】 2015 年，城区有水厂 2 座，设计日供水能力 4 万立方米，主要负责城区居民生活、餐饮服务和机关事业单位用水。自来水公司本着安全供水、优质服务的原则，努力构建和谐供水环境。一是加强供水基础设施建设。完成农保房 1 期 C 段、碧桂园一期、天洋城小区二期、滨河新民居（南区）、君和广场、湖景花苑 6 个住宅小区，祺福大街（阜安路—大坝路）、(7 号岛）祺光桥过河段、丰盛大路（兴安—长安）、兴安大街（丰乐—丰盛）、丰安大路（惠泉—兆康路口）、阜安大路北段 6 段市政道路的供水管网铺设或改造工程。新增 DN100 以上市政管网长度 4.77 千米，新增用水户 7524 户。到 2015 年年底，DN100 市政管网长度达到 155.3 千米，用水户达到 79729 户。二是加大便民服务工程投入。新建第二服务大厅 5 月正式投入使用，为南部市区用水户提供了更便捷的服务。同时，着手实施阶梯水价相关工作。社会用水调查、召开听证会等前期工作基本结束，正在开展对外宣传、阶梯用水人口登记及软件测试工作。三是加强水质管理。按照国家标准和操作规程，严格取样、检测和化验。定期对水源水进行丰、枯期每年两次的分析检测，出厂水每天采样、分析，管网及末梢水每月至少 2 次采样检测，结果均达到生活饮用水卫生标准。在全省水质检测机构组织的 2015 年 2 次出厂水 106 项指标检测中合格率达到 100%。四是抓管网运行管理。做好城市供水管网新建、扩建、改建的规划、设计、实施工作，为确保管网通畅，规范施工管理制度，组织工人业务知识理论和实践操作培训，提高职工工作的主动性，对用水户报修及时、高效处理解决，管网故障维修率100%。五是加强安全保卫工作。5月，公司专门成立安全保卫科，加大硬件设施投入，改建高清摄像头20多个，新增4台平台监控液晶显示屏，采取红外线报警、红外线对射等措施。同时，实施内部安全保卫系统与保安公司互动联网、共同防护。公司安保人员坚持24小时不间断值班制度，对水源地及水厂定期巡查，严控外来人员进入厂区，确需进入的，认真核对证件，并做好详细记录。2015年，全年累计完成供水量1022万立方米，无供水事故发生，水质合格率100%。

（马大勇）

【城市供热】 河东区：坚持“利用市场启动市场”的工作方针和用政策育人、用制度管人的治企理念，实现供热质量达标、服务收费达标、安全生产达标。供热面积1300万平方米，住宅集中供热面积989万平方米，供热计量收费面积346万平方米，供热计量收费比例达到35%，供热管网总长度421公里，供热站161座。城市热化率98%，热费收缴率97%以上，入户维修率99%，用户满意率98%，设备利用率98%，设备完好率98%。供热管理全部实现自动化控制，在河北省同行业中保持先进水平。全年投资6640万元实施供热扩供、老旧管网改造、技术改造等：一是投资4200万元，完成70万平方米的集中供热扩容供热管网建设；二是投资240万元，完成了6万平方米的热计量改造项目；三是投资400万元，对6.7公里老旧管网进行更换和保温处理；四是投资500万元，对供热管网、供热设施进行全面检修、维修；五是超低排放项目，投资1200万元，对6#、7#锅炉进行脱硝技术改造，对6#锅炉实施电袋复合除尘技术改造，对7#锅炉实施脱硫技术改造。

河西区：迁安市翅冀热力有限公司积极开展集中供热基础工程建设，完成集中供热入网面积236万平方米，铺设管线15公里，建设泵站3座，至2015年年底，河西区供热管网总长度达到41公里。

（郭宏伟　刘　祺）

【城市供气】 2015年，全市有3家管道燃气企业，即负责河东区管道供气的迁安华润燃气有限公司，负责河西区马兰庄镇区域（包括马兰社区）管道供气的迁安市建华燃气有限责任公司和负责河西区除大五里乡、沙河驿镇、马兰庄镇、赵店子镇之外区域管道供气的迁安中石油昆仑燃气有限公司，另有17家液化石油气站点。年内，全市新建中压管道5.7公里，新增居民用户11456户、工商业用户47户，全年供应天然气7416万立方米。至2015年年底，全市累计铺设高压管道105.6公里、中压管道84.56公里，建设天然气门（首）站4座、调压站2座、无人值守站2座，基本达到城区主管网全覆盖。全市有51个居民小区已安装天然气设施，具备供气条件的居民用户5.6万户、工商业用户185户、公服用户65户，实际点火通气的居民用户有4.58万户、工商业用户167家、公服用户65户。城镇燃气普及率保持100%，主城区管道燃气普及率达到50%。

（刘　祺）

【弱电管网】 2015年，投资1326万元完成管网建设9.5公里、39管公里，合建基站8座，驻地管网小区10046户。至2015年年底，累计投入1.06亿元，已建成弱电通信管道145公里、711管公里，建设共用基站27座，共建共享居住小区30个。河东区主干管网覆盖率达到90%，河西区覆盖率达到95%，高新技术产业开发区、经济开发区新修道路覆盖率达到100%。

（刘　祺）

【城市卫生】 做好道路清扫、垃圾清运、公厕管理、垃圾填埋、设施维护等各项工作。全年完成城区（河东区、河西区）480万平方米日清扫保洁任务，道路清扫保洁率达到100%，道路机械化清扫率达到70%。清扫保洁作业实行“横到边、竖到底、无缝隙、全天候”作业模式，确定主干道不少于18个小时、一般街道不少于16个小时、小街小巷不低于8个小时的工作标准。管理上推行地段责任制，实行定人、定岗、定责、定段，把责任落实到人。实现“时时有人管、处处有人干”的良好局面。完成了7.15万吨垃圾清运和处理工作，垃圾日产日清，垃圾运输密闭化，机械化运输率和无害化处理率达到100%。完成市区25座公共厕所保洁任务。在公共厕所管理上，做到人员、制度、措施、时间“四到位”。加大环卫基础设施建设，配备垃圾桶1000个、清扫保洁三轮车400辆。维修市区内部分路段的果皮箱，更新550余个新型果皮箱。

（任　磊）

【污水处理】　2015年，污水公司以保障出水达标为中心，积极开展各项工作。1. 污水处理整体稳定，减排工作成效显著。2015年，污水公司在环保部门多次例行检查中出水水质全部达标，无安全事故发生。全年处理城市生活污水2210.39万吨，日均处理污水6.04万吨，生产再生水654.13万吨，外运污泥2865.04吨，化学需氧量消减量3391吨，氨氮消减量293吨。2. 加大设备和构筑物维护力度，实现生产高效稳定运行。设备维修方面：不断规范生产设备设施维修规程，严格按照年初制订的设备维修和养护计划，完成对净水间斜管沉淀池刮泥机和支架维修、B曝池和储泥池推流搅拌器更新改造、二沉池减速机更换维修和加氯加药设备更新改造等。构筑物维修改造方面：先后完成物资库房的新建和搬迁、葡萄糖上料储存库房的新建、全厂构筑物外墙涂料粉刷、净水车间外墙PVC扣板维修等。不定时深入各构筑物进行检查，随时了解设备设施的运行状况，发现设备问题及时采取妥善措施和工艺调整措施解决，大大减少设备损耗，提高了设备运行质量，杜绝了安全隐患，保障了生产正常运行和出水水质。3. 创新优化安全管理，保障全年无安全生产事故。坚持贯彻“安全第一、预防为主”的方针，优化健全安全管理体系，强化员工安全意识。一是以新《中华人民共和国安全生产法》（以下简称《安全生产法》）颁布实施为契机，组织全体员工认真学习并组织安全生产知识理论考试和《安全生产法》知识竞赛活动，实现学习参与率和知晓率100%。二是在安全生产日活动中组织开展安全技能大比拼，检验和提高全体员工的安全设备操作技能。三是探索建立安全督察员制度，将安全督查制度融入日常重点工作中，实现安全隐患早发现、早整改。四是结合公司安全生产实际，配套完善《污水公司安全检查制度》，明确安全检查的人员职责、检查范围、检查重要节点等，使安全生产检查和管理实现系统化、规范化、标准化。工作中，员工严格遵照操作规程，全年实现无事故安全生产。4. 建立综合考评机制，促进员工提高整体素质。污水公司建立完善了职工综合考核机制，不断丰富优化考核内容，贴近实际，真实全面反映员工“德、能、勤、技、劳”综合素质，为干部职工评优定级提供有力依据。通过组织笔试考核、现场操作考核等多形式、多内容的考核评比，以考带学、以考促学，在公司上下形成浓厚的学习氛围，促进员工整体素质的提高。

（刘彩会）

建　筑

【施工企业数量及资质等级】　2015年，全市有建筑施工企业68家，包括总包施工企业33家、专业分包施工企业24家（其中混凝土专业分包12家）、劳务分包施工企业11家。33家总包企业中，具有二级资质的17家，三级资质的16家；24家专业分包企业中，二级资质的有2家，三级资质的有22家；11家劳务分包企业中，一级资质的有5家，二级资质的有6家。监理企业4家，其中具有甲级资质的3家，乙级资质的1家。2015年，全市建筑业实现增加值25.6亿元，比上年增长4.5%，从业人员2.4万人。

（王伟劲）

【工程招投标监督】　贯彻落实有关招投标法律法规，完善创新招投标监管工作，监管效能显著增强。2015年，监督招投标单位工程98项，总中标价为3.22亿元，节约建设资金约6369万元，其中房屋总建筑面积14.77万平方米，已报建工程招标率达到100%，已报建应公开招标工程公开招标率100%。

（王榔琳）

【工程质量监督】　本着“百年大计，质量第一”的原则，树立“质量为本、监督为民”的思想，加强对建设工程各方责任主体质量行为的监督检查，加强对工程实体的质量监督，全面推进工程质量监督各项工作。2015年，实施质量监督的单位工程264项，建筑面积430万平方米；办理竣工验收手续工程74项，建筑面积292万平方米。巡查工程370项（次），下发整改通知书17份，建议行政处罚2份，罚款16.97万元。工程监督覆盖率100%，验收合格率100%。推进优质工程创建工作，由迁安碧桂园房地产开发有限公司开发建设的碧桂园一期73号楼主体工程获得省住建厅颁发的结构优质工程奖。

（张　学）

【工程安全监管】　2015年，监管房屋建筑工程项目56个，建筑面积360万平方米。在建筑业安全监管方面，坚持“安全第一、预防为主、综合治理”的方针，深入贯彻落实上级有关安全生产的文件精神，充分发挥行业监管职能，积极开展各项工作。一是组织召开年度住建系统安全生产工作会议，部署建筑施工安全生产各项任务；年内，多次召开安全生产领导小组工作会，对建筑施工安全生产工作进行研究和部署；及时组织召开专题会议并下发一系列文件，对安全生产专项工作进行具体安排部署。二是在加强建筑施工日常安全监督的基础上，抓好安全生产专项检查，相继开展春节、“两会”期间安全生产工作、建筑施工安全隐患排查治理专项行动、春节后建筑工程开（复）工安全生产工作、建筑起重机械安全检查、夏季消防检查暨隐患排查整治工作、安全生产隐患大排查、安全生产大检查、“六打六治”打非治违专项行动、冬季安全生产大检查、建筑施工现场火灾防控工作和“五一”、国庆、暑期汛期重要时期等的安全专项检查行动，全年下发各类整改通知书134份，整改隐患518项，整治了施工现场安全隐患，预防了各类生产安全事故的发生。三是开展多渠道、多形式的宣传教育活动，展示各类知识图板11块，发放宣传单、宣传册等各种资料3000余份，提高相关人员的安全意识，营造“关爱生命、关注安全”的浓厚氛围，推动了安全生产长效机制的不断健全。四是严格管理建筑起重机械设备。全年办理塔吊和施工升降机备案登记36个，使用登记76个；吊篮备案登记132个，使用登记560个。规范安拆告知、使用登记和定期检测等工作，做好建筑起重机械设备安全管理工作。组织建筑施工从业人员参加起重机械作业人员培训，保障作业人员持证上岗。

（郭雨松）

【墙改建筑节能方面】　落实市域内居住建筑65%、公共建筑50%的节能设计标准，执行率达到100%，并做到城乡全覆盖。全年累计开工节能项目22项，建筑面积49.52万平方米，总造价5.94亿元；竣工项目72项，建筑面积188.85万平方米，造价22.66亿元。投资1038万元，完成青杨、常青、昌安、丰惠等小区共507户老旧小区既有建筑节能改造4.5万平方米。可再生能源建筑应用呈现快速发展态势。2015年，全市使用太阳能热水系统的项目有52.11万平方米，可再生能源应用占比达到40%，超过省里的既定目标。绿色建筑推广得到突破性进展，市湖景花苑17.6万平方米建设项目获得国家绿色建筑设计二星评价标识，为绿色建筑的推广应用起了示范作用。

（马丽云）

【建筑施工扬尘治理】　按照《河北省建筑施工扬尘治理15条措施》和《河北省建筑施工扬尘防治新15条标准》要求，加强建筑施工现场扬尘管控。一是多次召开会议，并下发一系列文件，安排部署扬尘治理工作，切实控制扬尘污染。二是按照扬尘治理相关要求，加强工程开工建设前扬尘治理验收工作，督促工程建设各方落实扬尘治理主体责任，不达标决不允许开工建设。三是加强建筑施工现场扬尘治理监督检查。2015年，共监管56个工程项目，建筑面积360万平方米，检查中发现扬尘污染问题269项，下发监督记录77份，督促施工企业及时整改到位。四是空气出现重污染时，按照上级要求，及时启动应急响应，要求施工工地落实相应扬尘防范措施，有效控制扬尘污染；同时，安排专门监督人员，对工地进行督导检查，确保防范措施落到实处。

（郭雨松）

【建筑行业协会】　3月3日，迁安市建筑行业协会换届，选举产生由企业家自主办会的新一届理事会，会长王爱章（迁安市德诚建筑有限公司董事长），副会长张健（迁安市鸿瑞建筑工程有限公司总经理）、邓文帼（迁安市奥特建筑有限公司董事长）、刘福增（迁安市忠德建业有限公司董事长）、王清宝（迁安市助信建筑有限责任公司总经理），副会长兼秘书长孟祥海（唐山市纪宇工程项目管理有限公司常务副总经理），副秘书长王长军（唐山惠隆建筑工程有限公司总经理），有理事30名，其中常务理事9名。5月，完成协会法人代表证书的更换和组织机构代码证的更换等工作，具备了独立的办公能力，组织开展了一系列协会活动。

4月29日，在河北省建筑业协会七届六次理事会暨会员代表大会上，迁安市建筑行业协会被省协会吸纳为河北省建筑业协会常务理事单位。协会积极参加省协会组织的各项会议、培训，根据河北省建筑业协会、唐山市建筑联合会有关文件精神，研究起草了《迁安市建筑工程水城杯奖（市优工程）评选办法》，在全市建筑行业广泛开展市级优良工程评选活动；在全市范围内广泛开展以争创“水城杯”（市级优质工程）为核心的争先创优活动，推动和促进全市建筑工程质量的全面提升。2015年，迁安市德诚建筑有限公司、鸿瑞建筑工程有限公司分别被省建筑业协会命名为“河北省先进建筑企业”，德诚建筑有限公司董事长王爱章、鸿瑞建筑工程有限公司总经理张健，获“河北省建筑业优秀企业管理者”称号，填补了迁安市的空白。

（高建国　蔡新颖）

环境保护

【概况】　2015年，全市继续以创建资源节约型、环境友好型社会为目标，以治污减排工作为重点，以大气污染防治为中心，扎实开展钢铁、焦化、水泥、热电、玻璃五大行业污染治理专项行动，强化减排工程建设，推动环境综合整治，全市环境质量明显提升。全年城区空气环境质量达到及优于二级天数166天，二级天数达标率45.5%，比上年提高5.8%；滦河出迁（迁安）口水质达到Ⅳ类标准，符合地表水水质要求。

【污染减排】　2015年，唐山市下达的迁安市四项主要污染物削减目标为：化学需氧量、氨氮、二氧化硫、氮氧化物分别削减1.5%、3.2%、6%、2%。据此目标，全市需净削减化学需氧量252.91吨、氨氮42.63吨、二氧化硫2973.03吨、氮氧化物633.25吨。结合实际，安排烧结及球团设备脱硫项目、首钢股份公司迁安钢铁公司、中化煤化工有限公司废水深度治理项目等减排工程21项，通过了环保部组织的减排核查，全市污染减排工作进展顺利。

【“五大行业”污染治理】　2015年，依据《京津冀及周边地区重点行业大气污染限期治理方案》和唐山市政府下达的整治任务要求，围绕料场封闭，高炉出铁场、转炉、烧结机、竖炉除尘改造，原料煤粉系统除尘改造，完善焦炉煤气脱硫设施，玻璃烟囱建设除尘脱硫设施等十大类项目，累计投资10.5亿元，完成278项污染治理任务，企业在污染治理设施的高标准配套上取得明显提升。五大行业企业全部开展清洁生产污染防治“对标”，评审的19家企业清洁生产审核全部通过专家验收，共实施清洁生产审核方案1027个，年产生经济效益4.8亿元，年节水684万吨，年节煤1.2亿吨，真正达到“节能、降耗、增效、减污”的目的。

【清洁生产审核】　为提高资源利用效率，从源头减少污染物产生，实现污染减排目标，加快企业合法化进程，推进企业依法管理和健康发展，6月，省环境保护厅组织专家对迁安市的清洁生产污染防治对标企业和清洁生产审核企业进行评估、验收，其中评审的19家清洁生产审核企业全部通过专家验收，21家清洁生产污染防治对标企业中6家企业通过专家评估，其余15家企业通过专家验收，验收文件已由省环境保护厅网站公布。2015年，省厅下达新的审核任务，确定首钢球团厂、葵花药业集团（唐山）有限公司、河北百善药业3家企业开展清洁生产审核，3家企业已与咨询服务机构签订服务合同，并在咨询服务机构指导下按照审核程序开展工作。至年底，3家审核企业审核工作已开展到方案实施阶段。

【大气污染防治】　2015年，市环保局以提升空气质量为目标，强力推进污染源综合整治，一是推进电力企业超低排放改造工作，涉及的大唐热电、恒辉热电2家企业均已按要求完成超低排放改造任务。二是加大燃煤锅炉整治力度，至年底，建成区内35家浴池的49台燃煤锅炉已全部淘汰，全市207台燃煤锅炉全部完成整治工作，超额完成唐山市下达的40台燃煤锅炉治理任务。三是加强散堆料场污染整治，督导全市43家散堆料场采取苫盖和建设防风抑尘网、密闭料棚等有效措施防止扬尘污染。四是深化采石场粉尘治理，取缔无环保设施的采石场23家，24家完成整治任务，8家采石场正在积极整改中。五是圆满完成中国人民抗日战争暨世界反法西斯战争胜利70周年纪念活动期间空气质量保障工作。按照上级要求，先后实施重点企业减产30%和50%、停产（焖炉）等减排措施，136家重点企业、挥发性有机物生产工序等按要求积极响应，安全有序地完成活动期间下达的各项减排任务。六是全力做好重污染天气应对工作。进一步修订完善《迁安市重污染天气应急预案》，按上级要求，年内，累计启动12次重污染天气应急响应，实施重污染企业错峰错时生产，及时有效应对重污染天气。

【环境综合整治工作】 1. 加强畜禽养殖场污染治理。2015年，印发《迁安市畜禽养殖业污染治理实施方案》和《迁安市畜禽养殖场污染治理技术要点》，明确2015年畜禽养殖企业污染治理重点工作任务和目标，提出实现畜禽养殖污染物减量化、无害化和资源化的具体要求。至年底，有8家养殖场基本完成污染治理任务。2. 加强环境风险企业监管，加快突发环境事件应急预案体系建设。全市185家企事业单位编制备案环境应急预案，其中省厅备案24家、唐山市环保局备案22家、迁安市本级备案128家。3. 加强全市放射源监管。每月督导检查，将节假日、重大活动作为重点，督导检查并下达辐射安全管理通知。全市所有放射源和射线装置使用单位均做到安全、有序、合规管理。4. 做好危险废物管理。2015年，完成危险废物审批30批次，转移危险废物907.16吨。

【建设项目审批】 2015年，审批建设项目142个，全部建设项目总投资188亿元，建设项目环保审批把关率100%，无误批、错批现象发生。拒批不符合政策要求的环评项目，做好建设项目竣工验收和“三同时”管理工作，确保建设项目应配套的污染治理设施与主体工程同时设计、同时施工、同时投入使用。

【排污收费工作】 认真贯彻落实国务院《排污费征收使用管理条例》和省发展和改革委员会、省财政厅、省环境保护厅《关于调整排污费收费标准等有关问题的通知》要求，充分利用价格手段推进企业污染治理，排污费征收实行按量征收、超标加倍的办法。2015年，完成征收排污费8206.03万元。

【环境监测】 2015年，共获监测数据60381个。包括污染源常规监测269次（其中国、省控21家废气污染源、8家废水污染源每季监测1次），获得监测数据39088个；对比监测168次，获监测数据10400个；委托监测（包括信访监测）82次，获监测数据2107个；排污许可证监测52家，获监测数据3112个；验收监测59家，获监测数据5674个。共收缴监测费670余万元。按照监测规范要求，完成大气环境、水环境、声环境、大气降水等环境质量监测，并将大气环境质量、地表水、噪声、大气降水监测结果以及分析报告上报省环境监测中心站，同时抄报唐山市环境监测中心站。加强全市重点企业常规监测工作，对影响全市环境质量的污染源进行定期和不定期监测，对重点工业污染企业的排放情况进行跟踪监测，加强对重点污染源排放废水、废气的监测力度。

【在线监测体系建设】 完善污染源在线监控体系，2015年，对全市4家重点排污企业下达18套污染源自动监控设施安装任务。同时，为充分发挥监控（信息）中心的监控作用，对在线监控数据超标、在线数据反映治理设施不正常运行、视频监控发现违法排污的企业进行通报，并责令停产整改。

【环境信访案件查处】 从查处一个信访案件、消灭一个污染源、保护一方好环境的目的出发，对领导关注、群众反映强烈的排污企业坚决治理到位。2015年，接待处理群众来信来访案件442起。对信访案件的查处，增强了企业的主动治污意识，密切了企业与群众关系，促进了污染物达标排放。

【环境监管】 1. 开展污染治理督导监管工作。2015年，市环保局围绕污染治理这条主线，扎实深入开展污染治理攻坚行动。组成7个督导组，逐家企业明确包企责任人，制定入企日程安排，签订责任状，深入企业督导污染治理工作。2. 开展环境保护大检查专项行动。年内，全市累计出动4901人次，出动车辆1093台次，检查企业1249家。重点对钢铁、焦化、水泥、造纸等行业进行现场检查，查处环境违法案件63起，其中自觉缴纳49起、收缴罚款328.2万元，移送法院强制执行的14起，下达停止排污决定书394份。行政拘留11起，刑事立案2起，有力震慑了违法排污行为。3. 开展春季巡查和严厉打击违法排污专项行动。制定《2015年春季巡查实施方案》，市环保局、公安局联合印发《关于严厉打击违法排污专项行动的通知》，对全市违法排污行为进行全面检查，累计出动执法人员129人次，检查重点企业67家次，有效震慑了偷排偷放行为。4. 全面开展企业环境管理自律体系建设工作。全市36家重点企业的环境监管自律体系建设工作有序开展，23家国、省控污染源已完成环境监管自律体系手册及相关制度的建立。5. 不断推动网格化监管。编制网格化管理实施方案，明确网格职责，搭建网格化管理平台，推进分级负责、无缝对接、全面覆盖、责任到人的环境监管体系建设。

【环境宣传】 开展丰富多彩的环保宣传教育活动。组织环保宣传进机关、进企业、进农村、进社区、进学校，发放宣传彩页1万张、环保知识宣传册2000册、环保购物袋1800个，悬挂环保宣传条幅7条，陈列看板30个，并组织以“践行绿色生活”为主题的环保签名活动。在活动现场设立环保咨询服务站，向市民讲解相关环保法律法规及环保知识，同时，解答咨询，受理投诉。此外，利用6辆流动宣传车、市内6个电子大屏幕滚动播放环保宣传标语、环保专题视频片。

市环保局

局　　长　王　钧（8月离）
　　　　　　李志勇（8月任）
副 局 长　王岩桐（7月离）　王贺平
　　　　　　孟凡波　李　兴　张绍伟
主任科员　史晓东
副主任科员　朱广力

（姚宏伟）

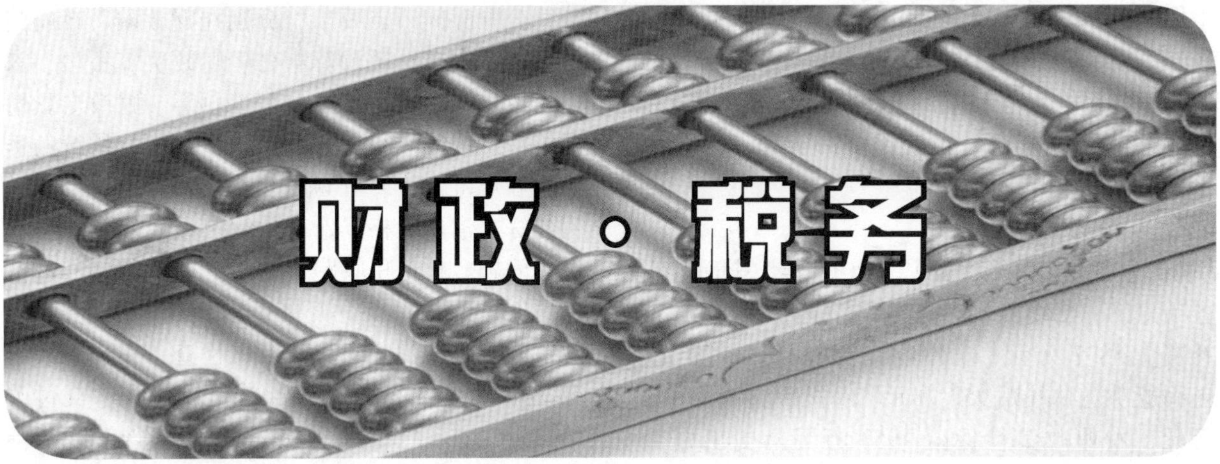

财政·税务

财　政

【概况】　2015年，全市实现全部财政收入61.9亿元，比上年下降4.5%；公共财政预算收入35.2亿元，比上年增长0.03%，结束两年连续下滑的历史；基金收入13亿元（含社保基金），比上年下降79.7%。公共财政预算支出58.9亿元，比上年增长21.2%。强化财政收入征管，加强税费征管调度，加大对重点行业、重点税（费）源、重点税（费）种的征管力度，开展涉税土地清查，深入挖掘财政增收潜力，为各项事业发展提供坚实财力保障。严格财政票据管理，认真落实收支两条线规定，督促各执收部门认真把握时间进度，加强国土、水务、环保等重点领域的非税收入征缴，全年完成非税收入96680万元，同比增长23.7%。2010年起，财政始终把组织收入作为中心任务，积极应对经济持续下滑的影响，深挖财源潜力，5年来，一般公共预算收入规模实现177.3亿元，是上个五年的2.1倍，年均增长11.7%。

【坚持教育优先发展】　2015年，财政用于教育的支出达到13.4亿元，占全市支出的22.8%。其中支出义务教育保障机制改革资金7192万元，确保全市中小学校正常运转；安排义务教育阶段教科书款900万元，为7.8万名中小学生免费提供教科书；安排“一免两补”（免除学生住宿费，对困难学生给予生活费、交通费补助）及学生资助政策资金320万元，对7846名寄宿生和2300名贫困寄宿生进行资助；支出资金9795万元，实施中小幼儿园改造、新建第七实验小学、18所学校食堂改造、一中西校区操场、教育装备购置等项目建设，改善了全市办学条件。

【加大社会保障投入】　2015年，社会保障总支出6亿元，占全市公共财政支出的9%。确保“老有所养”，实现城乡居民养老保险全覆盖。2015年，城乡居民社会养老保险财政补贴共计1.66亿元，城乡居民参保人数共32.5万人，占符合参保人数的98.9%。确保“病有所医”，实现城乡医疗保险全覆盖。安排财政补助资金2.22亿元，2015年，城乡居民基本医疗参保人数达到58.3万人，全年住院及门诊补偿共计2.69亿元。实行“雪中送炭”，扶危救困。落实城乡低保资金4250万元，有效保障了城乡低保对象19103人的基本生活；发放五保户供养金1150万元，供养对象1908人；拨付城乡医疗救助资金1207万元，受益群众7.15万人。确保“住有所居”，推进保障性安居工程建设。2015年，财政拨付资金4105万元用于棚户区改造，改造住房6046套。拨付农村危房改造和残疾人危房改造资金1532万元，缓解低收入家庭住房问题。

【支持医疗卫生事业发展】　2015年，医疗卫生总支出6.5亿元，占全市公共财政支出的9.7%。加大医疗卫生基础设施建设投入。安排资金7600万元，用于市中医院搬迁建设。积极支持医药卫生体制改革。安排资金5195万元，对基层卫生医疗机构实施基本药物制度经费补偿，确保基层卫生医疗机构正常运转。支出市级公立医院药品加成补贴1434万元，加快推进市级公立医院取消药品加成收入改革。

【确保惠农政策落到实处】 2015年，全面落实各项惠民补贴政策，兑现农民粮食直补和综合直补资金3837万元、农作物良种补贴682万元，巩固退耕还林补贴959万元、农机购置补贴132万元、农业政策性保险1953万元。支出资金6987万元，保证村干部工资、大学生村官工资正常发放，支出资金2960万元用于乡村道路修缮维护，支出资金2370万元用于农村环境卫生综合整治，维护农村社会稳定，改善了农村面貌，提升了农村群众生活质量。

【国有资产经营管理】 加快推进国有资产经营管理改革，通过公开竞租、公开拍卖等方式，加强经营性资产的管理和闲置资产的处理，确保国有资产保值增值。全年实现国有资本经营收入1.1亿元；推进行政事业单位资产信息化平台建设，提升行政事业单位国有资产管理水平。

【财政投资评审及政府采购工作】 2015年，财政投资评审成效明显，对722个财政支出项目进行严格评审，送审额38837万元，审减金额8544万元，审减率22%。严格执行政府采购法规，进一步完善审批制度，规范政府采购程序，拓宽采购范围。全市完成采购3.6亿元，节约资金6812万元，节支率15.9%。

【财政管理改革】 1. 加强预算管理改革。全面落实新《中华人民共和国预算法》，严格执行新的预算编制模式，在预算编审上逐单位、逐项目核定；将年度提前下达的转移支付资金全部纳入年度预算，增强预算编制的科学性和完整性；严格预算执行管理，杜绝不必要预算追加，增强财政预算执行的刚性和到位率；坚持厉行节约，全年调度盘活存量资金超17亿元，财政资金使用效益显著提高。2. 推进财政信息公开。严格按照预算公开时间节点要求，分别在财政网、政府门户网站对全市财政预算报告、财政决算报告、部门财政信息以及“三公”经费预算、财政专款情况等信息内容进行公开公示，增强预算执行的透明度和规范性。3. 不断加大综合治税力度。着眼构建综合治税大格局，努力解决涉税信息不畅等突出问题，杜绝税收跑冒滴漏。2015年，通过信息比对，源头挖税，开展以地控税、以电控税、建筑施工企业税收清理等专项检查，实现税收增缴3157万元。4. 继续深化推进国库集中支付改革，确保财政资金安全高效。公务卡改革稳步推进，全年办理公务卡3286张，累计支付金额1460万元；全面开展国库集中支付电子化改革，新电子支付系统将于2016年度正式运行，预算单位将实现线上报账。5. 农村综合改革工作取得突破。审查实施“一事一议”财政奖补项目，争取省级奖补资金1880万元，市本级补助80万元，重点支持了83个村722个项目建设。6. 扎实开展财政监督检查。积极配合国家审计署、省环保厅、唐山市审计局开展财政专项检查，开展12项专项资金绩效监督检查，有效地维护了全市财经秩序。7. 加强会计管理。完成本年度会计继续教育学习7747人次，完成对20家预算单位账务和会计基础工作的检查。

市财政局
局　　长　孔祥会
副 局 长　宋志勇　郭玉金　李东林
主任科员　苗福悦（11月离）　李晓明
非税收入管理局局长　马桂存
支付中心主任　彭琳娜（女）

（张春光）

国　　税

【组织收入】 2015年，市国税局把组织收入作为第一要务，坚持“收入第一、征管首位”的工作思想，群策群力，坚持向政策、向管理、向评估稽查要收入，较好地完成了税收任务。全年完成大口径税收收入26.71亿元，比上年下降1.7%；完成公共财政预算收入5.4亿元，同比下降2.5%。

【税收管理】 推行税收征管规范和“金税三期”工作。按照省、唐山市局工作要求，对照“征管规范”规定的11个业务领域，实施归口管理、分工负责，强化纳税服务规范与征管工作规范的衔接，协调推进征管规范与“金税三期”的对接，把规范中规定的事项全面落实到征管业务中。在整个“金税三期”的推行过程中，上下联动，内外协调，在顺利完成“金税三期”双轨测试、压力测试、重点业务测试、系统问题回归测试、全量双轨运行等内容后，9月8日，市国税局“金税三期”单轨运行成功上线，各项业务平稳开展，上线第一天共处理税务登记23笔，受理纳税申报90笔，网上申报365笔，征收税款654.7万元。加强国地税合作。贯彻执行《国家税务局地方税务局合作工作规范（1.0版）》，召开国地税联席会议，梳理国地税合作事宜。联合办理税务登记证，推进工商、税务和质检“三证合一”，共协同办理登记1982户次，变更登记1489户次，注销登记967户次；联合开展户籍管理，定期交换开业、变更、停业、注销和外出经营等户籍管理信息，同步开展非正常户的清理工作；联合开展税收定额核定，依托综合治税平台每月交换信息；联合发布欠税公告，加强欠税的规范化、程序化管理；联合制订税收风险管理年度合作计划，建立税收风险联合分析小组，定期召开税收形势分析研讨会，掌握组织收入主动权。全年国地税共对26户纳税人联合进行纳税评估，补缴税款332万元，加收滞纳金12万元，地税同时补缴城建税和教育费附加。推行网上办税服务厅工作。根据网厅所能实现的业务领域，确定以小规模增值税申报为重点，提高网厅登陆使用率，引导所有纳税人在网上办税服务厅办理登记、发票、申报、缴税，三方协议签约和验证、财务会计制度备案、存款账户报告、发票验旧等业务。2015年，登陆户数3.4万户次，登录率47.5%；登陆使用户数2.8万户次，登陆使用率39.6%。抓好纳税评估。采取直评、自评、交叉互评等方法，对零负申报、低税负企业、常亏不倒企业、减免税企业、3个月申报异常和低于唐山市行业预警税负的企业重点评估。向以前年度延伸，挖掘税源，以评促收。全年办结各类分险应对任务352户次，有问题率73%，查补税款2950万元，加收滞纳金158万元，评估入库税款贡献率1.13%，调减留抵税额4596万元，进项税额转出268万元。

【税源管理】 按所辖税源变化特点及重点企业生产、经营和资金动态等情况，逐级分解税收任务，具体落实到每个基层分局、每名税收管理员、每户纳税人、每个税种，保证组织收入工作顺利开展。全面落实《重点税源行业纳税评估预警监控管理办法》，及时采集重点税源监控数据和以电控税信息，适时开展纳税评估和税务稽查，进一步整顿重点行业、重点税源纳税秩序。

【税种管理】 在货物劳务税管理上，年初，将车购税入驻车管所，实现缴税、上牌的“无缝对接”，既方便与公安部门信息共享，又防范了未缴车购税直接办理车辆注册的风险。全年累计办理车购税申报纳税业务1.5万户次，征收车购税1.1亿元。完成“营改增”纳税人的数据信息采集调查核实录入审核工作，将82户交通运输企业（其中小规模企业17家）纳入营改增管理信息系统。认真开展增值税核查系统异常发票数据核查工作，共核查异常发票191份，入库税款1076万元。扎实做好增值税发票升级版推行工作，将辖区内的存量一般纳税人1603户（其中代理开票户342户）、起征点以上小规模纳税人867户纳入系统，强化金税信息的应用。加强增值税进销数据分析监控系统的管理工作，扩大应用范围和信息采集面，共有2140户一般纳税人纳入增值税进销数据分析监控系统。开展货运、粮食、纺织、钢材和总局特别关注企业涉税风险专项核查工作，发现风险企业28家，共补缴税款50万元，滞纳金2.5万元。对辖区内4家酒类企业消费税进行专项评估，共补缴消费税17万元、滞纳金1万元。在企业所得税管理上，认真开展2014年度企业所得税汇算清缴工作，所得税汇算清缴纳税人2226户，其中盈利1206户、亏损97户，盈利面54%，汇算清缴税款7478万元。认真开展企业所得税专项评估工作，共评估40户，调增应纳税所得额7123万元，弥补亏损

2208万元，入库企业所得税税款1228万元，滞纳金19.5万元。在大企业和国际税收管理上，对2014年度年纳税2000万元以上大企业开展税收自查，共自查补税3万元、滞纳金0.27万元。开展关联交易申报、审核分析工作，与所得税年度汇算清缴工作相结合，统一安排部署，2014年度关联企业申报1486家，申报率100%。加强非居民税收管理，与外汇管理、工商、商务等相关部门及时进行信息交换，全年非居民企业累计入库所得税499万元，增值税20万元，非居民税收大幅提高。

【税收优惠政策】 落实各项减免税政策，办理民政福利即征即退增值税672万元；落实结构性减税，固定资产抵扣税款3.2亿元，小微企业增值税免税1110万元，其中个体工商户有1.4万户次，享受免征增值税984.1万元，小规模企业减免增值税2966户次，享受免征增值税126万元，政策优惠面达到100%。落实小型微利企业所得税优惠政策，享受优惠企业826家，政策受惠面100%，减免税额269万元；落实固定资产加速折旧政策，全市有272家企业申报享受该政策，加速折旧金额197万元，加速折旧优惠面100%。

【纳税服务】 1. 开展纳税人暖心服务。改善办税环境，将办税服务设备上档升级，在办税等候区增设两台液晶显示屏，进行税法宣传；将自助办税区的打印机升级为扫描、复印、打印一体机，鼓励纳税人自助办税；增设两台职能教学设备，循环播放教学视频，为纳税人解惑答疑；准备便民箱等日常用具，供纳税人免费使用。积极探索外包服务，委托第三方招录服务人员。严格落实首问责任制和“一次性告知”制度，落实办税服务厅局领导值班制度和突发事件应急管理制度。公开行政审批目录，全面落实“一站式”服务，对审批事项实行办税服务厅“窗口受理、内部流转、限时办结、窗口出件”的流转模式。2. 开启便民办税新模式。积极开启“互联网+便民办税”模式，全力推行网上代开发票申请系统、“掌上河北国税”，在办税厅全面开放WIFI，设置一次性告知二维码，全方位向纳税人推送税收咨询、业务服务、政策解读、税法宣讲、国税动态等，为纳税人提供“指尖上的服务”。加强与地税部门合作，确定10类纳税服务合作项目，让纳税人“进一家门办两家事”。与地税联合开展2014年度纳税信用评价工作，共评出A级企业10家、B级企业1389家、C级企业412家、D级企业2家，按规定分别对A、B、C、D级纳税人实施分类服务和管理。落实《全国县级税务机关纳税服务规范》，抓好业务知识培训，加大对纳税人的宣传力度，及时做好跟踪问效，收集意见和建议，办税服务质效全面提升。3. 维护纳税人合法权益。做好纳税人满意度调查工作，通过现场回访、电话回访、实地回访等，进行纳税服务质量回访，共回访纳税人2200户次，征集并解决需求20余项。推进纳税人学堂建设，以网上办税、“春风行动”便民举措、纳税人满意度调查常识、“营改增”政策、小微企业及固定资产加速折旧优惠政策、增值税发票系统一般纳税人及存量小规模纳税人升级为重点培训内容，全年组织培训49课时，培训1.1万户次。

【党风廉政建设】 1. 健全责任体系，明晰责任链条。紧扣知责、履责、问责，健全责任运行机制。认真落实党风廉政建设责任制，实行廉政风险清单机制。横向上，形成征、管、评、查等部门各司其职、各负其责、密切配合、信息共享的工作格局；纵向上，形成宏观找问题、微观找原因、全员抓整改的上下联动、层级管理体系，将管事与管人、管业务与管党风廉政建设相结合。2. 开展学习教育，推进廉洁自律。开展以加强党纪党规和廉洁自律为主要内容的专题培训，增强干部廉政意识。创办《廉政建设（半月刊）》，供全员阅读，已刊发20期，10万余字，发放3180份。成立“迁安市国税局行风互动平台”，通过短息推送和实地走访，征求义务监察员的意见建议，累计推送短信56条，征求意见4条。充实廉政网页内容，以开展廉政文化作品征集活动为抓手，征集作品30件，在全局上下营造一种健康向上、风清气正的良好氛围。3. 抓好内控机制，防范执法风险。设置59项风险指标，实现“预警、推送、阻断”三类防控措施。对税收执法权重点岗位和关键环节风险点事项全程防控，全年共有风险点操作5078次，阻断92次，预警17次，推送任务5条。4. 从严执纪，把纪律和规矩挺在前面。坚持纪在法前，认真落实《廉洁自律准则》和《纪律处分条例》等法规要求。全面落实中央“八项规定”，纠正“四风”，对办公用房清理腾退、基本建设管理、出国（境）管理、公务用车、公务接待、“三公”经费、会议费、培训费管理、津补贴发放、小金库清理、廉洁自律执行、存在问题整改落实情况12项内容进行全面细致地清理检查和自查自纠。清理腾退办公用房面积473.93平方米；公务接待费支出5.1万元，同比减少80%；公车运行费支出29.6万元，同比减少48.6%；会议费支出2.9万元，同比减少58%。针对发现的问题，进一步严肃作风纪律工作，规范请销假制度，统一使用《临时离岗外出登记薄》，做到所有人员活动留痕管理；建立《AB岗报告表》《请销假月报表》制度，确保层层落实，形成常态化管理机制。实行出勤月报告制度。完善《政务值班管理制度》《机关财务管理制度》和《公务车辆管理制度》等，对全系统的各个管理部位强化制度规范。开展执法监察，对连续3个月超定额未重新核定的定期定额户管理情况进行立项监督工作，对14户个体户调高纳税定额，提出监察建议并被采纳28条，责令14名税收管理员写出书面检查。

市国税局
局　　长　周殿新
副 局 长　张启余　陈　雷　张玉春　徐佐林
纪检组长　李雪光

（邢玉佳）

地　　税

【概况】　2015年，迁安地税系统组织各项收入33.75亿元，入库税收25.47亿元，其中公共财政预算收入20.1亿元。入库其他收入8.28亿元，其中社保费入库6.76亿元。

由于受严峻复杂的宏观经济形势影响，组织收入工作遇到前所未有的困难和挑战，地税系统按照省局总体思路，将省、唐山市地税局工作部署与地方经济发展战略紧密结合，积极应对经济新常态，千方百计组织税费收入，全面落实税收政策，进一步强化税收征管，优化纳税服务。同时，加强班子队伍建设，继续坚持“道德立局，文化强局，人才兴局”理念，提高整体素质。一是加强培训辅导，提升全员综合素质。举办税收执法风险讲座，组织开展一线执法人员法规业务辅导，组织法规知识竞赛，提升全员法律素质。加强青年干部培训，青年干部税收业务水平和岗位技能稳步提升。在12月唐山地税系统青年干部业务知识考试中，迁安地税局青年干部获团体总分第二名。二是选拔任用干部，进行岗位调整，激发干部活力。10月，选配8名正股级干部，对4名分局长进行内部交流，调动干部工作积极性，增强工作活力。三是开展“三严三实”专题教育和解放思想大讨论活动，加强党建工作。组织“‘三严三实’专题教育辅导讲座”，每名党员撰写学习笔记和读书心得，提升思想政治觉悟和政治理论水平。

【税源管理】　注重调研评估，强化税源监控管理。重点监控53家大企业，全面掌握大企业税源底数。在房地产业、建筑业、铁矿业等行业中，选取有代表性的企业，开展纳税评估。组织开展“以地控税”治理行动、个体和专业市场税收治理行动、商业房屋出租税收整治活动、股权转让税收治理活动、政府投资项目和财政补贴资金源头控税专项行动“五项税收治理”活动，进一步规范纳税行为，提高税收征管水平和纳税人税法遵从度。采取以上举措，进一步强化了税源管理。

【税收征管】　继续强化日常征管数据监控，利用“监控软件”平台，及时发现错误数据并整改，减少征管数据差错率。落实日查询制度、周通报制度，对错误数据及时督导整改。举全局之力，开展城镇土地使用税清理活动。开展土地税税源调查测算，对涉税土地面积进行全面清查和数据比对分析，并协同各乡镇部门清缴土地使用税。摸清了土地使用税税源底数，夯实了征管基础。全年入库土地使用税4.96亿元，同比增收1.88亿元，增幅61.3%。加强宣传督导，开展营业税专项清理工作。全年清理入库营业税1.33亿元，成效显著，为2016年地方财政预算收入基数奠定了坚实基础。实施上述措施，使地税系统征管质效得到有效提升。

【稽查工作】 全年稽查累计查补入库各项收入514.23万元。查处大案要案1起，查补入库总额184.3万元，其中税款87.73万元、罚款58.54万元、滞纳金38.03万元。打击发票违法行为，查处非法发票23份，罚款1500元。受理并查处举报案件13起，查补入库税款、滞纳金、罚款合计184.37万元。组织开展房地产业、建筑安装业等税收专项检查和区域税收专项整治工作，入库各项税款及滞纳金、罚款总计302.94万元，发挥了税务稽查震慑作用，进一步整顿了行业税收秩序。建立健全国地税稽查部门联席会议制度、联合办案管理制度、涉税案件查处信息和情报交换制度，进一步规范联合执法。稽查部门加强与税政、征管和税源监控等部门沟通联系，向管理分局传递征管建议2户，促进了征管稽查的良性互动。

【社保费征缴】 2015年，征收社会保险费6.76亿元，其中基本养老保险费6.41亿元，失业保险费3443万元。结合税收征管，深化社保费征缴管理。加强日常辅导和巡查，强化费源管理，建立费源分级监控制度。强化欠费清理，按月查询欠费情况，通过实地核查和部门联合追缴欠费。建立征缴信息传递制度，通过联合社保部门，按月比对申报、入库数据，确保费款足额征缴到位。

【纳税服务】 推广“e税通”手机办税终端服务，实现涉税事项的掌上办理。在办税服务厅建立“e税通”绿色服务通道，为纳税人提供快捷、优质、高效的办税服务。同时，采取多项举措，提升税收服务水平。1. 以推广《全国税务机关纳税服务规范（2.1版）》为抓手，规范纳税服务工作，提升纳税服务质效。2. 办税服务厅应急管理工作得到唐山市地税局主管局长的批示。一是组织学习，增强办税服务人员应急管理知识储备；二是模拟演练，预警研判和应急处置，强化应急管理实际运用，提升应急管理综合能力。3. 纳税人投诉、举报案件得到及时、快速办理。全年受理“12366”纳税服务热线举报投诉案件7起，其中举报案件6起、投诉案件1起，办结率100%。4. 严格落实税收优惠政策，服务地方经济发展。年内，受理审核各类减免税51家，减免税款4512.6万元，其中小微企业587家，减免税款71.98万元，助推了企业发展。

市地税局

局　　长　康煜星（11月离）
　　　　　　边进波（11月任）
副 局 长　张树林（6月离）
　　　　　　张卫东（6月任）
　　　　　　靳向军　梅东付
纪检组长　韩　军（6月离）
　　　　　　刘大林（6月任）
稽查局局长　李志新（6月离）
　　　　　　董汉彪（6～12月）
　　　　　　刘立军（12月任）

（李玉柱）

商务工作

【概况】 2015年，面对宏观经济持续低迷的严峻挑战，全市商务工作按照稳中求进的主基调，以外经贸、商务执法为重点，实现进出口总值23.5亿美元，同比下降11.8%，进出口总值居唐山各县（市）区第一。进口总额18.5亿美元，同比下降18.2%；出口总额4.95亿美元，同比增长25.4%。全年实现社会消费品零售总额223.2亿元，同比增长9.7%，增速居唐山市各县（市）区之首。

外贸出口逆势上扬。一是加强服务与指导。积极组织进出口企业参加经济技术交流会、银企对接会、进出口业务培训会，支持企业发展。二是帮助企业争取上级扶持资金。全年共争取外贸发展专项资金（提升国际化经营能力）23.96万元，为河北彦博彩涂板业有限公司申请建设费用贴息169.5万元，为燕钢、九江、中汇贸易三家企业申报铁矿石进口贴息专项资金734.94万元。2015年，全市外贸出口区域实现多元化，遍及31个国家和地区；出口总额同比增长25.4%，累计4.95亿美元，是唐山市下达目标（4.15亿美元）的119%。

农村电子商务迅猛发展。1. 建立专门组织，制定出台《迁安市电子商务进农村综合示范工作实施方案》。2. 联合市财政局、行政服务中心、采购办等单位，研究、制定了项目评审要求、报名方法和评审办法，并在政府网站公布。3. 加快农村电商体系建设。构建了电商综合服务中心、迁安电商谷、迁安市电子商务信息平台、迁安市物流信息平台为主的“一中心三平台”体系，建成1个市级物流配送分拨中心、13个镇级物流中心和398个村级电商服务站。4. 加强专业人才培训。组织开展电商企业、村级电商服务站人员统一培训，大中专毕业生、社会青年、复退军人、残疾人免费培训等活动，累计培训3240人次。2015年，全市电子商务迅猛发展，国内知名电商——乐村淘、淘实惠先后落户，爱米网、小鸟商城、东安易购、北购+、乐丫微商、时光电子商务、微果品O2O、民乐BBC、上德缘网、万嘉云等相继上线，安排就业2300人。

商贸流通秩序持续好转。一是加强市场体系建设及市场供应。联合市场中心对全市农贸市场进行调查摸底，向上级申报乡镇升级改造农贸市场3个。全力保障节日市场供应，制定下发节日市场供应应急方案，实时监测市场运行数据，督导企业备足货源，确保节假日期间价格稳定、货源充足。二是严厉打击侵权和假冒伪劣行为。印发《迁安市农村和城乡结合部市场假冒伪劣专项整治实施方案》，联合市市场监督管理局、质监局、农牧局对农村和城乡结合部市场涉农商品进行执法大检查，整顿规范涉农商品市场，协调处理举报案件102起。积极推动“两法衔接”工作，建立打击侵权假冒领域行政执法与刑事司法衔接工作制度，通过“两法衔接”信息共享平台录入上传案件240起。三是加大商务执法检查力度。累计处理酒类案件78起、成品油案件48

起、再生资源案件2起、生猪屠宰案件1起；“瘦肉精”抽肝送检2个批次，发放快速检测卡1万余份，完成快速抽检8000个批次；开展食品安全周活动，发放食品安全宣传单3000余份，解答相关问题20余个。四是抓好安全生产工作。牢固树立安全生产责任意识，与企业签订安全生产责任状，落实安全生产责任。深入开展安全生产隐患大排查、电梯安全专项治理等专项活动，累计开展消防安全演练活动10次，组织2560名员工参加演练；累计检查和整改安全生产隐患50余处，刊发《迁安商务》安全生产通报10期。广泛宣传新《中华人民共和国安全生产法》，重点针对商务局机关工作人员、企业安全生产管理者、企业员工开展宣讲暨警示教育活动；组织开展“安全生产月”咨询活动，发放宣传材料2000份。

商贸品牌建设扎实推进。一是协助红星美凯龙、天洋广场等企业招商，累计引进国际国内知名品牌230余个。二是组织商贸企业参加各类展会，提升品牌知名度。先后组织龙泽谷国际酒庄、贯头山酒业等企业参加中国国际酒类博览会、河北省第九届品牌节等活动，其中龙泽谷国际酒庄获“2015河北名片”称号。三是推动餐饮业健康发展。实施绿色早餐工程，以乐丫生态酒店中央厨房为加工配送中心，投放10辆早餐车，服务32个居民小区。举办迁安市“红高粱杯”面点厨艺大赛，评选出迁安五大“金牌面点”餐饮企业。组织锦江饭店等4家国家级钻级酒家进行旅游定点餐馆申报，进一步提升酒店的知名度。

行政审批及商贸市场监管有序进行。全部20项行政服务事项入驻市政务服务中心，实现一个窗口办理，累计办理审批子项519项，受理事件办结率100%。强化加油站、拍卖行、典当行的监管力度，逐一检查、审核、验收加油站手续，取缔无手续加油点2个、“黑油罐车”5辆；下发《关于整顿成品油市场秩序加快油品质量升级的通告》150份，督导全市146个加油站进行油气回收改造，关停超范围经营、未安装油气回收的站点，成品油市场大气污染综合治理取得预期成效。

【爱米网在迁安市上线】 8月16日，计划总投资1.4亿元、由大崔庄镇引进的省内首家大型电商平台——爱米网在迁安市上线。市政府副市长马文柏出席河北爱米网电子商务有限公司启动仪式。公司是全省大型OTO电子商务企业之一，农村电子商务的先行者，2015年2月成立，注册资金1000万元，位于宏宇电器负1层，是一家网络销售平台，从事零售、物流等众多业务的电子商务公司，致力打造迁安人自己的购物网站。由阿里巴巴提供网络技术支持，建设1200平方米实体展厅和5万平方米的仓储物流中心，在市区及全市500个行政村布点，辐射带动周边县市区，建立农村电子商务服务站，开拓农村电子商务市场，形成以市区为中心、推动千村联动的电商新格局，打造集网络平台、仓储、物流于一体的电商集散与信息服务中心。项目于2015年3月开工建设，至年底，初步建成19个乡镇推广站，拥有219个镇乡推广员。爱米网在线销售优质的3C（即中国强制性产品认证）产品，涉及家电、数码通信、日用百货、服装服饰、食品、母婴用品等数十类超过100万种优质产品，并开创性推出实体店体验加网上消费支付购买的OTO消费模式。年可实现营业收入4000万元，利润600万元，安排就业300人。

【唐秦地区首家“京东帮迁安服务店”应运而生】

为践行国家“电子商务进农村”和京东渠道下沉两大战略，打通农村电子商务“最后一公里”服务，“京东帮服务店”应运而生。它是为县域及农村消费者提供代客下单以及大件商品送货、安装、维修、退换一站式服务的京东授权服务合作商。唐秦地区首家“京东帮迁安服务店”于2015年1月30日起运营，得到市域内京东粉丝的一致追捧和广大农村买家的一致好评。至年底，服务店完成3000余笔订单，实现销售收入400多万元。“京东帮迁安服务店”经理李静介绍：“关于网购，消费者并不陌生，但购买大件商品尤其是家用电器，消费者的顾虑就是在网上购买售后服务不方便，有了质量问题怕没人管。‘京东帮迁安服务店’为了打消消费者的顾虑，实行30天有产品质量问题用户可以选择退货。30天的价格保护，买贵退差价。180天有产品质量问题用户可选择换货。这是其他电商根本做不到的。”

【河北乐村淘村镇电子商务平台投入运营】 10月16日，河北乐村淘村镇电子商务平台暨迁安市农村电商配送中心运营启动仪式在迁安市电商物流配送中心举行，标志着河北乐村淘村镇电子商务平台在迁安正式投入运营。乐村淘是中国第一家村镇O2O电商平台，是将中国现有的村镇小卖铺升级改造为乐村淘线下体验店，通过体验店帮助农民实现网上购物和网上销售农产品。用户所有的交易在线上下单支付，在线下享受优质的服务，形成一个闭合的“商流、物流、信息流、资金流”的全生态系统。唐山市东安超商有限责任公司历经十几年发展，已成为以零售业为核心，商业地产、商业金融、物流配送、电子商务为支撑的商贸企业集团，在当前“互联网+”的大趋势下，公司积极探索转型发展之路，加盟乐村淘，成为河北总代理和河北第一家县级加盟公司，建设了服务于河北广大农村的村镇O2O电商平台和迁安市农村电商物流配送中心，将河北现有村镇小卖铺升级为乐村淘线下体验店，通过体验店和独特的“乐6集”等模式让农民实现网上赶大集，帮助农民实现网上购物和网上销售农产品，并实现金融贷款、劳务输出、代购代缴等功能。启动仪式后，举办了借势“互联网+”开启县域电商新未来峰会暨河北乐村淘项目说明会，来自全省各县（市）区县级以上的24家企业与河北乐村淘网络科技有限公司签订了加盟协议。

（穆德朋）

商品市场

【北购商场】 河北省迁安市北购商场有限责任公司，位于迁安市兴安大街中段南侧，成立于2008年，占地面积1万多平方米，总建筑面积2万多平方米，固定资产两亿多元，拥有职工1500多人，是一家服务设施完善、运营设备先进、购物环境优美的现代化综合性商场。北购商场以打造百年老店为目标，始终贯彻“顾客至上、信誉第一”的服务理念，坚持“以质量求生存，以诚信求发展”的经营理念，树立“引领时尚消费，倡导精致生活”的消费宗旨，精心打造品牌商场、和谐商场。公司在北购商场、众购商场稳步发展的基础上，先后创建北购超市燕钢分店、碧水花苑分店、轩和家园分店、金水豪庭分店等几十家生活连锁超市。2015年7月1日，北购家电子商务有限公司正式上线，线下购物在北购，线上购物北购家，北购家的上线运营，为广大消费者提供了更加快捷、便利的服务。北购商场的崛起和迅猛发展为迁安商贸物流业的发展做出了突出贡献，使之成为迁安商业界一颗璀璨的明珠。2015年，销售总额6971万元，利润87万元，上缴税金147万元。

【东安超商】 唐山市东安超商有限责任公司前身为百货服装店，始建于1994年4月，1999年11月创立公司，位于迁安市兴安大街中段南侧，为独资民营企业。

20年来，公司抓住改革机遇，不断扩张，转型升级，快速发展，使企业由一个百货服装店，发展成为以零售业为核心，商业地产、商业金融、物流配送中心、电子商务中心为支撑的大型商业企业集团。至2015年，已成为拥有唐秦地区8个综合百货店及购物中心、8个商贸综合体、近百家社区超市及农家店，同时，拥有一个与企业配套的大型物流配送中心，有员工3000多人，年销售额近10亿元，利税近2000万元。

2014年6月，在唐山南湖区开发以旅游、休闲、娱乐、购物为主的区域性购物中心项目。2015年7月，建立迁安第一家大型综合性网上商城——东安易购。2015年10月，河北乐村淘村镇电子商务平台暨迁安市农村电商配送中心正式运营启动，满足了各销售服务点、体验店对商品的配送需要，在滦县、迁安城区及乡镇开发便利店项目，打造实体+线下体验店O2O模式。企业先后获“全国百货顾客满意十大企业”“河北省商贸AAAA级信用企业”“河北省商贸名牌企业”“河北省商贸服务名牌”“河北省消费者信得过单位”“河北省诚信示范企业”等100多项称号。

【宏宇商贸】 迁安市宏宇商贸有限责任公司创建于2000年9月，位于迁安市兴安大街中段路南，商场建筑面积9000多平方米，是全市规模最大、最专业的电器商场，经营国内众多知名品牌电脑、电视、冰箱、空调、洗衣机；烟机灶具、饮水机、电饭煲、电磁炉、微波炉等厨卫小家电，品种繁多，一应俱全。多年来，宏宇电器本着“诚心诚意，宏宇电器，我们努力是您满意”的经营理念，确立良好的退换货制度，以优质的商品，低廉的价格，完美的售后服务赢得广大消费者的信赖。2015年，公司有职工50人，其中中高层人员13人，公司销售总额6785万元，利润1017万元，上缴税金169万元。公司从北京、上海等大城市聘请有经验的销售经理为员工指导销售，使员工销售技巧、素质等多方面得到提高。

2015年8月16日，宏宇电器成立迁安人自己的网站——爱米网。爱米网是在李克强总理十二届全国人大三次会议上的讲话精神背景下诞生的河北省大型O2O电子商务企业之一，迁安电子商务的先行者，爱米网总部位于河北省迁安市兴安大街路南宏宇电器负一层，技术后台支持归属于阿里巴巴网络科技有限公司，爱米网拥有1万余平方米的实体店——宏宇电器商城和5万平方米的仓储面积，投资近亿元。爱米网以迁安为销售中心，建成19个乡镇推广站，拥有219个乡镇推广员。爱米网坚持厂商直供模式，自建物流，在线销售优质的3C产品，包括家电、数码通信、日用百货、服装服饰、食品、母婴用品等数十类超过百万种优质产品，并开创性推出实体店体验加网上消费支付购买的O2O消费模式。

【万瑞丰商贸】 唐山市万瑞丰商贸有限公司位于迁安市惠泉大街2708号，2001年7月1日成立。企业性质为有限责任公司，注册资本2000万元。法定代表人于宝望。多年来，公司不断完善企业制度，扩大规模，培育企业文化，实施动态管理，使公司迅速发展。至2015年，营业面积1万余平方米，员工200余人。先后获“迁安市诚信服务示范店”、“唐山市重合同守信用企业”、唐山市第九届“消费者信得过”单位、“迁安市消费维权工作先进单位”、“河北省第九届消费者信得过单位”等多项称号。2015年，实现销售总额9249.88万元，利润37.12万元，上缴税金309.29万元。

【兴宝大百货】 唐山市兴宝大百货有限公司隶属于龙兴经济发展集团有限公司，位于迁安市兴安大街与燕山大路交叉口，由迁安市龙兴经济发展集团有限公司投资2亿元建造，占地面积5588平方米，总建筑面积3.1万平方米，其中商场部分建筑面积2万平方米。楼盘结构为地上11层，地下1层，其中负1层（局部）至4层为商场，5层为影院和美食广场，北侧塔楼6层至11层为办公区和快捷酒店。商场功能分布合理，人流车流畅通，电梯空调等设施齐全，错落分布购物、餐饮、休闲、娱乐等多种业态，实现“一站式”购物、休闲、娱乐的现代化经营优势。商场注册资金3000万元，2015年有职工300人，营业面积1.8万平方米，实现销售总额6000万元，利润200万元，上缴税金50万元。

【一路购物广场】 一路购物广场有限公司由原几十平方米的一路鞋店发展壮大而来。公司于2011年成立，注册资金510万元，是集购物、休闲、娱乐、餐饮、文化及景观体验为一体的大型综合商场。共设4层，分别为生活超市、百货商场、电器商场、休闲中心。一路购物广场秉承日日有新意，天天有特价的经营理念，并承诺保证商品质量、保障食品安全、保证价格低廉、保证退货方便、保证服务一流。至2015年，有营业面积1.8万平方米，职工1000多人。2015年，实现销售总额5000万元，上缴税金60万元。

公司顺应零售业发展趋势，根据现在电子商务模式，组建了自己的网络团队，设立专人负责、分工明确、体制健全的网络商城运行体系。公司以实体店+网店+微商+自有APP客户端发展线上业务，通过全渠道营销，进行线上线下的互补融合，构建与顾客沟通互动的平台，更快地开发新客户，提升企业效益。

（穆德朋）

住宿餐饮

【概况】 2015年，受全国经济下行压力加大的影响，住宿餐饮业受到严峻挑战，出现高档住宿餐饮企业销售下降、中低档住宿餐饮企业销售上升的情况。为减轻不利因素影响，增强企业发展后劲。一是实施了绿色早餐工程建设，以乐丫生态酒店中央厨房为加工配送中心，完成10辆早餐车的投放使用，早餐经营品种有10类近20种，可服务32个居民小区。二是帮助住宿餐饮企业进行项目申报，锦江饭店、万达酒店、米兰西典、齐峰农家饭庄4家企业被评为“唐山市旅游定点餐馆”，极大提升了酒店的知名度和服务水平。三是为做好唐山世界园艺博览会期间住宿餐饮接待工作，努力开展技能大练兵活动，积极参加唐山世园会指定接待酒店评选和唐山市第五届餐饮技能大赛以及百名服务明星评选活动。其中，迁安锦江饭店等5家宾馆被评为第二批世园会指定接待酒店，8名厨师分获“金牌厨师”等称号，4人获“服务明星”称号。

（穆德朋）

市商务局

局　　长　高雅利（12月离）

　　　　　　唐继勇（12月任）

副 局 长　范　臣　郭伟力　王晓飞

商务综合执法队大队长　郭伟力（兼）

主任科员　王志良

副主任科员　翁义彬

副科级干部　韩文峰（12月任）

（穆德朋）

供销合作商业

【概况】 2015年，全市供销社系统实现商品购进总额3.8亿元，商品销售总额4.6亿元，利润总额462万元。年内，新培育和规范县级农民专业合作社示范社12家、唐山市级示范社10家，完成培育和规范农民合作社示范社22家，组建农民专业合作社联合社7家。市供销合作社联合社以深化供销合作社综合改革工作统领全局，以深入推进“解放思想、抢抓机遇、奋发作为、协同发展”大讨论活动、积极开展“爱唐山、做贡献”主题实践活动推动综合改革向纵深行进，创新组织构架、服务体系、经营体系，积极谋划农村产权交易中心建设。

【组织体系建设】 创新组织体系，构建联合社机关主导的行业指导体系和社有企业支撑的经营服务体系，两个体系以基层社和供销农民合作社联合社为纽带和平台，互相依存，相辅相成，搭建新型供销社组织构架。在县级层面上，行业指导体系中，市供销社以农民合作社联合会为基础行使县级农民合作社联合社职责，承接政府和县级供销社赋予的各项任务，做好成员社发展的指导、服务、协调工作，帮助成员社开拓市场、提高效益、增加收入，维护成员社的合法权益；经营服务体系中，市供销社以注册成立的迁安市兴社资产管理中心为基础，行使供销集团职能，负责运营本级社有资产职责，对社有企业事业单位行使出资人职责。在乡镇一级层面上，市供销社以农民专业合作社联合社建设为重点，把联合社打造成为为民服务的实体性合作经济组织。按照行政区片管辖范围，市供销社以迁安镇、沙河驿镇、杨店子镇、赵店子镇、建昌营镇、杨各庄镇、夏官营镇、大崔庄镇8家基层社牵头组建供销农民专业合作社联合社，基层社参股35%以上，并为第一大股东，通过联合社的生产经营活动，增强基层社的服务能力。至年底，已成立迁安市上庄乡供销农民专业合作社联合社、迁安市夏官营镇供销农民合作社联合社、迁安市沙河驿镇供销农民合作社联合社、迁安市迁安镇供销农民合作社联合社4家供销联合社和郭春良蔬菜种植专业合作社联合社、桃园兴林果种植专业合作社联合社、百优百苗木种植专业合作社联合社、新兴果木种植专业合作社联合社4家产业型联合社。在村级层面上，组建12家“党支部+村委会+农民合作社”三位一体的新型农民合作社，以专业合作社为新型农业经营主体，依托村两委（即村党支部委员会、村民委员会），实现对农村经济发展的带头和引领作用。

【服务体系建设】 创新服务体系，打造服务农民生产生活的生力军和综合平台。1. 在服务体系上，依托基层供销社，市供销社对现有场地进行改造提升，成立7家镇级综合服务社和12家村级综合服务社。镇级综合服务社积极开展“全方位、一站式”服务，满足农民多元化、个性化服务要求。村级服务社以日用品、农资两店入村为抓手，随着改革的深入推进，逐步延伸到幼教、养老、家政、培训等综合服务。2. 在服务内容上，围绕现代农业，探索系列化服务模式，拓展服务“三农”范围。一是以上庄乡为依托，以迁安市上庄乡供销合作社联合社为试点，探索设施果蔬生产全程社会化服务模式。相继投资2000万元，流转土地1400亩，建设现代智能育苗温室1个、日光温室100个、冷棚420个、观光长廊1000米，购进农业技术设备500台（套），形成高标准现代农业园区，带动本乡及周边乡镇万亩蔬菜基地生产，辐射推动了全市蔬菜产业发展。二是以夏官营镇为依托，由夏官营供销农民合作社联合社实施，以土地承包和土地托管模式为小麦、花生、玉米等作物种植提供全程化服务。土地托管涉及镇内永兴庄、夏官营村、洪庄、范庄4个村庄2100多户，达到2000亩。合作社还在农资供应、植保作业、配方施肥等方面进行积极探索，得到社员的肯定与赞誉。三是以迁安镇为依托，以正农鹅养殖专业合作社为试点，由迁安市迁安镇供销农民合作社联合社组织实施，以鹅养殖、鹅蛋收购、孵化、雏鹅销售为主导产业，凭借现代化孵化设备、完善的财务管理制度、科学的管理手段、过硬的生产技术及稳定的销售渠道，带动周边地区农户2000多户养殖鹅，年繁育雏鹅600万羽，销售额5000万元，实现利润1000万元。

【经营体系建设】 创新经营体系，提升服务“三农”水平。1. 搭建电商销售平台，构建覆盖乡村的农资服务网络。重点打造了春良绿色蔬菜种植专业合作社，以“电子商务进农村示范县建设”为契机搭建的“春良商贸”电商平台和金沃林果种植专业合作社与中农集团股份有限公司合作搭建的“农惠网”电商平台两个试点。通过线上线下相结合模式，为农业生产提供化肥、种子、农药、农机作业及农技服务、农副产品销售等综合服务，农民朋友足不出户便可知天下农资商机。2. 搭建农产品展销平台，扩大农产品销售渠道。重点是珍良缘农副产品销售超商建设，该超商由上庄乡供销农民合作社联合社注册成立，联合社由建昌营基层社参股36%，并为第一大股东。着重销售迁安特色的板栗、核桃、粉条、花生油、香油等特色农副产品，通过展示、销售和与“互联网+”的融合，把迁安特色农产品逐步推向全国各地。

【农村产权交易服务中心谋划建设工作】 4月2日，省政府办公厅下发了《河北省农村产权交易中心组建方案》和《河北省农村产权交易管理办法（试行）》的通知，明确“河北省农村产权交易中心由省供销社牵头建设”，省供销社随后正式注册成立河北省农村产权交易有限公司，部分地、市、县农村产权交易机构由当地政府审批后相继成立，并与省级平台实行一体化运营。按迁安市政府分管领导意见，市供销社赴外地考察调研，学习借鉴外地成功经验和做法，经过大量的调研和分析论证，研究制定了《迁安市农村产权交易中心组建方案》，提出由市供销社组建农村产权交易中心，通过市场化运作的方式，把农村土地承包经营权、农村集体林地使用权、农村集体经济组织股权、农村集体资产所有权和经营权以及农村宅基地使用权和房屋所有权等纳入产权交易市场范围，依法为农村各类产权的流转交易提供网络平台、场所设施、交易鉴证、抵押融资等综合服务。《迁安市农村产权交易中心组建方案》已提交市政府审议。

【盐业管理】 县级盐业零售许可取消后，市供销社将宣传与监管并重，广泛宣传食用盐安全知识，开展“食用低钠盐，远离高血压”健康年活动。同时，注重源头管理，强化日常监管和执法力度，细化工作方案，完善碘盐供应安全网络体系建设，有效杜绝了私盐流入市场，使全市人民吃上放心盐。

【发挥职能作用，提升服务水平】 一是以举办培训班、以会代训、现场讲解等多种形式，培训合作社理事长36人；二是组织春良、家乡土、桃园林果、得龙林果、乡伊香等农民专业合作社参加第十九届中国（廊坊）农产品交易会，全市120多个品种参加展示会，11种果品获奖，其中桃园林果合作社白羊泉红星苹果被评为“果王”，雪花梨、清香核桃等6种果品被评为“金奖”，对进一步宣传、展示、推介、销售迁安市名优特新农产品，畅通全市农产品流通渠道起到促进作用。

市供销合作社联合社
主　任　张玉泉
副主任　付国龙　郑之伟　刘海民

（张立茹）

粮油商业

【粮食宏观调控和统计工作】 2015年，圆满完成县级储备粮1200吨玉米、805吨应急成品粮的转换任务，运作规范，数量真实，质量良好；完成2014年度粮油供需平衡调查，2014年，全市粮食总需求287047吨，总供给277488吨。同时，做好19个乡镇和20个城镇居民代表户的用粮吃油情况调查，认真做好夏粮、秋粮预产和灾情调查及粮食价格监测工作。2015年，迁安市小麦亩产319公斤，比上年增加2公斤，全市小麦播种面积3.2万亩，小麦总产1020.8万公斤。全市秋粮播种面积44.94万亩，产量16.83万吨；认真落实《迁安市粮食应急预案》，加强粮食应急网点建设；做好粮食收购许可资格办理工作，年内，为7家粮油经营者办理或续办了粮食收购许可证，并建立台帐和案卷；3月，对5家粮油收购企业和5家粮油加工企业的最低、最高库存量进行了核定。

（杨岚文）

【粮食行政执法工作】 开展粮食库存和成品粮油大检查，进一步规范企业承储行为，提高库存管理水平，确保全市县级储备粮油数量真实、质量良好、储存安全，在紧急情况下调得动、用得上；对全市35家从事粮食收购活动的经营者开展秋粮收购专项检查，经营者均能认真执行国家粮食质量标准和《河北省粮食流通统计制度》，没有压级、压价和向农民“打白条”行为，全市秋粮收购市场秩序良好；对19家取得粮食收购许可证的经营者的收购资格进行全面核查，全市没有涂改、倒卖、出租、出借“粮食收购许可证”及其他违反国家有关法律法规的现象。全年出动执法车辆38台次、执法人员114人次，检查各类粮食经营者86家，维护了正常的粮食流通秩序；为使粮食经营者动态分级监管档案实时反映粮食经营者的最新情况，对辖区内所有粮食经营者进行重新摸底，对一些基本信息不全的粮食经营者进行了补充完善，扩大粮油商品备案范围，在2014年粮油商品备案的基础上新增34家，至2015年，54家成品粮油经营户全部备案，动态分级监管更加高效。

（李玉娥）

【粮食安全保障工作】 5月，组织粮食系统13家承租企业负责人和安全生产主管人员参加安全生产培训，增强安全意识；根据省、唐山市粮食局相关要求，结合粮食系统实际情况，制定了《迁安市粮食局2015年安全生产管理办法》，同时与13家粮食承租企业签订安全生产目标管理责任书；为不断加强安全生产管理，年内，设计了　套包含安全生产管理制度和操作规程、仓房管理情况、粮油储存、物资储备管理等为一体的安全生产管理台帐，随时掌握企业情况；按照“日常检查和节假日重点检查”相结合的原则，开展一系列安全生产大检查。根据省粮食局关于粮食企业安全生产大检查工作要求，制定《关于粮食企业安全生产大检查工作方案》，严格按方案规定，仓房一间一间地检，设备一台一台地查，用电线路一米一米地过，不留任何死角和盲区，保证了全市粮食企业安全生产形势持续稳定。

（李巧云）

【粮食项目建设工作】 省财政厅、省粮食局2014年下达迁安市危仓老库维修改造资金540万元，用于昌和军粮供应有限责任公司、金谷资产经营管理中心杨各庄粮站和建昌营粮站3个库站的维修改造。2015年，市粮食局积极协调相关部门进行资金配套，昌和军粮供应有限责任公司的东仓房改扩建及部分维修改造项目政府配套资金全部到位，昌和军粮公司总体改造规划、环保手续等已齐全，土地、设计、招投标等工作正在进行中；谋划的杨各庄粮站维修改造项目正在积极运作中。

（李巧云）

【推动粮食产业化工作】 开展产业化发展情况调研，2015年，全市有粮油加工龙头企业5家，粮食产业化龙头企业品牌4个。按照“扶优、扶强、扶大”的原则，培育乐丫、金豆饲料等行业领军企业和龙头企业；引导龙头企业、粮油加工销售企业增强品牌意识和质量意识，重点扶持乐丫小杂粮、贯头山酒业等企业，以打造高品质杂粮、酒类名牌为重点，申报国家和省名牌产品、著名商标；引导粮油加工、转化企业由粗加工向精深加工，由单一经营向综合经营转变，促进粮食加工产品向“专、新、特、精”方向发展，提升粮油加工转化增值水平。

（李巧云）

【粮食国有资产监管工作】 建立国有资产购建、维修、出租、报损等一整套管理制度，实行资产全程跟踪档案化管理；对以前国有资产租赁承包中项目建设而发生资产变化的情况，专门出台文件做了补充规定，并下发给各承租企业主，确保国有资产保值增值；昌和军粮供应有限责任公司于5月30日投入试运营，10月1日正式运营，起步扎实，推动了军民融合式发展。

（李富贵）

【机构调整】 7月13日，经迁安市委常委会研究决定：将原市粮食局承担的职责划入市发展改革局，机关人员随之并入市发展改革局，科室进行撤并。调整之后，人员及业务机构保持了稳定，粮食工作在稳定中得到进一步加强。

市粮食局（7月，划入市发展改革局）

局　　长　纪万春（7月离）

副 局 长　沈文瑞（7月离）

　　　　　　赵晓峰（7月离）

主任科员　裴瑞明（7月离）

副主任科员　孙国强（7月离）

（李巧云）

烟草专卖

【概况】 2015年，迁安市烟草专卖局（营销部）销售卷烟27111箱，实现毛利13596万元，其中一至二类卷烟销售5577箱。加强专卖市场监管，与市公安、市场监管等部门开展联合执法15次，查获案件78起，其中真烟案件29起、假冒卷烟案件47起、走私烟案件2起，查扣涉案卷烟41.902万支，案（标）值17.688万元，罚没款9652元，移交市场监督部门无证真烟案件12起。提高市场化取向改革和网建基础水平。加快客户经理职能转型，细化服务标准，优化服务流程，增加服务项目，客户经理工作由“拿订单、追销量”向“搞服务、做品牌”转变，全年拜访客户15432户次，发放客户服务手册2300份，提供经营指导书407份，培训网上订货客户260户，指导并帮助1049户零售客户办理跨行转账业务。

【烟草专卖零售许可证管理】 严格按照《烟草许可证管理办法》实施行政许可受理、审核、决定。制作详细的行政许可卷宗，实行行政许可决定公示制度，接受社会群众的监督。2015年，办理证件管理业务2231份，其中新办理烟草零售许可证293份、变更368份、补办2份、停业7份、延期896份、歇业18份、停业整顿1份、整顿终结3份、暂停访销115份、恢复访销9份、注销519份。内部监督管理派驻组每月跟踪终端证件使用及变动情况，对专卖许可证管理工作进行抽查。对专卖许可证办理，开展前置介入、过程监督和后续检查，建立证件跟踪管理模式，确保许可证管理规范到位，全面推进证件管理工作上水平。

【基础管理】 1.加强队伍建设。开展提高执行力大讨论活动，制定《迁安市烟草专卖局（营销部）执行力大讨论活动安排时间表》，严格周五集中学习和每天一小时自学制度，累计组织集中学习4次、小组自学6次，形成学习笔记40余本，撰写心得体会40余篇。开展交流座谈6次，征求到各类意见建议30余条。打造坚强有力的高素质干部员工队伍。2. 加强精益管理。结合市场化取向改革工作，灵活运用精益理念、精益方法，扎实开展精益管理工作。组织精益管理知识培训3次，发放答卷100余份，征集标语口号8条、宣传画4幅，上报精益信息14篇，在唐山市和省烟草专卖局刊登12篇。全面推动迁安烟草发展提质增效活动，开展《“1+1”品牌培育模式》课题研究，顺利通过唐山市烟草专卖局（公司）立项评审。3. 强化内部监管。内部监管派驻组通过系统预警数据、真烟案件、违规情况、天价烟销售等专项检查活动，查寻零售大户，进行有效监管，确保卷烟经营有序规范。4. 严格人事劳资管理。按照上级要求，对照干部任职资格，对干部队伍情况进行梳理统计，把能力强、素质好、作风硬、群众信任的干部选拔到领导岗位上来。2015年，接收部队转业人员4人、省招大学生3人。

市烟草专卖局（营销部）

局　　长　孙炳华
副 局 长　李恩国（5月离）
　　　　　　赵庆国（12月任）
副 经 理　谭黎明（5月离）
　　　　　　曹亚军（5月任）
纪检监察员　葛建利（5月离）
　　　　　　秦东生（8月任）

（应雪梅　杨　悦）

旅　游

【概况】　2015年，全市旅游业继续围绕建设京津冀后花园和京津冀休闲旅游目的地城市的目标，加快旅游业大发展、大提升、大推进。在项目建设、宣传促销、行业管理等方面不断开创旅游建设工作新局面。全市接待游客158.9万人次，同比增长27.3%；实现旅游总收入5.5亿元，同比增长22.2%。

全市有国家AAAA级旅游景区1家，即山叶口旅游区；国家AAA级旅游景区2家，分别是白羊峪长城旅游区、红峪山庄旅游区；国家AA级旅游景区3家，分别是灵山旅游区、九龙泉旅游区、成山旅游区；有全国特色景观旅游名村2个，分别是白羊峪村、山叶口村；全国工业旅游示范点2个，分别是贯头山酒工业园区、弘业地毯集团；全国休闲农业与乡村旅游示范点1个，即白羊峪长城旅游区；河北省风景名胜区1家，即白羊峪长城旅游区。成功打造了“白羊峪长城旅游区观花节”和“迁安金秋采摘节”2个靓丽节日旅游品牌，迁安市拥有“全国休闲农业与乡村旅游示范市”称号，被命名为“中国轩辕黄帝姓氏文化之乡”。至2015年，相继建成黄台湖、黄台山公园、佛山公园、人民广场、博物馆、规划展馆、三里河生态走廊、龙形云形带状公园等一批公益旅游项目，其中黄台湖为国家级水利重点风景区，三里河生态走廊获得“全国人居环境范例奖”和“世界景观奖”。饭店、旅行社等配套服务设施日益完善。建有星级饭店8家，其中四星级饭店3家，分别是迁安锦江饭店、万达商务酒店、艳春楼大酒店；三星级饭店4家，分别是栢合盛酒店、奥特宾馆、西湖宾馆、忠德商务酒店；拟评五星级饭店1家，即奥体中心九江大酒店。拥有旅行社11家、服务网点13家，其中国际旅行社1家、国际分社1家。至2015年年底，全市从事旅游相关产业人员2万余人，累计接待游客863.8万人次，累计实现旅游收入39.95亿元。

【旅游宣传营销】　平面宣传上，在京哈高速公路滦县服务区至迁安支线段，集中竖立24块包括迁安旅游整体形象和12个重点景区整体形象的高速塔牌、跨线桥广告，集中展示迁安旅游成果，强化“迁安印象”，打造迁安旅游宣传阵势。在迁安汽车站广场和东购商场广场等人流密集的公共场所购买广告位，统一制作迁安旅游景区宣传展牌28幅。同业合作上，积极拓展京津冀及周边客源市场，邀请京津冀20余家旅行社到迁安踩线考察，共推迁安城市游；争取京津冀各地旅游局局长、自驾游与露营房车协会领导及成员近100辆车200余人，到迁安自驾体验，共推迁安绿道游及房车营地建设；积极组织涉旅企业参加省内外各级旅交会、博览会23次，对迁安市的旅游项目、旅游线路、旅游商品等进行深度宣传。

【旅游行业管理】 2015年，在全国掀起“厕所革命”的浪潮中，市旅游局扎实推进旅游厕所建设工作。组织涉旅企业召开全市旅游厕所建设专题会议，对旅游厕所建设工作进行专题部署；制定《迁安市2015～2017年旅游厕所建设计划表》《迁安市旅游公共服务设施建设推进方案》；加大检查督导力度，督导检查10余次，定期检查旅游厕所建设情况，掌握项目进度。全年新建旅游厕所20座。

加强迁安市旅游商品开发，迁安一乡一土农产品开发有限公司的“核花双仁”产品在2015北京国际旅游商品博览会上获得组委会最高奖项——“优秀旅游商品奖”，是河北省三个获奖产品之一，对迁安市旅游商品的创新开发起到重要拉动作用。

年内，市旅游局配合省旅游局完成6家A级旅游景区和7家星级酒店年度复核；全市备案旅行社服务网点7家，变更事项2家，注销5家；全年开展旅游安全生产检查44次，出动检查人员166人次，排查安全隐患8处，处理旅游投诉7起，保证了全年旅游安全生产无事故；组织行业各类培训8次，行业整体水平得到提高。

【旅游节事活动】 2015年，全市各景区相继组织策划精彩纷呈的旅游节事活动，如，白羊峪景区“吉祥之旅系列活动”，山叶口景区“首届栗花节”“风车节”“关帝庙会”，塔寺峪景区“首届板栗采摘节”“第一届旅游文化艺术节”，龙泽谷酒庄“采摘自酿节”，万宝沟军事乐园“真人CS夜战”“成长·蜕变”夏令营，成山景区“第九届金秋采摘节”等，向外界传递迁安绿色健康旅游资源。

【塔寺峪景区对外开放】 9月8日，塔寺峪景区对外开放，这是迁安西部森林生态绿道上的又一景观。景区位于迁安市大五里乡境内，地处迁安市、迁西县交界地带，距市区23.3公里。

塔寺峪景区有千年古寺九龙寺，幽静神秘，香火旺盛。有16条沟、18道岭、18个天然山洞，景色秀美，沟谷幽源。800余种药材遍布山谷，2万余棵板栗树、核桃树、楸子树、梨树漫山遍野，此外，山桔、花椒、杜鹃、高山寒杨等其他植物有200余种，植被覆盖率达56%，每立方厘米负离子含量1.2万个。有野生动物百余种，松鼠、野鸡、獾、山鸟、野兔等随处可见。自然环境优美，动植物资源丰富，山形奇特，峡谷幽静，佛寺久远，犹如世外桃源。

景区占地面积5000亩，森林保护区面积90万平方米，拥有寺庙、九潭阶梯水系及净心谷、水帘洞、滴水崖瀑布等多处自然观光景点，并建有智勇大冲关、水上乐园、冬季滑雪、嘻雪等各种休闲养生项目。天造地设的自然景观与耐人寻味的人文景致，包容着久远的沧桑历史和深厚的文化底蕴，令游客神往。

【首届全民健身自行车骑行游】 4月18日，举办“长城山野寻梦 最美绿道骑游 迁安市首届全民健身自行车骑行游”活动。唐山及秦皇岛两地11支自行车协会、800余名自行车运动爱好者参加，骑行游线路从长城山野绿道徐流口路段至大理石长城牌楼处，全程19公里。活动效果良好，文明旅游、低碳出行得到广泛宣扬，迁安山水田园风光、悠久历史及绿道文化休闲旅游得到充分展示与认可。

【首届长城山野绿道马拉松长城穿越赛】 9月13日，举办“跨越金秋长城 亲近山水迁安 迁安市首届长城山野绿道马拉松长城穿越赛”，云南、广东、内蒙、贵州、京津唐等31支代表队1200余人齐聚迁安参赛，共享迁安山水田园风光，感悟迁安悠久历史，提升迁安城市休闲游、绿道休闲游特色品牌，推动旅游业加速发展。大赛分全程马拉松和5公里迷你马拉松两个项目，全程马拉松起点为黄台山公园南门，止于长城山野绿道四道沟村核桃文化产业园标志处；5公里迷你马拉松起于黄台山公园南门，止于京沈高速迁安支线迁安西收费站西侧300米处。

【首届长城山野绿道马拉松长城穿越赛摄影大赛】

为加大城市宣传推介力度，打造特色旅游品牌，9月13日，迁安市举办首届长城山野绿道马拉松长城穿越赛，与此同时，举办了迁安首届长城山野绿道马拉松长城穿越赛摄影大赛，广大摄影爱好者用镜头捕捉精彩，定格瞬间美丽。本届摄影大赛由市旅游局主办、市摄影家协会协办、市九朵文化传媒有限公司承办，收到参赛作品147幅，经过评委们认真评选，聂宝俱的作品《绿道美景》获一等奖，何府忠的作品《奔向长城绿道》获二等奖，全爱军的作品《挥汗如雨》获三等奖，陈儒的《为我加油》等7幅作品获优秀奖，朱钰峰的《我们出发吧》等46幅作品获入围奖。

市旅游局

局　　长　邵　民（12月离）
副 局 长　虞志军（1月离）
　　　　　　何爱军（12月离）
副主任科员　李金辉（12月离）

（李建新　赵红强）

金　融

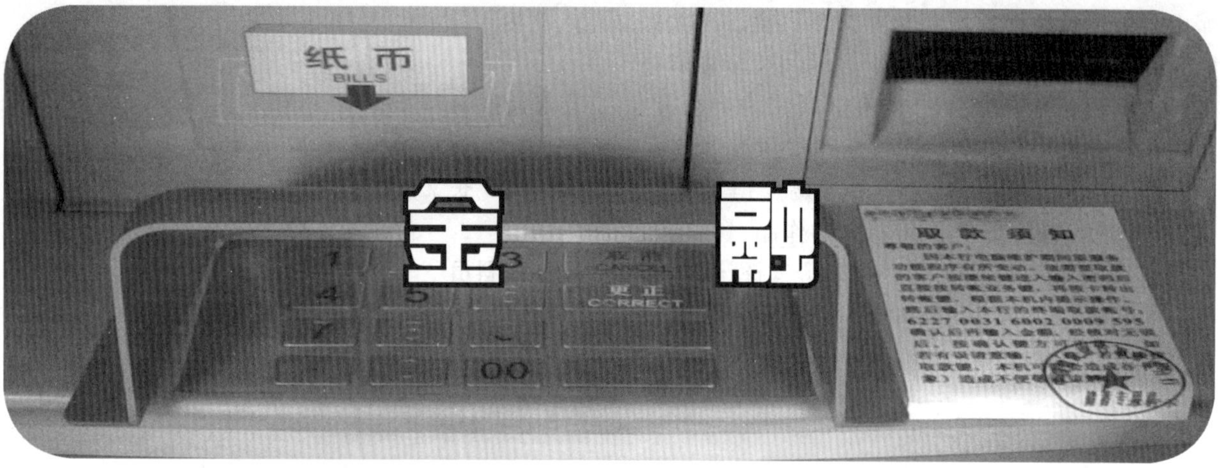

银　行

【金融运行概况】 2015 年，全市辖区有中国人民银行分支机构 1 家，银行业监督管理分支机构 1 家、银行业金融机构 20 家。全市金融机构认真贯彻执行稳健的货币政策，不断优化金融服务，金融业继续保持良好的运行态势。

各项存款稳定增长。年末，全市金融机构人民币各项存款余额 665.51 亿元，比年初增加 14.85 亿元，增长 2.28%，其中：1. 境内存款余额665.49 亿元，比年初增加 14.86 亿元。境内存款中：住户存款余额 482.43 亿元，比年初增加 32 亿元；非金融企业存款余额 122.2 亿元，比年初减少 12.94 亿元；广义政府存款余额 59.78 亿元，比年初增加 5.02 亿元。非存款类金融机构存款余额 1.08 亿元，比年初减少 9.23 亿元。2. 境外存款余额0.0138 亿元，比年初减少0.006 亿元。

各项贷款适度增长。年末，全市金融机构人民币各项贷款余额 429.42 亿元，比年初增加 43.47 亿元，比年初增长 11.26%。其中，境内贷款余额 429.42 亿元，比年初增加 43.47 亿元。境内贷款中：住户贷款余额 49.52 亿元，比年初增加 7.02 亿元。非金融企业及机关团体贷款余额 379.91 亿元，比年初增加 36.45 亿元。

存贷比例情况。年末，金融机构本外币存贷比 64.82%，比年初增加 4.71 个百分点；金融机构人民币存贷比 64.53%，比年初增加 5.21 个百分点。

损益情况。年末，金融机构本外币利润余额 26577 万元，同比减少 122216 万元；人民币利润余额 26431 万元，同比减少 122157 万元。

（陈宝生）

中国人民银行迁安市支行

【落实稳健的货币政策】 制定完善了《金融业支持实体经济发展的指导意见》，增强服务实体经济能力。10 月，以冀东国际金融中心高峰论坛会议为契机，以“找准贯彻落实稳健货币政策与支持地方经济发展的契合点，努力为实现迁安经济转型发展保驾护航”为主题，宣传货币政策，加强窗口指导。推动召开重点项目推介会、资金调度会和银企座谈会 2 次，加强政、银、企的对接和交流；灵活运用再贴现货币政策工具，累计为迁安市农村信用合作联社办理再贴现 23 包金额 6.59 亿元。加强对地方法人金融机构的信贷监测，先后 3 次为迁安市农村信用合作联社向中国人民银行唐山市中心支行申请调增信贷规模 1.32 亿元。组织辖区内 6 家机构开展新型农业经营主体主办行制度。

【加强金融管理】 加强法人金融机构风险管理，组织开展对辖区金融机构 2014 年度涉农信贷政策导向效果评估和执行中国人民银行信贷政策导向效果评估工作。组织开展对农村信用社专项票据后续监测审核工作和对襄隆村镇银行财务经营情况和监测考核。开展对辖区中国农业银行股份有限公司（迁安支行）“三农”金融事业部执行差别化存款准备率情况的审查和监测。督促金融机构审慎稳健经营，严格落实重大事项报告制度。加强辖区内金融机构对重点行业贷款投向以及与担保中心业务开展情况的监测。组织开展对襄隆村镇银行的金融风险监测以及对辖区3家小额贷款公司经营情况监测。年内，完成2家新设机构申请加入金融管理与服务事项的审核工作以及从业人员相关业务上岗资格考试。加强对联社银行间市场业务的监测和现场检查。做好辖区内2家法人机构存款保险工作，集中开展存款保险宣传工作。组织开展对辖区内18家银行业金融机构负债业务评估、对唐山银行负债业务管理现场评估以及对人寿保险迁安支公司稳健性评估工作。运用现场监管和非现场监管手段相结合，通过采取法人监管、风险评估以及风险提示等举措，扎实推动辖区反洗钱工作深入开展。进一步加强金融生态环境建设，建立了人民银行迁安支行、市银监办、市金融办三家单位与市工信、发改等部门“3 + X”联席会议制度。做好金融风险提示与预警，实行信贷风险月度监测制度。

【优化外汇服务】　组织外汇人员参加外汇业务培训和相关政策的学习；与外贸企业人员和外汇指定银行员工建立外汇政策学习微信群；针对年内部分外贸企业出现的“有单不敢接”问题，多次走访招商局、商务局、工信局等部门和“有订单”企业，全力解决企业面临的融资、退税、营商环境等实际问题，先后2次与金融办一起召开银企座谈会，协调解决在手订单落实、企业订单“回流”等方面遇到的困难；探索建立政府引导、相关部门扶持、银行主动参与、企业诚信发展“四位一体”的联动机制，打通外汇服务“绿色通道”；根据企业进出口情况确定燕山钢铁等9家企业为重点帮扶对象（动态管理），实施精准帮扶。

【强化支付体系建设】　1. 做好ACS系统（即中央银行会计核算数据集中系统）综合前置子系统上线工作，确保会计核算和支付系统安全稳定运行，强化人民币银行结算账户管理，落实账户实名制，提高银行结算账户管理工作质量。至12月末，共核准账户1650户，变更账户876户，撤销各类核准账户478户。完成账户年检8091户，年检率96.73%。推进非现金支付工具应用，组织辖区各金融机构开展联合整治银行卡网上非法买卖专项行动和支付系统业务宣传周、优化农村支付服务环境等宣传活动。

【加强助农取款服务】　制定出台加强助农取款服务点管理的指导意见，按照“谁设点、谁管理、谁负责”的风险防范思路，采取严格准入，完善助农取款服务安全防范措施，提高助农取款服务点人员的风险防范能力，加强检查、考核和评价等举措，助农取款服务业务安全、有序、健康发展。2015年，全辖1220个助农取款服务点办理取款135.23万笔，金额43353.16万元；现金汇款2.81万笔，金额1564.29万元；转账26.35万笔，金额78026.39万元；代理缴费161.9万笔，金额17818.97万元；查询60.62万笔。推动金融IC卡在社会公用服务领域的应用，居民健康卡项目服务居民健康与生活，做法被人民银行石家庄中心支行网站刊发肯定。

【履行经理国库职责】　以《中华人民共和国预算法》实施和中国人民银行经理国库30周年宣传为契机，以防范国库资金风险为目标，不断夯实国库基础工作。2015年，共报解税款25.72万笔，组织收入75.09亿元；预算拨款25756笔，支出总额127.35亿元；办理各级退库508笔，金额2亿元；各部门更正186笔，金额3.03亿元。

【加强人民币收付业务监管】　9月，对辖区20家金融机构人民币收付业务进行现场检查；建立反假货币长效机制，在公路、铁路等交通领域开展反假货币宣传月活动；做好2015年版人民币的发行，在督导金融机构对金融机具进行升级验证的基础上，组织金融机构开展2005年版和2015年版人民币的主要区别、防伪特征和识别方法的宣传，与迁安电视台联合录制《记者在行动》专题片，收到较好宣传效果。年内，累计为顾客鉴定残缺、污损人民币727张，金额51045

元。

【完善征信管理与服务】 累计为企业提供信息查询服务346次，为个人提供查询服务11456次；开展“3·15”《征信业管理条例》及征信知识专题宣传活动；继续深入推进延伸指导中小企业服务工作。全辖有66家中小企业获得金融机构贷款支持33.66亿元。组织开展对辖区内农村信用合作联社、中国民生银行、华夏银行、中国农业银行4家机构征信业务的专项现场检查。

【提升金融统计数据质量】 加强金融统计数据集中、核对、查询工作，按照部分机构统计数据属地管理的要求，完成辖区村镇银行及5家小额贷款公司统计数据的核对、录入和上报工作；组织开展对辖区内农村信用合作联社、中国民生银行等6家机构金融统计业务现场检查。

【加强金融消费者权益保护工作】 实施媒体宣传、柜台宣传和上街集中宣传相结合，采取“人民银行+金融机构+客户”三层联动，志愿服务队开展“六进”（即进社区、进学校、进机关、进厂区、进乡村、进街道）活动，以及发挥助农取款服务点“分布广、接地气”的优势，加强金融消费者权益保护工作宣传，累计发放各类宣传册（页、单）2.26万余份。协调金融办成立了领导小组，建立联席会议制度和信息交流机制。召开联席会议2次，编辑信息交流期刊4期。签署《迁安市金融机构保护金融消费者权益公约》，开展金融消费权益保护工作的评估评价，切实发挥人民银行迁安市支行监督管理的作用和效果。

【安全管理】 强化“底线意识”，构建“大安全”格局。把安全管理划分为“业务安全、网络安全、保密安全、消防安全和廉政安全”五个层次，按照“谁分管，谁负责”的原则，逐级签订“大安全管理责任状”。实施党组会议必有研究和分析安全工作，全员会议、行务会和节假日必有安全教育。梳理、修订和完善了业务风险点监督排查、政务值班管理、网络管理以及“八小时”以外行为约束等方面制度、规定26条（款）。开展风险点预案评估，查找容易发生问题的薄弱环节。利用学习日学习安全知识、岗位规范以及典型案例。开展消防专题讲座和演练。累计开展建言献策活动3次、谈心交心活动21人次、“五必访”活动22人次。及时有效消除思想顾虑和安全隐患。发挥内审、纪检、科技、保卫、保密部门的职能作用，定期开展专项检查，强化重点环节和岗位的风险防控。

中国人民银行迁安市支行

行　　长　滕海涛
副 行 长　马荣成　陈宝生
纪检组长　李建强
副主任科员　邓兰欣

（陈宝生）

中国工商银行股份有限公司迁安市支行

【概况】 2015年，中国工商银行股份有限公司迁安市支行（以下简称工行迁安支行）内设市场营销部和办公室，下辖营业室、燕山支行、明珠支行、惠宁支行、阜安支行、马兰庄支行6个网点，有在职员工105人。至2015年12月31日，全年实现中间业务收入3408万元；实现拨备前利润1.51亿元；各项存款较年初减少1.5亿元，其中，储蓄存款增加2.33亿元，对公存款减少3.83亿元；人民币各项贷款余额19.55亿元，较年初减少4.76亿元，个人贷款余额9.19亿元，累计发放2.6亿元，增加1.4亿元。全年无刑事和经济案件，实现“三无”（无案件、无事故、无重大责任事故）安全年。获工行唐山分行大零售“首季开门红”竞赛支行组织推动奖和互联网金融工作突破奖，获总行2015年中国工商银行“五一劳动奖状”等荣誉。

【票据业务和国际业务】 大力发展票据业务和国际业务。1. 继续保持国际业务和票据业务优势。拓展国际业务市场，实现国际业务结算量的快速增长。抢占票据贴现市场，上下联动，做大票据贴现量，积极赚取利差收益，努力提高票据收益，完成票据融资任务。2. 围绕个人住房贷款，着力提升个人贷款在系统和同业的比重及位次，充分利用对房地产开发企业投入开发贷款的话语权，做好开发贷款封闭管理，确保开发贷款项下按揭贷款全部由工行迁安支行独家办理；深挖开发贷款支持企业的其他项目，以此撬动企业全部按揭资源。3. 依托结构性存款，稳定发展企业、公司存款。

【个人理财、商友卡业务】 至12月末，个人理财产品销售20.68万元，任务完成率114%，位居工行唐山分行首位；大额存单余额1.2亿元，位居工行唐山分行第一位；借记卡发卡6.6万张，完成任务的265%；商有卡发卡467张，完成任务的125%。

【网点建设】 完善网点布局。根据运营标准化改革要求和转型发展需要，工行迁安支行及时调整工作思路，加快渠道转型升级、网点分区调整和功能改造，提速自助银行建设、服务品质提升、网点竞争力提升等保障工作。对所辖区域进行详细调研：迁安境内现有金融网点113个，而工行迁安支行仅有6个网点，网点数量远少于其他银行。在网点布局上也不合理，增加物理网点明显不现实，也不符合现在渠道建设的发展方向。为此，年内，在市区建立自助银行1个，迁址更名网点1个。为使自助银行能“吃饱”，充分挖掘客户资源，发挥整体联动营销和捆绑营销优势，做好私人银行客户、代发工资客户和个人住房按揭贷款客户信用卡营销。通过筛选高端目标客户，实施精准营销，增加白金卡、黑金卡等高端信用卡的持有量，大力营销灵通卡、商友卡，提升有效发卡量，提高工行持卡占比，发卡量明显增加，柜面业务压力降低，网上银行业务也积极开展，对消费额和中间业务收入的增长也起到事半功倍的效果。

中国工商银行股份有限公司迁安市支行

行　　长　袁国新

副 行 长　蔡永江　吴大卫

内控监察员　秦兆华

（黄立宏）

中国建设银行股份有限公司迁安支行

【概况】 2015年，中国建设银行股份有限公司迁安支行（以下简称建行迁安支行）各项业务取得较好业绩，特别是一般存款、对公新开结算账户、助农服务点建设、个金产品、网点综合化建设、信用卡分期等工作发展较好。截至12月31日，全口径存款余额达到42.93亿元，建行迁安支行、建行首钢支行两行存款总量继续保持同业第二位。一般存款时点新增44733万元，居同业第二位。其中，对公存款时点新增28697万元，在中行、工行、建行、农行四行中唯一正增长且居同业第一；个人存款时点新增16036万元，居同业第三；各项贷款余额14.6亿元，其中，投行业务实现新突破，完成政府债务置换8亿元，个贷业务保持良好态势，新发放7336万元，新增320户，公积金委托贷款发放19790万元；实现中间业务收入2581万元；实现考核利润6328万元；公司及机构结算账户新增262个，特别是在渠道发展方面助农服务点建设成果显著，中国建设银行唐山分行现场会在迁安召开；POS（即销售终端）、EPOS（即POS银联支付系统）、结算通卡、云闪付交易量、移动替代率等11项指标居建行唐山分行第一，有效助农服务点、助农点发卡、电子银行签约等指标居全省第一位；多人次获得建行河北省和唐山分行领导表扬，在全省80强县支行中名列第51位。全年没有发生案件和任何责任事故。

【存款业务稳步增长】 抓长效机制建设，深入落实对公存款长效机制、客户营销维护机制、资产带动机制、存款动态监控机制等，细化“客户经理管客户”的具体要求，定期上门联系走访客户，稳定对公存款业务；通过成功申办政府8亿元“融资债”，实现以贷转存良性互动，保证对公存款任务如期完成。至年底，一般性存款时点新增44733万元，居同业第二位。在其他行存款下降的情况下，对公存款时点新增28697万元；个人存款“跳出存款”抓存款，通过渠道商户促存款，时点新增13769万元，日均新增22661万元，存款工作正在进一步缩小与农行的差距。

【营销活动】 制定发展渠道建设新思路，即“通过产品拓渠道、依托渠道推产品”，从源头把握市场主动权，通过联动营销成功签订《广播电视代交费协议》《电商合作协议》，并争得全市助农服务点发卡权。

通过渠道平台建设，完善产品销售流程、明确网点岗位分工，严格买单发放比例，转变督导调度方式，落实建行迁安支行年初制定的个人业务长效机制，采取组合营销模式，各项产品指标均实现大幅提升。到年末，签约转账电话264部，结算通卡9410张，云闪付卡新增5195张，网银活跃客户净新增16865个，手机银行活跃客户净新增18529个，移动替代率柜面提升值等11项指标居建行唐山分行第一；有效助农服务点118个，移动POS安装871部，助农点发卡、电子银行签约等指标居全省第一位；发借记卡58490张，ETC（不停车电子收费系统）发卡5812张，保险销售15721万元，均居县域第二位，一般分期和专项分期合计6115万元，有多人次获得建行河北省和唐山分行领导的精神卡表扬。

全年新开对公结算账户362个，其中注册资金5000万元以上的有中业联纸业（迁安）有限公司、尊尚智居装饰工程有限责任公司、河北银得生物科技有限责任公司等；成功实现“迁安社保失业保险、企业养老保险和生育保险”三个财政专户全覆盖，为机构业务取得长足发展奠定了基础。

【风险防控】 落实不良防控和措施完善工作。首先，对不良资产采取专人专职催收，积极稳妥运用各种有效手段，该催的催收、该诉的提起诉讼。其次，提高对客户的选择、识别能力，严把客户准入关，掌握风险管控的主动权，做到在发展中化解风险，在防范风险下实现健康发展。强化贷前调查，中小企业发放以“五贷一透”为主，担保措施以抵押为主。严格贷款发放管理，加强贷中环节前后台衔接，坚决杜绝未落实条件的贷款支用。强化到期贷款管理，提前落实贷款资金来源，避免贷款逾期，对个人贷款采取催收、扣保证金等手段，严防大面积不良贷款发生。

中国建设银行股份有限公司迁安支行
行　长　林付华
副行长　李　振　陆涧涛　张印鹏（2月离）

（张金桥）

中国农业银行股份有限公司迁安市支行

【概况】 2015年，中国农业银行股份有限公司迁安市支行（以下简称农行迁安支行）树立“积极、稳健、转型、创新”的经营管理理念，把加快发展作为第一要务，落实“扩规模、提质量、调结构、增效益”的经营导向，加快经营转型，优化资源配置，加强精细管理，推进科学发展，各项工作取得新进步。截止到12月31日，各项存款余额达到168.74亿元，其中储蓄存款余额145.35亿元、企事业存款余额23.39亿元；各项贷款余额达到83.91亿元，较年初增加9.65亿元；代理各类寿险2.85亿元，实现手续费收入504万元；实现中间业务收入8325.11万元；实现拨备前经营利润3.49亿元。全行未发生责任事故和案件。

【强化存款营销】 把存款组织工作列为“一把手”工程，成立存款营销工作领导小组，开展形式多样、声势浩大的综合营销活动。一是在东安超商开展“春天行动”刷卡有奖活动，持农行信用卡刷卡购物、高于最低消费额均可参加抽奖，设置5档奖项，中奖率100%。二是出台机关中后台员工营销奖励办法，分解贷记卡、股票型基金定投、三方存管、黄金白银、网上银行、手机银行和理财产品营销任务，对任务完成部分按计价标准兑现工资，全部任务未完成的扣罚绩效工资500元。三是将存款任务指标分解到网点，围绕目标制定周、月和季度计划，明确责任人，对重点指标实行“挂图作战式”，设置“亮点业绩晾晒台”，按日测算指标进度、得分及排名情况，分析优势和短板，帮扶落后单位争先进位。四是落实分层管理，管户人工资的30%与整体业务挂钩考核，20%与自己分管工作挂钩考核，上级下拨的奖励一分不差的全部兑现到位。五是引导员工树立危机意识，自觉把思想统一到综合营销活动中来，主动对现有存量大客户逐一走访，深挖与其有业务联系的上下游客户。

【拓展资产业务】　一是以新成立的“三个服务中心”职能发挥为重点，对省行下达的经营指标进行分配，落实到人（主管行长、部室、员工），做到业务下沉、人员下沉、考核下沉、奖励下沉，以下达指令性指标形式促使员工时刻绷紧营销这根弦，在将任务指标分解到网点的同时，落实部门每名员工工作任务，50%与全行业务挂钩，30%与本人的绩效工资挂钩，除内勤不分配任务，外勤一律有任务，营销奖励在每月底直接兑现到人，充分调动员工的营销积极性。二是组织专职营销队伍深入挖掘存款资源，成功营销了迁安报社、粮食局、交通运输局公路管理站、迁安市石佛古寺、大崔庄农经站、夏官营农经站等10个对公帐户，营销存款1.3亿元。并与市住建局和社保局达成合作意向。三是成功中标迁安海绵城市建设引导基金。该笔业务为全国首支海绵城市建设引导基金，也是农行河北省分行中首支成功中标的产业投资基金。9月，迁安市财政局与深圳金砖城市国开先导基金管理有限公司以有限合伙的方式设立“迁安市海绵城市建设引导基金”，并在中国政府采购网上公开招募优先级份额及综合金融服务供应商。农行迁安支行积极参与此项基金的竞争性谈判，成功中标并获得优先级额度12亿元，成为迁安海绵城市建设基金的独家供应商。

【优化信贷结构】　按照“促发展、调结构、控风险、细管理、强基础”的原则，筑牢风险管控底线，规范信贷经营行为，强化信贷基础管理，提升信贷风险控制力和制度执行力，促进信贷业务健康、可持续发展。一是加强信贷投放。为完成信贷投放目标，下大力营销票据贴现业务。针对各家金融机构为化解风险将承兑汇票转换成流动资金贷款，各企业所收银行承兑汇票较以前大幅减少，原来的贴现大户基本没有票的实际，通过各种关系实现营销票据贴现，仅9月就突击办理票据贴现8.13亿元，截至12月底，全年累计办理票据贴现19.06亿元，票据贴现余额8.4亿元，较年初增加6.23亿元。二是努力控制信用风险。根据客户实际，对部分客户调整了用信品种，将承兑汇票转换为流动资金，从而减轻企业的资金压力。年内，先后为鑫达矿业承兑转贷款7800万元，为荣茂矿业承兑转贷款3亿元，为荣茂实业承兑转贷款2亿元，为顺康工贸承兑转贷款6500万元，虽然承兑汇票保证金减少了6亿多元，但确保了这些客户短期内不会发生信用风险。提高效率，降低客户到贷成本。为减少企业倒贷成本，提前做好各项准备工作，一般当天发起流程，当天完成入帐，最迟也是第二天入账，确保客户正常倒贷。充分利用总行政策，将一些潜在风险客户纳入风险客户名单管理，采取调整用信品种、再融资、降低利率上浮幅度、调整结息方式等措施控制信用风险的发生。三是对存在风险的客户采取重组、退出等方式，有效控制风险。年内，成功退给宏远商贸800万元、晓鹏门窗800万元、金益龙铁选1400万元。

【加强寿险代理】　加强寿险代理，提高收入占比。将代理寿险业务作为单位创效、员工增收的突破口，与保险公司密切合作，定期邀请保险公司业务讲师培训员工保险营销技巧和操作技能，提升员工保险业务素质，提高办理保险业务意识，全年举办4期集中培训，培训人数120多人次，并与农银人寿保险公司联合开展为期10天的期缴业务竞赛“特训营”活动。按照“全员参与、合力营销、专业办理、提高效益”的经营理念，充分发挥营业网点信息资源、客户资源、资金资源丰富的优势，将代理保险营销任务分解落实到网点和员工，单独设置考核指标，提高权重分值，调动员工积极性。截至12月末，实现代理保费收入504万元。

【提升服务质量】　在营销过程中，不断增强服务意识，完善设施，创新手段，优化流程，提高效率，有效提升服务质量。一是建立首问责任制、一次告之、限时办结、超时默许等制度，全面推行“全过程、零距离”保姆式服务。精心打造窗口多元化的服务措施，拓宽延伸服务、贴心服务、个性化服务的职能，细化服务手段，提高客户满意度。二是严格公开办事程序、服务承诺，建立优质服务质量巡查机制，定期召开优质服务分析会，深入走访客户，了解客户需求，实行对内征意见、对外纳诉求的政策，全面整改服务客户“最后一公里”问题。三是将优质文明服务纳入绩效工资考核，施行“以奖为主、以罚为铺、奖励累计、一票否决”的激励政策，统一服务标准，坚决杜绝主观服务类投诉和触犯“红线”行为。通过明察暗访机制和综合考评工作，强化服务投诉监督，对客户反映强烈以及优质服务工作中存在的突出问题，登记造册，设专人限时监督整改，逐项列出清单，逐条制定措施，做到查摆“零”遗漏，整改有痕迹，问责不放过。四是构建全方位服务监督体系。通过“明查+暗访+客户调查+抽查录像”四种检查方法有机结合，搭建起“各有侧重、全面督查”的检查平台。此外，实施网点主任“坐堂制”，加大业务引导力度，将客户提出的问题尽力解决在大堂。五是实行客户需求无缝对接。严格落实首问负责制，对不能及时解决的投诉或客户需求，设定办结时限，督促落实，对超出接待人职责范畴的事项，实现无缝转接，与被转接岗位人员协助配合，全程跟踪了解办理进度及结果，提升办事效率。六是组织开展最佳服务明星评选活动，将参选人员情况和服务感言上传至微信，并通过全行员工在微信上一人一票的投票方式，选出最佳服务明星，搭建起“以业绩论英雄，以结果论成败”的竞争平台，为人才脱颖而出创造条件。2015年，全行未发生一起因服务不到位被客户投诉的事件。

中国农业银行股份有限公司迁安市支行

行　长　石瑞武（4月离）　杜小飞（4月任）

副行长　刘艳东　裴瑞新　陈子民　孙　勇　许　卿

（张　春）

中国农业发展银行迁安市支行

【概况】　2015年，中国农业发展银行迁安市支行（以下简称农发行迁安市支行）按照“求真务实、资产立行、存款兴行、实干强行、党建领航”的总要求，以服务地方经济和支持新农村建设为抓手，全力抓好存、贷款营销工作，全面夯实基础管理，完善服务手段，防范和化解信贷风险，努力提高信贷资产质量。年末，各项贷款余额28.9亿元，较年初增加10.6亿元；全年累放贷款14.15亿元，累收贷款3.52亿元；企事业单位存款余额6.85亿元，日均存款余额6.79亿元，比上年增加3.12亿元；实现账面利润6577.33万元，比上年增加2472.23万元。获农发行河北省分行2015年度“有效发展先进单位”、唐山分行“先进单位”“党风廉政建设先进单位”称号，实现安全运营19年的目标。

【贷款】　抓住迁安经济转型升级和京津冀协同发展机遇，认真贯彻落实农发行唐山分行与迁安市政府签署的《京津冀协同发展规划纲要》战略合作协议，及时掌握政府投资方向和重点项目情况，调整思路，明确工作重点，将符合农发行迁安市支行贷款准入的项目纳入视野，为业务开展及支持迁安发展奠定坚实基础。规范服务体系，发挥政策性金融机构优势，做好政策宣传的同时，加强对政府财政状况的调查和分析，分析政府对农村基础设施建设的思路，找准业务发展重点、切入点和突破口，在防控风险的同时拓展信贷业务，实现支农效果和自身效益的快速增长，支持的项目使93个自然村25万人口受益，人居环境极大改善。2015年度，累计发放贷款14.15亿元。其中，向迁安市城乡建设投资管理有限责任公司发放棚户区改造中长期贷款4.97亿元，向迁安市土地储备中心发放土地收储贷款9.18亿元。年末，按照上级行“一县一企”的要求，完成了地方粮食储备贷款1469万元由迁安市金谷资产经营管理中心承贷的主体落实和集并，完成粮食政策性财务挂账贷款1537万元由迁安市粮食局到迁安市发展改革局的债务承接。

【存款】　攻坚克难，保持存款稳定增长。一是主动向市委、市政府领导汇报，详细介绍农发行的职能作用和改革进程，在支持地方经济发展和城镇化建设方面所发挥的作用，受到领导的充分肯定，得到政府和相关部门的大力支持。二是教育引导全体员工树立“存款兴行，存款增效”的理念，组织开展“首季开门红”活动，认真落实“高端营销”“全员营销”和“一揽子营销”战略，成效明显。发动全员开展存款业务竞赛，扩大存款来源。三是加强对贷款企业的存款管理，营销上、下游企业客户，通过提高服务质量，密切与施工单位关系，促其下游客户也在银行开户。通过努力，中国建筑第六工程局有限公司、重庆市津北建筑工程有限公司、迁安市房征办等均在农发行迁安市支行开立了账户。贷款企业存款保持稳定，关联企业存款有较大提高，企事业单位存款稳中有升。

【优质服务】　树立全员服务的宗旨意识，不断提升服务水平。强化服务意识、服务用语和服务规程，培养员工主人翁思想，激发员工工作热情，做到服务客户“真诚、真挚、真实”，对待客户“有礼、有节、有度”，处理业务“规范、准确、快捷”，服务环境“清新、整洁、舒适”。把“爱岗敬业、开拓进取”的理念融入每个工作节点，树立良好的外部形象。在项目营销与管理过程中，不断总结经验，坚持信贷监管与金融服务并重，维护好与政府、财政、项目相关单位的良性协调沟通机制，通过精品项目，打造农发行品牌，为有效开展业务和拓宽经营思路打下坚实基础。

中国农业发展银行迁安市支行

行　长　郭存文

副行长　余水生　李子强（满族）

（李子强）

迁安市农村信用合作联社

【概况】　迁安市农村信用合作联社（以下简称市农信社）本部设17个前、中、后台职能部（室、中心），下辖1个营业部、26个信用社、23个分社，共50个营业网点，有员工483人。2015年，市农信社认真贯彻国家宏观经济政策，坚定服务“三农”、县域经济、中小微企业市场定位不动摇，坚持稳中求进和提质增效，改革、经营、管理等各方面工作扎实推进。至年末，各项存款余额192.16亿元；各项贷款余额141.15亿元；不良贷款余额4.15亿元，不良贷款占比2.94%；全年实现营业收入13.8亿元，实现考核利润2.12亿元，中间业务收入3645万元。

【存、贷款规模稳步扩大】　一是到年末各项存款余额192.16亿元，比年初增加10.52亿元，增长率5.79%。其中，储蓄存款余额166.38亿元，较年初增加13.01亿元，增长率8.49%。各项贷款余额141.15亿元，比年初增加11亿元，资金规模实力显著增强。二是持续改进小微企业金融服务，降低小微企业金融服务门槛，信贷结构得到优化。2015年，围绕国家产业政策和环保政策，坚持有保有压的原则，全面实施信贷结构战略性调整，努力调结构、控风险。营销和支持了一批符合产业政策及贷款条件的优质小微客户，特别是针对大中型企业产业链上下游、现代物流及仓储企业上下游的小微企业客户，拓展产业链金融服务。到2015年年末，涉农贷款余额120.44亿元，小微企业贷款50.99亿元，信贷资产逐步向多元化、广覆盖、多领域发展，有效优化了信贷结构。

【资产质量不断改善】　继续坚持把不良贷款余额、占比“双降”作为工作的重中之重，扎实推进不良贷款清收。一是进一步强化贷后检查，严格落实《迁安市农村信用合作联社信贷管户管理办法》。提前制定解决措施，采取追加保证人、适度压降贷款额度等措施，严控不良贷款反弹。提高收息率考核指标分值占比，落实大额贷款按月收息、小额贷款按季收息制度。二是开展不良贷款清收攻坚行动，明确专人，分阶段、有计划地开展组织、督导、统计、分析等各方面工作。各信用社、客户经理部对视同不良贷款建立动态台账，落实责任清收，明确管理责任，逐笔制定清收措施，限定清收时间。同时，积极与迁安人民法院金融法庭开展合作，加大清非力度。全年清收表内不良贷款7591万元，清收表外不良贷款824万元。

【金融服务水平逐步提高】 完善自身服务功能，加强服务设施建设，加快金融产品的开发及创新步伐，支农手段与服务方式向电子化、信息化、现代化方向快速迈进。先后承担全市养老保险、粮食和综合直补代发、行政事业单位和大型公私企业工资代发、电费代收等任务，自助存取款、财政“零余额”财信通、“一卡通”、网上银行、手机银行、“农信村村通”等新业务日趋完善，全面增设自助机具，提升营业网点功能，广大农村居民足不出村就能轻松办理账户查询、缴费、转账、小额取现等基本金融业务，有效缓解了农村居民对金融服务需求的压力，消除了农村地区金融服务盲点，实现金融支农服务全覆盖。至年末，网上银行客户3.79万户，比年初增加2055户；手机银行客户1637户，比年初增加1635户；开办短信平台业务7.56万户，较年初增加1.85万户；发行IC卡36.7万张；安装POS、EPOS机具1012台；布放离行式自动柜员机16台。

【风险防控能力不断提升】 把行风建设、风险防控和安全保卫工作抓在平时，建立长效机制。一是继续以“四大中心”（对帐中心、远程视频监控中心、事后监督中心、集中授权中心）建设为抓手，严控操作风险。二是充分利用稽核管理系统、综合柜员和安全保卫远程监控管理系统，加强非现场监督检查，促进合规经营规范操作。三是加强安全保卫工作。落实防爆、消防、地震等突发事件预案演练，增强员工的安全防范和自我保护意识，强化对安全保卫理论知识的学习和安全保卫工作的认识，提高处置紧急情况和突发事件的能力。

迁安市农村信用合作联社

理事长 郝志刚

主　任 邓佳栋

监事长 段宝华（8月离）　朱　富（8月任）

副主任 张会涛（8月离）　李兴勇　冯宝林　王爱国（8月任）

（狄艳红　唐延军　徐立彬）

中国银行股份有限公司迁安支行

【概况】 2015年，中国银行股份有限公司迁安支行（以下简称中行迁安支行）确立以提升中行迁安支行各项业务市场份额和增加收入为重点的工作主线，力求存款业务上规模、授信业务保稳定。至年末，各项存款合计41.51亿元，较年初增长5.11亿元，其中公司存款余额15亿元，较年初增长6.64亿元；储蓄存款余额26.51亿元，较年初增长8.47亿元，公司存款及储蓄存款新增额均列中行唐山分行全辖第一位。各项存款余额在当地四大行（工行、建行、农行、中行）中占比12.83%，增幅占比35.32%，增幅占比列四大行第二位。中行迁安支行存款规模较2013年翻了一番。客户方面，与2013年比较，新增个人有效客户109735户，新增个人中高端客户324户，新增对公结算账户86户，新增有效对公账户66户。年末，各项贷款余额10.55亿元，较年初增长2.37亿元，其中公司贷款余额7.94亿元，较年初新增投放2.09亿元。贸易融资余额1.62亿元。中小企业授信余额1.07亿元。零售贷款余额2.54亿元，较年初新增2445万元。支行各项授信业务稳中有增。

坚持“存款立行”，两项存款上规模。存款工作始终是中行迁安支行各项工作的重中之重，多措并举，全力揽储。一是逐步提高储蓄存款在各项存款中的占比。充分发挥客户分散、稳定性强的优点，通过争揽代发薪业务、提升健康卡业务有效客户数量、加强助农点建设等手段，扩大个人客户规模，挖潜存量客户，拓展新客户。二是积极营销行政事业单位存款。通过与市卫生局合作，争揽了28家医疗卫生机构在中行迁安支行开户，营销公司存款3000万元，营销迁安市城乡居民基本医疗保险管理中心专用账户，沉淀存款1800万元。

狠抓重点，大力发展个金业务。2015年，中行迁安支行确立重点发展个金业务的新思路，逐步提升个金业务在客户、存款、利润等方面的贡献度，力保各项业务稳步发展。截至11月，中行迁安支行储蓄存款余额26.66亿元，较年初新增86216万元，网点日均增长2.16亿元，新增额在唐山全辖及迁安同业中均居第一位。

强化管理，向管理要效益。一是抓风险内控。以“强化法规意识，恪守职业操守”“回头看”等一系列教育排查活动为契机，强化对员工的警示教育。加强各岗位员工的法律意识与合规操作意识。各二级支行均配备内控副行长，强化问责，认真组织学习员工禁止类行为规范，加大案防和维稳工作的执行及检查力度。确保全年平安运行无案件。二是抓文明优质服务。配齐各二级支行的大堂经理，将大堂服务与柜台服务紧密结合，以产品和服务为依托，提升营销效率，提高客户满意度和忠诚度，树立良好的企业形象。三是抓学习培训和效能提升。以员工绩效考核和智能银行建设为契机，全面提升岗位员工专业性和责任心，提升现代化智能服务水平。四是廉洁自律，抓自身素质提高。在实践中，严格按照中央“八项规定”要求开展工作，杜绝形式主义，厉行勤俭节约，在公车使用、客户营销等活动中不讲排场，不张扬，不浪费。落实“三严三实”专题教育要求，踏实工作，廉洁自律。

【成功营销居民健康卡业务】　至年底，中行迁安支行累计完成60万张居民健康卡发卡业务，并成功营销28家医疗卫生机构在银行开户，累计实现代发报销医疗款项364876笔，代发总金额13155万元，沉淀储蓄存款3553万元，新增个人有效客户愈10万户。针对健康卡业务涉及面广，社会影响力大，客户群体特殊，工作繁琐的特点，中行迁安支行多次召开专题会议，统一调配人力物力，全力做好发卡、激活、挂失、重置卡等后续工作，并指派专人与各级有关部门对接，确保“服务好，宣传好”健康卡业务。中国银行的品牌影响力在迁安农村金融的蓝海市场愈发响亮，健康卡业务对中行迁安支行各项业务的推动作用逐步凸显。

【逐步提升助农业务】　2015年，中行迁安支行深入贯彻中行河北省和唐山分行关于助农业务发展的各项要求，深耕细作，逐步提升助农业务贡献度。指派专人担任助农经理，强化对助农点管理。严把助农点准入关，控制规模，提质增效。至11月，累计开立助农取款点102家，贡献时点存款6.04亿元，全年日均存款55476万元，2015年年末较年初新增存款17748万元，开卡200张以上助农点49家，占比48%，累计开立借记卡85639张，助农点存款余额和新增额分列全辖第一位和第二位。助农业务成为中行迁安支行发展的有力增长点。

【调整优化授信结构】　2015年，中行迁安支行把优化授信结构、逐步提高非钢授信占比作为业务转型的关键和重点，为迁安市人民医院投放短期流贷4000万元，沉淀日均存款2000万元；为河北省高速公路管理局投放承张高速项目贷款2亿元。在提高非钢企业授信的同时，大力拓展零售贷款业务，先后营销了碧桂园5.5亿元、香巴拉1亿元、晨曦家园8000万元、湖景花苑5000万元等一系列楼盘按揭项目，零售贷款余额达到2.56亿元，新增投放2706万元。完成助农卡分期投放3笔，金额680万元。

中国银行股份有限公司迁安支行

行　长　刘宗义

副行长　侯大友（8月离）　张艳春

（高福君）

唐山银行

【概况】　2015年4月，唐山市商业银行迁安支行更名为唐山银行迁安支行。唐山银行迁安支行加大市场拓展力度，加强基础管理，调整经营策略，推进经营机制改革，全行各项工作健康发展，经营效益大幅提升。至12月31日，各项存款余额24.24亿元，较年初增加0.36亿元，其中储蓄存款时点达到11.94亿元元，较年初增加2.97亿元；对公存款时点达到12.30亿元，较年初减少2.61亿元；贷款余额21.97亿元，较年初减少3.56亿元。

【存款营销】　加强业务宣传，在继续贯彻总行“政府银行、市民银行”的方针的同时，按照迁安实际情况，组织多种多样的宣传活动，加大迁安市场的开拓与宣传。组织员工在商厦、街道进行常态化宣传，唐山银行迁安支行在客户资源上进一步扩大，存款稳定性有所提高。银行产品具有一定的抽象性，宣传营销工作开展的好坏取决于客户认知的心理，因此，采取常联系、常见面、常沟通的方式，维稳优质客户，发展潜在客户。主要采取两项措施：一是对公存款，分系统制定对公客户营销方案，并组织实施专项攻坚活动。根据客户特点，对重点存款进行营销维护，强化服务措施，深入挖掘潜力，实现稳定快速增长。二是针对一般授信客户及小微企业客户制定营销方案，实施专项攻坚活动。此外，以现有优质客户为核心，辐射上下游，发掘新的优质客户，扩大对公业务的发展空间，将客户做实，实现链式营销。2015 年度圆满完成各项业务考核指标。

【金融风险防范】 组织内控制度学习，开展合规教育培训，加大业务整改力度，保证业务合规发展，有效防范金融风险。合理安排时间，组织制度性文件学习，并将实际操作中出现的疑点、难点与文件相印证，保证全体员工对各项制度有清晰、明确的了解。此外，定期或不定期地对各项业务进行专项自查、自纠。2015 年，先后对银行结算账户、现金统计以及反洗钱等工作进行自查、自纠，及时发现问题和隐患，积极整改。

【安全保卫】 按照《唐山银行安全保卫工作达标标准考核实施细则》要求，建立并完善安全保卫档案，将安全保卫的方方面面纳入对人防档案、物防档案、技防档案、消防档案和案件防范档案管理之中，确保安全保卫工作落到实处。按照半年组织一次防盗抢演练要求，唐山银行迁安支行在 6 月、9 月、11 月组织演练，提高了员工的思想认识和防范意识，安全保卫基本达到达标标准要求。同时，美化营业环境，提升员工办公环境质量及网点整体服务水准。

唐山银行迁安支行

行　长　张俊元（1 月离）　王立军（1 月任）

副行长　许敬军　杨洪海（1 月离）
郭　健（1 月离）
李　静（女，1 月任）

（张永超）

保　　险

中国人寿保险股份有限公司迁安支公司

【概况】 2015 年年底，中国人寿保险股份有限公司迁安支公司（以下简称中国人寿迁安支公司）有从业人员 1030 人，其中机关员工 41 人（党员 15 人）、业务员 989 人。公司下设综合管理部、客户服务部、个险销售部、团险销售部、银行保险部 5 个部门，另设 1 个收展部、5 个城区营销部、19 个乡镇营销服务部。全年收取保费 2.05 亿元，赔给付支出 2515.4 万元，上缴各项税金 345 万元。

【提高服务水平】 加强基础管理，继续以“服从要务、办结事务、搞好服务”为宗旨，坚持“专业、真诚、感动、超越”的服务理念，加强对所有业务人员的教育培训及日常监督，加大督察力量，规范服务行为，加快理赔速度，理赔、保全、承保、收付费等业务实行限时办结制度。针对市政府惠民工程——新农合意外伤害保险业务，成立了专门服务于新农合参保客户的新农合理赔科，提高了服务效率。2015 年，全年受理各种赔案 4527 起，赔付总金额 2515.47 万元，其中新农合赔案 2448 起，赔付金额 851.6 万元。

【加强风险管控】 一是积极开展诚信教育活动，强化销售人员诚实守信理念；二是进一步强化全员遵章守纪、合规经营的职业道德理念；三是组织内控合规知识、反洗钱知识、打击非法集资活动培训及考试，进一步提高全体员工及营销人员的风险防范意识，从思想上引起高度重视，并落实到实际行动中，不断增强公司风险防范能力。

【优化业务结构】 创新工作思路，做到业务结构合理，又快又好发展。全年组织召开利益派送会180余场，使参保客户利益最大化。同时，加强农村营销服务部建设，巩固农村保险市场，大力发展农村营销服务部，逐渐填补空白村，确保村村都有中国人寿的代理人为群众提供服务，全年承保人数70.64万人次。不断扩大保险覆盖面，拓展新的保险业务领域，与市卫计局合作开展新农合意外伤害保险和计划生育家庭保险业务、与民政局合作开展老年御险业务、与教育局合作开展学生平安保险业务、与信用社及邮政局联合开展贷款人人身意外伤害保险业务、为农民办理农村小额人身意外伤害保险业务、与各银行合作开展银行保险业务。全年办理保单抵押借款业务1892件，总金额5678.1万元，为客户提供了及时的资金支持。

【深入开展党的群众路线教育实践活动】 按照迁安市委及中国人寿总公司和省、唐山市分公司安排部署，认真组织开展党的群众路线教育实践活动。贯彻落实中共十八大会议及教育活动相关文件精神，在全体员工尤其是党员干部队伍中，倡导清廉、务实作风，反对“四风”，严格遵守中央“八项规定”，在公司上下形成风清气正、勤俭节约的良好环境和氛围，干部职工的思想境界全方位提升。8月30日，中国人寿迁安支公司组织全体营销员为家境困难的大学生张明伟同学捐款，筹备学费6820元。

中国人寿保险股份有限公司迁安支公司

经　理　李小青（女，9月离）
　　　　　董慧超（9月任）
副经理　温晓峰（女，5月离）
　　　　　郄晓光　张文海（11月任）
　　　　　杨保林（6月任）

（刘红娟）

中国人民财产保险股份有限公司迁安支公司

【概况】 至2015年年底，中国人民财产保险股份有限公司迁安支公司（以下简称中国人保迁安支公司）有从业人员259人，其中机关承保、理赔人员92人（党员36人），业务员167人。公司分设车险、非车险及理赔分中心3个部门，下辖10个营销服务部及11个业务团队。2015年，共收取保费1.77亿元，其中车险1.24亿元。处理各类赔案15496起，支付赔款8636万元，案件处理率100.3%（包括2015年以前积案）。上缴各类税金2239万元。

为充分调动全体员工的积极性和创造性，提高专业化经营能力和客户服务水平，巩固和加强中国人保唐山市分公司在迁安的区域优势，经中国人保唐山市分公司研究并报省分公司批准，2015年1月，将中国人保迁安支公司分设为2个经营机构，分别经营车险业务和非车险业务。1月1日起，2个经营机构独立核算。2个经营机构分别在经理室下设立综合部和若干专业销售团队。

【检察院驻人保财险预防职务犯罪办公室挂牌成立】 贯彻落实习近平总书记“预防职务犯罪出生产力”的重要论断，5月29日，迁安市人民检察院驻人保财险预防职务犯罪办公室正式成立。公司依托此办公室，及时向检方提供保险工作中涉及职务犯罪的风险点，联合检方开展警示教育，建立风险评估制度。至年底，调查取证16起，有效防止国有资产流失10多万元，对涉及保险类犯罪起到防范和震慑作用。

【提高服务水平】 2015年，落实总公司“以客户为中心转型年”工作要求，打造PICC服务品牌，以服务促进业务发展，将理赔无优、车险快捷等一系列服务承诺贯彻到日常工作中，创新服务举措，让客户感受人保，享受优质服务，提升客户满意度。2015年，客户节以“倾听您的心声，服务您的需求”为主题，面向社会推出7项主题活动：“多快好省”理赔服务嘉年华；“I车I自然”人保之友俱乐部活动；“人保在行动”公益系列活动；“客户节一起玩‘绿聚人’吧！”活动；“走出去、请进来”活动；“十一”黄金周客户自驾游服务活动；在总部活动基础上，依托“人保之友”俱乐部开展“河北人保为您做更多”系列回馈活动。年内，中国人保迁安支公司不断加强客户俱乐部建设，全年“人保之友”客户俱乐部吸纳会员 11703 名。客户节期间，通过随机抽取客户等方式，多次组织俱乐部会员进行登山、畅游大海等自驾游活动，增强客户体验。通过与客户的交流和沟通，拉近客户与人保的距离，提高客户对迁安人保服务品牌的认知度和忠诚度。

【做好惠民险种】 继续开办与迁安民众息息相关的各险种，满足迁安人民的保险需求。农业保险开办了能繁母猪、奶牛、育肥猪等养殖保险，小麦、玉米、花生、大豆、水稻、大棚蔬菜等种植保险和森林险。组建专业的农业保险承保理赔队伍，通过上门承保、当日查勘、当日赔付、限时送赔款到户等多种方式让参保农户得到及时保障，全年支付农险赔款近 600 万元，发挥了保险业在农业和农村发展中的社会“稳定器”和经济“助推器”作用。

2015 年，公司继续承办全市农房保险，为 17 万户住房提供近 17 亿元风险保障。积极履行社会责任，扎实推进农房保险工作，从建立和完善农村救灾保障角度出发，制定了《农房保险应急预案》《人保财险农房保险人员配置表》《农房保险实施方案》等，提升农民群众灾后重建、恢复正常生活秩序的能力，为全市农民住房提供了坚实的保障，得到省、唐山市两级民政部门的高度认可。与此同时，公司为多家学校提供校园方责任和教职员工责任保障，为多家医院提供医疗责任保障，为多家单位提供电梯责任险保障，为多家养老机构提供责任保障。2015 年度，上述责任险保障达到 66.3 亿元。此外，为迁安社保所有参保职工提供大额医疗补充保险服务，全年向大病患者支付近千万元赔款，大大减轻了大病患者的负担。

中国人民财产保险股份有限公司迁安支公司

经　理　王华新（2014 年 11 月离）
　　　　　邢　辉（2014 年 11 月任）
副经理　何海利（2014 年 11 月离）
　　　　　侯赛玉（女，主持非车险工作）
　　　　　杨静文（女）

（果君利）

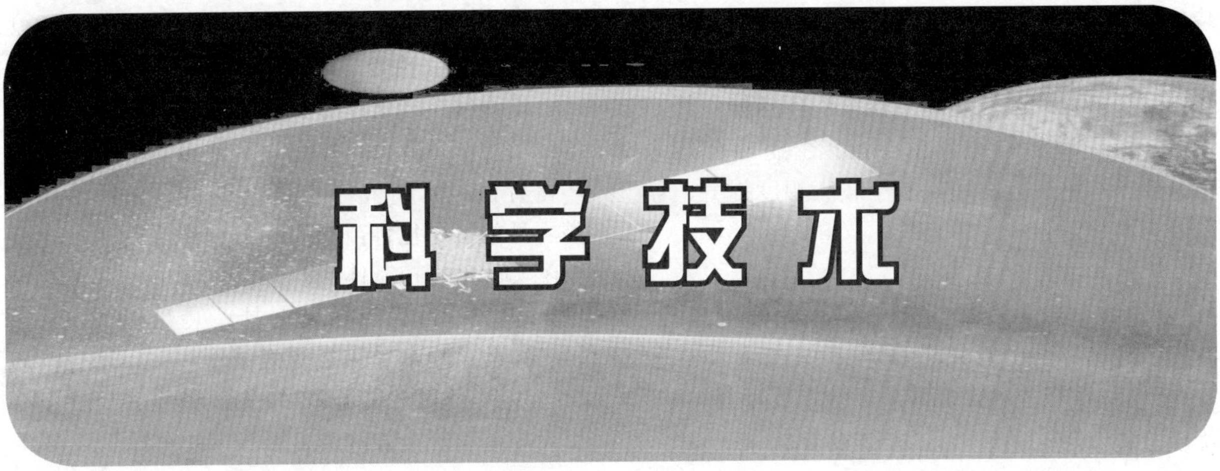

综　　述

【科技概况】 2015年，全市科技工作继续围绕实施“四五”转型攻坚计划，以提高科技创新能力为重点，推进科技创新体系建设，促进科技成果转化，充分发挥科技对经济社会发展的引领支撑作用。迁安市科学技术局被河北省科学技术厅评为2014年度全省科技管理工作先进县（市、区）科技局，被唐山市委、唐山市人民政府评为2012~2013年度唐山市文明建设先进单位，被迁安市委、市政府评为优秀领导班子。加强科技队伍建设。坚持“不求所有，但求所用”的原则，以大型企业、院士工作站、博士工作站以及各类创业中心、园区、基地为载体，深入实施“院士联谊”“假日博士”等借智工程，通过合作、技术入股、聘请顾问团等形式，多渠道、多层次、多形式引进各类科技人才，服务全市经济社会发展。同时，启动校企联动人才培养基地建设，开展产学研人才培养试点，实现大学、科研院所与企业高端人才的对接和流动，培养实用型创新人才。

【高新技术及其产业发展】 立足“无中生有”，培育战略性新兴产业和高新技术产业。围绕新能源、新材料、生物医药、装备制造等新兴产业，加强产业核心技术和产品的研发，加大科技成果引进、转化、支持力度，投入科学研究与试验发展经费200多万元，实施“英诺特结核检测试剂”“葵花药业复合凝乳酶胶囊二次开发”“百善无蔗糖型肾石通颗粒研制”等创新成果转化项目，推进全市新兴产业发展。英诺特（唐山）生物技术有限公司研制的结核分枝杆菌多种抗体检测试剂获得国家药监局的生产批文，并已申请国家发明专利，具有自主知识产权；河北百善药业有限公司“无蔗糖型肾石通颗粒研制”项目，属于大品种药物技术升级，保证了药物的临床疗效，许多肥胖、老年和禁糖患者都可以服用，年销售收入达到280万元。在发展高新技术企业方面，积极挖掘和利用高新技术企业优惠政策，在资金、人才、技术上优先扶持项目建设，引导企业向国家高新技术企业迈进。2015年，迁安市葵花药业集团（唐山）生物制药有限公司、英诺特（唐山）生物技术有限公司2家企业步入高新技术企业行列，迁安市国家高新技术企业总数达到12家。加快科技型中小企业发展步伐，抓实省科技型中小企业的认定培育、管理提升、服务推进三个重要环节，迁安市科技型中小企业在数量、规模、实力、结构等方面实现有力提升。2015年，新认定省级科技型中小企业85家，总数达到200家。

【科技推广与应用】 做好科技成果推广应用工作。运用高新技术和先进适用技术改造提升传统产业。围绕钢铁、冶金、化工等传统产业，以工艺改造、产品研发、技术引进、设备更新为重点，投入科学研究与试验发展经费200多万元，带动企业投入1000多万元，运用高新技术提高装备水平，改进生产工艺，优化产品结构。实施了怡诚电子无负压给水及配套电子设备的研制与开发，金沙双燃料混烧燃烧器等链条延伸、技术改造、节能减排科技创新项目，企业的装备水平、技术水平、产品档次有了较大幅度提升，创新能力明显增强。

【农业科技创新】 1. 引进示范农作物新品种、新技术。投入 20 万元实施“千户科技示范工程”，引进花生、玉米等新品种种子 1.6 万公斤、优质肥料 2 万公斤，在全市确定 1000 户科技示范户，免费提供新品种、新肥料，通过示范户种给农民看。在上庄乡建立 40 亩玉米新品种展示区，组织召开现场观摩与培训活动。2015 年，引进示范农作物、果树和养殖新品种 15 个，引进示范了“燕山低山丘陵平原耕地养分演变及其持续高效利用关键技术”“规模化养猪细菌性腹泻综合防控关键技术”等科技成果，示范推广了花生病虫害绿色防控、玉米省力化栽培、核桃优质丰产栽培等新技术。2. 培育农业特色产业，提高农业科技支撑能力。围绕特色果品、中草药种植、功能杂粮、健康养殖等特色产业，加强农产品标准化生产技术研发与精品农业科技示范，示范推广一批规模化养殖、设施栽培等促进农业标准化关键技术。迁安市燕禾泉饮料有限公司实施了“安梨规范化栽培与精深加工产业化研究与示范”项目，制定了安梨标准化丰产栽培技术体系，建立安梨丰产栽培示范基地 5100 亩；建设唐山市特色果品深加工工程技术研究中心，研究探索无防腐剂安梨汁生产、黄酮提取、膳食纤维制备等关键技术，解决了安梨汁沉淀、废弃物利用等技术难题；建立安梨饮料生产工厂，年生产安梨汁饮料 3 万吨，产品畅销全国 13 个省市。3. 实施科技示范基地和科技示范园区建设工程，提高示范带动能力。加强农业科技示范基地和科技示范园区管理，帮助相关企业与高等院校、科研院所建立密切的合作关系，引进示范新品种、新技术、新成果，对精品设施农业、休闲农业、生态养殖、农产品深加工等项目进行跟踪指导，重点提升现代农业科技示范园区及亚滦湾沙地果树、正农鹅繁育等特色农业科技示范基地建设水平，组织新建大崔庄镇优质核桃农业科技示范基地、大崔庄镇袖珍菇周年生产农业科技示范基地，增强科技创新能力和示范带动作用。春良绿色蔬菜种植专业合作社重点实施了“连栋温室工厂化育苗技术研究与示范”项目，筛选出茄果类、瓜类工厂化育苗基质配方，建立与工厂化育苗配套的环境控制体系，采用机械转动式蔬菜精量播种系统，实现基质混拌、装盘、压穴、播种、覆盖、喷水等一条龙机械作业，年培育优质菜苗 300 万株，带动 600 户农民致富，促进了全市设施蔬菜产业的健康发展。

【专利工作】 以创建国家知识产权示范城市为契机，实施知识产权战略，创新工作机制，完善工作体系，落实推进计划，优化服务环境，提高企业核心竞争力。强化知识产权宣传，通过“4·26”知识产权宣传、举办企业专利培训班等活动，提高全社会科技创新意识。落实好专利申请资助和补贴政策，专利授权数量和质量大幅提升。2015 年，迁安市专利授权量 102 件。实施知识产权转化工程，支持企业与科研机构、高等院校联合，有针对性地开发和实施专利技术，促进专利转化项目 5 项，提升了企业知识产权创造和运用能力。加大知识产权的执法检查力度，联合市工商、质监等部门进行专利执法检查，保护知识产权所有人的合法权益，为企业科技创新营造良好环境。

（毛立兵）

科技管理

【概况】 围绕转型攻坚计划，谋划、实施一批推动全市资源型经济转型、产业结构优化升级的科技研究和成果转化项目。1. 加大本级科技项目实施力度。2015 年，围绕推进全市科技创新，充分发挥财政资金引领作用，年初，下发《迁安市 2015 年度科技计划项目征集指南》，随后对征集项目进行深入调研，聘请相关领域专家对项目进行评审论证，最后根据专家评审意见，安排资金 500 万元，谋划、实施了葵花药业“复合凝乳酶胶囊二次开发”等 30 项本级科技研究和成果转化项目。在项目实施中，加强督导、检查和服务，项目实施带动企业投入3000多万元，创造经济效益5000万元，推进了企业自主创新和高新技术成果转化，为全市转型发展提供了有力的科技支撑。唐山市金沙工贸有限公司利用钢厂排放的高炉煤气、化工厂排放的低热值尾气，研制与开发低热值氢氰酸尾气和天然气双燃料混烧燃烧器，既提高了能源利用率，又降低了对原生能源的需求，减少了大气污染，最大限度地节约了能源，实现良好的经济和社会效益。项目实施后，年可新增销售收入500万元，新增税金35万元。2. 支持企业申报上级科技项目。把开展“进企业，搭平台，谋项目，促增长”活动作为工作主线，多次深入企业调研，掌握企业生产与科研动态，做好项目申报储备。在此基础上，按照上级项目申报指南要求，强化业务指导，帮助科技基础好、创新能力强的企业谋划包装项目，认真组织申报材料，进一步提高项目申报成功率。2015年，组织申报2016年河北海钺耐磨材料科技有限公司的“消失模转移控制半固态铁基合金绿色铸造关键技术”等省级科技计划项目23个。帮助企业争取上级资金支持，“昌安耀滨孵化器创业孵化服务平台”等5个项目获得170万元省级资金支持，激发了中小企业的科技创新热情。同时，对承担的国家、省、唐山市科技项目，迁安市科技局提前组织，认真把关，5个国家项目、5个省项目、6个唐山市项目共16个项目顺利通过验收。

【科技成果转移转化】 积极参与技术市场体系建设，为企业提供科技、人才、信息等咨询服务，构建校企开发合作平台，为企业建立技术依托。通过资源整合，明确记录买方、卖方之间技术市场交易额，以企业需求为导向，技术转移服务为纽带，促进产学研相结合。通过联系相关高校院所科技处和拜访有关专家以及利用网上查询等方式，搜集中科院、钢研总院、清华大学、北京工业大学等最新科研成果，分期以科技项目小册的形式和科技信息网向社会发布，并按项目领域在重点企业开展有针对性地推介。围绕产学研协同创新发展，与清华大学、北京科技大学等40多所大专院校进行多种形式合作，使京津等地科技、人才、技术优势为迁安市所用，并最大限度地转化为创新资源。已促成唐山科源激光再制造有限责任公司、迁安市乐达特种陶瓷制品有限公司、迁安瑞格特机械设备制造有限公司3家企业与高校、科研院所建立全面深层次的产学研合作关系，为企业解决技术难题8项，引进新技术和新成果10项。

【创新研发平台建设】 按照“抓好新建、管好已建、培育拔尖”的原则，加大研发平台的培育提升力度。在抓好新建方面，全面推进以工程技术研究中心、研究院等为主体的企业研发机构建设，增强企业自主创新能力，为大众创新搭建平台。新建仁创绿源环保科技有限公司的除尘灰综合利用工程技术研究中心、金沣秋工贸有限责任公司焊接技术工程技术研究中心2家本级企业工程技术研究中心。围绕产业发展技术需求，为加快迁安钢铁产业转型升级，依托北京科技大学钢研总院等研究机构，谋划建设“京津冀钢铁（迁安）协同创新研究院”等行业研发平台。双方已达成初步协议，正在就具体细节进行商讨。在管好已建方面，对已建研发中心严格按照《迁安市企业工程技术研究中心管理办法》，加强业务指导，强化日常监管，本着实行优胜劣汰的原则，建立良性动态考评机制。在培育拔尖方面，依托高校、科研院所，引导支持各行业研发平台提高质量、晋级升格。培育河北力通能源科技有限公司、迁安龙泽谷国际酒庄有限公司、迁安市思文科德金属包装有限公司3家企业工程技术研究中心升级为唐山市级以上研发中心。2015年，依托平台研发新技术50件，获得专利31件，发明专利3件。

【科技孵化平台建设】 拓展、提升迁安市科技企业孵化器和迁安市昌安耀滨科技企业孵化器有限公司2家省级孵化器的服务领域和服务水平，营造有利于科技型企业发展的良好环境。加大支持力度，认真落实优惠扶持政策，增强孵化器的吸引力。充分挖掘和发挥燕山大学等高校的技术、人才优势和先进的管理经验，通过强化专家服务平台建设、加大招商力度、实施创业苗圃建设、加大管理人员培训等多项举措，把孵化器打造成科技型中小企业健康成长的摇篮和大学生创新创业的众创空间。迁安市昌安耀滨孵化器完成了电子商务平台项目建设，整个平台系统实现主要企业、产品的商情展示，为在孵企业提供了第三方电子商务平台服务，年可为企业降低20%销售成本。迁安市科技企业孵化器建立了创业苗圃，引入北京中技惠民科技有限公司中介机构，蓝帆电子商务有限公司、万鹏微商有限公司等4家公司项目入驻创业苗圃，进一步提高了孵化能力和水平。同时，按照“孵化+投资”模式，迁安市科技局积极与北京等地的投资机构联系接洽，争取投资机构在迁安建立分支机构。2015年，迁安市科技企业孵化器和昌安耀滨2家孵化器新入孵企业15家，出孵毕业企业6家。

【科技成果与奖励】 2015年，迁安市人民政府表彰2014年度迁安市科学技术进步奖107项，其中科技进步一等奖24项、二等奖36项、三等奖47项。

2014年度获迁安市科学技术进步奖项目一览表

表16

序号	项目名称	完成单位	主研人员	获奖等级
1	钢铁基耐磨表面复合材料的消失模铸造关键技术	河北海钺耐磨材料科技有限公司	谭建波 付宏江 李增民 马玉成 陈亮 冯清梅 牛春祥 郝留歆 毛立兵	一
2	河北省迁安市耕地地力评价与利用	迁安市农业畜牧水产局	刘向辉 冯燕燕 高金平 翟立军 周桂荣 陶海滨 刘淑娥 冯秀茹	一
3	生物有机菌肥田间应用技术研究与示范	迁安市农业畜牧水产局	何国梁 张国新 凌寅梅 陶海滨 章国 李丽媛 梁志伟 李国强	一
4	排土场回填等水土保持技术在河北钢铁集团矿业有限公司棒磨山铁矿矿区迹地恢复中的应用	迁安市水务局	郑连合 宋键 卜志军 李宏霞 王薇 苏子英 张翠侠 付杰 任晶华	一
5	育肥猪低蛋白日粮技术推广	迁安市畜牧水产技术服务中心	全维瑶 张秀艳 于四洋 朱宏宝 陈会云 王伟 刘伟新 徐丽丽 周鹏飞 蔡鑫文	一
6	迁安市农村饮水安全工程建设管理对策与研究	迁安市水务局	张翠侠	一
7	规模养猪场母猪子宫内膜炎的防治	迁安市畜牧水产技术服务中心	孙太福 陈会云	一
8	浅谈PM2.5的危害与防治措施	迁安市环境保护局	张翠艳	一
9	水利综合技术在现代农业中的应用推广	迁安市水务局	高青春 赵红珊 张天琪 魏秋艳 张艳民 付杰 韩玉荣 张翠侠 吴立明 肖雪梅 杨德宝 刘玉武	一
10	矿区水土资源高效利用植被恢复模式构建技术试验示范	马兰庄镇人民政府	孙会民 许中旗 李祥龙 甄城 杨立华 孟令生 杨建杰 玄利艳	一
11	奥替溴铵联合益生菌治疗腹泻型肠易激综合征疗效	迁安市人民医院	郑秀丽 符雪松 王玉刚 张艳华 赵侠 李红寅	一

续表 16

序号	项目名称	完成单位	主研人员	获奖等级
12	晚期非小细胞肺癌治疗的优化	迁安市人民医院	沈静侠 王立东 崔庆贵 吴学队 王淑颖	一
13	彩色多普勒超声联合血流动力学检测对孕产妇分娩结局影响的临床研究	迁安市人民医院	王爱华 李晓玲 高孝杰 郝玉杰	一
14	浅谈校园气象科普教育的作用与意义	迁安镇中心学校	王建春 王 丹 吕晓芬 王立民	一
15	腹腔镜肝部分切除治疗肝血管瘤的临床疗效分析	迁安市人民医院	王志锋 王瑞江 王会生	一
16	聚焦超声治疗外阴白斑 40 例的护理	迁安市人民医院	李爱青 李晓燕 王玉娟	一
17	血管内支架置入术治疗症状性椎动脉开口处狭窄临床效果及随访	迁安市人民医院	王淑敏 李小璇 焦劲松 田朝晖 刘尊敬 唐文雄 刘 玮 薛 爽 张志勇	一
18	附加锁定接骨板结合自体髂骨植骨治疗股骨交锁髓内钉固定术后骨不连	迁安市中医医院	王海生 李长江 张国文 赵建平 宫玉志 郤立武	一
19	奥扎格雷那联合复方丹参注射液治疗脑卒中 40 例	迁安市人民医院	石颖新 解艳文 景小红	一
20	迁安市现代农业发展存在的问题及发展建议	迁安市农业畜牧水产局	杨 霞 杨力伟	一
21	目前我国交通运输经济状况及发展战略	迁安市交通局	李 冉	一
22	肥胖相关性肾病中西医结合诊疗探讨	迁安市人民医院	郝玉杰 田力铭	一
23	北京城市不同绿地类型土壤常量元素变化的研究	迁安市林业局	马秀梅	一
24	带琐髓内钉结合硬脑膜补片治疗股骨干粉碎性骨折 39 例体会	迁安市人民医院	王云清 刘桂舫 李艳红 朱长喜 张学艳	一
25	铸管铁水球化处理工艺改进技术研究	迁安市津唐球墨铸管有限公司	许广荣 李 富 张国东 李国勇 郭雪梅 杨 壮	二
26	迁安市利益食用菌标准园创建	迁安市农业畜牧水产局	侯 勤 白红芬 陈英杰 蔡永清 李玉才 章 国 刘宝军 杨 霞	二
27	林木蛀干害虫的危害、预防及防治方法	迁安市林业局	孟令生 杨建杰 张新立 郭 江	二
28	梨树提质增效管理技术	迁安市林业局	王绍良	二
29	浅析迁安市抗旱服务组织建设与管理	迁安市水务局	张艳民 赵红珊	二
30	土木工程中的结构与地基加固技术	迁安市房产经营服务中心	刑 宇	二
31	梅花针、拔罐联合神经阻滞治疗带状疱疹 62 例临床观察	迁安市人民医院	张丽敏 宫玉柱 郭大江 司 靓	二
32	黄芪注射液治疗围产期心肌病的疗效观察	迁安市人民医院	张翠荣 杨玉恒 张敬伟 裴凤双 唐红侠	二
33	迁安市隔滦河小流域 2014 年度综合治理项目	迁安市水务局	李文霞 郭 颖 李 伟 李姝鸿 任晶华 刘立东 白 燕 韩玉荣	二

续表 16

序号	项目名称	完成单位	主研人员	获奖等级
34	转氨酶初筛联合标准室内质控管理在流动采血车的应用研究	迁安市血站	马健华　范泽辉　杨建波	二
35	智能温室生态高效化生产技术集成与示范	迁安市农业畜牧水产局	常志军　梁玉芹　于爱民　李红斌　赵晓光　陶海滨　章　国　苏　议	二
36	矿山生态治理与修复技术应用与示范	迁安市科技局	李迎新　刘成学　杨　壮　牛春祥　武霄宴　冯春梅　刘艳慧　李亚飞　张小帅	二
37	匹多莫德颗粒治疗小儿支气管哮喘临床体会	迁安市妇幼保健院	厉艳合　廉淑敏	二
38	彩色多普勒超声对单脐动脉诊断的临床价值	迁安市人民医院	王爱华	二
39	桃红四物汤治疗糖尿病足的临床疗效观察	迁安市妇幼保健院	李　爽　张学芝　吴少峰　曹立平	二
40	猪繁殖与呼吸综合征的病原体及分子生物学诊断技术	迁安市畜牧水产技术服务中心	赵成芸　高　磊	二
41	果树生产的品种问题与解决方法	迁安市林业局	刘金柱　王琳琳　靳焕焕	二
42	生态型小流域综合治理成效与启示	迁安市水务局	卜志军　李宏霞　郑连合　王　薇	二
43	水土保持与水利的可持续发展分析	迁安市水务局	玄立远　吴立明	二
44	腹腔镜、胆道镜联合保胆取石术 78 例临床观察	迁安市人民医院	王会生　王瑞江	二
45	参麦注射液联合果糖治疗心力衰竭的临床治疗分析	迁安市老干部局医院	张新茹　张　印	二
46	猪流行性感冒继发细菌感染的控制方案	迁安市畜牧水产技术服务中心	白玉军	二
47	维持性血液透析患者动静脉内瘘的护理	迁安市人民医院	高孝杰　白建蕊　蔡建荣	二
48	护理干预对子痫前期患者分娩方式的影响	迁安市人民医院	李爱青　张翠荣	二
49	中西医结合治疗糖尿病足疗效观察	迁安市人民医院	许国峰　唐立伟　任佳印　曹艳芬　符雪松　郝玉杰　王会生　黄　英　兰海燕	二
50	两种不同灭菌方法对消毒腔镜效果监测分析	迁安市人民医院	杨翠英	二
51	安梨树的修剪技术	迁安市林业局	王红梅	二
52	我国房地产经济发展趋势探索	迁安市房产经营服务中心	汤滢滢	二
53	迁安市板栗丰产技术	迁安市林业局	赵　楠	二
54	提高侧柏山地造林成活率的关键技术措施	迁安市林业局	郭新颖　刘艳慧　李艳冬　宫晓霞　杨建杰	二
55	浅谈“高效课堂”	迁安市大五里中学	彭小红	二

续表 16

序号	项目名称	完成单位	主研人员	获奖等级
56	土木工程施工管理之我见	迁安市住房和城乡建设局	郭　伟	二
57	不同剂量吉西他滨持续治疗晚期非小细胞肺癌的临床研究	迁安市人民医院	沈静侠　王立东　崔庆贵　吴学队　王淑颖	二
58	房地产企业资金收支计划表的合理编制	迁安市房产经营服务中心	赵晋辉	二
59	交锁髓内钉内固定和 A0 外固定支架治疗胫腓骨开放骨折效果比较	迁安市人民医院	王云清　李艳红　刘桂舫　张学艳　朱长喜	二
60	毛皮动物用动物源性蛋白原料营养指标及安全指标分析	迁安市畜牧水产技术服务中心	冯晓红	二
61	基层兽药监管工作实践与思考	迁安市畜牧水产技术服务中心	司庆生　张　辰　高　磊	三
62	农民参加阳光工程培训影响因素研究	迁安市农业畜牧水产局	杨倍贝	三
63	对建筑电气安装工程中存在若干问题的思考	迁安市房产经营服务中心	李艳东	三
64	浅谈提高仔猪成活率的措施	迁安市畜牧水产技术服务中心	周鹏飞	三
65	设施茄子春提前栽培管理技术	迁安市农业畜牧水产局	陈英杰　李振云	三
66	西红柿高效生产技术研究与示范	迁安市农业畜牧水产局	金士广　李连海　孙海军　章　国　杨冠军　刘淑娥　董爱玲　宋桂芬	三
67	水土保持技术在采石场环境综合整治中的推广应用	迁安市水务局	林志红　卜志军　王　薇　李宏霞　冯春梅　郭运刚　张艳霞　刘伟男	三
68	钢筋工程质量通病防治	迁安市房产经营服务中心	陈顺利	三
69	迁安市中药材种植示范园创建	迁安市农业畜牧水产局	侯　勤　白红芬　陈英杰　蔡永清　苗志军　章　国　刘宝军　杨　霞	三
70	关于开展事业单位绩效评价相关问题的研究与探讨	迁安市住房和城乡建设局	王志刚	三
71	玉米联合收获机工作前常规检查及常见故障排除	迁安市农业畜牧水产局	叶江帆　温铁军	三
72	液相色谱法测定蔬菜及水果中的吡虫啉残留量	迁安市农业畜牧水产局	蔡会敏	三
73	果草牧立体种养模式研究	迁安市农业畜牧水产局	周文武　魏腾飞　梁志伟　王　琳　陈秀鹏　徐宏伟　邹建波　樊小美	三
74	加强软土地基施工管理，提高土木工程施工质量	迁安市房产经营服务中心	王秀娟	三
75	浅论交通工程质量监督管理	迁安市住房和城乡建设局	高浩淳	三
76	绿道建设浅析—迁安市大崔庄绿道建设经验	迁安市林业局	林晓杰	三
77	苹果大小年结果的原因及预防措施	迁安市农业畜牧水产局	庞红丽　张　健　孙　超	三
78	园蜡二号白蜡扦插育苗技术	迁安市林业局	郑文美　刘红松　杨建杰　郭　江	三

续表16

序号	项目名称	完成单位	主研人员	获奖等级
79	金叶接骨木全光雾插育苗技术	迁安市林业局	李冠宓	三
80	野生酸枣改接本地特色菱枣的可持续利用技术	迁安市林业局	刘娟娟　李铁钢　张　保	三
81	耕地合理灌排的重要性及实施原则	迁安市水务局	李姝鸿　张艳霞　李　杰	三
82	对建筑工程质量监督检测的认识和分析	迁安市建筑工程质量监督检测站	杜春和　徐晓影	三
83	非平卧位颅脑手术中BIS指导丙泊酚和瑞芬太尼靶控输注的临床应用	迁安市人民医院	冯连秋　唐永军　闫　娜 李丽敏　杨小丰　戴小强 倪　伟	三
84	FHIT和HIF－la在子宫内膜异位症中的表达及意义	迁安市人民医院	张翠荣　张敬伟　李海侠 张翠琴　赵丽霞　李爱青 付剑锋　庞淑兰	三
85	豁痰祛瘀法用于急性大面积肺栓塞患者临床研究	迁安市人民医院	姬玉昆　宋淑清　王文颖 徐丽艳　张彬彬　兰海燕	三
86	黄葵胶囊联合雷公藤多甙片治疗IgA肾病临床研究	迁安市人民医院	魏雪涛　郝玉杰　田力铭 董燕飞　王运红	三
87	标准化规模养猪场支原体肺炎的防治	迁安市畜牧水产技术服务中心	周建国	三
88	棚室黄瓜主要病害及其防治	迁安市农业畜牧水产局	魏雪红　玄宏侠	三
89	华北地区红富士苹果树管理技术	迁安市林业局	李　兰	三
90	关于房屋工程质量通病因素及治理方案研究	迁安市建筑工程质量监督检测站	张　学	三
91	论集中供热管网的敷设方式	迁安市热力总公司	杨晓钰	三
92	土木工程施工中的裂缝处理方法探究	迁安市房产经营服务中心	李立刚	三
93	听到的声音活动设计	迁安市光彩幼儿园	李书艳	三
94	塑料大棚和发酵床应用于养鸡时对其设置与维护的要求	迁安市畜牧水产技术服务中心	张铁军	三
95	迁安市春尺蠖发生情况及防治措施	迁安市林业局	王　晨　蔡胜文　赵晓光	三
96	关于对建筑工程项目的施工质量管理的思考	迁安市热力总公司	齐凤莲	三
97	中药热敷骶尾部治疗尿潴留29例临床观察	迁安市人民医院	白建蕊　郭颖艳	三
98	母猪的饲养管理	迁安市畜牧水产技术服务中心	王　伟　张秀艳　阚秋霞	三
99	核桃生产栽培中存在问题及解决措施	迁安市林业局	代志国　刘金柱　郭　江	三
100	提高矿山植被恢复效果的有效措施	迁安市林业局	高　见	三
101	柽柳育苗及铁矿尾矿造林技术	迁安市林业局	张文跃　杨建杰　李艳云	三
102	探析滦河迁安段的生态防洪工程有效管理	迁安市水务局	李亚飞	三
103	椎底动脉扩张延长症患者并发脑梗死的相关危险因素	迁安市人民医院	王淑敏　孙丽丽　焦劲松 田朝晖　刘尊敬　唐文雄 刘　玮　薛　爽　张志勇	三
104	荆花胃康胶丸联合盐酸伊托必利分散片治疗功能性消化不良79例临床观察	迁安市人民医院	王玉刚　郑秀丽　符雪松	三

续表 16

序号	项目名称	完成单位	主研人员	获奖等级
105	妊娠合并子宫肌瘤 76 例临床观察	迁安市人民医院	张艳辉　李学军　张翠荣　马淑田	三
106	音乐疗法对采用 ESWL 治疗患者碎石成功率的影响	迁安市人民医院	张文君　杨翠英	三
107	水利地形信息快速矢量化方法浅谈	迁安市水务局	刘　丹　张　广　任思达	三

（毛立兵）

科技活动

【科技交流与合作】　鼓励企业与高等院校、科研院所建立合作关系，组织开展产学研对接活动，注重引进创新型人才和科技成果，充分利用市外人才与资源服务科技创新，促进成果转化，推动京津冀协同创新。为推进迁安市钢铁行业转型升级，推动首都科技成果在迁安转化落地，市科技局抢抓京津冀发展机遇，打造协同创新共同体。2015 年，市政府与京津冀钢铁行业节能减排产业技术创新联盟（以下简称钢铁联盟）、北京市科学技术委员会签订了战略合作框架协议。9 月，组织钢铁联盟专家团 50 余名专家到迁安市开展为期一周的钢铁行业节能减排、产品优化升级、金融服务综合会诊活动，为企业把脉问诊，为钢铁行业出谋划策，解决实际问题。10 月，钢铁联盟专家就钢铁企业综合会诊结果与迁安市燕山钢铁公司、迁安市九江线材有限责任公司等 6 家钢铁企业座谈交流，针对企业提了切实可行的意见。

【科技招商】　“走出去”，赴清华大学、中国科学院等高校、科研院所和中广核节能产业发展有限公司等 12 家企业开展敲门招商活动，搜集最新科研成果及项目信息，重点推介成熟适用的科研成果及项目信息 200 条。针对发布的科研成果，带领安正金属丝制品有限公司等 5 家企业到钢铁研究总院等单位寻求相关技术方案。组织大崔庄镇政府、轧一钢铁集团、迁安亚滦湾国家农业开发创新产业有限公司等 10 家企事业单位赴北京参加 2015 中国（北京）跨国技术转移大会。“请进来”，邀请中广核生物燃气河北有限公司、北京长城企业战略研究所、北京科技大学国家大学科技园等 7 家企业高层和意向客商到迁安市参观考察，对接项目。邀请清华大学、钢铁研究总院等高校专家多次到迁安市企业生产一线开展现场调研和技术指导，帮助企业攻克技术难题。重实效，积极促进意向项目进展，提高招商工作的实效性。津唐球墨铸管有限公司与北京荏原机械有限公司合作生产泵体等 4 个项目已落地，中广核生物燃气河北有限公司投资 5 亿元、日产 5 万立方米生物质制天然气项目已签订意向协议，年底时在做可行性研究报告。

【科技下乡】　开展科技下乡、科技培训等活动，提高农民的科技素质和致富能力。坚持将农村、农业科技培训工作摆到突出位置，加大力度，强化管理，多种培训方式相结合，扎实有效地开展农业科技培训工作。2015 年春，重点培训了良种良法栽培、病虫害防治以及迁安市正在重点推广的玉米单粒播种技术、花生线虫病防治技术等新技术，参加培训人员 200 多人。聘请河北农业大学教授张志华到蔡园镇培训指导核桃优质丰产栽培技术，聘请市林业局果树专家张东升到大崔庄镇进行核桃嫁接与管理技术专题讲座，解决技术问题，提高农民科技素质。全年组织科技下乡和科技讲座 10 场次，组织培训 1000 人次，向社会发布科技信息 200 多条，向农民印发科技实用小册子和科技明白纸 3000 多份。

（毛立兵）

防震减灾

【地震监测预报】　1. 做好地震监测工作，坚持 24 小时值班制度，落实前兆异常不过夜，并及时反馈。2. 做好震情短临跟踪工作，根据 2015 年滦县和秦皇岛市昌黎县发生的有感地震情况，市地震局迅速查看监测数据并进行分析，与唐山市地震局沟通了解地震具体情况，保持高度警惕。按时参加唐山市地震局组织的周会商、月会商，提出对市地震局的趋势判定意见。3. 加强台站设备完善和更新。对徐流营地震监测台站各项数据进行实时监测和采集，责成台站工作人员每天不定时到台站进行检查，加强对台站设备及环境的安全保护，确保设备正常运转。4. 继续加强地震宏观测报网、地震灾情速报网、地震知识宣传网、防震减灾助理员“三网一员”管理体系建设。重新核实登记“三网一员”基本情况，变更灾情速报员 21 人，新增地震宏观观测哨 24 个，新增宏观观测员 24 人。至年底，全市有灾情速报员 523 人、地震宏观观测哨 95 个、宏观观测员 95 人、防震减灾助理员和防震减灾宣传员 20 人，保障了“三网齐全，人员到位，责任明确，信息畅通”的地震群测群防网络体系。

【震害防御】 继续落实《中华人民共和国防震减灾法》《河北省地震安全性评价管理条例》和《唐山市防震减灾管理条例》等法律法规，加强和规范建设工程抗震设防要求管理工作，提高新建、改建和扩建工程的抗震设防监管能力。加大抗震设防执法力度，增强项目建设单位的防震减灾意识。2015 年，全市有 22 项建设工程项目按规定程序和审批时限通过抗震设防要求审批，建设工程抗震设防审批率达到 100%，确保了建设工程的安全。

【地震应急救援体系建设】 完善地震应急避难示范场所建设。年内，在市园林局、住建局、规划局等部门的共同协助下，参照国家应急避难场所建设标准，完成了黄台山公园应急避险示范场所建设工作。同时，根据职能分区制作了《迁安市城市公园应急避难场所设施分布图》，安装了各种标志牌，出现突发事件时，能快速有效地疏散安置居民，提供应急避险空间，最大限度减轻灾害造成的损失，保障应急救援任务高效完成。

【地震安全示范工程】 1. 加强地震安全农村民居建设工作。利用科技宣传周、防灾减灾日和镇乡大集等时间到部分乡镇、农村开展以地震安全农居建设为主题的宣传活动，为农民建房发放技术指南，提供抗震设防咨询服务，引导农民建设抗震房屋。同时，开展创建唐山市地震安全示范工程，2015 年，沙河驿镇红庙子村创建成为唐山市地震安全示范村。2. 推进科普示范学校建设。与市教育局合作，开展地震基本知识、成因、发生规律和国内外重大地震灾害及地震发生时如何紧急避险、自救互救以及有关地震法律法规知识的宣传，起到“教育一个学生、带动一个家庭、影响整个社会”的宣传效果，增强全民防灾减灾意识，提高避险自救和互救的基本技能，形成全社会共同关心和参与防灾减灾工作的良好局面。2015 年，蔡园镇中学创建成为唐山市级地震安全示范学校。市第三初级中学和第五实验小学两所学校按照唐山市地震局的要求和标准，完成了学校的防震减灾科普长廊建设。

【防震减灾宣传】 1. 开展以“弘扬唐山抗震精神，建设美丽宜居迁安”为主题的大规模科普宣传活动，悬挂宣传条幅，摆放宣传展板，发放印有地震知识的小扇子、围裙、购物袋等宣传资料，设立咨询处，活动中发放防震减灾知识手册 3000 多份，累计接待群众咨询 2000 多人次。2. 利用《迁安广播电视报》举办“百题百答”专版有奖答题活动，刊登地震法律常识、农村民居建设和避险知识等方面的知识问答题，在科技信息网设置“地震科普知识天地”栏目，形式多样的宣传教育使广大群众进一步了解防震避险知识。

市科学技术局

局　　长　杨玉良
副 局 长　徐瑞军　王建良（女）
　　　　　　唐立民（11 月任）
副主任科员　张　旭　穆怀明（回族）

（毛立兵）

气象工作

【气象基础业务】 气象工作继续以“观云测雨传冷暖，防灾减灾为民安”为服务宗旨，市气象局基础业务稳中有升。全年探测环境未遭破坏，测报质量无错情。国家级自动站、区域自动气象站全部运转正常。针对年内出现的灾害性天气，气象业务人员克服各种困难，圆满完成5次应急响应和7次应急加密工作。5月初，市气象局对全市气象信息员进行更新完善，并建成五重安乡、大五里乡、太平庄乡、夏官营镇4个标准化气象灾害防御乡镇；与农业部门区域农技站、乡（镇）农技站共建了农业气象信息服务站；建成迁钢社区和广场馨园社区2个标准化气象灾害防御社区。5月19日，探测环境保护专项规划通过专家评审。9月，完成气象探测环境保护相关的4个国家强制性标准在市发改局、住建局及规划局的备案。

（秦永红）

【气象服务】 提供准确的气象服务，主动及时地提供重大天气过程、关键农时季节的决策服务。全年发布《迁安气象（月刊）》12期、《重要天气报告》5期、《专题气象报告》17期、《重大活动服务》11期、《一周天气预报》46期、《天气预报信息》18期、《专项服务》46期、《雨情快递》44期，专为迁安电视台制作的《一周预报》14期，发布道路结冰、大雾、霾、暴雨、雷电等预警信号46期。在2015年度唐山市气象局决策气象服务材料评比中，市气象局撰写的《我市将出现持续性降水天气》获三等奖。为助推迁安市构建环境优美、生态宜居、特色鲜明的北方山水园林城市，市气象局不断探索气象服务新思路，4月底，在市水务法庭院内建立一套四要素区域自动气象站，用于监测黄台湖沿岸的风向、风速、降水量和温度，以便全面掌握黄台湖周边气象要素特征；同时，积极开展直通式气象服务，为欧C草莓园和亚滦湾产业园安装了气象宝，并在亚滦湾产业园安装一块室外气象电子显示屏。推进气象科普工作，3月23日起，迁安市气象科普基地免费对公众开放；并以“世界气象日”“防灾减灾日”“安全生产宣传月”“宪法日”等活动为载体，宣传气象科普和气象灾害防御知识，全年发放气象科普宣传材料3000余份，解答群众咨询百余人次。

（宋　义）

【人工影响天气作业】 适时开展增雨防雹作业。年内，完成作业单位资格年检和县级人工影响天气综合业务系统建设，建昌营标准化人工影响天气作业点通过省气象局人工影响天气专项检查。严格落实人工影响天气作业规章制度，做好每次增雨火箭架和“三七”高炮的维护保养工作。2015年，市气象局抓住有利的天气时机，开展作业9次，发射火箭弹59发，燃烧烟条65根，有效缓解了全市旱情，改善了空气质量，降低了森林火险等级。

（宋　义）

【气象行政审批】 2015年，市气象局严格落实限时办结、首问负责、一次告知等制度，重新整理行政审批项目，及时取消了雷电灾害风险评估、防雷产品测试等中介服务事项。7月，通过“中国迁安”门户网站公布了权力清单和责任清单，保证权力在阳光下运行。年内，办理防雷装置设计审核15件、防雷装置竣工验收67件，施放气球作业审批37件，全年无安全责任事故发生。

（宋　义）

【规范防雷安全监管】 按照唐山市气象局和市安委办的部署，开展执法检查活动，严厉打击违法施放气球、拒绝防雷年度检测、未经审核擅自施工、未经验收擅自投入使用等违法行为。同时，结合省气象局安全检查工作，迁安市开展安全生产大检查活动，除对人工影响天气、气象探测环境保护、防雷和气象灾害防御等方面进行自查外，重点对加油加气站、气体厂、涉氨涉氯等企业的防雷安全以及未经审批擅自施放氢气球活动进行执法检查，对不合格的企业下达整改指令书，指导他们及时排除安全隐患。

（宋　义）

【气象防灾减灾体系建设】 不断健全以气象灾害防御指挥部为核心、以气象灾害防御中心为支撑、以气象信息服务站和气象信息员为延伸的气象防灾减灾体系。2015年，根据市编委办文件，迁安市在气象灾害防御中心加挂突发事件预警信息发布中心，为市政府办公室所属事业单位，由市政府农业办公室管理，机构规格相当于股级，人员编制由原来的3名调整至5名，增设副股1

名，经费形式为财政性资金基本保证。10月，市政府印发《关于全面推进全市气象现代化建设的意见》，从工作目标、工作措施和工作保障等方面对全面推进迁安市的气象现代化建设提出明确工作方向。

（宋　义）

市气象局

局　　长　远红杰（女，6月离）
　　　　　　许克宁（6月任）

副 局 长　马茂来

纪检组长　贾石蕊（女）

预报管理　秦永红（女）

综　述

【教育基本情况】　至2015年年底，境内有省属大专院校1所，即华北理工大学迁安学院，在校大学生3495人，教职工162人，专任教师66人。有迁安市属各级各类学校166所，其中，小学108所，初中30所，普通高中4所，特殊教育学校、教师进修学校、体育运动学校、职教中心、电大各1所，成人学校19所；有幼儿园260所。小学在校生58827人，初中20275人，普通高中12412人，职业高中5384人，特殊教育学生124人，在园幼儿31206万人；共有教职工9291人。

全市教师全部具备相应教师资格。小学教师学历达标率100%，专科以上学历教师达到93.3%；初中教师学历达标率99.3%，具有本科以上学历教师达到89.5%；普通高中、职业高中教师学历合格率分别达到99.5%、100%；获得符合要求的普通话合格证的专任教师达到100%；中小学校长学历合格率达到100%，并全部取得任职资格培训证书和提高培训合格证书。

年内，全市学前三年入园率为95 %，残疾儿童入学率保持在98%以上；小学入学率、巩固率、毕业率保持100%；初中入学率始终保持100%，在校生年巩固率保持在99.3%以上；高中阶段普及率达到95%。2015年，高考本科二批以上上线1949人，居唐山市县区第3名；本科二批以上上线率57.29%，由2014年的唐山市县区排位第7名跃至第2名。迁安一中、迁安二中、迁安三中本科二批以上上线率全部进入唐山市县（区）各自系列前3名。全市有8名学生进入唐山市县区理科前30名，居唐山市县区第一位。2015年，职教中心招生2047人，创历史新高，为唐山市各县（区）职中招生人数之首。全市成教学校全年共培训13万人次，开展“社区教育集中展示活动”103场次，累计培训2万多人次。5月，迁安市成功入围第二批国家级农村职业教育与成人教育示范县创建名单。迁安电大年招生935人，招生数量和在校生居全省县级电大前列。

深入推进素质教育。成功举办中小学生春运会、艺术节。开展河北省“体育传统项目校”和首批河北省“校园足球试点校”创建。迁安镇第一初级中学舞蹈《喜鹊喳喳》代表唐山市参加河北省中小学文艺调演并获一等奖。在全国青少年信息学奥林匹克唐山赛区，迁安有140名学生获奖。在第30届青少年科技创新大赛中，迁安市189个项目获唐山市级奖励，38个项目获省级奖励，第三实验小学3件作品均获全国二等奖。体育运动学校运动员司海娟夺得全国女子拳击锦标赛51公斤级亚军，常园夺得台湾国际青少年女子拳击锦标赛51公斤级冠军，白林、朱鸿潭夺得全国少年拳击锦标赛57公斤级、70公斤级两个级别冠军。在河北省青少年举重锦标赛上，体育运动学校5名学生参赛，夺得1枚金牌、1枚银牌、3枚铜牌。在河北省青少年田径锦标赛上，体校学生夺得3枚金牌、3枚银牌、1枚铜牌，创造迁安田径项目省运会夺牌新亮点。

2015年，迁安继续以“十星级”学校创建为抓手，全面提升学校管理水平。创建“五星级”以上学校77所，其中“八星级”以上学校35所。加大名师、名校、名校长培养、选拔力度，充分发挥“三名”工程的示范引领作用。教师节当天，市委、市政府对第二批21名名师、3所名校、6名名校长命名表彰。落实《学校文化建设三年行动计划》，逐步实现由经验管理、制度管理向文化管理模式转变，培育文化精品校30所。确定高效课堂实验校63所，全市中小学高效课堂创建氛围日益浓厚，课堂效率显著提高。迁安4名教师在海口市举行的全国中小学高效课堂成果汇报课上获得与会者一致好评。在“大兴兴海协作区2015年教育成果暨京津冀课改成果展示交流会”上，迁安有3位小学教师讲课、评课，受到与会专家高度赞誉。在全国“一师一优课、一课一名师”活动中，迁安9位教师的课被评为教育部级优课。在河北省教育教学信息化大奖赛上，迁安有37件课件分获一、二、三等奖，市教育局获优秀组织奖。在第十九届全国教育教学信息化大奖赛中，迁安3名老师制作的课件获国家级一等奖。在河北省第二届微课大赛上，迁安有107件作品入围省级评选，市教育局获大赛优秀组织奖。2015年12月的《河北教育》全面介绍了迁安市构建高效课堂的经验做法。

继续推进教育开放，市第六实验小学正式加盟“北京第二实验小学教育集团成员校”。投资3000万元的香港伟才国际幼儿园项目、投资8000万元的安徽铜都双语学校举办分校项目达成合作意向。其中，香港伟才国际幼儿园项目已完成立项等前期手续。北京科技大学合作办学项目取得实质性进展。

2015年，迁安市被唐山市政府授予学前教育工作先进市、义务教育均衡发展先进市、高中工作先进市，市教育局被省文明委授予第三届未成年人思想道德建设工作先进单位，被省教育厅授予中小学国防教育活动优秀组织单位、第十九届全国教育教学信息化大奖赛优秀组织单位，被唐山市教育局授予基础教育管理工作先进单位、招生考试工作先进集体、学校体育艺术教育工作先进单位。

【教育系统安全管理】 1. 落实“党政同责、一岗双责”。2月，出台《关于在全市教育系统实行安全生产工作“党政同责、一岗双责、齐抓共管”的实施意见》，对局长、书记、副局长、各科室在分管工作中所要承担的安全责任做了详细说明，对各学校在安全工作中各岗位所承担的任务和责任也做了系统规定。2. 安全教育和隐患排查信息化。7月8日，在市第三中学组织召开学校安全工作培训会。会议针对“河北省学校安全工作管理平台”和“学校安全教育平台”使用操作进行了培训。全市各级各类中小学幼儿园安全员及安全法制卫生办公室人员计340余人参加会议。3. 食堂、宿舍管理大拉练。11月，组织开展食堂、宿舍管理大拉练活动，全市所有寄宿制和半寄宿制学校、幼儿园的校长、园长50余人参加，各单位全面展示食堂宿舍管理方面取得的成果。

【教育廉政建设】 1. 反腐倡廉宣传活动。配合市纪委以社会上存在的“四风”问题和查处的违法违纪案例为原形，组织20名优秀美术教师，创作廉政漫画160余幅，从中挑选优秀作品60幅，分5期在市政文化广场“啄木鸟”漫画园地展出，增强党纪条规的威慑力。2.“把纪律和规矩挺在前面”主题教育实践活动。组织党员干部全面深入学习党章、党规、党纪和《把纪律和规矩挺在前面学习读本》。围绕“讲纪律、守规矩”进行深入剖析，认真开展批评和自我批评，增强教育系统党员干部守纪律、讲规矩意识。3. 整治“庸懒散拖”“懒政怠政、为官不为”专项行动。制定《迁安市教育局关于集中开展整治“庸懒散拖”“懒政怠政、为官不为”专项行动的实施方案》，在系统内开展集中整治活动，与领导班子、领导干部个人及各科室签订专项行动个人承诺书，对照教育系统发现的问题进行自查、自纠，并形成报告，在单位公开栏作出公示。

【控辍保学工作】 在全市学校开展2015年度“控辍保学”宣传活动，督导室专项督导检查各单位开展“控辍保学”宣传情况，确保“控辍保学”宣传工作落实到位。通过有效措施，全市学前三年入园率为95%，残疾儿童入学率保持98%以上；小学入学率、巩固率、毕业率保持100%；初中入学率始终保持100%，在校生年巩固率保持在99.3%以上；高中阶段入学率为95%。

【督学责任区建设】　建立督学责任区制度。划分6个督导责任区，聘任30名专兼职责任督学，负责辖区内中小学的经常性督导；建立“督导一日行”、工作月报、定期培训学习、定期工作会议制度，通过制度化、规范化、常态化管理，实现高效督学。以创建“河北省中小学校责任督学挂牌督导创新县”为契机，积极创造条件，有效履行教育督导职能，提升挂牌督导工作的专业化、信息化、科学化水平和权威性，推动全市中小学校责任督学挂牌督导工作全面开展。

【2015年春季开学专项督导检查工作】　根据《河北省教育厅转发国务院教育督导委员会办公室关于开展农村义务教育学校基本办学条件专项督导的通知》要求，组织开展摸底督查工作，督查内容重点是督导农村义务教育学校基本教学条件和基本生活条件。通过督查，全市农村义务教育阶段学校均达到开学标准。

【“三严三实”专题教育与“解放思想、抢抓机遇、奋发作为、协同发展”大讨论活动】　制定《“三严三实”专题教育实施方案》，开展专题党课，组织全体党员定期开展专题学习，并由领导小组定期对自学笔记进行检查、评比。成立由迁安市教育局党委副书记牵头的研究小组，以养成从“严”从“实”自觉和习惯、师德学风建设为重点，开展“三严三实”专题理论研究，将专题教育作为“必修课”融入经常性学习和日常工作中；组织召开教育局党委“三严三实”专题教育民主生活会，开展了批评与自我批评。

制定“解放思想、抢抓机遇、奋发作为、协同发展”大讨论活动实施方案，组织召开动员大会。活动与“三严三实”专题教育紧密结合起来，与全面推行“干什么、怎么干、谁来干、什么时间干成”为主要内容的“四个干”抓落实机制紧密结合起来，广泛征求意见，凝聚思想共识，提出具体措施，着力破除制约迁安教育发展的思想观念和体制机制障碍。

（侯建兵）

普通教育

【北京第二实验小学教育集团成员校签约仪式在迁安六实小举行】　8月13日，国务院参事、北京第二实验小学校长李烈，全国工商联原副主席沈建国，中共北京市委教育党工委副书记、北京市人民政府教育督导室主任唐立军，新华通讯社机关党委副书记陈炜，北京市人民政府教育督导室副主任关国珍，北京第二实验小学副校长熊学恩一行，就合作办学事宜到迁安市参观考察并洽谈。双方就合作办学达成共识，在市第六实验小学（以下简称六实小）举行了北京第二实验小学教育集团成员校签约仪式并揭牌。张淑云、李烈分别代表迁安市人民政府、北京第二实验小学在合作办学协议书上签字。李烈、唐立军、陈炜、张淑云为北京第二实验小学教育集团成员校揭牌。签约后，北京第二实验小学将通过多种方式为迁安市第六实验小学提供管理、教育、科研等方面的培训与指导。学校开放“云平台”，共享优质教育资源，市第六实验小学将能够对北京第二实验小学的教育教学进行直播、点播，北京第二实验小学的专家、名师，亲自指导我市的教育教学工作，六实小的学生将提前享受全国最优质的小学教育资源。标志着迁安市落实国家京津冀协同发展战略，引进北京名校优质教育资源工作取得新突破。签约仪式上，李烈与在座的小学生进行了简短、幽默而又富有艺术性的互动，发表了热情洋溢的讲话，希望双方在全方位、多角度、立体化的合作中共同成长，在共同的成长中体现双方生命价值与职业价值的统一。签约仪式后，李烈一行逐楼逐层踏察了六实小的植培室、创新坊、书法社团、皮影社团、音乐教室、舞蹈教室、计算机室等教育教学环境，并与部分小学生、教师、学校领导进行深入座谈。

【“三名”工程】　加大名师、名校、名校长培养、选拔力度。强化干部教师培训，采取组织名家讲座、专业研修等方式先后开展培训80余场，接受培训的干部教师1.7万余人。2015年，评选出迁安市名师21名、名校3所、名校长6名。教师节期间，市委、市政府对迁安市级名师、名校、名校长进行了命名表彰。市第三实验小学、第三初级中学被唐山市教育局命名为唐山市首批中小学名校。

附：

迁安市第二批名师、名校、名校长
名　　单

迁安市名教师（21名）

李建永　迁安市教育局小学教研室
王小娟　马兰庄镇马兰社区完全小学
宁永超　夏官营镇夏官营中心完全小学
刘焕军　杨店子镇中心完全小学
李玉芬　迁安市第六实验小学
邹红娟　迁安市第四实验小学
董立丽　迁安市教育局幼特教研室
田海凤　扣庄乡陈官营初级中学
郑春元　迁安镇第二初级中学
戴海荣　迁安市第三初级中学
吴艳云　迁安镇第一初级中学
李海侠　迁安镇第一初级中学
刘智辉　扣庄乡扣庄初级中学
邢淑兰　迁安市第二中学
李　宁　迁安市第二中学
崔建营　迁安市第三中学
刘红军　迁安市职业技术教育中心
梁小海　迁安市第一中学
刘向辉　迁安市第三中学
周秀侠　迁安市第一中学
郭丽侠　迁安市第一中学

迁安市名学校（4所）

迁安市职业技术教育中心
木厂口镇木厂口初级中学
阎家店乡阎家店中心完全小学
迁安市光彩幼儿园

迁安市名校长（6名）

赵彦文　迁安市第三中学
宁春友　迁安镇第二初级中学
王会国　迁安市第三初级中学
秦振会　迁安市第一实验小学
赵海珍　迁安市直属机关幼儿园
马丽霞　杨各庄镇明德小学

【“十星级”学校创建】　落实《“十星级”学校创建标准》，细化管理措施，提高学校依法管理、自主管理和精致管理水平。6月，市教育局采取检查环境、查阅资料、推门听课、抽测实验、参加教研活动、与领导师生座谈等方式，对全市29所初中、119所小学集中验收指导，评出“六星级”以上学校62所，其中，“十星级”学校15所，“九星级”学校11所，“八星级”学校9所。将“十星级”学校考核验收结果纳入对学校和学校领导班子业绩考核，与学校及校长的评优评先挂钩。加大对“十星级”学校创建工作中成绩突出单位的表彰力度，评出创建“十星级”学校先进单位35家。

【学校文化建设】　落实《迁安市学校文化建设三年行动计划》《迁安市教育局关于推进学校文化建设指导意见》，整体推进学校文化建设。对首批12所特色文化品牌实验项目校进行多轮次的专家指导；组织团队60余次深入各校研讨、指导，提出可行性意见；召开文化建设培训会、经验交流会，学习借鉴先进经验；邀请原副市长徐春瑞举办传统文化讲座，70名校长参加培训；组织开展“家乡文化进校园”活动，不断提升学校文化建设水平。9月，评选“学校文化建设工作先进单位”30家。

【中小学艺术展演】　3～6月，2015年迁安市中小学艺术展演活动成功举办。5月，市教育局组织专家评审组，对19个乡镇和市直各单位的410个艺术节展演节目、1500幅美术作品进行评选，经过筛选，确定62个节目参加在锦江会堂举办的集中调演，并对350幅作品进行装裱，在市文化馆集中展出。部分节目参加了5月唐山市教育局举办的2015年中小学生艺术节活动，共有12名教师参加此次比赛，其中，3名教师获一等奖，6人获二等奖，3人获三等奖。

【体育教师各级比赛获奖】 3月，在迁安举办的唐山市体育学科优质课评比中，张小哲、孟维娜、张健、杨宏宇、刘国综合成绩均获二等奖。10月，在开滦一中举行的全唐山体育教师基本功大赛中，迁安市获团体总分第三名，并获优秀组织奖，有15人参赛，5名教师获一等奖，10名教师获二等奖。在2015年河北省学校体育工作先进个人评选中，迁安市第二中学王立立老师受到省教育厅表彰。

【各级体育赛事学生获奖】 3月，在唐山市中小学乒乓球比赛中，迁安市小学女子组获团体第三名、县区组团体第一名，中学女子组获得团体第三名、县区组第一名，中学男子组获得团体第一名、县区组团体第一名。4月，在河北省中学生篮球赛中，市教育局获优秀组织奖。

【中小学生春季田径运动会】 4月8～10日，迁安市中小学生春季田径运动会在迁安市第三中学举行，有35支代表队、927名运动员参加了108个项目的比赛。市第四实验小学、扣庄乡中心校代表队分获国办小学组和乡镇小学组团体总分第一名，扣庄乡中心校和职教中心代表队分获初中组和高中组团体总分第一名；第三中学等12个代表队获道德风尚奖。共有3人2次打破1项迁安市田径最高纪录。

【中小学生篮球赛】 6月10～28日，迁安市中小学生篮球赛在市第三中学举行，来自全市各乡镇、国办中小学校的88支代表队、900名运动员参加比赛。经过240余场角逐，大五里乡中心校获小学女子组冠军，夏官营镇中心校获小学男子组、初中男子组冠军，扣庄乡中心校获初中女子组冠军。10月，在沧州举行的河北省中学生篮球比赛上，迁安市女子篮球队获得第七名。第四实验小学、夏官营镇耿庄小学、木厂口镇中心完小、扣庄乡寺前小学被唐山市教育局、体育局确定为“唐山市小学男子篮球项目点校”。

【冬季长跑比赛】 12月29日，迁安市全民健身迎元旦暨学生阳光体育冬季长跑比赛在君和广场举行，来自各乡镇、城区办和中小学校的近1000名选手参加比赛。

【各级青少年科技赛事师生获奖】 全国青少年信息学奥林匹克分区联赛（唐山赛区）初赛中，全市有140名同学获奖，其中一等奖18个、二等奖48个、三等奖74个。在全国青少年信息学奥林匹克分区联赛（河北赛区）复赛中，迁安镇第一初级中学朱汇彬同学在河北省排名第5，获得一等奖。迁安镇第一初级中学付浩言、刘鸿羽、张仕佳同学分获河北省三等奖。在第三十届全国青少年科技创新大赛中，第三实验小学逯思婧同学《行走的生态之家》、郑一鸣同学《地热能生态工厂》、赵紫琪同学《虫媒植物助手》3副作品获科幻画二等奖。此次大赛，河北省共有13幅科幻画作品获得二等奖，其中唐山市有5幅。迁安3名同学同时获得国家级奖项，这在迁安尚属首次。迁安第六实验小学获河北省第三十届科技创新大赛优秀组织奖。

【教育部团委到迁安调研电教工作】 9月6日，2015年教育部“根在基层，青春担当”86团成员13人到迁安市扣庄乡调研。调研团由教育部中央电教馆团委书记杨金勇带队，分三组对扣庄乡和迁安一中西校区等20所学校进行为期6天调研。调研团队深入学校，采取参观校园整体建设、与师生座谈、课堂观摩、参与教研活动、参与学生活动、典型案例剖析等形式对迁安市教育教学进行充分调研和指导，对教育信息化建设、发展成效和存在问题给出深入的分析和中肯的意见。

【电教成果在国家级评比中获奖】 1. 组织参加第十九届全国教育教学信息化大奖赛以及河北省的选拔赛。全市有194件作品参评，评出一等奖39件、二等奖59件、三等奖85件。上报河北省的作品中有4件获一等奖，12件获二等奖，21

件获三等奖，同时，市教育局获河北省优秀组织奖，是全省唯一获此荣誉的县级单位。2. 在河北省第二届微课大赛上，迁安市获一等奖22个、二等奖39个、三等奖35个，市教育局获优秀组织奖；3. 在河北省第十六届学生电脑制作活动中，迁安市有2件绘画作品分获省二、三等奖，1件创意作品获省二等奖，1件网页作品获省二等奖。

【迁安镇第一初级中学通过省素质教育示范校验收】 12月16日，由省督学陈增良一行3人组成的评估组，对迁安市迁安镇第一初级中学创建省素质教育示范校工作进行评估验收。评估组重点检查了办学条件、素质教育实施情况和学校文化建设。最终，评估组一致认定迁安镇第一初级中学通过河北省素质教育示范校验收。

【"放飞法治的梦想"法制征文】 年初，联合市普法办组织全市中小学师生共同参加"放飞法治的梦想"为主题的征文活动，有212名师生获奖。

（侯建兵）

成人教育

【成人教育概况】 2015年，全市有成人教育学校19所，专职干部教师233人。有标准教室27个、办公计算机285台、移动投影仪20台、笔记本电脑20台、照相机19台、便携式摄像机20台、有实习基地26亩。

【省电大副校长马少荣到迁安调研社区教育工作】 12月30日，省电大副校长马少荣一行4人，在唐山市教育局职成处副处长王春海、唐山市电大副校长牟景文的陪同下，到迁安镇周官营村社区教育学校、马兰庄镇社区教育中心开展社区教育情况专题调研。

【乡镇成教学校教学管理拉练活动】 5月12日，组织全市成教学校教学管理拉练，对迁安镇成教中心、马兰庄镇成教学校、大崔庄镇成教学校、五重安乡成教学校、阎家店乡成教学校、建昌营镇成教学校、上庄乡成教学校7所学校进行观摩，整体推进了全市成教教学工作。

【全国农村职成教育示范县创建工作】 5月，迁安市被教育部确定为全国农村职成教育示范县创建单位。围绕国家级农村职成教育示范县创建工作，市教育局积极推进各项创建工作开展。5月，组织6名成教校长赴邯郸市武安学习创建经验；5月、9月，组织参加教育部组织的专题培训班；相继举办乡镇成教教师摄影、录像培训，成教学校引培推成果展评，成教教师特色培训微课展评，特色社区教育摄影展评，典型社区教育教案展评等一系列活动，促进教师素质提升。全年举办成教培训1220多场次，累计培训13万人次；举办社区教育120多场次，有2.08万人次参加社区教育活动。职教中心全年招生2047人，累计开展各类人员培训1.61万人次，职教中心"马兰花"创业培训服务团队被评为河北省暑期"三下乡重点团队""河北省十佳优秀团队"。

【电大办学】 2015年，迁安电大有在校生3849人，其中，开放教育1838人，奥鹏教育2011人。开设73个专业，有185个教学班。教职工69人，专任教师均达到本科及以上学历，有3名硕士研究生，26名教师研究生结业班毕业，20人具有高级职称，30人具有中级职称。2015年，招生935人，招生数量和在校生数量居全省县级电大前列。4月19日，唐山市教育局高教处处长刘士平、唐山市电大继教处处长李向春一行5人，对迁安电大办学水平进行综合评估验收，迁安电大获唐山市电大系统第一名。2015年，迁安电大先后获中央电大优秀奥鹏学习中心、中央电大奥鹏远程教育中心教材支持服务先进奖、优秀服务奖，获河北省教育厅成人高等教育工作优秀单位、河北省电大优秀学习中心，获唐山市教育局成人高等教育工作优秀单位、唐山市开放教育招生工作先进单位、网络教育招生工作先进单位等称号。

（侯建兵）

职业教育

【概况】 迁安市职教中心（技师学院）是一所

融中等职业教育、成人教育、技工教育、各类短期培训为一体的多功能、综合性的国家级重点职校、县级职教中心能力建设学校。2015 年，学校有专任教师 330 人，学历教育在校生 5737 人，校园占地面积 552 亩，建筑面积 11.5 万平方米。专任教师中，“双师型教师”比例达到 100%。学校建成装备制造、电工电子等八大实训基地和两大生产性实训基地，在企业建立 15 个“厂中校”。学校设有现代农艺、机电技术、机械加工、钢铁冶炼、工业仪表、信息工程等 13 个专业，与行业部门建立了创业培训、特种作业安全生产、会计证、农村党员塑形等 17 个培训基地，在办学实力、办学效益和辐射能力等方面成效显著。毕业生稳定就业率连续多年超过 98%。各类实训实习设备齐全，可容纳全日制在校生 7500 人，短期培训学员 1 万人，软硬件建设达到全国一流水平。

【校歌、校徽及释义正式发布】　1 月 29 日，经职教中心校园文化建设办公会审定，通过了迁安市职教中心校歌、校徽。《带上梦想起航》为迁安市职教中心校歌，同时，制作推出独唱、齐唱、合唱多个奏唱版本。校徽的主体颜色设计采用传统的中国红，图案由 3 个同心圆构成：外环上下分别是“迁安职教”的中英文；中环为校训“学好专业 建设家乡”；内环为篆书“德”字；中间的阿拉伯数字“1983”是学校建校时间。校徽寓意职教学子学有所成后奔向四面八方，服务社会经济发展。

【职教中心被确定为省新型职业农民培养试点学校】　4 月 26 日，职教中心被确定为河北省新型职业农民培养试点学校，计划招生 250 人。省新型职业农民培训实行全程免费培训，教学方式采取“案例教学 + 模拟训练”“学校授课 + 基地实习”“田间培训 + 生产指导”等方式，做给农民看、领着农民干。

【职教中心两个专业被评定为省级骨干专业和特色专业】　5 月，职教中心机械加工技术专业被认定为省级骨干专业，工业分析与检验专业被认定为省级特色专业。至 2015 年年底，学校有省级骨干专业 3 个、省级特色专业 2 个、省级优秀教学团队 3 个。

【迁安市工业自动化协会成立】　7 月，职教中心与北京首自信公司联合发起成立迁安市工业自动化协会，得到市委、市政府批示。这是职教中心“打造区域性高技能人才培养中心”目标进程中的重大突破之一。

【迁安市职业教育集团成立】　1 月 8 日，迁安市职业教育集团成立并召开第一次理事会年会暨校企合作洽谈会。迁安市职教中心和正元包装、燕山钢铁、九江线材、思文科德、迁化公司等 15 家企业正式加盟集团。作为职教集团核心单位的迁安市职教中心多年来始终坚持对接区域经济，秉承开放式、社会化、灵活化、多功能办学理念，建立起“办学对接市场、专业对接产业、人才培养对接岗位需求”的一体化办学模式，中等职业教育毕业生稳定就业率始终保持在 98% 以上，为企业培养了大批高素质技能型人才，赢得社会广泛赞誉。成立职教集团，迁安将更加紧密地将全市技能人才培养工作与企业、行业、产业的需求结合起来，更好地整合职业学校的育人优势、企业的资源优势、行业的专业优势，为全市产业升级和结构转型提供更加有力的人才支撑。

【职教中心成为河北省技师考评考点】　10 月 24 日，61 人参加的涉及车工、数车工、机械钳工、焊工、汽修工、仪表工、电工 7 个工种的职业技师鉴定考试在迁安市职教中心举行，标志着河北省技师考评迁安考点正式设立。“河北省技师考评考点的设置是经过严格考察确定的”，省人社厅职业技能鉴定中心主任田琦考察完考试现场后高兴地说道，“迁安职教中心办学底蕴深厚、内涵丰富、特色鲜明，实训设备先进、设施完善、数量充足，有力量把技师考评考点办好。”

【省电子信息职业技能大赛成绩优异】　12 月 25 ~ 27 日，职教中心教师团队获省电子信息职业技能大赛“电子设备装接项目”教师组一等奖，学生团队获学生组二等奖。张宏等3名教师获“电子设备装接项目”职工组个人一等奖，张志伟同学获学生组个人一等奖。张书峰等2名教师获“计算机调试项目”职工组个人三等奖。张宏和任立杰获“河北省技术能手”称号，顾三乐、董青2名教师和张志伟、姚伟2名同学获“河北省电子信息行业技术能手”称号。

【获迁安市第七届道德模范奖】 9月21日，在迁安市第七届道德模范评选中，职教中心马兰花志愿服务队获“道德模范集体”称号，郎富强同学获“孝老爱亲模范”称号。

（侯建兵）

特殊教育

【注重家校联系】 12月31日，迁安市特殊教育学校举行“庆元旦亲子同乐”联欢会活动，让家长走进孩子，倾听心声，走进学校，参与评价，收到良好效果。

【安全教育常抓不懈】 3月30日，市特殊教育学校开展以“我安全 我健康 我快乐”为主题的安全教育，先后开展应急逃生演练、安全知识讲座、主题班会等系列活动。

【德育活动彰显特色】 4月24日，市特殊教育学校举行“校树命名仪式”。9月30日，举行纪念抗日战争胜利70周年教育活动。

【爱心捐助】 4月11日，市工信局局长时立新，副书记蔡立华，副局长孟令安、徐立勇，市发改局主任科员刘宪华，副局长任振利、郭海军等到市特殊教育学校奉献爱心，为学生购买校服和书包118套。12月27日，阳光易贷总公司唐山分公司为市特殊教育学校学生赠送了价值近万元的文具、围巾、生活用品。

【“爱之翼志愿者团队”活动】 3月16日，市特殊教育学校“爱之翼”志愿者团队到迁安市人民广场开展学雷锋活动，学生利用半天时间擦拭广场的公共设施。

【特殊教育硕果累累】 2015年，市特殊教育学校被评为唐山市基础教育管理工作先进单位、迁安市现代教育技术工作先进学校、迁安市安全工作先进单位、2015年燕赵少年读书系列活动优秀组织单位。4月下旬，市特殊教育学校学生白雨新在由省文明办、省教育厅、共青团河北省委、河北省妇联联合主办，河北新闻网、河北文明网承办的“争做五星追梦少年”活动中获河北省“五星追梦少年”称号。

（侯建兵）

学前教育

【幼儿园升级升类】 12月4日，上庄乡平林镇幼儿园、白庄幼儿园、扣庄乡郎庄幼儿园高标准通过河北省农村示范园验收。11月和12月，太平庄乡太平庄幼儿园、马铺营幼儿园和彭店子乡王孟庄幼儿园、迁安市博通幼儿园4所幼儿园通过河北省农村一类幼儿园验收。

【幼教教师素质提升】 6月，组织全市农村示范园及独立园保教常规评比活动，同时，组织4次名师及培养对象送课下乡活动。8月，举行优秀论文评比，评出优秀论文171篇。8月和12月，举行优秀教学设计评比，评出优秀教学设计296篇。11月，举行幼儿园优质课评比，评出优质课77节；举行自制玩教具评比，评出优秀自制玩教具78件。12月，对部分乡镇的十几所农村一类园进行保教常规抽查。

【举办各类培训活动】 4月，举办全市民办幼儿园园长《幼儿园保教工作规范》专题培训。5月，举办落实《幼儿园保教工作规范》研讨交流活动和公办及民办幼儿园园长以《落实指南精神助推科学保教》为主题的培训。1月和7月，为迁安市第四期骨干教师进行业务提高培训。9月，为全市独立幼儿园园长及教研员进行绘本阅读培训。12月，组织200名教师参与“网络研修与园本整合”幼师国培项目的学习。

【“指南”宣传月活动】 5～6月，组织全市幼儿园开展落实教育部《3～6岁儿童学习与发展指南》（以下简称《指南》）宣传月活动，发放宣传材料1万余份，布置宣传看板200块，吸引8000多名幼儿家长参与到活动中，收到良好的宣传效果。开展落实《指南》精神的各项研讨、交流活动，引导各幼儿园科学保教。在唐山市组织的“落实《指南》成果展示暨第二届园长论坛活动”中，迁安市光彩幼儿园的成果在会上做了发言。

【教育科研工作】　2015年，共有18所农村示范幼儿园及以上园所参与省、市“十二五”规划课题研究工作。全年各园共承担国家、省、市各级课题24项，2015年已结题6项，幼儿教研室和马兰庄镇童之梦幼儿园各有1项课题成果于2015年11月获国家级课题成果一等奖。

（侯建兵）

教师队伍

【校长考评】　4月底，出台校长考评方案，考评方案突出分类考核、定性评价、注重实绩、鼓励进步的四项基本原则，进一步完善了考评细节，强化校长过程性管理，重视考核反馈，确保考评结果真实准确。5月初至6月中旬完成入校考察，7月中旬至8月上旬完成考评成绩核算，8月中旬完成考评汇报，9～11月完成考评反馈。

【义务教育学校教师校长交流】　3月，组织城乡教师和校长短期顶岗交流，有18名教师和4名校长进行了为期3周的短期顶岗交流。8月初，依据省委组织部等五部门《关于推进县域内义务教育学校教师校长交流工作的指导意见（试行）》和唐山市教育局相关要求，与市委组织部、市财政局、人社局、编委办公室五部门联合下发了《关于推进义务教育学校教师校长交流工作的实施意见（试行）》。8月下旬，组织668名教师参与各种形式的交流，其中乡镇内部交流近500人，乡镇间交流48人，城乡交流49人，市直学校间交流48人，支教8人，支边17人；组织26名校长轮岗交流。12月初，在总结校长短期挂职交流经验的基础上，启动实施了“自助点单”式的“三自主”校长挂职交流，即各校可以结合自身实际需求，自主选择挂职学校，自主选择学习内容，自主确定挂职方式，市教育局人事科负责组织协调、业务指导和督导检查。首批组织了15名校长进行为期3周的挂职交流试点。12月8日，市教育局在唐山市义务教育学校教师校长交流经验报告会上作了典型发言。12月17日，在河北省义务教育学校教师校长交流经验报告会上代表唐山市作典型发言。

【职称申报】　职称申报继续坚持严控指标、严查证书、严格课堂教学能力测试、规范申报程序、公开公示的工作原则，积极打造阳光职称。8月下旬，完成高级职称申报，共117人；10月下旬，完成中级职称申报，共199人；12月底，组织了初级职称和中级职称认定工作。

【专业技术岗位聘用】　2015年，专业技术岗位聘用工作继续坚持向教学一线和农村教师倾斜的总体原则，有8570名教师参与聘用，996名教师首聘或等级晋升。

【校长业务素质提高培训】　采取专家讲座引领（精选学习主题4个，举办专家讲座4天4场）、校长岗位实践研究（每名校长都有研究主题）、校长优秀实践研究成果交流研讨（组织交流研讨1.5天，10名校长介绍实践研究经验成果）等系列研修学习形式，组织校长开展业务素质提高培训，校长们素质能力水平得到提升。

【教师业务素质提高远程培训】　组织6964名中小学和幼儿园教师，扎实开展了为期6个月的业务素质提高远程培训，培训管理综合考评成绩位居203个县级参训单位第9位。

【骨干教师培训】　年初，选拔新一批骨干教师培训对象607名，启动了历时两年的第四期骨干教师培训；精心组织607名骨干教师培训对象开展进校集中培训引领式系列研修学习活动，累计举办讲座52场；督导各中小学、幼儿园对本校骨干教师培训对象实施重点培养；指导骨干教师培训对象开展自我研修学习活动。

【教师心理健康教育专题培训】　以“积极心理学与教师心理调试”为讲座内容，为中小学和幼儿园教师举办《教师心理健康教育》专题培训。全程举办讲座39场，培训教师6900余人次。

【学科教学研究专题培训】　以培训教师团队自主研发的学科教学研究课程为培训内容，为中小学教师举办学科教学研究专题培训，全年累计举办30场次，小班授课，培训教师2300余人次。

【教师校本培训】　全年主推两项教师校本研修活动，一是组织和指导教师开展校本小课题研究活动，即组织和指导教师每个学期针对学科教学中诸多热点问题选择一个具体问题，扎实开展破解性小课题实验研究，学期末交出一篇问题破解性的实验研究论文。二是精心组织和指导教师开展教学基本功校本强化训练活动，即幼儿教师弹唱能力、舞蹈能力、讲故事能力、活动设计能力、绘画能力，中小学教师钢笔字书写能力、粉笔字书写能力、说讲普通话能力、教学设计能力、板书设计能力、说课能力，寒、暑假均举办教师教学基本功大赛。

（侯建兵）

教学研究

【小学高效课堂建设】　“单元目标尝试教学”深入推广。8月，完成目标梳理与集体备课二次修订，语文、数学学科形成区域推广的课堂教学模式。9月，成立“名师工作室”，以一个乡镇为核心，辐射周边乡镇。全年开展活动6次，实现“市直+乡镇”26家单位全覆盖。9月，创建“迁安小教研”微信公众号。迁安市小学高效课堂与课程建设纪实文章《倾注韶华一腔血，熔铸杏林满园春》于12月在《河北教育》上全文刊发。

【小学教师专业成长】　小学教研室选拔、指导的“一师一优课、一课一名师”优秀课例中，有6人次获得国家级、省级优课。市第一实验小学高飞燕、马兰社区小学王晓娟、扣庄乡寺前小学刘晓燕的课代表河北省参加在北京大兴举办的“京津冀一体化教学成果展示会”，受到与会专家、同行的高度评价。小学教研室主任杜立彬入选河北省教师培训专家团队，被评为河北省名师。

【初中课改成果在全国展示】　11月11～13日，全国中小学高效课堂成果展示会在海南省海口市举行。迁安市初中教研室主任刘学伟在会上做了题为《感知生命成长，做有灵魂的教育》的报告，介绍了迁安市初中学校高效课堂建设以来取得的成果和经验；戴海荣、刘智辉、祁忠良、张艳霞4名教师在现场会上主讲示范观摩课，迁安市初中课改的优秀成果获得与会者一致好评。

【初中有4节课获部级优课】　在全国“一师一优课、一课一名师”活动评选中，迁安市初中有7节课获省级优质课，有4节课获国家级优质课。获国家级优质课的教师分别为：市第三初级中学数学教师李海燕、夷齐中学思想品德教师梁可新、蔡园中学物理教师马红新、弘毅学校生物教师王玉红。

【唐山名师教学团到迁安送课】　12月13日，唐山市名师讲学团到迁安市第三初级中学开展送课下乡活动，送课教师以优质的示范课、先进的教学理念、深厚的教学功底赢得与会教师的一致称赞。

【高考再创佳绩】　2015年高考，本科二批以上上线1949人，在唐山市十县居第3位（玉田2397人、遵化2332人）；本科二批以上上线率57.29%，在唐山市十县居玉田（57.82%）之后，位居第2名，取得历史性突破。迁安市第一中学（以下简称迁安一中）本科二批以上上线963人，上线率77.10%，上线率次于丰南一中（89.01%）和滦南一中（78.82%），居唐山市十县一中系列第3位。迁安市第三中学（以下简称迁安三中）本科二批以上上线人数612人，上线率53.13%，上线人数及升学率均居唐山市十县二中系列第一位。迁安市第二中学（以下简称迁安二中）本科二批以上上线人数367人，上线率

44.87%，升学率次于迁安市第三中学及玉田二中（52.59%），居唐山市十县二中系列第三位。市体育运动学校26人参加考试，有21人本科二批上线，其中19人单独招生上线。在全（唐山）市十县文、理前50名中，迁安一中分别有13名理科、6名文科学生。

【高中教学研究】　3月，迁安一中语文学科教师凌会杰《引一渠清泉，灌溉作文之田》一文获河北省教科所论文评比一等奖。11月，迁安一中西校区教师梁小海的论文《通电导线在磁场中受到力的作用演示实验的设计及改进》、市教育局教研室教师王福良的论文《物理复习中突破学生思维障碍的有效做法》、迁安一中教师王纪刚的论文《解决高中物理问题的典型数学方法》获河北省教科所组织的教学论文评比一等奖。

【河北省名师送课下乡】　10月15日，河北省名师讲学团一行8人送教下乡活动到迁安送课讲学。张家口一中高中语文教师尤立增、邢台外国语学校高中英语教师张利青、夏秋明，分别到迁安一中、迁安三中给迁安相关学科高中教师进行专题培训。此次活动采取名师上示范课、教学理论专题讲座和与会教师互动答疑的方式进行。迁安市相应学段、相应学科350余名教师参与此次活动。

【高中优质课评比】　3月和11月，组织全市基础年级优质课评比和高中高效课堂建设研讨暨高三优质课评比，分别有9个学科共计120名高中教师参加全市比赛。

【高中教学评比获奖】　5月，在教育部组织的一师一优课晒课活动中，迁安三中英语教师杨小平获国家级优课；迁安三中物理教师刘向辉《自由落体运动》获省级优课；迁安三中生物教师张圆圆《生长素的生理作用》获省级优课。6月，迁安一中英语教师张春凤《模块五第二单元语法课》获河北省教科所组织的优质课评比一等奖。10月，迁安三中通用技术教师张建军《结构强度的探究》在全国高中通用技术课堂教学设计评比中获二等奖。11月，迁安一中生物教师刘宏《物质跨膜运输的实例》获得河北省教科所组织的高中生物学科优质课评比二等奖。12月，迁安一中获全国中学生语文能力竞赛优秀组织奖。

（侯建兵）

招生考试

【普通高中学考】　3月，学考报名4596人，其中文化科目31834科次，实践考查17721科次，共设置3个考点、476个考场。9月，报名3812人，文化科目22097科次，实践考查14455科次，共设置4个考点（新设迁安一中西校区）、748个考场。

【自考工作】　上半年，全市有146名考生报考334科；办理毕业20人，其中本科19人、专科1人，3人办理了免考，免考科目7科。下半年，有41名考生办理现场信息确认，报考148科；办理毕业20人，其中本科19人、专科1人，13人办理了免考，免考科目22科。

【中考工作】　2015年，全市有4882名学生报名参加中考。体育考试考点设在迁安二中，共248组，历时5天，总分30分；信息技术考试设3个考点，分别为迁安镇第一初级中学、迁安镇第二初级中学、迁安市第三初级中学，共119组，历时4天，总分20分；理化实验操作考试设3个考点，共205组，考试时间8天，总分20分。体育、信息技术、实验操作成绩均计入中考总分。文化课考试全市设3个考点、164个考场，其中迁安一中52个考场、迁安二中52个考场、迁安三中60个考场。从2015年开始全省取消了择校生的招生，普通高中录取3816人。迁安一中普通类录取分数线为612分，普通类指标分配生最低控制分数线为562分，指标作废统招分数线为546分。

【高考工作】　2015年，普通高考报考人数为4531人，被高职单招录取1072人，体育单招21人；实际参加2015年普通高考考试考生为3438人，其中文史考生718人、理工考生1398人、艺术文考生771人、艺术理考生60人、体育文考生155人、体育理考生300人、对口类考生36人。全市设1个考区、3个考点，共116个考场。其中迁安一中设47个考场，迁安二中设35个考场，迁安三中设34个考场。高等学校共录取4190人，录取率92.47%。

【成人高考工作】 全市成人高考报名人数1265人，其中专科升本科748人、高中起点本科13人、高中起点专科504人。

【八年级地理、生物考试工作】 2015年，全市有7079名八年级考生报名，设3个考点、237个考场，其中迁安一中87个考场、迁安二中75个考场、迁安三中75个考场，总分200分，按20%折合后，按40分计入2015年中考总分。

（侯建兵）

教育经费

【加大教育投入改善办学条件】 2015年，全市实施教育基建项目19个，总建筑面积14万平方米，计划总投资3.93亿元，完成投资2300万元。一是扩充城区优质教育资源。燕钢与市政府合作的第七实验小学建设项目完成方案设计，计划2016年开工建设。迁安一中西校区操场已完工，完成绿化以及图书馆报告厅的装修设计，完成设备采购。年内，第六实验小学教学楼扩建工程完成设计、清单预算编制及招投标工作。二是提升农村办学整体水平。投资4120万元的解决农村小学生上学远项目稳步实施。利用上级专项资金3777万元，实施中小学校舍维修改造、义务教育薄弱学校改造和幼儿园建设，涉及15个乡镇33个项目，年底全部完工。三是加快学校食堂改造进度。从2015年开始，对全市公办学校食堂分两批进行改造，第一批拟投资715万元对供餐300人以上的18所食堂进行升级改造，进展顺利。

【义务教育经费】 2015年，预算共安排中小学公用经费5485万元，其中中央补助3843万元、省补助1535万元、迁安配套107万元。生均公用经费标准为城市小学按每生每年600元，城市初中每生每年800元，农村小学每生每年685元，农村初中每生每年885元核定。

【实施“一免两补”】 2015年春季，为3923名寄宿学生和1300名贫困寄宿学生落实“一免两补”（免除学生住宿费，对困难学生给予生活费、交通费补助）资金133万元，秋季为4431名寄宿学生和1830名贫困寄宿学生落实“一免两补”资金175万元，共落实资金308万元。为保障专款专用，市教育局制定具体实施方案，召开专题会议，逐项审核，保障补助资金及时足额落实到位。同时，安排专门人员，深入各寄宿制学校，通过查看账目、找学生及家长座谈等方式，检查资金落实情况，确保资金及时足额到位，并全部用于寄宿学生补助。

【高中阶段免费教育】 2015年，共安排资金1754万元，惠及学生1.7万余人。迁安市从2008年春季起在全市实施高中阶段免费教育，所需资金全部纳入财政预算。凡具有迁安市户籍且就读迁安境内公办普通高中、中等职业学校的学生均享受免费政策。按照省级示范性普通高中、职业高中每生每年1000元，一般高中每生每年800元的标准免除学生的学费。

【义务教育阶段非寄宿家庭经济困难学生资助】 迁安市政府出台了《关于做好义务教育阶段非寄宿家庭经济困难学生资助工作的实施意见》，从2012年春季学期起在全市义务教育阶段非寄宿学生中实行资助政策，对义务教育阶段非寄宿家庭经济困难学生给予资助，资助标准为小学每生每年600元，初中每生每年900元，按学期发放。2015年，投入资金150万元，有4100人次享受资助。

【生源地助学信用贷款】 2015年，迁安市生源地信用助学贷款领导小组继续加强政策宣传和与信用社、民政局等部门的协调工作，安排专人办理此项业务，全年收取申请表251份，提交251份，批准194份，共放贷132万元。

【普通高中家庭经济困难学生资助】 2015 年，共落实资金 434 万元，享受资助学生 4347 人。迁安市从 2010 年秋季学期开始实施普通高中家庭经济困难学生国家资助制度。设立助学金，用于资助普通高中在校生中的家庭经济困难学生，资助面占在校生总数的 20%，分为 1000 元和 2000 元两档。

【中职学校资助工作】 落实国家助学金政策，把助学金及时准确发放到学生手中。2015 年，为 594 名中职学生落实国家助学金 44.6 万元。

（侯建兵）

设施与设备

【实施解决农村小学生上学远项目】 2015 年，结合城乡空间布局总体规划及各乡镇实际，在充分调研的基础上，拟恢复性建设学校 5 所，改建寄宿制和半寄宿制学校 4 所，新建农村小学 7 所，共 16 个项目，建筑面积 15268 平方米，总投资 4210.1 万元。至 2015 年年底，已有 2 个项目投入使用，2 个项目扫尾，1 个项目完成招投标，其余项目已完成规划设计等前期工作，计划 2016 年全部完工。

【实施第六实验小学扩建教学楼项目】 项目计划总投资 750 万元，建筑面积 3109 平方米，可增加标准教室 23 个，合计教室能够达到 73 个。年内，第六实验小学教学楼扩建工程完成了设计、清单预算编制及招投标工作，预计 2016 年开工。

【实施第五实验小学、迁安镇第一初级中学操场改造项目】 第五实验小学、迁安镇第一初级中学操场改造项目计划投资 1000 万元，改造操场面积 3.6 万平方米，2015 年完成设计、预算等前期工作，计划 2016 年暑假完工。

【教育装备工作】 1. 2015 年，为迁安一中西校区装备音、体、美器材和理化生实验室 6 套，总投资 300 多万元；2. 为城内 3 所小学和 2 所中学装备 5 套“云资源触控中心”，投资 18.5 万元；3. 为扣庄中学和夷齐中学各装备简易云录播系统一套，同时，为以上两校各装备激光固态光源新型多媒体交互白板一套，每套售价约 3.5 万元；4. 投资 1.3 万元购置动易优质网络模板，优化改版了迁安教育信息网；5. 迁安一中更新教师办公电脑 200 台，迁安三中更新班级多媒体 70 多套，总投资 300 万元；6. 为第六实验小学筹集资金 2.3 万元，装备一套机器人实验室；7. 投资 20 万元采购 200 多台二手联想液晶电脑，为扣庄乡郎庄小学、上庄乡平林镇小学、上庄乡白庄小学、大崔庄镇擂鼓台小学、大崔庄镇上金山院小学、夏官营镇团新庄小学改造微机教室，同时，为扣庄乡郎庄小学、西山小学，夏官营镇夏官营小学，上庄乡陶辛庄小学，野鸡坨镇东周庄小学，赵店子镇康官营小学、小店小学解决了教师办公电脑。

（侯建兵）

民办教育

【概况】 2015 年，全市有民办教育机构 127 所，其中九年一贯制学校 1 所、幼儿园 115 所、其他培训学校 11 所。有教职工 1620 人，在校学生 12315 人。6～9 月，组织开展全市民办教育机构办学用房房屋安全鉴定。10 月 9～26 日，开展民办教育机构年检工作，市教育局审批科在学校自查的基础上，依据《迁安市民办教育机构年检评估标准》，采取听汇报、查资料、看现场、和教职工座谈等方式，对持有“中华人民共和国民办学校办学许可证”的 95 所民办教育机构进行年检，其中九年一贯制学校 1 所、民办幼儿园 87 所、培训机构 7 所，年检合格 94 所，限期整改 1 所。此外，吊销了 5 所民办教育机构的办学许可证。

【规范民办幼儿园管理】 2015 年，市政府下发《迁安市加强和规范民办幼儿园管理的实施意见》，修订《迁安市民办幼儿园管理办法》，规范民办幼儿园管理。5 月 12 日，市教育局组织全市 97 所民办幼儿园 104 人参加学校管理拉练，到 4 所民办幼儿园观摩学习交流。

【规范民办教育机构审批】 严格按审批标准和程序办理民办教育机构审批，全年共审批26所民办幼儿园、4所民办培训学校，为12所民办幼儿园办理了变更审批。

（侯建兵）

市教育局

局　　长	刘东友
副 局 长	李保国　高绍文　高常桂　邸雪松
书　　记	李保国
副 书 记	刘东友　王宝军
主任科员	李　江
副主任科员	郜立军　李文刚

（侯建兵）

农广校教育

【概况】 2015年，河北省农业广播电视学校迁安市分校（以下简称市农广校）以“解放思想、抢抓机遇、奋发作为、协同发展”大讨论活动为动力，以整治“庸懒散拖”“懒政怠政、为官不为”专项行动为载体，以服务“三农”为宗旨，充分发挥自身职能作用，大力开展新型职业农民培育和农村实用人才培养、农村劳动力培训等工作，建设农民（成人）教育中心、农民培训中心和阳光惠农服务中心。累计招收大中专学员399人，在校生1278人；开展新型职业农民培训、创业培训、农广信息员培训、实用技术培训等共培训33期1256人，开展农业工种职业技能鉴定50人，发放各类科技资料2600份、科技光盘900盒1700片；迁安电台《金色田园》专题栏目播出52期，“致富早班车”覆盖10个乡镇85个村，服务群众7万人。2015年2月，学校获2012～2013年度“唐山市文明建设先进单位”称号，被唐山市农牧局评为2015年度“农业广播电视教育工作先进单位”。

【新型职业农民培训】 与市农牧局合作，培育培训新型职业农民197人。集中于10月9日至10月30日，开展了为期15天的生产经营型新型职业农民培训。其中，在迁安镇周官营村开展种植类培训共43人，在杨各庄镇开展种植、养殖类培训共43人，在建昌营镇开展种植、养殖类培训共67人，在太平庄乡尚庄村开展果树生产培训共44人。统一安排课程，集中授课，培训过程中，严格执行开班审批制度、开班第一节课制度、中间检查验收制度和结业考试制度。为保证培训质量，学校聘请市内具有高级职称的专业技术人员授课40人次，聘请昌黎果树研究所教授专家前来授课、指导5人次。10月19日、20日、22～24日，分6个批次组织学员到太平庄乡东峪二牛养殖场、赵店子镇小店顺鑫养殖场等养殖基地和彭店子乡杨家坡民俗园、北戴河集发生态农业观光园等基地参观、实训，进一步开阔了学员们的视野，增长了见识，提高了生产经营水平。

【全民创业培训】 把全民创业培训作为年内重点工作，推动全市微型企业和中小企业发展。1. 加大宣传推介力度，通过舆论造势，吸引有创业想法和创业愿望的人来报名学习；2. 主动与市就业局，乡镇、城区办联系，以乡村为单位，组织有创业意愿的农民和社会人员参加为期10天的系统创业培训；3. 走进华北理工大学迁安学院，为临近毕业或已经毕业的大学生开展创业培训和创业服务。5月6日，在阎家店乡芝草坞村举办全民创业培训班，培训41人；5月13日，与城区办联合，在市直举办全民创业培训班，培训43人；6～8月，在华北理工大学举办8期全民创业培训班，培训223人，累计培训307人，推进了“大众创业、万众创新”。已有李浩楠、崔清恩2人领取了营业执照，成为工商企业小老板。

【农村大喇叭基地建设】 以加强“致富早班车”组织体系建设为抓手，深化农村大喇叭基地建设。组织专业课教师编印播出稿件，每期严格把关，年内，编印《农广实用技术信息》12期、《致富早班车专刊》5期，印发2000份。2015年，根据农村“两委”换届后的情况，对村情有变化、组织不健全、功能不完善、播出不积极的大喇叭村，进行重新整合登记，大喇叭试点村由原来的16个乡镇119个试点村调整为10个乡镇

85个试点村，并对广播员进行系统业务培训，发放实用技术光盘900盒1700片。“大喇叭”每周播放2次，收听人数达到7万人次。

【服务“三农”产业】　以服务农业产业为抓手，加强服务“三农”产业建设。1. 实施科技电波入户工程，开展科技覆盖性培训。为扩大科技信息服务的覆盖面，在迁安电台继续开设《金色田园》栏目，为广大农民架起科教致富的空中桥梁。栏目每周播放1期，每期播放3次，全年52期节目，播出1600分钟，科技覆盖农民5万人。2. 送科技下乡，开展多种形式实用技术培训。结合中专教学、农业产业、新型职业农民培育，分别在赵店子镇小店村、郑店子村、申刘庄村和太平庄乡尚庄村、崇家峪村等村开展果树、蔬菜等实用技术培训，共培训667人，发放科技明白纸500份。3. 完成农口专业技术人员继续教育培训工作。分农业、林业、畜牧、农机、水利5个专业，涉及全市11个乡镇和市直13家单位，共报名451人。通过72学时的培训，451名农口专业技术人员全部验证合格，其科学文化素质、职业技能和为农服务水平得到提高。

【新型职业农民队伍建设】　以职业技能鉴定为抓手，加强新型职业农民队伍建设。学校于2014年通过了省农广校的农业工种职业技能鉴定工作站的验收检查，2015年首次开展技能鉴定，共培训鉴定50人。为做好这项工作，学校专门于11月3日到承德县农广校学习职业技能鉴定和新型职业农民培育的先进工作经验。12月8日，在建昌营镇鉴定动物疫病防治员10人、农艺工9人；12月9日，在杨各庄镇鉴定动物疫病防治员19人、农艺工12人。

【农村干部正规化学历教育】　为加强农村基层干部正规化学历教育，实施新农村建设“领头雁”工程和新农村建设“双带头人培养”工程。5月11日，与市委组织部联合下发《中共迁安市委组织部迁安市农广校关于做好2015年度农村干部正规化学历教育招生工作的通知》，对招生工作进行详细布署。累计招生189人，其中东北农业大学网络教育招生29人，河北广播电视大学“一村一名大学生”招生130人，省农广校中专招生30人。

【联合办学】　深化联合办学，培养中高等实用人才。加强与上级大专院校合作，为当地培养人才服务。一是抓好与河北广播电视大学联办的开放教育专科的招生工作，实施好“一村一名大学生”工程，进一步加大宣传力度，稳定招生规模；二是扩大东北农业大学网络教育招生规模，面向社会培养更多中高级实用人才。其中河北广播电视大学招生22人，东北农业大学网络教育招生180人，各成教招收农广校机电技术应用专业8人。

【编印乡土教材】　编印培训和教学乡土教材，丰富校本课程和学习内容。为满足新型职业农民培训的需求和适应中等职业教育教学的需要，学校组织20名专业课教师，历时5个月时间，围绕迁安农村发展实际和农业产业特色，编选了新型职业农民培育工程培训丛书《农产品质量安全手册》等5本、农民培训技术问答丛书《实用养鸡技术问答》等5本、农民综合素质提高工程系列培训乡土教材《中国特色社会主义理论》等8本，累计约120万字。市委常委、副市长庞再明担任顾问。教材编选做到系统性、科学性、实用性，免费发放给农民朋友。

【教学管理和师资队伍建设】　加强教学管理和师资队伍建设，开展微课大比武活动，提高教学质量。严格执行省、市校和联办大专院校的教学计划，认真贯彻落实《中共迁安市委组织部 迁安市农广校 关于农村干部大专班教育教学管理规定》，加强对教学班的管理，确保教学质量。为做好农民教育培训工作，学校组织相关人员分别到丰南区农广校、承德县农广校学习、考察；组织3批次6名教师到石家庄市参加微课——翻转课堂设计研修班、创业培训提高班培训，同时，对全体教师进行了微课制作技术专题培训。11月27日，19名教师参加了微课大比武活动，推动学校教学技术的改革。

【驻村帮扶】 贯彻落实《迁安市农村面貌改造提升领导小组关于选派驻村工作组入村开展工作的通知》精神，学校组成由常务副校长刘瑞民带队的3人驻村帮扶工作组，深入建昌营镇前窝子村开展农村面貌改造提升行动。一是创文明整洁村庄，清理“五乱”（污水乱泼、垃圾乱倒、粪土乱堆、柴草乱垛、畜禽乱跑），改厕140个；二是饮水安全工程，打180米深水井一眼，解决群众饮水问题；三是硬化村道路6延长公里，改善了村内交通，努力建设“新民居、新设施、新环境、新农民、新风尚”的新农村。贯彻落实《中共迁安市委组织部印发〈关于集中整顿后进村党组织的实施方案〉的通知》精神，按市委组织部要求，组成由副校长柳总青带队的3人驻村帮扶工作队，深入夏官营镇六合村开展后进村整顿转化工作，全面提升其党建整体水平。该村村委会已完成上电工作，村党员活动室配套设施已预定，学校提供帮扶资金2万元，送去实用技术资料100册。

市农广校

主管领导 庞再明

常务副校长 刘瑞民

副 校 长 柳总青（12月离）

殷自新（女，满族）

（刘立文）

文　化

综　述

【迁安市入选全省文化产业“十强县”】　12月，省文化体制改革和发展工作领导小组公布了2015年度全省文化产业“三个十”（即十个文化产业强县（市、区）、十个大型文化产业集聚区、十个重点文化产业项目）名单。通过严格评选，迁安市从40个参评县（市）中脱颖而出，入选2015年文化产业“十强县”。这是继2012年迁安成为首批省文化产业“十强县”之后，再一次获得该项荣誉。迁安市全力加快文化产业发展，以文化产业发展助推城市经济转型。在项目建设上，共谋划实施思文科德八色印铁、中国·迁安民俗文化旅游综合体等文化产业项目45个，计划总投资757亿元。在园区建设上，依托滦河，建设了总投资130亿元的滦河文化产业区；依托长城，实施投资20亿元的长城国家公园项目。在融合发展上，实施建设了绿道文化旅游产业链；建设了万宝沟军事文化乐园、龙泽谷国际红酒庄等项目，促进城乡统筹发展；实施了佛山公园、轩辕阁、迁安大剧院等特色文化项目，为城市建设增添了文化内涵和发展活力。

【文化产业发展概况】　4月17日，中唐·天元谷文化旅游综合体项目正式签约。项目主要建设天元宫、轩辕里民俗体验街区、孤竹驿文化休闲区、景观水系、道路铺装等设施。项目内容初步确定为“一谷一城三区”三大文化旅游综合体集群，形成“一谷”启动、“一城”带动、“三区”联动的区域整体发展模式，总投资规模60亿元。“一谷”，即魔方谷家庭都市休闲综合体，拟选址滨河浴场地块，投资规模15亿元，为一期启动项目。“一城”，即中国·迁安遗乐城综合体。项目选址于右岸新城，为与魔方谷隔河相对区域。总投资约35亿元，为二期启动项目。“三区”，即结合迁安规划的长城山野绿道、森林生态绿道和滨河田园绿道，对其中的优质旅游资源进行整合提升，形成迁安旅游度假景观的产业链集群模式。总投资约10亿元，根据资源整合进度，与一、二期开发项目穿插进行，其中，迁安古长城旅游度假项目作为一期配套项目优先重点打造。6月，嘉源文化艺术陶瓷研究所建成投产。10月，斯道拉恩索正元包装有限公司被国家新闻出版广电总局授予“国家印刷示范企业”称号。年内，北京红星阁将军书画院迁安分院、刘金凯艺术院、李涵美术馆、沈鹏艺术工作室相继签约进驻艺术家村。

【文化惠民工程】　继续实施政府购买文化产品或文化服务的惠民工程。3～10月，赴20个乡镇（城区办）128个“文化圈”，演出150多场，满足了群众文化需求，传播了正能量。

组织开展一年一度的灯谜竞猜、秧歌展演、送春联、文艺晚会等文化活动，营造喜庆的节日氛围，奉上吉祥的节日祝福。举办大型公益讲座、大鼓书公演、暑期文艺培训、寒假少儿游艺等活动，深受群众欢迎。

贯彻国务院办公厅《关于推进基层综合性文化服务中心建设的指导意见》，结合国家公共文化服务体系示范项目建设和《迁安市未来发展规划》，在全市78个村（社区）开展村级综合文化服务中心建设，为村级配备开展文化宣传、体育健身活动的必需设备，充分整合各级各类面向村级的公共文化资源，统筹建设集宣传文化、党员教育、科技普及、普法教育、体育健身等功能于一体的综合性文化服务中心。以村综合文化服务中心为依托，推动公共文化建设标准化、均等化、数字化，开展流动服务和志愿服务，打通公共文化服务“最后一公里”，为群众提供便捷高效的服务。

【文化设施建设】 2015年，按照省公共文化服务示范区创建标准，全市进一步完善市、镇（乡）、村三级公共文化服务设施建设。市级公共文化服务设施在原有建设基础上，为方便群众，根据服务工作需要进行了适当的功能厅室调整。市图书馆针对少儿读者到馆人数较多的情况，整合原亲子阅览室和少儿阅览室，扩大少儿阅览室面积，把亲子阅览室迁至馆内三楼，亲子阅览室面积比原来有所增加。镇（乡）、村文化设施分别按照创建标准进行整改提高，并根据群众文体活动需求，更换损毁设施，配备新的设施设备。

【迁安被命名为河北省公共文化服务示范区】 为加快构建现代公共文化服务体系，迁安市于2013年起参与河北省公共文化服务示范县（市、区）创建工作。创建过程中，开展股级干部包乡镇、文化志愿者下基层、公共文化服务辅导培训等一系列工作，通过分类创建、示范引导、完善提高等创建措施，全市公共文化服务网络更加完善，公共文化服务水平显著提高，公共文化考核机制更加健全，公共文化人才队伍更加壮大。2015年3月，省文化厅、财政厅联合组成验收组对创建工作进行验收，省专家组对迁安市示范区创建成果给予充分肯定。7月，迁安被命名为河北省公共文化服务示范区。

【迁安市获第三批国家公共文化服务体系示范项目创建资格】 4月，迁安市向省文化厅递交了国家示范项目申报材料。5月，在省文化厅推荐下，赴北京参加文化部组织的第三批国家公共文化服务体系示范项目评审，在评审现场，迁安市申报的“基层公共文化服务中心社会文化资源”项目获得中部组评审专家一致认可和高度评价，全票同意该项目列入第三批国家公共文化服务体系示范项目。7月，迁安市获得第三批国家公共文化服务体系示范项目创建资格。11月，召开全市动员大会及乡镇、市直单位培训会，对创建工作进行具体部署，明确各单位、各部门的工作职责，创建工作在全市正式铺开。

【河北美术学院艺术中心迁安创作基地揭牌】 10月25日，由河北美术学院和迁安市汇远书画纸有限公司共同创办的河北美术学院艺术中心迁安创作基地在汇远书画纸有限公司揭牌。市委常委、宣传部部长郭卫民，市政府党组成员张清敏，市政协副主席马丹青出席揭牌仪式。迁安市汇远书画纸有限公司坐落在阎家店乡李姑店村，主要进行手抄桑皮书画纸的生产和加工。多年来，公司一直致力于挖掘、拯救、传承和提升传统手工造纸工艺，对桑皮纸不断进行技术创新和工艺改良，汇远书画纸以其独具属性的桑皮材料和精湛工艺独树一帜，深得各地书画家的广泛赞誉。此次创立迁安创作基地，对重新树立和提升市手工书画纸的文化品牌、复兴迁安书画纸“北迁南宣”的历史具有重要意义。仪式结束后，河北美术学院院长甄忠义，著名国画大师、天津美术学院美术馆馆长霍春阳，著名书画家、评论家梅墨生等书画家和嘉宾进行了现场笔会。

【文学艺术创作】 在省人大举办的“勿忘国耻筑梦中华——纪念中国人民抗日战争暨世界反法西斯战争胜利70周年‘人民之声’书画艺术精品展”中，李爱文创作的作品《世世和平》获二等奖、作品《朱德〈太行春感〉》获优秀奖。

王颖博的美术作品《晨》获全国青少年书画写作大赛青年组二等奖、《日出》获第四届大美中国国际青少年书画大赛青年组金奖、《花香入梦遥》获第四届大美中国国际青少年书画大赛青年组金奖，辅导学生的美术作品获第七届国际少儿书画大赛组织指导金奖；发表的论文《浅谈化妆造型中的写实与写意》获《新教育时代》优秀论文一等奖。

王雯的装饰画《盛装》、圆雕《楼兰姑娘》在2015年全国教师美术书法摄影作品竞赛活动中均获（专业组）二等奖；作品《苗族姑娘》在第七届经典中国全国书画大赛中获银奖；装饰画《喜事》在第十六届全国青少年书画写作大赛中获青年组二等奖。

杨小伶的论文《迁安民间文学〈老马识途〉的价值点、价值量及保护要点分析》获河北省第四届非物质文化遗产保护理论成果评比优秀奖。

赵立国的作品《拥军小镇》在中国美术家协会举办的2015年全国中国画油画美术作品展览中获优秀奖；宋向阳的小小说《哦，漫河》获河北省“漫河杯”精短文学作品大赛三等奖；张淑琴的散文《骨笛》获2015年河北省新闻奖报刊副刊类一等奖，《禅对世界现代诗的影响初探（中国部分）》获2015年第八届河北文艺评论二等奖。

蔡铁英创作了歌曲《老母亲八十多，一生就像一首歌》《久红久红》、评剧小品《阮妈》；赵鹏伟创作了歌曲《祈福天津》《小人物》《单行线》《江山》《乱世》。

【著名画家宣道平书画精品展】 9月1日，著名画家宣道平先生书画精品展在市梅墨生艺术馆开幕。此次展览共展出宣道平先生书画精品48幅，作品采用多样的创作和表现形式，用笔豪放，墨色淋漓，挥洒自如，超逸清灵，充满豪迈之气，自成一家，具有极高的观赏性及收藏价值。展览从9月1日开始至10日结束，期间免费向市民开放。宣道平先生（1915—1984），原名泰和，河北滦县人。少喜画常临《芥子园》，1940年滦师毕业，1941年考入北平国立艺专国画系，曾受教于齐白石、黄宾虹、徐悲鸿、汪慎生、秦仲文、李苦禅、于非闇、王雪涛、邱石溟等名家。1944年毕业后到唐山省立中学任教，60年代后在唐山师范、唐山八中任教，1962年调唐山陶瓷工业学校。“文革”中受批斗，下放瓷厂画瓷，1976年平反后回校任教。宣道平精于写意花鸟画，也擅长山水画，工书法。其作品在1953年即参加全国美术展，70年代末，其作品曾被荣宝斋、北京画店以每平方尺百元价收购，也曾被廖承志等国家领导人以国礼馈赠给外国友人。其下放瓷厂时所画瓷器，深受日本、加拿大、美国、意大利等国陶瓷专家好评。宣道平早在50年代已名列“河北花鸟四大家”（田辛甫、宣道平、许鸿宾、白寿章）之一，他教过的学生很多已成为著名的画家，梅墨生先生即是他的学生之一。

【群众文化】 “城乡联动、康乐同行”大型文体活动。经过充分的引导发动，该活动于年初拉开帷幕。1月14日，举办社会体育指导员培训班，国家级社会体育指导员康田老师带领学员练习，内容以国家体育总局推广的健身气功·八段锦和第八套广播体操为主，来自全市各乡镇（城区办）、市直机关、企事业单位近百人参加此次培训。2月、8月分别举办两次规模宏大的集中展演，人们酣畅淋漓地舞动着地秧歌、威风锣鼓、广场舞、八段锦、空竹、腰鼓等承载着健康与快乐的活动项目。春节期间组织汇报展演，举办不同层次、不同群体、不同类型、不同规模的文体活动，形成“一地一品、特色突出”的文体活动品牌。此活动于2014年首次举办，至2015年已成为迁安城乡的一道亮丽风景，省、唐山市电视台多次报道，引起社会广泛关注。

“迁安好声音”大赛。先后组织比赛54场，近千名选手经过海选、初赛、复赛、半决赛、决赛五个阶段的层层选拔，优胜劣汰，梯次晋级。此活动与全民乒乓球赛、棋类赛、书画作品展共同构成的“两动两静”活动，覆盖全市，贯穿全年，为带动基层工作发挥了积极作用。

第十一届群众文化展演。在延续往年规模和场次的基础上，运作模式另辟蹊径，在吸引社会力量参与、推行市场化运作方面进行有益尝试，发挥了示范作用。相继举办大鼓书公演、“康俊杯”才艺大赛、“人人乐杯”广场舞大赛、“尚善堂杯”书画作品联展等活动，更加丰富了群众业余文化生活。

2015 年，“魅力钢城之夜”群众文化展演被评为“唐山市优秀县域特色文化活动品牌”。

【文化市场管理】 2015 年，完成全市 259 家文化经营单位的年度审核工作，其中书店 53 家、音像店 13 家、出版物印刷厂 3 家、包装装潢印刷厂 5 家、其他印刷厂 42 家、复印部 62 家、网吧 36 家、歌舞娱乐场所 22 家、营业性演出团体 18 家、游艺娱乐场所 1 家、电影放映单位 4 家。

2015 年，全市文化市场继续保持健康稳定发展局面。一是优化准入环境。坚持文明规范、廉洁高效服务，年内，受理审批事项 29 件，全部在规定时限内办结，群众满意度 100%，未发生任何投诉事件。市文广新局审批窗口连续多年保持“红旗窗口”称号。二是强化规范执法。严格落实《文化市场最低检查频率制度》等系列措施，进一步核查整理执法案卷，年内，检查经营单位 1400 余家次，处罚违规经营单位 57 家次（其中立案处罚 19 家、当场处罚 38 家），受理群众举报 20 起，取缔无证复印部 3 家、游商地摊 34 起、封建迷信算卦摊点 20 个，罚没 14.3 万元，举办经营业主培训 6 期，开展安全演练活动 3 次。三是强化监管重点。突出重要时期、重点区域和重点行业，先后开展“清源 2015”“净网 2015 ”“护苗 2015”“秋风 2015”和打击侵权盗版等专项行动，对出版物市场、营业性演出市场、网吧市场和印刷复制业市场进行了集中整治，同时，将安全生产检查贯穿始终，维护市场的繁荣稳定。四是强化综合职能。坚持广电监播月通报制度，严格落实户外大屏视听节目审查备案制度，开展数字影院、体育场馆、长城保护区和卫星数字接收设施等方面执法检查工作，排查安全隐患，净化了市场环境。

【电影放映】 2015 年，数字电影放映继续保持繁荣发展势头，在全市 458 个行政村放映公益电影 5496 场，超额完成农村每个行政村每月看一场电影的目标。

年内，全市 4 家影院共放映影片 684 部、21594 场次，累计观影人数 239309 人。

（李建新　赵红强）

图书发行阅览

【新华书店图书发行】 2015 年，新华书店迁安分公司以“稳步发展、促转型升级、提质增效、努力推进公司发展新步伐”为奋斗目标，较好地完成了各项工作，全年实现销售码洋 2867 万元，比上年增长 11.79%；实现利润 309.2 万元，比上年增长 31.3%。

【图书馆图书阅览】 年内，市图书馆新增图书 5.16 万余册。至 2015 年，馆藏纸质文献资源共计 29.1 万册。同时，藏有电子图书 24 万册，配备知网、万方数据库。征订期刊 834 种，其中成人期刊 544 种、少儿期刊 182 种、亲子期刊 108 种。纸质报纸资源 100 种，电子报纸 50 种。

2015 年，图书馆流通总人次 22.1 万，日均接待读者 721 人次，书刊外借 7.4 万人次，外借册次 12.9 万册。累计办理图书借阅证 1.7 万张。

开展读者活动，推进全民阅读工作。举办寒假读书系列活动，包括“儒娃杯”第一届幼儿国学才艺大赛、中华传统文化故事优秀视频展播、少儿游艺活动等，举办送图书进福利院活动、元宵节灯谜竞猜活动、世界读书日活动、燕赵少年读书系列活动、迁图讲堂等一系列丰富多彩的活动，受到广大市民的热烈欢迎。

2015 年，先后为第五福利院、乐丫生态文化产业园进行图书更换，各流动服务点可自行到图书馆进行图书更换。6 月 26 日，迁安市图书馆到驻迁安武警水电第一支队二大队，为这里的武警官兵送去 500 册实用图书，并设立了图书馆馆外流动服务点。

【群众读书】 2015 年，全市继续大力推进全民阅读工作，形成政府推动、媒体宣传、全民参与、城乡联动的全民阅读网络体系。辅之以形式多样、内容丰富的读书活动，寓教于乐，极大地提高了群众的阅读兴趣与阅读积极性，城乡群众读书看报热情高涨。市图书馆、乡镇文体站图书室、村农家书屋均有效发挥阵地作用，成为广受群众喜爱的读书看报和交流心得的文化场所。

【家庭书屋】 6月，滨河社区、安顺社区，马兰庄镇李家沟村、迁安镇马家村和徐春瑞家庭、李爱文家庭、王树久家庭、李国家庭代表迁安市分别参加河北省书香系列评选活动之“书香社区”“书香之村”和“书香家庭”项目的评选，其中徐春瑞家庭、李爱文家庭、李国家庭代表唐山市参加了全国“书香家庭”的评选。

年内，在中国人民抗战胜利暨世界反法西斯战争胜利70周年之际，迁安市依托各乡镇文体站图书室、各村农家书屋开展了以帮助农村中小学生树立和践行社会主义核心价值观、陶冶青少年的爱国情操、培养阅读兴趣、提升学习能力为目的的农村青少年暑期读书活动。活动历时4个多月，广大农村青少年积极参与，并以小手拉大手的方式，让许多家长走进图书室，丰富了农村百姓的暑期生活，激发了农村民众的阅读热情，营造了农村地区全民阅读的良好氛围。

2015年，继续巩固农家书屋建设成果，全市农家书屋均按规定时间开放，图书实行免费借阅，严格按照书目登记制度和借阅登记制度进行管理。书屋至少配有一名图书管理员，按规则负责图书借阅、收回、保存等工作。农家书屋为在读农村学生提供了良好的读书环境，一些村民陪同孩子到农家书屋 同学习，以书正风，以书育人，村民文化知识水平得到提升。随着农家书屋的建设和推广，书屋已成为农民的朋友，成了提升农民素质、丰富农村文化生活的有力阵地。

【迁安市在全国少年儿童经典阅读绘画大赛中取得优异成绩】 年内，迁安市参赛选手在由中国图书馆学会主办的2015年全国少年儿童经典阅读绘画大赛中取得优异成绩。其中，市第四实验小学的王肖琳同学、市第二实验小学的李佳源同学获大赛金奖，市第三实验小学王仲翔同学、市第六实验小学李若贤等6名同学获大赛银奖，市第一实验小学戴梦妍、市第六实验小学马祎获大赛铜奖，市第三实验小学李芃颉同学、市第一实验小学戴梦妍同学获大赛优秀奖。迁安市图书馆获大赛优秀组织奖。

（李建新　赵红强）

文　　物

【文物保护与管理】 迁安文化底蕴深厚、文物古迹众多。至2015年，全市拥有不可移动文物点257处，包括古遗址166处，古墓葬40处，古建筑19处，石窟寺及石刻8处，近现代重要史迹、革命遗址22处，其他（化石点）2处。其中，全国重点文物保护单位3处，省级重点文物保护单位6处，唐山市级文物保护单位5处，县级文物保护单位15处。市博物馆有馆藏品2500余件，包括陶器、石器、铜器、铁器、货币、绘画、书法等十几个类别，其中国家级文物60件。市文物保护管理所负责全市文物调查、勘探、发掘等文物保护管理工作，市博物馆负责征集、保藏、展陈各类文物和其他实物资料等工作。

2015年，按照上级文物部门普查工作要求和迁安市普查方案部署，按时推进普查工作开展。配合全市重点工程建设，组织开展了承德东—阳乐500千伏输变电工程、夏官营配套220千伏输电线路、夏官营变电站、卢沟堡110千伏输变电线路等项目占地范围考古调查，确保各项工程顺利开展和地下文物安全。与省文研所、省古建筑领导接洽座谈，开展爪村遗址调查勘探等保护规划编制前期工作。与省文物保护中心联系，实地考察万军山石佛造像，进一步修改完善保护修复及保护性设施建设相关方案，签订保护修复项目合同。在日常文物检查广泛宣传文物法律法规的基础上，开展了“文化遗产日”等宣传活动。

完成第一次全国可移动文物普查工作。与木石轩工艺品有限公司签订了工艺品联合开发合同，为开发文化创意产品奠定了基础。

【博物馆免费开放工作】 继续做好博物馆免费开放工作，全年接待参观人数11万余人，参观团体近400个。结合重大节假日，先后举办“墨韵天成·迎新春馆藏书画展”“关爱生命，文明出行—全国交通安全反思日专题展”“践行社会主义核心价值观，传播正能量活动成果展”“纪念中国抗日战争胜利70周年专题展”“纪念抗日战争暨世界反法西斯战争胜利70周年老干部书画展”5个临时展览，丰富了市民的业余文化生活。在“国际博物馆日”和“文化遗产日”前后，深入学校、社区、乡镇等地，开展丰富多彩的社会公益活动，先后到白羊峪景区、迁安市职教中心、安顺社区、第六实验小学、第四实验小学，举办“探寻迁安文明之旅”主题讲座2场，“交通安全知识”流动展览进校园2次，发放文物保护知识、博物馆条例等宣传折页2000余册，把文博知识送到人们身边。充分发挥博物馆的爱国主义基地、科普基地作用，为青少年活动开设第二课堂。

【纪念中国抗日战争胜利70周年专题展】 9月1日，市博物馆推出“纪念中国抗日战争胜利70周年专题展”。全市各乡、镇宣传文体站站长、文广新局工作人员及迁安市民参观了展览。展览由迁安抗战简史、伟大的胜利、迁安英雄先烈三部分组成，展线长120米，共展出珍贵文物75件、抗战照片131张，以及大量文字资料。一幅幅照片、一个个场景揭露了日本侵略者犯下的滔天罪行，全面、真实地反映了迁安地区广大人民为抗日战争胜利作出的贡献，警示后人铭记历史，缅怀先烈，珍爱和平，开创未来。

（李建新　赵红强）

市文化广播电视新闻出版局

局　长　刘　海

副局长　何府忠　李保金　杨明晨　孟祥缔　邵　民（12月离）　何爱军（12月任）

市文化市场行政执法队队长　杨明晨

主任科员　何府忠　李聪敏（女）

副主任科员　李金辉（12月任）

（李建新　赵红强）

广播电视

【概况】 2015年，市广播电视台坚持“新闻立台、节目活台、经济养台、技术稳台、人才兴台”的理念，把握正确的舆论导向，全台干部职工锐意改革，创新发展，为建设“魅力水城、绿色迁安”营造了浓厚的舆论氛围。获得“河北省综合技术维护管理优胜单位”“唐山市文明建设先进单位”等称号；被迁安市委、市政府评为文明单位标兵，有22人获荣誉称号。

【新闻宣传】 坚持新闻立台，充分发挥党委、政府的喉舌作用。一是围绕市委、市政府中心工作，做好新闻报道。在《迁安新闻》中先后开办“贯彻落实市委五届五次全会精神”“转型进行时”“纪念抗战胜利70周年”“协同发展进行时”“解放思想大讨论”“走进美丽乡村”“聚焦经洽会”“善行迁安”等15个专栏，围绕全市转型升级、城乡一体化、项目建设等重点工作进行全面、深入地宣传报道，同时做好“抢抓新机遇、培育新优势”和“三农”、民生等方面的宣传报道，为建设“魅力水城、绿色迁安”营造浓厚的舆论氛围。二是加强对外宣传，传播迁安好声音。不断强化外宣意识，拓宽外宣渠道，根据省、唐山市电台和电视台不同时期的宣传重点，结合迁安实际，挖掘新闻报道亮点，做好新闻的选题对接。全年有266篇稿件被唐山市级以上电台、电视台采用；在全国、省、唐山市好新闻评比中，有13篇作品获奖，至2015年，对外宣传、好新闻评比两项工作连续11年位居河北省和唐山市县级电台和电视台前列。

【节目创新】 坚持节目活台，全面提升广播电视收听、收视率。年内，加强广播、电视节目创新创优，根据媒体发展规律，结合频率、频道特点和观众收听、收视需求，打破陈规，精心策划，将本土特色和时代元素有机结合，对频率、频道和栏目进行全新包装。新闻综合频道推出《记者在行动》《圆梦之旅》《印象水城》《创业者》《视点》《警视纵横》《健康之路》《希望田野》等栏目，生活服务频道推出《生活帮》《美食养生堂》《我家有宝》《汽车帮》《第一消费》等栏目，快乐3频道推出《超级宝贝Go》《叶子姐姐讲故事》《超市大赢家》《跳跳长长》《有一说一》《快乐出发》《大戏台》和《快乐健身》等栏目；电台推出《迁安事儿》《金色田园》《多彩迁安》《生活360》《健康周道》等栏目。这些节目个性鲜明，喜闻乐见，观众认可，拉近了与百姓的距离，丰富了群众的业余文化生活。同时，加强大型活动策划，开展“迁安好声音”

“广场舞大赛”“纪念抗战胜利70周年演讲比赛”“魅力绽放·梦想启程主持人大赛”“少儿春晚海选”等大型活动，进一步丰富节目内容，提升广播、电视收听、收视率。

【事业经营】 坚持经济养台，全面增加经营收入。一是转变理念，推行频道制改革。2014年12月，聘请北京中传实战管理咨询有限公司做顾问，推行“频道制改革、市场化运作”管理模式。2015年5月1日，电视台自办4个频道——新闻频道、生活频道、快乐3频道、影视频道正式开播。频道制改革施行后，广大干部职工的工作积极性大幅度提高，但受市场、人员结构等因素影响，出现了节目同质化、互相争抢广告资源等问题，到10月底，有的频道出现了零收入，同时，技术也不能达到4个频道同时优质播出的要求。二是完善频道制改革，实行中心频道制管理模式。11月，在频道制改革的基础上，总结经验，查找不足，创新完善改革。关闭影视频道，原有4个频道改版为新闻综合频道、生活服务频道、快乐3频道，对各频道、科室和人员进行重新调整，进一步优化了人员结构和资源配置。

【技术维护】 坚持技术稳台，确保安全优质播出。一是设备实行统一管理。制定完善设备管理办法，对全台摄像机等设备实行统一收集编号管理，责成专人定期维护保养，严格执行设备使用审批、支领手续。既提高了设备的利用率，又延长了设备使用寿命。二是对设备定期维护。始终坚持每周二例会制度，及时排除隐患，解决各种设备和技术问题。定期组织技术人员安全知识培训与演练，提高技术人员业务水平。三是加大技术投入。对台内制作网重新布局，集中管理，先后投资26万元购置接入病毒网关防火墙和病毒隔离器、门禁系统、箱载式移动演播系统和改造黄梅岭转播台供配电线路，为安全播出提供技术保障。

【队伍建设】 坚持人才兴台，加强队伍管理。一是加强学习培训。各科室、中心、频道每天召开晨会，总结不足，安排部署新工作。采取集中、分散学习相结合的形式，组织职工学习理论、业务知识，提高业务理论素养。同时，采取“走出去、请进来”的办法，选派业务骨干到省台、唐山台及先进县级台学习培训。10月，聘请省电视台新闻部主编为大家讲解如何做好新闻，“案例+理论”教学使记者们受益匪浅，广电队伍的思想素质和业务水平得到提高。在全台开展安全教育培训，聘请市消防队专业人员讲解消防知识，并组织实施突发事件应急演练。二是健全各项规章管理制度。进一步明确各科室、中心、频道职责及各岗位职责，制定下发《迁安广播电视台机关管理制度》《前期设备使用管理规定》《摄像设备及其附件遗失损坏的管理规定》《职工病假、事假、产假、婚丧假的暂行规定（试行）》等多项规章制度，严格执行并加强督查，做到用制度管人。三是开展活动，增强团结。在11月8日第十六届记者节到来之际，成功举办庆祝记者节文艺演出，全体干部职工踊跃参加，利用工作之余排练节目，呈献了一台精彩纷呈的演出，展示了广播电视台广大职工立足岗位、敬业奉献的精神风貌，演出受到社会各界好评。同时，通过演出，各频道、中心、科室之间，同事之间增进了沟通和配合，激发了广电人团结奋进、再创新辉煌的工作热情。

【农村电影放映工程】 市广播电视台按照市委、市政府要求，继续做好农村电影放映工程。电影公司克服资金困难，深入农村、学校、敬老院、社区、企业、驻迁部队和农民工工地放映影片，全年放映影片5496场。

市广播电视台

台　长　毛广丰（兼，7月离）
　　　　王艳军（7月任）
副台长　徐忠刚　李小光　王志国

（高卫华）

《迁安时讯》

【《迁安时讯》重点报道】 1. 对全市解放思想大讨论和市委五届五次全会精神的宣传形成强势。全市解放思想大讨论和市委五届五次全会召

开后，《迁安时讯》在显著位置开设了《解放思想 抢抓机遇 奋发作为 协同发展》和《学习贯彻市委五届五次全会精神》专栏，推出十几篇系列评论员文章，同时，连续报道市发改、水务等部门及全市各乡镇学习贯彻落实解放思想大讨论和市委五届五次全会精神的具体做法和典型经验，为推动全市上下加快“3+5+6”现代产业体系建设，推进全市产业转型、城乡统筹发展、创新发展，全力打造绿色生态迁安营造了浓厚的舆论氛围。2. 对城市转型和项目建设的宣传形成强势。2015年，时讯社拿出优势版面，图文并茂，强势报道了“钢城”转身变“水城”和投资60亿元的中唐民俗文化旅游综合体、投资65亿元的中国国际动漫岛等项目的建设发展情况。同时，在重要版面开设《全面对接 协调发展 加快构建“3+5+6”产业体系》栏目，强势报道市高新技术产业开发等项目建设的丰硕成果，全年推出典型单位和个人30家（人）。时讯社还与市高新技术产业开发区、北方钢铁物流产业聚集区等联合策划多个单位的月刊，对全市的重点项目建设情况进行跟踪式密集宣传。同时，对积极承接北京产业转移和功能疏解，争创京津冀协同发展的示范区、文化旅游产业发展和大众创业、万众创新等进行多角度立体报道，使全市上下对转型发展和“3+5+6”产业体系建设情况有更深刻地了解和认识，鼓舞了干劲。3. 对农村环境整治和美丽乡村建设进行强势宣传。时讯社派出骨干采编人员，进镇入村走基层，采用消息、图片、侧记、言论等多种形式全方位跟踪报道大崔庄镇白羊峪村、五重安乡红峪口村等几十个村庄开展农村环境整治和美丽乡村建设的典型经验和成果，营造环境整治和美丽乡村建设的浓厚氛围。4. 突出社会事业普惠民生的宣传。坚守社会责任，始终如一地做好社会事业普惠民生的宣传工作，年内，《迁安时讯》共刊发创建国家食品安全城市、海绵城市、社会保障等社会事业发展普惠民生的稿件、图片80余篇（幅）。此外，时讯社对开展“三严三实”专题教育，解放思想大讨论活动，招商引资，公共基础设施建设，科技创新，推进新型工业化、信息化、城镇化等方面给予重点报道。

【《迁安时讯》精心策划宣传】 1. 对党风廉政建设的宣传进行精心策划。时讯社对党风廉政建设的宣传贯穿全年宣传工作的始终，年初伊始就开设了《廉政进行时》专栏，连续刊发市四套班子、市纪委、市公安局等二十几个部门和镇乡深入开展党风廉政建设的文章和图片；同时，时讯社策划刊发了系列评论员文章和党风廉政建设活动专稿，为全市党风廉政建设向纵深开展营造浓厚的舆论氛围。2. 对与教育系统“三名”工程相结合的宣传进行精心策划。近年来，教育系统“三名”工程在社会上产生巨大影响，时讯社抓住这一有利契机，大幅刊发名师、名校、名校长风采，同时，结合中考、高考，连续刊发市3所初中、3所高中和技师学院的专刊、特刊，向全社会展示教育教学成果。

【《迁安时讯》提升外宣水平】 时讯社始终重视对外宣传工作。2015年，采用上下联系、领导点题、政策激励等多种措施，调动采编人员积极向上级媒体投稿的热情，一大批反映迁安市加快发展、普惠民生的稿件被上级媒体采用，也涌现出一大批对外宣传的业务骨干。至年底，在唐山市以上媒体刊发稿件110余篇，超额完成市委宣传部下达给时讯社80篇稿件的任务。其中，副总编辑田艳林撰写的《三问白龙港》获河北省好新闻二等奖，全省县（市）级唯此一篇。

【规范投递与广告发行】 1. 严格监督印刷质量，有力规范投递行为。2015年，时讯社出报150期，社领导关注每期报纸的印刷质量与效果，派专人到现场监督并提出改进意见，保证印刷质量。在投递环节上，2015年，时讯社广告发行部人员继续对市邮政局直属和下属支局的50多个投递段发投情况进行随机抽查、电话直访，遏制了投递中丢村甩点和投递不及时等现象。2. 广告经营管理科学规范。坚持对广告内容从严审查，对经营人员严格约束，确保正确的导向。根据《中华人民共和国广告法》等有关法律法规，严格审核拟登广告的有关证明和文件，凡可能产生歧义，或内容违反法律法规的一律不允许刊登。对手续齐备，但格调不高，用语不当，可能引起社会负面效应的广告，严格要求商家进行修改或撤换。全年未刊发过内容不实或粗俗的广告。同时，对特困户、伤残人员等弱势群体刊发遗失声明等广告实行免费，2015年，免费刊登180余人次。丰富广告形式，提高经营效果。在充分利用报花、报眉、专栏、专版等形式做好广告的基础上，还探索《深蓝科技》《莘莘学子园》《忻林书屋》等小栏目开辟，收到经营的良好效果。同时，时讯社始终坚持全员经营的理念，社领导与编辑记者主动与有关部门联系，合办了卫计、教育、住建、质监等方面的月刊，并与房地产、服装展等行业和活动联系广告业务，弥补经费不足。

【惠民服务】 时讯社承担蔡园镇二郎庙村后进转化工作，为做好此项工作，成立了帮扶转化工作领导小组，确定整改方案，明确帮扶转化任务：一是改变该村三年不发展党员的状况，确保2015年发展一名党员；二是增加该村《迁安时讯》投递数量，加大对该村农民致富及党对农村政策的信息传递。年内，帮扶工作组每月4次到该村实地调研，与村领导班子座谈，鼓励村“两委”一班人克服困难，树立信心，拓宽思路，优化和调整产业结构，发挥优势，多发展致富项目，推动村经济发展，加快新农村建设步伐。调研了解到二郎庙村之所以被确定为2015年全市76个后进村之一，主要原因是该村三年来未发展新党员。帮扶转化小组针对这一情况，积极协调，与镇、村领导反复研究，按程序确定了重点培养对象，经培养发展为中共预备党员，结束了该村三年来未给党组织注入新鲜血液的历史。在此基础上，帮扶小组发挥报纸舆论引导和信息推广作用，加大对二郎庙村信息提供力度。增加《迁安时讯》投递100份，对其他农村致富信息多的期刊也尽可能多的增加数量，让农民掌握更多的致富信息。

迁安时讯社
社长兼总编辑 周晓英
副 总 编 辑 田艳林　孙继银

（李得华）

档　　案

【概况】 至2015年，市档案馆保存档案178476卷另293088件，资料14000册。其中，2015年接收档案12214卷另67175件，接待群众查阅档案2000人次。年内，举办1期企业档案管理培训班、1期机关单位档案管理培训班，举办乡镇农村土地确权登记档案管理培训23场次。2015年度，市档案馆被评为河北省档案宣传工作先进单位、唐山市档案工作先进单位标兵，迁安一中、市工业和信息化局、沙河驿镇人民政府被评为唐山市档案工作先进集体。

【“记载转型轨迹，助力升级发展”主题活动】
1. 加强调查研究，摸清底数。2015年，市档案馆多次深入企业调查研究，了解企业档案管理情况，向企业业主宣传加强档案管理的重要性，增强档案意识。2. 举办档案管理培训班，增强业务水平。对企业档案管理人员进行培训，讲解档案整理办法。10月，市葵花药业、燕山钢铁、迁化公司3家企业4名档案管理人员参加唐山市档案局举办的企业档案管理培训班，进一步提高企业档案管理水平。3. 加强对重点企业的业务指导。深入市燕山钢铁、葵花药业、北京滦水控股集团有限公司、弘业地毯等企业，面对面指导，手把手地教档案整理知识，推进档案管理工作。指导葵花药业新建高标准档案室。燕山钢铁近万卷业务档案收集齐全，整理规范。对电力公司、迁化公司的档案材料、归档范围和档案保管期限表进行审核，企业档案管理工作进一步规范。

【社会主义新农村唐山市级示范村档案工作】
加强村级档案室建设，推动村级规范化建档工作，依照唐山市档案局安排，在沙河驿镇唐庄子村顺利通过农村档案示范村验收的基础上，2015年，对沙河驿镇村级档案整理情况进行走访调查，对各村档案员进行培训，进一步规范村级档案收集整理工作，把沙河驿镇李店子村作为农村档案示范村，进行重点指导。李店子村共整理1968~2015年文书档案685件，1993~2013年实物档案47件，全部按要求整理上架，并通过唐山市档案局验收。

【档案业务知识培训】 1. 组织各机关单位档案管理知识培训。6月，对各市直、镇（乡）专兼职档案员进行档案业务培训，详细讲解文书档案、电子档案、会计档案的整理规则和河北省档案工作目标管理等级认定的57个项目具体内容，提高档案员的专业知识，使各单位档案管理进一步规范，确保升级单位顺利通过验收，至2015年，全市有51家单位完成档案工作管理目标3A等级认定。2. 组织专项档案管理培训。5月，组织19名乡镇农经员及各村“两委”干部等专兼职档案员参加档案培训班，学习省档案局、唐山市档案局关于农村土地承包经营确权登记档案的整理办法，着重讲解土地承包经营确权登记颁证工作前期注意事项和需收集的具体材料，共组织培训23场次，参加人员350余人。

【档案收集及利用】 一是做好档案接收工作。2015年，接收进馆档案12214卷另67175件，其中民生档案7285卷另7769件、党的群众路线教育档案23660件。二是依法开放馆藏档案资源，加大档案资源开发利用的深度和广度，为机关单位编史修志、工作查考、经济建设和广大市民维护合法权益提供档案服务。三是推进档案信息化建设，利用应用系统软件坚持输入文件及机读目录，不断提高调阅效率。对待查档人员，凡符合档案查阅制度要求的，查阅员有求必应、有需必查，受到广大群众一致好评。全年接待档案利用者2000人次，利用档案1243卷（件/册）。

市档案馆（局）（7月，设立档案馆）
馆（局）长 韩进昌（12月离）
沈　杰（12月任）
副馆（局）长 刘金娣（女）　代晓艳（女）
副主任科员 郑海燕（女）

（杨　扬）

体　育

【竞技体育】 3月，在唐山市中小学生乒乓球比赛中，迁安市派出的彭店子乡中心校乒乓球代表队获佳绩，小学女子组获县区组第一名，中学男子组获县区组第一名，中学女子组获县区组第一名，中学代表队获唐山市团体第一名。赵天宇、刘馨月同学分获男女单打冠军。8月，迁安市参加河北省体育传统项目学校田径比赛和河北省县级市田径锦标赛，迁安代表团夺得16金、12银、9铜的佳绩，位列金牌和奖牌榜第一名。9月，在河北省青少年田径锦标赛决赛中，迁安市运动员取得1金、3银、1铜的成绩。

5月2～3日，举办“助信杯”迁安市首届乒乓球大奖赛，比赛吸引来自全国21个省、市、自治区的168个代表队504名选手参赛。举办此次赛事，提高了全市乒乓球运动水平，积累了办赛经验。

1月，在塞尔维亚国际女子拳击邀请赛上，迁安市选手取得2金、2银、2铜的成绩；在吉尔吉斯斯坦国际男子拳击邀请赛上，迁安市选手摘得银牌。3月，在芬兰国际拳击邀请赛上，迁安市选手取得银牌。5月，在国际拳联世界青少年女子拳击锦标赛上，迁安市选手取得2金、1银。

2015年，迁安市奥体中心举办多项大型赛事，包括全国女子拳击锦标赛、全国青年拳击锦标赛、全国少年拳击锦标赛、全国女子柔道冠军赛、“九江杯”全国男子拳击冠军赛、“九江杯”全国中国式摔跤冠军赛等，为外界了解迁安、认知迁安搭建了平台。其中，4月8～13日，举办的2015年全国女子拳击锦标赛上，代表河北参赛的迁安市九江拳击俱乐部尹军花在60公斤级比赛中获得冠军，司海娟夺得51公斤级亚军，苑美庆夺得75公斤级亚军。11月22～26日，在2015年全国男子拳击冠军赛上，迁安九江拳击俱乐部代表河北派出选手参赛，其中运动员孟才成和赵明刚分别获得64公斤级和75公斤级冠军。

【群众体育】 2015年，全市举办各类大中型群众文体活动200次以上，开展乡镇运动会5次，极大地丰富了群众业余生活。4月8日，大理石长城的召唤——2015中国·迁安白羊峪风景区吉祥之旅系列活动暨徒步运动启动仪式在大崔庄镇大理石长城景区举行，活动持续到10月中下旬，包括徒步运动、摄影大赛、主题曲征集、自行车骑行、手机摄影大赛、长城亲子游、户外运动、广告宣传语征集、情定白羊关、车友自驾金色采摘10项子活动。12月27日上午，2015年全民健身迎元旦冬季长跑比赛在市奥体中心举行，来自各镇（乡）、市直单位、厂矿企业、中小学校40多家单位1000余人参加此次活动。

【体育设施建设】 完成农民体育健身工程。按照自筹与补贴相结合的方式，严把工程质量关，通过调查摸底、动员申报、公开招投标、器材采购等工作，完成了34个村健身器材的配置更新工作。

【乒乓球协会换届】 4月19日，市乒乓球协会举行换届会议，市政府党组成员张清敏出席会议。会议选举产生新一届协会领导班子，王清宝当选新一届乒乓球协会主席，李冠群、李志华、贾雨彬、郭爱军当选为副主席。

【首届长城山野绿道马拉松长城穿越赛】 9月13日，迁安市举办以“跨越金秋长城、亲近山水迁安”为主题的首届长城山野绿道马拉松长城穿越赛。市政府党组成员张清敏，迁曹高速公路筹建处处长、市政府党组成员李晓波出席开幕式。李晓波在致辞中说，迁安历史厚重，文脉悠长，山青水秀，植被丰茂，旅游资源丰富。全市围绕加快实施全域公园化战略，启动了“三纵一横”四条生态绿道建设，按照以绿道为藤、以景区景点为瓜、顺藤结瓜的思路，融入文化、历史、生态、民俗等多种元素，推动休闲旅游和现代农业、文化产业融合发展，形成绿道金瓜模式，以此推动迁安由工矿型城市向文化旅游型城市转变。目前，文化旅游业正在迅速成长为带动迁安转型发展的六大高端服务业之一。此次马拉松赛事活动，是对迁安历史文化、生态环境的一次有效宣传，是对文化休闲旅游业的再次推广，以此来叫响迁安城市休闲游、绿道休闲游特色品牌，共享迁安山水田园风光，感悟迁安悠久历史，推动旅游业加速发展，促进产业转型升级。

此次马拉松长城穿越赛有来自云南、广东、内蒙古、贵州、北京、天津、河北唐山及本地首钢股份公司、美团网、百度贴吧、马兰庄铁矿、市中医医院、市职教中心、东安超商、各乡镇等31支代表队1200多名选手参赛。香港《探索大世界》栏目组、新华社、《工人日报》、中国新闻社、中国青年出版社、新浪、网易、搜狐、腾讯、长城网以及唐山市等新闻媒体记者参与此次赛事活动的宣传报道。42公里赛程中，除了爬坡多之外，蜿蜒的山路也很多，参赛选手们以超长的耐力成功抵达终点。来自云南的周波以2小时58分的成绩获得男子组第一名，来自内蒙古的边际以3小时01分的成绩获得第二名，来自云南的段东杰以3小时20分的成绩获得第三名；来自秦皇岛的曹凤英以3小时42分的成绩获得女子组第一名，来自唐山的孙玉洁以3小时57分的成绩获得第二名，来自邯郸的侯丽辉以4小时13分的成绩获得第三名。5公里迷你马拉松健身赛吴佳琪获得男子组第一名，江树举获得第二名，周健获得第三名；赵超凡获得女子组第一名，张敏获得第二名，张玉梅获得第三名。

（李建新　赵红强）

黄帝文化研究与开发

综　　述

【概况】　2015年，继续推进轩辕阁布展工作。落实市领导要加快轩辕阁布展工作进度的指示精神，为把轩辕阁打造成中华轩辕黄帝文化第一阁、弘扬传统文化第一楼、迁安秀美风光和优秀资源展示的窗口和平台，以中华炎黄文化研究会编纂的布展大纲为依据，紧密结合迁安实际，突出迁安文化特色，全年组织召开研讨会、座谈会、调度会40余次，对展陈设计方案进行多次研讨，多方征求意见，反复修改完善，力求展陈既体现学术上的科学性、严谨性、权威性，又体现形式上的艺术性、趣味性、参与性，确保布展的高质量。10月11日，组织市黄帝文化研究会办公室成员和主要成员单位领导，以及关心黄帝文化研究的本地文化学者20余人，实地调研轩辕阁布展设计及施工情况，征集布展意见，并多次到轩辕阁现场办公，获取第一手资料，及时发现、解决问题，把整改意见通知设计单位，督促整改。10月22日，市委书记李忠专题调研轩辕阁项目，按照“加快进度、保证质量、精心施工、早日开阁”的要求，进一步细化展陈设计方案，结合设计单位的版式设计，删减重复内容，补充完善展陈资料，搜集、校对展陈版面文字15万余字，整理、设计高清图片3000多张。同时，督导设计单位丰富展陈形式，增加实物类展陈，使布展内容更鲜活、更有趣味、更有互动性。

制作《迁安·黄帝胜迹》宣传画册，以治学严谨的社会活动学家、全国人大常委会原副委员长费孝通先生为迁安题词“黄帝胜迹、光耀千秋”为主题，从“考古有证”“史有所载”“地有其利”“民有所诵”“专家认同”5个方面对迁安黄帝胜迹加以展示。

举办河北迁安轩辕阁全国大征联活动，面向楹联界和社会各界征集专为迁安轩辕阁新创作的楹联。共征集作品881副，评出获奖作品60副。

为传播黄帝文化，弘扬黄帝精神，进一步掀起普及黄帝文化知识的高潮，协助春瑞书院编辑迁安历史文化系列丛书，从黄帝传说、黄帝胜迹、黄帝姓氏、黄帝祭祀等方面编辑科普性《黄帝文化百解》图书，宣传普及黄帝文化。该丛书被作为对外宣传迁安，尤其是轩辕阁正式对外开放的文化礼品。

【迁安市黄帝文化研究会被中华炎黄文化研究会吸收为团体会员单位】　轩辕阁布展工作，得到中华炎黄文化研究会的关注与支持，并进行了卓有成效的合作。中华炎黄文化研究会组织专家为轩辕阁编纂了黄帝文化布展大纲，对黄帝与迁安的关系从史料、考古等方面进行了再梳理、再论证、再提高，迁安黄帝文化也得到专家的支持和认可。9月15日，收到中华炎黄文化研究会的复函，迁安市黄帝文化研究会被中华炎黄文化研究会吸收为团体会员单位，标志着迁安的黄帝文化研究正式融入全国炎黄文化研究的大格局之中。同时，徐春瑞、毛广丰、胡林泊3人当选为中华炎黄文化研究会理事。9月24日，迁安市黄帝文化研究会作为团体会员单位，参加了中华炎黄文化研究会第五次会员大会，并在第四次团体会员单位工作会议上做了现场经验交流。这是迁安黄帝文化在央视纪录片《黄帝》之后，再一次在全国性舞台上得到展示，提高了迁安黄帝文化的知名度和影响力。

【迁安轩辕阁全国征联大赛】 为弘扬黄帝文化，展示迁安黄帝文化内涵，全力打造迁安黄帝文化品牌，7月24日至9月10日，中共迁安市委宣传部、迁安市黄帝文化研究会主办了迁安轩辕阁全国征联大赛活动，活动由迁安市九朵文化传媒有限公司承办，经过近两个月的网络征集，吸引来自加拿大、马来西亚以及中国北京、浙江、山东、云南等23个省市304人参与，大赛共收到作品881副。其中，迁安市参与人数21人，作品69副。经过预选、初评、复评、终评4次评选，评出获奖作品60幅，圆满完成征联活动，并请书法家撰写，在轩辕阁展示，进一步营造黄帝文化氛围。

附：迁安轩辕阁全国征联大赛获奖作品

一等奖（1副）

一万里风云入眼，叹古今何处、草木何人，但从濡水燕山，阅尽沧桑沉赤县；

五千年道义担肩，为天地立心、生民立命，得以承前启后，奉来香火仰黄台。

（作者：重庆市　咸丰收）

二等奖（2副）

（一）题轩辕阁

宗与裔衍兮，秋月春风长脉脉；礼和仁悦矣，燕山濡水两依依。

（注：“宗与裔”指黄帝的宗族和后裔；“濡水”即滦河。）

（作者：福建省厦门市　朱丁岚）

（二）轩辕阁

迁万里分枝散叶，赤子寻根，德继轩辕兴大业；安八荒启智开蒙，春光满阁，功辉宇宙壮龙魂。

（注：联中嵌有“迁安”“轩辕阁”）

（作者：贵州省安顺市　肖　波）

三等奖（5副）

（一）题迁安轩辕文化

五千年华夏深根，悠远几枝茁古邑；九万里轩辕热土，恢宏一角起黄台！

（作者：河北省邢台市　王瑞虎）

（二）题黄台山轩辕阁景区

长桥连阔水，鹭戏鸥翔，尤爱此间湖景，映来山景；高阁矗重宵，云蒸霞蔚，谁迁天上瑶台，安在黄台？

（注：嵌“迁安”二字）

（作者：广东省佛山市　郭彦波）

（三）向时空穿越，四野名山，黄台笑览燕山月；把往事翻开，千重曲水，高阁聆听濡水声。

（作者：湖北省孝感市　张应明）

（四）一阁腾云起，九州祭祖来。

（作者：河北省邢台市　崔会格）

（五）倚燕山以立黄台，撷灿灿春光，云鹤穿空疑帝影；襟濡水而腾紫气，寻源源史韵，天鼋出土证宗风。

（作者：广西钦州市　周继勇）

（玄兆海）

轩辕岛文化村

春瑞书院

【概况】 春瑞书院坐落于迁安市黄台湖景区轩辕岛文化村内，由徐春瑞先生独资创建，当代著名诗人、中宣部原副部长、文化部原代部长贺敬之先生亲题院名，为河北省第一家公益性私家书院。2013年5月18日，书院建成并免费对外开放。书院占地面积960平方米，建筑面积1208平方米，建筑风格采用中国北方传统四合院现代改良模式。书院集藏书、阅览、培训、雅聚、参观、游览于一体，设藏珍阁、古籍厅、敬书屋、群放堂、国学馆、展书堂、诗酒厅、集雅斋、怀旧屋、清风厅等十余个展厅，至2015年，拥有图书3万余册，报刊100余套，名人名家书画千余幅。藏书中有四书五经、诸子百家，也有杏林经典、梨园荟萃，更有二十四史、《中国通史》等。

书院藏书为三代人精心收藏，一些珍品古籍，历百年沧桑，经“文革”、地震等种种劫难保留至今，四书五经等许多书籍已成为孤本。在春瑞书院古籍厅，古籍经典陈列有序，繁体字、竖排版和发黄的纸张昭示着自身悠久的历史，很多书有精心修补过的痕迹，欧阳询的九成宫拓本，简斋（袁枚）文稿，清末代状元刘春霖的孤本《宋本陶集》，明代状元赵秉忠的殿试考卷，清代名臣刘墉的家书集锦，南开创始人严范孙的手稿均陈列于此。

在藏珍阁，收藏有许多名家大师的书法作品，首幅作品便是贺敬之亲笔手书的对联：“齐桓迷谷思远近，老马识途辨西东。”附说明文字称：“读徐春瑞同志《文史随笔龙山揽胜》有感，书拙句谨赠徐春瑞同志。”落款为“贺敬之”。这里还珍藏着一摞精心装订的带着深刻历史烙印的“红色造反报”，是徐春瑞上学时收集装订的那段特殊历史时期的报纸，不仅全而且十分珍贵。

春瑞书院落成后，吸引八方文人雅士前来学习交流。一些文化名人参观后，给书院以高度评价，留下了数百条感言。华北理工大学党委书记申瑞林写到：“看完书院，让我对迁安有了新看法，过去我只知道迁安人有钱，现在看完书院后，我知道迁安不光有钱还有文化。”沈阳大学教授高原观后感叹：“在迁安拥有这样一个公益性的私家书院是迁安人的福气，书院主人是‘迁安人的骄傲’”。中国收藏家协会一位领导观后感慨的说：“藏品太珍贵，经历太传奇。”著名文艺评论家、唐山师范学院教授杨立元参观书院后，提笔写下“藏万卷诗书字画文，传千秋仁义礼智信”的赠言。河北省文化厅党组书记王离湘参观完书院后赞不绝口，欣然写下“道德文章：迁安春瑞书院，传承保护培育涵养文化生态之表率。”

徐春瑞，1947年出生，迁安市野鸡坨镇岚山高庄村人，迁安市政府原副市长，中国诗酒协会顾问，河北省国学学会副会长、河北省滦河文化研究会副会长、河北省作家协会会员、河北省书法家协会会员，迁安市作家协会、诗词协会、书法家协会、诗酒文化协会顾问。自幼博闻强记，博览群书，视读书为乐事，在迁安文化艺术界享有崇高威望，有“冀东才子”之美称。他应邀为家乡景区和重大工程如白羊峪景区、龙山景区、灵山景区、文化广场、人民广场、滦河防洪工程、钢城大桥、燕鑫公益园等撰写碑记，彰显家乡文化底蕴。他喜欢藏书，视好书为生命，曾经为得到自己心仪的图书而废寝忘食，为保存珍贵的藏书而甘冒风险，留下步行百里求书、馒头换报、炕洞藏书、背清史获雅赠、背书服李斌、语惊张飞殿、倒背三国等佳话美谈。

【习国学、传国粹、赏国艺】 书院建成至2015年，免费向社会开放，先后有3万多人慕名参观，领略传统文化精髓，领悟中华文明智慧，迁安市民在书院习国学、传国粹、赏国艺，专业人士与志同道合者有了互动交流的广阔平台。

书院无偿为市青年企业家协会提供办公场所，为企业高端人才提供服务平台，定期举办人才论坛，进一步充实文化内涵，希冀受到国学熏陶的精英们对迁安经济社会发展发挥更大作用。为全市中小学生举办学国学、诵经典活动。通过梳理与整合，发掘和保护迁安酿酒、黄帝文化、滦河文化等非物质文化遗产。整理出版《皮影唱迁安》《文史随笔》《迁安宝典》《碑文记》《楹联记》《迁安县志（民国版）》《国学新语》《迁安文史集粹》等专著，产生良好的社会影响。同时，书院发挥传道授业、修书治学的功能，为传承中华传统文化精髓开授国学课程，其中徐春瑞亲自讲授的公民道德、传统经典等公益性讲座数十场，受益听众达数千余人。2013年10月，迁安市将春瑞书院设为廉政教育基地、干部培训基地、国学传承基地，市公安局、人民法院、教育局、规划局、文广新局等多家单位干部职工及家属在这里接受廉政教育、国学教育培训。为充分发挥书院的功能，2015年3月，书院组织成立了书友会，创办刊物——《春瑞书院学刊》。2015年年底，书院出版《国学新语》一书，为中小学生捐赠5万册，为迁安市国学教育的传播、发扬做出贡献。2015年，春瑞书院被中华爱国英才报效祖国活动组委会确定为“爱国教育示范基地”，徐春瑞被授予“中华爱国先进模范个人”称号。书院创办人徐春瑞表示，将始终秉承公益性和弘扬传统的宗旨，把书院打造成冀东乃至河北省的文化高地，为祖国文化建设贡献力量。

（春瑞书院）

梅墨生艺术馆

【概况】 梅墨生艺术馆位于迁安市黄台湖景区轩辕岛文化村内，是迁安市与迁安籍全国著名书画艺术家梅墨生先生合作、由市政府出资建设的公益性社会文化机构。2014年8月3日，梅墨生艺术馆落成开放，举办了简朴大方的开馆暨梅墨生作品捐赠（首批）仪式。艺术馆占地面积1.71亩，建筑面积1187平方米，为蕴含传统特色现代化风格的建筑设施，馆内设有艺术展厅、多功能厅、创作室等。艺术馆以收藏、陈列、研究梅墨生书画作品为主，通过对现代美术的学术研究及美术教育的推广，激励人们问津艺术、座谈作品、聆听讲座、参与创作，搭建美术界与广大观众之间的桥梁，使艺术家、艺术作品和艺术欣赏者之间融为一体。

2015年，到艺术馆参观的游客1万余人。其中有政界领导国防大学原政委、上将赵可铭将军，国家典籍博物馆常务副馆长、国家图书馆副馆长李虹霖，国家画院常务副院长、著名画家卢禹舜，济南警备区原司令员、山东省政府参事胡志明，河北省文化厅党组书记王离湘，河北省文联副主席、书协主席刘金凯，河北省国税局党组成员、纪检组长耿金跃等。对外经济贸易大学教授、博士生导师薛荣久先生参观艺术馆后感叹：“如此文化圣地真是迁安的风采”，并留下墨宝“迁安之采”。中纪委驻财政部纪检组长贺邦靖女士应梅先生邀请参观梅墨生艺术馆展览作品，贺女士对梅墨生先生的作品大为赞叹，并称赞迁安文化气息之浓厚。同时，中央电视台记者王妃，《诗词家》杂志社主编王海峰、初仁，河北人民广播电台记者陈剑臣，《河北日报》记者李斌，《燕赵都市报》记者王军武，长城网记者张光明，以及来自北京、上海、广州、四川、山西、内蒙古等省、市、自治区的广大爱好书法、绘画的友人也纷纷慕名而来，他们仔细欣赏、品味梅先生的作品，并留下一条条令人深思的观后感言。

梅墨生艺术馆的落成为迁安文化建设注入了新的力量，为广大书画爱好者提供了一个交流、学习的平台，为进一步宣传迁安，提高迁安的知名度，大力发展迁安文化事业锦上添花。

梅墨生，号觉公，斋号为一如堂。书画家、诗人、学者、太极拳家。1960年生于迁安。中国国家画院研究员，国家一级美术师。文化部国家艺术科研课题项目评审专家，中国画学会理事，中国文艺评论家协会理事，民盟中央文化委员会委员，杭州黄宾虹学术研究会名誉会长，《20世纪美术作品国家档案》艺术专家委员会委员，中国美术学院、北京大学艺术学院、厦门大学艺术学院、中国书法院、台湾艺术大学、北京中医药大学等多所大学客座教授、研究员。曾受业于宣道平、李天马、李可染先生，师承太极拳家李经梧和内丹学、道学泰斗胡海牙。毕业于河北联合大学艺术学院（原为河北轻工业学校），结业于中央美术学院及首都师范大学书法硕士研究生课程班、中国历史博物馆等主办的首届古代、现代书画鉴定培训班及熊秉明主持的书道研修班。曾任教于中央美术学院中国画系，为原中国国家画院理论研究部副主任。有关于艺术、文化、武术、气功等多部著作文章发表。1999年，获第二届世界华人艺术大奖，国际荣誉金奖。2001年，获当代国际水墨画名家展金奖。2004年，获《发现》杂志社和中国管理科学研究院学术委员会优秀学术成就一等奖。2005年，获第十二届当代花鸟画邀请展组委会中国花鸟画杰出贡献奖。2006年，被评为“当代十大画家”之一。2007年，入选“艺术之巅”——2007强势媒体年度推荐书画名家（共22名），被《艺术中国》杂志评为“十大艺术新闻人物”。

【组织系列活动，提升迁安艺术品位】 2015年，梅墨生艺术馆举办了已故著名书画家宣道平书画精品展和梅墨生师生迁安写生作品展，梅墨生艺术馆馆藏展长期面向社会各界开放。年内，组织艺术研讨会3次，配合组织书画展18次，包括“乐亭书画名家作品展”、“迁安市迎新春书画展”、“纪念抗战胜利暨世界反法西斯胜利70周年书法美术作品展”、“走进龙山，守望长城心恋挂云山”、“迎春书画摄影作品展”、“十八酒坊杯”摄影作品展、建党90周年书画摄影展、庆祝建国62周年书画作品展、庆祝农村信用合作社成立60周年摄影展、迎“三八”妇女节“巧女书画、工艺作品展”、迁安市宗教界庆祝建国65周年拍卖会、荣宝斋画院程大利山水画工作室迎春书画展、楹联大赛、“着手成春——迎新春中国画十人展”、“北大师生与迁安书法联展”等。

设立微信平台。建立“梅墨生艺术馆”微信平台，制作展览预报、市内外书画印名家推广宣传等，图文并茂，在国内产生良好的宣传效果。

（梅墨生艺术馆）

古泥美术馆

【概况】 古泥美术馆位于迁安市黄台湖景区轩辕岛文化村内，古泥先生独资创建，2014年年底建成使用。全馆占地面积1.5亩，建筑面积2500多平方米，为中央美术学院谌喜民先生设计的徽式建筑。整个建筑着意将古泥先生的书法、绘画及篆刻的内在气质附着于建筑空间的意境之中，并将中国传统的人文情怀和空间体验赋予美术馆内外之间。人在馆中，外可远眺湖山，寄景抒情，内可近观池林，静思省身。馆内曲径通幽，妙趣横生；馆外湖光山色，美不胜收。馆内、馆外相映成辉。馆名由全国著名书画篆刻家王镛先生题写，馆内设展厅、画室、会议室、贵宾室、设计室等。美术馆拥有艺术指导委员会，由书画名家、书画理论家、书画评论家、策展人及其他有关艺术专家及馆长组成。美术馆通过展览、学术交流等形式，弘扬民族传统文化，推动国内外艺术家、艺术机构、艺术项目的良性互动，促进文化产业发展，使之成为迁安市文化产业的龙头、展示国内外艺术家作品的窗口、迁安与国际国内文化交流的桥梁、培养艺术人才的基地和文化艺术品交易的平台。美术馆坚持免费参观、免费培训，义务为市内外书画家提供工作室。2015年年初开馆至年底，先后有迁安学院，市规划局，省、唐山市计量局等团体和外地学者及迁安市民2万余人次到馆参观，全年免费发放图书5000多册，赠送参观者陶瓷印章3800多枚。组织人员到敬老院、石佛寺等地做义工，为石佛寺重建举办书画义拍活动，捐赠书画作品20余幅。发动市内外20余名画家，在古泥微拍堂义拍作品37幅，筹集善款1.8万元，援助身患癌症的女青年赵侠。

古泥，原名马丹青，当代杰出的书画篆刻家，国家一级美术师。1964年生，出身教育世家，14岁开始发表作品，16岁为《工人日报》“为您服务”栏目题字，后陆续在全国100余家报刊上发表篆刻作品。1981年，刘炳森先生为《丹青印谱》题词：“银钩铁画，玉振金声”。书法家肖一先生为《丹青印谱》题词：“师古创新意，研今破俗篇”。修业于中央美术学院，从师著名书画家王镛、贾又福教授。迁安市第三、四、五届政协副主席，民进河北省委文化艺术委员会副主任，河北省第六、七届政协委员，中国书法家协会篆刻委员会委员，中国长城印社社长，河北省书法家协会创作委员会副主任，河北省篆刻学研究会副会长，韩国东洋书画文化交流协会顾问，韩国艺术作家协会顾问，韩国书艺作家协会顾问，韩中书艺家协会审查委员，江苏沭阳篆刻艺术研究会艺术导师，中国教育协会书法教育专业委员会高级书法培训中心书法导师，中国美术家协会敦煌创作中心专家，北京联合大学奥林匹克文化研究中心专家组专家，北京大学等16所重点院校教学共同体美术书法教授，中国《世纪书风》杂志社主编，河北省青年书法家协会副主席。其书法、篆刻等作品多次获国家及省级奖励，曾为李光耀、李显龙等十名新加坡政要篆刻姓名印。

【组织系列活动，提升迁安艺术品位】 2015年，古泥美术馆举办了全国著名书画家齐剑南、明赞、曲璞、邱杨、王晓庆书画展和迁安市七羽书会书画、泥塑群展。与沧州惠风美术馆、滦南文化馆、丰南文化馆等联合开展书画展，与省民主促进会开明画院开展深度联系，为该院建立书画创作基地。9月，美术馆派人参加由文化部中国对外文化交流协会主办的全国美术馆管理高级研修班，与国际、国内一流美术馆学习交流并达成合作意向。为“北大师生与迁安书法联展”组织书画作品20多幅，配合市文化馆举办“纪念抗日战争七十周年书画展”，提供书画作品20多幅。传承培养书画印艺术，开办“大匠之门”培训基地，每周五晚上集中活动，多时有60多人参加，上至五、六十岁的成年人，下至八、九岁儿童。书、画、印分门别类地按计划培训。成立七羽书会。为集中培养一批青年艺术人才，古泥先生因势利导，在“大匠之门”学员中选拔20多名青年才俊，倡导成立了以青年为主体的艺术社团——七羽书会。采取多种形式培养，使这些青年的艺术水平，百尺竿头，更进一步。许多尖子人才脱颖而出。夏季，按照上级篆刻进学校工作精神，协助市教育局对全市40多名美术教师进行篆刻培训。

【走创新之路，促进美术馆健康发展】 1. 设立微信平台。建立古泥美术馆微信平台，制作展览预报、市内外书画印名家推广宣传等，图文并茂，至年底，制作18期，点击率3万余人次，在国内外产生良好的宣传效果。同时，建立微信拍卖平台——“古泥美术馆微拍堂”和“七羽书会微拍堂”，以及多个微信群，吸收全国各地的书画印艺术家、爱好者和收藏者等群友1.7万余人，通过群内互动，促进艺术交流和书画交易。微信平台设立至年底3个月，“古泥美术馆微拍堂”成交96件，成交额11.5万元，“七羽书会微拍堂”成交53件，成交额22678元。客户远到云南、福建、杭州、江苏、北京、承德、沧州等地，近至唐山、秦皇岛和本市。扩大了与外地的交流，提高了美术馆乃至迁安市的知名度，达到社会效益、经济效益相互促进的目的。2. 开办艺术刊物。根据发展需要，借鉴过去《古泥艺术馆》报的开办经验，2015年，先后开办《艺人天下》《古泥美术馆》和《大匠之门》刊物，期刊内容包括书画印作品、书画印理论文章和名家评论，把握方向，突出特点，彰显时代精神，设计上适应当代审美，不断创新求变，谋求与众不同，打造意境高远，内涵丰富，版式大气，装帧典雅，让读者赏心悦目，爱不释手。很多著名书画家看后，纷纷要求古泥美术馆为其设计书刊。

（古泥美术馆）

专　　文

迁安文物与黄帝胜迹

尹小燕

迁安近30年的考古发现，探测到迁安有极其丰富而宝贵的历史文化资源。著名考古学家苏秉琦先生说：“考古发现正日渐清晰地揭示出古史传说中‘五帝活动’的背景。五帝时代以五千年为界，可以分为前后两大阶段，以黄帝为代表的前半段主要活动中心在燕山南北”①。大量史料、出土文物及当地传说可以证明，燕山南麓滦河岸边的迁安正是黄帝部落早期活动的中心。

一、古代文明的起源在河北

近代著名学者王国维先生认为：“世界上各民族的古历总是史实和神话结合在一起”。著名考古学家、古史学家尹达《中国原始社会》也强调古历传说的重要性。历史学家、古文字学家李学勤先生认为：“我们应该建立一个信心”。古史传说的核心内容是炎帝、黄帝、蚩尤，他们究竟是怎样的历史基础和背景？重要文献《史记》有详细记载。司马迁的《史记》一部不朽的著作，在全世界有他特殊的地位。

黄帝有两次著名的战役，阪泉之战和涿鹿之战，阪泉与炎帝，涿鹿与蚩尤。

黄帝的行迹很远，“东至于海，登九山，及岱宗；西至于空桐，登鸡头；南至于江，登熊湘；北逐荤粥，合符釜山，而邑于涿鹿之阿。”这个范围东至山东，西到甘肃中部，南至北江，北到河北涿鹿。

华夏文明的范围，从考古学、历史学上来看，还是古史学上来看，基本就是这一块。而且一直到夏商周时期，中央王朝所能控制的范围，就是这样。这个背景就是华夏文明的兴起。

比《史记》还要早的一部文献是《逸周书》，其《尝麦篇》里有用王说的一段话，他说：“昔天之初，诞作二后”这两代君主被后人认作是伏羲和神农。蚩尤住在少皞那个地方，今山东一带。后来，蚩尤造反与炎帝战于涿鹿，战争影响了整个九州，炎帝打不过蚩尤，就找黄帝帮忙。

黄帝“执蚩尤，杀之于中冀”，中冀的“冀”就是河北的“冀”，为什么叫“中冀”，因为冀州在九州里面是最中心的，当然冀州也包括山西一部分。这也是把涿鹿这一地区叫“冀”在西周时期的一个很好的证据。这次战争“以甲兵释怒，用大正顺天思序”，确立了黄帝的地位。国家起源是通过经济发展起来的，黄帝在经济方面做了大量努力，得到四方诸侯的拥护，在各个民族的共同拥立下，经济得到了发展，军事力量强大，然后进行对蚩尤的战争，经过一系列的活动建立了原始国家。

按照《史记》所说“人文初祖”是文明起源的重要环节，因为文明起源就是国家起源。《史记》、《逸周书》都有充分的记载，所以，河北地区和古代文明起源确实有密切的关系[②]。

二、远古的迁安是河北的文化中心

1. 滦河与青龙河孕育了冀东人类的文明

《管子·水地篇》：“地者，万物之本源，诸生之根菀也。”水与地的关系是水为地的血气，就像筋脉之通流。所以说水是万物本源。在早期五行说中，水与土占有重要地位[③]。上善若水，水向下流与万物不争，因此水的精神一直被人们所推崇。

迁安地区因近海的关系，自然生态环境在更新世晚期形成了黄土堆积，后受夏季内陆暴雨的冲刷，基本表现为以灌木和草木为特色的森林、草原景观，临近山区的构造运动，造成河谷下切，河谷里的冲击形成了堆积阶地。滦河与青龙河下游坡地减少，洪水泛滥，发育了许多湖泊、沼泽，淤积了很多草碳。黄土与草炭年代的形成使迁安爪村遗址在全国占有重要地位。

在华北有广大的黄土堆积地区，黄土地非常适合工农业生产，因此这里在四、五万年前就有人类生活和动物栖居。这里发现的哺乳动物化石有纳玛象、披毛犀、鸵鸟蛋壳、野驴、野马、赤鹿、转角羊、鬣狗等。还有大量的打制石器工具和珍贵的骨针、骨锥等缝纫工具，说明这里居住着一群猎人，在春暖花开后追逐迁徙类动物来到滦河岸边的龙山，夏季时间在这里捕猎野马、野驴为生，冬季返回溶洞——临时性穴居。

爪村人成为华北平原早期人类文明的曙光。

2. 古迁安的地理位置适合渔猎和农业生产

因远古人不会打井，人类生存又离不开河流和泉水，因此古人多聚居在河水支流、大小河流交接的地方、三角地带、河流两边的高台地域山前平原的沙地上生活，随着人类驾驭自然能力的逐渐提高，人们开始向中部平原地区发展。随着人类的进步，到了新石器时代，人类在滦河流域拓展了新的生活环境，安新庄遗址、万军山遗址等反应了黄帝时代留下的文明遗迹。

迁安古属辽西，坐落在长城脚下，北倚燕山，地势平坦，属于滦河（古濡水）、青龙河（古玄水）的冲积平原，境内有大小河流 17 条，多为沙土地，气候温和，物产丰厚。在 20 世纪六七十年代还有大片清清水泽，鱼虾成群，芦苇草滩，百鸟云集。这里既是农牧分界区，又是农牧交错地带，宜农宜牧、宜渔宜猎。市域内现有普查统计的古遗址 200 余处，其中 7 处为旧石器时代遗址，18 处为新石器时代遗址，42 处夏、商、周遗址，67 处战汉时期遗存。这表明距今

5000～6000 年时的黄帝时代，至少有 18 个氏族集团生活在这里，从事渔猎与农业生产，而且后人继承和发扬了远古文化并逐渐发展壮大。

3. 安新庄文化是南北方交汇地带新石器时期的重要代表

安新庄遗址是滦河流域极为重要的新石器时代遗址，位于迁安市扣庄乡安新庄村南，所处时代早于或同于北方红山文化。遗址面积 11.6 万平方米，分为甲类和乙类遗存，根据对遗址出土的陶器进行分析比较，推断出甲类年代距今 6200～5800 年之间，乙类遗存距今 5865～5400 年之间，乙类遗存与黄帝时代相吻合。

1978 年，河北省文物研究所在此调查和小面积试掘，发现有居住址，有红烧土面和灰坑及大面积的夯土层，说明有宫殿居址；有养殖的牛、羊、鹿骨等，说明这时的古人已开始养殖一些能够驯养的动物；发掘出了近百件新时器时代的遗物，有大量的石器、骨器、玉器、陶器等，遗物非常丰富。磨制的石器有石斧、石刀、石铲、石磨盘，还有用于弓箭射猎的石箭头，地表发现用燧石、玛瑙、石英和砂岩打制的成百上千件细石器，说明这里有专门的细石器加工业，同时也是玉、石、陶器的制造生产地。这些出土文物说明人类在这块土地上创造了文化艺术，发明了养殖、种植与各种手工制造业。

这里需要特别指出的是，安新庄遗址出土的陶器盛行篦纹、菱形纹、指甲纹和几何纹，其文化性质不仅兼有中原仰韶文化与北方红山文化两大文化因素。同时，又具有本区域自身的文化特点，是冀东一带唯一一处彩陶、黑陶与细石器共存的重要文化遗址。近年在滦河中下游发现的有关遗址中，除安新庄外，很少有赵宝沟与红山两个文化共存的遗址。这就不能不令人深思：辽西的兴隆洼、赵宝沟等遗存所代表的北方文化，沿着老哈河、大凌河向西即冀东北地区发展时，在不同地区受到北上的中原文化及当地土著文化不同程度的抵制，最终与滦河中下游地区的文化得到融合，形成以安新庄两种文化共存为代表的文化。也就是说，中原的部落集团向北发展时，在承德一带和北方向南发展的部落产生冲突，也可以说是北方的文化强烈地影响了生活在冀中一带的土著先民的生活习俗，其表现就是以大口筒状罐替代了原有的夹砂釜[④]。我们的推断是，北来游牧民族的黄帝部落来到迁安一带，在这水草肥美、适宜居住的地方建立了大本营。安新庄遗址是北来赵宝沟文化、红山文化与当地土著文化、冀南下潘汪文化、后岗下层文化等相互结合的产物。而这种诸多文化的大融合，只有最具号召力的黄帝部落才能做到。

4. 从彩陶器分析，安新庄文化的时空框架与黄帝文化相对应

安新庄遗址最重要的发现之一，就是发掘出了中原仰韶文化和北方红山文化中都没有的刻绘兼用的彩陶。彩陶色彩有红、赭红两种，未见黑彩；从出土发现来看，北方红山文化的彩陶全为黑彩和紫彩；河南仰韶文化的彩陶为赭色彩绘的细红陶，颜色多偏红、红褐色；甘肃马家窑文化发掘的陶器多为土色、紫褐色、土黄色；山东龙山文化发掘的陶器多黑色。各地出土的彩陶颜色不同，有可能是因为各地的土色有差异，也极有可能是地域管理者，按适合的五行相生的原则，通过自己控制而得到的颜色。

因为在 8000 年前左右的太昊伏羲氏，就创造了远古哲学文化，他观察昼夜四时，春、夏、秋、冬的次序更替。发现宇宙万物，这样有规律地变动着，因此根据宇宙万物的变化规律走上自然法则的大道。利用阴阳五行，通过简单的符号八卦，伏羲用它来帮助人们预测天气、方向，指导人们生产生活等。

那么到了黄帝时代已能很成熟地运用八卦和五行了。五行为金木水火土，而东方属木，黑色为水，水生木；西方属金，色调多控制在土色或土黄色；南方属火，颜色多红色；北方属水，颜色多为黑色；中央属土，颜色为红或赭色。安新庄遗址为五行的中央地带，所以出土的彩陶色彩是红、赭红两种，寓意火生土。而黄帝正是处在中央之极。

《淮南子·时则训》明确记录了黄帝管辖的范围：

东方之极，自碣石山过朝鲜，贯大人之国，东至日出之次，榑木之地，青土树木之野，太皞、句芒之所司者，万二千里；

南方之极，自北户孙之外，贯版项之国，南至委火炎风之野，赤帝、祝融之所司者，万二千里；

中央之极，自昆仑东绝两恒山，日月之所道，江汉之所出，众民之野，五谷之所宜，龙门、河、济相贯，以息壤堙洪水之州，东至于碣石，黄帝、后土之所司者，万二千里；

西方之极，自昆仑绝流沙、沈羽，西至三危之国，石城金室，饮气之民，不死之野，少皞、蓐收之所司者，万二千里；

北方之极，自九泽穷夏晦之极，北至令正之谷，有冻寒积冰、雪雹霜霰、漂润群水之野，颛顼、玄冥之所司者，万二千里；

东、西、南、北、中5个方位有5位帝王管辖，碣石山以东是太皞、句芒管辖的区域，山东“大汶口文化”应与之对应。北户以南，归炎帝管辖，仰韶文化或裴李岗文化与之对应。自碣石山往西到河北边境，即“中央之极”，为黄帝管辖，“安新庄文化”与之对应。而红山文化是北方地区重要的新石器文化类型，其范围大致在内蒙古东南和辽西一带，北达乌尔吉木伦河和西拉木伦河流域，南及朝阳地区凌源，东至哲理木、锦州地区，中心在辽西和昭盟一带，因此这一带的文化应当属于颛顼管辖。

5. 黄帝之孙颛顼也曾管辖到迁安及以北地区

颛顼为五帝之一，父亲是昌意。昌意相传是黄帝与嫘祖的次子，封于若水，娶蜀山氏之女昌仆为妻，生颛顼。颛顼性格深沉而有谋略。十五岁时就辅佐少昊，治理九黎地区，黄帝死后，因颛顼有圣德，立为帝，时年二十岁。帝颛顼所居玄宫为北方之宫，北方色黑，五行属水，因此古人说他是以水德为帝，又称玄帝。

伏胜《尚书大传》说：“北方之极，自丁令北至积雪之野，帝颛顼、神元冥司之。”吕不韦的《吕氏春秋·求人篇》：“北至人正之国，夏海之穷，衡山之上，犬戎之国，夸父之野，禺疆之所，积水、积石之山。”刘安的《淮南子·时则训》：“北方之极，自九泽穷夏晦之极，北至令正之谷，有冻寒积冰、雪雹霜霰、漂润群水之野，颛顼、玄冥之所司者，万二千里。”《尚书大传》作“丁令”；《吕氏春秋》作“人正之国”，又一本作“令正之国”；《淮南子》作“令正之谷”。未知孰是。《太平御览》“令正”作“令止”。汉高诱注：“令止，丁令，北海胡地。”又注：“九泽，北方之泽。夏，大也。晦，暗也。”陈奇猷《吕氏春秋校释》注引“清代翰林院编修俞樾曰：‘人正’‘令正’皆误字也。当作‘令正’，《淮南子时则篇》作‘北至令正之谷’是也”。但著名学者陈奇猷认为“令正”乃“令止”之误，“令止即令支”。《国语齐语》齐桓公北伐山戎，“制令支”。周朝时迁安为令支国。

令支既是今迁安。古代迁安管辖的范围甚广，清朝康熙五十年《永平府志·七》迁安县域图标明，迁安北部疆域可达宽城县的都山。如此说明颛顼帝管辖的范围是迁安以北一万二千里，亦或是燕山余脉，亦或是燕山脚下的都山北部山谷到遥远的北方尽头冰雪之地白令海峡。颛顼的明确记载，说明黄帝在迁安是多么的顺理成章，因为黄帝居中央之极！

6. 安新庄、西寨、玄辛庄3处祭祀场所反映黄帝在迁安有祭祀活动

祭祀是中华的初始文化之一，首先是祭祀灵魂不灭现象。然后是为农业丰收，风调雨顺祭祀，黄帝时代祭祀已经相当发达，《封禅书》记载：黄帝曾上泰山封禅，还在华山、首山、太室、太山、东莱“与神会”。

安新庄遗址与新寨村、谌新庄相连，都有大面积新石器遗址发现，是连在一处的很庞大的氏族聚居地。1976年，安新庄村南高台地因下雨土坎塌下来，发现大批的陶钵、陶罐覆放，从陶器的摆放形式上来看，专家认定这里曾是一个大型祭坛。

西寨遗址坐落于滦河北岸向阳高台地上，在该遗址南侧发掘出一处祭祀地，东西长15米，南北宽12米，摆放着上下两层陶器群，分为5组，每组均放置大小不等的红顶钵和筒形罐、碗等陶器。一些相同类型的大小陶器套放堆积在一起，围成直径约2米的圆形器物群，全部背山面河。部分陶器内放置一枚打制的石球，有的存有幼猿的颌骨。在祭祀地还发现了陶塑半身像、石质双人头像及太阳纹刻石，这些都体现了原始社会崇拜意识的成熟。该处祭祀坛与安新庄遗址仅

相距20公里。

玄辛庄新石器时代石棚墓位于圆形土山上，上有3个石棚，状如古代筑土的祭坛。专家对石棚的解释为：石棚是宗教祭祀纪念物；石棚是原始社会氏族公共活动场所；石棚为墓葬。从出土未发现尸骨来看，石器、玉器精美未被利用，杨各庄镇玄辛庄石棚应该是氏族首领专门祭祀的场所，它的地理位置正是安新庄、万军山两处新石器遗址的中心位置，它与轩辕黄帝筑祭坛应有着必然的联系。

玄辛庄石棚、安新庄遗址和西寨遗址的大型祭坛，都有祭天礼地的功能，为黄帝祭祀提供了佐证。

7. 安新庄遗址出土的“天鼋”是黄帝的族徽

安新庄遗址还出土了许多新颖别致的多角形砍砸器（形状像龟）——天鼋，被北京大学于希贤教授和李赓教授认定为黄帝的族徽。这里不仅出土了石质“天鼋”、还出土了象形陶质“天鼋”。

经调查，赵宝沟文化、红山文化、中原文化及周边地区的遗址中都不曾见到“天鼋”，多角形砍砸器，这就是安新庄文化有别于其他文化的特色。

按古史传说，图腾崇拜时期的黄帝以渔猎为主，氏族部落的图腾是鼋、鱼、蛇、蛙，都是两栖与水生动物，按照先民的观念，他们是可以互相渗透和互化的，鼋与鳖同类，天鼋即神话了的大鱼鳖。黄帝“有熊氏”实为“有能氏”，“熊”与“能”在古代通假。《尔雅释鱼》有言“鳖三足，能。”在神话中三足鳖与三足蟾、三足乌一样，都是神[6]。

黄帝氏族为什么以天鼋为崇拜物呢?

这就要从伏羲受河图，画八卦说起，《尚书·顾命》孔安国传：“伏羲王天下，龙马出河图，遂则其文，以画八卦，天应以鸟兽文章，地应以河图洛书，乃则之以作《易》”。《汉书·五行志》：“刘歆以为伏羲继天而王，受河图，八卦是也”[7]。伏羲以发现龙马身上的河图白点而创造了八卦，解开了宇宙天象秘密所在。

黄帝则是因为发现“河图”而推出了《规藏易》。

《竹书纪年》曰：“黄帝五十年秋七月，庚申，凤鸟至，帝祭于洛水。”注：“龙图出河，龟书出洛，赤文篆字，以授轩辕。”《路史·黄帝纪》“黄帝有熊氏，河龙图发，洛龟书成……乃重坤以为首，所谓《归藏易》也。故曰归藏氏。”之后，帝尧得龙马图；帝舜得黄龙负河图；大禹得神龟受洛书；成汤至洛水得黑龟赤文；文王受洛书应河图；成王观河、洛，得龙图、龟书。孔子认为河图洛书是一种表示圣王秉受天命、天下太平安宁，人民安居乐业的祥瑞——预示吉祥、对的东西。

“河图”内藏天地乾坤之迷，黄帝结合此图发明了指南车，顺利打败对手蚩尤，成功统一黄河流域以北地区为主的部族，称为“中”亦即以后“中国”的缘由。“洛书”被大禹运用，从龟身的花纹悟出山岳令水源流走的方向疏导原理，在勘察出在不同时间河水涨退有序，配合人为工程，治水成功，称为中华第一伟人。迁安龟口有大禹治水的足迹，任重远《黄帝古都在迁安》一书有相关论证。

“河图”是宇宙结构的缩影，“洛书”是地球的缩影，是古代哲学以数字及方位将这个“宇宙密码”渗透出来，作为治国治民的“天外智慧”。运用十个黑白圆点来表示阴阳、五行、四象、分别为：北方一个白点在内，六个黑点在外，表示玄武星，五行属水，也即天一生水，地六成之；南方2个黑点在内，7个白点在外，表示朱雀星象，五行属火，也即天二生火，地七成之；东方3个白点在内，8个黑点在外，表示青龙星象，五行属木，也即天三生木，地八成之；西方4个黑点在内，9个白点在外，表示白虎星象，五行属金，也即天四生金，地九成之；中央5个白点在内，10个黑点在外，表示时空奇点五行为土，也即天五生土，地十成之。这就是宇宙的秘密[8]。《易经》所说的天地定位，便是来自河图的启发。单数白点为阳，双数黑点为阴，四象之中，每象各统领7个星宿，共28宿，按古人坐北朝南的方位就是：前朱雀，后玄武，左青龙，右白虎，是风水象形之源。是以地球为中心的宇宙填图，是知天地鬼神世间万物之兴衰，具有神秘先知。

不仅可以预测天气，它还可以预测风水，给人民生活带来很好的服务。“河图”“洛书”都是龙、龟献给人类，运用“河图”可以祈求幸福。因此，“龙龟”得到人们万分崇敬，就被黄帝部族推崇为本氏族的图腾。

传说，黄帝在昆仑山遇神龙天鼋，名谓“白泽”，封其为守护神，是智慧力量和王权的象征。夏源于黄帝族，图腾亦同，《左传·昭公七年》云：“鲧殛羽山，其神化为黄熊，人于羽渊。”这里的黄熊也是鱼鳖。黄帝后裔周人自称：“我姬氏出自天鼋。”其图腾也是鱼鳖。由此可见，黄帝族（轩辕氏、有熊氏）的图腾信仰即是鱼、鳖之类⑨，其族徽即是天鼋。

“天鼋”族徽崇拜物在安新庄遗址的出现，不是偶然，而是一种必然，这个痕迹印证了黄帝曾在这里创造了灿烂的文明。

8. 迁安蚕姑庙供奉着黄帝正妃嫘祖

上世纪六七十年代的迁安城周围的农村，都有着大面积的桑树林，在漫漫黄沙上种植花生，桑林把花生分成行，妇女们心灵手巧养蚕纺纱织布，男人种地耕田。诗经中“桑之未落，其叶沃若”，是描写古代年轻美貌的女子在桑树繁茂时节采摘桑叶，体现了男耕女织的生活场景。而迁安蚕姑庙村，有明代重修的庙宇供奉蚕神——黄帝正妃嫘祖，传说嫘祖娘娘发明了养蚕、抽丝、纺织，带动这一带女子纺织。因为嫘祖娘娘经常显神通帮助村民做好事除恶霸等，所以百姓们被历代流传的故事依然感动着，至今还在村头立有石碑，村民也都按时上香祭祀。

迁安众多的新石器时期遗址都出现纺轮，特别是安新庄遗址出土了大量各式各样的纺线工具陶纺轮——一种先民捻线搓绳子用的坨，还出土了石緺（音瓜），在扁平的石头上有两个细长的凹槽，用来给绳子刨光的工具；还出土了大量的骨器如骨针、骨锥、骨梭等缝纫工具。《易系词》云：“黄帝，尧，舜，垂衣裳而天下治。”孔颖达说：“垂衣裳者，以前衣皮，其制短小。今衣丝麻布帛，所作衣裳，其制长大，古云垂衣裳也”。又《后汉书·礼仪志》记：“祀先蚕，礼以少牢”；《隋书·礼仪志》载：北周（557～581年）尊嫘祖为“先蚕”；《路史·后纪五》引《蚕经》言：“黄帝元妃西陵氏，曰嫘祖，以其始蚕，故视为先蚕。”轩辕黄帝以战争的手段止息野蛮的掠夺性战争，建立了统一的国家之后，他懂得发展生产，改善人们生活的物质条件，于是命人占日占月，顺天地之纪，营造立法，适时播种百谷，解决人们的温饱问题。而他的妻子则带头养蚕，倡导于民，以丝帛取代皮革，改善人们的穿衣，衣食温饱比原先有了改善，天下自然安定。这便是黄帝以衣食而治天下的道理。从爪村遗址出土的骨针、骨锥证明，1.2万年以前居住在迁安的古人，就开始缝制衣服以御寒和避羞了。到新石器时代，石制和陶制纺轮的普遍使用证明原始纺织品已出现。西寨遗址出土的美女雕像围着丝巾亦是一个很好的明证。

三、从文献上看，轩辕国位于现迁安境内

1. 迁安有轩辕山

轩辕山就是迁安的龙山。《山海经》北次三（经）山之首曰：“太行山东北200里曰龙侯之山。又东北200里曰马成之山。又东北70里曰咸山，其上有玉石。又东北200里，曰天池之山。又东北300里曰教山，多玉。又东北200里曰轩辕之山，其上多铜，其下多竹，有鸟焉，其状如枭而白首”。从太行山距东北1170里有轩辕山，地理位置和里程都符合迁安境内。迁安城南有一座苍茫跳跃的龙山，坐落于滦河南岸，龙山西面的龙爪上就是五万年至一万年的旧石器时代遗址。龙山东侧有黄龙峪，有商周时代伯夷古墓群，山上有商代遗址，很多历史典故如战国时的老马识途、公孙隰朋的蚁穴知泉，唐太宗收姜氏二将等均出自这里。

《天官书》云：“轩辕，黄龙体”。可知天鼋与黄龙同类。《汉书·武帝纪》云：“禹治鸿水，通轩辕山化为熊”。由此可知轩辕就是龙，轩辕山即是迁安的龙山，龙山不仅孕育了远古文明也让这种文明延续下来。

2. 迁安有轩辕黄帝后裔居住的轩辕村

在迁安西南20华里有一个村庄叫轩坡子，位于沙河驿镇，村里多户轩姓。1972年，轩秀民在祖坟香台寺地里拉沙土垫猪圈，看到一截石碑，挖出发现，顶部被毁了一角，底座已不知去向。他把石碑拉到家门口，用水洗净，见石碑上有文字。他把这块石碑，捐献给博物馆。此碑青灰色棉石，长86厘米，宽45厘米，碑身四周刻二方连续的牡丹云形花纹，中间刻有“显祖考桧枝轩辕公讳孔儒配任氏之墓”，右上刻“乾隆四十六年岁次辛丑季春月壬辰乙酉谷旦立”，左下刻有“孝孙轩辕尚德、尚义，曾孙璞、珮、珍、玉奉祀”。这是乾隆四十六年，轩辕尚德和轩辕尚义兄弟二人为他们的祖父立的石碑。由此可以确认，至少在清朝乾隆年间，他们家族的姓氏还是复姓轩辕。迁安的轩辕氏，究竟来自哪里？传说纷纭，有陕西的洪桐县大槐树之说，黄帝有25子，分别从大槐树出发，迁居中国各地。据轩秀民介绍，听爷辈的轩凤雨老人讲过，在唐朝以前，轩辕氏有一人在朝里当王爷，带着他的家族来到这里居住，取名轩坡子。明朝时为避讳朱元璋的“元”字音，而改姓一个“轩”字。到了清朝又恢复姓轩辕，只是到晚清在朝为官的轩辕姓氏官员得罪了皇帝，又改姓轩。

轩坡子村西香台寺山是一处商代遗址，承接着迁安新石器时代遗址的文化源脉，地表遍布着商、周、汉、辽遗物和一些寺庙上的明代建筑构建。历史是延续的，是代代相传的，黄帝发明了农业生产，并传承下来。此地的老农民说，他们这里年年风调雨顺，从来也没有大旱大涝过，别处都有旱涝时，他们这里总是粮食大丰收，不减产，直到现在仍是如此。轩辕家族在这块土地上从事农业生产，从事着刀耕火种的生涯，传承了五千多年的文化文明。

3. 山海经记录的轩辕国在迁安都能找到印迹

《山海经·海外西经》由南往北记述的顺序为：灭蒙鸟→夏后国→三身国→一臂国→奇肱国→女祭女戚→鸾鸟→丈夫国→巫咸国→女子国→轩辕国→白民国→肃慎国。

《山海经》对于“轩辕国”的具体描述为：“轩辕之国……在女子国北。人面蛇身，尾交首上。”“轩辕之丘，在轩辕国北，其丘方，四蛇相绕。此诸夭之野，鸾鸟自歌，凤鸟自舞，凤凰卵，民食之；甘露，民饮之，所欲自从也。百兽相与群居……”

肃慎之国，即春秋时期的山戎，世居我国东北部，秦以前被称作肃慎，汉称挹娄，南北朝时称勿吉，隋唐之际称靺鞨，辽时称女真，曾建立金国，自努尔哈赤改成满，即今天的满族。曾建立我国最后的封建王朝——清王朝。肃慎国者即肃慎之族所居之地域[10]。山戎族在周朝之时，在古迁安地区建立了山戎国，因伐燕国而被齐桓公打败。

白民之国。商周交替之时，商的重臣箕子被周武王封于朝鲜，箕子侯国成立。其受封之地即今之迁安，都城曰朝鲜城，族人多喜爱白色之民俗，即商代尚白之遗风，白衣披发。

以上我们依据《山海经》知道“肃慎之国”“白民之国”都在一处，即现今的迁安一带。《山海经·海外西经》言：“轩辕之国，在此穷山之际，其不寿者八百岁”。又言：“穷山在其（轩辕之国）北”。《大荒西经》云：“有轩辕之国，江山之南栖为吉，不寿者乃八百岁”。郭璞认为此处“江山”实为“穷山”。灵山在其南，那么这个“穷山”应该是迁安北部的山，它的西南就有灵山，在迁安西部与迁西交界处，海拔约600米。《山海经·大荒西经》说：“有轩辕之台，射者不敢西向射，畏轩辕之台。”轩辕台极可能就是轩辕擂鼓台，在迁安市西北，地理位置与《山海经》记录相符。《山海经》说：“轩辕之丘，无草木，其丘方。”安新庄遗址其实是滦河三级阶地，从西向东看是一个大土丘高台，但在当时其上应有夯土垒砌的墙——“城池”，或者是氏族部落之间为了防御的军事设施。

综上所述，我们从出土文物中发现，安新庄文化发展的规律性突出表现在：同一时代有不同文化群体在这里交错，安新庄是仰韶文化与红山文化的中心地带，且文化发达，融合中原与北方文化，又有自己独有的文化风格，具有黄帝文化的典型特征。我们从《山海经》《淮南子》等史料和文献中明确了轩辕黄帝古国的范围，迁安一带应是河北的古代文化中心。

注释

①苏秉琦著《中国文明起源新探》161页，三联书店1999年6月第1版。

②《追寻中华文明的起源》李学勤讲演录，长春出版社。

③《李学勤早期文集》河北教育出版社。

④文启明《安新庄遗址再认识》，1998 年 8 期《考古》。

⑤《淮南子》，汉淮南王刘安，中华书局。

⑥靳之林著《抓髻娃娃》，广西师范大学出版社。

⑦《河北考古》科学出版社。

⑧李居明《风水之道》，陕西师范大学出版社。

⑨ 靳之林《抓髻娃娃》，广西师范大学出版社。

⑩曲晨著《轩辕黄帝世纪之谜》，中国社会科学出版社。

（作者尹小燕，女，市文化广播电视新闻出版局文博副研究员，著有《古韵迁安》。）

“轩辕孔儒碑文”解

张艳飞

迁安市沙河驿镇轩坡子村，东傍沙河（《水经注》称“缓虚水”），西北倚低山，南接平地，自古以来就是适宜人类居住之地，一些轩辕家族的后裔就生活在这里。1974 年，此地挖出了一截石碑，碑身微残，碑高 1.1 米，宽 0.44 米，厚 0.18 米，现保存在迁安市博物馆内。此碑正文为“故显祖考桧枝轩辕公讳孔儒配任氏之墓”，上款为“乾隆四十六年岁次辛丑季春月壬辰乙酉穀旦立”，下款为“孝孙轩辕尚德尚義，曾孙璞珮珍玉奉祀”。此碑文格式规范，用词讲究，有丰富的文化内涵。为此，笔者做了一番考究。

墓碑的中央部分，俗称为“中榜”，刻的是墓碑文字的主文，“故显祖考桧枝轩辕公讳孔儒配任氏之墓”就是中榜部分。碑文中的故，去世之意。显，称先人的美辞。《左传》提出了人生三不朽：“太上立德，其次立功，其次立言”，成为古人为人处世的最高标准，立德是其中的最高境界。显，即德行昭著，声名远播之意。考，古礼对去世的父亲的尊称，去世的母亲则尊称妣。《礼记·曲礼》：“生曰父曰母，死曰考曰妣。”祖考，即对去世的祖父的尊称。碑文中的桧，即轩辕桧。枝，枝条，喻子孙或同宗旁支。桧枝，即家族分支轩辕桧一支。公，旧时对男性的长者或老人的尊称。在人死后，只要有资格能立墓碑者，后人通常就会在其姓后加个“公”字。讳，就是名。古代生者称名，死者称讳。如唐代韩愈的《柳子厚墓志铭》中有“子厚讳宗元”，即子厚名叫宗元。轩辕公讳孔儒，即墓主姓轩辕名孔儒。配，即配偶。氏，旧时放在已婚妇女的姓后，作为对已婚妇女的称呼。如：夫人李氏，是对父家姓李妇人的称呼。配任氏，指轩辕孔儒的夫人为任氏，其父家姓任。由此可见，此碑是为轩辕孔儒及其夫人任氏所立。

碑文上款“乾隆四十六年岁次辛丑季春月壬辰乙酉穀旦立”，指明了立墓时间。乾隆是清朝皇帝的年号，乾隆四十六年即乾隆皇帝在位的第四十六年。辛丑是使用了中国传统干支纪年法，就是天干和地支配合来纪年。岁次，是中国传统的表示年份的用语，也可以用“岁在”代替。岁是年的意思，次是指次序。用岁次、岁在表示年份，前边必须有年号年数。如 1894 年，书面纪年文字，就应写“清光绪二十年岁次甲午”。“乾隆四十六年岁次辛丑”，表示乾隆四十六年这一年按干支纪年法是辛丑年。季春月，古人常把每一季的首月以“孟”字代表，次月以“仲”字代表，第三个月以“季”字代表，所以季春是春天的第三个月，也就是农历三月份。壬辰，和上面的干支纪年一样，干支历法也用来纪月、纪日、纪时，壬辰是干支纪日。同样，乙酉时为干支纪时。穀旦，穀是谷的繁体。谷旦源自《诗经·陈风·东门之源》，诗中有：“谷旦於差，东方之源”之说。《毛传》解说：“谷，善也。”《郑笺》则解：“旦，明。”《辞海》中的“谷旦”，是表示晴朗美好的日子。因此谷旦即良辰之意，旧时常用为吉日的代称。

碑文下款“孝孙轩辕尚德尚義，曾孙璞珮珍玉奉祀”，指明了立墓人。立墓人名单是必须按辈份排列的，每行文字是年长者排在最前端。因此落款首先写的是墓主的两位孙子轩辕尚德、轩辕尚义，然后是四位曾孙轩辕璞、轩辕珮、轩辕珍、轩辕玉。奉祀，即供奉祭祀，是对上代祖先祭祀的情况，如对配偶则写“行祀”。

轩辕孔儒碑文是中华传统墓碑文化的体现，它的存在，为轩辕后裔自古就生活在迁安轩坡子村提供了力证。

综　述

【机构职能变更】　7月13日，召开迁安市政府职能转变和机构改革动员大会，会议宣读了《关于迁安市人民政府职能转变和机构改革的实施意见》，市卫生局、市人口和计划生育局等单位重组、调整正式启动。7月31日，市编委会印发市卫生和计划生育局的三定方案。8月25日，召开全市卫生计生重点工作推进暨干部大会，市卫生局、市人口和计划生育局整合为市卫生和计划生育局，实现机构、职能、人员、财物实质性整合，高标准、高效率地完成了机构改革任务。改革后，主要职责由22项精简为19项，职能科室整合为26个，较改革前减少6个，实现干部队伍的有效融合和优化组合。8月14日，组建市妇幼保健计划生育服务中心。9月26日，完成卫生计生监督所与疾控中心分设，成立市120急救指挥中心，职责更加清晰，服务能力进一步提升。

【卫生工作概况】　2015年，全市卫生工作以解决群众"看得好病"为着力点，以"医疗、医保、医药"三医联动为抓手，以"医院、医生、医德"三医强化为载体，以加强信息化建设为支撑，抓住京津冀协同发展的历史机遇，积极引智招商，加强基础设施建设，强化"医疗保障、公共卫生、医疗服务"三大体系建设，深化基层医改，稳步推进公立医院改革。城乡居民医保运行平稳，参保人数58.36万人，参保率100%。发放居民健康卡60.04万张，全市城乡居民健康卡实现全覆盖。全面启动区域卫生信息平台建设，取得初步成效。全年完成门诊量147.6万次，住院8.6万人次，抢救危重病人数3487人次，抢救成功率96%，公共卫生服务均等化进一步加强，招商引资成效显著，云南黄家医圈中医肿瘤医院迁安分院挂牌成立。1.医疗卫生体制改革不断深化。公立医院改革：市直两院严格落实药品零差率销售、降低大型设备检查治疗费和医用耗材加成政策，两项政策的实施，累计让利于民2141万元和481万元。市人民医院和中医院分别调整诊疗收费价格7435项和2722项，所有调整后的医疗技术服务收费全部纳入医保报销范围，不增加患者就医负担。市人民医院建立了法人治理结构，2月6日召开第一次理事会，制定完成新的人事管理制度及绩效考核分配制度，2016年起实施。市人民医院在实行省网统一采购的基础上，积极探索药品供应方式改革，取得初步效果，药品比例由年内1～5月的39.7%下降到6～11月的34.4%，人均药品费用由原来的2405.09元下降到2051元。基层医改：基层医疗机构基本药品使用率70%，网采药品付款率100%。在2014年首批创建"群众满意的乡镇卫生院"2家（建昌营中心卫生院和杨各庄中心卫生院）试点单位的基础上，2015年，将杨店子、马兰庄两所中心卫生院列为第二批创建试点单位。全市村卫生室总数增至420个，发放参加新农保的集体村卫生室乡医补贴50万元。6月17日，国家卫计委副主任刘谦到迁安调研医改工作，对迁安医改给予充分肯定，认为迁安市医改在探索重点领域和关键环节取得突破性进展。2. 项目建设成效明显。4月19日，中国中医科学院眼科医院与迁安燕山医院共同建设燕山医院眼科会诊中心，至年底，开展各类白内障、青光眼、斜视等眼部手术320余例，会诊疑难眼病360余人次。7月，北京恩赫妇儿特需门诊迁安店项目开业运营，至年底，累计为2860余人提供诊疗服务。9月30日，迁安市中医院与云南黄家医圈中医肿瘤医院签订云南黄家医圈中医肿瘤医院迁安分院项目。3. 迁安市消除疟疾工作顺利通过省级专家组考核验收，成为唐山首个消除疟疾工作省级达标县（市）。

【医疗卫生资源配置】　至2015年年底，全市拥有医疗卫生机构838个。其中卫计系统拥有453个：医院4所，即市人民医院、市中医医院、市精神病医院、市传染病医院；乡镇卫生院19所；社区卫生服务中心1个；社区卫生服务站5个；村卫生室420所；专业公共卫生机构4个，即疾病预防控制中心、卫生计生监督所、妇幼保健计划生育服务中心、血站。厂企医院2所，老干部局医院1所。民营医疗机构382个，其中民营医院6所、门诊部及诊所376个。全市医疗卫生机构床位数3905张。其中卫计系统2835张：医院2043张，妇幼保健院105张，乡镇卫生院657张，社区卫生服务中心30张。厂企及老干部局医院440张，民营医院630张。全市卫生计生人员总数7402人，卫技人员5533人。其中卫计系统人员总数4821人，比上年增加214人；卫技人员3959人，比上年增加118人；执业（助理）医师2240人，比上年增加148人；注册护士2268人，比上年增加140人。

【迁安市再次获“国家卫生城市”称号】　2015年1月19日，全国爱卫会发布《关于2014年国家卫生城市（区）、乡镇（县城）复核结果的通报》，重新确认15个城市（区）为国家卫生城市（区），122个乡镇（县城）为国家卫生乡镇（县城），迁安市再次获得“国家卫生城市”称号。

2014年4月28日，迁安市召开迎接国家卫生城市复审工作调度会，自此，全市尤其是卫生系统把迎审工作深刻地融入日常工作中。市卫生局成立以局长为组长、主管局长为副组长的迎审工作领导小组，研究制定《迁安市卫生系统迎接国家卫生城市复审实施方案》，将每一项指标落实到具体科室，责任到人，形成分工明确、责任明晰、任务具体的工作运行机制。其间，抽调卫生监督执法人员58人开展综合监督执法，分8个专项整治小组、2个督导组及1个宣传组，对分片包干责任区域进行拉网式的督导检查，实行城区无死角网格化监管。同时，建立周例会制度，定期调度各项任务推进情况，对进展缓慢的指标进行重点调度推进，保证所承担的复审指标全部按期完成。依据《国家卫生城市标准》，市卫生局卫生监督所对公共场所、医疗机构、生活饮用水等多方面内容进行监管，采取“亮点”与“难点”相结合的督导方式，对改进速度缓慢、不整改的单位当场给予业务指导或下达责令限期改正通知书。对个别经多次整改不到位、不积极、不配合，甚至抵触和拒绝整改的经营单位，依据相关法律法规予以行政处罚，并在电视台、电台、报纸等媒体进行公示。经全市上下不懈努力，最终再次获得“国家卫生城市”称号。

【国家卫生计生委副主任刘谦一行到迁安市调研】　6月17日，国家卫生计生委副主任刘谦，国家卫生计生委法制司司长张春生、体改司副司长张力等一行就医改工作到迁安市调研。省卫生计生委主任张绍廉，省卫生计生委副主任朱会宾，唐山市委常委、常务副市长王久宗，唐山市政府副市长高瑞华及迁安市委书记李忠，市委副书记、市长张淑云，市委常委、秘书长侯旭，市政府副市长王志刚陪同调研。调研组一行先后深入建昌营镇中心卫生院、建昌营镇张庄村卫生室、市人民医院、市规划展示中心、滦河文化旅游产业区进行实地视察，听取了相关情况汇报，与基层卫生医务人员、乡村医生沟通交流，详细了解患者就医费用和医疗服务、患者住院需办理的相关手续和应走的程序、基层医疗卫生机构建设等有关情况。市长张淑云汇报了迁安医药卫生体制改革有关情况。刘谦充分肯定了迁安在医改工作中取得的进展和成效。他说，通过调研，大家深切感受到迁安各级党委政府对医药卫生体制改革工作的高度重视；相关部门密切协同配合，在各个方面都做了大量的工作；改革创新机制在一些重要领域和关键环节取得了突破进展。新型农村合作医疗与城镇居民基本医疗保险合并是一个很好的探索，很有实效；在薪酬方面做了很大的探索，不断加大绩效工资比重，在平衡维护公益性、积极性上进行了有益尝试；从乡村到市医院的信息化管理，成效明显，得到了群众认可。刘谦希望迁安继续把握好改革方向，围绕人人享有基本医疗卫生服务的宗旨，合理提高卫生绩效，合理控制费用，提高群众对医改工作的感受度；要不断完善体制机制，最大限度地减少基层医疗人才流失，使基层医疗水平不断提升；要加强协调，不断提高医改整体水平，规范医务人员行为；要将改善群众健康指标作为考核指标之一，及时总结经验，求得实效。刘谦表示，在经济转型的阵痛期，迁安在基层服务体系建设、乡村一体化管理等卫生、民生事业方面做了很好的工作，体现了市委、市政府高度关注民生问题。希望迁安利用得天独厚的自然资源、山水融城的特色，结合本地实际，努力打造医疗方面的优秀人才平台，科学谋划，培养人才，引进人才，把试点工作做好，将医改工作不断推向深入，让老百姓在更大层面上受益。

疾病预防控制

【传染病、地方病预防】 全市有26家医疗单位疫情网络直报工作设专人管理，做到及时、准确、规范报告；实行疫情防控关口前移，及时有效处置手足口病、水痘、腮腺炎等聚集疫情10起，发放84消毒液100余箱，流调处理83例出血热患者和133例布病患者；健全重大疫情和突发公共卫生应急处置工作机制。加强以霍乱为主的肠道传染病防治，督导医疗单位建立规范的肠道门诊，做到逢泻必检、有疑必报。全面做好中东呼吸综合征及埃博拉出血热等疫情防控准备工作，做到有备无患。制定和完善各类应急预案，做好应急物资储备，多次进行搭建帐篷、穿脱防护服、消毒器械使用等专项演练；加强病媒生物防制和寄生虫病防治工作，迁安市消除疟疾工作顺利通过省级专家组考核验收，成为唐山市首个消除疟疾工作省级达标县（市）。

【慢性病预防】 1月，国家卫生计生委办公厅公布了第三批国家慢性病综合防控示范区审核结果，迁安市被确定为第三批国家慢性病综合防控示范区。迁安自2012年启动“国家慢性病综合防控示范区”创建工作，按照“政府搭台、保障到位、部门配合、全民参与”的工作思路，扎实推进慢性病示范区创建工作。全民健康意识和健康水平明显提高，居民健康知识知晓率从创建前的50.26%上升到77.01%，健康行为形成率从52.13%提高到79.9%，成年人平均每天运动量折算达到6000步以上比例为45.39%。年内，全市以慢性病示范区创建为抓手，不断提高慢性病管理水平。完善慢性病防治网络，改进管理方式，增加服务内容，落实定期随访、及早干预等措施，对发现的10.55万名高血压患者和3.39万名糖尿病患者进行建档管理。加强艾滋病防控工作。利用红丝带网、媒体等进行宣传，干预高危人群3.15万人次，对新增20例感染者全部实施免费抗病毒治疗，为3012名前来咨询的人员进行解答，并对看守所435名新入人员进行艾滋病抗体检测。

【常见病预防】 全市实行信息化管理的0~6岁儿童达到87651人，年内，组织完成一类疫苗接种25.3万余人次，二类疫苗接种2.87万余剂次。健全疾病预防控制体系，加强规范化管理，强化技能培训，迁安市在唐山市健康教育知识比武大赛中获团体一等奖，并代表唐山市参加省健康教育知识比武大赛，获得团体二等奖，同时，迁安疾病预防控制中心制作的“微科普”取得第二名的成绩，充分彰显迁安市健康教育工作水平。

医疗技术与医教科研

【概况】 2015年，围绕提高全市医疗服务水平，不断加强医院内涵建设，严格医疗护理质量管理，加强医疗安全管理，努力为全市人民营造安全、有效、方便、价廉的医疗服务。一是强化医疗质量控制，提高医疗服务能力。建立健全医院各项工作制度职责及医疗质量管理体系，强化医务人员“三基三严”（基本理论、基本知识、基本技能；严格要求、严谨态度、严肃作风）训练，组织开展临床基本合理用药培训和脑卒中、心梗等疾病诊治的业务培训，提高医务人员医学专业知识水平和临床操作能力。二是整合急救力量，完善院前急救体系。贯彻落实《院前医疗急救管理办法》，结合全市实际情况，成立迁安市“120”急救指挥中心。三是加强医疗行业监管，规范医疗服务行为。严格落实诊疗规范和医疗质量安全核心制度，落实手术分级管理、单病种限价和临床应用技术准入管理制度，市人民医院已推行临床路径27项，市人民医院、中医院实行单病种限价管理，中医院在规定8种限价病种的基础上又增加4种限价病种。四是加强护理质量管理，提升护理服务水平。在全系统内开展“优质护理，情暖患者”主题征文活动。五是加强人才培养，实施“科技兴医”战略。开展以全科医生培训为重点的基层医疗卫生队伍建设。上半年，中心卫生院的7名全科医生进驻煤医培训基地进行为期一个月的理论学习和10个月的临床实践。组织农村医务人员参加河北省基层卫生人员成人大专学历教育，多渠道、多形式开展继续医学教育。邀请上级专家到迁安讲学，抽调市人民医院、中医院技术骨干培训基层。2015年，共组织业务培训学习16场次，选派50名技术骨干到三甲医院进修学习。组织各医疗卫生单位申报科技奖励，经过严格评审，最终获得河北省级科技奖励二等奖2项、三等奖5项，迁安市科技进步一等奖10项、二等奖14项、三等奖9项。2015年，共申报省级科研立项20项、科技成果6项。

【市人民医院杨玉恒获全国冠军】　1月，迁安市人民医院医务科科长兼心内科三病区主任、副主任医师杨玉恒在“强强联手”急性冠脉综合征诊疗演讲比赛全国总决赛中获得冠军。此次比赛由中国医师协会、中国医师协会心血管内科医师分会基层工作委员会主办，参加人员涵盖全国25个省、市、自治区、县级医院，此前经128场初赛、21场大区赛、6场半决赛，选出12名选手，此后历经病例演讲、必答知识题、抢答知识题、心电图解析等竞赛环节，每个环节由7名全国知名专家评委打分，最后计算总分排队。比赛设冠军1组2人，优秀奖2组4人，优胜奖3组6人。

医政与药政管理

【卫生行政审批】　2015年，开展各类审批服务5276件，其中，开展各项卫生许可1009件，再生育审批3739件，中高考加分资格确认528件，均依法依规办理，证件办结率100%，群众满意率100%。1. 做好权力的承接下放。4～9月，迁安市被确定为省直管县，积极与省卫计委联系，做好权力的承接和下放。共承接唐山市级权限再生育审批201件。2. 以人为本，开展行政审批服务。一是做好依法审批。完成农村独生子女中高考加分资格确认，确保符合政策的农村独生子女依法享受相应加分奖励；确保双方各有一个子女的再婚家庭和“单独两孩”再生育政策依法依规落实；按照法定流程，做好各类卫生行政许可审批；落实物价政策，规范收费行为，5月25日起，取消卫生审查验收费。二是做好规范审批。注重对外地有关部门开具生育证明材料的审核及公共场所卫生设施的实地验收，杜绝弄虚作假、骗取生育证件和不达卫生标准获得卫生许可证现象的发生。建立权力清单和编制服务指南，对审批材料、流程、时限等内容在政务服务中心网站和窗口进行公开、公示。同时，生育审批坚持“两级两榜”公示制度，主动接受群众监督。加强卫生、计生行政许可档案管理。三是做好高效审批。简化审批环节，压缩审批时限，将卫生行政许可的“初审”“复核”环节简化为“审核”，将再生育审批的三级审批时限压缩为一般不超过7个工作日，特殊情况不超过15个工作日，并坚持随受理、随审批。简化审批手续，再生育审批要求乡级审批人员加强人口基础信息的采集和及时更新，充分利用人口信息管理系统等现有平台进行婚育情况核查，提高审批效能。四是做好便民审批。推行样本服务，对各类卫生行政许可、再生育审批所需材料、证明、表格等资料内容进行样本化、规范化管理，坚持一次性告知，方便办事群众高效、准确提供所需资料。推行延时服务，工作时间内没完成审批任务的，加班加点完成当天所有上报卷的审核任务，以缩短审批时限，确保符合标准的按时办结。推行预约、上门服务与急事即办服务，对有批量办理卫生、再生育证件需求的乡镇和医疗机构，开展预约服务；对偏远乡镇的群众办理再生育证时，实行审批窗口下移，开展上门服务；对因特殊原因急需办理生育证的，提供急事即办服务，保证审批服务便民高效。

【构建和谐医患关系】 1. 实施进一步改善医疗服务行动计划，落实“以病人为中心”的服务理念，改进医疗服务流程，方便看病就医，加强医患沟通协调，改善患者就医体验。2. 建立健全第三方调解机制，医疗责任险投保实现了全覆盖，及时有效化解医患矛盾。3. 各医疗单位成立医患沟通办公室，配备专兼职人员负责受理医疗纠纷投诉，并建立台帐，及时调查处理投诉，给患者以满意回复。

基层卫生与妇幼保健

【社区卫生】 2015 年，社区卫生服务中心围绕科学实行绩效考核、努力发展基本医疗及公共卫生服务、加强服务站建设等重点内容，进一步提升服务能力。1. 抓好党风廉政建设，提升服务形象。深入开展“三好一满意”“学习台州经验、转脑子、转作风、转方式”“解放思想、抢抓机遇、奋发作为、协同发展”大讨论活动，组织党员干部履职践诺，做好办公用房清理和不合格党员排查清理工作，无超标准占用办公用房和不合格党员。做好院务公开工作，加强民主管理。节假日期间，深入市文化广场、居民小区开展义诊活动，为辖区居民进行健康检查。2. 加强制度建设和绩效工资改革，完善考评机制，使各项工作制度化、规范化。深化分配制度改革，完善中心内部考核制度。3. 加强城区居民基本医疗保险管理，提供方便快捷的医保服务。全年实现域外就医住院补偿329 人次125. 16 万元，大病补充补偿145 人次 139. 22 万元。4. 加强内涵建设，提升基本医疗服务能力。针对中心全科病房心脑血管疾病病人占大多数的特点，积极探索运用中医适宜技术进行脑卒中及后遗症的治疗与康复，依托国医堂的中医技术优势，将西医与中医治疗相结合，集治疗、养生、保健为一体，融入人文关怀，极大地满足辖区居民特别是老年慢性病患者的治疗需求。2015 年，社区卫生服务中心病房收治住院病人 236 人次，门诊诊疗 3. 14 万人次（含服务站 8357 人次）。年初起，重点加强社区卫生服务站医疗服务能力建设，按照“分片包干、团队合作、责任到人”的原则，逐步推行“1 +1 +1”（一名社区医生 + 一个服务站 + 社区卫生服务中心）医疗与公共卫生有效结合的服务模式，即每名社区医生（护士）通过开展慢性病访视和 65 岁以上老年人、孕产妇、儿童保健等工作，与辖区居民建立密切联系。积极开展与居民的签约医疗保健服务，提供上门医疗服务。5. 落实各项服务规范，推动基本公共卫生服务健康发展。全年建立健康档案 7. 24 万份，建档率 99. 9%；完成高血压、糖尿病等慢性病人群、65 岁以上老年人免费体检 1. 1 万人次，体检率 90. 3%；为城区 0 ~6 岁儿童 1. 6 万人（其中流动儿童 234 人）建卡、建证，共接种总针次 5 万余针，接种率 97% 以上；纳入规范化健康管理的孕产妇 810 人，孕产妇、0 ~6 岁儿童健康管理率达到 99%。同时，按规定及时发现、登记并报告辖区内发现的传染病病例和疑似病例，做好手足口病防控工作，开展结核病、艾滋病等传染病防治知识宣传和咨询服务。

【农村卫生】 2015 年，全市农村卫生工作不断加强，工作水平有了更大提高。1. 夯实三级卫生服务网络建设。以机构改革为契机，加强机构重组力量，并进一步加强市级业务指导单位自身建设。在巩固乡镇卫生院标准化、规范化建设成果的基础上，进一步推进“群众满意的乡镇卫生院”创建活动，年内，杨店子镇和马兰庄镇两所中心卫生院通过自评，已达到国家群众满意的乡镇卫生院创建标准。加强村卫生室网底建设，截至年底，全市累计建成高标准化的集体村卫生室 420 所，覆盖 534 个行政村，更好地解决了群众就近就医需求。2. 加强基层卫生人员队伍建设。2015 年，全市注册乡村医生 1198 人，集体村卫生室选聘乡村医生 1018 人，其中具备执业助理以上执业资格人员140人，中专及以上学历人员712人。进一步保障乡村医生合理待遇，年内，为661名乡村医生发放城乡居民养老保险费用专项补助，共计补助50.48万元；同时，对实行基本药物制度的乡村医生实施专项补助，累计补助895万元。此外，为进一步解决乡村医生养老问题，赴山西、山东两省先进单位考查学习，并形成初步意见，为制定《乡村医生养老补助工作实施方案》奠定坚实的基础。乡镇卫生院（社区卫生服务中心）配备253名专职公共卫生人员，村级选聘623名乡村医生兼任公共卫生服务工作，进一步完善公共卫生服务队伍建设，促进各项公共卫生工作的顺利开展，保障了服务质量。3. 加强业务培训工作，提升整体业务水平和服务能力。年内，首先，完成851名村卫生室人员、19名乡镇卫生院业务骨干人员和19名乡镇卫生院管理人员的专项培训工作；其次，利用2个月时间对50名乡镇卫生院业务骨干进行全科适宜技术培训；第三，加强妇幼及基本公共卫生人员专项业务培训，全年累计培训17场次4300余人次；第四，开展乡村医生在岗业务培训，全年累计培训252场1.3万余人次，参训率95%以上。加强签约服务工作，年内，为城乡18.49万户居民签订服务，签约率94.88%。

【城乡医保】　迁安市自2014年率先在全省实施城乡居民基本医疗保险制度，实现城乡居民医疗保障均等化，在此基础上，2015年，优化工作流程，加强基金管控，探索支付方式改革，加强医药费用控制，城乡居民医保运行平稳。2015年，城乡居民参保58.36万人，筹资总额2.88亿元，参保率100%，基金支出总额2.56亿元，补偿79.1万人次，大病补充补偿支出2824万元，补偿4242人次，筹资标准、补偿比例继续提高。一是加强医保基金管控，为确保基金安全，专门聘请清华大学社科学院经济学研究所为城乡居民医保设计基金管控方案。3月9日，市政府印发《迁安市2015年城乡居民基本医疗保险补偿方案》。二是推进应用居民“健康卡”。2015年，迁安市是河北省推行居民“健康卡”的试点，年内，实现了医保基金支付、医药费用结算和金融等功能。三是于11月13日与平安保险公司合作建立医保智能监管信息体系，强化对定点医疗机构的监管和检查，全面加强对医疗费用单据的审核，排查医疗过程中出现的欺诈、滥用、过度等行为，防范过度医疗和医保欺诈，控制不合理医疗费用增长，确保基金安全。四是印发《迁安市城乡居民基本医疗保险基金支付方式改革实施方案》，探索实行以总额预付方式为主，以按人头付费、按病种付费为辅的支付方式，进一步规范定点医疗机构服务行为，为参保居民提供质优价廉、方便快捷的服务。2015年4月8日，迁安市在国务院医改办召开的医保工作座谈会上做了经验介绍。

【妇幼健康宣传】　全年提供健康教育材料共计18类，发放38.88余万份资料。更新健康教育宣传栏6次，共计2628块；开展健康教育咨询11次，累计9000余人受益；举办健康知识讲座12次，受益7.8万余人；同时，开展个性化健康教育72.2万人次。

【贫困妇女免费健康检查】　深入开展免费生殖健康检查工程，提高全市广大育龄妇女生殖健康水平。2015年3月下旬起，免费为全市农村及城镇下岗、失业已婚育龄妇女进行B超、乳透、妇科等生殖健康检查，全年免费服务12.4万人，生殖健康检查完成率89%。其中，乳腺检查104568人，查出乳腺疾病13416人，治疗10559人，转诊8人；妇科检查105656人，查出妇科疾病22406人，治疗18425人，转诊41人。

卫生执法监督

【市卫生和计划生育监督所成立】　2015年9月28日，迁安市卫生和计划生育监督所成立，是由市疾病预防控制中心分设出来的独立机构，为市卫生和计划生育局所属财政性资金定向或定额补助的股级事业单位，受市卫生和计划生育局委托，依据《中华人民共和国传染病防治法》《中华人民共和国执业医师法》《医疗机构管理条例》等卫生法律法规和规章，在辖区内行使卫生监督执法职能。依职能设办公室、财总科、稽查科、医疗卫生监督一科、医疗卫生监督二科、公共场所监督一科、公共场所监督二科、饮水卫生监督科、学校卫生监督科9个科室。有职工41人，其中卫生技术人员28人、其他技术及工勤人员13人；副高级职称2人，中级职称13人，初级职称12人；本科学历13人，大专学历22人，其他学历6人。

【医疗市场执法】 1. 全年开展城区医疗卫生监督检查173户次，乡镇医疗卫生监督协管协查707户次。针对检查中存在的问题和不足提出监督意见，对涉嫌非法行医和严重执业违规行为给予严肃处理。年内，立案12起，行政处罚17家，罚款金额3.61万元，其中警告5家，取缔无证诊所5家，查处非法行医7家。2. 开展人类辅助生殖技术服务的监督检查。按照“属地管理、分级管理”的原则，日常监督与协管巡查相结合，加之群众举报、网络搜索、明察暗访等多种方式，对辖区涉嫌开展代孕的医疗机构、社会中介服务机构等进行排查，以开展妇产科、泌尿外科、不孕症诊疗科为目的综合医院、专科医院（含民营医院）为重点，严厉打击未经批准开展人类辅助生殖技术的违法行为。3. 开展医疗广告和互联网医疗保健信息服务监督检查。重点对辖区内的电台、电视台、互联网站（大型门户类网站、搜索引擎类网站、医疗信息服务类网站、医疗机构自设网站）是否发布违法医疗广告和互联网医疗保健信息服务，进行网上线索搜集，对违规从事互联网医疗保健信息服务、借开展性知识宣传和性科学研究为名传播淫秽内容等进行重点监督检查。4. 开展医疗卫生专项检查。重点抽查7家民营医院、2家门诊部、1家诊所。查处超出核准登记诊疗科目范围开展相应的诊疗活动2家，擅自聘用非卫生技术人员开展诊疗活动4家，擅自从事终止妊娠手术、超出核准登记诊疗科目开展诊疗活动1家。

【学校及公共场所卫生监督】 2015年，对辖区内169所中小学进行卫生专项监督，下达执法意见书498份。对18所中小学校生活饮用水进行采样监测，所查学校均为自建设施集中式供水。对10所中小学（市区3所，乡镇或农村7所）进行综合监督评价，其中优秀4所、合格6所。公共场所卫生监督工作持续加强。全年开展公共场所经常性监督1013户次，已录入河北省卫生监督报告系统983户次，其中移动执法终端上报83户。加大对现场环境监测的投入力度，对全市229家公共场所经营单位开展环境监测工作。开展公共场所重点卫生监督检查工作，抽检住宿、沐浴、美容美发、商场、游泳场所、体育馆等场所39户，所有监测结果全部合格。加强暑期游泳场所的监督检查，对市内2家人工游泳场所进行突击检查，各项卫生状况良好。

【饮用水监督】 将城区2座水厂、7家二次供水单位纳入卫生监督网络，同时，对农村集中供水单位及自制自售饮水经营单位进行日常监督检查。对6家自制自售饮水经营单位的56台饮水机及其周围环境进行监督检查。对辖区内2家消毒产品生产企业、145家消毒产品经营单位和4家涉水产品经营单位进行监督检查。对辖区内6家备案的餐饮业集中消毒企业每季度开展一次餐饮具监督检查。加强暑期生活饮用水监督监测，重点排查市政集中供水及全市旅游区、高速公路沿线、北京至秦皇岛交通沿线、环北京周边地区以及辖区内供水单位的饮用水卫生安全隐患。

【放射卫生监督】 2015年，放射卫生监督监测工作水平不断提升。全年完成辖区范围内放射卫生的经常性卫生监督40户次，制作执法意见书40份。市管发证放射诊疗单位的89名放射工作人员全部佩戴个人剂量计，并全部进行职业健康体检，体检率100%。40家放射诊疗机构中全部配备放射工作人员和受检者的个人放射防护用品，实行放射诊疗档案规范化管理。放射诊疗许可工作有序开展，全市共有牙科诊所22家，其中有牙片机的17家、无牙片机的4家、停业的1家。对其中9家配备或改建独立铅房的诊所，进行了放射工作场所检测并出具报告，申请了“放射诊疗许可证”。

重点医疗机构

【市人民医院】 2015年，市人民医院围绕“医院管理提升和医疗质量管理强化”的工作主题，推进医院综合改革和等级医院评审以及健康促进医院等重点工作。全年门诊量37万人次，出院3.6万人次，业务收入3.2亿元。被唐山市委、市政府评为文明建设先进单位。1. 医院管理工作。1月，国家卫计委网站发布《关于全面提升县级医院综合能力第一阶段500家县医院名单的通知》，河北省有35家，其中唐山市有3家县级医院入选，迁安市人民医院榜上有名，成为全国首批500家提升综合能力建设县级医院。年内，开展“转脑子、转作风、转方式”解放思想大讨论活动，强化技术项目支撑和创业创新意识，引进生化免疫等急需的医疗设备。进一步提升医院信息化建设水平，加强职工医保和城乡医保管理，降低医疗费用。坚持因病施治，不断降低药占比，严格落实合理检查、合理治疗、合理用药相关政策，效果显著。2. 公立医院改革。稳步推进公立医院改革，逐步建立现代化医院管理体系。完善配套政策和措施，理顺公立医院管理体制，健全法人治理机制，建立起权责明确、管理科学、激励约束有效的现代化医院管理制度。探索药品集中配送和药房托管改革，5月20日，医院与迁安市嘉鑫医药批发有限公司签订药库、药房托管合同，6月2日起实施，取得初步成效。用药占比和人均费用明显下降，药占比由原来的39.7%下降到34.3%，人均药品费用由原来的2405.09元下降到1974.96元。缓解了医院资金紧张情况，使医院药品库存资金占有率为零。基本保证药品供应，无差错事故，无药物不良反应发生。6月17日，国家卫生计生委副主任刘谦就医改工作到迁安市调研并进行实地视察，对医改工作中取得的进展和成效给予高度评价和充分肯定。3. 等级医院复审工作。围绕新标准，从细节入手，把握“以评促建、以评促改、评建并举、重在内涵”的指导方针，把等级医院评审工作融入医院日常管理中，开展“4·9”医疗安全日主题活动，组织质量安全大检查，发现问题，积极整改。不断优化门诊和住院病人就医流程，开展多科室协作诊疗。3月，对腹部外科和肛肠科、四肢脊柱科和烧伤科进行整合；5月，对内分泌门诊、中医科门诊、疼痛科门诊位置进行调整，成立国医堂，发展中医特色专科。广泛开展岗位练兵活动，积极参加省、唐山市专业技术竞赛。加大科研投入，组织申报省厅立项5项，中医药管理局立项1项，申报迁安市科技奖励34项。加强人才培养，派出16名专业技术人员到三甲医院和科研机构进修学习或参加学术研讨会。3月10日，成功举办华北理工大学非隶属附属医院授牌仪式，65名临床医学本科学生开始在院内学习。同时，聘请国内知名专家到医院授课和会诊。探索开放办院，筹建肿瘤诊疗中心和肾病会诊中心，上与唐山人民医院对口支援，下与各乡镇卫生院相联，逐步实现分级诊疗。眼科积极开展白内障复明工程手术，为200多名患者送去光明；四肢脊柱科成功开展的拇指断离再植手术，胸心外科开展的支气管修补术，肾内科成立肾病会诊中心，填补迁安市医学空白。10月17日，2015年河北省医师协会烧伤科年会暨专题研讨会在市人民医院举行，是建院以来举行的规格最高的省级学术会议。继续推进优质护理示范工程。组织参加市局组织的“优质护理、情暖患者”护士节征文活动，唐春霞、杨霞、李爽分别获征文活动二等奖和优秀奖。杨杰、黄英被评为唐山市优秀护士。4. 创建健康促进医院工作。成立健康促进医院工作领导小组，开展全员礼仪培训、控烟培训、消防培训、医患沟通培训、安全生产救援和电梯预案演练等活动。4月21日，省卫计委健康促进医院、戒烟门诊创建工作项目督导组对迁安市人民医院健康促进医院创建活动进行检查指导，给予充分肯定，并邀请参加全省健康促进医院经验交流会。认真抓好医院感染控制工作，在全省二级医院感染管理专职人员技能竞赛中，感染管理科李红梅以第三名的优异成绩入选唐山市代表队，参加省技能竞赛，获得优秀奖。巩固医院感染管理年活动成果，做好麻疹、手足口病和中东呼吸综合征的防控和发热门诊、肠道门诊等工作，顺利通过上级的检查和考评。

【市中医医院】　2015年，市中医医院以三级医院持续改进为基础，以京津冀协调一体化发展为抓手，以公立医院改革为突破口，以新院址搬迁为动力，打开医院工作新局面。全年门诊量35

万人次，收住院患者2.5万人次，业务总收入2.45亿元，医疗收入与药品收入比为69.04∶31.96，制剂收入1580万元。1.2015年10月，医院完成整体搬迁，并及时高效地完成迎接三级医院省级中期评审各项工作，中医药服务能力和综合服务能力大大提高。2.对接京津冀取得初步成果。年内，与二炮解放军医院的腹腔镜手术，与301医院合作的微创介入术和针对肿瘤的系列手术，与南疆医院黄家医圈合作的肿瘤项目，与珠海和佳公司合作的肿瘤后期微波治疗，与北京德森医院管理有限公司合作的外科，与北京三院合作的美容整形，与蓝海之略合作的康复、眼科、体检中心等均已开展合作，致力于把医院打造成“冀东名中医院”，服务半径辐射东三省。3.注重重点专科中医特色发展。大力发展现有的国家级重点专科脑血管病科，省级重点专科肾病、脾胃病科，唐山市级重点专科妇科、心病科、针灸科、老年病、肺病、骨伤、代谢病。按国家“十二五”重点专科建设项目、河北省和唐山市重点专科（专病）建设标准要求，定期对医院各重点专科进行检查评估。4.积极开展临床科研工作。成功申报2016年度中医药类科研计划项目4项。成功组织迁安市科技局科研立项1项。2015年取得4项科技成果奖，其中抗感新药——培元抗感口服液的研制与开发获得二等奖。成功组织申报河北省中医药学科学技术奖和迁安市科技局科研立项、论文、进修奖共6项。2015年上半年，在国家级、省级核心期刊发表论文20篇。5.注重培养医护技术骨干。年内，医院选送45名医护人员去上级医院进修，选派参加短期培训班22人次，选派3名中医临床骨干参加河北省杏林千人培养工程，选派3名中医人员参加河北省住院医师规范化培训。完成2014年度实习生的教学任务，顺利接收2015年度80余名实习生的教学、生活工作；基层卫生院16名进修医生，在临床科室轮转学习，完成带教任务。6.开展优质护理服务示范工程。一是组织专科会诊32次，全员培训17次。代谢病科刘蕊取得糖尿病健康教育护理师的职业资格证书。二是开展中医护理治疗项目15项，包括拔罐、艾灸、耳穴压豆等，全年开展治疗7万余人次。同时，开展中医养生操，受到一致好评。三是“5·12”国际护士节期间，2人获唐山市优秀护士称号，35名护理人员获迁安卫生系统优秀护士称号。四是组织全体护理人员参加心肺复苏技能操作竞赛，提高护理人员应急抢救水平。7.改进制剂工艺，增加制剂收入。2015年1～11月，完成制剂总收入1559.2万元，同比增长11.7%。年内，改进了晕痛平口服液提取工艺。同时，与临床科室配合，推进膏方应用，已经制作膏方11料。通过与承德医学院合作，完成晕痛平口服液的成分比对及指标性含量测定的分析，已将晕痛平口服液新品种的全部研究资料上报，年底时正在复核。8.加强医疗质量管理。重点包括督促科室教学查房和主任查房的规范落实，医疗文件的书写质量，科室讨论制度的落实，包括危重病例讨论、疑难病例讨论、死亡病例讨论，详细了解其记录及执行情况。加强病案质量管理，每月病案归档率95%，甲级病案率94%。9.有序开展五项主要工作。一是发放住院优惠卡3800张，门诊检查优惠2.8万元，血液透析门诊优惠2.49万元。在全市各村开展送医下乡义诊24次，参加义诊的医护人员220人次，为村民健康咨询解答病情，免费诊治1521人，做B超检查504人，做心电图656余人，测量血压1622人次，发放宣传材料6810份，减免费用7.25万元。患者回访中心进行电话回访16829人次，回访率100%。2～11月，下乡家访次数32次，被访患者126户，拉近了患者与医院的距离，取得很好的社会效应。二是城乡医保工作取得一定成效。年内，职工医保出院人数3240人，城乡医保出院人数12010人，医保费用略有节余。2015年，医院被唐山市医保局确定为唐山市职工医疗保险、生育保险定点医疗单位，扩大了医院的服务范围。医院成立了慢性病门诊，坚持“因病施治、合理检查、合理用药”的原则，做到不乱用、滥用药品，不开大处方，不开搭车药，自费项目先征求患者同意，及时准确做好报销工作。三是圆满完成中医对口支援工作。开展中医适宜技术培训及中医下乡指导活动，组织医院业务骨干对乡镇卫生院、乡医进行业务指导，共组织中医知识讲座2次，开展健康知识讲座3次。四是加强医院感染控制。加强重点部门、重点环节的质量管理，做到重点监测。每月对消毒剂、灭菌剂、灭菌效果进行监测，同时，对住院病人进行感染现患率调查，感染率、感染现患率、漏报率均低于标准要求。五是上报法定传染病 276 例，报告率 100%，无甲、乙、丙类传染病暴发和院内感染引起的传染病暴发疫情。

【市血站】 2015 年，市血站共采集全血 6333 人次，采血量 257 万毫升；采集血小板 290 人 483 个治疗量。供血 254.8 万毫升，供血小板 498 个单位，保障了临床用血需求。一是在以“一个乡镇、一个高校、五个企事业单位”为主体的应急“爱心血库”和稀有血型库的基础上，进一步扩大应急献血队伍，建立献血服务网络，在全市 19 个乡镇建立 20 个采血点、33 个献血联络点，初步建立覆盖全市的献血服务网络。加强临床用血指导，开展临床用血知识培训，规范临床输血行为，减少不合理用血现象。二是以全省采供血技能训练竞赛活动为契机，加强岗位练兵，组织全员参与理论知识竞赛和技能操作比武活动。6 月，邀请唐山市中心血站业务骨干为内审员，对全站质量体系运行情况进行审核。共提出问题及改进建议 21 项，发出不合格报告 3 份。8 月，在省卫计委督导检查中，提出 12 项整改问题，已全部整改。全年质控抽检血液 67 袋；原辅材料质控抽检 52 批次。对采血屋、采血车、成品库等 9 个监测点和 27 个区域进行严格监测，保证整个血液制品生产流程的工艺卫生要求。对工作环境空气进行工艺卫生监测 151 次，未发现不合格现象。三是扎实做好核酸检测准备工作，8 月 5 日正式开展核酸检测，全年累计送检核酸检测标本 2263 例，进一步保障了血液安全。7 月，血站计算机信息系统正式更新为 9.0 系统，为无偿献血服务工作提供了良好的网络支持。四是加大献血宣传力度。全年发表无偿献血宣传报道 63 条。在“3·5”学雷锋日、“5·8”国际红十字日、“6·14”世界献血者日等节日和纪念日开展主题宣传活动，不断扩大无偿献血的社会影响。6 月 11 日，举行大学生志愿服务分队社会实践基地揭牌仪式，为全市第一支大学生献血志愿服务队。7 月，成立迁安市血站微信公众服务平台，实时更新献血输血新闻及知识，对献血宣传起到良好效果。五是开展献血服务。通过手机短信平台系统，向献血者发送生日祝福、提示定期献血、告知血液检测合格结果、发布血液需求信息。做好献血后跟踪回访服务，回访率 99%。同时，通过献血热线、投诉电话等，接待市民咨询。八一前夕，慰问驻迁安武警部队官兵，感谢他们对迁安献血事业的大力支持。六是全力做好血费报销工作，为 261 人报销血费 30.9 万元，深受献血者好评。迁安市血站职工田立国捐献全血 18 次，捐献血小板 42 次，累计献血量 1.6 万毫升。前市卫生局副局长孔繁枢每半年献血一次，已参加献血 25 次，累计献血 9200 毫升，为卫生系统职工献血的楷模。两人均被评为 2015 年河北省机关事业单位“最美无偿献血志愿者”。

市卫生局（7 月，与市人口和计划生育局整合为市卫生和计划生育局）

局长、书记　阎双友（7 月离）
副　书　记　付　山（7 月离）
副　局　长　全云华（7 月离）
　　　　　　廉　佐（7 月离）
　　　　　　土文中（7 月离）
主 任 科 员　李文柱（7 月离）
副主任科员　李学辉（7 月离）

市卫生和计划生育局（7 月设立）

局长、书记　阎双友（7 月任）
副　书　记　付　山（7 月任）
副　局　长　廉　佐（7 月任）
　　　　　　李旭东（7 月任）
　　　　　　王文中（7 月任）
　　　　　　杨淑慧（女，7 月任）
　　　　　　徐艳敏（女，7 月任）
主 任 科 员　肖金彩（女，7 月任）
　　　　　　李宝军（7 月任）
　　　　　　李文柱（7 月任）
　　　　　　全云华（7 月任）
副主任科员　李学辉（7 月任）

（王东侠）

社会保险

【概况】 2015年，全市社会保险工作提质增效，社会保险政策进一步完善，各项业务经办进一步规范化，社会保险事业健康稳步发展。全市各险种覆盖858250人次，社会保险费总收入177090.31万元，支出165699.52万元，基金滚存结余240154.13万元，各项社会保险待遇按时足额发放。企业养老保险参保单位1012家，参保职工118581人，征收养老保险费63955.1万元，为15762名企业离退休人员支付养老金42329.2万元，基金滚存结余13.15亿元；机关事业养老保险参保单位186家，参保职工25525人，征收养老保险费35805.66万元，为6300名离退休人员支付养老金34452.59万元，基金滚存结余2719.5万元；城乡居民社会养老保险参保297466人，参保率97.8%，领取养老金94473人，领取率99.9%，基金收入20695.04万元，支出16255.36万元，累计结余56724.64万元；职工医疗保险参保单位960家，参保人员114262人，基金收入34712.47万元，为119449人次支付待遇26706.79万元，基金累计结余38707.74万元；工伤保险参保单位487家，参保人员153711人，基金收入9333.9万元，为18182人次支付待遇9197.9万元；失业保险参保单位209家，参保人员41110人，基金收入3441.9万元，为17788人次支付待遇2614.2万元；生育保险参保单位960家，参保人员97084人，基金收入2186.57万元，为4721人次支付待遇2381.64万元，基金累计结余2836.72万元。

【医疗保险政策进一步完善】 1. 调整城镇职工基本医疗保险缴费政策。迁安市人民政府印发了《关于调整城镇职工基本医疗保险缴费政策的通知》，规定从2015年1月1日起将职工医保费由双基数征缴改为单基数征缴，设定了职工基本医疗保险参保最低缴费年限。2. 提高医疗保险报销待遇标准。根据唐山市城镇医疗保险市级统筹工作领导小组《关于调整城镇职工医疗保险、城镇职工生育保险有关政策的通知》精神，从2015年1月1日起，迁安市将职工医保统筹基金最高支付限额由每人每年5.5万元调整为每人每年7万元。全市大额补充医疗保险与基本医疗保险报销限额合计每人每年可报销42万元，达到省内领先水平，减轻了重大疾病患者的就医医疗费用负担；同时，自2015年6月1日起，提高职工医疗保险报销水平，将“非定点”医院住院、“特检特治”检查两项费用由个人先行自负20%的比例降低至10%，异地就医个人自付降低至10%。

【城乡居民基础养老金提高标准】 《人力资源社会保障部、财政部关于提高全国城乡居民基本养老保险基础养老金最低标准的通知》要求，从2014年7月起，全国城乡居民基本养老保险基础养老金在原每人每月55元基础上增加15元，最低标准提至每人每月70元，所增部分全部由中央财政列支；根据《河北省人民政府关于完善城乡居民基本养老保险制度的实施意见》规定，自2015年1月起，省级城乡居民基础养老金在中央基础养老金的基础上，为符合领取条件的参保人每月增加5元，由省级财政全部负担。迁安市及时调整了基础养老金，调整后，迁安市城乡居民养老保险基础养老金标准调整为每人每月130元，其中中央基础养老金70元、省级基础养老金5元、地方基础养老金55元。

【企业退休人员养老金待遇再次提高】 按照河北省人力资源和社会保障厅、河北省财政厅《关于2015年调整企业退休人员基本养老金有关问题的通知》文件精神，积极做好企业退休人员养老金调整工作，共涉及企业退休（职）人员14613人，月增养老金312.69万元，人均月增加213.98元，超省平均线3.37%。调整后，迁安市企业退休人员人均养老金达到2057.28元。上调离休干部、新中国成立前参加工作老工人遗属生活困难补助。自2015年1月1日起，迁安市调整离休干部、新中国成立前参加工作的老工人去世后遗属生活困难补助标准，由每人每月470元调整到每人每月500元、每人每月564元调整到每人每月600元。除政策有调整外，以后离休干部、新中国成立前参加工作的老工人去世后遗属生活困难补助标准随城镇居民最低保障标准同步调整。

【社会保险缴费比例降低】 1. 降低失业保险缴费费率。按省人社厅、省财政厅和省地方税务局《关于调整失业保险费率有关问题的通知》文件精神，迁安市从2015年3月1日起将城镇职工失业保险费申报缴费费率由3%降至2%，其中用人单位按照本单位工资总额的1.5%缴纳，职工按照本人工资的0.5%缴纳。失业保险缴费费率降低后，进一步减轻企业负担，在目前企业生产经营困难时期，有利于预防失业和稳定就业。2. 降低职工生育保险缴费费率。为减轻参保企业社会保险缴费负担，迁安市根据河北省人力资源和社会保障厅、省财政厅《关于适当降低生育保险费率的通知》精神，实施积极财政政策，出台了《迁安市人力资源和社会保障局、迁安市财政局关于降低城镇职工生育保险费率的通知》，从2015年10月1日起，降低城镇职工生育保险费费率。根据城镇职工生育保险制度运行和基金积累情况，迁安市将各类企业参保单位生育保险缴费比例由现行缴费基数的0.8%调整为0.5%。机关事业参保单位生育保险缴费比例不变，仍为0.25%。生育保险缴费比例降低后，企业单位参保职工各项生育保险待遇不变。费率调整后，全市928家企业每月可少缴医保费64万元。按照“以支定收、收支平衡”的原则，建立职工生育保险缴费比例动态调整机制，加强对生育保险基金的监测和管理，实现生育保险基金结余合理结存，确保收支平衡。

【工伤职工津贴和供养亲属抚恤金提高标准】 根据唐山市人力资源和社会保障局、唐山市财政局《关于调整工伤职工伤残待遇和护理费标准有关问题的通知》文件精神，迁安市对工伤职工伤残津贴、供养亲属抚恤金、生活护理费标准进行统一调整。调整范围为2014年12月31日前享受伤残津贴、供养亲属抚恤金、生活护理费的工伤职工及其供养亲属。新标准自2015年1月1日起执行。调整标准为：一至四级工伤职工伤残津贴分别增加260元、240元、220元、200元。调整后的伤残津贴实际金额低于当地最低工资标准的，统一调整到本地最低工资标准。用人单位难以安排工作的五、六级伤残职工津贴由用人单位为其增加，五级每人每月增加额不得低于180元，六级每人每月增加额不得低于160元。调整后的伤残津贴实际金额低于当地最低工资标准的，统一调到本地最低工资标准。供养亲属抚恤金配偶每人每月增加120元，其他亲属每人每月增加100元。生活护理费，按照唐山市2013年度职工月平均工资3987.33元标准的50%、40%、30%确定。

市社会保险基金管理中心

主　　任　田　克

分管领导　马凤文（市人力资源和社会保障局副局长）

副 主 任　王　咏（女）　秦建军

（石晏春）

就业服务

【就业再就业目标完成情况】 全市实现转移农村劳动力5981人，完成目标5600人的106.8%；城镇新增就业6642人，完成目标6000人的110.7%；城镇失业人员再就业1436人，完成目标1210人的118.7%；就业困难人员再就业347人，完成目标300人的115.7%；城镇登记失业率2.99%，控制在3%以内。开展各类职业技能培训101期，培训2839人，完成目标2000人的141.9%。开展创业培训515人，完成目标400人的128.8%；发放创业担保贷款383笔3169万元，完成目标2000万元的158.5%；提供创业服务1103人，完成目标1000人的110.3%。引进各类急需人才836人，完成目标800人的104.5%；培训各类人才478人，完成目标400人的119.5%。

【就业服务活动】 扎实开展就业服务活动。1. 充分发挥人力资源市场作用，积极开展职业指导和职业介绍服务。全年组织各类招聘会46场，为企业登记招聘6617人（次），进行职业指导12337人（次），为3089人（次）成功介绍工作。2. 认真开展“就业援助月”和“春风行动”等专项活动。3. 认真落实“三级平台、两个代办”规定，加强“就业失业登记证”管理，做好就业失业登记工作。市政府办公室印发《关于第一批向乡镇下放部分办理事项的通知》，“就业失业登记证”事项下放到乡镇（街道城区）办理，市就业服务局制定实施方案，先后3次对各乡镇和城区街道办事处进行拉网式检查，并对重点乡镇进行有针对性地业务指导。全年免费为劳动者办理“就业失业登记证”8717册，年审1201册。

【职业技能培训】 强化职业技能培训。一是强化职业培训网络体系建设，方便城乡劳动力就近就地参训。按照省、唐山市职业培训基地认定管理办法，择优认定9家定点职业技能基地，建起专业较为齐全、结构相对合理、覆盖城乡的免费职业培训自选超市网络，方便农民自主选择培训项目。二是强化人社、财政全程联合监管模式，保证培训资金使用效益。继续以“五真”（真学员、真培训、真出勤、真合格、真就业）和“七合格”（身份合格、考勤合格、笔记合格、抽查合格、考试合格、就业合格、档案合格）为标准，严格执行各级职业培训政策要求，落实职业培训工作17项制度和25条规范，保证培训专项资金合理使用。三是强化服务意识，提高工作效率。优化工作流程，方便培训机构管理，对农村参训人员比较集中的培训，在条件允许的情况下，采取到乡镇或到农村培训，方便农民参训，降低参训成本。

【创业帮扶工程】 大力实施创业帮扶工程。1. 调整创业担保贷款政策。根据国务院《关于进一步做好新形势下就业创业工作的意见》，调整创业担保贷款额度，将迁安市劳动年龄内创业1个月到36个月并带动2人以上就业的小微企业和个体工商户贷款额度统一提高到10万元。全年发放创业担保贷款383笔3169万元，有效缓解了初创小微企业融资难问题。2. 开展创业培训工作。市就业服务局积极与华北理工大学迁安学院沟通，组织毕业年度内高校毕业生参加创业培训，已培训高校毕业生148名。在每一期创业培训班举办创业专家指导会，由工商、税务、财政、银行、优秀企业家等创业指导专家对学员进行创业优惠政策、工商注册流程、创业项目推荐等方面指导。3. 加大宣传力度，营造创业氛围。利用广播、电视、报纸等媒体宣传创业典型和创业帮扶优惠政策。与迁安市电视台合作开办创业知识讲座系列节目，邀请有丰富经验的创业培训教师，按照《创办你的企业》教材，详细讲解十部课程，营造“想创业、敢创业、会创业”的浓厚氛围。

【人才引进工作】 全面推进人才引进工作。一是组织用人单位赴相关高校招聘急需专业毕业生。为满足用人单位对各类人才的需求，利用年底前后高校毕业生求职旺季这一大好时机，在摸清人才需求的基础上，有针对性地组织燕钢、九江、轧一、思文科德等单位分赴河北科技大学、燕山大学、河北联合大学、辽宁科技大学、辽宁工程技术大学、内蒙古科技大学等周边省市相关院校参加毕业生洽谈会，提早引进急需专业的高校毕业生。二是为企业引进人才提供优质服务，及时为企业引进人才提供签订就业协议、档案接收、户口迁移等项服务，为企业排忧解难。三是不断完善人事代理社会化服务功能。加强流动人员档案管理，投资18.9万元与秦皇岛东软公司合作开发“迁安市档案管理及企业职工退休审批系统”，投资20余万元购置服务器、电脑、高清扫描仪、高清照相机等硬件设备，组织30余人对保管的流动人员档案进行电子化。2015年，完成历史档案电子化近2万卷。

【促进高校毕业生就业】 一是实施高校毕业生见习制度，提升毕业生就业能力。为有针对性地做好高校毕业生见习工作，深入企业调查摸底，广泛征集见习岗位。全年共征集见习岗位424个。二是引导高校毕业生到基层就业。对离校未就业的高校毕业生实行实名登记制度，综合运用就业指导、创业培训、职业培训、就业见习等政策措施和服务手段，力争使每一名有就业意愿的离校未就业高校毕业生在毕业半年内实现就业或参加到就业准备活动中。三是做好“三支一扶”（支农、支教、支医和扶贫）学生的日常管理、考勤和考核工作。全年共征集“三支一扶”岗位110个，接收高校毕业生报到2025人。

市就业服务局

局　长　刘子玉

副局长　徐少华　罗永红

（刘渝施）

民政工作

【拥军优抚】 广泛开展宣传工作。利用电台、电视台、《迁安时讯》等媒体宣传各行业涌现的拥军优属新典型；做好重大节日期间慰问工作。春节、“八一”等重大节日期间，先后为驻迁安部队、重点优抚对象发放慰问款74万余元。全年发放抚恤定补款2087万余元，全部实行社会化发放。以每人600元的标准为1471名重点优抚对象发放取暖补贴88.2万元。从解决生活、住房、医疗方面存在的困难入手，帮助重点优抚对象解决实际困难。实行“一站式”医疗结算服务，全年累计为800余人次优抚对象和医疗单位进行政策解答，为优抚对象报销医疗费用38.78万元。

（裴亚光）

【退役士兵及转业士官安置】 及时足额兑现义务兵家属优待金及自主择业金。2015年，农村籍义务兵家属优待金为每年每户17125元，城镇义务兵家属优待金为每年每户17760元，共计为714名义务兵发放优待金1398.87万元；为280名退役士兵发放自主择业金930万元。

（裴亚光）

【基层民主政治建设】 农村基层政权建设。1. 按照省和唐山市关于村“两委”换届工作安排部署，迁安市于2014年12月23日全面启动村“两委”换届选举工作，到2015年4月底，全市505个行政村全部完成换届选举任务。推选出村委会成员1556名，其中主任505名，995名村委会成员为连选连任，妇女干部317名。2. 配合市委组织部开展村“两委”成员培训工作。以乡镇为单位，采取巡回授课方式，对全市19个乡镇新当选的村“两委”干部进行培训。加强城乡社区建设，积极为城区街道办事处争取社区建设项目资金。

（邓芳冰）

【社会福利】 继续贯彻落实省政府关于加快推进养老服务体系建设的意见，坚持“党政主导，社会参与，全民关怀”的为老服务方针，超前应对人口老龄化的严峻形势，积极探索以居家养老为基础、社区养老为依托、机构养老为补充的新型社会养老服务体系，养老保障水平进一步提高。一是迁安市老年综合服务中心已建成一所集光荣院、敬老院、老年公寓三院合一型的养老机构，占地面积1万多平方米，拥有144张床位。二是5所福利院通过引进社会工作等先进理念，进一步完善软硬件设施，强化干部职工队伍管理，管理服务水平显著提高。三是大力支持社会力量兴办养老服务机构。按照“谁投资、谁管理、谁受益”的原则，建立公开、平等、规范的养老服务业准入制度。至2015年，全市有20家民办养老服务机构取得“养老机构设立许可证”。四是积极探索新型农村养老模式，农村互助幸福院老人生活无忧。按照《河北省深化加强基层建设年活动帮扶村互助幸福院建设实施方案》，至2015年年底，全市已建设农村互助幸福院435个，院内生活设施齐全，均配备呼叫服务系统，休息室、活动室、室外场所可为老人提供休闲、娱乐、健身等个性化服务。居家养老服务中心发展迅速。至2015年年底，全市建成燕阳、燕祥等21个居家养老服务中心，建筑总面积1155平方米，床位151张；在农村和社区建成435个居家养老服务站，覆盖面达到100%。全市建立的居家养老呼叫服务网络，为辖区400户居家老人安装了电子保姆，提供家政服务、生活料理和精神慰藉等社会化服务。

（张惠君）

【儿童福利】 继续加强儿童福利机构建设和收留孤儿管理。2015年，民政系统收养社会弃婴及残疾儿童51名，常年在院供养20人，内设婴儿室、生活室、康复室、特教室、学习室等设施，充满童趣和温馨家园气息，为孤残儿童提供照料、教育、康复、医疗等服务。坚持“用爱心促进孩子们健康成长，用诚信呵护孩子们的幼小心灵，用细心照料孩子们的衣食住行，用恒心关注孩子们的点滴变化，用精心营造孩子们的温馨家园”的服务精神，对儿童的照料由传统的“养、教、治”三个基本功能，向“情、能、智”方向发展，针对不同年龄段孤残儿童不同的心理特征、不同的残疾状况，实施心理疏导、矫形及康复训练，使孤残儿童身、心、智全面发展，融入社会，享受亲情。

（孙艳平）

【救灾救济】 2015年，提高城乡低保、“五保”标准被列为迁安市委、市政府为民办实事之中。其中，农村低保标准从每人每年3150元提高到每人每年3550元、城镇低保标准从每人每月450元提高到每人每月500元。全年累计为20154名城乡低保对象发放保障金4250万元，实现动态管理下的应保尽保。落实农村“五保”供养标准自然增长机制，2015年，集中供养标准为每人每年7600元，分散供养标准为每人每年5000元，分散特护供养标准为每人每年8000元。全年为1873名“五保”对象发放供养金1140.255万元，为735位城乡困难群众发放医疗救助金255万元。

（李大鹏）

【民政管理】 继续施行火化费、运尸费、车辆消毒费、一次性卫生纸棺和骨灰盒5项基本火化费用减免政策，全年累计火化遗体3475具，减免费用303.9万元；地名标志设置实现标准化、规范化，基本实现村村有标、街路有牌、户户有证。2015年，累计办理结婚登记6072对，为遗失、损毁结（离）婚证当事人补办婚姻登记证2264对，办理离婚登记1940对，婚姻登记合法率100%。认真贯彻国务院《宗教事务条例》，积极协调筹建石佛古寺，民族、宗教界和谐稳定。坚持培育发展与监督管理并重的方针，民间组织健康有序发展，2015年，全市共有民间组织225个，会员总数8000余人。

（孙艳平）

【老龄工作】 至2015年年底，全市有60周岁以上老年人口10.86万人。其中，60～69周岁老年人69882人，70～79周岁老年人26788人，80～89周岁老年人10910人，90～99周岁老年人1009人，100周岁以上老年人11人。全市空巢老人2333人，占老龄人口的3%，失能、半失能老人21591人，占老龄人口的20%。创新机制，实施一系列惠老、助老政策和制度，使老年人生活得到有效保障和周到服务。2015年，全市继续按照80～89周岁每人每月100元、90～99周岁每人每月200元、100周岁（含）以上每人每月300元的标准在全市普惠型开展高龄津贴发放工作。全年累计为11930位高龄老人发放高龄津贴1463.41万元。2015年，累计筹资85.2万元，资助1.7万位“五保”对象、低保对象、重点优抚对象中的老年人及其他特困高龄老年人参加“助老健康御险”；继续落实《河北省老年人优待办法》，全年累计发放老年人优待证5384本。

（宋海波）

市民政局

局　长　张金铭（12月离）
　　　　　高雅利（12月任）

副局长 陈志今 刘志会 梁玉清 李志平
刘宗衍
书 记 张金铭（兼，12 月离）
高雅利（兼，12 月任）
副书记 宁志军（11 月离）

（孙艳平）

人口和计划生育

【概况】 2015 年，全市人口和计划生育工作坚持强基础、抓机制、保质量，各项工作继续保持健康发展态势。2010 年全国第六次人口普查（以下简称“六普”），迁安市“六普”出生人口性别比为 129.66（当年全省“六普”出生人口性别比为 114.86），在河北省 172 个县（市）区倒排第 7 位，被省确定为 32 个重点治理县（市）区之一。经过几年努力，全市出生人口性别比由“六普”时的 129.66 降至 2015 年的 106.14，2012 年、2013 年、2014 年连续三年被省委、省政府评为人口和计划生育工作先进县。2015 年度，全市人口出生率 12.03‰，符合政策生育率 89.5%。

2015 年，计划生育宣传教育推广“一园（人口文化园）、一墙（人口文化墙）、一馆（人口健康均衡发展馆）”模式，深入推进“婚育新风进万家”活动，引导全市群众形成健康文明的生活方式。

加强基层基础工作，重点强化村民自我约束能力，全市有 373 个行政村创造性地将计划生育执行情况与村规民约挂钩；全市各乡镇与各行政村签订了人口和计划生育目标管理责任状，与村干部年终工资、奖励资金挂钩，效果良好。

【优生优育】 1. 认真开展两项免费服务。2015 年，为 6823 对育龄夫妇进行免费孕前优生健康检查，人群覆盖率 88.84%；为 12.4 万名已婚育龄妇女进行免费生殖健康检查，服务率 89.86%。二是推进计划生育便民服务。保持阳光计划生育服务热线畅通，解决群众实际困难。同时，简化生育证件办理程序，实行一次性告知、即时办结、限时办结、计划生育专干代办或预约服务等，提高服务效率和服务水平。2015 年，共审批二胎 3671 件，其中“单独二孩”生育审批 1034 件，再婚前双方家庭各有一个孩子的生育审批 3 件。三是推进流动人口计划生育均等化服务。开展留守儿童、留守老人集中关怀月活动，分别于 6 月和 9 月，组织计划生育志愿者深入学校、农村家庭，针对留守儿童、留守老人开展走访慰问、结对帮扶活动。

【计划生育奖励扶助政策】 2015 年，全市落实计划生育奖励、扶助、救助资金 1233.39 万元，其中落实独生子女父母三项奖励资金 487.24 万元、奖扶资金 530.3 万元、特扶资金 126.82 万元、计划生育三级以上并发症特扶资金 10.68 万元、计划生育救助资金 78.35 万元。深入开展亲情关爱活动。利用元旦、春节等节日，开展“节日送温暖”活动，对 130 户失独和残独计划生育特殊困难家庭开展亲情关爱，补助金额 7.5 万元。推进优先优惠政策的落实，落实医疗保险计划生育奖励 43090 人、资金 237.77 万元；对 532 个符合计划生育独生子女户和农村计划生育双女家庭条件的个人，落实社会养老保险金增加 10% 的奖励；发放农村计划生育双女户家庭奖励资金 13.02 万元，惠及 434 人。

【计划生育技术服务】 2015 年，全市将综合治理出生人口性别比工作作为重点工作来抓，强化各级党委、政府责任，狠抓工作落实与推进。一是加强督导。认真落实市委、市政府人口和计划生育工作制度，加强乡镇（城区街道）、村（居）工作督导检查，确保工作落实到位。二是强化考核问责。继续坚持季考核及倒排问责制度。对各乡镇（城区街道）每季一考核、每季一调度、每季一通报、每季一问责，有效推进工作开展。三是落实包保责任。认真落实“三级（县、乡、村）两全（全员、全程）包保”责任制，县、乡、村三级计划生育工作人员认真做好未婚同居、新登记结婚和持二胎证等重点人群的全程监管和服务。四是依法严打“两非”（非法胎儿性别鉴定、非法人工终止妊娠）。继续实行计划生育、卫生、公安、教育、民政等多部门联合执法检查工作机制，有效打击“两非”等违法行为，取得良好效果。年初，计划生育、卫生、妇联等相关部门联合出台《关于开展整治“两非”专项行动实施方案》，年内，查处“两非”案件11起，其中典型案件5起。五是加强服务。进一步加强季普查服务，对性别比偏高的乡镇，变季服务为两月一服务，强化孕情监管。六是加强区域协作。始终坚持与周边县区签订协议，建立出生人口信息互通、“两非”案件协办配合的工作机制，成效良好。

市人口和计划生育局（7月，与市卫生局整合为市卫生和计划生育局）

局　长　张金涛（7月离）

副局长　李旭东（7月离）

杨书慧（女，7月离）

徐艳敏（女，7月离）

主任科员　李宝军（7月离）

计划生育协会常务副会长

肖金彩（女，7月离）

（王东侠）

迁安镇

【概况】 迁安镇位于迁安市中部，为市委、市政府所在地，镇政府驻市区惠泉大街西段。辖6个党工委、76个行政村、11个社区居委会，总面积128.14平方公里，耕地面积3775.12公顷。总户数61397户，总人口179042人，其中农业户籍人口81368人，人口自然增长率7.52‰。2015年，完成工业企业总产值80.02亿元，同比下降2.46%；全社会固定资产投资79.44亿元，同比增长18.2%；完成全部财政收入8.35亿元，同比下降10.5%；完成公共财政预算收入5.3亿元，同比下降13.2%；农民人均纯收入19757元，同比增长8.5%。粮食总产14989吨，牲畜55338头，猪肉3335吨，奶10668吨，畜蛋产量39960吨。

【项目建设与引进】 年内，全镇实施项目22个，其中一产项目2个、二产项目6个、三产项目14个，已完成投资24.2亿元。结转项目7个，其中计划总投资21亿元的万嘉综合商贸物流园项目已累计完成投资21亿元，计划总投资120亿元的迁安中央商务区天洋城4代城市综合体项目，已累计完成投资82亿元；新开工项目8个，其中布朗多尼（迁安）特种阀门生产项目和迁安市蓝天幼儿园项目已完工，迁安大润发项目主体已完工，迁安市濡水黄香食品有限公司豆制品加工项目、河北华洲金属制品有限公司8万吨紧固件项目及钰泉·姑苏园项目一期已完工，万嘉红星美凯龙国际家居城市综合体商业服务配套区项目商业部分主体已完工，迁安镇高效农业示范区项目已建设完成35个高标准设施大棚。

招商引资创佳绩。2015年，引进5亿元以上项目1个，1亿元以上项目3个。招商月期间，接触外地企业7家，促成签约项目4个：大润发项目、迁安市濡水黄香食品有限公司豆制品加工项目、莱茵河畔—欧洲风情小镇项目、河北华洲金属制品有限公司1600平方米环保纸箱包装生产项目。

【农业发展】 引导扶持农业龙头企业、农业专业合作社、家庭农场等社会化服务组织，加快农业产业化步伐。成立农业专业合作社4个，规范提升农业专业合作社2家，成立家庭农场4家；畅通农技推广体系，确定示范基地，培育科技示范户162户，辐射带动周边农户2000户；农村土地流转规范有序，设施农业持续发展。

【城建环境】 全力做好花园街西伸工程涉及的回迁安置楼房分配工作。涉及吴纸庄、黄纸庄18户拆迁户楼房分配工作，积极与市房征办、兴盛房地产公司接洽，全部顺利回迁。做好阚庄村440户及挪河、于庄、蒋官营、刘家庄、前陀5个村1113户高层楼房的分房准备工作。治管结合，开展违法建筑整治活动。加大打击违法建筑力度，全年拆除违法建筑50余处。认真细致做好城改遗留问题群众上访工作。全年接待上访群众150人次，解决遗留问题6件。

【民生福祉】 积极办理农保房（农民保障性住房）手续，做好农保房审批工作。农保房工程是迁安镇的重点工程，其中一期A段、一期B段都已完工入住。一期C段审批合格914户，于2015年11月完成对楼房的分配。开展农村危房改造。2015年，完成农村危房改造33户，其中新建24户、修缮9户，年底全部竣工。农村环境卫生明显改善。通过每月环境集中整治行动，全镇除已拆迁的11个村外，其余87个村共清除卫生死角、死面280处，清理清运生活垃圾、建筑垃圾约3500吨，村容村貌焕然一新，村民生活环境质量显著提升。

【社会保障】 民政工作成效显著。至年底，纳入“五保”供养范围的有137人，农村低保和城镇低保户849户。发放优待抚恤金212万元，发放低保金307万元，发放“五保”供养金45.9万元。做好婚姻登记工作，全年完成结婚登记900对，离婚登记350对，补证336对，单身证明700份。社会保障体系建设稳步推进。2015年，城乡居民养老保险参保总人数30483人，其中续保29228人，新参保1255人，总缴费金额665.51万元。年内，组织劳动力免费培训4期，培训360人次。

【社会事业】 做好涉税土地清查及催缴工作，全年入库土地使用税4712万元。扎实开展计划生育工作。人口出生率12.8‰，出生人口性别比106.25。推进行政审批制度改革。认真贯彻落实“三级平台，两个代办”工作。投资80余万元成立便民服务中心，减少了审批环节，方便了群众。食品药品安全、卫生工作常抓不懈。组织安全大巡查活动，对不符合生产经营的业主，限期整改到位；加强农村集体聚餐、小饭桌管理。征兵工作顺利进行。年内，全镇征集新兵46名。文化体育工作红红火火。组织开展“迎新春全民羽毛球比赛、乒乓球比赛”、“迁安好声音”迁安镇海选，组织14支村民代表队参加“舞动幸福”广场舞大赛。

【社会稳定】 稳定形势持续向好。1. 落实镇领导干部信访接待日制度，建立镇、党工委、村三级陪访机制，做好矛盾纠纷排查工作。全年接待群众来信、来访500多件次，其中立案调查256件，年终结案率在98%以上。2. 积极开展安全生产工作。本着“积极谋划，扎实工作，服务企业”的工作原则，开展安全生产宣传月、打非治违、安全生产专项检查等工作，突出加强节假日的安全监管监察力度。全年检查各类企业200多家次，下达现场检查记录200份，排查隐患300处，遏制了各类生产事故的发生，全镇安全生产形势稳步好转。

【党的建设】 基层组织建设得到新提升。在党建样板村创建基础上，继续扎实推进软弱涣散党组整顿转化工作和党建示范点、示范区建设工作。创建了公平、建设等24个党建示范点，5个示范区。确定11个村为年内软弱涣散党组织整顿对象，集中开展专项整顿，有效推动全镇党建工作整体互动，平衡发展。从8月初开始对辖区内所有基层党组织和党员开展处置不合格党员工作，至年底，全镇排查出失联党员75名，组织处置2名不合格党员。严把发展党员“入口”，新发展党员66名，通过“以老带新，以新促老”，充分调动发挥各个层面党员的作用。

【党风廉政建设】 落实党风廉政建设主体责任。扎实开展日常执纪监督和作风监督。镇纪委书记专职专干，年内，镇纪委共受理群众信访举报件39起，立案调查17起，对干部职工开展检查活动10次；开展“清车、清房”专项行动。2015年，全镇累计腾退改造办公用房38间960平方米，清理超标、超配车辆18辆，均按规定清理到位；严格车辆管理，节假日公车统一停放，由办公室统一调度管理；严格执行《公务活动零接待制度》，“三公”经费同比明显下降。

书　　　记　任　顺（12月离）
　　　　　　　赵永兴（12月任）
副　书　记　赵永兴（12月离）
　　　　　　　王克骄（12月任）

镇　　　　长	王克骄（12 月任）
副　镇　长	张玉红（女）　张建民
人 大 主 席	李秀红（女）
人大副主席	毕秀琴（女）
武装部部长	兰健升
组 织 委 员	付殿波
宣 传 委 员	崔　杨
纪 委 书 记	武保和
城区党工委书记	李子义
于洪庄党工委书记	张晓明
西李铺党工委书记	樊玉良
毛家洼党工委书记	彭振旭
丁官营党工委书记	朱俊秋
潘营党工委书记	孟　乐

（李树桓）

扣　庄　乡

【概况】　扣庄乡位于迁安市东部，乡政府驻地扣庄村位于市区东6.7公里处。辖27个行政村，总面积71.26平方公里，耕地面积3751.39公顷。总户数11981户，总人口43486人，人口自然增长率5.21‰。2015年，扣庄乡围绕建设“实力扣庄、美丽扣庄、幸福扣庄”奋斗目标，把握机遇，创新实干，经济社会各项事业协调发展，公共财政收入完成情况和增速情况等指标居全市前列。全年完成工业总产值23.41亿元，比2014年增长55.86%；全社会固定资产投资13.93亿元，比2014年增长18.05%；全部财政收入5928.2万元，比2014年下降6.5%；公共财政预算收入2163万元，比2014年增长21.1%；农民人均纯收入18864元，比2014年增长11.6%；新增个体工商户171家，新注册企业57家。

【项目建设】　总投资2.97亿元的圻鑫环保设备生产项目、绿安苗木苗圃项目、鹏奥二手车市场项目、锦岩石材大理石加工项目等13个项目已完工投产。计划投资6.5亿元的中能国源电力技术有限公司生物质固化燃料发电供暖项目和计划投资1000万元的迁安市电商平台“农惠网”建设项目已签约。计划总投资47.2亿元的葵花药业大健康产业基地、迁安市耀德再生资源市场等5个项目正在谋划推进。

【农业工作】　加大农田水利基础设施建设，新打机井33眼，铺设管道60846米，安装水泵62台（套），配置出水口1763个，架设高低压线路2.5千米，新上变压器3台，修路1.5千米。培育新型农业经营主体，通过土地托管等形式实现土地规模经营4100亩，博昌粮食种植专业合作社实现土地流转410亩，乐丫农产品开发有限公司被评为省级龙头企业，成立农民合作社40家。开展农技推广，推广花生良种4万公斤，发放玉米、小麦良种补贴资金49.5万元，推广农机全程社会化服务3660亩。

【城镇建设】　加快小城镇建设，在迁徐公路两侧城镇规划区内新建商贸楼8栋，扣庄社区保障房前期手续基本办结，重修迁徐路和万灵路两侧排水沟14.5公里，配套清理路旁垃圾杂草，粉刷路边花墙。加强乡村基础设施建设，新修道路4200米，新砌石拱桥一座，架设高压塔基79座，铺设高压线路16公里，完成危房改造贫困户42户。推进老区村建设，投入资金273万元，对上阶地村、毕新庄村、东晒甲山村、西晒甲山村4个革命老区村实施打井上电、修路修桥、电网改造、河道治理等基础设施建设。改善农村环境，按照“普遍抓五清、美庭院，重点抓精品”的总体思路，因村制宜，建立长效保洁机制，实现农村面貌大改观。

【社会事业】　全面落实为民惠民政策，统筹发展，服务民生。民政方面，为1332人发放最低生活保障金281万元，99位分散“五保”户发放供养资金30.8余万元，350位优抚对象发放定补资金100余万元，690位80周岁以上老人发放高龄津贴92万元；办理结婚登记等业务369件。就业与社会保障方面，实现农村劳动力向非农产业转移310人，农村养老保险参保14150人，收缴保费196万元，全乡有6978人享受城乡居民社会养老保险待遇；为20多家小微企业申报租金补贴，为15家个体工商户申请小额贷款；农村合作医疗参保率达到96.7%，基本实现社会保障全覆盖。计划生育方面，加强出生人口性别比问题治理，全年未发生“两非”（非法终止妊娠、非法鉴定胎儿性别）案件，性别比为106.27，为480对夫妇进行优生四项（风疹病毒、巨细胞病毒、弓形体和单纯疱疹病毒）免费检测，为517对独生子女父母发放奖励资金10.9万元。

【安全工作】 继续开展“六打六治”▲尾矿库安全专项整治等活动，加强重点行业和重点领域安全监管，全年排查整改安全隐患226处，发放停产整顿通知书8份，全乡未发生安全生产事故。国土管理，依法审查报批农村宅基地148户，开展土地巡查140次，查处违法占地4处，拆清全部16家被纳入首批“五小”企业取缔复垦试点的球团厂，新增耕地面积110.025亩；食品药品安全，建立由包村干部、食品药品监管人员、公安干警、食品药品安全协管员、两代表一委员及食品药品安全社会监督员组成的“六员联防”体系，对辖区内食品生产、食品流通等行业进行摸底检查和建档造册，开展食品药品安全知识科普宣传活动4次，加大食品行业监管力度和协管员培训力度，完善食品药品安全监管长效机制；信访维稳，按照老案集中化解、新案及时化解的工作思路，坚持领导接访、包案、研讨等制度，完备信访工作组下访、约访机制，信访发生量明显减少，信访案件较2014年同期下降20%，全国两会、暑假安保、“九三”阅兵等重要节点，实现赴省进京“零上访”，社会稳定状况处于全市领先水平。

▲“六打六治”：打击矿山企业无证开采等行为，整治图纸造假、图实不符问题。打击破坏损害油气管道行为，整治管道周边乱建乱挖乱钻问题。打击危化品非法运输行为，整治无证经营等问题。打击无资质施工行为，整治层层转包、违法分包问题。打击客车客船非法营运行为，整治无证经营等问题。打击“三合一”场所违法生产经营行为，整治违规住人等问题。

【党的建设】 开展“解放思想、创新驱动、奋发作为、协同发展”大讨论以及“爱唐山、做贡献”主题实践活动，推进“三级平台、两个代办”服务体系建设，实现“让群众好办事、为群众办好事”的目标。圆满完成村“两委”换届工作，加大农村干部履职能力，农村干部队伍结构和素质进一步优化。出台《农村干部不作为管理办法》，与各村签订目标责任状，用制度约束干部行为，用目标管理激发干劲。投资21.4万元对东晒甲山、东牛山等4个村活动场所进行修缮，投资44万元解决扣庄村、西李官营村、半坡营村3个村公开栏、“两室”（农村党支部办公室和党员活动室）、吃水、用电、出行5个突出问题，寺后村、邓新房子村、蟒山村、安新庄村、兰若院村5个党建示范点基本建成。在农村组织送春联下乡、慰问演出、广场舞比赛等群众性活动，在各中小学校开展“学雷锋事迹报告会”等活动，在乡机关举办交通志愿服务、“纪念抗战胜利70周年书画图片展”等活动，群众文体活动丰富多彩。

书　　记　张利民
副 书 记　薛　东（12月离）
　　　　　　马心刚（12月任）　史　钧
乡　　长　薛　东（12月离）
　　　　　　马心刚（12月任）
副 乡 长　杨　秀　王进伟　张永奎
人大主席　张　海
武装部部长　马宝田
组织委员　李泓波
宣传委员　崔小丽（女）
纪委书记　郭欣光（女）

（马保员　崔智鹏）

夏官营镇

【概况】 夏官营镇位于迁安市东南部，镇政府驻地夏官营距市区10公里。辖28个行政村，总面积71.81平方公里，耕地面积3338.16公顷，总户数9946户，总人口33947口人，其中农业户籍人口28189人，人口自然增长率7.1‰。2015年，夏官营镇面对钢铁产业产能压缩、环保约束的双重压力，镇党委、镇政府与全镇人民一道在困难中找出路，在调整中寻突破，转型升级传统产业，加速布局新兴产业，进一步夯实转型发展的基础，积蓄经济增长的势能，为建设“生态、富裕、开明、和谐”的夏官营镇打下坚实基础。全年完成工业企业总产值25.12亿元，同比下降39.59%；全社会固定资产投资14.18亿元，同比增长18.8%；完成全部财政收入1809万元，同比下降70.8%；完成公共财政预算收入1039万元，同比下降58.8%；农民人均纯收入18886元，同比增长8.5%。

加强对党员干部的作风教育，为全镇各项事业发展提供坚强的组织保障。一是深入开展“解放思想、抢抓机遇、奋发作为、协同发展”大讨论实践活动。组织广大党员干部学习中共十八届四中、五中全会公报，京津冀协同发展规划纲要，市委五届六次全会报告等重要文件。二是严格落实各项制度。扎实开展“认责承诺”“主题党日”“支部书记论坛”等活动，规范机关、企业落实“一岗双责”等制度，对168名农村“两委”干部进行为期3天10讲的培训，全镇党员干部的整体素质进一步提升。三是加强对农村干部的管理。修订完善《农村干部工资考核管理办法》《农村干部坐班值班》等文件，市委组织部、纪检部门联合到各村就坐班值班、干部作风等情况进行检查，全镇处理农村“两委”干部6人、党员11人，规范了农村“两委”干部的行为，激发了干部的工作热情，促进了各项工作的开展。

【聚力招商引资，推动项目建设】 适应经济发展新常态，依托京津冀一体化发展政策优势，精准发力，对接京津，开展针对性招商，大力引进项目，为经济长足发展蓄足动力。签约推进项目3个，分别是计划总投资5亿元的天津信地新智慧科技创新基地项目，计划总投资1亿元的聚光科技（迁安）研发生产中心项目，计划总投资2000万元的金客隆超市项目。新开工项目5个，分别是计划总投资1.3亿元的天津中小企业迁安园项目，计划总投资1500万元的德艺生态休闲农庄项目，计划总投资3000万元的润德园农产品有限责任公司农业观光园项目，计划总投资1100万元的迁安长城道路设施有限公司新型复合材料高强度模压窨井盖、水箅生产线项目，计划总投资3000万元的迁安市夏官营镇坤龙水族器材厂项目。结转项目5个，分别是计划总投资2.05亿元的迁安市昌安耀滨科技企业孵化器项目，计划总投资8000万元的明续（迁安）科技发展有限公司大数据云平台开发项目，计划总投资2.5亿元的夏官营社区项目，河北钢铁集团迁安红山铁矿有限公司项目，计划总投资1100万元的东华特色有机蔬菜及花卉苗木生产基地项目。谋划项目5个。

【整治农村环境，建设美丽乡村】 保护和修复生态环境，改善环境质量，增强生态服务功能。实施工矿废弃地复垦、增减挂钩、“五小”企业复垦等土地整治项目8个，总面积927亩，年底时在积极推进；投资330万元，实施了大榆树村2200亩坡改梯工程，有效治理水土流失；推广使用洁净型煤230吨，取缔燃煤锅炉3台，改洁净型煤、生物质锅炉3台，大气环境质量得到有效改善；依托滨河田园绿道，开展植树造林、荒山育林工作，绿化覆盖率达到41%。加强农村基础设施建设，为农业和农村发展提供有力支撑。投入31万元，对罗庄子村、六道沟村、六合村、东裕村村部进行修缮，投入3.8万元对村部公开栏、“两室”基础硬件不达标的20个村进行集中更新，实现村部规范化建设；硬化洪庄、梁庞庄道路1200米，保障道路畅通；投资94.6万元，翻修下水管道1100米；计划投资40万元、长700米的五道沟沙河治理工程，年底正在积极推进。实施环境卫生综合治理，营造清洁整齐、优美舒适的生活环境。建立村集、镇运的保洁模式，每百户为单位设立一个保洁员，标准化清理村内卫生，累计投资120余万元，清运垃圾5800余吨，清理杂物1600余吨，清理庭院9357个，拆除残垣断壁10多处，改造院墙600多平方米，村庄环村植树1000株。加强土地确权工作，保障农村改革顺利进行。配合市国土局，对宅基地、基本农田进行全面测量，至年底，已完成18个村6830户宅基地测量、14750亩基本农田测量。

【实事利民惠民，提升幸福指数】 各项社会事业协调发展，基本公共服务实现均等化，人民生活水平不断提高，农民人均纯收入达到18886元。稳步推进社会保障事业，农村社会养老保险覆盖率达到98%，扩大救助范围，增加资金投入，改善农村低保户、“五保”户、高龄老人、残疾儿童和优抚对象的生活水平。开展危旧房屋改造工程。全镇实施危房改造17户、翻建10户、修缮7户，改善了困难群众居住环境。建设便民服务大厅，设计划生育、民政、社保、企业等11个窗口，实行领导带班、服务承诺、首问负责、限时办结等办事制度，为群众提供便捷、高效、优质的服务。教育方面，投入160余万元，对洪庄小学、五道沟小学、大榆树小学、耿庄小学、中心幼儿园、团新庄幼儿园进行维修改造，办学条件进一步改善。医疗卫生方面，改扩建夏官营镇中心卫生院，涵盖门诊、急诊、住院部、公共卫生等综合服务，适应患者就诊需求。全镇建有计划生育服务大厅1个、福利院1所、规范化卫生室28个，建立了覆盖全镇的完备医疗卫生服务网络。计划生育工作，投资12万元，在原夏官营公园基础上建成总面积2000平方米，集人口文化宣传长廊、宣传橱窗、健身器材、景观石刻、主题雕塑、公益灯箱于一体的人口文化园，在夏官营村部基础上建成人口健康均衡发展馆、人口文化墙；面向全镇6000位育龄妇女实施民心工程，免费开展孕前四项检查，提升出生人口素质，增进家庭和谐幸福。

【创新社会管理，建设平安乡镇】 1. 全面落实安全生产责任制，加大对矿山、选厂、“五小”企业等重点行业和领域检查力度，全年组织各类执法检查45次，出动车辆84台（次），下达检查通知单88张，及时发现和消除安全隐患。2. 加强和改进信访稳定工作，严格落实“一岗双责”、领导分包等制度，构建镇、村、党小组三级维稳网络，筑牢维护稳定的“第一道防线”，将矛盾化解在基层，化解在萌芽状态，圆满完成“两会”及“九三”大阅兵的维稳工作，实现全镇社会和谐稳定。3. 夯实全镇治安、交通、消防防范基础。派出所、综治办、城建办等专业力量打击与各村群防群治力量相结合，全方位加强巡逻体系，净化治安环境；组织津山线11个铁路沿线村开展重大节日铁路护路工作，每个村抽调2~4人，24小时看护，镇里由1名专职护路员进行巡查；完善消防安全委员会组织机构，组织镇综治办、派出所、法庭等部门不定期对全镇镇属部门进行消防安全大检查，年内，全镇没有出现火灾等消防安全事故。

书　　记 郭小峰
副 书 记 王克骄（12月离）
任治坤（12月任）
董星明（8月离）（9~12月空缺）
镇　　长 王克骄（12月离）
任治坤（12月任）
副 镇 长 郝艳琴（女）　贾志丹　周志国
人大主席 王　满
武装部部长 李郑军
组织委员 郝爱红（女）
宣传委员 王小光
纪委书记 杨建锋

（梅冬静）

彭店子乡

【概况】 彭店子乡位于迁安市东南部，乡政府驻地彭店子村距市区20公里。辖18个行政村，总面积40.55平方公里，耕地面积1973.11公顷。总户数6937户，总人口23298人，农业户籍人口22521人，其中党员998人，人口自然增长率7.04‰。境内东部、南部是平原，土质肥沃，地下水资源丰富；西部、北部是丘陵，铁矿资源丰富。青龙河和滦河从东西南三面环抱该乡。陆路交通便利，东西方向有京沈高速公路和102国道贯通，乡政府驻地距京沈高速公路卢龙入口6公里；南北方向有迁（安）卢（龙）公路纵贯全境。水路交通便捷，距秦皇岛港75公里，距京唐港60公里。电力充足，有3.5万伏变电站一座，距11万伏主变电站4公里，电信配套设施齐全。辖区内有迁安市文物保护单位八里塔汉代遗址和唐山市文物保护单位杨家坡新石器时代遗址。2015年，全乡完成工业企业总产值30.77亿元，比上年增长5.88%；全社会固定资产投资

8.74亿元，同比增长18%；全乡全部财政收入1299万元，同比下降42.2%；公共财政预算收入362万元，比上年下降62.6%。农民人均纯收入18597万元，比上年增长8.5%。

【项目建设】 2015年，实施在建项目9个，其中一产项目5个、二产项目2个、三产项目2个；新签约开工项目5个，截至年底，累计完成投资6.36亿元。在年内5月、10月两次市委、市政府组织的大规模项目观摩拉练中，位次均进入前十名，项目观摩成绩稳步上升。产业链条纵深发展，二产项目建设全面推进。推进投资2.15亿元的迁安市弘旭工贸有限公司与江苏麒麟房地产开发公司合作高级门窗项目；扶持投资1.1亿元的迁安市耀阳工贸有限公司电炉锻造钢球（段）项目，该项目已投产达效。产业结构优化升级，新型战略项目进展顺利。重点实施了总投资1.03亿元的迁安市新滨河大型综合性超商项目，该项目连锁超市、美食广场已经营业，休闲、娱乐项目正在建设中；投资3000万元的“幸福之家”老年公寓项目一期建设已完成，即将开业，是迁安首家按照标准化建设的乡镇居家养老机构。

【农业农村经济】 农业项目稳固创新。积极推进计划总投资1.5亿元的迁安市祺盛农产品加工基地及现代物流项目、计划总投资2000万元的千亩高效生态农业园区扩建项目、计划总投资4000万元的冀东民俗文化产业园等项目发展，加快发展现代农业。特色养殖快速发展。以总投资6600万元的河北滦牧农业开发股份有限公司肉鸡养殖基地项目为引领，积极发展肉鸡等新兴养殖，优化畜群品种结构，实现畜牧业多层次、全方位发展。苗木花卉产业迅速兴起。深入推进总投资1.5亿元的彭店子乡苗木花卉基地项目，设立花卉苗木示范点，种植面积2870亩，栽植花卉苗木30万株；成功召开彭店子乡第三届苗木花卉经验交流会，组织有发展意向的群众到固安、玉田等地参观考察，举办苗木发展培训会，全力推动苗木花卉产业化发展。

【美丽乡村建设】 农村环境明显改善，全乡76名保洁员负责乡域内所有道路的维护和清扫工作，全年累计清理垃圾1800吨、杂物1200吨，清理庭院400户、断壁危房6000平方米，在6月全市现场观摩中取得两村优秀、四村合格的成绩。爱国卫生工作成绩显著，完成改厨、改厕任务，累计改厨3500个、改厕5099座，顺利通过唐山市抽查验收，2013～2014两个年度连续被评为唐山市爱国卫生工作先进单位。基础设施建设不断增强，谋划实施了彭店子乡农民保障性住房社区建设项目，项目规划占地39.88亩，总建筑面积4万平方米，项目前期规划、征地工作已经完成。

【基层党建】 阵地建设“固本强基”。筹集资金，为小邹庄村修缮广场和村民中心，提升“两室”规范化建设水平和综合服务能力；在乡便民服务中心的基础上，建设完成18个村级便民服务站，明确村级代办员，推行全程代办服务，全面规范乡、村两级便民服务中心运转，对下放的10项行政审批事项全部承接到位，乡便民服务中心共办理各类事项11692件，其中本级办理事项1361件、代理事项10331件；接待办事群众及政策咨询1000余人。

队伍建设“补钙壮骨”。严格落实党委中心组学习制度，开展“周五大讲堂”和党委书记讲党课等活动，深入推进学习型党组织、学习型机关创建活动；发挥党员先锋模范作用，建立示范基地5个，制定《彭店子乡党建示范点创建标准》工作方案，将产业与党建工作衔接，能动作用显著；督促农村干部亮诺谋事，承诺涉及民政、社保、发展党员等方面累计400余件事项；开展处置不合格党员工作，摸清全乡党员底数。

后进基层党组织“晋档升级”。因村制宜，制定崔李庄、高李庄、祁庄村的专项整治方案，建立整顿台账，实施民生工程，为崔李庄村安装健身器材16件，成立人口文化园；高李庄村利用市交通局帮扶的5万元，累计更新更换机井15个、变压器1个、井管和漏电保护器15个，修泵5个；祁庄村解决群众土地纠纷5起，解决了村内3条水沟因群众堆放垃圾影响雨季排水问题和往年欠缴电费问题；修缮村级组织活动场所；

通过好带差、强带弱推动软弱涣散党组织晋档升级，确保按期转化。

【党风廉政建设】　实行领导班子成员廉洁自律承诺和个人重大事项报告制度。召开党风廉政建设责任落实专题汇报会3次，发现苗头性问题6个，对相关人员进行约谈预警，增强对党风廉政建设的责任感、压力感和自我监督意识。开展“岗位廉政风险点查找”“把纪律和规矩挺在前面”和治理“庸懒散拖”“懒政怠政、为官不为”等专项活动，推动机关作风大转变；修订行政职权目录、权力运行流程图各30个，完善风险防范措施27条；规范信访接待、登记，加大案件查处力度，查结案件9起，其中经济案件5起、其他案件4起，处分党员9人。开展党风廉政宣传教育活动，制作牌匾30块、宣传标语16条，召开警示教育大会2次，党委书记讲专题廉政党课；其他班子成员利用周五“机关学习日”讲廉政教育党课10讲。

【社会管理】　继续实施社会治安综合治理，利用“3·15”消费者权益日、“4·26”知识产权日、“六一”儿童节开展法制宣传教育活动；推进农村治安集中整治工作，全力创建“平安彭店子”；加强人民调解在维护社会稳定中的“第一道防线”作用，乡调委会共调解纠纷30起，成功调解30起。加强信访工作，落实领导信访接待日制度，采取多项稳控措施，确保全乡社会稳定；全年接待市级以上群众信访16件次、乡级1件次，结案率100%。

【社会事业】　社会保障工作，完成7750人的养老保险费征缴、3335人的待遇核定工作。就业失业登记管理工作，开具未就业证明142人次，鼓励多渠道、多形式就业，开展免费培训、创业培训370人次，办理就业创业证12本，带动就业78人。民政工作，新批低保40户，全乡农村低保对象共285户537人，优抚对象205人，累计发放优抚资金54.97万元；免费办理“助老健康御险”800人。食品药品安全监管工作，开展“省级食品药品安全县”创建工作，举办食品药品安全知识科普宣传活动5次，发放宣传单1000余份、宣传手袋300余个，解答安全咨询100余人次。精神文明建设，组织开展“文明交通——志愿服务”、“舞动幸福”广场舞大赛和“电视一家亲”才艺展示等系列文明创建活动；宣传本地正能量，引领社会新风尚，做好霍庄韩路宁等8名农民救火和富兴庄村好弟媳赵秀兰照顾哥嫂事迹的宣传报道工作。文体工作，投入经费20万元，举办各类文体活动20余次；认真组织2015迁安市“魅力钢城之夜”彭店子乡专场文化展演，获得“优秀组织奖”“优秀展演奖”；积极参加全市第二十届“颂祖国·唱迁安”合唱节活动，获一等奖。教育工作，增加教育基础设施投入，市、乡两级先后投资350万元翻建霍庄完全小学、柏庄幼儿园和彭店子中心幼儿园；在全市2015年小升初质量检测总效果排名中位列第一，被市教育局评为“学校管理先进中心校”；在2015年中考中，升入迁安一中31人、迁安二中23人、迁安三中29人，高中录取率达到82%；乡乒乓球队代表迁安市参加唐山市中小学生乒乓球比赛，获得小学女子组、中学女子组、中学男子组县区第一名，中学代表队获得唐山市中学组团体总分第一名，队员赵天宇、刘馨月分获男女单打冠军。国土资源管理工作，加大辖区内违法采矿、采砂和违法建房等土地巡查力度，下达《责令停止违法行为通知书》12份，查处洗砂厂2处；开展迁安市彭店子乡王孟庄村及小邹庄村工矿废弃地复垦利用项目，新增耕地面积96.46亩，化解项目建设土地瓶颈制约；投资285.9万元，开展徐家沟和祁庄村土地整治项目，规模173.17亩，可实际新增耕地面积170.55亩，计划2016年上半年完工。

书　　记　李浩胜

副 书 记　李国良（5月离）

　　　　　　桑　稳（7月任）　刘广欣

乡　　长　李国良（5月离）（6月空缺）

　　　　　　桑　稳（7月任）

副 乡 长　王　力　杨书军　马千里

人大主席　贾艳明

武装部部长　刘术臣

组织委员 杨春林
宣传委员 吉海力
纪委书记 宁玉茹（女）

（梁文侠）

杨各庄镇

【概况】 杨各庄镇位于迁安市东北部，镇政府驻地杨各庄村距市区18公里，辖37个行政村，总户数11548户，总人口39843人，人口自然增长率4.85‰。总面积76.01平方公里，耕地面积3995.26公顷，是典型的农业大镇。2015年，镇党委、镇政府抓住京津冀协同发展的历史性机遇，围绕转型攻坚和绿色崛起主线，培育新优势，实现经济社会健康平稳发展，“生态农业强镇”“文化旅游大镇”建设迈出坚实步伐。全镇完成工业企业总产值5.82亿元，比上年下降49.08%；全社会固定资产投资8.87亿元，比上年增长47%；全镇全部财政收入2494万元，比上年增长21.3%；公共财政预算收入1479万元，比上年增长23.4%。农民人均纯收入17065元，比上年增长11.4%。粮食总产23671吨，比上年下降12.69%；牲畜（包括猪、牛、羊等）共出栏49784头，比上年下降3.21%；肉类（包括猪肉、牛肉、羊肉等）产量3830吨，比上年增长3.82%；鲜奶产量10008吨，比上年下降2.9%；禽蛋产量912吨，比上年下降21.31%；农业增加值31407万元，比上年下降40.13%。

完善便民服务平台，村干部、镇便民服务中心实行代办或协办服务，让群众“少跑腿、好办事”；坚持领导包片、干部包村、专人包案，公开接访、综合调解等信访稳控综合机制，全年接待信访案件107起，其中，镇访调解成功的42起，息诉罢访4起，市级访息诉罢访的2起。接待来访群众45批90多人次，信访事项均落实了包案领导及责任单位，并限期处理。信访案件、治安案件、刑事案件发案率明显下降，全镇呈现社会安定、政治稳定的良好局面。

【项目建设】 项目建设取得实效，走出去、请进来，与上海明峰机械、天津爱稻草等20多位重要客户深度对接，102人次应邀到杨各庄镇参观考察，年内，引进亿元以上项目4个，引进资金4.8亿元，兴伟商品混凝土、华美老年公寓、久红孕婴连锁等项目顺利落地。持续推进重点项目。高峰糖业100万吨果糖项目，已与北大荒集团签订合作协议，生产设备已基本到位；华农7.2万头原繁种猪项目顺利投产，首批出栏6000头，存栏1.2万头；正元养生文化村项目总体规划已经市规划委员会初审，正在分步实施。生态农业加速升级，总投资5100万元的兴阳百益食用菌种植基地项目通过部级标准园验收，实现销售收入1400万元，安排就业350人；总投资5000万元的福原微生物肥料项目顺利投产，产品供不应求；总投资5000万元的徐流口丰美樱花产业园项目已完成一期投资500万元，栽植樱花45万株、菊花350亩，建鱼塘50亩；欧C草莓园200亩优质草莓打响市场品牌；润青中药材200亩种植基地喜获丰收；以绿道为藤，休闲自驾、观光采摘、农家餐饮初具规模，千亩蔬菜、千亩药材、千亩干鲜果品三大基地和生态休闲旅游示范区的承载功能不断提升，生态农业的规模效应和经济效益日益突显，为加速绿色崛起奠定了坚实基础。

【新农村建设】 借助各项惠民政策和后进转化帮扶机遇，先后投资472万元，新打机井111眼，铺设管路10万米，解决近3000人安全饮水问题；实施1万亩高效农田建设，配套机井111眼，铺设管路10万米，新上变压器3台，铺设线路3千米；硬化道路25公里，干道翻修4公里，新建文化广场5100平方米，有效改善了基础设施；实施荒山造林1700亩，栽植苗木10万株，维护完善了“山清水秀”自然生态。组织新型职业农民培训243人，提升了科技应用水平；成功探索合作社统管模式，文华、小季等7家合作社以“四统一”（统一提供技术支持与服务、统一培训指导、统一采用机械化作业、建设统一示范基地）模式完成示范方4000余亩、社会化服务1万余亩，降低了经营成本，提升了规模效益，增加了农民收入。以村级组织活动场所建设为重点，以“两室”规范化建设为基础，大力改善村部基础设施，优化“两委”办公环境。2015

年，共申报8个村部修缮村，即小套、揣庄、森罗寨、文里庄、周各庄、鸡鸣庄、代家沟、马庄户，投资124万元彻底改善办公环境，8个村村部修缮工程全部完工。

【农村养老】 严格政策界限，逐人审核，取缔低保85户、413人，新增305户、368人，实现应保尽保，动态管理；完成养老保险收缴15664人，比2014年多1542人，其中新参保人员234人，比2014年多52人，补缴人员121人，比2014年48人多73人，残疾人163人，全年总计缴费183.55万元，比上年168.14万元多15.41万元，保险收缴工作高标准顺利完成。至2015年年底，全镇享受农村养老待遇人员6364人。

【农村精神文明建设】 在开展文明家庭创建活动中，杨各庄镇涌现出拥有200余人的“好媳妇”志愿服务队，她们以“便民”为中心，以“乐民”为载体，以“助民”为动力，开展生活作品展、夸媳妇大赛、端午节包粽子献爱心等一系列志愿服务活动，好媳妇志愿者除了做好本家庭“门里”文明活动外，还结合自身特长，开展生育关怀、创业帮扶、矛盾纠纷调解、扶贫助困、邻里互助、文化宣传等各种“门外”特色志愿服务活动。2015年，好媳妇志愿服务队被评为迁安市第七届道德模范集体。武家庄村武凤英和下换套村杨素花两个家庭分别入围河北省“善美家庭”。在她们的带动下，全镇形成崇德向善、文明和谐的新风尚。全镇37个村全部配备有线电视电教设备和图书室，累计拥有图书6万册，全面提升了精神文明建设水平。

【基层组织建设】 精心组织，超前谋划，顺利平稳完成37个村“两委”换届，完善村代会、妇代会等配套组织，邀请行业专家对全体“两委”集中培训；推行“三议一行一监督”（涉及村民切身利益的重大事项，由村党组织提议、村‘两委’商议、村代会决议，村委会执行，并接受村民监督委员会监督）工作机制，加强民主议事、民主决策、民主监督，规范“两委”干部行为。以后进转化为契机，提升整体水平。7个后进村投资260万元实施24项后进转化实事工程，顺利通过转化验收；8个村开展村部建设，投资100万元，规范了村级组织活动场所，实现“两室”阵地规范化全覆盖，提升了党建基础。以党前教育摇篮工程、“两委”干部素质提升工程和党建示范工程“三大工程”为载体，激发组织活力，组织入党积极分子及预备党员开展志愿服务2次，慰问贫困学生和困难党员38户，甄选确定发展对象22名；强化培树“两委”团结干事、勇于开拓的示范典型，激发党员干部干事创业激情，为绿色崛起提供坚强有力地组织保障。

书　　记 周泽红（女，7月离）
蔡爱军（7月任）
副 书 记 何振宇（12月离）
张　国（12月任）　陆金生
镇　　长 何振宇（12月离）
张　国（12月任）
副 镇 长 魏彦民　金瑞卿
人大主席 郑晓明
武装部部长 王延飞
组织委员 刘福山
宣传委员 国立英（女）
纪委书记 张　池

（史　伟　李洪峰）

建昌营镇

【概况】 建昌营镇位于迁安市东北部，北依燕山，扼守冷口关，是青龙、迁安交界地。全镇总面积89.92平方公里，辖50个行政村，山场面积5.5万亩，耕地面积2915.15公顷。2015年，全镇有14384户、46800口人，其中农业户籍人口31414人，人口自然增长率8.84‰，是汉族、回族、满族等9个民族聚集地。全年完成工业企业总产值7.88亿元，同比下降7.94%；完成全社会固定资产投资11.33亿元，同比增长28.5%；全部财政收入2220万元，同比下降44.2%；公共财政预算收入1079万元，同比下降53.1%；农民人均纯收入17251元，同比增长8.5%。粮食总产27926吨，比上年增长89.35%。

【项目建设】 年内，建昌营镇围绕市四大园区共享平台，以及“千年古镇、百年商贸、长城资源、东沙河水”的得天独厚优势，全力推进项目建设和招商工作，以项目和招商工作活跃和带动全局，取得明显成效。2015年，在全市2次重点项目观摩活动中，分别取得第五、第四名的成绩。全年实施重点项目8个，计划总投资12.82亿元，至年底，完成投资10亿元。富安达100万吨洁净型煤一期25万吨项目，当年开工，当年投产，是国家大力推广、特许经营的节能环保项目，产品已进入全市千家万户，颇受好评。荣辉不锈钢通用零部件加工项目，既是参加全市观摩项目，也是迁安上报唐山新开工重点项目，科技含量高，附加值高，市场前景广阔。

【旅游产业】 继续按照打造北部长城民俗古镇战略部署，定位生态旅游发展方向，以新三抚路和长城山野绿道为藤，重点打造河流口、清泉、教场沟、大龙庙、白道子、石门子六大特色景区，串联起绿道上的璀璨明珠。发展特色农产品采摘休闲旅游，在长城沿线谋划建设万亩干鲜果品休闲农业文化产业园，重点推进新房子雪花梨嫁接改造、北新庄400亩枣树嫁接、石门子山枣嫁接等工程。

【农业工作】 继续以绿色家园建设为根基，以休闲旅游产业和现代农业项目为抓手，推进农业项目建设不断突破。积极引进农业新品种、新技术。博伦果树种植专业合作社与唐山市老科协成功合作，引进示范甘薯新品种，打造200亩无毒甘薯种植基地，聘请专业技术人员统一管理，基地亩产高达2700公斤，增产20%。高标准完成造林绿化工作。对主干道两侧采矿坑、裸岩、石灰窑等特殊地块实行阶梯式绿化，共完成造林面积5054亩。其中，实施高山远山造林2000亩，造林面积居全市19个镇乡之首；社会造林1954亩，全面改善重点道路两侧生态景观面貌；滨河田园绿道工程绿化300亩，绿化保持、完善、补植工程600亩。

【农村面貌】 多方筹措资金，重点实施村庄绿化、亮化、硬化、垃圾处理、民居改造、村民中心建设等工作，人民群众幸福指数极大提高。累计筹措资金216万元，改造厕所，全镇基本消灭连茅厕，百姓生活环境实现历史性变革。省级精品村打造取得新成果。将石门子村作为省级精品村重点打造，修建分散污水处理设施306个，对村南环村河进行全面治理。年内，已完成部分河道堤坝垒砌和河道清淤工作；北冷口村美丽乡村建设成效凸显，村“两委”及驻村工作组4次赴青龙县肖营子村参观学习，结合本村特色，制定整治规划。在水泥路两侧铺设了2000平方米步道砖，并结合长城文化，垒砌长城墙2000米。对村内所有道路两侧4000余平方米的临街立面，按照灰白相间风格重新喷漆粉刷。高标准完成村庄绿化，使村内花草树木与长城景观融为一体，花果飘香，景色宜人。

【社会事业】 社会稳定，继续发挥村级第一道防线作用，完善包村制度，落实信访新规，依法办事。坚持原则和底线，依法依规打击处置缠访、闹访、无理访人员。社保工作，拓宽社保覆盖面，社会保障工作迈上新台阶。养老保险缴费人数较上年新增266人，总计14804人，累计缴费金额突破239万元。计划生育工作，综合治理性别比偏高问题，全镇出生人口性别比控制在正常范围内。加大抚养费征收力度，年内，征收社会抚养费2.82万元。民政工作，全面推进低保工作，全年完成144户新入低保审批工作，至年底，有农村低保户683户、城镇低保户23户。教育工作，为解决农村小学生上学远问题，谋划实施了石门子小学新建工程和东密坞食堂新建工程。

书　　记 朱　冰
副 书 记 蔡爱军（7月离）
董星明（8月任）　张学军
镇　　长 蔡爱军（7月离）
董星明（8月任）
副 镇 长 金士强　周福满
杨振红（女）
人大主席 孟祥稳

武装部部长 张政日
组织委员 王冬美（女）
宣传委员 李素艳（女）
纪委书记 于　昆

（石　梅）

上射雁庄乡

【概况】 上射雁庄乡（上庄乡）位于迁安市东北部，乡政府驻地上射雁庄距市区10公里，总面积44.34平方公里，耕地面积2454.99公顷。辖24个行政村，总户数7565户，总人口25438人，其中农业户籍人口23848人，人口自然增长率5.61‰。2015年，完成工业企业总产值10.15亿元，同比下降8.64%；完成全社会固定资产投资18.09亿元，同比增长18.2%；全部财政收入6759万元，同比下降52.2%；公共财政预算收入1727万元，同比下降74.1%；农民人均纯收入17486元，同比增长8.6%。

加强党风廉政建设。开展“把纪律和规矩挺在前面”主题教育实践活动，抓好教育引导和廉洁自律工作，加大对违纪违规案件查处力度，查办经济案件4起、普通案件6起，给予纪律处分10人，全乡党风、政风进一步好转。

【项目建设】 上庄乡围绕“抓项目促发展”的思路，制定项目跟踪服务表，实行一对一全程跟踪服务，有效加快项目建设进程。2015年，实施重点项目8个，累计完成投资19.45亿元，其中翅冀焦炉煤气制液化天然气一期、年产7万吨金属耐磨件和机加工、春良机械化育苗温室及蔬菜初加工等7个项目均按时间节点完工并投入生产；计划投资1亿元的瑞安牧业规模奶牛养殖项目已投资过半，引进奶牛400头。12月，上庄乡万亩现代休闲农业产业园被确定为唐山市级现代农业园区，开创全乡现代农业发展新纪元。同时，上庄乡成功谋划了翅冀焦炉煤气制液化天然气二期等重点项目5个，计划总投资15.9亿元。

【美丽乡村建设】 美丽乡村统筹推进。2015年，全乡24个村有20个村被确定为美丽乡村建设省级重点村，是美丽乡村建设整体推进乡镇，涉及一事一议等上级奖补资金近千万元，上庄乡按照“统一规划设计、统一招标代理、统一监察审计、统一考核验收”的原则，实施了乡村绿化、道路硬化、村庄亮化、卫生改厕、饮水安全等民生工程。全乡累计完成环村绿化500亩、环企绿化600亩，新栽及补栽各类苗木1.2万株；乡、村两级投资800多万元，硬化道路26公里；累积投资300万元，安装太阳能电灯1200盏；完成双瓮式卫生厕所改造3500个；铺设地下管道9000米，完成白庄、平林镇村饮水安全工程。同时，创建美丽庭院达标户3058户，实施农村危房改造230户，绘制文化墙3000平方米，实施墙体改造6500平方米，百姓的生产生活条件极大改善。

【民生事业】 在发展经济的同时，注重社会事业发展，实现经济社会发展成果与民共享。一是各项惠农政策全面落实。2015年，完成良种补贴2.4万亩，农机具补贴120台（套），政策性农业保险3000亩；完成城乡居民养老保险收缴7731人，缴费119.65万元；城乡居民基本医疗保险参保人数2.12万人，参保率99.4%；对全乡低保对象进行严格评审，核减农村低保48人，新增120人，发放低保资金237万元。二是便民服务工作规范运转。建设并完善了乡级便民服务中心和24个村级便民服务室，累计接待群众咨询1500余人次，办理各项业务1011件，提高了行政效能，方便了群众办事。三是信访稳定工作常抓不懈。积极化解和处理各种矛盾纠纷，全年接待群众上访300余人次，解决矛盾纠纷33件，办理信访案件25起，结案22起，按期办结率100%。狠抓安全生产和食品安全工作，开展安全生产大排查，加大安全监督管理力度，未发生安全生产事故，保障了人民群众的生命财产安全，维护了社会稳定。

【大绿洲花卉种植专业合作社获“河北省花卉示范基地”称号】 大绿洲花卉种植专业合作社大力发展优质花卉产业，1月12日，被省林业厅授予“河北省花卉示范基地”称号。合作社成立于2011年，位于上庄乡七里坎村南，总投资2600

万元，占地面积530亩，建设花卉生产繁育、花卉展示销售和生活办公3个功能区，其中，花卉生产繁育区建长90米、宽16米、高5米的日光温室10座，主要培育种植蝴蝶兰、金华佛手、鹤望兰等名优花卉品种；花卉展示销售区面积7000平方米，主要展示销售各种高、中、低档花卉，满足不同层次消费者需求。合作社聘请河北省农林科学院和北京农林科学院的专家作技术指导，以引进、试验、推广名、特、稀、优花卉品种为重点，产品远销京、津、秦地区，深受消费者青睐。2015年，合作社有社员110户、职工50人，销售收入3200万元。

书　　记　王　武（7月离）
　　　　　　蔡金艳（7月任）
副 书 记　曹艳军　王启生
乡　　长　曹艳军
副 乡 长　廉志友　杨学文　李　兵
人大主席　章瑞金（12月离）
武装部部长　王合成
组织委员　赵文震
宣传委员　张翠香（女）
纪委书记　宋　晖

（梁玉水）

赵店子镇

【概况】　赵店子镇位于迁安市西南部，隔滦河与市区相望，镇政府驻地赵店子距市区15公里。东临平青大一级公路，西部野兴路南北贯通，南部京秦铁路东西穿越全境，北靠钢城大桥。辖15个行政村，总面积39.43平方公里，耕地面积1852.38公顷，总户数7954户，总人口23055口人，人口自然增长率9.58‰。2015年，完成工业企业总产值121.49亿元，同比下降19.42%；全社会固定资产投资49.1亿元，同比增长18.2%；完成全部财政收入1.66亿元，同比增长25.9%；完成公共财政预算收入6160万元，同比增长7.2%；农民人均纯收入19937元，同比增长8.5%。

【项目建设】　2015年，全镇上下牢固树立“项目最急、项目最重，抓项目就是抓发展，抓科学发展就要抓大项目、好项目”的理念，持续加大项目建设力度，努力推进转型发展。项目建设中，严格落实“五个一”责任机制，即“一个项目，一位领导，一名责任人，一个工作班子，一套实施方案”，发现问题即刻交办，确保项目如期推进。全镇共实施项目11个，总投资8.63亿元的正大公司镀锌方管和20万吨螺旋焊管、燕山钢铁公司2×600吨/天麦尔滋并流蓄热式石灰窑等4个项目顺利完工，总投资40.2亿元的祥燕公司20万吨螺旋焊管、新钢联物流有限公司安居轻钢房屋、燕钢精品钢铁延伸等7个项目正在加快建设。其中，燕钢麦尔兹石灰窑项目和正大年产20万吨螺旋焊管项目在5月全市项目观摩评比中获第一名，安居轻钢房屋项目和正大镀锌方管项目在10月全市项目观摩评比中获第三名。招商引资中，积极抢抓京津冀协同发展机遇，通过外出招商、以商招商等行之有效的方式，利用各种优势和平台，加强与意向单位联系。并由党政一把手带队赴北京、天津、山东、东北等地多次开展小团组招商活动，引进中冶赛迪与燕山钢铁合作20万吨转底炉固废处理等新项目3个，计划总投资8.75亿元。同时，加大项目谋划力度，谋划大北农集团年产36万吨高档猪饲料加工基地、中广核生物质燃气有限公司燃气项目、北京首钢吉泰安新材料生产、河北天吉达仓储有限公司大型冷库等5个项目，增强转型发展的潜力和后劲。创优发展环境，树立“重商、亲商、安商、富商”的服务意识，对项目的规划设计、建设报批、征地拆迁、供水、供电等全程，明确专人帮办，真心实意帮助企业解决问题。重点协助燕钢和九江协调好村企关系，保障燕钢岳野山至祥燕架空线路工程、九江110千伏架空线路改造工程顺利施工。帮助河北天吉达仓储有限公司办理发改立项、环评审批等手续，帮助正大管业办理土地手续，确保项目顺利推进。

【城镇建设】　以美丽乡村建设为抓手，推进小城镇基础设施建设，改善城乡面貌，完善城镇服务功能，促进城乡统筹发展。一是加强城镇生态建设。成立环境保护工作站，落实分级监管责任，不定期进行环境巡查。对重点企业加大排查和监管力度，安排专人监督企业整改。协调企业出动车辆和人员对道路进行洒水降尘，降低道路扬尘。实施造林绿化工程，累计造林1058亩。围绕打造美丽乡村，配齐配强环卫力量，全面开展农村环境整治，提升农村环境品质。强化对各村秸秆焚烧的监管，杜绝焚烧垃圾、秸秆现象的发生。推广使用清洁能源，特别是洁净型煤和太阳能的使用，切实改善环境质量。加强环保意识宣传教育，倡导绿色、低碳、文明的生活方式。二是完善农村社区功能。投资1500万元，启动赵店子社区燃气入户工程，社区内全线管道已焊接完毕，配气调压站正在加紧施工。投资120万元，建设建筑面积450平方米的赵店子社区办事大厅，方便社区居民生活。投资236万元，完成社区绿化、路灯及垃圾处理站等基础设施建设，绿化、亮化、美化水平进一步提升，村民居住环境得到改善。三是推进城镇路网建设。投资7000万元，实施总长5.6千米的燕赵路翻修工程，道路已竣工通车，改善了群众的出行条件。投资203万元，启动全长1289米的赵店子社区至第三通道连接路工程，计划2016年5月竣工通车。

【社会事业】 社会事业不断推进。继续做好就业和社会保障工作，新增城镇就业3000余人，下岗失业人员再就业2000余人；为3274名符合领取标准的老人发放养老金45.5万多元，5908名农民参加农村社会养老保险，参保率98%。加快教育、卫生事业发展，投资2000万元，新建康官营村、小店村完全小学，改善农村孩子的就学条件；投资2万元，完成申刘庄、小店卫生室改建工程，进一步满足群众就医需求。做好粮食补贴、退耕还林补助补贴发放工作，发放粮食直补资金20.47万元，综合直补资金134.4万元，受益农户5486户，受补面积2.23万亩。对炉上、郑店子、大李庄3个村实施自来水改造工程，保障群众饮水安全，共铺设管道3.83万米，打井5眼，配套5眼，惠及农户2400户。投资5万元，完成小店村扬水站维修改造工程，解决群众吃水难问题。以北代庄、沟南庄两村为示范村，全面开展土地确权登记颁证工作。丰富群众精神文化生活，广泛开展群众性精神文明创建活动，组织开展“抗战胜利70周年文艺汇演”、第二届赵店子好人表彰等活动，引领全镇形成积极、文明、向上的价值取向。认真完成非物质文化遗产和民间文化艺术资源普查工作，郭宝皮影被评为唐山市非物质文化遗产。

【社会管理】 坚持和完善信访稳控机制，深入开展矛盾纠纷大排查，全年排查矛盾纠纷26起，成功化解26起。坚持“预防为主、教育疏导、依法处理、防止激化”原则，强化社会治安综合治理，开展打黑除恶、灭霸扫痞等专项行动，全力维护社会稳定。开展安全生产专项整治行动，强化打非治违工作力度，排查生产经营企业65家次，发现安全隐患50处，下达整改通知书35份，督导整改到位35处。组织安全生产专题培训，为企业培训安全管理骨干495人次、工人4.6万人次，为村培训安全管理人员100人次，为实现安全生产网格化管理奠定基础。强化食品药品安全检查，对全镇食品经销单位、学校食堂、食品小作坊进行逐一拉网式检查登记，出动车辆16台次、食品卫生协管员40多人次，发现问题限期改正，消除了食品药品安全隐患。

【基层党建】 加强领导班子和干部队伍建设，营造良好政治生态，为转型发展提供坚强保障。一是全面强化思想武装。坚持党委中心组集中学习制度，开展“解放思想、抢抓机遇、奋发作为、协同发展”大讨论活动，使大讨论成为推动工作、加快发展的强大动力。二是巩固基层工作“堡垒”。培树马古寺、李官营、新庄子、大李庄、北代庄5个村为党建示范点，健全党建工作制度，完善村级组织配套设施，促进基层党建工作制度化、规范化。加快村级组织活动场所建设，推进沟南庄、赵店子2个后进村整顿转化，加强“两新”组织（新经济组织和新社会组织）党建工作，实现党的组织和党的工作全覆盖。高标准建设便民服务站，组建为民服务全程代办队伍，组织镇、村两级代办人员业务培训，提高代办人员业务素质和水平，实现便民服务站的正常运转。加强党员管理，落实党员承诺践诺制度，推进农村党员“分类定责、亮诺争星”，完成不合格党员处置工作。三是培树清正廉洁之风。开展党风廉政宣传教育，召开全镇党员干部警示教育大会，提高纪律意识、底线意识，增强广大党员干部的免疫力。严格履行重大决策、重要干部任免、重大项目安排和大额资金使用事项民主决策程序，落实一把手不直接分管财务、干部人事、工程建设、物资采购制度和重要事项决策末位表态制度。完善机关干部出勤、值班、办公用房使用、公车管理、用餐等制度，持续整治“四风”。建立健全财务管理制度，严格财务审批。严肃查处案件，坚持有案必查、有腐必惩，培树基层干部干净干事的良好风气。

书　　记　彭海军
副 书 记　李尉弘　董柏林
镇　　长　李尉弘
副 镇 长　刘友玲（女）　林竹秋　孙国兴
人大主席　张　国（12月离）
武装部部长　李　巍
组织委员　王东元
宣传委员　张淑香（女）
纪委书记　朱立东

（刘欢欢）

野鸡坨镇

【概况】　野鸡坨镇位于迁安市南部，镇政府驻地野鸡坨村距市区20公里。辖21个行政村，总面积75.27平方公里，耕地面积3380.16公顷，总户数11138户，总人口38482人，人口自然增长率6.5‰。区位优越，102国道、京沈高速公路、京哈铁路贯穿东西，平青大公路、冷大公路、野兴公路纵穿南北，南距205国道15公里，京沈高速公路在此设有出口，京哈铁路在此设有二级城际客货运站，津秦高铁客运站（滦河站）坐落境内。2015年，野鸡坨镇党委、镇政府抢抓京津冀协同发展、环渤海地区崛起的新机遇，立足本镇实际，围绕精品钢铁、商贸物流、现代农业和文化旅游四大主导产业，稳增长，促招商，调结构，惠民生，全镇经济社会平稳发展。完成工业企业总产值55.26亿元，比上年下降12.16%；全社会固定资产投资33.81亿元，比上年增长18.2%；全部财政收入8775万元，比上年增长1.1%；完成公共财政预算收入3973万元，比上年下降6.7%。粮食总产1.22万吨，比上年增长2.52%；生猪存栏30813头、牛8375头，比上年分别增长2.39%、2.9%；羊存栏4444头，比上年下降21.55%；猪肉产量3752吨，比上年增长44.81%；奶产量11945吨，禽蛋产量4420吨，比上年分别下降28.02%、4.64%；农民人均纯收入18596元，比上年增长11.4%。

【项目建设】　一是传统产业优化升级。计划总投资30亿元的燕钢精品钢铁延伸项目完成投资25亿元，土建及钢构工程已完工，正在进行设备安装。计划总投资3.9亿元的燕钢2×20万吨转底炉固废处理项目完成投资3.6亿元，厂房钢结构基本完成。传统钢铁产业上档升级为全镇经济发展提供了有力支撑。二是新兴产业发展壮大。计划总投资1.5亿元的河北建朗天然气制CNG项目，完成投资4000万元，土建基础工程完成90%；计划总投资3500万元的沥青混凝土拌合站改扩建项目，完成投资2000万元，购置沥青混凝土生产线一套，配套了摊铺机、压路机等设备；计划总投资1.5亿元的迁安市弘毅学校项目，累计完成投资9000万元，扩建了校舍，配套了食堂、浴室。面对经济下行压力，全镇以新兴产业为引领，经济迈入新常态，突破了实体经济发展瓶颈。三是现代农业势头强劲。将现代农业项目作为调结构、促转型的突破点，积极扶持重点农业项目。龙泽谷酒庄投资8000万元，建设杂粮加工厂、山泉水生产车间、门前广场、景观龙柱和观赏鸡养殖舍，年内，成功申报国家四星级农庄，为唐山市唯一获此星级标准的龙头企业。此外，与龙泽谷项目配套的葡萄采摘园被评为迁安市精品果园。龙山兰草休闲农庄项目完成投资850万元，新建农家餐馆、旅馆，配置标间30间，完成了跑马场和马术培训教室建设，与中国摄影家协会联合创建龙山白鹭观光园，所拍摄的白鹭图片在新华网等众多国家级媒体上发表。新军营果品种植园项目，完成投资800万元，建设了水、电、路基础配套设施，建成垂钓园30

亩、果品采摘园160亩。小杨官营硕东果品种植园项目，完成投资1300万元，一座集休闲、娱乐、餐饮、垂钓于一体的山庄已初具规模。

【小城镇建设】 稳步推进社区建设，年内，成功组织召开龙山社区业主推选大会，推选出业主代表31人，按照管理规约，由全体业主大会民主表决确定物业管理方式，9月上旬完成物业管理交接，社区进入正常运转轨道。滦河社区规划选址工作顺利进行，正在进行前期设计和准备工作。围绕城镇组团建设规划，加快小城镇建设步伐。投资300余万元，沿102国道与野兴路两侧修建排水系统3000米，解决了雨季排水困难问题。对102国道及镇区进行绿化、亮化，镇域主次干道实行全天保洁，镇容环境卫生保持良好。落实住房问题，按照"一户一宅"和严禁占用基本农田原则，结合全镇城镇组团规划安排，为13个行政村、131户安排了农村宅基地。完成危房改造28户，其中修缮16户、新建12户，解决了困难群众的住房安全问题。

【环境保护工作】 1. 环保治理成效显著。加大工业企业污染治理力度，严格控制扬尘污染，减少污染物排放。燕钢和2家水泥企业完成10项除尘设施升级改造。加快调整能源结构，强化清洁能源供应，加强对燃煤锅炉治理和洁净型煤推广工作，18家企业全部淘汰燃煤锅炉，改用电、生物质和洁净型煤等能源。加强重污染天气应对，适时启动洒水车，对镇域内公路开展洒水作业。2. 美丽乡村建设扎实推进。以打造连片示范区、示范村为重点，将全镇所有街道划分成126个责任区，由126名"两委"干部和126名保洁员分包，建立横向到边、纵向到底的长效保洁机制。投入165万元新增周转箱32个，更新修复保洁车辆及工具40余套，新修文化墙300延长米，村庄绿化植树3000株，新建休闲广场3个，配套文体娱乐器材15套。新安装太阳能路灯41盏，建设LED宣传显示屏一个。在全市拉练观摩中，丁庄子、仓库营、宋庄、小山东庄、武各庄、小杨官营6个村被评为优秀村。3. 绿化造林全面铺开。科学制定造林规划，高质量完成京秦高速支线两侧绿化任务，栽植速生杨3.5万株，成活率95%以上，绿化面积600余亩。抓好宋庄村精品核桃采摘园项目，成立祥民丰核桃合作社，栽植优质核桃150亩，成活率98%。实施大山东雁鹭湾生态农庄绿化工程，高标准栽植杨树120亩、柳树70亩、国槐等名贵树种30亩。

【社会事业】 1. 教育投入不断加大。投资142万元，完成东周庄幼儿园旧房改造，并打深水井1眼；投资4万元对爪村操场进行硬化改造，同时，新建篮球场2个；投资10万元为丁庄子中学打深水井1眼；投资85.87万元对教学仪器和设备进行更新，改善全镇中小学办学条件，基本实现了就近上学。2. 保障体系逐步健全。落实新农合、新农保等惠农政策，新农合参保3.1万人，参保率98%；新农保参保1.14万人，参保率99%，累计收缴保费170万元；完善低保动态管理，全镇低保、"五保"户实现"应保尽保、特困重保、超标退保、阳光施保"；临时困难、病灾救助、助学机制落到实处，慈善事业深入推进，爱心救助覆盖面不断扩大，优抚安置、双拥工作有效落实。3. 其他事业齐头并进。开展形式多样的文化活动，组织参加迁安市广场舞展演和"爱唐山做贡献"全民健身迎元旦冬季长跑比赛，取得优异成绩；提高食品安全监管水平，无食品安全事故；加强村级财务管理，实现村级财务透明化、规范化；全力做好农村土地经营权颁证和农村宅基地确权发证工作，至年底，完成15258宗地的界址测量工作。

【安全稳定工作】 一是做好隐患排查。开展矛盾纠纷定期排查，落实信访稳控值班，每天安排1名副职领导公开接访，现场答复或解决信访问题，增强处理信访突发事件的应急能力，做到小事不出村、大事不出镇，将矛盾化解在萌芽状态。二是有效化解信访案件。坚持动态管理和源头治理的原则，完善镇、村、责任区三级信访工作网络组织，健全完善一岗双责、领导包案等工作制度，开展信访信息录入百日会战活动，信访案件及时受理率、按期答复率和群众满意率有较大提高。全年接待群众来访33件、50人次，均妥善解决，没有越级访、赴省访、进京访和群体访现象。三是抓好安全生产。落实安全生产责任制，推进“打非治违”“安全生产大检查”“冬季防火百日行动”和“安全生产月”等各项活动。全年组织行业领域安全大检查6次，排查安全隐患600余处，下发整改通知书127份。年内，未发生重特大安全生产事故。落实森林防火责任制，组建15人的防火专业小分队，24小时值班轮岗，实行网格化管护，保护人民的生命财产安全。

书　　记　李志勇（7月离）
　　　　　　李爱军（7月任）
副 书 记　马玉国　魏江荣
镇　　长　马玉国
副 镇 长　刘建东　朱春峰
人大主席　李沛宏
武装部部长　贾庆来
组织委员　彭学军（女）
宣传委员　梅春柏
纪委书记　许小飞

（韩　东　田　甜）

大崔庄镇

【概况】　大崔庄镇位于迁安市西北部，长城脚下，属半山区乡镇，镇政府驻地擂鼓台村距市区17公里。辖21个行政村，总面积66.12平方公里，耕地面积1569.99公顷，林地面积4364公顷。全镇7710户、27100口人，人口自然增长率8.53‰。2015年，全镇继续实施“开放兴镇、旅游富民、生态保护”三大主体战略，在经济下行压力持续加大的形势下，各项主要经济指标稳中提质，艰难前行。全年完成工业企业总产值9亿元，比上年下降24.18%；全社会固定资产投资10.38亿元，比上年增长34.4%；全部财政收入666万元，比上年下降78.9%；完成公共财政预算收入160万元，比上年下降90.7%；实现农民人均纯收入18407元，比上年增长11.4%。

【项目建设和招商引资】　坚持把对接北京产业转移作为招商引资重点。全年谋划实施重点项目15项、亿元以上项目3个，年内，完成投资3.6亿元。完成北京国润天能光伏电站、北京红星阁书画院迁安分院、张家口瑞祥汽贸中心等项目签约。“爱米网”电子商务平台、万嘉云商（迁安）电子商务产业园等新兴产业项目已投入运营，建立村级电商服务站20个。今麦郎天然饮用水及瓶胚生产线、河北鼎安专用汽车制造等项目完工投产。燕山国际赛鸽中心、天津众润恒物流等项目进展顺利。

【休闲农业与乡村旅游】　成功举办“大理石长城的召唤”——白羊峪风景区第四届吉祥之旅系列活动，活动由徒步运动、户外运动、自行车骑行、青年联谊、金秋采摘等十余个子项目组成，从4月持续到10月底，在新华社、《人民日报》等国家级媒体发布新闻。开通了白羊峪景区网站、微信公众号，网络宣传进一步加强。白羊峪休闲农业与乡村旅游园区申报成为唐山市级现代农业园区，一产、三产融合发展思路得到有效贯彻。观光路和绿道两侧果园全部建成观光采摘园，有效抵抗住了年内干鲜果品全面降价的冲击，实现了农业的持续增效、农民增收。申报新型农业经营主体3个。创建花生示范区1800亩、楼子山优质水稻200亩。开展了桃园山庄三期项目建设，投资200万元进一步完善了水、电、路等基础设施建设，栽植果树5万株。实施省级中草药种植项目550亩，实现景观与经济效益双丰收。桃园林果专业合作社获唐山市级示范社称号，该社种植的桃获有机食品认证。

【生态保护】　广泛开展植树造林活动，完成京秦高速迁安支线两侧百米范围内绿化180亩，完成重点区域绿化1500亩，完成环镇区绿化150亩，实施雨季造林1000亩、封山育林3000亩。强化生态恢复工作，加强重点部位矿山的复垦绿化。注重大气污染防治工作，关停镇内所有铁选、水泥等高能耗、高污染企业，原则上不再审批任何工业企业。扎实开展农村新能源改造，安装太阳能400台（套）、新能源燃煤取暖炉具600台（套），企事业单位燃煤锅炉改造14家，推广型煤500吨，有效减少了污染物排放。

【民生事业】 以“美丽乡村”建设推动新农村发展，加大民生事业投入，让人民群众共享发展成果。1. 镇域村庄更加靓丽。抓住上金山院、下金山院、石梯子沟、白羊峪被确定为省级农村面貌改造提升重点村的有利机遇，投入资金660余万元，硬化道路1.53万米，修整残垣断壁及街道两侧美化9000延长米，安装路灯209盏，修砌边沟及护坡1300米，栽植樱桃、龙爪槐、葡萄等各类绿化苗木1.05万株。将白羊峪村作为重中之重，编制了《白羊峪村美丽乡村建设规划》，清淤河道3万立方米，在白羊河东岸修建木栈道1500延长米。同时，推进全镇农村环境卫生整治工作，严格落实“周检查、月考评、季拉练”制度，就各村环境卫生情况每月一通报，结果纳入年终考核，充分调动农村干部工作积极性。2. 幸福镇村建设成效显著。改善镇内交通条件，翻修老三抚公路三岭至西密坞段7000米，翻修沙四路4500米，均已竣工通车。加强对弱势群体的关怀，开展农村低保、“五保“户核实确认工作，实现应保尽保。养老保险缴费人数达到8807人，年内新增345人。实施农村危房改造29户。3. 计划生育、文化、卫生工作扎实推进。加强出生人口性别比治理，新生人口性别比等各项指标全部达标。累计投入270余万元，改善三岭幼儿园、商庄子小学、大庄小学、下金山院小学、石梯子沟小学基础设施建设。对满45周岁以上人员、65周岁及以上老年人以及慢性病人员进行健康体检1843人，开展健康知识培训2684人次。完成双瓮式卫生厕所改建2854座。4. 平安镇村建设扎实有效开展。依法依规调处信访案件。全年排查各类矛盾纠纷23起，成功化解22起；接待群众来访75起，调查处理67起；接收上级信访交办件27件，办结25件。摸排疑似易肇事、肇祸等严重精神障碍患者49人。开展尊法、学法、守法主题教育活动，加强基层法治建设。加强农村财务管理，从源头上消除信访隐患。持续加大安全生产和食品安全督导检查力度，全年开展安全生产大检查368家次，下达停产通知书4份，隐患整改通知书415份。完善食品药品安全“六员联防”网格监管体系建设，组织食品药品安全协管员培训4次，加强农村流动厨房管理，维护群众的生命安全。5. 文明镇村建设不断加强。开展“最美家庭”“乡村好人”评选活动，培树了一批身边的道德模范，推进了社会主义核心价值体系建设。积极参加钢城之夜文化专场演出、广场舞培训、“迁安好声音”选拔等活动，组织开展趣味运动会、消夏晚会、象棋比赛、乒乓球比赛、书画创作等文体活动，丰富了群众的业余文化生活。

书　　记　彭顺辉
副 书 记　宋景伟　宋志强
镇　　长　宋景伟
副 镇 长　王兴国　贾秀梅（女）
人大主席　李满泉（12月离）
武装部部长　张福合
组织委员　满朋鹏（女）
宣传委员　玄巍巍
纪委书记　梁玉龙

（乔　芳）

阎家店乡

【概况】 阎家店乡位于迁安北部，乡政府驻地阎家店村距市区12公里。辖17个行政村，总面积42.39平方公里，耕地面积1182.14公顷。总户数7285户，总人口25682人，人口自然增长率7.05‰。2015年，在宏观经济形势持续低迷的大背景下，阎家店乡发展也面临严重困难，采选矿支柱性产业严重亏损，新兴产业尚未成熟，乡党委、乡政府带领全乡积极化解经济下行压力，主动适应发展新常态，为日后转型发展奠定坚实基础。全年工业企业总产值4.6亿元，比2014年下降45.95%；固定资产投资8.84亿元，比2014年增长19.5%；全部财政收入415万元，比2014年下降82.9%；公共财政预算收入70万元，比2014年下降88.1%；农民人均纯收入18882元，比2014年增长8.5%。

【项目建设】 项目建设实现新突破。至年底，完工项目4个，在建项目5个，签约项目2个，谋划项目1个。4个完工项目：一是迁安市佳源牧业有限责任公司投资建设的600头肉牛繁育及育肥项目；二是乐达特种陶瓷制品公司特种高温新材料扩建项目；三是兴叶嘉林果种植园投资建设的洗甲河综合农业示范园项目；四是新华书店迁安分公司兴安大街店升级改造项目。5个在建项目：一是英诺特（唐山）生物技术有限公司生物制药产业基地项目，计划投资9500万元的纳米金新型系列读卡仪及配套检测试剂技改扩建项目于2013年4月开工建设，至2015年年底时正在安装设备。二是由迁安市万荣汇泽汽车贸易有限公司和河北众志达汽车销售服务有限公司共同投资建设的上海大众SKODA汽车4S店项目，投资3125万元，主要建设汽车销售超市、上海大众SKODA汽车4S店及其附属设施，正在进行内部展厅布置及厂家验收工作。三是迁安市永新机械厂钢铁备品备件加工项目，主要建设轧辊修复流水线和耐磨材料制作生产线。轧辊修复流水线已投产，耐磨材料制作生产线在积极筹划之中。四是迁安利超肉牛养殖厂肉牛养殖项目，6月开工，分两期建设，年底，一期四栋牛舍和办公用房已建设完成，存栏肉牛200头，二期工程正在进行土地平整。五是河北君联商贸有限公司生物质锅炉项目，主要建设年产2万台生物质燃料锅炉生产线及生物质颗粒的生产设施，9月开工建设，生产车间选址于杨店子镇靳官营村东，至年底，部分产品已投放市场。2个签约项目：一是天圣制药集团河北有限公司GMP制药基地建设项目，主要建设中药固体制剂生产线。二是迁安市正星新能源有限公司餐厨废弃物综合处理项目，主要建设主体建筑及购置配套设施。1个谋划项目，即中业联纸业（迁安）有限公司15万吨杨木化机浆及40万吨造纸项目。

【农业发展】　以提高农产品质量和市场竞争力为重点，推进农业区域化布局、产业化经营、特色化发展，加快现代农业发展进程。1. 科教兴农战略广泛铺开。引进推广玉米、花生新品种和新技术，提升粮食作物及经济作物品位，全面推进阎一、阎二、阎三、赵庄、提铃寨、坎新庄、于家坎7个村万亩玉米高产示范基地建设；实施赵庄华田生态种植专业合作社800亩玉米高产示范方项目，项目的实施使粮油作物产量提高20%以上，为促进阎家店乡农业增效、农民增收和农村富裕发挥了积极作用。2. 农业产业化步伐明显加快。以农业项目带动农业产业化发展，2015年，继续实施3个农业项目，即隔滦河村佳源牧业有限公司肉牛繁育项目、西峡口村利超肉牛养殖项目和洗甲河村油用牡丹综合开发利用项目。3. 农民素质显著提升。利用市农广校、农牧局师资力量，开展新型职业农民专业技术培训，共培训1100余人次。4. 探索农业发展新模式。按照“调结构、突特色、抓产业、创品牌”的思路，创新“新型农业经营主体＋基地＋农户”发展模式，培育和壮大新型农业经营主体，年内，阎家店乡在巩固发展原有新型农业经营主体的基础上，新建新型农业经营主体（合作社）4个，为农民专业合作社的健康发展奠定基础。

【基层组织建设】　以解放思想大讨论为契机，巩固基础，补齐短板，全面加强基层组织建设。1. 提升素质。扎实开展换届选举工作，将优秀人才选入农村“两委”班子；加强“两委”干部培训，通过领导授课、老干部宣讲、实地参观、书记论坛多层次、多领域地教育辅导，使之思想补课、精神补钙；广泛开展“搭档”“协作”和“服务”三个工程，通过领导包片、乡干部包村、村干部包街包户，落实责任强化考核，在工作中比干劲，在实践中壮筋骨。2. 转化后进。结合驻村工作组，督导后进村转化。通过干部调整和组织谈话，稳定“两委”班子；通过谋划实施惠民实事，加强基础设施建设，增强村级造血机能，激发干部干事创业激情。杨山、滕庄、阎二等村先后投资90多万元完成河道整治、村街亮化、村部修缮、道路建设等8项工程，村干部在干事中增强了凝聚力、号召力和战斗力。3. 改进作风。强化领导班子带头意识，坚持每周一次的党政联席会议，就乡域发展重点、项目建设难点、群众关心热点交流观点，提高决策的科学化和民主化；强化责任意识，制定出台《农村班子和干部规范化管理办法》，健全绩效考核、应急值守、协同联动等多项制度，实施干部业绩档案管理、重点信访案件档案管理、重点工作档案管理制度，全乡上下人人身上有指标、重点工作人人担，干事有动力、有规范；强化纪律意识，严格落实党风廉政建设“一岗双责”，实现抓早抓小，坚持把纪律和规矩挺在前面，推动“两个责任”落地生根；广泛开展“法治进农村、制度进‘两委’”活动，通过“有声书屋”、干部论坛、巡回法庭将法纪教育、制度建设快速传递到基层并成为自觉行动。严格落实中央“八项规定”，清理办公用房、公务用车和治理“吃空饷”工作全面落实，干部队伍作风建设不断加强。

【乡域环境】 以“美丽乡村”建设为载体，坚持环保与发展并重，加强生态保护，改善人居环境，建设美丽宜居的生态乡镇。1. 改造农村面貌，提升人居环境。按照全省农村面貌改造提升行动的要求，认真落实照明工程、危房改造、道路硬化等实事工程。危房改造25户，已全部竣工；实施杨山村安装路灯等照明工程；完成阎二道路硬化1400余米，滕庄至杨山联村道路硬化1000米等，人居环境进一步改善。2. 开展绿化造林，改善生态环境。2015年，累计新增造林面积893.3亩，补植补造157亩、7850株。一是开展重点区域绿化工程，在阎一、阎二、阎三、东峡口、隔滦河等9个村进行重点区域绿化，新植杨树743.3亩、1615株，核桃和板栗150亩、750株。二是开展主干公路绿化提升工程，马兰路两侧20米绿化带按照原规格进行完善提高，补植杨树、旱柳78.5亩、4500株。三是种植油用牡丹，按照市政府统一规划，在洗甲河村北种植油用牡丹100亩。3. 治理山场土地，改良种植环境。2015年，芝草坞和李姑店2个村实施山地坡改梯工程，修建水平梯田3429亩、水窖83个、沉砂池83个、排水沟4800千米、田间道路4800千米、干砌石谷坊150道、标志碑2个。坡改梯工程综合效益明显，蓄水保土，改善生态环境，取得良好的经济效益和社会效益。

【社会民生】 保民生、促和谐。把改善民生作为群众工作的出发点和落脚点，把握“为民惠民”宗旨，解决群众密切关注的热点、难点问题，提升群众的幸福感。1. 推进惠民实事，改善基础民生。先后投资176万元进行教育基础设施建设，改善农村中小学办学条件；组织全乡免费体检活动，年满60周岁以上村民体检率达到90.1%；开展流动食堂、零散摊点等食品安全宣传和监督检查，全乡无食品药品违法违规事件；夯实计划生育基础工作，创新打造西峡口人口文化园；加强低保核查，确保应保尽保，加大临时救济力度，全面做好优抚、移民和社会福利工作；扎实开展危房改造工程，24户已全部竣工；推动村庄亮化工程，杨山村路灯安装完毕，方便村民夜间出行；多方筹措资金，完成道路硬化2400余米，进一步改善出行条件。2. 狠抓安全生产，维持信访稳定。严格落实安全生产“一岗双责、党政同责”责任制，开展安全生产大检查，巩固安全网络体系，抓好“六打六治”打非治违和重点行业领域的专业整治工作，实现安全生产全年“零事故”；加强和创新社会管理，实行信访、综治、司法三位一体及乡村、公安、法庭、老干部支部、法律顾问协调联动的矛盾纠纷调处机制，完善信访例会、领导接访、领导包案、案件挂帐督办等制度，坚持有访必接，接访必解，把矛盾化解在基层，全年调处矛盾纠纷73起，解决重点积案3起，实现重大节点时期“零非访”。3. 丰富文化生活，培树文明新风。乡宣传文体站建设达标，并获河北省百佳文化站称号；广泛开展“我评议、我推荐身边好人”“好媳妇”“好家庭”评选活动，东峡口村被评为河北省示范妇女之家；组建党员志愿者服务队，开展贫困母亲、贫困儿童等扶贫济困活动，以文明之风促进家庭和谐、促进社会稳定，构建美丽乡村。

书　　记　蔡金艳（女，7月离）
　　　　　　周泽红（女，7月任）
副 书 记　马天军　石太岩
乡　　长　马天军
副 乡 长　于四安　王福顺　张汝平
人大主席　王利财
武装部部长　玄曼彤（女）
组织委员　邹小刚
宣传委员　王大为
纪委书记　宁文生

（李月华）

五重安乡

【概况】 五重安乡位于迁安市西北部，乡政府驻地五重安村位于市区北偏西25公里处，西与迁西县相临，北与青龙县相接。全乡辖29个行政村，总面积67.71平方公里，耕地面积1410.41公顷。总户数8018户，总人口27565人，其中农业户籍人口26490人，人口自然增长率5.62‰。2015年，按照“稳中求进、奋发有为”的主基调，全力打造科学发展典范。全乡完成工业企业总产值3.45亿元，比上年下降11.76%；全社会固定资产投资7.05亿元，同比增长101.5%；全乡全部财政收入2922万元，比上年下降5.7%；公共财政预算收入1162万元，比上年增长14.6%。农民人均纯收入17576元，比上年增长8.5%。

【项目建设】 2015年，全乡投产项目1个，即多伦箱包生产加工项目，主要生产户外旅行包、手提旅行包、学生书包等产品，年产各类箱包70万件，安排就业200人。在建项目3个，一是乐村淘河北总部项目，是将河北各县域的村镇小卖铺升级为线下体验店，通过体验店，帮助农民实现网上购物和网上销售农产品。二是冀锦纺织文化旅游用品生产加工项目，至年底，已完成投资2000万元，完成设备安装。三是花卉繁育基地项目。引进北京玲兰花卉有限公司投资建设，利用瑞阳大观园闲置的6000平方米温室大棚。谋划项目4个，总投资15.2亿元。一是首钢工学院在迁安建校项目，该项目已纳入北京市三年工作重点。二是北京玲兰花卉集团在迁安建设花卉产业园项目。三是东安易购物流配送中心项目。四是北方家具城家具生产加工及物流配送项目。

【造林绿化】 2015年，以境内京秦高速迁安支线、三抚公路、迁擂路延伸线及长城山野绿道两侧绿化为重点，开展绿色家园建设活动，全年累计完成造林绿化2600亩。重点抓好京秦高速迁安支线景观大道的绿化、美化工作，在支线两侧工程造林之外，按照无缝隙绿化的标准，实现支线两侧可视范围绿化全覆盖，累计完成造林绿化1100亩。

【基础设施建设】 协调交通部门，做好群众工作，全年完成乡村道路新建、翻修8万余平方米。乡领导班子成员带头协调村干部和群众，确保顺利进场施工。张庄子—小何庄路段、商业街—政府门前路段、高古庄—母庄路段、万宝沟出村路、苏家沟—范家沟路段和东陈庄道路修补工程均相继竣工。

【现代农业】 以农业重点项目为依托，增强农村经济发展后劲。全乡有2959户参加政策性农业保险，农业保险总面积1.88万亩，自缴保费总额2.1万元。良种补贴面积6262.7亩，购买国家补贴农机具33台（套），享受国家补贴4.22万元。推广新型节能采暖炉具800台（套），新增新型农业经营主体4个，建设农村电商服务站20个。

【环卫整治】 以建机制、稳运行、有效果为目标，大力改造提升农村面貌。开展为期1个月的环境卫生综合整治行动，并组织全乡范围的环境卫生大拉练活动，对排名靠前的村给予现金奖励，排名倒数的村，村支部书记在大会上检讨发言，奖优罚懒，塑造文明、有序、洁净、和谐的乡村新形象。全年累计投入农村环境综合整治资金260万元。设置垃圾填埋场3处，投工投劳765人（次），出动车辆120台（次），清理垃圾、杂物1.12万立方米，清理断壁残垣以及危房2940平方米，清理庭院150个。

【便民服务】 狠抓乡便民服务中心、村便民服务站标准化建设，深入推进重点项目、为民服务全程代办制度。投资35万元、面积150平方米的便民服务大厅投入使用，组织、计生、民政、社保等10个部门入驻办公。29个村级便民服务站实现全覆盖，软硬件建设达标，人员齐全，代办事项全部公开。全年累计办理乡、村两级代办事项1000多件。

【社会民生】 1. 社保体系逐步完善。圆满完成全乡养老保险收缴及对账工作，共收缴保费137.83万元，缴费人数9676人。为年满60周岁新农保参保人员办理退休327件。协助市就业局对再就业人员发放9人次90万元的无息贷款。2. 民政工作扎实推进。全乡有分散“五保”户76人、低保户1104人。年内，办理婚姻登记314件，享受高龄补贴的有456人。3. 人口和计划生育工作步入良性发展轨道。2015年，共出生320人，出生人口性别比为107.79。联合唐山公益之星社团对11名贫困计划生育家庭女孩进行救助，资助到高中毕业。

【工矿废弃地复垦】 2015年，土地整治项目有5个，包括更新庄村工矿地复垦项目，规模104.6亩，新增耕地面积91.3亩；小何庄补充耕地项目，规模115亩，新增85亩；范家沟补充耕地项目，规模80.5亩，新增耕地面积76.9亩；小崔庄补充耕地项目，规模48亩，新增41亩；五重安村工矿地复垦项目，规模450亩。

【安全信访】 落实安全生产“一岗双责”，开展重点行业领域安全生产专项整治行动，抓好“六打六治”打非治违专项行动，做到经常查、查经常，反复查、查反复，把安全生产责任落实到人，全年无安全事故发生。按照“老案逐步化解、新案归零”的工作思路，落实信访稳控责任，实现“小事不出村、大事不出乡”的目标。本着抓早、抓小、抓了的原则，将矛盾消灭在萌芽、化解在基层，全年接待群众来访120多人次，处理上级转交办信访案件13起，自办信访案件1起。

【基层组织建设】 1. 制定下发《五重安乡农村两委干部作风建设八项制度》，规范村“两委”干部职务行为，提升村干部执行力和战斗力。年内，对违反工作纪律的7名村干部在全乡进行通报，扣减了工资，取消了年度内评优优先资格。2. 制定下发《五重安乡规范村级财务管理的暂行规定》，从规范农村票据使用、招投标管理、大宗商品采购、村集体零用工使用等方面做出具体规定，有效预防农村干部腐败。3. 出台《五重安乡村级权力清单三十六条》，强化对村级权力运行的制约监管，促进农村“两委”干部更好地服务百姓，保障农村的社会稳定、长治久安。4. 出台《五重安乡农村干部违反廉洁履职若干规定责任追究办法（试行）》，加大反腐力度，抓早抓小，严明纪律，营造风清气正的政治生态。

书　　记　陈春山（8月离）
　　　　　　廉　波（8月任）
副 书 记　康继顺（8月离）
　　　　　　陈晓东（8月任）　刘书宏
乡　　长　康继顺（8月离）
　　　　　　陈晓东（8月任）
副 乡 长　杨全玲（女）　李宝富　郭　明
人大主席　（1～12月空缺）
武装部部长　郭立生
组织委员　郭建新
宣传委员　郭　伟
纪委书记　马　力

（倪　佳）

杨店子镇

【概况】 杨店子镇位于迁安市中部偏西，镇政府驻地杨店子村距市区10公里。辖36个行政村，总面积94.21平方公里，耕地面积3414.9公顷，总户数22448户，总人口86222人，人口自然增长率7.48‰。2015年，全镇把握稳中求进主基调，调结构、促转型，保发展、惠民生，“钢城龙头、魅力河西”建设取得新进展。全年完成工业企业总产值29.08亿元，同比下降10.93%；全社会固定资产投资55.95亿元，同比增长18%；完成全部财政收入6.47亿元，同比增长10%；完成公共财政预算收入2.51亿元，同比增长2.2%；农民人均纯收入19968元，同比增长11.5%。

【项目建设】 2015年，全镇共实施重点项目15个，计划总投资38.5亿元。其中，新开工项目5个，计划总投资13.8亿元，分别是：计划总投资5亿元的首钢迁钢公司配套完善项目倒班宿舍工程，计划总投资3亿元的首钢股份公司迁安钢铁公司除尘系统升级改造工程，计划总投资2.3亿元的迁安市新滨河超商项目，计划总投资2亿元的首钢股份公司迁安钢铁公司2160毫米热轧生产线加热炉煤气系统蓄热式优化升级改造项目，计划总投资1.5亿元的迁安市皓盛汽贸物流园项目；续建项目10个，计划总投资24.7亿元，分别是：计划总投资8.3亿元的迁安市金融街项目，计划总投资2.4亿元的金沣秋工贸公司扩建项目，计划总投资2.2亿元的唐山市文博新能源科技有限公司年产20万吨生物质颗粒燃料项目，计划总投资1.5亿元的亚滦湾国家农业创新产业园项目，计划总投资1.5亿元的迁安市石佛古寺项目，计划总投资1.3亿元的北京首钢铁合金有限公司迁安分公司包芯线项目，计划总投资1亿元的迁安市阜安远通建筑有限公司网架结构加工基地项目，计划总投资1亿元的嘉晟工贸有限公司年产30万吨型煤项目，计划总投资9100万元的嘉源艺术陶瓷研究所项目，计划总投资9000万元的迁安文化会馆项目，全年累计完成投资22.9亿元；完工项目4个，分别是：新滨河超商有限公司新滨河超商项目、嘉晟工贸有限公司年产30万吨型煤项目、迁安市嘉源高档艺术陶瓷项目及迁安文化会馆项目。

【招商引资】　抢抓“京津冀一体化”战略机遇，充分依托迁安经济开发区、首钢矿业公司、迁钢公司所在地的区位优势，大力开展招商引资工作，建立健全重大招商引资项目领导分包推进制、项目跟踪服务机制等制度，广泛收集、挖掘招商线索，拓宽招商渠道，活跃招商局面，全镇共谋划项目5个，计划总投资15.3亿元，分别是：计划总投资5.8亿元的首钢迁钢公司冷轧配套项目，计划总投资3.5亿元的首钢股份公司迁安钢铁公司脱硫渣处理工程，计划总投资3亿元的北京首钢铁合金有限公司迁安分公司钢材深加工生产线项目，计划总投资2亿元的宁夏重工天车制造项目，计划总投资1亿元的中联重科迁安店项目。

【新农村建设】　统筹城乡发展，加快城乡一体化进程。不断完善滨河社区、右岸嘉苑、湾子安置社区建设，提升社区安居水平和公共服务水平，规范小区物业管理，滨河社区、右岸嘉苑、湾子安置社区发放钥匙5500余把，安置居民5700余户，社区绿地、主干道两侧统一绿化，统一管护，群众生活环境质量大大提升。

【美丽乡村建设】　扎实推进农村面貌改造提升行动和“美丽乡村”建设，力促农村面貌实现大改观，对除刘东庄、朱官营（两个村已整体拆迁搬入社区）外的34个村，按照主要领导包片、股级干部包村的工作机制，提出“普遍抓五清、美庭院，重点抓精品”的总体思路，开展集中整治活动，对连村路、河道旁、村周边的建筑垃圾及村内街道等进行集中清理，全镇出动人工1.7万余人次，动用机动设备3000余台次，清理垃圾2.6万余立方米，全镇配备保洁员186名，发放保洁工具186套、垃圾箱150个、垃圾桶1万个。

【绿化】　继续以“四环、三沿、两山”为绿化重点，实施镇域披绿工程，全力打造绿色西区，投资232万元对野兴路，经九路及纬四、纬五、纬六街进行高标准绿化，同时，进一步改善京秦高速沿线生态环境，完成高速支线市政府招标造林栽植任务180亩，高速支线绿化170亩，环城区绿化及其他社会造林599.8亩，钢城路补植补栽火炬树、柳树80亩，亚滦湾农业产业园栽植桃树6万株、油用牡丹50亩，美化了环境，提升了对外形象。

【社会事业】　1. 惠民工程。社会保障制度逐步完善，“五保”户供养、大病救助等城乡社会救助工作有序开展，城乡居民养老保险、医疗保险达到全覆盖；实施“阳光工程”“免费培训”等惠民工程，创业技能培训500人，完成农村劳动力向非农产业转移300人；落实“三级平台”“两个代办”制度，在滨河社区设置400余平方米的便民服务中心，各村设立便民服务站，为民办事效率显著提升，全年累计办理及代办各类事项2400余项。扎实推进计划生育工作，实施生殖健康免费检查。2. 农村居民文化活动。广泛开展“四德”“筑魂”工程及各类主题教育活动，在各村及社区开展送春联下乡、慰问演出、广场舞比赛等群众性活动，在各中小学校开展“端午节中华经典诵读”、清明节扫墓、“学雷锋事迹报告会”活动，在镇机关开展元宵节灯谜竞猜、交通志愿服务、“纪念抗战胜利70周年书画图片展”等活动。3. 安全生产。履行“党政同责、一岗双责”要求，建立、健全重点企业驻企制度，定期组织安全生产检查活动，下达整改指令书23份，停产企业83家，责令限期整改企业9家，责令整改隐患266项，整改完成率90%，安全生产责任制全面落实。4. 信访稳定。建立、完善班子成员信访接待日、临时组建工作组等多项信访工作制度，利用3个月时间，开展“信访案件集中排查化解”专项活动，千方百计化解信访老案、积案，妥善解决征地拆迁遗留问题，全年接待本级信访案件110件，接待群众来访2000余人次，处理上级交办信访案件86件，化解老案积案13件，车辕寨村部分强拆户签订了安置补偿协议书，彻底息诉罢访。

【基层党组织建设】 全镇36个村“两委”干部换届工作顺利开展，选出“两委”干部214名，新旧班子平稳过渡；同时，以农村“两委”干部换届为契机，开展多种形式的党组织活动，制定了《农村“两委”干部坐班值班管理办法》，“两委”干部组织纪律性进一步增强，上午、常李庄、高引铺等6个软弱涣散基层党组织转化顺利完成；做好党员发展工作，党员队伍教育管理更加规范，年内，发展预备党员32名，24名预备党员转正，52名入党积极分子接受培训，为党组织充实了新鲜血液，党组织的凝聚力、战斗力得到加强。

书　　记　李　超（7月离）
　　　　　　王　武（7月任）
副 书 记　赵福军　王立松
镇　　长　赵福军
副 镇 长　梁玉军　贺卫东　宋瑞林
人大主席　李昕生
人大副主席　刘　金
武装部部长　熊立红
组织委员　张　祝
宣传委员　李冠娥（女）
纪委书记　孟得智

（崔学伟　肖国杰）

蔡　园　镇

【概况】 蔡园镇位于迁安市西部，镇政府驻地小蔡庄村距市区20公里。辖26个行政村，总面积55.71平方公里，耕地面积1135.67公顷，7673户、26763口人，人口自然增长率5.47‰。2015年，把握稳中求进工作主基调，倾力打造“富裕蔡园、和谐蔡园、美丽蔡园”，镇域经济社会平稳有序发展。2015年，新增个体工商户110家，新增企业34家，新增规模以上企业1家。全年完成工业企业总产值217.8亿元，比2014年下降22.84%；固定资产投资42.8亿元，比2014年增长23.7%；全部财政收入8158万元，比2014年下降70.5%；公共财政预算收入3512万元，比2014年下降59.9%；农民人均纯收入23958元，比2014年增长8.5%。

加强党的建设，继续实行“建强支部、集中帮扶、促进增收”三位一体模式，年内，完成靠山、二郎庙、吴官营3个后进村转化工作。将计划生育、民政、社保、国土、城建等10个所站职能纳入便民服务中心窗口，为民服务全程代办。2015年，累计为群众办事3100余件，群众满意率98%以上，受到群众好评。安全信访持续好转。全年化解办理各类信访案件104件，其中上级交办25件，结案率100%，镇级信访案件79件，结案率达96%。落实“党政同责”“一岗双责”安全生产责任制，扎实开展安全生产培训、“安全生产月”、安全生产隐患大排查以及应急预案演练等活动，年内，未发生安全生产及人员伤亡事故。

【项目建设】 抢抓京津冀协同发展历史机遇，坚持内激外引并举，培育壮大市场主体。全年实施重点项目12个，其中结转项目6个、新开工项目6个，4个项目已完工，计划总投资23.32亿元，累计完成投资19.64亿元，年内，完成投资8.97亿元。在全市重点项目观摩拉练中处于前列。在市经贸洽谈月活动中签约项目4个，一是中智鑫（北京）投资基金管理有限公司投资20亿元建设京东佛禅文化产业示范小镇项目；二是安平县鑫海交通网业制造有限公司投资1.5亿元建设年产4万吨镀锌钢丝、3万吨热镀结构件项目；三是迁安市利昌贸易有限公司与上海康居实业有限公司签订投资2亿元的保温装饰一体化板生产基地项目；四是镇内民营企业家李海与沧州市肃宁卓尔纺织制品有限公司合作签订投资1.5亿元的加工针织、梭织服装、防辐射功能服和防火布项目。

【农村面貌改造提升工作】　坚持把农村面貌改造提升活动办成一件民心工程、实事工程、德政工程，6个省级重点村全年投入资金510万元，完成硬化道路、路灯安装、旱厕改造、环村沿街绿化、垃圾清运等规定任务。同时，完善“户清、村集、镇运输”集中处理模式，逐村建立长效保洁机制，呈现“天蓝、地绿、水清”的美丽新乡村。推进危房改造工程，全年分3批完成孟官营、王李庄、玄安子等9个村20户的危房改造任务，全部通过市住建局验收。

【环境治理】　树立可持续发展理念，坚持发展不以牺牲环境为代价，大力开展环境治理工作。1. 改善生态环境。按照“谁开发、谁受益，谁破坏、谁治理”的原则，对企业、尾矿库周边、废料台、排土场、河道堤坝外、主干道路两侧进行生态恢复和通道绿化，提高绿化覆盖率。马官营、靠山、北屯、孟官营等6个工矿废弃地复垦项目有序推进。2. 加大大气治理力度。强力推进轧一钢铁集团等重点企业专项整治，确保高压静电除尘、低压布袋除尘、烧结机脱硫及污水处理等设备全部在线投入使用。开展秸秆禁烧、散料堆整治、环企绿化、燃煤锅炉改造、洁净型煤推广、清洁燃烧炉具发放、重度污染天气应急响应等环境治理工作，大气质量明显改善。

【社会事业】　社会事业稳步推进。新型农村社会养老保险（以下简称新农保）提前完成全年任务，城镇居民医疗保险和企业医疗、养老、工伤保险均超额完成任务，并连续多年在全市处于领先地位。农村低保工作有序进行，全镇有168户、368人享受低保待遇。卫生事业健康发展，开展食品药品安全县创建工作，建立健全各种健康档案，食品、药品方面安全无事故。精神文明建设蓬勃开展，开展元宵灯谜竞猜、秧歌调演、戏迷协会唱演、广场舞汇演、农民运动会等群众喜闻乐见的活动，丰富群众的业余文化生活。计划生育工作有序推进，小儿出生人口性别比控制在合理范围之内。

书　　记　唐延海
副 书 记　唐　锐（12月离）
马友军（12月任）
杨海燕（女）
镇　　长　唐　锐（12月离）
马友军（12月任）
副 镇 长　商　云　王　磊
人大主席　（1～12月空缺）
武装部部长　许志诚
组织委员　赵红权
宣传委员　全桂臣
纪委书记　王大永

（杨艳华　张　强）

大五里乡

【概况】　大五里乡位于迁安市西部，乡政府驻地大五里村距市区18公里。总面积50.5平方公里，耕地面积1041.78公顷，辖16个行政村，总户数6479户，总人口18599人，人口自然增长率4.65‰。2015年，完成工业企业总产值50.97亿元，比上年下降15.6%；全社会固定资产投资18.95亿元，比上年增长19.1%；实现全部财政收入5791万元，比上年下降3.2%；公共财政预算收入3346万元，比上年增长5.6%；粮食总产4095吨，比上年增长1.87%；牲畜出栏52330头（只），比上年增长0.38%；奶产量7117吨，比上年下降2.95%；禽蛋产量1086吨，比上年下降11.92%；农民年人均纯收入20161元，比上年增长10.9%。

【支柱产业】　树立项目建设为立乡之本、兴乡之源的思想观念，狠抓项目建设。2015年，全乡谋划实施项目18个，计划总投资91.5亿元，其中在建项目8个、完工项目2个、谋划项目8个。在2015“京东水城 魅力迁安”经贸洽谈会上，与中汇（迁安）国际动漫体验岛公司签订补充协议。坚持精准招商，全年接待各类客商28家，其中世界500强企业2家。主导产业实现精品化、链条式发展，思文科德冷轧薄板项目全面达产，年产冷轧薄板100万吨。金属包装产品向专业化、多样化、定制化发展。投资10亿元的镀铬生产线项目已经省发改委核准立项，正在组织总体方案论证、设备选型。投资1.9亿元实施的增州钢管厂33万吨镀锌板一期项目正式生产，二期项目正在进行工程建设。

【休闲旅游】　推动资源型经济转型，根据自身地理环境，利用独特的地质、森林和人文资源，大力发展休闲旅游。山叶口国家级AAAA级旅游景区屡创迁安市旅游行业新纪录。结合全市西部森林生态绿道建设，谋划实施了张家峪千野湖、挂云山和塔寺峪景区项目，计划总投资3.85亿元。塔寺峪景区于9月8日开园运营，正在申报国家AAAA级旅游景区，挂云山景区即将开园，计划总投资2亿元的张家峪千野湖旅游度假区项目，景区规划已经市规委会审定通过，正在推进项目开工前的各项准备工作。

【美丽乡镇建设】　继续以建设“生态之乡、宜居家园”为总揽，科学统筹城乡规划建设，扎实推进农村面貌改造提升、城镇基础设施建设和生态环境整治工作。1. 农村面貌改造提升。在2014年完成10个省级农村面貌改造提升重点村建设的基础上，推进小庄户村的省级重点村建设，年内，该村累计投入资金229.5万元，清运垃圾1720立方米，清理残垣断壁30处，粉刷墙壁3000平方米，新增绿化面积3000平方米，硬化道路4800平方米，修长城墙880米，清理庭院240多处，改厕61户，创建“美丽庭院”120个，安装路灯20盏。2. 城镇基础设施建设。计划总投资8000万元的大五里乡天然气输配网项目已完成投资3000万元，一期建设主门站一座、铺设主管道10公里，并实现与思文科德薄板科技有限公司生产用气管道顺利连接，二期已完成大五里乡农民保障房社区管道铺设工作，大五里乡天然气普及工程即将开工建设。总投资1000万元的社区小学项目已报市相关部门批准。3. 绿化攻坚。推进造林绿化工作。全年实施各类绿化930亩，累计栽植各类苗木20万株，补植苗木5000余株。

【社会事业】　加大社会事业投入，高度重视教育、科技、文化、卫生等事业发展。社会保障水平稳步提高。全年新增企业养老保险参保人数150人，新增企业医疗生育保险参保人数200人，新增企业工伤保险参保人数150人；引导农村劳动力向非农业产业转移240人；推进城乡居民社会养老保险收缴工作，共缴纳养老保险费80.78万元；稳步推进新老农保衔接工作，共涉及1186人；开展使用社会保障卡发放城乡居民养老金试点工作。基本公共服务日益普及。广泛开展公民道德教育，举办第四届道德模范评选表彰活动，开展创建“美丽庭院”活动，全乡建示范街11条，评选美丽庭院350户、最美家庭10户。继续开展爱心助学活动，全市首个乡级救助基金——“爱心助学基金”资助中小学生35人，发放爱心助学基金3.48万元。弘扬文明新风，设立功德榜17个，开展道德大讲堂20场次，发放宣传册4000余册。弱势群体生活得到保障。对全乡375户低保户、54户“五保”户及139名优抚对象进行走访慰问，发放低保款116.41万元、优抚款61.26万元；为全乡800名老人缴纳保险费4万元；开展“慈善助困”和“慈善助学”活动，发放救助款2.3万元。阳光托养3人，共发放托养金1800元；救助大病患者21人，发放救助款6.94万元；开展临时救济154人，发放救灾救济款8.35万元；协调解决危房户住宅改造20户。

书　　记　魏建国
副 书 记　王小东　马小明
乡　　长　王小东

副 乡 长 杨东华 瓮义明
人大主席 韩向新
武装部部长 李瑞民
组织委员 林秋菊（女）
宣传委员 董玉阁（女）
纪委书记 朱洪国

（徐 敏）

马兰庄镇

【概况】 马兰庄镇位于迁安市西北部，镇政府驻地西马兰庄村距市区15公里。辖17个行政村，总面积49.16平方公里，耕地面积530.83公顷。总户数7864户，总人口24600人，其中农业户籍人口12605人，人口自然增长率4.57‰。2015年，马兰庄镇以“发展最快、最文明、最和谐马兰”为目标，以资源型经济转型为主线，全年完成工业企业总产值208.43亿元，同比下降26.79%；全社会固定资产投资43.41亿元，同比增长21.6%；完成全部财政收入3.5亿元，同比下降50.2%；完成公共财政预算收入9189万元，同比下降52.1%；农民人均纯收入25876元，同比增长8.5%。

【项目建设】 2015年，实施项目5个，总投资2.68亿元。一是总投资1亿元的河北盛世尘沧环保设备有限公司环保设备制造项目，正在建设东部厂房，预计2016年8月竣工；二是总投资1亿元的迁安市海文工贸有限公司冷链物流项目；三是总投资3800万元的矿山废弃地复垦造地项目，可新增耕地面积600亩；四是总投资2000万元的迁安市峰顺工贸有限公司裴明旺养牛场项目，年计划出栏肉牛1200头；五是总投资1000万元的迁安久典科技有限公司99家居网体验店项目。签约推进项目1个，即总投资24亿元的中建西部股份有限公司矿山固废综合利用签约项目，正在选址和制定方案，计划2016年5月开工。

【全民创业和民企二次创业】 引导民企二次创业。带领全镇民营企业家参观考察，参加项目发布，开展民营企业二次创业培训，帮助企业选择二次创业项目，联旺、凯达、隆宇等企业积极投身迁安城市中心建设，建成联旺大厦、荣福宫、钢城家园、隆宇大厦、壹号公馆等城市亮点工程。全年新增民营企业13家、个体工商户162户。鼓励巾帼创业，特别是依托马兰社区平台，成立“马兰巧娘”工作室，开展手工布鞋、手工编织等6期培训，吸收巾帼创业骨干36名，年培训妇女312人次，带动周边地区11个村600余名妇女就业，并带动了柳河峪村家织布、宫店子村手工针织鞋等项目的发展。扶持农民创业，发展特色养殖，建成东马草莓大棚、后裴庄千头养牛场、前裴庄“绿达元”家庭农场等农民创业项目，农民人均涉农增收1100元，唱响了全民增收主旋律。就业更要优业，以失业人员、返乡大学生和退伍军人为重点，开展各类职业培训600人次，实现农村劳动力转移320人。

【马兰社区建设】 至2015年，马兰社区已完成投资10.2亿元，建筑面积70万平方米，水、电、暖、路等基础设施完备，拥有住户3300户、8000口人，获住建部、财政部授予的“可再生能源建筑应用示范区”，省住建厅授予的“十佳建筑节能示范小区”，中宣部宣教局、中国经济网授予的“节约之星”称号，并获亚太地区绿色建设先锋奖项目提名，是中国唯一新农村建设示范项目。完善马兰社区便民服务中心，推行“三级平台、两个代办”制度，提供便民服务事项许可和便民服务事项121项，其中办理32项、代办89项，坚持随到随办、即到即办，2015年，共办理业务1580项，受到群众的广泛好评。按照“讲文化出人才、讲文明出风气、讲精神传万代”的思路，以“孝诚和美”为文化主题，把社会主义核心价值观普及到平常百姓家，依托孝道街、廉政勤政文化广场、和谐园及美德墙等文化设施，开辟“星榜样”专栏，积极开展“美丽庭院”知识竞赛和“最美家庭”“最美马兰人”等评选活动，用通俗生动、百姓容易接受的方式、方法创建文化马兰。

【生态环境恢复治理】 继续推进工矿废弃地复垦利用，复垦941.7亩，新增耕地面积近600亩。完成矿山绿化520亩、京秦高速迁安支线绿化

154.4 亩、社会造林 43.5 亩。实施大气污染防治，推广洁净型煤 184 吨。推进农村环境卫生综合整治，健全农村环境卫生保洁长效机制，培树李家沟村及马兰社区两个“精品示范点”及东马、北马、侯台子 3 个农村环境综合整治村。

【和谐马兰建设】 继续开展人民调解、行政调解、司法调解“三位一体”大调解，以解决问题为核心，以依法规范信访秩序为重点，化解基层矛盾，先后办理涉及地质灾害、土地纠纷、矿农纠纷、社会保障 4 大类信访案件 52 件，全年未发生群体性事件及进京非常访。不断强化工矿企业规范化管理，强化日常监管，多次聘请专家检查指导整改，全年共检查企业 69 家次，下达执法文书 87 份，排查安全隐患 152 处，未出现重特大安全生产事故。

书　　记　彭清江
副 书 记　廉　波（9 月离）
　　　　　　康继顺（9 月任）
　　　　　　陈晓东（9 月离）
镇　　长　廉　波（9 月离）
　　　　　　康继顺（9 月任）
副 镇 长　李志生　田　曾　李金华
人大主席　孙会民
武装部部长　杜宏伟
组织委员　刘　军
宣传委员　李　阳（女）
纪委书记　孙振生

（吴学智）

沙河驿镇

【概况】 沙河驿镇位于迁安市西南部，镇政府驻地沙河驿村距市区 29 公里。辖 19 个行政村，总面积 40.77 平方公里，耕地面积 1630.65 公顷，总户数 9161 户，总人口 30151 人，人口自然增长率 6.88‰。2015 年，面对经济下行压力持续加大、结构性矛盾集中迸发等诸多难题，全镇继续围绕“镇园一体化”这一核心，把握“北方钢铁物流产业聚集区、西部工业区南片区和全国重点镇”三项重点，负重求进，攻坚克难，经济和社会各项事业保持平稳较快发展势头。全年实现工业企业总产值 123.09 亿元，比上年下降 10.17%；全社会固定资产投资 42.78 亿元，比上年增长 24.5%；全部财政收入 7516 万元，比上年下降 23.4%；公共财政预算收入 4517.3 万元，比上年下降 10.6%；农民人均纯收入 18646 元，比上年增长 8.5%。粮食总产 6762 万吨，比上年增长 1.64%；牲畜出栏 6.85 万头（只），比上年下降 0.87%；猪肉产量 4178 吨，比上年下降 7.81%；奶产量 6622 吨，比上年增长 127.79%；禽蛋产量 1926 吨，比上年下降 0.1%。

【经济开发区南片区转型跨越】 把钢铁产业升级作为核心战略举措，攻坚克难，化危为机，不断加快经济开发区南片区转型升级步伐。1. 推动转型升级。按照“发展钢、不唯钢”的理念，积极延伸产业链条，转变发展方式。投资 16 亿元的唐山中溶科技有限公司年产 30 万吨无水乙醇项目，于 8 月 2 日奠基，至年底完成投资 3200 万元。投资 5 亿元的新奥焦炉煤气制液化天然气项目完成投资 3000 万元；鼓励二次创业，投资 5000 万元的安正金属丝制品项目，利用市内现有线材生产镀锌拔丝，实现当年开工、当年投产。抢抓京津冀协同发展的难得历史机遇，狠抓招商引资，增强经济发展后劲。年内，先后联系对接客商 170 余家，在“9·28”市经贸洽谈会上，实现新签项目 3 个，达成意向项目 2 个。在两次全市项目观摩拉练中分别获得第四名和第一名的成绩。2. 狠抓环保治理。制定《沙河驿镇大气污染防治攻坚行动实施方案》，建立“横向到边、纵向到底”的网格化环境监管体系。推进鑫达、荣信、蓝海、宝利源、明晶玻璃、耀华玻璃等企业开展专项整治行动，推进脱硫、脱硝和除尘等环保设施安装改造，全面改善空气质量。开展环保大检查活动，持续整治散料堆场，严格治理餐饮业油烟排污和燃煤锅炉，禁止镇区露天烧烤、秸秆禁烧，组织洁净型煤推广工作，减少污染源。全年检查排污企业 59 家，整改及停用燃煤锅炉 16 台，推广洁净型煤 1954.6 吨。及时响应、主动应对重污染预警天气，严格落实机动车限行、企业停限产、工地停工等减排措施，对镇域重点工业企业实施24小时驻企监管，保障环境空气质量。

【北方钢铁物流产业聚集区提档升级】 充分挖掘和发挥政策、产业、资源、区位等组合机遇和优势，实现物流园区发展新跨越。加快推进项目建设。天津物产（迁安）综合物流服务中心项目一期正在对工程组织验收，并与中储发展股份有限公司就仓储管理正式签约，即将投入运营。平刚物流高炉除尘灰处理及仓储项目，已完成投资5000万元，封闭式厂房、库房已完工，两条生产线建设完成。打造过硬发展环境。坚持“需求未到，基础设施先行”，高标准推进配套设施建设，提升“硬环境”。迁兴街（新奥段）已完成图纸审核工作，正在进行项目预算和施工图设计修善；110千伏变电站项目已完成土地预审、环评和地勘报告，正在进行地基建设。

【全国重点镇建设创先争优】 抓住被列入全国重点镇和迁安三大城镇组团建设机遇，抓规划、抓建设、抓管理，加快基础设施建设，扩大城镇组团规模，强化生态建设，不断提升重点镇建设水平。1. 提升城镇承载能力。积极构建“一个城镇组团、三个农村社区”的城镇发展格局，城镇组团总体规划正在修改完善。污水处理厂及配套管网项目累计完成投资1740万元，粗格栅及提升泵房、调节沉淀池、高效生物转盘、综合楼等土建工程均已完成，污水处理设备已全部订购，管网已铺设10.7千米。总投资1100万元的刘庄子社区二期及配套工程于10月底完成，并已全部入住。投资1.8亿元的红庙子棚户区改造工程取得突破性进展，先后完成规划审批、环评备案、立项批复等前期工作，正在做开工前准备。镇中心社区二期、北部社区二期正在稳步推进。投资150万元完成杨柏公路沙河桥至102国道段翻修工程，解决了雨季桥下积水问题，方便了群众出行。协助上级机关，完成16个村农村承包土地确权工作。2. 改善镇域生态环境。加大农村环保投入，开展“美丽家庭”卫生评比、农村面貌改造提升拉练等丰富多样的活动，改善农村生产和生活环境。强力推进“五清四化”（清垃圾、清杂物、清残垣断壁、清庭院、清养殖小区周边废弃物，绿化、美化、亮化、净化），实现“户清、村集、镇运处”的垃圾处理模式。严格落实《关于落实村级环境卫生长效保洁机制的实施意见》，完善保洁制度，19个村配置了157名保洁员，由镇财政直接打卡发放工资，并对卫生保洁工作进行动态督导考核，建立健全长效保洁机制。推进造林绿化，重点实施高速支线两侧绿化及环村环企绿化和社会造林绿化工程，完成绿化面积1150亩，其中支线两侧绿化150亩、环村环企绿化300亩、社会造林绿化700亩。

【社会环境和谐稳定】 坚持“以人为本、服务为先”的理念，狠抓社会治理创新工作，努力做到社会治理与公共服务的统一。1. 帮扶企业。针对企业裁员、拖欠工资、上下游债务纠纷等问题，专门制定应急预案，做好相关人员的稳控工作，化解影响企业生产经营及社会和谐的不稳定因素。同时，坚持“安全第一，预防为主、综合治理”的工作方针，实行镇领导干部安全生产负责制，开展周六“安全生产检查日”活动，全面检查、督导、服务所包范围内各类企业和公共场所的安全生产工作。结合企业开展的自查、自纠活动，共查出安全生产隐患406项，全部及时整改到位。强化安全生产宣传教育，发放传单2000多份，悬挂条幅20条。2. 服务群众。推行为民服务全程代办、党员志愿服务等相关制度，设立便民服务大厅，将计划生育、民政、社保、国土、综治、农林水牧等各站所职能纳入，实行挂牌服务，一站式办公。2015年，综合服务大厅为群众办理土地、民政等相关手续2500余人次，解决土地征占、房屋拆迁、劳动关系等重点问题140余个，接待信访事件162起，代办事务性工作134件，群众满意率100%，存档率100%。社会保障体系不断完善，城乡居民保险工作进展顺利，参加城乡居民医疗保险达到24481人，参保率99.2%；参加城乡居民社会养老保险46025人次，累计收缴养老保险基金651.4万元。农村劳动力向非农产业转移273人，累计转移2839人，组织1433人参加人才技能培训。3. 改善民风。弘扬“人为本、实为基、情为源、事为先”的沙河驿精神，努力践行社会主义核心价值观，成立“古驿之音”文艺协会，先后组织文艺汇演、歌唱比赛10余场，获得广大群众的一致好评。积极参加迁安市大合唱比赛、广场舞比赛，取得优异成绩。举办“迁安好声音”——沙河驿赛区歌唱比赛和“践行社会主义核心价值观”征文比赛、“我的价值观——奋斗的青春最美丽”演讲比赛，丰富群众的业余生活，形成和谐向上的镇风、村风、民风。

书　　记	王学龙（满族，12月离） 彭艳杰（12月任）
副 书 记	彭艳杰（12月离） 何振宇（12月任）　孙雅民
镇　　长	彭艳杰（12月离） 何振宇（12月任）
副 镇 长	张敬平　卜子田　赵　军
人大主席	刘德友
武装部部长	刘　军
组织委员	胡凤艳（女）
宣传委员	邵秀元
纪委书记	张建路

（李　迪　敖铁强　裴丽侠）

木厂口镇

【概况】　木厂口镇位于迁安市西南部，镇政府驻地木厂口村距市区21公里，辖16个行政村，1个社区（松护社区，包含原松汀村、护国村、白龙港村），总面积58.79平方公里，耕地面积1079.2公顷。总户数7949户，总人口25058人，人口自然增长率5.62‰。2015年，完成工业企业总产值120.97亿元，比2014年下降31.04%；固定资产投资57.94亿元，比2014年增长18.2%；全部财政收入4.6亿元，比2014年下降7.8%；公共财政预算收入2.16亿元，比2014年增长14.5%；农民人均纯收入23202元，比2014年增长8.5%。新增农村劳动力就业269人，农村劳动力转移培训130人。

项目建设取得新成果。融入京津冀一体化发展大局，全年谋划实施38个项目，其中结转项目5个、新开项目14个、谋划项目19个，计划累计投资44.49亿元，年内，完成投资27.99亿元。

党的建设进一步加强，执政能力明显提升。强化民主政治建设，优化“生态”“发展”两个环境，落实职权公开运行和“党务、政务、村务、校务”四公开，推行服务群众“连心卡”、群众事务代办等制度，提高办事效率；落实党风廉政建设“两个责任”，加大警示教育、案件查处力度，构建不想腐、不能腐、不敢腐的廉政机制和不想懒、不能懒、不敢懒的勤政机制。拓宽“快捷、便民、服务”新渠道，投资18万元建135平方米便民服务中心，设置计生、民政、国土等10个便民窗口，进驻20名工作人员，实现群众办事“一站式办理”。在全镇16个村、1个社区设立便民服务代办点，方便群众咨询，接受群众委托代办等服务。全年为群众办事1431件次，办结率100%，接待群众来访3000余人次，密切了党群干群关系。

【现代农业建设】　现代农业建设迈出新步伐。依托西部森林生态绿道，围绕“顺藤结瓜”战略，按照东钢西果的发展思路，在绿道上做文章，实施投资500万元以上农业产业化项目6个，通过土地流转、开荒造地等方式着力发展精细种植业，培育杂粮、干鲜果品生产基地，营造万亩干果林，发展观光农业和特色经济。新建集科研、示范、采摘、休闲于一体的特色山区旱作农业示范区8000亩。引进优质核桃、板栗、大枣5.5万株，推广种植小香米、大豆、小米等精品杂粮，全镇杂粮及干果面积达到3.4万亩，年产干果（核桃、板栗）2051吨、杂粮1020吨。种植柴胡、板蓝根等药材20余亩，种植文玩核桃300亩。植树造林1300亩，发展生态循环模式，树下养殖鸡、鹅和火鸡、锦鸡、山鸡等特色品种，增加西部山区农民收入。通过“阳光培训”工程，提升新型农民科技文化素质，培育新型农业经营主体——农民专业合作社9家，全镇农业现代化建设充满活力。

【社会事业】　完善初级医疗保障体系，落实基本药物制度，规范村卫生室建设，解决农民就医难、看病贵问题。全面落实农村新型合作医疗，全镇报销医药费245.75万元；粮食直补工作扎实到位，发放资金147.8万元；完成新型农村养老保险收缴，缴纳养老保险金130.55万元，参保率96%；解决民生，维护民利，落实低保、救灾救助、优抚、残疾人和老龄保障等工作；完成基层劳动就业社会保障服务所服务平台建设；重视弱势群体的生产生活，着力解决实际困难；农村低保实现应保尽保，重症病人大病救助金和农村分散“五保”户、集中供养人员生活费逐年提高；拓宽群众就业门路，合理转移农村劳动力，农民非农收入明显增加。社会管理模式转型创新，信访稳定形势好转。加大涉法信访案件解决力度，开展民情接待活动，重视解决群众的初信初访，结合司法调解，有效遏制各类重复访、越级访、集体访事件发生，共答复报结信访件59件，报结率100%。企业管理服务规范到位，实现了安全生产“零”事故。

书　　记　郭桂军
副 书 记　郝晓华（女）　惠　海
镇　　长　郝晓华（女）
副 镇 长　王凤亭　张纳臣　刘彦君
人大主席　耿国军
武装部部长　许海余
组织委员　周　心
宣传委员　张红蕊（女，满族）
纪委书记　韩国辉

（葛作栋）

太平庄乡

【概况】　太平庄乡位于迁安市西南部，乡政府驻地太平庄距市区35公里。辖16个行政村，总面积65.08平方公里，耕地面积1448.29公顷。总户数5253户，总人口16802人，人口自然增长率5.79‰。2015年，太平庄乡发挥传统产业优势，走多元发展之路，大力推动乡域经济转型发展。完成工业企业总产值28.03亿元，比上年增长22.4%；全社会固定资产投资21.24亿元，比上年增长18%；实现全部财政收入3941万元，比上年下降43.3%；公共财政预算收入1560万元，比上年下降38.3%；农民人均纯收入17573元，比上年增长8.5%。粮食总产8972吨，比上年增长25%；牲畜出栏38756头，比上年下降22.71%；猪肉产量2056吨，比上年下降4.42%；奶类产量35179吨，比上年下降2.49%；禽蛋产量2865吨，比上年下降1.24%。

【项目建设和经济工作】　1. 扶持引导支柱产业。按照“创新传统产业、壮大主导产业、培育新兴产业”的思路，整体创新煤化工、玻璃制造等主导产业，发挥比较优势，培育接续产业，中海油LNG项目正式投产，精细煤化工产业板块初步形成，为全市转型攻坚做出应有贡献。2. 督导推进落地项目。2015年，全乡实施重点项目14个，其中8个项目已经完工，分别是投资12.3亿元的中海油LNG、投资1.8亿元的宏奥公司干熄焦、投资5000万元的中海油LNG110千伏双回路变电站、投资5000万元的润安建材玻璃熔窑烟气处理项目、投资3000万元的生物质颗粒燃料项目、投资2000万元的中海油太平庄加油加气站项目、投资2000万元的北京恩赫妇儿特需门诊项目和投资1500万元的明龙源一期矿物质水生产线；投资6500万元的国利生态循环养殖园等6个项目正在加紧建设，乡域经济实力不断壮大。3. 激活民营资本。加大创业培训、指导和帮扶力度，支持民企和创业者抢抓政策机遇，强力推进成长性好、发展潜力大的优质企业通过资本市场做大、做优、做强。2015年，新增个体工商户50户，新增企业11家，新增规模以上工业企业1家，新增家庭农场4家，新增农民合作组织3个。特别是太平庄乡着力打造的“电子商务智慧之乡”初见成效，年内，全乡约30%的农产品通过网络渠道销售，率先实施的农村电子商务“淘实惠”项目已在全市范围内布点建设50多个村级服务站，有效解决了群众买难、卖难问题，带动创业成效明显。

【农业、农村和农民增收工作】　1. 推动农业特色化、特色农业产业化。发挥绿道带动效应，大力发展现代农业和休闲旅游，至2015年，全乡已种植金银花1300亩，栽植枸杞1000株，被确定为省级中药材示范园；种植油葵1600亩、七彩红薯1500亩；栽植柏树8万株、错季果树3万棵，引导农民加大油葵、药材等高效农作物规模，逐步形成以精品水果、金银花、油葵、七彩红薯等农产品为主的特色农业体系。实施农业提质增效工程，推广有机肥高产田2600亩；建立1个粮食高产千亩试验方和1200亩粮食高产示范区。大力推动养殖业，新建规模化养殖场3个，绒山羊存栏增加3000余只，奶牛增加400余头。同时，投资2亿元的国明生态农业休闲园，已基本建成具备旅游观光、生态采摘、餐饮住宿和特种养殖等多种功能的现代农业综合体。2. 打造美丽乡村。持续推进农村环境综合治理，做到规范性管理，常态化运作，垃圾暴露、乱搭乱建、乱堆乱放等现象得到有效改观。投资440万元精心打造尚庄、崇家峪、胡家沟3个“美丽乡村”标准村，重点实施了河道整治、道路硬化、绿化、亮化、文化广场等建设工程，群众宜居程度进一步提升。3. 拓宽农民增收渠道。挖掘农业内部增收潜力，繁荣农村二、三产业，开展农民职业技能培训，提高劳务输出质量，增加农民工资性收入。全年转移农村剩余劳动力232人，完成职业技能培训118人。同时，落实支农惠农政策，惠农项目中获得太阳能168台、清洁炉560台；完成17180亩良种补贴发放，发放粮农补贴17万元。

【社会民生】 1. 完善各项基础设施。投资10万元完成太平庄村南新建桥梁工程；投资40余万元完成东新店、三岔峪、苏庄营村的安全饮水工程；投资110万元对崇家峪河小流域进行治理，治理水土流失面积5000平方米，建设护堤260延长米，干砌石谷坊27道；对崇家峪河尚庄段及周边采摘园进行改造升级，建步行桥5座，道路硬化3000延长米。2. 抓好各项惠民工作。加强社会保障工作，扩大农村合作医疗覆盖率，全乡参加新型农村合作医疗人数达到1.4万人，参合率98%；强化农村社会养老保险扩面工作，全乡农民参加养老保险5510人，入保率90%。加强教育工作，七家岭、尚庄两所小学和中学宿舍楼建成并投入使用，完成太平庄小学翻建工程；组织劳动力免费培训班3个，培训学员93人。完成危房改造13户，汛期发放油毡170捆，弱势群体全部安全度汛。3. 推进农村面貌改造提升。整体推进连村道路、学校、卫生室、村民活动中心的绿化、美化建设和厕所改建、河道整治工作，提升群众生活质量。投资55.9万元，改建厕所559个；投资77.9万元，铺设步道砖1.63万平方米；投资92万元，安装路灯283盏；投资5万元，美化墙体2.3万平方米；清理垃圾、杂物4万多立方米，清残垣断壁30处，清庭院2000多个。4. 推动生态建设。以绿化带动生态建设，完成春季社会造林1351亩，雨季造林2120亩，环企绿化65亩。加大森林防火工作力度，成立全市首个半专业化村级森林消防队伍。

【基层党建】 抓管理，增强基层党组织堡垒作用。加强党员干部队伍管理，开展警示教育3次，组织党员培训7次。加大不合格党员处置力度，通报违反工作纪律党员干部5人，找回长期失联党员9名，开除党籍1人。严把党员入口关，杜绝“带病入党”，取消预备党员资格1人。抓基础，强化基层组织功能。平稳完成村两委换届工作，圆满完成西蛇探峪、东新店和石家营3个后进村整顿转化工作。投资3.2万元完善苏庄营、太平庄等7个村的公开栏和文体活动场所、设施，投资16.6万元完成西蛇探峪村村民中心修缮工作，村级组织活动场所服务功能进一步提升。抓服务，打通服务群众“最后一公里”。投资23万元建成便民服务大厅，村级便民服务站规范运转。全年受理各类审批服务事项1231件，办结事项1231件，按时办结率100%，提前办结率97%，有效解决了群众办事难的问题。

书　　记　贾春民
副 书 记　杨秀丽（女，7月离）
　　　　　　何宏伟（7月任）　刘永会
乡　　长　杨秀丽（女，7月离）
　　　　　　何宏伟（7月任）
副 乡 长　洪伟生　蔡立江　任立军
人大主席　全少云

武装部部长　张　政
组 织 委 员　柴春江
宣 传 委 员　程艳秋
纪 委 书 记　刘海棠

（全　帅）

城区街道

【概况】　2015年，迁安市城区街道辖兴安、青杨、丰乐、常青、花园、永顺、燕阳、明珠、安顺、燕春、福盛、永惠、广场馨园、帝景、燕经、碧水、河畔、迁钢、燕祥、安康、石岩庄、颐景、宏源、燕钢24个居委会，辖区总户数40739户，总人口121016人。年内，城区街道党委、办事处认真贯彻落实中共十八届四中、五中全会精神，以服务居民为己任，以居民对社区的认同感为落脚点，创新思路，真抓实干，城区内和谐稳定，精神文明建设得到加强，民生福祉大幅提升，社会各项事业健康有序发展。街道办事处获“唐山市文明单位”称号。

【社区建设扎实推进】　按照省、唐山市文明和谐社区“四有”（有人干事、有钱办事、有场所议事、有章理事）建设标准，新建燕钢、颐景、宏源3个社区居委会，配齐了“两委”班子，配备便民服务站、图书室、活动室等服务设施。高标准打造花园社区便民服务站，设立民政、社保、计生、党建等窗口，一站式办公，方便了居民办理业务。为燕祥社区增设图书室、棋牌室等活动设施，满足居民的活动需求。为丰乐、永顺2个老旧社区协调新的办公服务场所，解决这两个社区多年来办公服务用房面积严重不足的问题。全年累计投入资金80余万元。同时，按照上级要求，完成钢城家园、荷风御景等7个小区的接收手续，纳入所辖社区管理，基本实现社区服务的全覆盖。

【社区环境日益优化】　1. 完善老旧小区基础设施。3月，按照“高标准设计、高质量施工、高效率完成”的目标，集中人力、物力和财力对广场馨园小区实施改造提升，到7月底全部完工。整个工程共完成绿化1.94万平方米，道路硬化5450平方米，更新地埋线840米，新安路灯147盏，铺设甬道170平方米，改善了小区居住环境。修缮破损设施。对各社区零散基础设施破损情况进行全面摸底核实，并限时修复到位。全年修复破损路面1492平方米，疏通污水管道1638米，清掏检查井263个，吸污194车，更换污水井盖52套。秋冬季绿化管护及时到位。对小区主次路旁大树进行涂白和修剪，涂白树木1540棵，修剪国槐树冠324棵，提高树木的抗冻、抗病能力，使树木顺利过冬。2. 改善社区面貌。以改善人居环境、提高健康素质为重点，以经贸洽谈会、文明城测评等重要活动为契机，充分发动社区委员、保洁员、志愿者等，集中治理社区环境。实行“每周巡查一回，每半月调度一次”制度，加强环境整治工作常态化管理，社区环境卫生明显好转。同时，每月检查一次社区居委会办公服务场所卫生环境，并适时通报，提升社区保洁整体效果。3. 城市管理工作达标。社区“八乱”（乱贴乱画、乱堆乱放、乱掉乱挂、乱泼乱倒、乱搭乱建、乱围乱种、乱摆摊点、机动车和非机动车乱停放）得到有效遏制，拆除违章建筑12处、违规停车位38个，清理违法广告牌25块、违法广告1.85万张，抓获张贴散发广告当事人120人。大气污染防治收效显著。建立健全社区“五小”（小作坊、小食杂店、小餐饮店、小餐桌、食品摊贩）行业污染源台账，加强日常巡查监管，有效控制“五小”门店超标排放和垃圾焚烧等现象。数字化城管工作稳步推进，全年按时办结数字化城管任务314件，办结率100%，及时上报反馈市委、市政府及其他部门督办件39件。

【社区服务实现新突破】　政务服务方面，通过开展业务知识培训和岗位严查，提高窗口人员素质，增强纪律意识。健全岗位责任、一次性告知、限时办结等制度，提高办事效率，全年办理各类事项5418件。物业服务方面，按照“减员、增资、提效”标准，实行环境保洁工作改革，保洁员由原来的126人裁减到108人，人均增资约270元，提高了保洁员的工作积极性，保洁效果较以往有明显改观。在广场馨园试行保洁、保绿、保亮、保修、保安“五保式”标准化物业服务，在条件不成熟的小区承诺基础的保洁、保绿或保亮服务，实现社区物业服务整体提档升级。完成明珠和金水豪庭社区业主委员会选举工作，支持和指导业主委员会依法实施社区物业自治，解决了两个社区物业弃管问题。在志愿服务上，建立环境维护、心理咨询等10个类别400多人的志愿者队伍，利用志愿服务日开展多种主题志愿活动12次，吸引居民纷纷加入志愿者行列，涌现出常年免费为老人理发的李国和明珠、燕经空巢老人服务队等志愿服务典型。在生活服务和创业服务方面，举办居民创业培训班，33人取得创业培训合格证。各社区居委会因地制宜开展中介服务、代办人身保险和车辆保险等业务服务。

【社区文化繁荣发展】 1. 加快公共文体设施建设。为兴安、燕春等6个社区新安装健身路径38套，为社区居民搭建健身平台。加大文化站投入力度，新增乐器室一个，丰富居民的业余文化生活。2. 开展多样性文体活动。开展第六届社区居民趣味体育运动会，社区居民和街居干部1000余人在比赛中增强了体质，增进了友谊。推荐居民参加迁安好声音比赛、优秀书画作品展等活动，为居民提供展示自我的平台。组织居民参加广场舞、八段锦等专业培训，组建多支队伍，在展演时取得好成绩。开展“我们的节日”主题活动50场次，拉近居委会与居民之间的距离，增进彼此感情。3. 加强精神文明建设。在各社区设计安装主题为“中国梦”“图说我们的价值观”“节能环保”“廉政文化”灯杆宣传广告400块、绿地提示牌150块、宣传橱窗24块、走廊公益吊牌50块，在广场馨园社区绘制130米长、内容为中国传统“二十四孝图”的社会主义核心价值观文化墙，营造时时育人、处处育人、文明向上的精神文明氛围。4. 引领道德建设风尚。开展以助人为乐、见义勇为、孝老爱亲为主题的道德讲堂70余场。积极参加迁安市道德模范评选活动，利用好人档案和善行榜对涌现出的模范事迹进行宣传，引导居民见贤思齐，学习先进，争做先进。

【社会事业不断进步】 一是社会保障和民生建设得以加强。关心弱势群体，关注特殊家庭，掌握政策，吃透精神，将惠及民生的低保、养老、医疗工作落到实处，严格审批程序，实现低保动态管理，超额完成医疗保险和养老保险收缴任务。二是计划生育工作求实出新。做好“夯基础”“促管理”“提服务”三篇文章，明珠社区的人口文化园、流动人口示范点工作在全市名列前茅，在唐山市卫计委年终考核中成绩优异。出生人口性别比得到有效控制。加强失独、残独等计划生育家庭特殊帮扶，开展精神慰藉、特困补贴等服务。三是爱国卫生工作有声有色。在全社区开展重点人群免费体检24次，惠及3万居民，建立健康档案3万多个。开展健康知识讲座6场次。制作健康知识宣传栏96块。与市人民医院、中医院联合开展世界无烟日大型义诊活动。组织全社区居民开展大型健康知识问卷活动1次，创建唐山市级卫生社区2个。四是安全生产扎实开展。广泛宣传新《中华人民共和国安全生产法》，开展安全知识培训、竞赛和消防器材使用演练活动，提高社区居民安全防范意识。全年累计开展安全隐患排查5次，开展“易燃易爆易挥发性物品”专项整治行动1次，查处各类隐患66处，并督导业主整改到位。加强食品安全工作，圆满完成省级食品药品安全市创建有关项目，扎实推进唐山市国家食品安全城市创建工作。五是稳定形势持续向好。在全国“两会”、抗战胜利70周年纪念日、中共十八届五中全会等敏感时期，严格执行城区维稳工作方案，圆满完成城区稳控任务。加大社区社会矛盾纠纷排查化解力度，对社区矫正重点人员实施“一周一电话，一月一谈话”制度，保证了社区和谐稳定。

【干部队伍建设得到加强】 一是明导向，激发干事热情。在新建社区居委会的干部配备中，优先从社区干部人才库中提拔素质高、能力强的后备干部担任书记、主任，鼓励年轻人以他们为榜样，奋发有为，力争上游。二是抓教育，提升工作能力。开展“强化素质、建言献策、服务居民”和谐社区创建活动，通过学习培训、知识竞赛、征文等活动，提升社区专职委员和机关干部的工作能力。三是重督导，改进工作作风。加强机关纪律督导检查，采取定期或不定期的形式对机关干部工作纪律情况进行明察暗访，及时通报整改问题，改进机关作风。

【社区党建稳步推进】 围绕促发展、促和谐的目标，夯实基层党建基础，提升基层党建工作水平。结合软弱涣散党组织整顿工作，为花园、安顺、帝景和迁钢4个党支部打造高标准党员活动室，满足社区党员开展活动、服务居民等需求。结合在职党员到社区报到、争当“两个先锋”活动，利用党员活动日，开展丰富多样的党员志愿者活动。在明珠等社区开展社区党员、在职党员与“三无老人”、残障人员、低保家庭等弱势群体结对子帮扶救助志愿活动，给他们送去党的温暖。继续推行“三访一带一”服务工作法，“三访”即：支部书记“亲情访”，对生活不能自理党员每年必须入户家访两次以上，“七一”、春节必访；支部委员“就近访”，支部委员对周边的党员不定期地随时走访；党员“互相访”，住在同小区、同栋或同单元的党员互相走访。“一带一”即对长期卧床、行动不便的党员采取机动灵活的“一带一”上门送学法，确保每名党员及时了解党和国家各项方针政策。发挥党员先锋模范作用，服务居民。建立党员飞信群，在党员与支部间形成良性互动。同时，认真落实党风廉政建设责任制，完善财务管理制度，发挥民主理财小组作用，加强对“三公”［公务接待费、公务用车购置运行费、因公出国（境）费用］经费支出、财务核算报账等各个环节的管理与监控，从制度和程序上杜绝违反财经纪律现象的发生。

书　　　记 张振军（12月离）
赵文利（12月任）
副　书　记 何宏伟（7月离）
赵文利（7～12月）
董志国（12月任）　李　远
李艳玲（女）
办事处主任 何宏伟（7月离）
赵文利（7～12月）
董志国（12月任）
办事处副主任 邹景林　王友辉
王丽华（女）
人大联络办主任 李　远（兼）
武装部部长 李海军
组织委员 冯艳军（女）
宣传委员 梁红香（女）
纪委书记 佟　宝（满族）

（梁文丽）

迁安市人民代表大会常务委员会
工　作　报　告

——在迁安市第五届人民代表大会第六次会议上

迁安市人大常委会主任　郝可军

（2016年2月17日）

各位代表：

我受市五届人大常委会的委托，向大会报告工作，请予审议。

过去一年的主要工作

2015年，市人大常委会在市委的正确领导下，坚持党的领导、人民当家作主和依法治国有机统一，紧扣市委中心工作和全市发展大局，主动适应新常态、把握新要求、谋求新作为，积极履行法定职权，充分发挥代表作用，切实加强自身建设，推动人大工作与时俱进，为全市经济社会转型发展和民主法治建设做出了积极贡献。

一、把握政治方向，在服务全市大局中坚持党的领导

一年来，常委会坚定自觉地把各项工作置于党委的领导之下，认真贯彻市委的重大决策部署，依法履行各项职责，始终做到服从、服务和保障全市的工作大局。

（一）在助推转型发展中落实市委决策部署。认真贯彻落实市委五届五次全会精神，围绕转型发展、改革创新、生态文明、和谐社会建设等方面，找准并抓住推动转型发展的着力点和依法履职的切入点，精心选择15项审议监督议题，组织代表开展专题调查、视察和执法检查活动13次，听取和审议政府专项工作报告18项，提出有针对性的意见建议70余条，有力地促进了市委重大决策部署的贯彻落实。把参与市委中心工作作为常委会履职尽责的重要载体，聚焦转型发展，聚力项目建设，带领四个产业领导小组积极开展上门招商、点对点招商，新奥LNG、润泽建材公司新型节能复合墙板等项目成功签约落地；深入分包项目现场进行督导调研，及时协调解决存在的困难和问题，为全市经济社会转型发展起到了积极的推动作用。

（二）在依法履行职责中推动中心工作开展。围绕重点项目建设、科技创新、扶持小微企业等事关转型发展的重点工作，采取专题视察、调查和审议专项报告相结合的方式，组织人大代表深入怡蕙达LNG、亚滦湾国家农业开发创新产业园、英诺特生物制药、昌安耀滨科技企业孵化器等10多个重点项目建设现场和高新技术企业，了解项目进展情况，询问企业存在困难，督促市政府积极适应新常态，抢抓新机遇，发挥新优势，加速构建“3 +5 +6”现代产业格局，助推经济社会平稳发展。围绕经济社会发展、财政预算执行、财政收支审计等方面，认真开展调查调研，听取和审议市政府专项工作报告，肯定成绩，指出问题，督促整改，力促宏观经济和公共财政健康运行。组织人大常委会组成人员、部分人大代表和专业人士对财政预算草案进行初步审查，提出整改意见，提高预算编制工作的科学化和规范化水平。

（三）在选举任免工作中贯彻党委人事意图。始终把是否有利于促进转型发展作为选举任免干部的重要标准，认真坚持党管干部和人大依法任免相统一的原则，严格落实《地方组织法》、《市人大常委会任免地方国家机关工作人员办法》的有关规定，依法任免地方国家机关工作人员46人次，确保了市委人事意图的顺利实现。进一步加强任后监督，听取和审议政府组成部门负责人工作报告13项，督促选举任命人员依法行政、勤政务实，不断增强被任命人员的法律意识和公仆意识，为全市转型发展提供了坚强的组织保障。

二、坚持以人为本，在推动民生改善中普惠发展成果

一年来，常委会始终把保障和改善民生摆在重要位置，积极发挥自身优势和职能作用，着力推动解决人民群众最关心、最直接、最现实的利益问题。

（一）持续关注民生民本改善。着眼于改善人民群众生产生活环境，深入开展农村面貌改造提升工作视察，听取和审议了专项工作报告，督促市政府大力发展乡村休闲经济、养老经济，推动农村面貌改善与农民创业增收互联互动，打造“看得见山水、记得住乡愁”的美丽乡村。着眼于丰富城乡居民文化生活，深入市文化馆、图书馆和部分镇村文化站、文化活动室，扎实开展省级公共文化示范区建设工作调查，督促政府加快实施公共文化资源共建共享项目，构建公共文化服务体系，提高城乡居民幸福指数。着眼于推动城乡居民医疗保障均等化，采取听汇报、召开座谈会、查看相关资料等方式，深入调查了解城乡居民医疗保险运行情况，指出存在问题，督促整改落实，为减轻群众医疗负担、提高医疗卫生水平做出了积极努力。

（二）全力维护人民群众权益。高度关注环境保护，采取市、乡两级人大上下联动的方式，深入环境监控中心、机动车尾气检测站、迁钢公司等单位和项目现场，对大气污染防治法贯彻实施情况进行执法检查，查看防范措施，查找问题不足，督促市政府严格落实政府、企业和社会防治责任，加大执法力度，依法加强重点领域污染防治、联防联控和重污染天气应对，在全社会形成依法保护大气环境的良好氛围。坚持把依法处理来信来访作为密切联系群众、了解社情民意的重要渠道，对受理的46件（次）群众来信来访进行了及时妥善处理，重点督办了9件信访案件，推动解决群众合法诉求，努力化解社会矛盾、促进社会稳定。

（三）大力推动法治社会建设。为了给人民群众营造一个和谐稳定的社会环境，我们组织开展了治安管理处罚法贯彻落实情况执法检查，督促公安机关不断增强依法履职能力，健全治安管理处罚体系，切实推进平安迁安、法治迁安建设；为了让人民群众办事快捷方便，我们组织开展了行政许可法律法规贯彻落实情况执法检查，推动市政府各职能部门构建行为规范、运转协调、公正透明、廉洁高效的行政管理体制；为了落实好人民群众的民主权利，我们组织开展了村民委员会组织法贯彻实施情况专题调研，督促市政府坚持问题导向，强化责任措施，积极推进农村基层民主政治建设。我们还启动实施并扎实开展了规范性文件备案审查工作，依法对市政府提交的2个文件进行了备案审查，努力维护法制统一。

三、强化服务举措，在支持代表履职中夯实民意基础

一年来，常委会始终把支持保障代表依法履职作为代表工作的重点，不断强化工作机制，完善服务内容，代表主体作用得到进一步发挥。

（一）代表履职能力进一步提升。面对人大工作的新形势、新任务，常委会认真谋划、精心组织开展了2期集中培训活动，参训代表达320多人次，广大代表的责任感和使命感不断增强，履职能力和工作水平进一步提高。定期寄送常委会会刊、《公民与法治》等文件和资料，及时通报经济社会发展、重大项目建设、重要人事调整等情况和信息，保障代表知情知政权利，为代表执行职务创造良好条件。注重培树先进典型，积极开展优秀人大代表、优秀代表建议评选表彰活动，进一步激发了广大代表主动参与转型发展的政治热情。

（二）代表主体作用进一步发挥。坚持邀请代表参与常委会活动制度，先后安排180多人（次）代表参加常委会会议，参与视察、调查、执法检查等活动，鼓励引导代表建真言献真策，反映群众诉求，集中群众智慧，为常委会决策提供依据。推荐20名人大代表为行风监督员，对各部门工作进行监督测评，广大代表监督“一府两院”工作的渠道进一步拓宽。强化常委会与代表之间的联系沟通，采取集中走访的方式，与广大代表进行座谈交流，了解代表履职情况，认真听取意见建议；加强代表与群众的联系沟通，继续组织开展“走访选民心连心，扶贫济困献真情”活动，充分发挥广大代表在倾听民声、反映民意、促进和谐、维护稳定等方面的作用。到去年年底，广大代表共走访群众1200多人次，帮助困难群众400余人次，捐助物资50多万元。

（三）建议督办力度进一步加大。把督办代表建议作为保障代表权利、督促“一府两院”改进工作的重要途径，广泛征集、认真梳理、及时转交人代会和闭会期间代表提出的意见建议，并采取领导带头亲自督办、重点建议跟踪督办、邀请代表参与督办、听取审议专项报告等多种形式，督促承办单位完善办理程序，健全办理机制，加快办理进度，提高办理实效，确保代表建议办理及时有序推进。到去年7月底，84件代表建议已全部办结并答复代表，改善农村群众出行、加大农村环境卫生监管力度等一批关系民生的建议得到了较好落实。此外，常委会组成人员走访代表期间征求到的35条意见建议，将与本次人代会上征集到的意见建议一并转交“一府两院”进行办理，以增强办理实效。

四、注重严实相济，在加强自身建设中强化责任担当

一年来，常委会以“三严三实”专题教育为契机，不断加强常委会自身建设，努力提高新形势下依法履职的能力和水平。

（一）加强思想作风建设。不断巩固拓展群众路线教育实践活动成果，扎实开展“三严三实”专题教育和解放思想大讨论活动，认真学习习近平总书记系列重要讲话等规定篇目，广泛征求各方面意见建议，深入查找常委会班子和领导干部自身存在的主要问题，在专题民主生活会上开诚布公地开展批评与自我批评，并坚持立行立改，推动整改落实，形成了积极向上、干事创业、风清气正的良好政治生态。全年共深入基层开展调研活动20多次，走访党员群众100多人，征集意见建议40多条，确定的12项整改问题已经全部整改到位，进一步密切了与人民群众的联系，有力推动了常委会思想作风转变。

（二）加强工作效能建设。强化体制机制建设与落实，确保以制度的刚性促进工作提质提效。为进一步增强监督实效，提高“一府两院”的人大意识和法制意识，常委会启动实施了审议意见书制度，认真梳理汇总常委会组成人员和人大代表提出的意见建议，及时印发“一府两院”，并加强跟踪督办，督促整改落实，提出的21条审议意见均在规定时间内得到了较好解决。为彰显宪法权威，常委会研究制定了《迁安市实施宪法宣誓制度办法》，激励和教育国家机关工作人员忠于宪法、遵守宪法、维护宪法。坚持按照民主集中制原则行使各项法定职权，把民主基础上的集中与集中指导下的民主结合起来，集中正确意见，集体决定问题，努力形成科学、高效、有序的工作机制，提高了常委会决策的民主性和科学性。

（三）加强履职能力建设。始终把加强学习作为提高履职能力的重要手段，不断改进和创新学习的方式方法，进一步增强了学习的自觉性和主动性。围绕党的十八届三中、四中、五中全会和习近平总书记系列重要讲话开展政治理论学习，坚定道路自信、理论自信、制度自信，进一步提高了常委会组成人员和机关干部把握大局、服务大局的能力；围绕《地方组织法》、《代表法》、《监督法》等法律法规和《中共全国人大常委会党组关于加强县乡人大工作和建设的若干意见》开展业务知识学习，丰富了法律知识，增强了法律意识，提高了依法办事的能力和水平；围绕党风廉政建设有关规定开展正风肃纪学习，树立廉洁从政意识，增强拒腐防变能力，维护了人大机关的良好形象。

各位代表，过去一年市人大常委会工作所取得的成绩，是市委正确领导的结果，是广大代表和常委会全体组成人员共同努力的结果，是全市人民大力支持、"一府两院"和各镇乡人大密切配合的结果。在此，我代表市人大常委会，向全体市人大代表、向所有关心支持人大工作的同志们表示衷心的感谢！

在肯定成绩的同时，我们也清醒地认识到，与宪法和法律的要求，与人民群众对人大工作的殷切期盼相比，我们的工作还有不小差距。主要是监督工作的力度还需要进一步加大，代表建议办理成效还需要进一步提升，与代表和群众的联系还需要进一步深入等等。对于这些问题，我们将认真加以改进，努力做得更好。

2016 年工作意见

2016 年是建设"魅力水城、绿色迁安"的关键之年，也是实施"十三五"规划的开局之年。市人大常委会要在中共迁安市委的坚强领导下，全面贯彻党的十八大和十八届三中、四中、五中全会精神，以习近平总书记系列重要讲话为根本遵循，紧紧围绕市委五届六次全会确定的目标任务，充分行使宪法和法律赋予的各项职权，锐意进取，扎实工作，为推进迁安经济平稳健康发展与社会和谐稳定，率先在全省全面建成小康社会作出新的更大贡献。

一、在提高人大工作水平上要有新理念。全面贯彻落实中央 18 号文件精神，按照总结、继承、发展、提高的原则，坚持党的领导、人民当家作主、依法治国有机统一，紧紧围绕市委五届六次全会安排部署，深刻认识改革发展新形势，主动适应新常态，准确把握新要求，牢固树立大局意识、责任意识和担当意识，充分发挥好人大制度优势和职能作用。要坚持从全市改革发展稳定大局、政府工作的重点、社会关注的热点和群众普遍反映的难点出发，紧贴时代脉搏，找准工作定位，把握工作规律，科学确定监督议题，综合运用视察调查、执法检查、听取和审议专项工作报告等监督手段，深化拓展审议意见书、规范性文件备案审查等监督方式，增强监督刚性，务求监督实效，做到与市委决策部署合拍，与全市中心工作同步，与民生期待共振，全力助推"魅力水城、绿色迁安"建设。

二、在增强监督工作实效上要有新突破。积极探索做好新常态下人大工作的新途径、新举措，始终做到在参与中监督，在监督中服务，在服务中履职，寓支持、服务于监督之中。围绕实施"12336"战略，加强重大事项监督，依法作出决议决定，努力把市委的决策部署转化为全市人民的共同意志和自觉行动。围绕深化经济体制改革、增强经济发展活力，切实加强对计划预算执行、财政收支审计、审计查出问题整改、财政决算等工作的监督，深入开展调查研究，听取和审议有关工作报告，跟踪督导审议意见落实，推动经济社会和公共财政平稳运行。围绕重点项目、新型制造业基地和现代服务业高地等关系"魅力水城、绿色迁安"建设的重点工作，扎实开展专题视察调研，促进经济社会转型升级。围绕就业、教育、文化、卫生等人民群众最关心、最直接、最现实的民生问题，深入开展工作监督和法律监督，抓住主要矛盾，促进问题解决，让改革发展成果惠及全市人民。围绕社会公平正义，加强对"两院"工作的监督，切实增进司法公信力，努力营造更加公平公正、和谐稳定的社会环境。坚持党管干部原则和依法行使任免权的有机统一，认真落实好市委人事意图，启动实施"两院"提请任命人员任前考察了解制度，全面落实向宪法宣誓制度，依法规范人事任免工作。

三、在发挥代表作用上要有新作为。充分尊重代表主体地位，强化代表履职服务，丰富代表活动内容，切实提高人大代表对常委会工作的参与度，积极发挥代表参与管理国家事务的重要作用。进一步完善工作机制，搭建联系代表平台，拓宽联系代表渠道，坚持邀请代表列席常委会会议、参加常委会活动、常委会组成人员联系代表等制度，通过学习培训、订阅刊物、寄送会刊等方式，形成多层次、多渠道、多形式联系代表的工作格局，确保代表知情知政，为代表执行职务创造良好条件。改进建议办理方式，强化重点督办、跟踪督办等工作措施，提高办理质量和效率。继续开展“走访选民心连心、扶贫济困献真情”活动，进一步增强广大代表的群众意识、责任意识和代表意识。加强对镇乡人大工作的指导和联系，推动基层人大工作规范化、制度化。

四、在加强自身建设上要有新提高。自身建设是人大工作永恒主题，是推进人大工作再上新台阶的根本保证。要进一步加强能力建设，把学习贯彻党的十八大，十八届三中、四中、五中全会精神，习近平总书记系列重要讲话、中央18号文件、市委五届六次全会精神作为首要政治任务，采取专题讲座、集中学习培训等多种形式，认真组织学习研讨，不断提高常委会组成人员、机关干部的履职能力和业务水平；进一步加强作风建设，继续巩固、拓展、深化“三严三实”专题教育成果，扎实推进解放思想大讨论活动，切实强化大局意识、机遇意识、责任意识，坚持解放思想、开拓创新，使人大各项工作更加符合时代要求、符合人民意愿；进一步加强制度建设，健全完善常委会监督工作、廉政建设、机关内部运行等规章制度，坚持用制度管人管事，不断提高人大工作规范化、制度化、科学化水平。

各位代表，“魅力水城、绿色迁安”的宏伟蓝图已经绘就，伟大征程已经开启。在新的一年里，让我们在中共迁安市委的正确领导下，以时不我待的责任意识、勇于担当的为民情怀和奋发有为的工作激情，努力推动人大工作与时俱进，为加速建设“魅力水城、绿色迁安”，实现我市“十三五”良好开局而努力奋斗！

中国人民政治协商会议
迁安市第五届委员会常务委员会工作报告

在政协迁安市第五届委员会第四次会议上

迁安市政协主席　陈子存

（2015 年 2 月 2 日）

各位委员、各位同志：

我受政协迁安市第五届委员会常务委员会的委托，向大会作工作报告，请予审议。

2014 年工作回顾

一年来，市政协常委会在中共迁安市委的正确领导和唐山市政协的指导下，在市政府的大力支持下，团结带领全市广大政协委员，全面贯彻落实市委五届四次全会精神，认真履行政协职能，充分发挥协商民主重要渠道作用，为迁安经济社会发展做出了应有贡献。

一、围绕转型发展重大问题议政建言，全力服务可持续发展

科学发展观第一要义是发展。履职过程中，市政协常委会始终坚持与全市中心工作同步合拍，围绕打好四大攻坚战、加快转型升级，组织常委、委员深入调查研究，多层面协商议政，参与项目建设，主动为经济转型发展献计出力。

常委会议专题协商议政。按照“突出重点、讲求实效”的思路，先后以农村面貌改造提升、重点项目建设为中心议题，召开议政性常委会议，展开协商讨论。活动中，常委们认真听取市政府和相关部门的情况介绍，针对存在问题，就如何强化推进农村民主进程，重大事项实行民主决策、民主管理；注重培树典型，集中打造一批精品村、示范点；加强对小额信贷的规范管理更好地为企业服务、及时出台优惠政策扶持本地民营企业发展，大力发展煤化工产业等方面提出了 20 多条科学合理的意见和建议，得到市政府领导的高度评价，要求有关部门认真研究落实，进一步改进和提高政府工作。

专委会开展调研协商议政。根据全年工作安排和市委工作部署，政协四个专委会分别牵头负责农村三资管理、小区物业管理、做大做强旅游产业、教育均衡发展等四个相关课题，成立专题调研小组。利用几个月时间，深入基层农村、企业、单位实地调研。通过召开座谈会、入户走访、赴外地学习考察等形式，征求各方面意见建议 100 多条，在认真调研和借鉴外地先进经验的基础上，形成了 4 篇 2.3 万字的专题调研报告，提出合理化意见建议 50 多条。这些调研成果，凝结了广大政协委员的心血和智慧，得到了市委市政府的重视，并在相关部门工作中得到落实。

委员撰写提案协商议政。提案是政协委员履职议政的主要形式。为提高委员撰写提案能力水平，市政协年度内两次组织委员集中培训，及时转发市委政府政策性文件，并结合中心工作拟定提案参考题目，确保委员知情明政、撰写提案目的明确。为提高提案质量效果，政协提案委对委员上交的提案，分别从审查立案、协商交办、督办落实等各个环节严格把关，提案质量和落实效果都有较大的提高。政协五届三次全会以来，立案的 91 件提案均已全部办结，承办部门答复率为 100%，委员满意率达到 98%。通过积极有效的办理委员提案，使一批事关人民群众切身利益的热点难点问题得到有效解决，一些关注民生、促进发展的公共事业得以有效实施，委员成为与社会民众沟通的有效载体，在推进社会民主管理、政府科学决策方面发挥了应有作用。

主动对接中心工作积极参与项目建设。按照市委市政府构建“3 +5”产业体系、打造六大功

能中心的整体部署和工作要求，市政协把承担的项目建设分包任务做为全年重要工作，不遗余力，积极推进。各位牵头领导从最初组织召开领导小组会议、研究制定推进工作方案，到推进实施重点项目、“经贸洽谈月”活动、定向上门招商等各个环节、各个细节，都认真进行安排部署，先后多次组织带领相关部门单位和企业负责人赴京津、长三角、珠三角等地区开展对接招商活动，邀请神华集团、冀中能源集团、中国电子商会等多家大型企业集团来迁考察对接，部分项目已达成意向并签约。同时坚持对分包在建项目和分包镇乡、村的各项工作，定期督办，协调解决问题，全面完成了市委交办的领导分包各项中心工作任务。

二、创新监督机制，不断提升民主监督实效

市政协把创新工作载体与关注热点问题有机结合起来，积极探索民主监督的多种有效途径，进一步加大监督力度，切实履行民主监督职能。

通过视察关注重点增强监督效果。一年来，先后就项目建设、农村面貌改造提升、提案办理等工作，组织常委会视察和专项视察5次，参与委员达200多人次，通过视察监督，就加大招商引资工作力度、加快钢铁企业转型升级步伐、加大对中小企业信贷支持力度、抓紧制定农村建设整体规划等方面，提出了30多条既符合客观实际，又能促进发展的意见建议，加大了相关工作的推进力度。

通过评议座谈强化监督职能。组织委员积极参与群众路线征求意见座谈会、专题民主生活会、政风行风民主评议、目标责任制考核测评等活动累计达300多人次，帮助行业部门改进工作作风，提高工作效率，有力地促进了政务效能提升和投资发展环境改善。

通过反映社情民意拓宽监督渠道。把反映社情民意作为贯彻党的群众路线、密切与各界群众联系的重要抓手，引导政协参加单位、各联络组、广大政协委员，加强与基层群众的联系，了解真实情况，汇集群众诉求，反映百姓心声。一年来，向上级政协和当地党委政府报送信息30多条，及时反映了一大批具有苗头性、倾向性、预警性的重要情况，为党政领导和有关部门分析研判舆情、科学民主决策提供了重要参考，不少信息经相关领导批示，有关单位认真办理，促进了一批事关发展和民生的问题得到解决。

三、弘扬团结民主，广泛凝聚社会各界力量

常委会突出团结和民主两大主题，充分发挥爱国统一战线组织的作用，广泛凝聚人心，加强合作交流，促进社会和谐。一是协调组织政协相关参加单位，与宗教界人士加强联系与沟通，全力贯彻落实好民族宗教政策，主动参加民族节日，帮助解决生产生活中的问题，做好敏感期的稳定工作，使民族宗教界人士和少数民族群众积极拥护市委决策部署，增进民族团结、维护社会稳定。二是注重拓展具有政协特色的工作领域，借助政协系统资源平台，促进了迁安与省市有关部门的联系与交往。参与配合省、唐山市政协完成了防治大气污染、产业集群发展、乡镇功能完善问题、科技型中小企业发展情况等6次调研视察活动。注重加强与友好县（市）政协的联系交往，一年中先后接待了新疆且末政协、曹妃甸政协等来迁考察活动5次，就政协履职、经济社会发展相关课题互相探讨，互相借鉴，在学习交流中开拓了思路，宣传了迁安，扩大了影响。三是由学习文史委牵头，组织有文化专长的委员，面向社会广泛征集迁安历史文化资料，着手撰写《迁安历史探源》一书。目前，初稿已基本完成，正在加紧后期制作，力争尽快出版。通过追溯迁安历史文化脉络起源，传承文化精髓，为迁安经济社会发展服务。

四、履职有为，岗位建功活动取得较好成效

常委会不断总结履职实践中的经验和成效，积极开展“履职有为、岗位建功”主题实践活动，鼓励引导委员主动参与全市中心工作，服务大局干要事，立足岗位做实事，爱心奉献办好事。一年来，委员们爱岗敬业、无私奉献、积极有为，在各自岗位上，为我市项目建设、转型升级、社会稳定做出了突出贡献。年底共评选优秀委员60人，他们有的是加大投入、聘请专家新上项目，在精品钢铁产业中发挥了引领作用；有的是对传统产业改造升级，把电子商务引入传统店，带动商务流通业发展，实现新的社会就业和自身的更大效益；有的是积极对接京津率先新上高科技项目；有的是在全民二次创业中发挥优势，投入一产发展新的农业龙头企业，带动农民增收；有的是热心捐献，兴办慈善公益事业，救助困难群体；还有一部分有威望的委员，发挥优势特长，帮助所在村协调处理社会矛盾，保持社会稳定。注重发挥界别委员的优势和特点，认真组织开展“科技、文化、卫生”三下乡活动，直接受益群众达600多人次。“履职有为、岗位建功”活动，极大地调动了委员在各自岗位上履职创业积极性，取得了新的业绩，彰显了委员风彩。

五、注重固本强基，自身建设不断加强

我们着力从加强委员队伍和干部队伍建设入手，全面加强自身建设，切实提高履职能力。

一是以开展党的群众路线教育实践活动为契机，切实转变工作作风。按照中央和迁安市委的部署，市政协党组和机关深入开展了以为民务实清廉为主要内容的党的群众路线教育实践活动。通过教育实践活动，突出了界别特色和委员主体作用，创新了履职形式，促进了协商的广泛多层发展。加强了市政协机关建设，制定了《政协迁安市委员会关于加强和改进作风建设的实施意见》等一系列制度，推动了机关工作的制度化、规范化、程序化，机关工作作风进一步转变。二是深化思想政治建设，夯实履职基础。全面开展创建服务型政协机关活动，从政协常委会做起，身体力行，自觉做到“三带头”，即带头服务科学发展，带头服务人民群众，带头服务社会和谐，以模范行动影响和带动委员履职积极性。通过组织培训、专家讲座、学习交流等活动，使全体委员更加知情明政，增强了协商议政的信心和动力，提高了履职能力水平。坚持主席、副主席走访委员制度，采取个别走访、电话沟通、集中座谈等形式，听取委员意见，帮助解决工作和事业中遇到的问题，使委员对政协组织不断增加亲和力，也为委员履职尽责创造良好的氛围和条件。全年编印《政协工作通讯》八期，上报外宣稿件20篇，在政协委员网、电视新闻栏目积极宣传政协工作，展示了委员风采，提高了委员知名度，调动了委员履职的积极性。三是严格落实中央八项规定，廉洁从政。按照中央“八项规定”的要求，市政协党组严格落实党风廉政建设一岗双责制度，带头在机关开展“提素质、上水平、创建一流机关”活动，增强政协机关干部的大局意识、责任意识、统战意识和服务意识，树立风清气正、团结干事的机关形象。强调按规矩办事，用制度管人，政协各项工作实现了廉洁、高效、健康运转。

在过去的一年中，市政协常委会认真履行职能，较好地完成了五届三次会议确定的目标任务，各项工作都有了新的进展，取得了显著的成绩。这都是市委的正确领导、市政府及有关单位大力支持的结果；也是市政协各参加单位和全体政协委员履职尽责，积极进取，努力奋斗的结果。在此，我代表市政协，向给予政协大力支持的各级领导及有关部门，向全体政协委员和各族各界人士表示衷心地感谢和崇高的敬意！

总结过去一年工作，常委会也清醒地认识到，我们政协工作与新形势新任务和人民群众的要求相比，不论是在提高调查研究、参政议政水平，还是在强化民主监督，提高提案办理质量，以及在充分发挥政协委员的主体作用等诸多方面，都需要在实践中继续探索和不断创新。我们真诚希望广大委员对常委会的工作提出意见，共同把政协各项工作做得更好。

2015年工作意见

2015年是迁安发展至关重要的一年。在新的一年里，我们要在中共迁安市委的领导下，认真贯彻党的十八届四中全会和市委五届五次全会精神，围绕全市中心工作履行职能，围绕加快转型升级建言献策，围绕全力构建和谐社会献计出力，以积极向上、大有作为的精神状态，为再创迁安转型发展新辉煌做出应有贡献。为此，要重点抓好以下五个方面工作：

一、把握正确的政治方向，坚持服务中心履职为民

认真学习贯彻党的十八届四中全会精神，学习好落实好习近平总书记在人民政协成立65周年大会上的讲话，全面认识社会主义协商民主是中国特色民主政治的特有形式和独特优势这一重大判断，深刻把握社会主义协商民主是中国共产党的群众路线在政治领域的重要体现这一基本定性，把握要旨，吃透精神，强力推进协商民主广泛多层制度化的落实。要坚持正确的政治方向，坚持依法依章履职，围绕市委五届五次全会提出的各项目标任务建言献计，充分发挥好政协参政议政、民主监督职能作用。

二、坚持实践创新，着力提高协商议政、民主监督实效

创新形式，丰富内容，提高协商议政实效。充分发挥协商民主的主渠道作用，通过全委会议集中协商、常委会议专题协商、主席会议重点协商、专委会对口协商等多种形式，广泛开展民主议政活动。要结合市委全会提出的目标任务，围绕加快产业转型步伐、全面深化改革创新、生态环境、美丽乡村建设、民生改善等重点工作选准课题，在深入开展调研考察、论证交流的基础上，针对迁安实际及时提出超前性有价值的对策建议，确保参政议政的质量水平不断提升。

加大民主监督力度。充分发挥政协民主监督作用，围绕市委、市政府重点工作，组织开展调研视察活动，以活动为载体，通过观摩、检查、评议等途径，对重点工作和相关部门实施民主监督，加快推进工作落实。认真做好提案和反映社情民意工作，加强对委员的培训和指导，引导委员选准题目，着力反映人民群众的愿望与诉求。

三、凝聚正能量，在助推发展关注民生中多办实事

团结鼓劲、民主求实、联系广泛、包容性强都是政协独特优势，政协要充分发挥好特有优势，在助推发展、关注民生中精心谋事，多办实事，以政协组织为平台，组织更多的委员参与项目建设。围绕群众关心的热点问题，及时做好宣传政策、解疑释惑、理顺情绪的工作，使各种利益诉求得到充分表达，各种利益关系能够得到有效疏通，最大限度地增加和谐因素，化解不和谐因素，增进社会共识。要勇于担当，全力协助市委做好民族宗教工作，促进民族团结。要动员号召政协委员热心公益事业，关注弱势群体，通过扶持创业、捐资助学、爱心互助、促进就业等形式，为群众多办实事。要发挥人才聚集优势，弘扬以“厚德、自强、开放、创新”为主要内容的新时期迁安人文精神，挖掘文史资源，做好文史资料征集、编印工作，宣传推介迁安历史文化和地域文化，不断提高文史工作水平，发挥文史资料在文化强市建设中的应有作用。

四、注重发挥委员作用，继续扎实开展主题实践活动

今年的活动，要围绕学习贯彻市委五届五次全会精神，对继续开展“履职有为、岗位建功”主题实践活动提出新的内容和要求。总的讲，全体政协委员都要立足本职岗位，发挥专长和作用，通过多种形式，履行职能，创先争优。同时要求不同界别、不同岗位的委员在构建“3+5+6”现代产业体系中，发挥委员特长，争当领跑者，争当创业者，争当贡献者。政协机关及专委会要为委员争创活动搞好服务，搭建平台，年内搞好一次交流，年底进行评比选优，确保活动取得实效。

五、运用法治思维，在自身建设中提高政协整体水平

切实加强常委会自身建设。政协常委会是履行职能的核心层，每位常委会成员要带头自觉学习好各项方针政策，带头在履职各方面做出表率，用自身行动影响和带领政协机关及委员开展工作，努力形成履职尽责的整体合力。严格在法治框架内履职。广大政协委员在社会上有较高的影响力，一言一行都会受到关注，在履行职责中，一定要于法有据、合乎法度。要切实增强法治意识，牢记法律底线不可碰触，法律红线不可逾越，自觉遵纪守法，依法经营，诚信经营，遵守行业规范，用合法合规的努力、公平正当的竞争创造事业，树立政协委员的良好形象，为建设法治社会作出示范和榜样。着力强化政协机关建设。巩固党的群众路线教育实践活动成果，增强做好政协工作的责任感、使命感，建立完善反对“四风”的长效机制，大力弘扬密切联系群众的优良作风。要不断丰富委员活动载体，以提高机关干部和广大政协委员综合素质为目标，有针对性地举办委员培训班，适时组织联谊交流和委员走访活动，进一步增强政协组织的凝聚力。认真贯彻中共中央八项规定，不断改进学风文风会风，全面提高市政协机关的服务能力和水平，努力建设学习型、效能型、服务型、廉洁型机关。

各位委员，同志们，新的一年承载着挑战与责任，更充满着机遇和希望，让我们在中共迁安市委的坚强领导下，坚定信心、勇于担当，发挥优势、扎实工作，为再创迁安转型发展新辉煌做出新的更大贡献！

迁安市人民检察院工作报告

——在迁安市第五届人民代表大会第六次会议上

迁安市人民检察院检察长　孙玉军

（2016年2月17日）

各位代表：

现在，我代表市人民检察院向大会报告工作，请予审议，并请各位代表提出意见。

2015年工作回顾

2015年以来，迁安市人民检察院在中共迁安市委和唐山市院的正确领导下，深入贯彻落实中央会议要求和习近平总书记系列重要讲话精神，以“政治建检、业务立检、公信树检、素质兴检、科技强检”总体工作布局为统领，坚持在服务大局中履行检察职能，在推进检察工作中落实全局部署，各项检察工作取得新进展、新成效。

一、聚焦区域经济特点，主动服务和保障经济平稳发展

坚持把服务迁安经济社会发展大局作为总载体和总抓手，把履行检察职能作为出发点和落脚点，明确工作方向，突出工作重点，努力为区域经济社会发展营造良好法治环境。

牢记维稳第一责任，全力维护社会平安稳定。全年共批准逮捕315件410人，提起公诉527件681人。扎实推进平安迁安建设，起诉严重暴力犯罪、恶势力犯罪、“两抢一盗”等多发性犯罪52人。认真落实禁毒工作要求，批捕各类毒品犯罪7人。打击涉医违法犯罪活动，强化了对医闹、网络诈骗等突出问题的集中整治。注重把化解矛盾贯穿执法办案全过程，检察环节达成刑事和解案件23件，对4人作出不起诉决定，对1名未成年犯罪嫌疑人作出附条件不起诉决定，封存未成年人犯罪记录19件。

紧扣发展第一要务，致力营造良好发展环境。围绕规范市场经济秩序，起诉诈骗、传销、非法集资等经济犯罪14人，查处商业贿赂犯罪5人，侵吞、窃取民营企业财物犯罪11人，查处生产安全事故背后的渎职犯罪2人。服务重点项目建设，促进各类企业依法公平参与市场竞争，对2个重点项目开展系统预防。

突出民生第一导向，着力保障群众合法权益。开展破坏环境资源和危害食品药品安全犯罪专项立案监督；全力追缴集资诈骗型犯罪所得，弥补受害群众损失；深入推进查办发生在群众身边、损害群众利益职务犯罪专项行动；进一步落实检调对接、刑事和解等制度；畅通和规范群众诉求表达渠道，积极推进在法治轨道内解决群众的合理合法诉求。强化对困难群众、弱势群体司法保护，先后为3名生活困难的刑事被害人或其近亲属提供2万余元司法救助金。

二、坚持以执法办案为中心，促进反腐倡廉建设

认真贯彻中央反腐倡廉工作部署，充分发挥检察一体化机制作用，始终保持惩治腐败的高压态势。

专案侦办工作强势推进。连续两年参与省纪委专案查办工作，2015年查处了处级以上干部3人，包括保定市高阳县原县长马一蕊、承德市宽城县原县委书记徐尚武等一批有影响的大要案，为国家挽回经济损失1800余万，有力推进了反腐倡廉建设，彰显了检察机关惩治贪污腐败的决心和信心。

查办贪渎案件持续发力。坚持有贪必肃、有腐必惩。积极查办权力集中、资金密集、资源富集部门和岗位的案件，加大对群众身边腐败犯罪特别是“小官大贪”的查处力度；重点查处生产安全事故背后的渎职犯罪；重点查处侵害涉农资

金管理以及国家专项补贴资金安全领域职务犯罪。建立公诉引导侦查机制，有效传导庭审标准对案件证据的要求，促进侦查工作由“抓人破案”向“证据定案”转变。2015 年我院共立案查办 10 起职务犯罪案件，涉案人员 17 人，其中贿赂犯罪 7 件 13 人，渎职侵权犯罪 3 件 4 人。

推进惩防体系建设。针对当前腐败犯罪主体出现系统性和“塌方式”等新情况，在健全职务犯罪预测预警机制的基础上，深度融合侦查和预防资源，紧密结合侦查办案开展预防工作，推动建立融预防犯罪、内控制度、风险管理于一体的廉政风险防控体系。共开展预防调查 5 次，提供预防咨询 7 次，发出检察建议 8 件，在市直镇乡开展警示教育 28 次，提供行贿犯罪档案查询 337 件。

三、灵活手段，保持力度，实现法律监督常态化

树立监督是检察机关“基本功”的观念，借力法律监督的基础设施平台，进一步找准监督节点，灵活运用监督手段，提升监督内涵，做到精准监督。

侦查活动监督方面。共监督公安机关立案 27 件 32 人，追捕犯罪嫌疑人 9 人，对不符合逮捕条件的 55 名犯罪嫌疑人作出不批准逮捕决定。纠正侦查活动违法 34 件，追诉漏犯 14 人，追诉漏罪 28 起。

审判活动监督方面。在用实抗诉手段的基础上，灵活运用检察建议和纠正违法等措施，使监督的外延更广，内涵更深。提出刑事抗诉 4 件，向法院发出纠正违法通知书 46 件，量刑建议采纳率达到 90% 以上。

民事行政检察监督方面。全面开展审判活动监督、执行活动监督、督促履行职责监督以及支持起诉工作。共发出再审检察建议 3 件，终结审查 5 件，发出执行监督检察建议 39 件，受理支持起诉案件 10 件，向环保、水务等部门发出督促履行职责检察建议 60 件，协助市院办理案件 14 件，抗诉后改判案件 1 件。

刑罚执行监督方面。发出羁押必要性审查建议 8 件，纠正社区矫正监督违法 20 件，发出的纠正违法通知书和检察建议均得到答复和落实，监督司法局、法院撤销缓刑收监 2 人，纠正看守所拒绝律师正常会见 1 起，依法保障律师执业权利。

内部监督与外部监督齐头并进。推动和深化检务公开工作。高标准建成检务公开大厅并开通了迁安检察机关门户网站。目前，在人民检察案件信息公开网上发布重大案件信息 13 篇、案件程序性信息 747 条、法律文书信息 349 篇，保障了人民群众的知情权和监督权。

四、以专业化和职业化为目标，夯实司法改革根基

坚持向理论学习要凝聚力，向素质提升要战斗力，向作风建设要执行力，在精兵强检中不断激发内生动力，努力建设一支专业化、职业化的检察队伍。

全面加强思想政治建设。扎实推进党的群众路线教育实践活动，严格落实中央八项规定。在系统学习中央精神的同时，把京津冀协同发展重大战略学通学深学透，真正转化为分析问题、解决问题的实际本领，转化为深入推进协同发展的强大动力，转化为服务保障经济社会发展的具体措施。

持续加强纪律作风建设。坚持从严治检，以钉钉子的精神落实好“两个责任”，既发挥好党组书记牵头抓总的作用，担负起党组主体责任，又发挥好纪检组长第一执行人的作用，履行好纪检部门监督责任。

提前备课助力司法改革。遵循检察权运行规律，突出检察官办案主体地位，增强办案责任心，强化职业特点，提高办案质量和效率，提升司法公信力，构建权责明晰、制约有力、运行高效的工作机制。

过去一年成绩的取得，得益于迁安市委的坚强领导，市政府的大力支持，得益于各位人大代表、政协委员的持续关爱和帮助。在此，我代表迁安市人民检察院向关心支持检察工作的社会各界人士表示衷心的感谢！同时，我们也清醒地认识到工作中还存在一些问题和不足：运用法治思维和法治方式化解矛盾、维护社会稳定的能力有待加强；法律监督的力度和效果与经济社会发展的要求、人民群众的期待还不适应；队伍的素质

能力、专业化水平需进一步提升，等等。今后，我们要以十八届五中全会精神为指导，按照“三严三实”的要求，在解决制约检察工作发展的突出问题和薄弱环节上狠下功夫，拼搏进取、扎实工作。

2016 年工作安排

2016 年，迁安检察机关要进一步增强忧患意识、责任意识、防控风险、服务发展、破解难题、补齐短板，提高维护国家安全和社会稳定的能力水平，履行好维护社会大局稳定、促进公平正义、保障人民安居乐业的职责使命。

一要服务发展大局，打造优质的发展环境。善用检察手段调节经济社会关系，在地区建设中发挥积极作用。主动了解经济社会发展的新趋势，及时调整检察工作部署，做到思想上与大局合拍，行动上与大局同步。针对反腐败斗争形势依然严峻，任务依然艰巨的实际，进一步加大查办和预防职务犯罪的力度；针对经济转型中出现的矛盾纠纷，提升用法律手段解决问题的工作能力，扎实做好促进经济社会发展的基础性工作。

二要严防刑事犯罪，营造和谐的社会环境。以司法规范化建设为重点，全面发挥检察机关化解矛盾纠纷、打击预防犯罪、维护公平正义和服务改革发展的职能作用。紧紧抓住影响群众生命财产安全的突出问题，加大对各种刑事犯罪的惩治力度，建立健全社会矛盾化解机制，推行轻微刑事案件快速办理、刑事和解、不捕不诉说理等工作机制，由严厉打击、维护稳定向更加注重宽严相济、促进和谐转变，把案件办准办好。同时，坚持信息化与司法办案相融合，将检察工作需求作为科技强检主攻方向，争创科技强检示范院。

三要履行法律职责，创建公平的竞争环境。依法打击各类经济犯罪活动，服务和保障地方经济建设；积极参加整顿规范市场经济秩序工作，推动社会信用体系建设；坚持有利于维护企业正常生产经营、有利于维护企业职工利益、有利于促进市场秩序稳定的“三个有利于”原则开展办案工作。为吸引更多更优的人才、更大更强的项目营造公平竞争的发展环境，努力实现执法办案法律效果、政治效果和社会效果的有机统一。

四要持续优化队伍结构，加强队伍建设。始终团结班子成员朝着共同愿景推进检察工作。树立“唯能力、重品格”的用人原则，优化队伍结构，实现人尽其才。把握检察人才成长特点，注重好经验的传承和新作风的养成，凝聚新老检察干警的共识，盘活检察资源，为即将开展的司法改革储备检察精英。

各位代表，在新的一年里，我们决心在市委的坚强领导下，认真落实本次会议的部署，自觉接受人大监督，振奋精神，锐意进取，适应新常态、谋求新作为、实现新发展，为“魅力水城，绿色迁安”发展做出新的更大的贡献！

迁安市人民法院工作报告

——在迁安市第五届人民代表大会第六次会议上

迁安市人民法院院长　王建民

（2016 年 2 月 17 日）

各位代表：

现在，我代表迁安市人民法院向大会报告工作，请予审议。

2015 年工作回顾

2015 年，市法院在市委的正确领导、市人大及其常委会的有力监督和政府、政协及社会各界的大力支持下，紧紧围绕“努力让人民群众在每一个司法案件中都感受到公平正义”的目标，依法履行审判职能，不断加强自身建设，各项工作取得了新突破。全年共受理各类案件 7138 件，审结 7036 件，圆满完成了年度目标任务，为迁安转型发展提供了强有力的司法保障和服务。

一、坚持依法履职，维护社会公平正义

——刑事审判。立足维护社会稳定，深入贯彻宽严相济刑事政策，依法严厉打击各类违法犯罪活动。全年共审结刑事案件 584 件，判处人犯 903 人。一是严厉打击严重暴力犯罪和多发性侵财犯罪，审结故意伤害、抢劫、盗窃等犯罪案件 208 件 269 人，保障了人民群众生命财产安全。二是严惩各类职务犯罪，审结贿赂、滥用职权、玩忽职守等犯罪案件 15 件 23 人，保持了反腐高压态势。三是扎实推进量刑规范化工作，着力提升裁判公正性。四是加大刑事附带民事案件调解力度，全年为 196 件刑事案件的被害人及其家属挽回经济损失 1200 万余元。

——民商事审判。立足促进社会和谐，坚持以案结事了为目标，依法化解各类矛盾纠纷。全年共审结民商事案件 6172 件，标的额超 26 亿元；其中调解撤诉 3395 件，调撤率为 55%，居唐山法院之首。一是坚持依法保障民生，妥善审结婚姻家庭、交通事故、劳动争议等案件 2168 件，有效地维护了人民群众合法权益。二是坚持依法规范市场行为，高效审结买卖、保险、租赁等合同纠纷案件 1695 件，有力地促进了社会诚信体系建设。三是坚持有效防范化解金融风险，依法审理金融借款和民间借贷纠纷案件 1062 件。四是坚持不断完善矛盾纠纷多元化解机制，全年共诉前化解纠纷 281 起，参与诉外调处纠纷 545 起。

——行政审判。立足促进官民和谐，坚持保护行政相对人合法权益与支持监督行政机关依法行政并重，妥善解决行政争议。全年共审结行政案件 72 件、非诉审查案件 208 件，同比分别增长 350% 和 571%。工作中，不断创新协调和解机制，推动行政纠纷实质性化解，有效维护了行政相对人的合法权益，规范和支持了行政机关依法行政。

二、坚持服务大局，助推经济社会发展

勇于担当，服务经济转型升级。2015 年，市法院主动适应经济发展新常态，切实找准服务的切入点和着力点，妥善处理经济下行压力加大引发的各类涉企矛盾纠纷，最大限度优化发展环境。针对部分钢铁企业经营困难、负债较多，拖欠职工工资数额较大的状况，从实际出发，多措并举，化解纠纷。对未进入诉讼程序的，主动服务，提前介入，了解掌握企业资产情况，积极与相关部门协调配合，在最短时间内平稳解决纠纷，将影响和损失降到最低；对已进入诉讼程序的，及时采取保全措施，并坚持依法办案和灵活处理相结合，力促双方达成和解，既维护债权人合法权益，又帮助企业渡过难关。同时，多次到重点企业调研，全面了解钢铁企业在转型升级过程中遇到的新情况、新问题，依法提供法律帮助。全年共审结涉企案件1833件，标的额达22亿元，有力地促进了全市经济健康发展。

关注民生，满足群众司法新需求。强化诉讼服务中心建设，配备电子触摸屏，开通12368司法服务热线，为群众提供高效便捷的诉讼服务；加强网上预约立案工作，全年共网上预约立案709件；完成历年案卷电子扫描工作，实现了诉讼档案电子化阅卷；认真落实司法救助制度，为弱势群体开通诉讼“绿色通道”，全年共减、缓、免诉讼费75万余元。

能动司法，积极参与综合治理。强化与市妇联和各乡镇（办事处）司法所、综治办、信访办的协调联动，对婚姻家庭、抚养赡养和邻里关系等矛盾合力进行调解，实现了更好更快地解决群众纠纷；深入开展巡回审判、送法下乡以及和谐乡镇、和谐社区共建等活动，通过“以案讲法”、走访座谈等形式提高群众的法制意识；加强司法建议工作，就关于解决农民工欠薪等问题及时提出司法建议，为党委政府及有关部门依法、科学决策提供了参考。

三、坚持公正司法，着力提升司法公信

深化司法公开，打造阳光司法。市法院以信息化建设为依托，加强审判流程、裁判文书公开平台建设，进一步增强审判工作透明度，实现了以公开促公正。全年网上公开裁判文书5064件；网络直播庭审257件；公开案件信息7054件；电子卷宗制作率和归档率均达到了100%。同时，强化自有媒体建设，开通法院官方微博、微信，向公众及时传递最新司法信息。10月份，省高院委托省社科院对市法院司法公开工作进行评估，给予了高度评价。

严格审判管理，提升案件质效。加强审判流程管理，实现各节点全程、无缝隙监控；推行审限预警机制，明确专人对审限情况进行全天候、不间断的巡查，确保了所有案件在审限内及时审结；强化案件和庭审评查，成立评查小组对所有审结案件逐案进行评查，对每名审判人员的庭审情况定期旁听考核，促进了案件质量和审判技能的进一步提高。2015年，市法院一线法官人均结案113件，其中200件以上的4人，超300件的1人。

推进司法改革，规范司法行为。扎实推进立案登记制改革，当场登记立案率达90%以上，切实做到了有案必立，有诉必理，充分保障当事人诉权；成立刑事、民事两个专业审判委员会，完善裁判文书签发制度，逐渐推进让审理者裁判、由裁判者负责；全面落实诉访分离制度，建立涉诉信访内部协作配合、就地接访督导和网络办理等机制，切实将涉诉信访问题纳入法治化轨道。全年共化解信访案件96件。

四、坚持素质兴院，强化干警队伍建设

以各项主题实践活动为载体，强化思想作风建设。深入开展“三严三实”专题教育，领导干部带头查找存在问题，带头制定落实整改措施，为全院干警做好表率。认真开展解放思想大讨论活动，引导广大干警自觉运用社会主义法治理念武装头脑，思想作风得到进一步改进。

以提升能力素质为目标，强化干部队伍建设。建立常态化学习培训机制，通过观摩庭审、现场演练、讲评研讨等方式，不断提高干警综合素质和实践能力。全年共开展业务培训15次，组织业务考核4次。同时，坚持正确的用人导向，将政治素质高、业务能力强的青年干警充实到中层领导岗位，激发了干部队伍活力。

以源头防治为要点，强化司法廉洁建设。扎实开展警示教育，引导广大干警保持高尚品格和廉洁操守，筑牢思想防线。认真落实党风廉政建设主体责任和监督责任，强化对落实中央“八项规定”的检查督导，及时发放廉政监督卡，开通网络监督举报平台，确保了司法公正廉洁。

五、主动接受监督，加强改进法院工作

自觉接受人大及其常委会的监督，认真负责地向人大及其常委会报告工作，11月27日，向唐山市人大调研组专题汇报司法公开工作开展情况，得到了充分肯定和好评；健全完善联络沟通机制，坚持定期走访，主动邀请人大代表旁听案件审理；对人大代表、政协委员提出的意见和建议，实行专人登记、院长督办、及时反馈；积极落实人民陪审员制度，有效推动司法民主。同时，虚心接受检察机关的法律监督、新闻媒体的舆论监督和社会各界的监督，及时改进工作。

各位代表，2015 年市法院工作取得的成绩，是法院党组团结和带领全体干警共同努力的结果，更是市委的正确领导，人大的有力监督，政府、政协和社会各界关心支持的结果。在此，我代表市法院，向关心支持法院工作的各位领导和同志们表示崇高的敬意和衷心的感谢！

同时，我们也清醒地认识到，法院工作还存在一些困难和不足：一是随着经济下行引发的各类矛盾纠纷的不断增多和立案登记制的实施，法院案件大幅上升，案多人少的矛盾更加突出；二是个别法官司法能力、司法作风有待进一步提升和转变；三是信息化建设有待进一步加强。这些困难和不足，我们将高度重视，采取有效措施，切实加以解决。

2016 年工作思路

2016 年，市法院的总体工作思路是：认真贯彻落实党的十八届五中全会和习近平总书记系列讲话精神，紧紧围绕市委中心工作，以维护公平正义为目标，以增强司法公信为重点，以改革创新为动力，以队伍建设为基础，坚持司法为民、公正司法，为全市转型发展创造和谐稳定的社会环境、公平正义的法治环境和优质高效的服务环境。

一是适应经济发展新常态，着力优化司法保障。准确把握经济发展新常态下的工作任务，拓宽思路，创新举措，积极服务和保障全市经济转型发展；充分发挥审判职能作用，依法惩治各类违法犯罪，妥善调处各类矛盾纠纷，维护社会稳定，促进社会和谐；大力加强行政审判工作，保护群众合法权益，支持促进依法行政。

二是回应人民群众新期待，深入践行为民宗旨。继续推进诉讼服务中心建设，着力打造“一站式、全方位、多层次”的综合性诉讼服务平台，方便群众诉讼；强化涉民生案件的审理，保障人民群众合法权益；加强审判管理，强化监督指导，确保司法公正高效。

三是把握司法改革新要求，切实提升司法公信。继续探索审判权运行机制改革，增强审判人员的责任意识和担当意识；扎实推进轻刑快办和民商事案件速裁机制，进一步提高审判效率；积极打造阳光司法平台，努力营造更透明、更公开、可预期的司法环境，使司法审判呈现“看得见”的公正。

四是立足队伍建设新形势，不断提高履职能力。全面加强法院队伍正规化、专业化、职业化建设，推动司法人员分类管理，创新人才培养机制，进一步提升法官队伍整体素质。认真贯彻中央“八项规定”精神，严格落实“两个责任”，持续抓好纪律作风建设，以“零容忍”的态度严肃查处违法违纪问题，确保司法清正廉洁。

各位代表，新的一年，市法院决心在市委的坚强领导下，在人大的有效监督下，在政府、政协及社会各界的大力支持下，忠实履行宪法和法律赋予的职责，勇于担当，开拓进取，为建设“魅力水城、绿色迁安”做出新的更大贡献！

迁安市2015年国民经济和社会发展计划执行情况与2016年国民经济和社会发展计划（草案）的报告

——在迁安市第五届人民代表大会第六次会议上

迁安市发展改革局局长　郎文昌

（2016年2月16日）

各位代表：

我受市政府委托，向大会作迁安市2015年国民经济和社会发展计划执行情况与2016年国民经济和社会发展计划（草案）的报告，请予审议，并请市政协各位委员和其他列席人员提出意见。

一、2015年国民经济和社会发展计划执行情况

2015年，面对错综复杂的宏观形势和经济下行压力持续加大的严峻考验，在市委的正确领导下，在市人大和市政协的监督下，全市上下不断解放思想、改革创新、科学发展，扎实推进转型攻坚各项行动，经济社会实现了平稳健康发展。预计地区生产总值增长4.8%；完成全社会固定资产投资594.5亿元，增长13%；完成社会消费品零售总额222.6亿元，增长9.4%；城镇居民人均可支配收入达到32160元，增长7.7%；农村居民人均可支配收入达到18478元，增长7.9%。

（一）产业结构进一步优化。一是三个千亿级产业集群加快推进。精品钢铁业提档升级，圆满完成了钢铁过剩产能化解任务，天津物产整合地方钢铁企业取得阶段性成果，与京津冀钢铁创新联盟战略合作全面展开，燕钢精品钢铁等一批产业链延伸项目加快推进，钢铁业技术水平、产品结构不断提升。装备制造业发展迅猛，总投资93.8亿元，实施了正大通用制管等17个重点项目，新增耗钢能力540万吨，装备制造业增幅达到29.2%，高于工业增幅25个百分点。现代物流业全面提速，总投资235.7亿元，实施了14个物流项目，天津物产物流服务中心一期顺利竣工，第三方专业物流吞吐能力达到2000多万吨。二是五个百亿级产业板块快速发展。投资207.7亿元，实施了43个五大板块项目，翅冀LNG、怡蕙达LNG一期、乐达特种高温新材料扩建等项目完工，中溶科技30万吨无水乙醇、明润达玻璃深加工、英诺特生物制药产业基地、金沙工贸环保燃烧器及压裂用支撑材料等项目正在加紧建设，煤化工、包装建材、节能环保、食品医药、高新技术五大产业不断壮大。三是服务业更加繁荣。好莱坞中国梦想城暨派拉蒙影视主题公园项目签订框架协议，长城国家公园项目完成规划设计，中唐文化旅游综合体项目即将开工，与北科大达成战略合作协议，北京实验二小合作办学项目正式落地，北大学园项目稳步推进，金融街等一批项目正在加紧建设，服务业占地区生产总值比重达到36%。四是现代农业加快发展。农业生产条件不断改善，发展节水灌溉面积2万亩，治理水土流失面积25平方公里，累计完成土地流转13.08万亩，新改扩建规模养猪场10个、规模奶牛场7个、规模养鸡场5个。四条绿道带动作用进一步增强，总投资52.67亿元，实施亚滦湾国家农业创新产业园等农业重点项目41个。农业产业化步伐不断加快，新增省级龙头企业1家、省级农民专业合作社示范社1家，全市农业产业化率达到76.1%。

（二）转型活力不断增强。一是项目建设有序推进。成功举办了2次项目拉练活动，激发了全市项目建设热情。13个立市项目和100个重点项目加快推进，26个项目列入省重点建设项目和重大产业支撑项目，17个项目被列为唐山市重点建设项目。二是内激外引成效显著。对内，深入开展全民创业和民企二次创业活动，全市新增民营企业970家、个体工商户4931户，民营经济发展水平显著提升。对外，牢牢把握京津冀协同发展的重大机遇，积极开展招商活动，成功举办了经贸洽谈会和北京推介会，引进了中建西部等知名企业，全年新签约项目60个，计划总投资539亿元。积极推进外经外贸，累计实现进出口总额23.5亿美元，其中，出口创汇5亿美元，同比增长19.3%。三是园区支撑作用进一步增强。经济开发区、高新技术产业开发区、北方钢铁物流产业聚集区三大园区实现主营业务收入1532.2亿元，同比增长13.6%。滦河文化产业区被评为“河北省首批文化产业示范园区”。四是承载能力不断增强。老三抚公路改建、杨柏线改建工程主体完工，上兰线大修工程顺利推进，路网体系进一步改善；实施工矿废弃地复垦940亩，土地开发补充耕地1059亩，用地制约得到有效缓解；步步川2个110kVA输变电工程进展顺利，城东2座35kVA变电站双电源新建工程完工，电力供应能力显著增强。

（三）城镇化建设全面提速。一是城市规划体系不断完善。高标准完成了《中心城区控制性详细规划》、《龙山公园总体规划》等规划，进一步细化了城市建设要求和内容。二是城市建设步伐不断加快。三大城市板块建设快速推进，城镇化率达到54%。南部新市区建设迅速，天洋城、红星美凯龙家居中心投入使用。滦河生态休闲区加速推进，滦河综合治理一期工程全面完工，已形成了14平方公里的大湖美景。右岸新城建设扎实开展，佛山公园基本完工，中医院迁建项目正式投入使用，供水、供暖、污水处理等基础设施配套工程正在加快建设。三是城市管理水平不断提高。实施了3公里供水管网铺设、4公里天然气中压管线铺设、70万平方米集中供热扩容、4.08万平方米既有居住建筑节能改造等城市基础设施工程，城市功能不断完善。城市管理水平不断提升，智慧城市建设有序推进，成功获批全国首批海绵城市建设试点单位。四是新农村建设持续推进。以8个镇乡重点片区和60个省级重点村为引领，美丽乡村建设扎实推进。累计完成村庄道路硬化29.2万平方米，建设文化广场5670平方米，改造农村危房502户，铺设农村供水管道2.12万米，解决1.7万农村人口的饮水不安全问题。

（四）改革创新持续推进。一是科技创新体系进一步完善。力通能源、龙泽谷酒庄、思文科德金属包装3家企业工程技术研究中心成功升级为唐山市级以上研发中心，新建本级工程技术研究中心2家，新增高新技术企业2家，85家企业被认定为省级科技型中小企业，实施专利转化项目5个。市科技企业孵化器和昌安耀滨孵化器服务领域不断拓宽，服务水平大幅提升，新入孵企业6家。二是人才支撑作用明显。全年共开展公务员培训819人次，专业技术人员继续教育培训11000人，引进各类人才836人，培训各类人才478人。三是综合改革全面深化。政府部门职能整合顺利完成。“三级平台”、“两个代办”制度扎实推进，10项县级审批事项下放到乡镇。投融资体制改革加快推进，积极推广政府和社会资本合作、发行企业债券等融资方式，争取国家专项建设基金1.48亿元。医药卫生体制改革顺利推进，人民医院医改取得新进展，中医院实施药品零差率销售成效明显，市直两院累计让利群众2622万元。

（五）生态环境不断优化。一是节能减排扎实推进。深入开展了清洁生产污染防治“对标”行动，19家清洁生产审核企业全部通过专家验收；实施烧结及球团设备脱硫、迁钢废水深度治理等21项减排工程，万元生产总值综合能耗明显下降。二是环境保护力度加大。“五大行业”污染治理扎实推进，实施了料场封闭、烧结机除尘改造等10大类项目278项；大力整治燃煤锅炉，全市完成整治燃煤锅炉207台，PM2.5平均浓度比2013年下降21.1%。积极推进滦河、沙河沿岸企业水污染综合治理，水质达到环境功能区划要求。三是生态建设不断加强。国家生态保护与建设示范区建设快速推进，完成矿山生态环境恢复治理2000亩，完成营造林5.3万亩，全市森林覆盖率达到了43.5%。

（六）保障和改善民生工程快速推进。一是

社会保障体系不断完善。新增企业养老、医疗、工伤保险人员0.8万人，社会保障卡持卡人数达38万人，实现了社会保障制度全覆盖；城乡低保再次提标，发放低保、五保、高龄养老津贴6816万元；大力开展助困、助医、助学、助老等慈善救助活动，累计发放善款125万元。二是就业再就业工作扎实推进。全年新增城镇就业6642人，城镇登记失业率为2.99%，城镇失业人员再就业1436人，实现农村劳动力转移就业5981人。三是社会事业实现协调发展。文体事业繁荣发展，被列为全省公共文化服务示范区，成功承办全国女子拳击锦标赛、全国少年拳击锦标赛、全国女子柔道冠军赛等国家级大型赛事，获得2016年里约热内卢奥运会亚大拳击项目资格赛承办权。教育事业不断进步，六实小正式成为北京实验二小教育集团成员校，第七实验小学正在积极筹建；北大学园与一中合作办学稳步推进，高中教育水平再创新高；成功入围第二批国家级农村职业教育与成人教育示范县创建名单。卫生事业快速发展，市中医院新院区、市传染病医院二期顺利投入使用，120急救指挥中心正式成立，城乡居民医疗保险正式并轨运行，累计发放居民健康卡60.6万张。双拥优抚工作水平大幅提升，累计发放抚恤定补款1855.1万元，累计为驻迁部队、残疾军人和重点优抚对象发放慰问款物69万元。计生、档案、气象、民族宗教、外事侨务、公共安全等其它社会事业也均实现了长足发展。

虽然我市国民经济和社会实现了平稳发展，但仍存在着一些问题，主要表现在：经济下行压力依然较大，投资增长乏力，实现经济的逆势增长迫在眉睫；结构调整阵痛持续，环境约束日益趋紧，化解产能的任务艰巨；企业科技创新能力不强，经营管理水平亟待提高；市场主体活力不足，要素支撑能力有待提升，等等。对上述问题，我们将采取更加有力的举措认真加以解决。

二、2016年国民经济和社会发展计划安排

按照市委五届六次全会的总体要求，确定2016年国民经济和社会发展主要指标计划是：地区生产总值计划增长2%，公共财政预算收入计划增长3%，固定资产投资计划完成649亿元，城镇居民人均可支配收入和农村居民人均可支配收入均计划增7%以上。

（一）狠抓项目建设，推动经济稳步增长。一是全力抓好重点项目建设。继续落实“五个一”、领导分包、观摩督导等机制，紧紧围绕基础设施投资拉动、新增长点培育、成长型企业壮大、“凤还巢”等四大工程，全力推进项目建设步伐，力促项目早开工、早建设、早投产。集中精力组织实施10个立市项目和100个重点项目建设，以重大项目带动经济快速发展。二是不断提高园区发展水平。充分发挥园区主阵地作用，重点抓好经济开发区纬十五街新建、滦河区7号岛给排水及供热管网等园区基础设施工程，进一步提升园区承载能力。健全园区管理体制和运行机制，积极引导项目入园发展，重点抓好富达新智慧科技创新基地、隆赓新型环保可降解地膜等入园项目建设，增强园区发展实力。三是积极破解瓶颈制约。土地上，完成工矿废弃地复垦2000亩，土地整治补充耕地2000亩，缓解项目建设用地需求；资金上，强化融资方式创新，积极争取国家系列专项基金，全力推进企业上市融资，努力提高金融机构对项目建设的支撑力度；交通上，实施第三通道西延、平青大线大修、龙山大桥翻修等工程，提升通达能力；电力上，加快推进35千伏输变电改造系列工程，进一步提高电力供应能力。

（二）加快产业结构深度调整，推动产业转型升级。一是改造提升传统产业。精品钢铁业，进一步深化与京津冀钢铁行业创新联盟的合作，加快燕钢精品钢材等项目建设，积极稳妥地做好钢铁过剩产能化解工作，推动钢铁产业高端化发展。装备制造业，全力抓好正大制管、阜安远通网架加工基地等项目建设，加快装备制造配套产业聚集发展，培育一批钢铁初深加工企业，推动装备制造链条化，力争年内增加值增长10%以上。煤化工业，重点抓好中溶科技年产30万吨无水乙醇、新奥LNG等项目建设，推动煤化工业由低端化向高端化发展。包装建材业，全力抓好思文科德八色印铁生产经营，力促中建西部固废综合利用项目尽快落地，力争年内包装建材业产值增长10%以上。二是培育壮大新兴产业。重点

抓好艾驰科技精密医疗器械等项目建设，促进节能环保、食品医药等产业做大做强；推进北科大大学科技园迁安分园等项目取得实质性进展，在高新技术、新能源、新材料上取得新突破，力争年内战略新兴产业增长15%以上。三是大力发展服务业。全力抓好中唐文化旅游综合体、云南黄家医圈中医肿瘤医院迁安分院等项目建设，推动高端服务业快速发展；加快天津物产综合物流服务中心等项目建设，扩大现代物流业发展规模；推进田森汇商业综合体、大润发综合超市等项目落地，进一步提高传统服务业影响力。力争年内社会消费品零售总额增长8%以上，服务业增加值增长4%以上。四是积极发展现代农业。不断改善农业生产条件，加快农业科技推广，治理水土流失面积18平方公里，实施农业科技项目30个以上。加快农业产业化步伐，抓好亚滦湾国家农业创新产业园等现代农业项目建设，新培育1家省级农业龙头企业，培育规范性农民专业合作示范组织3家以上。

（三）加快新型城镇化步伐，提升城市发展水平。一是加快特色城市建设。全力推进三大板块建设，加速推进城市扩容升级。滦河生态休闲区重点抓好滦河综合治理工程景观和配套设施建设；南部新市区重点加快碧桂园等项目建设，支持红星美凯龙、天洋城引进国际国内一线品牌，提高城市品味和聚集辐射能力；右岸新城重点推进佛山公园等项目建设，逐步完善基础设施，以招商促开发。进一步提升城市综合承载能力，重点加快市政道路、排水管网、第三水厂新建及新水源地等项目建设进度。以居住证政策实施为契机，广泛吸引人口入城定居，力争全市城镇化率提高1.3个百分点以上。二是提高城市综合管理水平。继续开展市容环境卫生专项整治活动，全面提高城市市容、环境卫生、市政设施管理水平。稳步推进智慧城市建设，抓好海绵城市系列项目建设，做好河北省人居环境奖评比等工作。三是统筹城乡一体化发展。积极推进城镇组团、新型社区设施配套和功能完善，打造特色现代城镇。加快西李铺吉兰庄南区城市棚户区改造项目和41个美丽乡村建设。稳步推进农村土地承包经营权确权登记工作；进一步完善农村基础设施建设，新改建农村公路15公里以上，改造危房383户，解决12个村1.2万农村人口的饮水不安全问题。

（四）统筹内激外引与创新创业，不断增强转型动力。一是不断激发企业活力。积极实施“个转企、小升规、规上市”工程，力争年内新增规模以上企业15家以上。全面加强工业经济运行监测，加大对企业帮扶解困力度，确保企业正常生产经营，力争规模以上工业增加值增长2%以上。二是强力抓好双向开放。抓住京津冀协同发展的重大机遇，实施产业对接“十百千工程”，加强与派拉蒙、中唐集团等知名企业的联系，力争引进世界500强、大型央企、行业领军企业4家以上，全年利用外资6000万美元。切实加强外经外贸工作，力争年内出口创汇增长5%以上。三是深入推进创新创业。积极开展人才引进培养，力争年内引进各类人才800人，开展专业技术人员继续教育1万人。加快创新平台建设，力争年内培育2家产学研示范基地、2家唐山市级以上工程技术中心和2家国家高新技术企业。不断提升科技企业孵化器等机构的服务领域和服务水平，抓好2家省级孵化器和华北理工大学创新创业科技园等众创空间建设，吸引更多中小微企业入驻孵化。继续开展民企二次创业和全民创业活动，力争年内新增民营企业400家以上、个体工商户3600户以上。四是全面深化综合改革。深入推进行政审批制度改革，加大“三级平台”建设力度，全面落实“两个代办”制度，提高审批效率。积极推进医药卫生体制改革，不断巩固和扩大医改成果。进一步规范农村“三资”管理和审计工作，积极开展集体经济股份制改造试点工作。

（五）深化节能减排，提升生态文明水平。一是加大节能减排力度。以建设钢铁行业节能减排示范区为契机，大力发展循环经济，积极推行清洁生产审核制度，创建一批清洁生产企业。重点抓好燃煤锅炉改造、洁净型煤推广等工作，加快钢铁企业余压余热利用、球团设备烟气脱硫等节能减排项目建设，确保圆满完成省、唐山市下达的节能减排任务。二是强力推进环保治理。深入开展大气污染治理，建立污染天气应急机制，深化控煤、降尘、治车等精准攻坚。重点抓好烧结机及竖炉脱硫治理、转炉二次烟气除尘改造等项目，确保空气质量优良天数稳步增加。突出抓好钢铁、焦化、热电、玻璃、水泥等重点行业企业污染治理，强化废水零排或达标排放，废气回收利用，粉尘达标排放，料场达标建设。进一步加强水污染整治，加大监管力度，严厉打击偷排偷放违法行为，进一步改善水体环境质量。三是加强绿色生态建设。扎实推进全国生态保护与示范区建设工作，持续开展绿化迁安行动，年内完成矿山环境治理1500亩以上，营造林4万亩以上。加大滦河湿地、三里河水系保护力度，打造环城湖泊湿地生态体系。

（六）改善社会民生，构建幸福迁安。一是不断完善社会保障体系。继续推进“五险”扩面工作，确保年内新增参保人员6000人。推进城乡居民基本医疗保险稳步运行。不断完善社会保障标准自然增长机制，稳步提升社会保障水平。大力开展救助活动，发展慈善事业，保障困难群体的基本生活。二是努力做好就业再就业工作。完善公共就业服务体系，开发就业岗位，拓宽就业渠道，力争全年城镇新增就业6600人，城镇登记失业率控制在4.5%以内。加强职业技能培训，促进城乡劳动力充分就业，确保年内实现职业技能培训2000人。三是加快各项社会事业发展步伐。坚持教育优先发展，加快推进六实小扩建、七实小新建等项目，积极谋划建设第八实验小学，加快解决城区小学班容量大、农村部分小学生上学远等问题，进一步推进城乡教育均衡发展。推进卫生事业加速发展，大力开展爱国卫生运动，不断巩固国家卫生城创建成果，做好“120”急救指挥中心的运营工作，完善医疗条件，提高医疗水平，积极构建分级诊疗模式，提高城乡医疗保障水平。贯彻落实二孩政策，降低出生人口性别比，提高出生人口素质。严格落实安全生产责任制，加强职业健康管理，全力抓好安全生产和食品药品安全。进一步密切军政军民关系，切实提升双拥工作水平。稳步推动文化与体育、社会治安综合治理、文物保护、气象、档案等其它社会事业发展，促进经济社会全面协调发展。

各位代表，今年国民经济和社会发展任务艰巨、责任重大，让我们在市委、市政府的正确领导下，在市人大、市政协的监督支持下，坚持稳中求进的主基调，加快转型升级，为开创迁安更加绚丽的明天而努力奋斗！

关于迁安市2015年财政预算执行情况和2016年财政预算（草案）的报告

——在迁安市第五届人民代表大会第六次会议上

迁安市财政局局长　孔祥会

（2016年2月16日）

各位代表：

我受市人民政府委托，向大会提交2015年财政预算执行情况和2016年财政预算（草案）的报告，请予审议，并请市政协各位委员和其他列席人员提出意见。

一、2015年财政预算执行情况

2015年，在市委的正确领导和市人大的支持监督下，全市上下深入贯彻党的十八届三中、四中全会和市委五届五次全会精神，积极适应经济发展新常态，认真应对严峻形势挑战，努力克服经济运行中诸多不利因素困扰，狠抓财政收入征管，优化支出结构，深化财税改革，重点保障和改善民生，全力推进各项工作开展，保证了财政预算的平稳运行。

（一）预算执行情况

1. 一般公共预算收支情况。市五届人民代表大会第五次会议审议批准我市2015年一般公共预算收入为368000万元。受经济形势变化影响，经市五届人大常委会第三十六次会议批准，全市一般公共预算收入调整为351599万元。2015年全市一般公共预算收入实际完成351694万元，完成调整预算的100%，同比增长0.24%。2015年全市一般公共预算实际支出589250万元，完成调整预算的96.2%，同比增长21.3%，结转下年23375万元。

2. 政府性基金预算收支情况。市五届人民代表大会第五次会议审议批准我市2015年政府性基金预算收入为213040万元。经市五届人大常委会第三十六次会议批准，全市政府性基金预算收入调整为65945万元。2015年全市政府性基金收入实际完成66050万元，完成调整预算的100.2%，同比下降88.5%。2015年全市政府性基金实际支出75464万元，同比下降85.4%，结转下年24621万元。

3. 社会保险基金预算收支情况。市五届人民代表大会第五次会议审议批准我市2015年社会保险基金预算收入为66250万元。经市五届人大常委会第三十六次会议批准，全市社会保险基金预算收入调整为64059万元。2015年全市社会保险基金收入63955万元，完成调整预算的99.8%，同比下降4%。2015年全市社会保险基金实际支出63995万元，同比下降4%。

（二）落实人大预算决议情况及2015年预算执行效果

一年来，面对异常复杂的经济形势，财税部门紧紧围绕全市中心工作，加强税费征管，科学调度支出，保证了全市各项社会事业的发展需要。

——财政收入实现平稳增长。一是完善收入征管机制。始终把组织收入工作放在突出位置，强化部门协作，不断加大对重点行业、重点企业、重点税（费）种的征管力度，拓宽财政收入领域，在危机和困境中保持了财政收入均衡入库。二是强化收入组织督导。定时分析收入形势，跟踪收入变化趋势，加强对财源、税源和税（费）种结构的调查研究，随时掌握征收进度，深挖财政增收潜力。三是深入推进综合治税。积极构建综合治税大格局，强化部门协调作用和涉税信息采集利用，开展了以电控税、以地控税、建筑施工企业税收治理等7个专项行动，共清缴入库税款3000万元。四是狠抓增长性收入征管。

重点加大地方税种的征缴力度，加强非税收入督导和征管，着力提升地方可用财力。2015年全市共完成一般公共预算收入351694万元，其中：国税系统完成53999万元；地税系统完成201000万元；财政系统完成96695万元。

——经济调整转型明显加快。一是城市形象不断提升。2015年，财政累计拨付资金9.7亿元，分别投向交通、水务、住建、园林等城市功能性服务领域，城市承载能力进一步提升。二是经济发展支撑有力。拨付资金6.5亿元，用于排污治理和节能减排支出，支持企业绿色发展，从增加政府投资、落实税费减免等方面，鼓励和支持产业产品结构优化升级，加快民营经济和服务业发展，经济结构转型迈出实质性步伐。三是经济活力明显增强。全面落实中小企业税费减免政策，减轻企业发展负担，助推中小企业发展；同时拨付资金102万元，用于全市创业贷款担保贴息，拉动创业贷款2600万元，鼓励扶持创业群体壮大发展。

——民生保障能力明显提升。一是各项社会事业全面推进。2015年投入教育资金13.4亿元，占全部支出的22.8%，其中：投入资金7192万元，用于确保全市中小学校运转；投入资金2071万元，落实十二年免费教育政策；投入资金9795万元，重点支持了一中西校区、中小幼儿园改造、新建第七实验小学等教育工程项目建设，全市教育环境进一步优化。全面落实城乡居民医保政策，兑现住院及门诊补偿资金2.69亿元；支出资金5195万元，兑现基层卫生医疗机构基本药物零差价补贴，实现了城乡医疗救助全覆盖。二是社会保障体系进一步完善。2015年投入社会保障资金6亿元，同比增长29%，其中：落实城乡居民社会养老保险金1.66亿元，参保人数达到32.5万人，切实做到全市居民老有所养；落实城乡低保资金4250万元，发放五保户供养资金1150万元，实现了低收入家庭应保尽保。投入80岁以上老人高龄津贴1425万元；投入棚户区建设资金4105万元，改造住房6046套户，改善了棚户区家庭的住房条件。三是工资、养老保险等改革顺利实施。全年各类工资均实现及时足额发放，维护了社会稳定。积极推进机关事业单位人员养老保险制度改革，落实公务员工资调整改革，进一步规范了机关津贴补贴，建立了保障工资落实长效机制。

——现代农业农村建设扎实推进。一是支持现代农业项目建设。全年统筹安排资金8200万元，重点保障了现代农业示范项目、美丽乡村建设、农业综合开发项目、耕地水土综合治理、牲畜防疫等项目建设资金需求。二是支持农村社会事业发展。支出资金6987万元，用于保障村干部工资、大学生村官工资正常发放；支出“一事一议”财政奖补资金1960万元，推进了农村公共事业发展。三是落实各项惠农补贴政策。全年累计向农民发放粮食直补和综合直补资金3837万元，发放农作物良种补贴资金682万元，发放退耕还林补贴资金959万元，发放农机购置补贴资金132万元，支出农业政策性保险资金1953万元。四是改善农村人居环境。投入资金761万元，用于农村饮用水安全工程建设；投入资金5330万元，用于乡村环卫和农村道路养护；投入资金826万元，用于农村改厕工程；投入农村危房改造资金1532万元，改善了困难群众住房条件。

——财政统筹能力明显增强。一是积极争取政策资金支持。积极研究财政政策，搞好项目对接，全年共争取到转移支付资金14.9亿元，比上年增长58%。其中：争取海绵城市、美丽乡村建设项目资金40564万元，为项目建设开展提供了资金保障。二是合理运用财政债券。争取到位地方政府置换债券资金119601万元，极大缓解了政府偿债压力，同时争取到位新增债券20762万元，重点支持了中医院迁建、传染病医院建设、黄台山二期绿化和城市道路排水工程建设，为全市各项事业发展提供了有力的支持。三是全面清理存量资金，全年收回存量资金178229万元，使用存量资金175063万元（其中：核销暂付款19910万元，安排支出130069万元，调入预算稳定调节基金25462万元），剩余2788万元。四是设立预算调节稳定基金。全年预算稳定调节基金74555万元，支出43016万元，结余31539万元，全面提高预算管理水平。

——财政管理机制进一步完善。一是推进财政支付改革。继续推进以公务卡和惠农资金“一卡通”为主体的财政支付方式改革，推进财政支付电子化改革，搭建全新电子支付系统平台，2016年将正式线上运行，使财政资金支出进一步规范化和透明化。二是严把财政审核关。严格执行财政资金绩效评审，全年评审额38837万元，审减金额8544万元，审减率22%；不断扩大政府采购范围与规模，2015年全市采购规模35933万元，节约资金6812万元，节支率15.9%。三是规范财政预算管理。严格遵照新预算法编制2016年度财政收支预算，提高预算编制的精细化、规范化水平。四是加强财政预算信息公开。对全市2015年度财政预算、决算报告以及“三公”经费预算拨款等内容严格按照时间节点公开，增强了预算执行的透明度。

各位代表，回顾过去的一年，国内国际经济形势持续下滑，加之淘汰落后产能、排污治理、经济结构转型调整、政策性减收等因素影响，困难前所未有、考验前所未有、矛盾前所未有，财税部门积极应对、扎实苦干、克难攻坚，财政经济在震荡中保持了健康发展，财政收入在起伏中保持了稳步提升，财政收支管理改革实现了新的提升。这些成绩的取得，是市委坚强领导和正确决策的结果，是市人大和市政协监督支持的结果，是各级各部门迎难而上、破解瓶颈、主动作为的结果。

在肯定成绩的同时，也应该看到在财政经济运行过程中，还存在着一些与转型发展不相符的问题：一是全市财税经济稳步提升的任务还十分繁重，财源基础的结构和质量还需进一步调整和提高；二是财政增收空间缩小与刚性支出规模扩大之间的矛盾仍然十分突出，受经济环境、财税改革和政策影响，财政增收空间明显收窄，而近年社保提标、工资改革、公益性社会支出规模不断扩大，勤俭节约意识还需进一步增强。上述问题需要我们通过进一步转型发展、培育壮大新财源、深化改革等有力有效措施逐步加以解决。

二、2016年财政预算（草案）

2016年是“十三五”规划的开局之年，编制执行好2016年预算，做好各项财政工作，对落实市委各项决策部署，筑牢“十三五”基础具有重要意义。

根据市委关于经济社会发展的总体部署，财政预算安排的指导思想是：深入贯彻落实党的十八届三中、四中、五中全会和市委五届五次、六次全会精神，紧紧围绕全市中心工作，牢牢把握京津冀经济对接有利机遇，深入贯彻“创新、协调、绿色、开放、共享”发展理念，倾力支持“12336”发展战略，优化财政支出结构，集中财力保民生、保运转，为促进“魅力水城、绿色迁安”持续健康发展提供财力保障。

预算编制遵循的基本原则：一是依法理财。在预算编制过程中，严格落实新《预算法》等相关法律法规要求，不断提高预算编制的规范性、科学性。二是全面统筹。将政府所有收支全部纳入预算管理，盘活各领域财政资金，切实做好各类资金的统筹使用，集中财力办大事。三是突出重点。坚持有保有压，优化财政支出结构，保障人员经费、机构运转、民生改善和市委确定的重点工作。四是厉行节约。从严从紧控制一般性支出，切实降低行政运行成本；整合压减相关项目支出，避免重复安排，节约资金投入。五是强化绩效。将绩效理念贯穿于预算编制的全过程，切实优化财政资金配置，创新财政支出方式，提高财政资金使用绩效。

根据上述指导思想和编制原则，今年的预算安排（草案）如下：

（一）2016年财政收入预算

1. 一般公共预算收入。一般公共预算收入为362000万元，比上年增加10306万元，增长3%，其中：国税系统60000万元，比上年增加6001.1万元，增长11.1%；地税系统224000万元，比上年增加22999.9万元，增长11.4%；财政系统78000万元，比上年减少18695万元，下降19.3%。

2. 政府性基金收入。政府性基金收入预算为71900万元，其中：墙体材料专项基金收入300万元、廉租房出租收入150万元、彩票公益金收入1200万元、交通局车辆通行费3700万元，市政配套费收入500万元，城市公用事业费附加收入6500万元，国有土地出让金收入58800万元，污水处理费收入600万元，水土保持补偿费150万元。

3. 社保基金收入。社保基金收入预算为72700万元。

（二）可用资金情况

根据2016年财政收入预算，全市一般预算收入可用资金为362000万元，加上级补助收入53800万元，减上解支出17938万元，一般预算可用资金为397862万元。

政府性基金收入可用资金为71900万元。

（三）2016年财政预算安排情况

1. 一般公共预算支出。2016年安排一般公共预算支出397862万元，其中：安排工资福利性支出196597万元，安排社会保障支出27086.7万元，安排机关运转公用经费和一般项目支出40099.4万元，安排社会公益性支出67821.8万元，安排农业奖补及美丽乡村奖补支出12698万元，安排重点工程项目支出14473.2万元，安排偿债性支出39086万元。

2. 政府性基金支出。安排政府性基金支出71900万元，其中：专项基金支出6100万元，市政配套费支出500万元，城市维护支出6500万元，国有土地出让金收入安排支出58800万元（主要用于农业土地开发、国有土地收益、土地出让成本等支出）。

3. 社保基金支出。社保基金支出预算为72700万元。

（四）重大支出政策及预算安排情况

——确保公教人员工资发放。安排资金95180万元，用于公教人员工资发放；安排资金51590万元，用于取暖补贴、精神文明奖、奖励性绩效及乡镇干部工作补贴政策；安排资金2293.7万元，用于落实公检法辅警人员工资及保险；安排资金1375.7万元，用于落实大学生村官及公益性岗位人员工资。

——保障和改善民生。一是强化社会保障职能。安排资金27086.7万元，比2015年增加4194.6万元，其中：安排抚恤、安置等支出1166万元；安排城乡低保和救济支出1447.7万元；安排城乡医疗救助补助支出810.9万元；安排改制企业退休人员生活补贴支出1400万元；安排城乡居民养老保险支出6684万元；安排城乡医疗保险地方配套支出8307.2万元。二是提升城市宜居度。安排供热补贴资金5000万元；安排公交补贴160万元。三是支持社会管理。安排农村义务兵补贴资金791万元；安排高龄津贴1629.1万元；安排就业资金200万元。

——支持公共事业发展。一是支持教育事业发展。安排高中免费教育资金2468万元；安排教育附加资金9000万元，用于教育事业支出。二是支持科技文体事业发展。安排科技三项费支出500万元；安排城市宣传费用2500万元；安排体育赛事、社区文化活动、电影惠民工程、文化惠民演出等支出425万元。三是支持卫生事业发展。安排乡镇卫生院收支差额补贴资金4871万元；安排卫生医疗机构改革财政补贴资金2464万元。安排基本公共卫生服务经费配套资金952.5万元。

——推动区域经济发展。一是支持经济建设。安排招商引资资金1000万元；安排试点乡镇项目建设资金300万元；安排企业优惠政策资金5000万元。二是支持农业农村发展。全年统筹安排农业发展资金10698万元，主要用于落实农业奖补政策、农业综合开发、工程造林等农业重点项目；安排资金2000万元，继续推进美丽乡村建设；安排乡村道路养护资金2960万元；安排农村改厕项目配套资金300万元，改造农村厕所1万座；安排乡镇体制分成资金10708万元。三是积极化解清偿债务。安排资金27086万元，用于偿还银行贷款本息及工程性欠款；安排乡镇化解债务奖补资金2000万元。

——支持科技创新。安排科技型中小企业技术创新基金1000万元。

——支持环保综合治理。安排大气环境治理资金4500万元；安排2016年滦河引水资金1300万元。

——推进海绵城市建设。统筹海绵城市建设资金20亿元（结转上级专项资金4亿元，接收省提前下达专款4亿元，吸收社会融资12亿元），全部实行基金化管理，最大限度地发挥资金保障的支持作用。

——保障城市运行。安排垃圾填埋场运转资金250万元；安排城市规划支出300万元；安排环卫清洁支出2000万元；安排城市路灯亮化电费及维护费1120万元；安排市政维修资金850万元；安排公共厕所维修支出100万元；安排城市园林绿化养护费3800万元；安排老旧小区基础设施修缮及改造资金100万元。

三、完成2016年财税工作任务的主要措施

2016年，面对严峻复杂的形势、艰巨繁重的任务、越来越高的要求，我们将在市委的正确领导和市人大的监督指导下，适应经济发展新常态，倾力推进市委“12336”战略部署，强化收入组织，提高民生保障水平，深化财税体系改革，确保全年任务目标顺利完成。

（一）创新方式，确保收入稳定入库。一是创新征管方式和征管手段，继续推进综合治税体系建设，深挖财源增收潜力，强化对重点行业、重点企业和税源大户的监管，抓好税收结构调整和征管，确保税收及时足额入库。同时严格执行非税收入管理规定，落实“收支两条线”，强化收入稽查，努力提高非税收入质量和规模。二是强化国有资产管理，对国有资产配置、运营、处置和转移等事项进行核查和规范，建立资产管理与预算管理、财务管理相结合的运行机制，确保国有资产保值增值。三是继续推进全市产业结构优化升级，努力培植和涵养税源，为财政收入的稳步增长提供后续支撑。

（二）突出职能，促进社会经济创新开放发展。一是加大对先进制造业和现代服务业政策支持力度。加快新能源、新材料、新生物医药等高科技新兴行业以及文化产业发展，积极推进先进制造业和金融产业的发展，积极推动全市创新型重点项目实施，促进产业结构调整和优化升级。二是倾力推进海绵城市建设，统筹运用上级专项资金和社会融资，加强海绵城市建设的支撑保障能力。三是抢抓京津冀协同发展有利机遇，充分发挥财政政策资金杠杆作用，吸引外域经济和企业落户迁安，形成本地经济增长点，增强社会经济发展活力。四是引导金融资金更有效地服务实体经济，在基础设施、产业结构转型升级、小微企业、新兴行业等方面加大信贷投放力度，通过PPP形式，将更多的政府投资转化为社会资本投入。

（三）健全机制，加强财政资金统筹管理。一是严格贯彻执行新《预算法》，将政府所有收支全部纳入预算管理，切实做好各类资金的统筹衔接和整合；按照全口径预算管理的要求，加大政府性基金预算转列一般预算、国有资本经营预算收入调入一般预算的力度，加强一般公共预算各项资金的统筹使用。二是增强预算编制完整性，将省提前下达的转移支付资金全部纳入年度预算管理，加强上级转移支付与本级财政资金的统筹使用；继续盘活财政结余结转资金，补充财政资金亟需部分，提升财政资金活性。三是强化支出统筹，在不改变资金类级科目用途的基础上，加大整合力度，采用板块整合、平台整合等方式，将方向相同、扶植领域相关的资金整合支付使用，增强资金整合效果。

（四）强化管理，提升科学理财水平。一是全面推进财政绩效管理，探索建立“先绩效、后预算”的绩效财政工作机制，为财政改革和预算支出管理提供机制保障。二是多措并举筹资融资。抢抓京津冀协同发展重大机遇，积极研判国家、省政策走向和趋势，研究上级部门、相关金融组织政策资金投放方向，在承接京津产业转移、新型城镇化、大气污染治理、扶贫开发等方面，争取政策和试点，争取上级给予政策和转移支付倾斜。三是继续推进盘活存量资金工作，清理盘活2013年度、2014年度结余结转资金，用好用活预算稳定调节基金，防止财政资金沉淀滞留。四是调整乡镇财政体制，合理划分市、乡两级财政支出范围，加强对乡镇财政支出范围、审批程序的监管；严格落实乡镇财政体制激励政策，充分调动乡镇发展经济、提升实力的积极性。

（五）强化防控，规范政府债务管理。逐步建立“举债有度、偿还有方、管理有序、监管有力”的长效机制。一是加强政府性债务管理，规范政府融资举债渠道，健全债务风险预警、应急处置机制，规避财政风险。二是建立健全财政运行监控体系，搭建财政运行监控信息平台，对财政收入、支出进度、预算项目、债务管理、资金绩效进行全方位实时监控，定期开展多维度检测分析，及时识别、预警、处置风险，促进财政平稳健康运行。

各位代表，2016年的财政预算任务十分艰巨。我们将在市委的正确领导和市人大的监督支持下，全面贯彻落实市委五届六次全会精神，稳中求进，攻坚克难，努力完成全市收支预算和各项工作任务，为迁安经济社会又好又快发展做出积极的贡献！

2015 年迁安市国民经济和社会发展统计公报

迁安市统计局　国家统计局迁安调查队

2015 年，面对复杂严峻的宏观形势，全市上下在市委、市政府的正确领导下，牢牢把握转型升级工作主线，积极主动适应经济发展新常态，着力推进产业结构调整升级，沉着应对，迎难而上，较好地完成了各项目标任务，为全市经济协调健康发展打下坚实基础。

一、综合

2015 年，全市总户数 23.27 万户，户籍总人口 76.2 万人，其中男性人口 39.3 万人，女性人口 36.9 万人，性别比 106.5%。在总人口中，城镇人口 21.9 万人，乡村人口 54.3 万人，户籍人口城镇化率 28.8%。全年出生 8994 人，性别比 106.14%，人口出生率 12.03‰；死亡 3982 人，死亡率 5.33‰，人口自然增长率 6.71‰。

综合实力稳步提升，产业结构不断优化。据初步核算，2015 年全市实现地区生产总值（GDP）891.1 亿元，按可比价格计算，比上年增长 4.8%，其中，第一产业增加值 42.5 亿元，同比下降 0.2%；第二产业增加值 527.3 亿元，同比增长 4.3%；第三产业增加值 321.3 亿元，同比增长 6.6%。产业结构进一步优化，三次产业结构比为 4.8：59.2：36，第三产业比重较上年提高 5.3 个百分点。按户籍人口计算，全市人均地区生产总值 11.7 万元，约合 1.8 万美元。

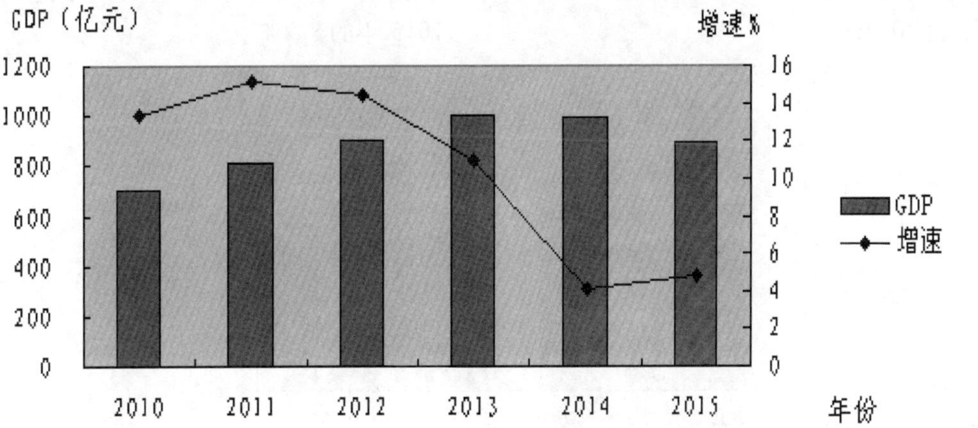

图 1　“十二五”期间迁安市 GDP 总量及增速走势图

市场物价运行平稳。2015 年，全市居民消费价格总指数为 100.2%，较上年回落 1 个百分点；社会商品零售价格总指数为 100.8%，较上年回升 0.6 个百分点；农业生产资料价格总指数 99.8%，较上年回落 1 个百分点。

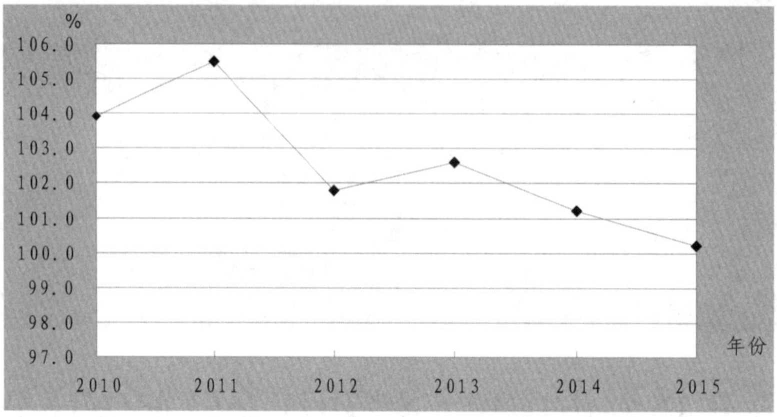

图 2　“十二五”期间迁安市居民消费价格指数走势图

二、农业、农村

2015 年，以发展规模农业为重点，推进农业结构调整、农业科技创新和现代农业服务体系建设，全面深化农村改革，加速推进具有迁安特色的现代农业发展。2015 年，迁安市现代农业园区被省政府认定为省级现代农业园区，上庄乡万亩现代休闲农业产业园、白羊峪休闲农业与乡村旅游园区两个园区被唐山市认定为市级现代农业园区。龙泽谷国际酒庄被认定国家级休闲农业与乡村旅游四星级企业（园区）。农业经济平稳发展，全市实现农林牧渔业总产值 71.7 亿元，比上年增长 0.2%；实现粮食总产 20 万吨，同比增长 9.1%；蔬菜总产 89 万吨，同比下降 5.9%；实现生猪出栏 74 万头，同比增长 0.6%；家禽出栏 725.6 万只，同比下降 2.5%；肉类总产 8.7 万吨，同比增长 0.4%。

农业产业化水平稳步提升。2015 年底，全市农业产业化龙头企业已达到 88 家，其中省级龙头企业 2 家，唐山市级龙头企业 18 家。2015 年，农业产业化率达到 76.1%，比上年提高 0.2 个百分点。

三、工业

2015 年，工业产业结构进一步优化，产品质量有效提升，实现了新常态下的持续平稳运行。全市工业累计完成现价工业总产值 1315 亿元，增加值 501.7 亿元，按可比价计算，同比增长 4.2%。其中规模以上工业总产值 1236.7 亿元，增加值 476.7 亿元，同比增长 4.3%。在全部工业中，钢铁业完成工业总产值 535.8 亿元，工业增加值 115.5 亿元，同比下降 7%；装备制造业完成工业总产值 93.7 亿元，增加值 41.2 亿元，同比增长 29.2%，比重由上年的 6.4% 上升到 2015 年的 8.2%。

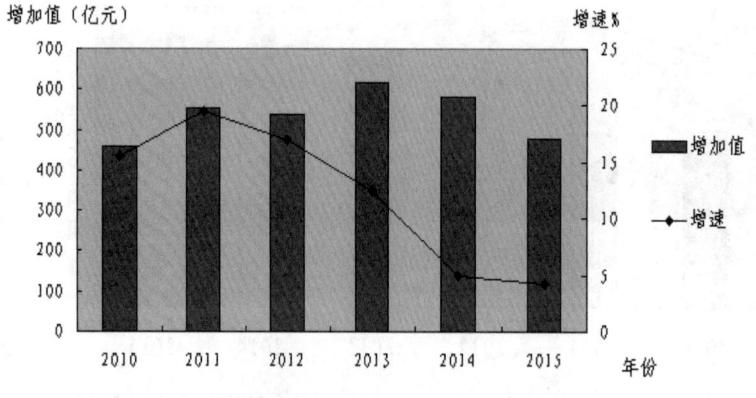

图 3　“十二五”期间迁安市规模以上工业增加值及增速走势图

从十种主要产品产量上看，高耗能产品大幅下降，总体呈现出“三增一平六降”的格局。2015年，全市累计生产铁矿石18117万吨，同比增长14.4%；铁精粉7368万吨，同比增长12.7%；钢材1582.7万吨，同比增长0.1%；生铁1924.5万吨，与上年持平。焦炭936.8万吨，同比下降1.7%；水泥97.2万吨，同比下降29.9%；平板玻璃1260.9万重量箱，同比下降10.3%；地毯15.9万平方米，同比下降32.1%；钢坯1870.8万吨，同比下降1.3%；机制纸及纸板4.7万吨，同比下降26.1%。工业产品产销衔接较好，产销率达到99.2%。

四、投资、建筑业

2015年，通过不断加快项目建设步伐，加速推进产业转型升级，全年累计完成全社会固定资产投资594.5亿元，比上年增长13%。其中生产性投资388.2亿元，增长15%；非生产性投资206.3亿元，增长9.3%。从三次产业投资情况看，第一产业完成20.6亿元，下降18.8%；第二产业完成336.8亿元，同比增长26.4%；第三产业完成237.1亿元，增长1.2%。房地产投资平稳增长，全年累计完成房地产投资21.3亿元，下降58.7%。房屋建筑施工面积368.4万平方米，其中住宅施工面积318.5万平方米，商品房销售面积71.7万平方米。

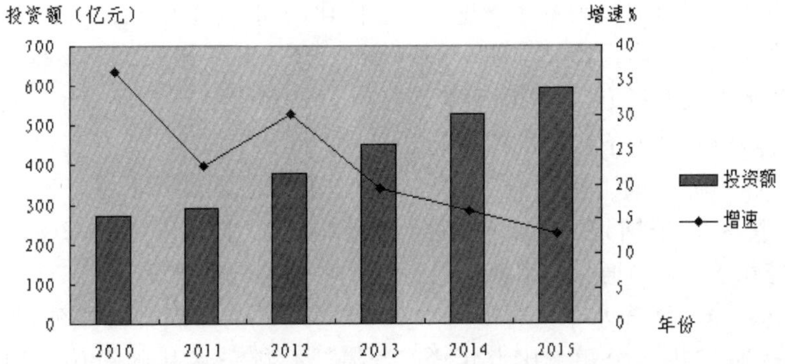

图4 **“十二五”期间迁安市全社会固定资产投资及增速走势图**

2015年，重点项目建设有序推进。年内累计实施重点项目242个，本年完成投资589.8亿元。其中当年完工项目144个，思文科德60万吨精品冷轧带钢项目与金属包装生产线、翅翼热力河西区热力管网工程建设项目、中医院迁建等项目相继完工投入使用；新开工建设项目145个，燕钢1580热轧带钢项目等重点项目相继开工建设。

2015年，全市完成建筑业增加值25.6亿元，同比增长4.5%。具有资质等级的总承包和专业承包建筑业企业实现建筑业产值18.4亿元，年末从业人员1.1万人。

五、国内贸易

2015年，消费品市场平稳增长。全市累计完成社会消费品零售总额223.2亿元，同比增长9.7%；其中批发业完成37.1亿元，同比增长10.4%；零售业完成167.4亿元，同比增长9.6%；住宿业完成2.0亿元，同比增长8.8%；餐饮业完成16.7亿元，同比增长9.4%。

电子商务迅猛发展。2015年，构建了电商综合服务中心、迁安电商谷、迁安市电子商务信息平台、迁安市物流信息平台为主的“一中心”、“三平台”，建成了1个市级物流配送分拨中心、13个镇乡物流中心和398个村级电商服务站。国内知名电商——乐村淘、淘实惠先后落户，爱米网、东安易购、北购+、乐丫微商、万嘉云商场等相继上线运营。

六、对外经济

2015年，全市进出口总额23. 5亿美元，同比下降11.8%；其中，进口总额18.5亿美元，同比下降18.2%；出口总额5.0亿美元，同比增长25.4%。全市进出口企业有26家，其中出口企业20家。燕山钢铁有限公司、河北彦博彩板有限公司、斯道拉恩索正元包装有限公司及思文科德薄板科技有限公司出口额位列迁安市前四名。全市出口产品主要有钢铁、彩涂板、铸件、包装物料、地毯服装等，出口国家及地区达30个。进口产品主要是铁矿石和煤，两者占总进口量的95%以上。经济外向度达到17.1%，比上年提高1个百分点。

招商引资工作实现新突破。全力对接京津，成功举办对接京津系列推介会和“京东水城，魅力迁安”经贸洽谈会，新增签约项目60个，计划总投资539亿元。全年实际利用外资6430万美元，同比增长0.1%。

七、交通运输、邮电业

现代物流业稳步提升。全市累计完成现代物流业增加值181.2亿元，占第三产业增加值的比重由上年的55.2%提升到2015年的56.4%。

2015年，以重点交通项目建设为主线，进一步完善路网，构筑城乡交通一体化格局，使全市交通承载能力和服务水平大幅提升。至2015年，迁安市已基本形成“六横六纵十条线”的综合运输网络；国省干线公路由原来的1条国道、2条省道成功升级，调整为3条国道、4条省道；2015年新增公交线路6条，乡镇通公交率100%，村通公交率98%，达到全省领先水平。2015年，全市公路通车里程达到3249.3公里，比上年增加21公里；全年货物运输量7513万吨，周转量148061万吨·公里；客运总量1415万人·次，客运周转量59720万人·公里；城乡公交车辆187辆，公交线路46条；年末运营载客出租车689辆，其中新增300辆。

邮政电讯事业健康发展。全年邮政业务收入4816万元，同比增长9.8%；通讯业务收入4.2亿元。年末固定电话用户8.6万户，固定电话普及率为11.3部/百人；全市移动电话用户达到51.6万部，移动电话普及率为67.8部/百人。年末宽带用户达到14万户。

八、财政、税务、金融、保险

2015年，全市全部财政收入完成61.9亿元，同比下降4.5%；公共财政预算收入完成35.2亿元，同比增长0.03%，结束两年连续下滑的历史，告别了负增长；基金收入完成13亿元（含社保基金），同比下降79.7%。公共财政预算支出完成58.9亿元，同比增长21.2%。

2015年，全市共完成各类税收52.2亿元，同比下降8.4%。其中，国税系统完成26.7亿元，同比下降1.7%；地税系统完成25.5亿元，同比下降14.5%。从分税种完成情况看，全市累计完成增值税21.8亿元，同比下降6.2%；营业税7.6亿元，同比增长13.1%；资源税2.3亿元，同比下降43.9%；企业所得税7.6亿元，同比增长5%；个人所得税1.7亿元，同比下降44.7%。

2015年，金融系统存贷款总量继续增长。年末金融机构人民币各项存款余额665.5亿元，同比增加9.2亿元，同比增长1.4%。其中城乡居民储蓄存款余额482.4亿元，同比增加43.5亿元，同比增长9.9%；各项贷款余额429.4亿元，同比增加43.4亿元，增长11.2%；存贷比达到64.5%，较年初的58.8%提升5.7个百分点。

2015年，保险业全年实现业务总收入8.1亿元，同比下降8.6%。其中，财产保险保费收入2.9亿元，同比增长3.7%；人寿保险保费收入5.2亿元，同比下降14.2%。

九、城镇建设

以“全面提升县城建设层次和水平”为统揽，不断完善基础设施、加速城市扩容升级。2015年，迁安市被列为全国首批海绵城市建设试点城市，河北省新型城镇化综合试点地区。全市建成区人口26万人，建城区面积42平方公里，建成区道路总长174.23公里，人均道路面积19.79平方米。建城区绿地率40.24%，人均公园绿地面积20.58平方米，绿化覆盖率41.14%。建城区集中供热面积1294万平方米，其中住宅供热989万平方米，供水普及率、自来水水质合格率、燃气普及率保持100%，管道天然气普及率达到50%。年内主城区运营公交车辆90辆，较上年新增30辆，运营线路11条。

城镇化水平稳步提升。2015年，全市城镇化率54.8%，比上年提高2.01个百分点。

十、科技、教育、文化体育、卫生、广播电视

2015年，以“强化创新驱动，加快创新型城市建设”为总揽，助推经济转型升级，提高科技创新能力，推进科技创新体系建设，促进科技成果转化，进一步发挥了科技对经济社会发展的引领支撑作用。全年共组织实施本级科技计划项目30个，推广应用科技成果24项，实施传统产业技改提升项目10项；加大高新技术企业和科技型中小企业的培育力度，2家企业被认定为高新技术企业，85家企业被认定为省级科技型中小企业；大力实施知识产权战略，提升企业创新能力，专利授权量84件，专利转化项目5项；新建金沣秋、仁创绿源2家本级企业工程技术研究中心，培育力通能源、龙泽谷国际酒庄、迁安市思文科德金属包装3家县级研究中心升级为唐山市级研究中心；建成迁安市农业特色产业科技示范基地2个，唐山市级农业特色产业科技示范基地1个。

2015年，以“建设教育强市、办人民满意教育”为目标，深化教育改革，全面提升教育教学质量。2015年，迁安市被唐山市政府授予学前教育工作先进市、义务教育均衡发展先进市、高中工作先进市。成功创建省级示范性幼儿园3所，创建农村一类园5所；三实小和三初中被唐山市命名为首批名校；迁安市成功入围第二批国家级农村职业教育与成人教育示范县创建名单。北大学园迁安教育园按协议稳步推进，六实小正式成为北京第二实验小学教育集团成员校，北京科技大学合作办学项目正在积极推进。全市学前三年毛入园率达到95%，小学、初中入学率100%，初中巩固率达到99.3%。2015年高考本二以上上线人数1949人，居唐山市县区第3名；上线率57.29%，居唐山市县区第2名。年末全市共有省属大专院校1所，教职工162人，在校大学生3495人；市属各级各类学校305所，教职工9291人，在校生132128人。其中：幼儿园31206人、小学58827人、初中20275人、普高12412人、职高5384人、特教124人。

2015年，进一步完善文化服务网络，提升公共文化服务水平。迁安市正式荣膺“河北省公共文化服务示范区”称号，并成功申请创建国家公共文化服务示范区。品牌活动光彩绽放，文化惠民演出全覆盖。“城乡联动、康乐同行”、“迁安好声音”与乒乓球赛、棋类赛和书画作品展构建的“两动两静”活动已覆盖全市；2015年，“魅力钢城之夜”被评为“唐山市优秀县域特色文化活动品牌”。文体赛事收获颇丰。12名选手在全国少年儿童经典阅读绘画大赛中获奖；在河北省县级市田径锦标赛上，获金牌数量、奖牌数量和团体总分“三项第一”；在塞尔维亚国际女子拳击邀请赛、吉尔吉斯斯坦国际男子拳击邀请赛等国际赛事上，也是摘金夺银，充分展现了迁安的优势竞技实力。奥体中心先后承办了全国女子柔道冠军赛、“九江杯”全国中国式摔跤冠军赛等多项大型赛事，为外界了解迁安、认知迁安搭建了平台。

2015年，在县级公立医院改革基础上，进一步深化基层医改，巩固基层医改成果，全市医疗服务能力全面提升。目前，全市拥有国家级重点中医专科1个，省级重点中医专科2个，市级重点中医专科9个。云南黄家医圈中医肿瘤医院分院项目正式签约并开始运营。2015年，全市拥有卫生医疗机构836个，实有床位3905张，卫生专业技术人员5533人，医院、卫生院接诊154.8万人·次。2015年，社会基本医疗保险参保人数69.8万人。

2015年，市广电产业坚持“强基、固本、转型、创新”的总体思路，积极发展网络增值业务，打造基本有线电视业务与网络增值业务融合发展的新格局。到2015年底，全市有线电视入网户达17万户，有线电视数字化17万户，全市数字电视整转率已达到100%；广电互联网用户达3.3万户，新增1.1万户。

十一、居民生活和社会保障

居民收入水平平稳增长，增速跑赢GDP。2015年城镇居民人均可支配收入32160元，比上年增长7.7%，较GDP增速高2.9个百分点；农民人均可支配收入18478元，比上年增长7.9%，较GDP增速高3.1个百分点。

社会保障水平稳步提升。2015年，将城镇低保、农村低保标准提高到每人每年6000元和3550元，累计为20154位低保对象发放保障金4250万元；将集中供养、分散一般和分散病瘫供养标准分别提高到每人每年7600元、5000元和8000元，累计为1873位五保对象发放供养金1140.3万元；为1769位城乡患病困难群众发放救助金634.7万元，为51名孤儿发放救助金

50.2万元，为1280位受助对象发放善款125万元。为11543位高龄老人发放养老保健津贴1425.8万元；为1.7万位低保、五保、优抚对象中的老年人和其他困难老人出资85.2万元参加健康御险。发放抚恤定补款1855.1万元，发放优待金1398万元。

社会保险事业健康发展。2015年，全市参加社会基本养老保险人数45.2万人，其中企业职工养老保险参保人数11.9万人，新增4004人；城乡居民社会养老保险参保人数29.7万人，参保率达97.8%。

2015年迁安市国民经济主要指标表

表17

指标名称	单位	数量	指标名称	单位	数量
1. 土地总面积	平方公里	1227.19	#第一产业	万元	424676
(1) 耕地	平方公里	424.70	第二产业	万元	5273144
(2) 园地	平方公里	93.06	#工业	万元	5017144
(3) 林地	平方公里	162.85	第三产业	万元	3212742
(4) 草地	平方公里	117.28	5. 全部财政收入（不含基金）	万元	618551
(5) 城镇村及工矿用地	平方公里	283.48	#公共预算财政收入	万元	351694
(6) 交通运输用地	平方公里	44.72	全部财政支出	万元	728669
(7) 水域及水利设施用地	平方公里	62.99	#公共预算财政支出	万元	589250
(8) 其他土地	平方公里	38.11	6. 各项税收入	万元	521854
#耕地总资源	万亩	63.87	7. 居民储蓄存款	万元	4824279
2. 总户数	户	232690	8. 全社会固定资产投资	万元	5944595
3. 总人口	人	761933	9. 农村居民人均可支配收入	元	18478
#乡村人口	人	542539	10. 城镇居民人均可支配收入	元	32160
城镇人口	人	219394	11. 城镇在岗职工平均工资	元	61289
平均人口	人	760571	12. 出口创汇	万美元	49511
自然增长率	‰	6.71	13. 实际利用外资	万美元	6430.1
4. 地区生产总值	万元	8910562	14. 社会消费品零售总额	万元	2232002

2015 年迁安市行政区划、总面积及人口密度表

表 18

乡镇名称	乡镇政府（个）			村委会（个）	总面积（平方公里）		人口密度（人/平方公里）
		乡政府	镇政府			建成区	
合 计	19	7	12	534	1227.19	42	621
迁 安 镇	1	–	1	98	128.14	–	1397
夏官营镇	1	–	1	28	71.81	–	473
杨各庄镇	1	–	1	37	76.01	–	524
建昌营镇	1	–	1	50	89.92	–	520
赵店子镇	1	–	1	15	39.43	–	585
野鸡坨镇	1	–	1	21	75.27	–	511
大崔庄镇	1	–	1	21	66.12	–	410
杨店子镇	1	–	1	36	94.21	–	915
蔡 园 镇	1	–	1	26	55.71	–	480
马兰庄镇	1	–	1	17	49.16	–	500
沙河驿镇	1	–	1	19	40.77	–	740
木厂口镇	1	–	1	19	58.79	–	426
扣 庄 乡	1	1	–	27	71.26	–	610
彭店子乡	1	1	–	18	40.55	–	574
上 庄 乡	1	1	–	24	44.34	–	574
阎家店乡	1	1	–	17	42.39	–	606
五重安乡	1	1	–	29	67.71	–	407
大五里乡	1	1	–	16	50.50	–	368
太平庄乡	1	1	–	16	65.08	–	258

2015年迁安市总户数、总人口及人口变动情况表

表19 单位：户、人

乡镇名称	总户数	总人口	其中	
			男	女
全市合计	232690	761933	393020	368913
迁安镇	61397	179042	89225	89817
夏官营镇	9946	33947	17406	16541
杨各庄镇	11548	39843	20721	19122
建昌营镇	14384	46800	24305	22495
赵店子镇	7954	23055	11635	11420
野鸡坨镇	11138	38482	19985	18497
大崔庄镇	7710	27100	14007	13093
杨店子镇	22448	86222	48409	37813
蔡园镇	7673	26763	12787	13976
马兰庄镇	7864	24600	13144	11456
沙河驿镇	9161	30151	15647	14504
木厂口镇	7949	25058	12818	12240
扣庄乡	11981	43486	22424	21062
彭店子乡	6937	23298	11864	11434
上庄乡	7565	25438	13099	12339
阎家店乡	7285	25682	13389	12293
五重安乡	8018	27565	14348	13217
大五里乡	6479	18599	9147	9452
太平庄乡	5253	16802	8660	8142

2015 年迁安市城镇人口、乡村人口及人口变动情况表

表 20　　　　单位：人

乡镇名称	在总人口中		迁入		迁出	
	乡村人口	城镇人口		#省外迁入		#迁出省外
全市合计	542539	219394	1009	970	1025	2599
迁安镇	81368	97674	424	491	243	883
夏官营镇	28189	5758	35	38	54	136
杨各庄镇	35433	4410	43	23	44	67
建昌营镇	31414	15386	39	27	38	115
赵店子镇	19470	3585	29	25	13	49
野鸡坨镇	36087	2395	40	28	47	64
大崔庄镇	23606	3494	35	22	43	75
杨店子镇	42862	43360	98	104	147	562
蔡园镇	23888	2875	16	25	23	76
马兰庄镇	12605	11995	21	16	81	93
沙河驿镇	20489	9662	41	31	66	103
木厂口镇	14929	10129	13	19	26	49
扣庄乡	41929	1557	39	26	36	48
彭店子乡	22521	777	12	9	39	22
上庄乡	23848	1590	28	13	23	22
阎家店乡	24630	1052	24	20	24	54
五重安乡	26490	1075	41	29	34	60
大五里乡	17030	1569	9	15	12	79
太平庄乡	15751	1051	22	9	32	42

2015 年迁安市人口自然变化情况表

表 21　　　　单位：人、‰

乡镇名称	年内出生	年内死亡	出生率	死亡率	自然增长率
全市合计	8994	3982	12.03	5.33	6.71
迁安镇	1436	592	12.80	5.27	7.52
夏官营镇	439	209	13.55	6.45	7.10
杨各庄镇	446	253	11.21	6.36	4.85
建昌营镇	608	201	13.21	4.37	8.84
赵店子镇	369	149	16.06	6.49	9.58
野鸡坨镇	489	238	12.66	6.16	6.50
大崔庄镇	372	149	14.22	5.70	8.53
杨店子镇	732	310	12.98	5.50	7.48
蔡园镇	281	147	11.46	6.00	5.47
马兰庄镇	195	115	11.14	6.57	4.57
沙河驿镇	380	177	12.87	6.00	6.88
木厂口镇	294	159	12.24	6.62	5.62
扣庄乡	559	332	12.83	7.62	5.21
彭店子乡	287	135	13.29	6.25	7.04
上庄乡	336	194	13.27	7.66	5.61
阎家店乡	336	164	13.76	6.72	7.05
五重安乡	320	165	11.60	5.98	5.62
大五里乡	189	105	10.46	5.81	4.65
太平庄乡	194	102	12.20	6.42	5.79
机关团体	732	86	7.26	0.85	6.41

1949～2015年迁安市主要年份国民经济主要指标表

表22

指标名称	单位	1949年	1959年	1969年	1979年	1989年	1999年	2009年	2011年	2012年	2013年	2014年	2015年
总户数	万户	6.04	7.10	8.76	11.30	16.27	18.31	22.31	23.29	24.38	24.89	25.99	23.27
总人口	万人	30.09	34.91	45.03	51.75	59.61	64.82	72.06	72.71	73.64	74.42	75.92	76.19
农业人口	万人	29.34	33.13	43.99	48.32	53.76	55.97	58.11	58.13	58.99	59.69	60.94	54.25
全部从业人员	万人	9.60	11.19	14.72	17.01	23.33	34.35	37.96	39.52	41.53	42.70	43.89	44.41
第一产业	万人	8.74	10.12	13.19	13.10	13.30	15.15	6.82	6.60	6.52	6.48	6.45	6.41
第二产业	万人	0.48	0.60	0.82	2.41	6.42	11.64	17.32	18.36	19.45	20.03	19.02	18.38
第三产业	万人	0.38	0.47	0.71	1.50	3.61	7.56	13.82	14.56	15.56	16.18	18.43	19.63
地区生产总值	亿元	0.11	0.38	0.42	1.33	7.54	80.12	534.19	808.20	900.92	1005.13	993.68	891.06
生产总值增长率	%	0.96	18.10	10.10	5.40	22.70	9.70	17.60	15.20	14.40	11.00	4.05	4.80
第一产业	亿元	0.09	0.22	0.35	0.63	2.89	12.84	23.24	30.83	38.17	41.93	43.17	42.47
第一产业比重	%	84.43	57.72	82.26	47.26	38.32	16.00	4.40	3.80	4.20	4.20	4.34	4.77
第二产业	亿元	0.01	0.09	0.03	0.43	3.04	41.05	329.46	539.37	597.28	667.30	645.93	527.31
第二产业比重	%	6.76	24.72	6.06	32.18	40.37	51.20	61.60	66.73	66.30	66.40	65.00	59.18
第三产业	亿元	0.01	0.07	0.05	0.27	1.61	26.24	181.49	238.00	265.46	295.89	304.58	321.27
第三产业比重	%	8.81	17.56	11.68	18.54	21.31	32.80	34.00	29.45	29.46	29.40	30.66	36.06
人均地区生产总值	元	37	109	96	257	1265	12380	74691	111569	123127	135774	132191	117275
耕地总资源	万亩	91.89	82.11	79.59	77.71	75.46	75.19	67.09	64.91	64.90	64.13	63.96	63.87
人均耕地面积	亩	3.05	2.35	1.77	1.50	1.27	1.16	0.94	0.90	0.88	0.86	0.84	0.84
农业总产值	亿元	0.16	0.26	0.44	0.99	4.25	22.30	34.70	50.02	60.07	67.79	71.51	71.68
粮食总产量	万吨	4.12	7.62	11.45	14.45	15.43	22.66	22.17	21.68	20.06	20.04	18.35	20.03
棉花总产量	吨	210	310	465	80	33	-	71	124	116	69.00	45.00	40
油料总产量	万吨	0.76	1.48	0.58	1.92	2.17	2.63	3.50	3.61	3.55	3.44	3.41	3.15
干鲜果总产量	万吨	0.11	0.27	0.36	0.54	10.32	9.00	15.01	16.00	17.00	18.32	18.13	16.32
肉类总产量	万吨	-	-	-	-	2.65	7.07	7.74	8.37	8.48	8.66	8.70	8.73
大牲畜存栏	万头	2.08	2.30	3.04	3.02	4.61	8.02	10.94	11.42	11.82	11.54	11.48	12.01
生猪存栏	万头	7.25	13.70	13.19	22.32	33.48	39.69	46.02	46.00	45.00	47.80	47.07	46.5
铁矿石产量	万吨	-	-	-	21.47	155.34	1415.30	5263.70	8829.90	11544.00	14596.60	14399.10	18117.2
机制纸产量	万吨	0.01	0.20	0.20	0.63	2.48	8.25	8.85	9.64	15.69	17.10	6.40	4.7
水泥产量	万吨	-	-	-	4.21	18.10	46.40	151.30	193.90	197.80	183.60	138.60	97.2
焦炭产量	万吨	-	-	-	-	-	-	358.90	495.80	850.08	952.00	953.20	936.8
生铁产量	万吨	-	-	-	5.48	0.40	9.27	1707.10	1950.99	1943.00	1941.60	1925.20	1924.5
粗钢产量	万吨	-	-	-	-	-	-	1675.50	1915.65	1901.00	1900.40	1895.90	1870.8
钢材产量	万吨	-	-	-	-	-	-	1133.80	1171.33	1403.00	1460.50	1580.40	1582.7
工业总产值	亿元	0.01	0.20	0.07	0.88	8.70	77.00	1038.30	1764.10	1710.20	1808.50	1731.42	1315.03
工业增加值	亿元	0.01	0.08	0.02	0.38	2.85	11.40	314.10	519.70	586.97	653.78	621.44	501.72
规模以上工业企业数	家	22	55	29	84	-	118	176	159	153	186	186	179

续表22

指标名称	单位	1949年	1959年	1969年	1979年	1989年	1999年	2009年	2011年	2012年	2013年	2014年	2015年
规模以上工业总产值	亿元	0.01	0.20	0.07	0.38	4.37	32.39	914.80	1599.10	1589.60	1692.87	1619.18	1236.73
规模以上工业增加值	亿元	–	–	–	–	–	11.40	288.10	486.50	550.90	616.70	582.85	476.72
规模以上工业固定资产原值	亿元	–	–	–	–	–	21.58	406.59	735.40	963.07	1215.73	1343.09	1538.86
规模以上工业利税总额	亿元	–	–	–	–	0.30	2.00	150.09	250.47	343.67	347.06	311.17	211.44
全社会固定资产投资	亿元	–	0.023	0.07	0.14	1.44	15.73	200.08	291.54	379.46	453.01	526.11	594.46
交换机总容量	门	20	530	1007	1780	5100	60832	185328	154032	183220	230212	127217	15000
年末电话机总数	部	11	345	559	3325	2481	54181	143884	132753	140217	132501	107593	156990
社会消费品零售总额	亿元	–	0.17	0.23	0.51	2.36	24.64	100.45	138.87	160.00	181.40	203.38	223.2
商品零售价格总指数	%	–	–	–	–	–	95.5	101.2	104.9	101.7	102.5	100.2	100.8
居民消费价格总指数	%	–	–	–	–	–	95.5	101.1	105.5	101.8	102.6	101.2	100.2
实际利用外资额	万美元	–	–	–	–	–	503	4012	5000	6532	6020	6421	6430.1
在岗职工工资总额	亿元	–	0.06	0.03	0.11	0.50	3.44	17.87	27.40	36.04	30.88	34.59	36.85
在岗职工平均工资	元	–	619	487	576	1404	5814	32401	45008	46898	51419	55986	61289
实际出口额	万美元	–	–	–	–	–	1558	2802	6663	4725	6109	41492	49511
财政收入	亿元	–	0.06	0.05	0.11	0.54	3.21	64.65	78.22	91.05	76.26	64.71	61.86
公共预算财政收入	亿元	–	–	0.05	0.11	0.54	2.27	22.39	30.82	39.04	37.16	35.09	35.17
财政支出	亿元	–	0.03	0.03	0.14	0.44	2.84	39.60	84.36	86.26	81.44	106.63	72.87
公共预算财政支出	亿元	–	–	–	–	–	2.71	32.39	45.33	53.27	53.00	48.53	58.93
金融机构存款年末余额	亿元	–	–	0.08	0.55	3.02	19.89	344.35	484.08	573.70	609.10	656.31	665.51
金融机构贷款年末余额	亿元	–	–	0.09	0.56	2.51	15.15	245.82	292.98	346.90	375.52	385.96	429.42
城乡居民储蓄存款余额	亿元	–	0.02	0.01	0.11	2.96	34.81	236.66	324.76	374.73	409.76	438.89	482.43
各类学校在校学生	万人	2.1	5.6	7.5	12.3	9.0	14.3	10.9	11.6	12.7	10.30	13.16	13.56
卫生床位数	张	–	75	170	622	564	1500	2595	4793	4834	3449	3848	3905
农村居民人均可支配收入	元	–	51	59	127	729	3119	9776	12698	14468	15512	17125	18478
城镇居民人均可支配收入	元	–	–	–	–	–	5212	18090	21780	24400	27596	29861	32160